6.X 마시멜로

4판

ANDROID PROGRAMMING COMPLETE GUIDE

안드로이드 프로그래밍 정복 ②

김상형 지음

지은이 **김상형** | http://www.soen.kr/book/android | soenmaster@naver.com

1970년 진주에서 태어나 1997년 경희대학교 경제학과를 졸업했다. 한메소프트, 다울소프트를 거쳐 LPA 아카데미 전임 강사로 활동하다 2007년부터 TODmobile에서 모바일 개발자로 활동하고 있다. 대부분의 시간을 연구 및 저술 활동에 전념하며 개발자 사이트인 SoEn을 운영하고 있다.

주요 프로젝트로는 영한사전, 백과사전, PassFinder, 온라인 테스트 솔루션 NeoTest, 조선일보 TEPS, 국순당 차림표 시스템, ePost, 당근 텍스트 편집기, iLark 워드 편집기, 아너림 자판, 윈도우 모바일 LifeDiary 등이 있다. 2009년부터 안드로이드 프로젝트를 하고 있으며 Communities, HelloTweet, FingerMemo, 갤럭시S 카메라, 갤럭시S2 SNote 등의 프로젝트에 참여했다.

저서로는 『델파이 정복』(1996, 가남사), 『비주얼 C++ 정복』(1998, 가남사), 『윈도우즈 API 정복, 개정판』(2006, 한빛미디어), 『닷넷 프로그래밍 정복』(2008, 가메출판사), 『혼자 연구하는 C/C++』(2009, 와우북스), 『HTML5+CSS3 정복』(2014, 한빛미디어), 『JavaScript+jQuery 정복』(2014, 한빛미디어) 등이 있다.

안드로이드 프로그래밍 정복 4판 2

초판발행 2016년 02월 01일
2쇄발행 2017년 03월 20일

지은이 김상형 / **펴낸이** 김태헌
펴낸곳 한빛미디어(주) / **주소** 서울시 마포구 양화로 7길 83 한빛미디어(주) IT출판부
전화 02-325-5544 / **팩스** 02-336-7124
등록 1999년 6월 24일 제10-1779호
ISBN 978-89-6848-253-3 93000

총괄 전태호 / **책임편집 · 기획 · 편집** 송성근
디자인 표지/내지 여동일, 조판 이은미
영업 김형진, 김진불, 조유미 / **마케팅** 박상용, 송경석, 변지영 / **제작** 박성우, 김정우

이 책에 대한 의견이나 오탈자 및 잘못된 내용에 대한 수정 정보는 한빛미디어(주)의 홈페이지나 아래 이메일로 알려주십시오. 잘못된 책은 구입하신 서점에서 교환해 드립니다. 책값은 뒤표지에 표시되어 있습니다.

한빛미디어 홈페이지 www.hanbit.co.kr / 이메일 ask@hanbit.co.kr

[Q/A 게시판] http://www.soen.kr로 접속해서 [게시판_묻고 답하기]에 올려주세요.

지금 하지 않으면 할 수 없는 일이 있습니다.
책으로 펴내고 싶은 아이디어나 원고를 메일(writer@hanbit.co.kr)로 보내주세요.
한빛미디어(주)는 여러분의 소중한 경험과 지식을 기다리고 있습니다.

6.X 마시멜로

4판

ANDROID PROGRAMMING COMPLETE GUIDE

안드로이드 프로그래밍 정복 2

김상형 지음

6.X 마시멜로와 안드로이드 스튜디오를 기반으로
다시 집필한, **전면 개정판**

 한빛미디어
Hanbit Media, Inc.

명실상부한 모바일 전성 시대이며 안드로이드는 모바일 혁신을 이끌어온 핵심 주역입니다. 안드로이드는 발표 직후부터 꾸준하게 기능을 개선하고 신기술을 과감하게 도입하여 빛의 속도로 발전해왔으며 이제는 성숙기를 거쳐 완성기에 접어 들었습니다. 앞으로도 발전 속도가 더욱 가속화되어 TV와 데스크톱으로까지 그 영역을 확장할 것입니다. 또한 스마트폰, 태블릿이 대중화되어 일상 생활 속에 깊숙이 자리잡으면서 모바일 소프트웨어의 수요는 지속적으로 증가하고 있습니다. 이로 인해 모바일이 개발자의 주 활동 무대가 된지도 오래입니다.

이 책은 안드로이드의 역사와 함께 발전해 왔습니다. 안드로이드 도입 초기에 출간된 초판은 절대적인 자료 부족과 온갖 시행 착오를 거쳐 부끄러운 면이 많았지만 모바일 개발 저변 확대에 많은 기여를 하였습니다. 이어서 출간된 2판과 3판은 빠르게 발전하는 안드로이드의 모든 기술을 포괄하여 양적으로 팽창하였고 예제와 설명을 섬세하게 가다듬어 질적으로 성장하여 안드로이드 입문자의 친절한 자습서로서, 실무 개발자의 든든한 레퍼런스로서 역할을 다해 왔습니다.

이번에 출간하는 4판은 최신 6.0 마시멜로 SDK와 새로운 개발툴인 안드로이드 스튜디오를 기반으로 다시 작성하였습니다. 처음 안드로이드를 접하는 사람은 물론 기존의 이클립스 개발자도 새로운 툴에 신속하게 대응할 수 있도록 실습 과정을 상세히 소개하고 새롭게 단장한 퍼미션 모델과 자동 백업, 기타 수많은 변경 사항을 반영하여 '정복'이라는 제목에 부끄럽지 않은 면모를 갖추었다 자부합니다. 더불어 더욱 정교한 통합 예제를 제공하여 폰에서 모든 예제를 실행해 볼 수 있습니다.

모바일 세상은 변화의 속도가 매우 빨라 급변하는 기술을 따라 잡아 실무에 바로 적용하는 것은 어렵고도 피곤한 일입니다. 그러나 최신 기술은 개발자에게 흥미진진한 설렘을 주고 호기심과 도전 의지를 자극하며 사용자에게 새로운 응용의 묘미를 선사합니다. 이 책이 모바일과 안드로이드에 입문하는 분과 실무 개발자에게 조금이나마 도움이 되기를 기대합니다. 책 출판에 도움을 주신 모든 분들께 감사드리며 부족한 책을 애독해주신 독자분께도 무한한 감사의 마음을 전합니다.

2016년 1월, **김상형**

이 책의 내용

이 책은 안드로이드 앱 개발에 관한 모든 것을 다룹니다. 안드로이드의 역사와 구조, 개발 환경 설치, 레이아웃을 통한 UI 디자인, 이벤트 처리 등을 단계적으로 설명하고 핵심 예제로 실습을 유도하여 혼자서도 안드로이드 개발의 전반적인 절차를 익힐 수 있는 친절한 자습서 형식으로 되어 있습니다. 프로그래밍 입문서는 아니므로 이 책을 읽기 위해서는 안드로이드의 기본 언어인 자바 문법에 대해 선행 학습이 되어 있어야 하며 알고리즘이나 자료구조 등의 일반적인 프로그래밍 기법도 알고 있다고 가정합니다. 프로그래밍을 처음 해 보는 분이라면 반드시 자바 문법부터 학습하시기 바랍니다.

중반 이후에는 안드로이드의 각종 위젯, 리소스 구조, 앱을 구성하는 주요 요소 등 실무 개발에 필요한 고급 기법을 체계적으로 정리하여 레퍼런스로도 손색이 없도록 구성하였으며 후반부에는 맵서비스, 멀티미디어, 전화, 센서, 앱위젯 등의 응용 기법을 소개합니다. 초반부는 입문자가 책을 읽는 순서를 고려하여 우선순위에 따라 실습을 진행하므로 목차를 따라 꼼꼼하게 책을 읽고 실습하는 것이 좋습니다. 중반 이후의 실무 주제는 순서가 따로 없으므로 필요한 부분을 골라 읽으면 됩니다. 다음은 이 책에서 다루지 않는 내용입니다.

- 시스템 구조 및 저수준 NDK 개발: 시스템 분석은 안드로이드 자체의 이해도를 높이는 데 유용하며 NDK는 고성능 앱 제작을 위해 필요합니다. 그러나 내부 구조는 복잡할 뿐만 아니라 운영체제가 업그레이드될 때마다 자주 바뀌므로 호환성 확보에 불리합니다. 현재 공개된 고수준 SDK만으로도 일반적인 앱 제작에 충분합니다.
- 시스템 개발 및 최적화: 디바이스 드라이버 개발, 하드웨어 제어, VOIP, 운영체제 최적화 등의 시스템 서비스를 프로그래밍하는 작업은 일반적인 앱 제작을 위한 기술이라기보다 장비 제조사나 이동 통신사에서 필요로 하는 기술입니다. 이 책은 일반적인 앱 제작과 관련된 기술에 집중합니다.
- 비문서화된 내용: 문서화되지 않은(Undocumented) 비공식 팁은 다루지 않습니다. 현장에서는 이런 비법이 꼭 필요하며 많은 개발자가 구글링을 통해 유용한 팁을 검색하여 실무에 적용하고 있습니다. 그러나 비공식적인 기술은 신뢰성이 없고 호환성에도 불리하여 책에서 다룰만한 내용이 아닙니다.

이러한 고급 기법도 같이 배울 수 있다면 좋겠으나 책 한 권으로 모든 것을 다루기에는 안드로이드의 부피가 너무 커졌습니다. 상기의 고급 주제를 특화해서 다루는 상세한 전문서가 별도로 출판되어 있으니 이 책으로 앱 제작의 기본을 익힌 후에 고급서로 응용 분야를 넓혀 나가십시오. 이 책은 실무에 바로 쓸 수 있는 코드를 제공하는 고급서라기보다는 안드로이드의 기본 구조와 철학을 이해하고 일반적인 앱 제작 방법을 익힘으로써 실무 응용 능력을 키우는 초중급서입니다.

4판의 추가 내용

이 책의 3판은 4.2 젤리빈을 기준으로 하였습니다. 4판은 5.0 롤리팝에서 추가된 기능을 포함하여 6.0 마시멜로를 기준으로 합니다. 그동안 안드로이드에는 수많은 기능이 추가되었으며 기존 기능도 확장 및 변경되었습니다. 또 기본 개발툴이 이클립스에서 안드로이드 스튜디오로 변경됨으로써 전반적인 개발 절차와 프로젝트 관리 방법이 바뀌었습니다. 4판은 전판 대비 다음과 같은 내용이 추가 및 새 버전에 맞게 수정되었으며 기존 내용도 예제와 설명을 보강하였습니다.

위치	내용
1장	안드로이드의 역사 및 4.4 젤리빈 이후의 새 기능 소개 6.0 마시멜로의 새로운 기능 및 변경 사항 소개
2장	안드로이드 스튜디오 1.5 기반의 최신 개발 환경 구축 프로젝트 관리 및 AVD 생성 스튜디오의 코드 편집기 및 레이아웃 편집기 사용법
3장	프로젝트를 생성하는 새로운 마법사의 활용 실장비에 앱 업로드하여 테스트하기 새로운 샘플 임포트 방법
4장	통합 예제 설치 방법
7장	안드로이드 퍼미션의 필요성과 효과 6.0의 새로운 퍼미션 모델과 실행중 퍼미션 요청
10장	안드로이드 스튜디오 개발 환경의 구조 Android 도구창 사용법
11장	텍스트뷰에 추가된 새로운 속성 소개
18장	프로세스 태스크 관련 예제 재작성 구글 클라우드를 이용한 자동 백업 기능 소개
28장	아파치 웹 접속 라이브러리 관련 예제 제거
32장	구글 플레이 서비스 프로젝트 생성 v2 구글맵 인증 방법 소개

폐기되거나 다른 방법으로 대체된 API는 삭제되었으며 일부 예제는 순서가 변경되었습니다. 이 책의 전판을 보신 분은 추가된 내용을 우선적으로 학습하십시오.

🌀 번역에 대해

안드로이드는 미국에서 제작된 운영체제이고 한글로 된 자료가 충분하지 않아 관련 용어의 번역이 정착되지 않은 상태입니다. 이 책은 다음과 같은 독자적인 번역 정책을 사용합니다.

원문	이 책의 번역	다른 번역
Application	앱, 응용 프로그램	애플리케이션
Activity	액티비티	활동
Intent	인텐트	의도
Layout	레이아웃	배치
Linear	리니어	수평, 수직
Relative	렐러티브	상대
Absolute	앱슬루트	절대
Life Cycle	생명 주기	라이프 사이클
Inflation	전개	확장, 팽창
View	뷰	보기
Permission	퍼미션	권한, 특권
Widget	위젯	부품, 컨트롤
Preference	프레퍼런스	선호
Broadcast	방송	브로드 캐스트
Fragment	프래그먼트	조각
Drawable	드로블	드로어블

영문 도움말과 용어를 일치시키기 위해 가급적이면 원문을 소리 나는 대로 표기하되 일부 전문 용어에 대해서는 한글로 번역하였습니다. 영문 자료나 다른 서적, 인터넷 상의 강좌를 읽으실 때는 같은 대상에 대해서도 다양한 번역이 있으므로 이 책의 용어가 어떤 단어를 번역한 것인지 참고하십시오.

예제 소개

이 책에서 실습용으로 제작하는 모든 예제는 웹을 통해 배포됩니다. 예제의 용량이 크지 않을 뿐만 아니라 개발 환경이 수시로 바뀜으로 인해 CD-ROM으로 제공하지 않습니다. 다음 사이트를 방문하시면 이 책의 모든 예제에 대한 소스 코드와 실행 파일, 부속 파일을 다운로드받을 수 있습니다.

http://www.soen.kr/book/android

정확한 예제 설치를 위해서는 안드로이드 스튜디오의 프로젝트 관리 방법을 우선적으로 학습해야 하며 안드로이드 프로젝트의 기본 구조도 이해해야 합니다. 예제 설치 방법은 본문의 4-3절을 참조하되 미래의 개발 환경에서는 설치 방법이 변경될 수 있으므로 가급적이면 웹 사이트의 온라인 안내에 따라 설치하십시오.

이 책의 예제는 대부분 AndExam 통합 프로젝트에 포함되어 있습니다. 안드로이드 장비의 메모리가 넉넉하지 않고 매 예제마다 개별적으로 설치해야 하는 번거로움이 있어 살펴 보기 편리한 통합 예제로 작성하였습니다. 실장비에 통합 예제를 한번만 설치하면 모든 예제를 실행해 볼 수 있습니다. 통합 예제 상단의 스피너에서 예제가 소속된 장을 선택하고 목록에서 예제 이름을 클릭하면 해당 예제가 실행됩니다.

다만 일부 특수한 기법을 다루는 예제와 반드시 별도의 프로젝트로 분리해야 하는 몇 개의 예제만 독립 프로젝트로 분리되어 있습니다. 해당 예제의 활용법은 관련 부분에서 설명합니다. 본문에서 예제를 칭할 때는 다음 표식을 사용합니다.

GramPrice
레이아웃
소스

예제 리스트 위쪽의 액티비티 클래스 이름을 통해 통합 예제에서 예제의 위치를 찾을 수 있습니다. 프로젝트 도구창에서 이 예제를 열어 보십시오. 예제 리스트에는 액티비티의 레이아웃 파일과 소스 파일이 같이 표시되며 위치가 특수한 예제는 프로젝트 내에서의 전체 경로를 명시합니다.

1권 목차

CHAPTER 01 안드로이드

모바일 운영체제의 일반적인 특징과 안드로이드의 주요 특징 및 전체적인 아키텍처를 소개한다. 안드로이드의 버전별 추가 기능에 대해 알아 보고 그 발전 과정을 정리한다.

CHAPTER 02 안드로이드 스튜디오

안드로이드 학습을 위한 개발툴을 설치하며 원활한 실습을 위한 환경 설정 방법을 알아 보고 기본적인 개발툴 사용법을 학습한다. 프로젝트를 직접 만들어 보고 AVD를 통해 실행해 본다.

CHAPTER 03 첫 번째 예제

첫 번째 안드로이드 예제를 작성하고 마법사가 생성하는 프로젝트의 구조를 분석해 본다. 샘플 예제 컴파일 방법, 도움말을 구하는 방법을 소개한다.

CHAPTER 04 뷰

안드로이드는 화면에 직접 출력하는 대신 레이아웃과 뷰를 통해 UI를 구성한다. 이 장에서는 안드로이드의 화면을 채우는 가장 기본적인 요소인 뷰의 일반적인 특징에 대해 소개하고 대표적인 몇 가지 위젯의 상세한 속성을 실습한다. 또한 배포 예제의 형식과 사용 방법을 설명한다.

CHAPTER O5 레이아웃

리니어를 통해 레이아웃을 배치하는 방법과 차일드 뷰를 배치하는 방법에 대해 학습하고 그외 레이아웃을 소개한다. 안드로이드의 UI를 구성하는 가장 기본적이면서도 중요한 실습이다.

CHAPTER O6 레이아웃 관리

레이아웃을 관리하는 고급 기법과 레이아웃 파라미터에 대해 실습한다. 또한 새로 추가된 그리드 레이아웃을 활용하는 방법에 대해 연구한다. 이 장을 통해 각 레이아웃의 상세한 사용 방법과 레이아웃을 조합한 응용 방법을 터득할 수 있다.

CHAPTER O7 **출력**

이 장에서는 Canvas와 Paint 객체를 통해 화면에 원하는 도형을 그리고 속성을 변경하는 기본적인 방법과 셰이더를 이용한 고급 채색 방법에 대해 소개한다. 또한 토스트로 메시지를 출력하는 방법과 스피커를 통해 소리를 출력하는 방법, 진동을 출력하는 방법에 대해서도 알아보고 변경된 퍼미션 모델을 소개한다.

CHAPTER 08 이벤트

GUI 운영체제는 이벤트를 받아 동작한다. 이 장에서는 이벤트를 처리하는 여러 가지 형식과 각 형식의 장단점에 대해 상세하게 연구하고 기본적인 이벤트에 대한 실습을 한다. 사용자의 입력을 자유자재로 처리하기 위해서 반드시 습득해야 하는 중요한 기술이다.

CHAPTER **09 메뉴**

메뉴는 사용자의 명령을 받아들이는 가장 기본적인 장치이다. 옵션 메뉴와 컨텍스트 메뉴를 작성 및 출력하고 메뉴를 통해 프로그램의 현재 상태를 표시할 수 있다.

CHAPTER **10 개발 환경**

중간 규모의 기억력 게임을 분석해 봄으로써 지금까지 배운 내용을 총정리하며 개발툴에 대한 고급 사용법을 익힌다. 이 장까지가 안드로이드의 기초에 해당한다.

CHAPTER **11** 기본 위젯

사용자를 직접적으로 대면하는 위젯은 안드로이드의 UI를 구성하는 부품이다. 가장 기본적인 위젯인 TextView를 통해 위젯의 일반적인 특징과 프로그래밍 방법을 상세하게 연구해 보고 버튼의 사용 방법을 익힌다. 이 장을 통해 안드로이드 위젯의 계층 구조와 보편적인 특성을 익힐 수 있다.

CHAPTER **12 어댑터뷰**

어댑터로부터 데이터를 공급 받아 화면에 출력하는 리스트뷰, 스피너 등의 고급 위젯 사용 방법을 소개한다. 어댑터뷰로 대량의 정보를 화면에 출력하고 관리한다.

CHAPTER **13 고급 위젯**

작업 단계를 표시하거나 입력 받는 프로그래스바, 시크바 등을 연구한다. 시간, 날짜를 보여 주거나 입력받는 위젯, 기타 고급 위젯을 소개하고 위젯을 이용한 종합 실습 예제로 스포츠 경기 점수판 프로젝트를 분석한다. 최신 SDK에 새로 추가된 위젯에 대해서도 요약적으로 설명한다.

CHAPTER 14 커스텀 위젯

기존 위젯을 변경하여 실제 프로젝트에 바로 사용할 수 있는 커스텀 위젯을 제작하는 방법을 익힌다. 위젯이 상위의 뷰그룹과 통신하는 방법을 연구해 볼 수 있으며 커스텀 속성을 통해 위젯의 활용성을 높이는 방법에 대해서도 알아본다.

CHAPTER 15 리소스 관리

안드로이드는 다양한 화면 크기와 밀도를 지원한다. 이 장에서는 장비 호환성을 확보하기 위한 대체 리소스 작성법과 화면 다양성에 대처하는 방법을 학습한다.

CHAPTER 16 대화상자

대화상자는 사용자와 통신하는 장치이다. 이 장에서는 사용자에게 메시지를 전달하는 방법, 사용자에게 질문을 하고 응답 결과에 따라 프로그램의 동작을 결정하는 방법 등을 익힌다.

CHAPTER **17 액티비티**

안드로이드의 화면 하나는 액티비티로 구성되며 액티비티는 안드로이드 응용 프로그램을 구성하는 가장 중요한 컴포넌트이다. 인텐트를 통해 액티비티끼리 통신하는 방법과 액티비티의 생명 주기를 관리함으로써 상태를 저장하는 방법에 대해 연구해 본다.

CHAPTER **18 프로세스**

액티비티보다 상위의 개념인 태스크 개념과 태스크를 관리하는 고급 속성, 인텐트의 플래그 등을 연구한다. 액티비티 하위의 윈도우를 응용하는 여러 가지 고급 기법도 소개한다.

CHAPTER 19 스레드

안드로이드는 멀티 스레드를 지원하는 운영체제이다. 이 장에서는 스레드를 생성하는 방법과 핸들러를 통해 스레드끼리 통신하는 방법 등을 소개하고 스레드를 활용하여 작업을 스케줄링하고 ANR을 회피하는 방법에 대해서 연구해 본다.

CONTENTS

 2권 목차

CHAPTER **20 프래그먼트**

프래그먼트는 액티비티의 화면을 분할하여 재사용 가능한 뷰그룹을 정의하는 기법이다. 프래그먼트로 뷰그룹을 구성하면 하나의 소스로 핸드셋과 태블릿을 동시에 지원하는 앱을 작성할 수 있다.

CHAPTER **21 액션바**

액션바는 이전 버전의 메뉴를 대체하여 자주 사용하는 명령을 타이틀 바에 배치하여 접근성을 높이는 방법이다. 명령 외에 액션 뷰를 배치할 수도 있으며 내비게이션 기능을 제공하기도 한다.

CHAPTER **22 그리기**

필터로 여러 가지 효과를 구현하는 방법과 좌표 공간을 조작함으로써 출력을 원하는 대로 조작하는 변환 기법을 소개한다. 서피스 뷰는 백그라운드 스레드에서 그리기를 수행함으로써 출력 품질을 극적으로 향상시키는 기법이다.

CHAPTER **23** 애니메이션

애니메이션으로 동적인 화면을 구성하는 방법을 소개한다. 레이아웃 애니메이션은 리스트뷰의 개별 항목을 애니메이션하는 기법이다.

CHAPTER **24 속성 애니메이션**

허니콤에서 새로 추가된 속성 애니메이션 방법을 소개한다. 임의의 속성값에 대해 애니메이션을 적용함으로써 활용 범위가 훨씬 더 넓어질 수 있다.

CHAPTER **25 파일**

프로그램이 생성한 데이터를 영구적으로 저장하는 기술을 소개한다. 대용량의 정보는 파일에 저장하며 설정 상태 등의 정보는 프레퍼런스에 영구 저장한다. 자주 변경되는 정보는 SQLite 데이터베이스에 저장하며 CP를 통해 다른 응용 프로그램과 정보를 공유하는 방법에 대해서도 연구해 본다.

CHAPTER **26 CP**

SQLite 데이터베이스에 정보를 영구적으로 저장 및 관리하는 방법을 소개한다. CP를 통해 다른 응용 프로그램과 정보를 공유하는 방법에 대해서도 연구해 본다.

CHAPTER **27 클립보드**

모바일 네트워크를 통해 웹 서버나 웹 서비스에 접속하여 통신하는 방법을 알아 본다. 웹 통신의 기본 포맷인 XML을 파싱하여 정보를 추출하는 방법에 대해서도 연구해 본다.

CHAPTER **28 네트워크**

모바일 네트워크를 통해 웹 서버나 웹 서비스에 접속하여 통신하는 방법을 알아 본다. 웹 통신의 기본 포맷인 XML을 파싱하여 정보를 추출하는 방법에 대해서도 연구해 본다.

CHAPTER **29 BR**

백그라운드에서 실행되는 서비스와 통지, BR 등에서 사용자에게 알림을 보낼 수 있는 여러 가지 방법에 대해 알아 보고 앱 사이의 공식적인 통신 방법인 BR 제작을 실습한다.

CHAPTER **30 서비스**

서비스는 사용자와 상호작용 없이 백그라운드에서 지속적으로 실행되는 구성요소이다. 배경에서 실행되는 데몬과 원격 인터페이스 서비스를 소개하고 서비스를 응용한 라이브 벽지와 소프트 키보드에 대해 실습한다.

CHAPTER **31 제스처**

사용자의 터치 입력을 논리적으로 해석하는 제스처 기법과 여러 손가락의 입력을 동시에 받아 들여 고수준의 명령으로 해석하는 멀티 터치 기법에 대해 소개한다.

CHAPTER **32 맵 서비스**

안드로이드의 대표적인 기능인 지도 서비스에 대해 연구한다. 위치 제공자로 현재 좌표를 알아내고 좌표의 변화를 인식하는 방법을 소개하며 맵뷰로 현재 위치를 표시하거나 맵뷰 위에 추가 정보를 표시하는 오버레이를 연구한다.

CHAPTER 33 **멀티미디어**

오디오, 비디오를 재생 및 녹화하는 방법을 소개한다. 또한 안드로이드가 미디어를 관리하는 방법을 연구하고 미디어 DB로부터 원하는 정보를 추출하는 방법을 소개한다. 카메라는 렌즈로부터 입수된 영상을 파일로 저장하는 장치이다.

CHAPTER 34 센서

가속 센서를 통해 모바일 장비의 이동을 인식하고 활용하는 방법을 연구하고 그 외의 다양한 센서에 대해서도 소개한다.

CHAPTER 35 시스템 설정

하드웨어의 전원을 관리하는 방법에 대해 알아 보고 화면을 유지하는 방법을 실제 예제에 응용해 본다. 시스템 설정을 조사 및 변경하는 방법도 소개한다.

CHAPTER 36 전화

전화를 거는 방법과 메시지를 보내고 받는 방법을 연구한다. 모바일 장비의 주소록 데이터베이스를 액세스하는 방법과 통화 및 메시지 기록을 관리하는 방법도 소개한다.

CHAPTER **37 앱위젯**

앱위젯은 홈 화면에서 실행되는 조그만 프로그램이다. 앱위젯의 동작 방식에 대해 연구해 보고 두 개의 실습 예제를 작성한다.

CHAPTER 38 플레이 스토어

완성된 예제의 속성을 정리하고 서명을 작성하여 프로그램의 제작자를 밝히는 방법을 알아 본다. 최종 릴리즈된 프로그램을 마켓에
등록하여 사용자들에게 배포하는 방법도 소개한다.

CHAPTER 20

프래그먼트

20.1 프래그먼트

20.1.1 화면 분할

태블릿은 핸드셋에 비해 화면이 훨씬 넓어 더 많은 정보를 한눈에 볼 수 있다. 그러나 소화면의 핸드셋용으로 작성한 앱을 대화면의 태블릿에서 실행하면 공간이 너무 낭비되어 썰렁해 보이며 넓은 화면의 장점을 제대로 활용하지 못한다. 액티비티는 화면 하나를 정적으로 정의하며 더 이상 분할하기 어렵다. 아직까지는 핸드셋이 더 범용적인 장비여서 태블릿 전용으로 다시 만들지 않는 한 대화면의 이점을 누리지 못한다.

그래서 프래그먼트(Fragment)라는 새로운 장치를 도입하였다. 직역하자면 조각이라는 뜻인데 액티비티보다 더 작은 화면 단위를 정의하고 프래그먼트를 조합하여 완성된 화면을 표현한다. 디자인 타임에 배치가 미리 결정되는 액티비티에 비해 실행 중에도 추가, 제거, 교체 가능하여 동적이고 유연한 화면을 만들 수 있다. 프래그먼트의 가장 전형적인 사용 예는 설정창이며 핸드셋과 태블릿의 설정창을 비교해 보면 어떤 차이점이 있는지 분명히 알 수 있다.

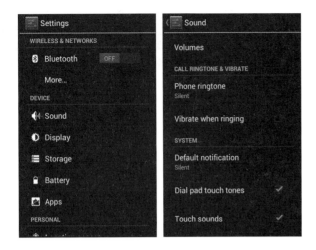

핸드셋의 설정창은 목록만 보이고 목록에서 Sound, Display 등의 설정 항목을 클릭하여 다른 액티비티로 전환해야 세부 설정을 보고 편집할 수 있다. 원하는 옵션을 찾기 위해 목록을 일일이 클릭하면서 들락 날락해야 한다. 반면 태블릿의 설정창은 화면을 둘로 나누어 왼쪽에는 목록을 보여주고 오른쪽에는 세부 설정을 표시하여 화면 전환없이도 모든 설정을 일목요연하게 볼 수 있다. 넓은 화면의 이점을 제대로 사용한 예이며 뉴스나 사전앱 등에도 이런 구조가 적합하다.

이 화면에서 왼쪽의 목록과 오른쪽의 설정창이 바로 액티비티의 화면을 분할하는 프래그먼트이다. 프래그먼트는 교체 및 재사용 가능한 작은 액티비티라고 할 수 있다. 프로그래먼트 이전에 비슷한 효과를 내기 위해 ActivityGroup 클래스를 활용하여 액티비티끼리 중첩하는 방법을 사용했었다. 그러나 화면 하나를 포함하는 액티비티를 다른 화면 안에 내장한다는 것은 구조적으로 문제가 많고 다루기도 어려웠다. 그래서 더 쓰기 쉬운 프래그먼트로 교체되었다.

프래그먼트는 실행 중에 조합하여 배치할 수 있고 시스템 구성에 따라 사용 여부를 선택할 수 있어 장비별로 앱을 따로 작성할 필요 없이 하나의 코드로 핸드셋과 태블릿을 동시에 지원하는 것이 가능하다. 화면 크기 외에 방향에 따라 다른 배치를 만들 때도 유용하다. 세로 화면은 폭이 좁으므로 목록만 보여주고 가로 화면은 목록과 내용을 동시에 보여주는 식이다. 메시지 앱이 이런 식으로 작성되며 왼쪽에서 대화 상대를 고르는 즉시 오른쪽에 대화 내용이 표시된다.

프래그먼트는 태블릿의 이점을 활용하기 위해 도입된 장치이지만 4.0 이후에는 SDK가 통합됨으로써 핸드셋에도 적용할 수 있다. 지금부터는 모든 앱이 핸드셋과 태블릿을 동시에 지원해야 하므로 프래그먼트는 더 이상 선택이 아닌 필수 기술이다. 핸드셋 전용 앱이 아닌 한 디자인 단계에서부터 프래그먼트의 사용을 미리 고려해야 한다. 프래그먼트의 주요 특징은 다음과 같다.

① 액티비티를 분할하여 화면의 한 부분을 정의한다.
② 자신만의 레이아웃, 동작, 생명 주기를 가지는 독립적인 모듈이다.
③ 여러 액티비티에서 재사용 가능하다.
④ 실행 중에 추가, 제거, 대체 가능하며 잠시 숨길 수도 있다.

요약하자면 프래그먼트는 실행 중에 배치 가능한 화면 구성 조각이다. 물론 프래그먼트 이전에도 비슷한 효과를 낼 수 있는 레이아웃이라는 개념이 있어 당장 사용하지 않는 부분은 숨겨 둔다거나 실행 중에 뷰그룹을 추가 및 제거할 수 있다. 그러나 다량의 코드가 요구되어 적용하기 번거로울 뿐 아니라 당장 사용하지 않는 코드까지 메모리로 올라와 실행되므로 효율이 좋지 못하다. 프래그먼트는 동적인 화면을 구성하기 위해 만든 기술이고 안드로이드 시스템과 잘 융합되므로 이런 문제가 덜하다. 레이아웃은 모양만 정의할 뿐이고 동작까지 포함하지 않는데 비해 프래그먼트는 자체의 동작까지 내부에 완전히 포함한다는 면에서 차원이 다르다.

새로운 기술이다 보니 프로그래밍하는 방법은 다소 어렵다. 화면의 한 부분을 구성하는 조각이면서도 자격은 액티비티와 거의 동일해서 잔손이 많이 간다. 또 고급 기술인만큼 운영체제와 엮이는 부분이 많아 선수 지식도 많이 요구된다. 액티비티의 생명 주기, 정보 저장에 대해 정확하게 이해하고 있어야 하며 장비나 환경에 따라 여러 벌의 리소스를 작성하는 방법에도 익숙해야 한다.

프래그먼트는 그 자체로 하나의 독립적인 기능을 수행하는 모듈이며 임의의 액티비티에 재사용 가능하다. 재사용성을 확보하려면 프래그먼트끼리 서로를 직접 조작하는 것은 피해야 한다. 프래그먼트는 하나의 특정한 기능을 제공할 뿐이므로 상위의 액티비티에서 소속 프래그먼트를 관리하는 것이 정석이다. 만약 두 프래그먼트가 서로 통신해야 한다면 직접 하기보다는 액티비티를 경유하는 것이 바람직하다.

20.1.2 프래그먼트의 생명 주기

프래그먼트는 기능적으로 독립적인 모듈이지만 홀로 화면에 나타날 수 없다. 어디까지나 화면을 구성하는 조각일 뿐이므로 액티비티에 소속되어야 하며 액티비티의 구성원으로서 화면에 표시된다. 따라서 액티비티와 긴밀한 연관을 맺으며 액티비티의 생명 주기에 따라 자신도 고유의 생명 주기를 가진다. 액티비티가 시작되어야 프래그먼트도 동작을 시작하며 액티비티가 멈추면 소속된 모든 프래그먼트도 같이 멈춘다.

생명 주기가 유사하므로 액티비티와 프래그먼트는 프로그래밍하는 방법이 비슷하다. 만약 기존의 액티비티로 작성된 기능을 재사용 편의를 위해 프래그먼트로 바꾸고 싶다면 액티비티의 콜백에 작성된 코드를 프래그먼트의 대응되는 콜백으로 옮긴다. 물론 그 외에도 약간의 잔손질은 필요하겠지만 적어도 생명 주기 이벤트에 대한 처리는 거의 유사하다. 프래그먼트의 전체적인 생명 주기는 다음과 같다. 액티비티와 유사하되 몇 가지 추가된 콜백이 더 있다.

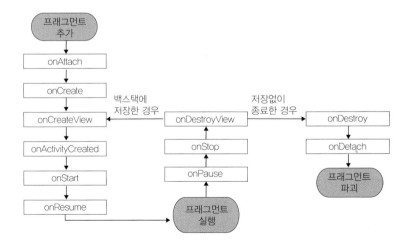

프래그먼트의 콜백은 액티비티와 마찬가지로 초기화, 정보의 저장 및 복구, 종료 처리 과정에 관여한다. 액티비티의 생명 주기를 알고 있다면 쉽게 이해할 수 있다. 많은 콜백 중에 onCreate, onCreateView, onPause 콜백은 거의 필수적으로 구현해야 하며 나머지는 필요할 때만 구현한다. 액티비티가 생성될 때 프래그먼트의 다음 콜백이 순서대로 호출되며 여기서 프래그먼트를 초기화한다.

void onAttach(Activity activity)

액티비티에 프래그먼트가 처음 부착될 때 호출된다. 인수로 전달되는 activity는 프래그먼트가 배치되는 호스트 액티비티이다. 프래그먼트는 홀로 사용될 수 없고 항상 액티비티의 한 부분으로 사용되는데 인수로 전달된 activity가 바로 주인 액티비티이다. 이 인수를 저장하지 않더라도 프래그먼트의 getActivity 메서드로 다시 조사할 수 있으므로 프래그먼트는 액티비티의 모든 공개 멤버를 언제든지 사용할 수 있는 셈이다.

void onCreate(Bundle savedInstanceState)

프래그먼트가 생성될 때 호출된다. 이 콜백에서 프래그먼트 동작에 꼭 필요한 요소를 초기화하되 초기화할 것이 따로 없다면 생략 가능하다. 이 단계에서는 호스트 액티비티도 아직 초기화중인 상태이며 따라서 액티비티의 컨트롤을 안전하게 참조할 수 없다. 액티비티가 완전히 초기화된 시점이 필요하면 onActivityCreated 콜백을 사용한다. onCreate의 인수로 전달되는 savedInstanceState는 프래그먼트가 재생성될 때의 이전 상태이며 이 값을 참조하여 이전 상태로 복구한다. 액티비티의 상태 저장 방식과 동일하다. 이후의 초기화 관련 메서드로도 동일한 인수가 반복적으로 전달되는데 필요한 시점에 참조하면 된다. 흔하지는 않지만 프래그먼트도 메뉴를 가질 수 있다. 메뉴를 정의하려면 onCreate에서 setHasOptionsMenu 메서드로 메뉴가 있음을 미리 밝혀 놓는다. 그러면 액티비티와 마찬가지로 onCreateOptionsMenu가 호출되며 여기서 메뉴를 전개하여 붙인다. 프래그먼트의 메뉴는 액티비티의 기존 메뉴에 추가된다.

View onCreateView
(LayoutInflater inflater, ViewGroup container, Bundle savedInstanceState)

프래그먼트의 UI를 처음 그릴 때 호출되며 이 단계에서 프래그먼트는 자신의 레이아웃을 생성한 후 루트 뷰를 리턴한다. UI를 가지지 않는 특수한 프래그먼트는 여기서 null을 리턴한다. 대개의 경우 UI를 가지므로 이 콜백이 프래그먼트 입장에서는 가장 중요하다. 레이아웃은 보통 XML 파일로 정의하고 전개해서 생성하는데 첫 번째 인수인 inflater로 전개자가 전달되므로 전개자를 따로 구하지 않아도 된다. 두 번째 인수 container는 프래그먼트가 배치될 액티비티의 부모 뷰이며 액티비티의 이 위치에 프래그먼트가 생성 및 배치된다. 이 콜백에서 리턴한 레이아웃이 액티비티의 container 영역에 나타난다.

void onActivityCreated(Bundle savedInstanceState)

액티비티가 완전히 초기화되고 프래그먼트의 레이아웃도 완성되었을 때 호출된다. 초기화 완료된 상태이므로 이 메서드에서 뷰의 상태를 복구하는 등의 동작을 안전하게 수행할 수 있으며 액티비티의 다른 위젯을 참조하거나 조작할 수 있다.

이 4개의 콜백을 차례대로 실행한 후 onStart와 onResume이 연이어 호출된다. 이 두 콜백은 액티비티의 콜백과 같은 시점에 호출되며 의미도 동일하다. 이후 프래그먼트는 실행을 시작하여 고유의 기능을 수행한다. 액티비티가 정지 상태가 되면 프래그먼트도 같이 정지되며 이때 다음 콜백이 호출된다.

void onPause()

프래그먼트가 정지될 때 호출된다. 정지가 반드시 파괴를 의미하는 것은 아니지만 정지된 후 다시 돌아온다는 보장이 없으므로 이 단계에서 중요한 정보를 저장해야 한다. 주로 영구 정보를 저장한다.

void onSaveInstanceState(Bundle outState)

생명 주기 메서드는 아니지만 onPause와 함께 호출되며 이 메서드에서 임시 정보를 저장한다. 인수로 전달된 outState에 정보를 저장하면 프래그먼트가 재생성될 때 다시 전달된다. 액티비티와는 달리 반대 메서드인 onRestoreInstanceState 메서드는 제공되지 않으며 대신 생성 단계의 세 콜백 메서드로 저장된 정보가 전달된다.

액티비티가 파괴될 때는 onDestroyView, onDestroy, onDetach 콜백이 순서대로 호출된다. 프래그먼트 생성시에 할당한 자원이 있다면 이 시점에서 해제한다. 특별히 초기화한 자원이 없다면 굳이 재정의하지 않아도 상관없다.

20.1.3 Fragment 예제

프래그먼트를 만들고 사용하려면 이것 저것 잔손이 많이 가고 만들어야 할 것이 많아 실습 절차가 복잡하고 헷갈린다. 우선 극단적으로 간단한 예제를 통해 제작 절차부터 익혀 보자. 프래그먼트도 화면에 보이고 사용자와 상호 작용하는 위젯이 필요하므로 레이아웃을 정의해야 한다. 액티비티와 마찬가지로 통상 XML 파일로 레이아웃을 정의하고 코드에서는 XML 레이아웃을 전개하여 사용한다.

counterfragment.xml

```xml
<LinearLayout xmlns:android="http://schemas.android.com/apk/res/android"
    android:orientation="vertical"
    android:layout_width="match_parent"
    android:layout_height="match_parent"
    android:gravity="center_horizontal"
    android:background="#ffff00"
    >
<TextView
    android:id="@+id/txtcounter"
    android:layout_width="wrap_content"
    android:layout_height="wrap_content"
    android:textColor="#ff0000"
    android:textSize="40sp"
    android:text="0"
    />
<Button
    android:id="@+id/btnincrease"
    android:layout_width="wrap_content"
    android:layout_height="wrap_content"
    android:text="Increase"
    />
</LinearLayout>
```

수직 리니어에 텍스트뷰와 버튼 하나를 배치했다. 프래그먼트 영역이 확실하게 눈에 띄도록 의도적으로 노란색의 유치한 배경을 지정했으며 차일드는 수평 중앙으로 정렬한다. 아래쪽의 Increase 버튼을 누르면 위쪽의 텍스트뷰에 1씩 증가하는 카운트를 출력하는 간단한 프래그먼트이다.

다음은 이 프래그먼트를 사용할 액티비티와 프래그먼트 클래스를 작성한다. 독립적인 모듈인 프래그먼트는 재사용성을 위해 별도의 소스 파일에 작성하는 것이 원칙이지만 실습이 번거로우므로 편의상 액티비티 안에 정적 내부 클래스로 선언했다. 액티비티의 일부분을 구성하는 프래그먼트라면 같은 소스 파일에 정의하는 것도 나쁘지 않으며 내부 클래스라도 public 속성을 가지므로 외부에서 참조할 수 있다.

FragmentTest

```
<LinearLayout xmlns:android="http://schemas.android.com/apk/res/android"
    android:layout_width="match_parent"
    android:layout_height="match_parent"
    android:orientation="vertical" >
<TextView
    android:layout_width="match_parent"
    android:layout_height="wrap_content"
    android:text="아래 영역은 프래그먼트로 생성되었습니다." />
<fragment
    android:name="andexam.ver6.c20_fragment.FragmentTest$CounterFragment"
    android:id="@+id/counterfragment"
    android:layout_width="match_parent"
    android:layout_height="wrap_content"
    />
</LinearLayout>
----------------------------------------------------------
public class FragmentTest extends Activity {
    public void onCreate(Bundle savedInstanceState) {
        super.onCreate(savedInstanceState);
        setContentView(R.layout.fragmenttest);
    }

    public static class CounterFragment extends Fragment {
        public View onCreateView(LayoutInflater inflater, ViewGroup container,
                Bundle savedInstanceState) {
            View root = inflater.inflate(R.layout.counterfragment, container, false);

            Button btnIncrease = (Button)root.findViewById(R.id.btnincrease);
```

```
final TextView textCounter=(TextView)root.findViewById(R.id.txtcounter);
btnIncrease.setOnClickListener(new Button.OnClickListener() {
    public void onClick(View v) {
        int count = Integer.parseInt(textCounter.getText().toString());
        textCounter.setText(Integer.toString(count + 1));
    }
});

return root;
    }
  }
}
```

액티비티의 레이아웃에는 텍스트뷰와 카운터 프래그먼트를 배치했다. 텍스트뷰는 예제에 대한 설명을 제공하고 프래그먼트와 동등한 자격을 가지는 위젯임을 보이기 위해 배치한 것이다. 이 레이아웃에서 텍스트뷰와 프래그먼트는 형제 관계이다. XML 문서에서 프래그먼트는 fragment 엘리먼트로 배치한다. 커스텀 위젯은 클래스 이름 자체를 엘리먼트명으로 사용하지만 프래그먼트는 엘리먼트 이름이 fragment로 고정되어 있다. 엘리먼트의 첫 f가 대문자가 아닌 소문자임을 유의하자.

fragment 엘리먼트는 이름 자체에 구현 클래스가 없는 대신 name 속성으로 구현 클래스를 지정한다. 독립된 클래스라면 전체 경로를 밝히고 다른 클래스에 소속된 내부 클래스라면 $ 기호로 소속 클래스를 함께 밝힌다. FragmentTest$CounterFragment는 FragmentTest의 내부 클래스인 CounterFragment를 의미한다. 부분 경로는 인정하지 않으므로 반드시 풀 패키지 경로를 적어야 한다. 이 경로가 틀려도 컴파일 에러는 발생하지 않지만 실행 중에 프래그먼트를 찾지 못해 다운되므로 정확하게 적었는지 주의하자.

프래그먼트는 실행 중에 편집 가능한 프로그래밍 대상이므로 id 속성으로 고유한 명칭을 반드시 지정해야 한다. 위 예제에서는 counterfragment라는 id를 부여했다. 설사 코드에서 프래그먼트를 직접 참조하지 않더라도 시스템이 내부적으로 id를 사용하므로 id 속성은 필수이며 생략 시 예외가 발생한다. 나머지 배치 관련 속성은 일반 위젯의 경우와 동일하며 모든 레이아웃 관련 속성을 다 사용할 수 있다. 폭은 부모를 가득 채우고 높이는 프래그먼트의 레이아웃 높이만큼만 차지하도록 했다.

```
〈fragment
    android:name="andexam.ver6.c20_fragment.FragmentTest$CounterFragment"
    android:id="@+id/counterfragment"
    android:layout_width="match_parent"
    android:layout_height="wrap_content"
    />
```

액티비티 자체에는 레이아웃을 전개하여 채우는 코드밖에 없으며 모든 처리는 프래그먼트가 자체적으로 수행한다. 액티비티 클래스 안쪽에는 프래그먼트의 구현 클래스인 CounterFragment가 내부클래스로 정의되어 있다. 프래그먼트는 당연히 Fragment 클래스로부터 상속 받으며 상속 후에 필요한 콜백을 재정의한다. 프래그먼트가 생성될 때 호출되는 onCreateView 콜백에서 프래그먼트의 레이아웃을 전개했다. 전개자와 부모 뷰가 인수로 전달되므로 이 값을 그대로 사용하며 inflate 메서드를 호출하여 미리 정의해 놓은 XML 레이아웃을 전개하였다.

container에 프래그먼트를 부착하는 것은 시스템이 알아서 처리하므로 inflate 메서드의 마지막 인수는 false여야 한다. 이 값을 true로 지정하여 전개된 뷰를 container에 부착해도 별다른 이상은 없으며 에러도 발생하지 않는다. 그러나 이중으로 부착되어 자원만 낭비되므로 전개할 때 부착할 필요 없이 시스템에게 맡겨두면 된다. onCreateView의 두 번째 인수 container는 프래그먼트를 부착할 뷰이되 여기다 부착하라는 뜻이 아니라 다만 레이아웃 파라미터 참조용으로 전달될 뿐이다.

레이아웃을 전개한 후 버튼의 이벤트 핸들러를 작성한다. 프래그먼트는 독립적으로 동작하는 모듈이므로 내부 위젯의 이벤트도 처리한다. 전개된 root 뷰의 findViewById 메서드로 버튼과 텍스트뷰를 찾고 버튼에 대해 클릭 이벤트 핸들러를 작성했다. 버튼은 상관없지만 텍스트뷰를 핸들러내에서 참조하므로 반드시 final로 선언해야 한다. 핸들러의 내용은 무척 간단하다. 텍스트뷰의 숫자 값을 읽어 1 증가시킨 후 다시 대입한다. 버튼을 누를 때마다 카운트를 증가시킴으로써 프래그먼트 혼자 독립적으로 동작한다는 것을 보여준다.

onCreateView 콜백은 레이아웃 전개와 초기화를 마친 후 루트 레이아웃을 리턴한다. 액티비티는 전개된 레이아웃을 컨테이너 위치에 배치하며 fragment 엘리먼트가 있는 자리에 프래그먼트의 실제 레이아웃이 나타난다. 실행해 보자.

노란색 프래그먼트가 액티비티에 나타나며 버튼을 누르면 스스로 동작한다. 액티비티는 레이아웃 전개 과정에서 fragment 엘리먼트를 만나면 name 속성이 지정하는 클래스의 객체를 생성한다. 이 때 프래그먼트의 생명 주기가 시작되며 프래그먼트의 onCreateView 콜백이 호출되고 여기서 레이아웃을 전개 및 초기화하여 루트 뷰를 리턴한다. 텍스트뷰와 버튼을 가진 리니어를 리턴했으며 이 리니어가 액티비티의 fragment 엘리먼트 자리에 대체된다.

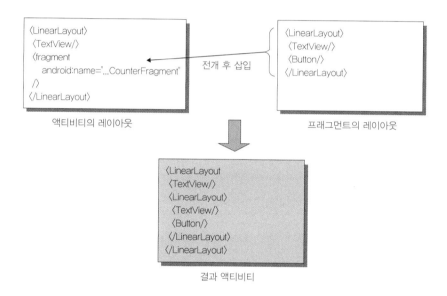

수직 리니어 안의 텍스트뷰와 버튼이 메인 액티비티의 한 영역에 나타나며 스스로 이벤트를 처리하는 핸들러를 정의하므로 버튼 클릭 시 증가 동작도 잘 수행된다. 프래그먼트가 마치 독립된 커스텀 위젯처럼 동작한다.

프래그먼트는 생명 주기에 대한 처리, 자신의 레이아웃, 이벤트에 대한 동작 정의까지 완벽하게 구현한다. 출력과 동작에 필요한 모든 것을 스스로 품고 있으므로 다른 액티비티에 얼마든지 재사용할 수 있다. 과연 그런지 새로운 액티비티를 하나 더 만들어 보자.

```
<LinearLayout xmlns:android="http://schemas.android.com/apk/res/android"
    android:layout_width="match_parent"
    android:layout_height="match_parent"
    android:orientation="vertical" >
<TextView
    android:layout_width="match_parent"
    android:layout_height="wrap_content"
    android:text="프래그먼트를 재사용합니다." />
<LinearLayout
    android:layout_width="match_parent"
    android:layout_height="wrap_content"
    android:orientation="horizontal" >
<Button
    android:layout_width="wrap_content"
    android:layout_height="match_parent"
    android:text="Left"
    />
<fragment
    android:name="andexam.ver6.c20_fragment.FragmentTest$CounterFragment"
    android:id="@+id/counterfragment"
    android:layout_width="wrap_content"
    android:layout_height="wrap_content"
    />
<Button
    android:layout_width="wrap_content"
    android:layout_height="match_parent"
    android:text="Right"
    />
</LinearLayout>
<EditText
    android:layout_width="match_parent"
    android:layout_height="wrap_content"
    android:text="프래그먼트를 재사용합니다." />
</LinearLayout>
```

```
public class ReuseFragment extends Activity {
    public void onCreate(Bundle savedInstanceState) {
        super.onCreate(savedInstanceState);
        setContentView(R.layout.reusefragment);
    }
}
```

여러 뷰 사이에 배치할 수 있음을 보이기 위해 텍스트뷰, 버튼, 에디트 위젯을 프래그먼트 주변에 배치했다. fragment 엘리먼트는 앞 예제에서 작성한 클래스를 그대로 재사용한다. 비록 내부 클래스이지만 public이어서 외부에서 참조할 수 있으므로 프래그먼트 구현 클래스를 새로 만들 필요는 없다. 프래그먼트의 폭, 높이는 모두 자신의 크기만큼 차지한다. 액티비티 레이아웃 내부의 fragment가 프래그먼트의 onCreateView에서 리턴하는 뷰로 대체된다.

여러 컨트롤 사이에 프래그먼트가 배치되었으며 버튼을 누르면 카운트가 증가한다. 레이아웃과는 달리 코드까지도 재사용된다. 액티비티가 아무런 코드를 제공하지 않아도 프래그먼트 혼자 잘 동작하며 재사용성이 뛰어나다는 것도 확인해 보았다. 내부 동작이 아무리 복잡해도 프래그먼트가 알아서 처리하며 액티비티는 배치하고 싶은 곳에 자리만 내 줄 뿐이다. 이 프래그먼트를 사용하고 싶은 액티비티는 원하는 위치에 〈fragment〉 엘리먼트만 작성하면 된다.

20.2 프래그먼트 관리

20.2.1 프래그먼트의 이벤트 핸들러

앞 항의 FragmentTest 예제를 통해 프래그먼트를 작성하는 절차에 대해 실습해 보았다. 프래그먼트 하나를 사용하는 액티비티를 제작하기 위해 다음 4개의 모듈을 작성해야 한다. 액티비티를 하나 더 추가하는 것과 같다.

> ① 액티비티의 레이아웃
> ② 액티비티의 클래스
> ③ 프래그먼트의 레이아웃
> ④ 프래그먼트의 클래스

프래그먼트도 일종의 작은 액티비티여서 프래그먼트 하나당 레이아웃과 클래스 파일이 각각 필요한 것이 원칙이다. 2개의 프래그먼트를 사용한다면 총 6개의 모듈이 필요한 셈이다. 이 구성은 여러 형태로 변형 가능하다. 레이아웃이 단순하다면 XML로 정의하는 대신 코드로 만들 수 있고 프래그먼트 클래스는 액티비티의 내부 클래스로 정의하면 된다. FragmentTest 예제는 프래그먼트와 액티비티의 클래스를 한 파일에 합침으로써 3개의 파일만 작성했다.

각 개발자는 개성과 필요에 따라 여러 형태를 사용한다. 구성에 따라 효과가 약간 달라지며 일부 될 것 같으면서도 안 되는 위험한 코드도 있어 각 변형에 대해 연구할 필요가 있다. 우선 액티비티의 경우와 마찬가지로 프래그먼트의 레이아웃을 따로 만들지 않고 실행 중에 생성할 수 있다. 다음 코드도 앞 예제와 결과는 같다. 동일한 동작을 보이는 코드이므로 예제를 따로 만들지는 않았으며 FragmentTest.java 파일에 주석으로 묶어 두었다.

```
/* 2.직접 생성하기
public class FragmentTest extends Activity {
    public void onCreate(Bundle savedInstanceState) {
        super.onCreate(savedInstanceState);
        setContentView(R.layout.fragmenttest);
    }

    public static class CounterFragment extends Fragment {
        public View onCreateView(LayoutInflater inflater, ViewGroup container,
                Bundle savedInstanceState) {
            LinearLayout root = new LinearLayout(getActivity());
            root.setOrientation(LinearLayout.VERTICAL);
            root.setBackgroundColor(Color.YELLOW);
            root.setGravity(Gravity.CENTER_HORIZONTAL);

            final TextView textCounter = new TextView(getActivity());
            textCounter.setText("0");
            textCounter.setTextColor(Color.RED);
            textCounter.setTextSize(40);

            Button btnIncrease = new Button(getActivity());
            btnIncrease.setText("Increase");

            LinearLayout.LayoutParams param = new LinearLayout.LayoutParams(
                    LinearLayout.LayoutParams.WRAP_CONTENT,
                    LinearLayout.LayoutParams.WRAP_CONTENT);
            root.addView(textCounter, param);
            root.addView(btnIncrease, param);
```

```
        btnIncrease.setOnClickListener(new Button.OnClickListener() {
            public void onClick(View v) {
                int count = Integer.parseInt(textCounter.getText().toString());
                textCounter.setText(Integer.toString(count + 1));
            }
        });

        return root;
    }
  }
}
```

XML로부터 레이아웃을 전개하지 않고 직접 위젯을 생성했다는 차이밖에 없다. 어쨌든 onCreateView에서 프래그먼트의 모양을 정의하는 루트 뷰만 리턴하면 된다. 실행 중에 코드로 레이아웃을 만들었으므로 counterfragment.xml 파일은 없어도 상관없으며 차일드를 직접 생성했으므로 findViewById로 검색할 필요도 없다. 프래그먼트의 구조가 아주 간단하다면 이 방법도 사용할만하지만 웬만하면 XML 파일로 레이아웃을 만들고 전개하는 것이 편리하다. 보다시피 코드가 너무 길고 레이아웃이 복잡하면 감당하기 어렵다.

다음은 프래그먼트의 이벤트 핸들러를 작성하는 방법에 대해 연구해 보자. 1번 예제는 onCreateView에서 텍스트뷰와 버튼을 찾아 핸들러를 작성한다. 레이아웃을 만들 때 동작까지 같이 정의한 것이다. 이때 root의 findViewById 메서드를 사용했다. findViewById 메서드는 액티비티와 뷰의 멤버로 제공될 뿐 프래그먼트에는 이 메서드가 없으므로 전개된 루트 뷰로부터 차일드 위젯을 찾아야 한다. 그럼 다음과 같이 하면 어떨까?

```
/* 3.액티비티의 차일드 검색하기 - 다운됨
public class FragmentTest extends Activity {
    public void onCreate(Bundle savedInstanceState) {
        super.onCreate(savedInstanceState);
        setContentView(R.layout.fragmenttest);
    }

    public static class CounterFragment extends Fragment {
        public View onCreateView(LayoutInflater inflater, ViewGroup container,
                Bundle savedInstanceState) {
            View root = inflater.inflate(R.layout.counterfragment, container, false);

            Button btnIncrease = (Button)getActivity().findViewById(R.id.btnincrease);
```

```
        final TextView textCounter=(TextView)getActivity().findViewById(R.id.txtcounter);
        btnIncrease.setOnClickListener(new Button.OnClickListener() {
            public void onClick(View v) {
                int count = Integer.parseInt(textCounter.getText().toString());
                textCounter.setText(Integer.toString(count + 1));
            }
        });

        return root;
        }
    }
}
```

getActivity 메서드로 호스트 액티비티를 찾고 액티비티의 findViewById 메서드로 차일드를 검색했다. 프래그먼트는 하나의 액티비티에 소속되며 getActivity 메서드로 호스트 액티비티를 언제든지 찾을 수 있다. 버튼은 프래그먼트 소속이지만 전개 및 부착되면 액티비티의 차일드가 되므로 액티비티에서 위젯을 검색할 수 있다. 문법적으로 합당한 문장이어서 에러는 발생하지 않으며 아무 이상없이 잘 컴파일된다.

그러나 이 코드를 실행하면 다운된다. 왜냐하면 onCreateView 메서드가 실행되는 시점은 프래그먼트 레이아웃을 생성하고 있는 중이고 이 메서드가 루트 뷰를 리턴해야 액티비티에 추가되기 때문이다. 즉, 이 시점에는 프래그먼트 소속의 위젯이 아직 액티비티의 차일드로 등록되지 않았으므로 액티비티로부터 위젯을 검색할 수 없다. null 컨트롤에 대해 이벤트 핸들러를 설치하려고 했으므로 당연히 다운되는 것이다. 꼭 액티비티로부터 차일드를 찾으려면 액티비티의 초기화가 완료되는 onActivityCreated 콜백에서 해야 한다.

```
/* 4.onActivityCreated에서 getActivity로 검색하여 핸들러 설치하기
public class FragmentTest extends Activity {
    public void onCreate(Bundle savedInstanceState) {
        super.onCreate(savedInstanceState);
        setContentView(R.layout.fragmenttest);
    }

    public static class CounterFragment extends Fragment {
        public View onCreateView(LayoutInflater inflater, ViewGroup container,
                Bundle savedInstanceState) {
            View root = inflater.inflate(R.layout.counterfragment, container, false);
            return root;
        }
```

```
    public void onActivityCreated(Bundle savedInstanceState) {
        super.onActivityCreated(savedInstanceState);

        Button btnIncrease = (Button)getActivity().findViewById(R.
id.btnincrease);
        final TextView textCounter=(TextView)getActivity().findViewById(R.
id.txtcounter);
        btnIncrease.setOnClickListener(new Button.OnClickListener() {
            public void onClick(View v) {
                int count = Integer.parseInt(textCounter.getText().toString());
                textCounter.setText(Integer.toString(count + 1));
            }
        });
    }
  }
}
```

onActivityCreated 콜백은 액티비티가 초기화를 완료한 시점에 호출되며 프래그먼트도 완전히 전
개되어 부착된 상태이므로 이 시점에는 액티비티의 findViewById 메서드로 차일드를 안전하게 검
색할 수 있다. onCreateView 콜백과는 호출되는 시점이 다르기 때문에 검색 성공 여부에 차이가
발생한다. 액티비티로부터 검색하는 대신 프래그먼트의 getView 메서드로 루트를 찾은 후 검색하
는 방법도 사용할 수 있다.

```
//* 5.onActivityCreated에서 getView로 검색하여 핸들러 설치하기
public class FragmentTest extends Activity {
    public void onCreate(Bundle savedInstanceState) {
        super.onCreate(savedInstanceState);
        setContentView(R.layout.fragmenttest);
    }

    public static class CounterFragment extends Fragment {
        public View onCreateView(LayoutInflater inflater, ViewGroup container,
                Bundle savedInstanceState) {
            View root = inflater.inflate(R.layout.counterfragment, container, false);
            return root;
        }

        public void onActivityCreated(Bundle savedInstanceState) {
            super.onActivityCreated(savedInstanceState);

            Button btnIncrease = (Button)getView().findViewById(R.id.btnincrease);
```

```
        final TextView textCounter=(TextView)getView().findViewById(R.id.txtcounter);
        btnIncrease.setOnClickListener(new Button.OnClickListener() {
            public void onClick(View v) {
                int count = Integer.parseInt(textCounter.getText().toString());
                textCounter.setText(Integer.toString(count + 1));
            }
        });
    }
  }
}
```

4번 방법과 동일하되 getActivity()가 getView() 메서드로 바뀌었다는 점만 다르다. 액티비티 전체에서 찾는 대신 프래그먼트의 루트에서부터 찾으므로 검색 속도가 빠르고 범위가 제한되므로 더 정확하다. 단, getView 메서드는 onCreateView에서 리턴하는 루트 뷰를 조사해 주는 것이므로 onCreateView가 리턴하기 전에는 호출할 수 없다. 초기화가 완료된 후에는 임의의 메서드에서 루트를 조사할 수 있으며 따라서 언제든지 프래그먼트 소속의 컨트롤을 찾을 수 있다.

액티비티 초기화 완료 시점은 프래그먼트의 onActivityCreated 콜백뿐만 아니라 액티비티의 onCreate 메서드에서도 찾을 수 있다. 예제를 다음과 같이 수정해 보자.

```
/* 6.액티비티가 프래그먼트의 핸들러 설치하기
public class FragmentTest extends Activity {
    public void onCreate(Bundle savedInstanceState) {
        super.onCreate(savedInstanceState);
        setContentView(R.layout.fragmenttest);

        Button btnIncrease = (Button)findViewById(R.id.btnincrease);
        final TextView textCounter=(TextView)findViewById(R.id.txtcounter);
        btnIncrease.setOnClickListener(new Button.OnClickListener() {
            public void onClick(View v) {
                int count = Integer.parseInt(textCounter.getText().toString());
                textCounter.setText(Integer.toString(count + 1));
            }
        });
    }

    public static class CounterFragment extends Fragment {
        public View onCreateView(LayoutInflater inflater, ViewGroup container,
                Bundle savedInstanceState) {
            View root = inflater.inflate(R.layout.counterfragment, container, false);
            return root;
```

```
        }
    }
}
```

아예 액티비티의 onCreate에서 setContentView 메서드가 리턴하여 내용물을 다 채운 후에 핸들러를 설치했다. setContentView 메서드 실행 중에 프래그먼트가 전개되어 액티비티에 부착된다. 부착이 완료되면 프래그먼트 소속 위젯도 액티비티의 차일드이므로 액티비티의 findViewById로 검색할 수 있으며 핸들러 설치도 가능하다. 이 코드도 정상적으로 잘 동작한다.

20.2.2 여러 개의 프래그먼트

프래그먼트 소속의 위젯에 핸들러를 설치하는 여러 가지 변형 코드를 살펴보았다. 3번 방법의 경우는 아예 다운되므로 문제가 명백히 드러난다. 나머지 방법 중에 상황에 따라 편리한 방법으로 핸들러를 설치하되 경우에 따라 민감한 문제가 발생할 수 있다. 한 타입의 프래그먼트를 액티비티에 여러 개 배치할 수 있는데 하나의 액티비티에 버튼 여러 개를 배치할 수 있는 것과 마찬가지이며 특수한 예가 아닌 일반적으로 자주 발생하는 상황이다. 이 경우의 문제점을 점검해 보자.

액티비티의 findViewById 메서드로 차일드를 검색하는 4번, 6번 방법의 코드는 당장은 잘 동작하는 것 같지만 여러 개를 배치하면 이상 동작한다. 하나만 배치할 때는 해당 id의 위젯이 하나밖에 없어 잘 동작하지만 2개 이상이 배치되면 같은 id를 가지는 차일드가 여러 개 있어 첫 번째 프래그먼트의 위젯에 대해서만 핸들러가 설치되는 문제가 있다. 구체적으로 어떤 문제가 있는지 다음 예제로 테스트해 보자.

TwoFragment1

```
<LinearLayout xmlns:android="http://schemas.android.com/apk/res/android"
    android:layout_width="match_parent"
    android:layout_height="match_parent"
    android:orientation="vertical" >
<TextView
    android:layout_width="match_parent"
    android:layout_height="wrap_content"
    android:text="두 개의 프래그먼트를 배치합니다."
    />
<LinearLayout
    android:layout_width="match_parent"
```

```xml
            android:layout_height="wrap_content"
        >
    <fragment
        android:name="andexam.ver6.c20_fragment.TwoFragment1$CounterFragment"
        android:id="@+id/counterfragment1"
        android:layout_width="wrap_content"
        android:layout_height="wrap_content"
        android:layout_margin="20dp"
        />
    <fragment
        android:name="andexam.ver6.c20_fragment.TwoFragment1$CounterFragment"
        android:id="@+id/counterfragment2"
        android:layout_width="wrap_content"
        android:layout_height="wrap_content"
        android:layout_margin="20dp"
        />
</LinearLayout>
</LinearLayout>
```

```java
public class TwoFragment1 extends Activity {
    public void onCreate(Bundle savedInstanceState) {
        super.onCreate(savedInstanceState);
        setContentView(R.layout.twofragment1);
    }

    public static class CounterFragment extends Fragment {
        public View onCreateView(LayoutInflater inflater, ViewGroup container,
                Bundle savedInstanceState) {
            View root = inflater.inflate(R.layout.counterfragment, container, false);

            Button btnIncrease = (Button)root.findViewById(R.id.btnincrease);
            final TextView textCounter=(TextView)root.findViewById(R.id.txtcounter);
            btnIncrease.setOnClickListener(new Button.OnClickListener() {
                public void onClick(View v) {
                    int count = Integer.parseInt(textCounter.getText().toString());
                    textCounter.setText(Integer.toString(count + 1));
                }
            });

            return root;
        }
    }
}
```

소스에 앞 예제의 1번 방법으로 작성한 프래그먼트 클래스를 작성해 두고 레이아웃에 이 타입의 프래그먼트 2개를 배치했다. 레이아웃에 배치된 CounterFragment의 이름은 앞 예제와 같지만 소속이 다르다. 실행해 보자.

각 프래그먼트가 독립적으로 배치됨은 물론 동작도 정상적이다. 양쪽 프래그먼트의 Increase 버튼을 누르면 각자의 값이 잘 증가된다. 프래그먼트를 생성하는 단계에서 전개된 차일드를 찾아 핸들러를 설치했으므로 각 차일드가 독립적으로 동작한다. 2번 방법으로 작성한 프래그먼트도 전개 대신 직접 생성했다는 차이밖에 없으므로 여러 개를 배치해도 정상 동작한다. 그러나 4번 방법으로 핸들러를 설치하면 여러 개의 프래그먼트에 대해 정상적으로 동작하지 않는다.

TwoFragment2

```
....
<fragment
    android:name="andexam.ver6.c20_fragment.TwoFragment2$CounterFragment"
    android:id="@+id/counterfragment1"
    android:layout_width="wrap_content"
    android:layout_height="wrap_content"
    android:layout_margin="20dp"
    />
....
-------------------------------------------------------------
public class TwoFragment2 extends Activity {
    public void onCreate(Bundle savedInstanceState) {
        super.onCreate(savedInstanceState);
        setContentView(R.layout.twofragment2);
    }

    public static class CounterFragment extends Fragment {
        public View onCreateView(LayoutInflater inflater, ViewGroup container,
                Bundle savedInstanceState) {
            View root = inflater.inflate(R.layout.counterfragment, container, false);
            return root;
```

```
            }

        public void onActivityCreated(Bundle savedInstanceState) {
            super.onActivityCreated(savedInstanceState);

            Button btnIncrease = (Button)getActivity().findViewById(R.id.btnincrease);
            final TextView textCounter=(TextView)getActivity().findViewById(R.id.txtcounter);
            btnIncrease.setOnClickListener(new Button.OnClickListener() {
                public void onClick(View v) {
                    int count = Integer.parseInt(textCounter.getText().toString());
                    textCounter.setText(Integer.toString(count + 1));
                }
            });
        }
    }
}
```

레이아웃의 구조는 동일하되 참조하는 프래그먼트 클래스의 소속만 다르다. 이 예제의
CounterFragment 클래스는 액티비티가 초기화 완료되는 onActivityCreated에서 액티비티로부
터 차일드를 찾아 핸들러를 설치했다. 배치는 정상적이지만 동작은 비정상적이다.

왼쪽 프래그먼트만 제대로 동작하며 오른쪽 프래그먼트는 생긴 건 멀쩡해도 버튼을 눌렀을 때 값이
증가하지 않는다. 왜냐하면 동일한 프래그먼트가 2개 있고 각 프래그먼트 차일드의 id가 같기 때문
이다. 액티비티의 findViewById 메서드는 조건에 맞는 컨트롤 하나만 찾으므로 첫 번째 프래그먼
트의 차일드만 검색해 낸다. 이 상황은 다음과 같은 모식화된 레이아웃을 생각해 보면 쉽게 이해할
수 있다.

```
<LinearLayout >
<Button android:id="@+id/btnclick" android:text="First" />
<Button android:id="@+id/btnclick" android:text="Second" />
</LinearLayout>
```

리니어 안에 같은 id를 가지는 2개의 버튼이 있다. 다른 버튼에 같은 id를 줄 이유는 없지만 적어도 레이아웃 문법상으로는 문제가 없으며 버튼 2개가 잘 생성된다. 이 상태에서 findViewById 메서드로 btnclick을 찾으면 위쪽 First 버튼이 먼저 검색되며 아래쪽의 Second 버튼을 검색할 방법이 없다. 이름이 같은 차일드를 이름으로 정확하게 검색하는 것은 불가능하다.

액티비티에 같은 프래그먼트를 2개 배치하여 전개하면 똑같은 상황이 만들어진다. onActivityCreated에서 btnincrease를 찾아 핸들러를 설치하지만 먼저 생성된 프래그먼트의 소속 버튼만 검색되며 두 번째 프래그먼트의 버튼은 검색되지 않는다. 결국 onActivityCreated가 두 번 호출되고 클릭 핸들러도 두 번 설치하지만 한 버튼에 대해 똑같은 핸들러를 중복 설치했을 뿐이다. 그래서 오른쪽 프래그먼트의 버튼은 동작하지 않는다.

나머지 두 방법에 대해서는 어떤 결과가 나올까 생각해 보자. 5번 방법은 getView 메서드로 프래그먼트 자신의 루트를 찾은 후 차일드를 검색하므로 여러 개의 프래그먼트에 대해서도 정상적으로 동작한다. 전체 액티비티로부터 검색한 것이 아니라 프래그먼트의 뷰그룹에서 검색했으므로 정확한 차일드가 검색된다. 액티비티에는 같은 id의 컨트롤이 있지만 getView로 조사한 루트 뷰가 다르므로 아무 문제가 없다.

6번 방법은 4번 방법의 경우와 동일한 문제가 있다. 핸들러 설치 시점만 다를 뿐이지 어차피 액티비티의 findViewById로부터 차일드를 찾기 때문이다. 게다가 6번 방법은 하위의 프래그먼트를 위한 코드가 상위의 액티비티에 있다는 점에서 구조적으로 바람직하지 않으며 재사용성도 확보하지 못했다. 프래그먼트는 스스로 독립적인 모듈이어야 한다는 원칙을 어겼으며 이 프래그먼트를 사용하려면 호스트 액티비티에 여분의 코드를 추가로 작성해야 하는 부담이 있다.

프래그먼트 소속 위젯의 핸들러를 작성하는 여러 가지 방법이 있고 그 중 일부는 복수의 프래그먼트를 배치할 때 민감한 문제가 있음을 연구해 보았다. 결론만 얘기하자면 onCreateView에서 레이아웃을 전개한 직후에 차일드 위젯을 검색하여 핸들러를 설치하는 방법이 가장 이상적이다. 사실 이런 문제는 군이 예제까지 만들어 가며 테스트해 보지 않아도 막상 닥쳐서 디버깅해 보면 어렵지 않게 원인과 해결책을 발견할 수 있다. 그러나 민감한 문제가 발생할 수 있다는 것을 미리 알지 못하면 엉뚱한 실수를 할 가능성이 있으므로 주의가 필요하다.

20.2.3 상태 저장

FragmentTest 예제는 아직 완성도가 떨어진다. 생성 및 초기화, 이벤트 핸들러 설정은 정확하게 했지만 자신의 상태를 제대로 저장 및 복구하지 못한다. 어떤 문제가 있는지 테스트해 보자. FragmentTest 예제를 실행해 놓고 Increase 버튼을 여러 번 눌러 보면 카운트가 신나게 올라간다. 이 상태에서 Ctrl+F11 를 눌러 화면을 가로로 회전시켜 보자.

카운트가 다시 0으로 리셋되어 버린다. 화면 방향이 바뀌면 액티비티가 새로 생성되고 소속된 프래그먼트도 당연히 다시 생성된다. 정보를 저장해 놓지 않았으므로 초기값으로 리셋된다. 가로 상태에서 버튼을 눌러 값을 증가시킬 수 있지만 세로로 전환하면 역시 0으로 리셋된다. 프래그먼트는 독립적인 모듈이므로 자신의 상태를 스스로 저장해야 한다. 이런 문제가 발생하는 원인은 액티비티의 경우와 같으며 따라서 해결책도 동일하다.

SaveFragmentState

```
<LinearLayout xmlns:android="http://schemas.android.com/apk/res/android"
    android:layout_width="match_parent"
    android:layout_height="match_parent"
    android:orientation="vertical" >
<TextView
    android:layout_width="match_parent"
    android:layout_height="wrap_content"
    android:text="프래그먼트의 상태를 저장합니다." />
<fragment
    android:name="andexam.ver6.c20_fragment.SaveFragmentState$CounterFragment"
    android:id="@+id/counterfragment"
    android:layout_width="match_parent"
    android:layout_height="wrap_content"
    />
</LinearLayout>
```

```
- - - - - - - - - - - - - - - - - - - - - - - - - - - - - - - - - - - - - - - - - - - - - - - - - - - -
public class SaveFragmentState extends Activity {
    public void onCreate(Bundle savedInstanceState) {
        super.onCreate(savedInstanceState);
        setContentView(R.layout.savefragmentstate);
    }

    public static class CounterFragment extends Fragment {
        public View onCreateView(LayoutInflater inflater, ViewGroup container,
                Bundle savedInstanceState) {
            View root = inflater.inflate(R.layout.counterfragment, container, false);

            Button btnIncrease = (Button)root.findViewById(R.id.btnincrease);
            final TextView textCounter=(TextView)root.findViewById(R.id.txtcounter);

            if (savedInstanceState != null) {
                textCounter.setText(Integer.toString(savedInstanceState.getInt("counter")));
            }

            btnIncrease.setOnClickListener(new Button.OnClickListener() {
                public void onClick(View v) {
                    int count = Integer.parseInt(textCounter.getText().toString());
                    textCounter.setText(Integer.toString(count + 1));
                }
            });

            return root;
        }

        public void onSaveInstanceState(Bundle outState) {
            super.onSaveInstanceState(outState);

            TextView textCounter=(TextView)getView().findViewById(R.id.txtcounter);
            int a = Integer.parseInt(textCounter.getText().toString());
            outState.putInt("counter", a);
        }
    }
}
```

장비의 설정 상태 변경, 화면 방향 변경 등의 변화에 의해 프래그먼트가 정지할 때 onSaveInstance State 메서드가 호출된다. 여기서 텍스트뷰의 카운트값을 번들에 저장해 놓는다. 저장된 번들은 onCreate, onCreateView, onActivityCreated 콜백의 savedInstanceState 인수로 전달되므로 언제든지 복구에 사용할 수 있다. 이 예제는 onCreateView 콜백에서 레이아웃 전개 직후에 번들 에 저장된 값을 읽어 텍스트뷰에 복구했다. 이제 화면을 회전시켜도 카운트값이 항상 유지된다.

장비의 설정이 바뀌거나 시스템 메모리 부족으로 인해 잠시 종료되었다가 복구되더라도 카운트의 원래값이 잘 보존된다. 이 예제의 저장 대상인 counter는 일종의 임시 정보이다. 만약 영구 정보가 있다면 onPause 콜백에서 프레퍼런스에 저장하고 onCreate에서 복구하는 처리도 필요하다. 액티 비티의 정보 저장 방식과 사실상 동일하되 저장하고 복구하는 시점이 약간 다를 뿐이다.

20.2.4 프래그먼트 관리자

레이아웃과 마찬가지로 프래그먼트도 실행 중에 편집 가능하다. 필요할 때 추가하거나 다 사용한 후 제거할 수 있으며 다른 프래그먼트로 교체할 수도 있다. 프래그먼트와 관련된 편집 작업은 프래그먼 트 관리자(FragmentManager)를 사용하며 이 객체는 다음 두 메서드로 구한다.

```
FragmentManager Activity.getFragmentManager()
FragmentManager Fragment.getFragmentManager()
```

액티비티와 프래그먼트에 같은 이름의 메서드가 제공되므로 언제든지 관리자 객체를 얻을 수 있는 셈이다. 프래그먼트를 관리하려면 먼저 다음 메서드로 대상 프래그먼트를 검색한다.

```
Fragment findFragmentById(int id)
Fragment findFragmentByTag(String tag)
```

뷰와 마찬가지로 프래그먼트도 서로의 구분을 위해 유일한 명칭을 가지는데 뷰에 비해 칭하는 방법이 더 많다. 프래그먼트는 다음 3가지 방식으로 지칭한다.

① id : 프래그먼트를 배치할 때 지정한 android:id 속성의 정수값을 사용한다. 뷰의 경우와 같으며 프래그먼트를 레이아웃에 배치했다면 가장 편리하고도 일반적인 방법이다.

② 부모의 id : 실행 중에 생성한 프래그먼트는 고유한 id가 없다. 이때는 부모의 id를 통해 프래그먼트를 찾는다. 실행 중에 추가된 프래그먼트는 이 방법으로 찾는 것이 편리하다. 단, 이 방법은 첫 번째 차일드만 검색할 수 있다.

③ 문자열 형태의 태그 : 실행 중에 프래그먼트를 생성할 때 고유한 이름의 태그를 붙일 수 있는데 이 태그로부터 프래그먼트를 검색한다. UI가 없는 프래그먼트는 태그명으로만 검색 가능하다. XML 문서에서 android:tag 속성으로 태그명을 부여한다.

프래그먼트를 여러 방법으로 생성할 수 있다 보니 찾는 방법도 여러 가지이다. 디자인 타임에 배치한 프래그먼트는 뷰와 마찬가지로 id로 검색하고 id를 줄 수 없는 특수한 경우에만 태그나 부모의 id를 사용한다. 현재 액티비티에 있는 프래그먼트 뿐만 아니라 백스택에 저장된 프래그먼트까지 검색된다. 검색되면 해당 프래그먼트가 리턴되고 발견되지 않으면 null이 리턴된다.

실행 중에 프래그먼트를 추가, 제거, 교체하려면 동시에 여러 동작을 같이 처리해야 하며 프래그먼트의 부피가 크면 상당한 시간이 걸릴 수도 있다. 뿐만 아니라 각 동작마다 화면을 갱신하면 화면 깜박거림이 발생한다. 예를 들어 교체는 제거 후 추가인데 제거한 상태에서 화면을 다시 그리고 추가한 상태에서 또 그리면 잠시 빈 자리가 보여 깔끔하지 못하다. 그래서 전체 편집 동작을 한 묶음으로 처리하기 위해 트랜잭션으로 처리한다.

데이터베이스에서 사용하는 트랜잭션과 개념이 동일하고 한 묶음으로 처리한다는 면에서 동작 방식도 같다. 그러나 명시적인 롤백 동작은 지원하지 않으며 사실 롤백해야 할 경우도 없다. 프래그먼트 관련 처리를 모아 두었다가 한꺼번에 처리하기 위해 트랜잭션으로 묶는 것 뿐이다. 프래그먼트를 편집하려면 다음 메서드로 트랜잭션을 시작한다.

```
FragmentTransaction beginTransaction()
```

이 메서드를 호출하면 프래그먼트 편집 트랜잭션이 시작된다. 리턴되는 FragmentTransaction 객체의 편집 메서드를 호출하여 프래그먼트를 편집한다. 편집 관련 메서드를 순서대로 알아보자. 프래그먼트를 추가할 때는 다음 메서드를 호출한다.

```
FragmentTransaction add(int containerViewId, Fragment fragment [, String tag])
FragmentTransaction add(Fragment fragment, String tag)
```

containerViewId는 프래그먼트가 추가될 부모 뷰의 id이며 이 값이 0이면 프래그먼트가 화면에 나타나지 않는다. fragment는 추가할 프래그먼트 객체이며 tag 인수로 이름을 지정한다. 차후 제거나 교체 작업 시 이 프래그먼트를 참조하려면 태그명을 주는 것이 좋다. 제거할 때는 다음 메서드를 호출한다.

```
FragmentTransaction remove(Fragment fragment)
```

제거된 프래그먼트는 화면에서 사라진다. 이미 추가되어 있는 프래그먼트를 다른 프래그먼트로 대체할 때는 다음 메서드를 호출한다.

```
FragmentTransaction replace(int containerViewId, Fragment fragment [, String tag])
```

컨테이너의 id와 새로 대체할 프래그먼트를 인수로 전달하며 차후의 작업을 위해 태그명을 지정할 수 있다. 프래그먼트를 숨기거나 보일 때는 다음 두 메서드를 호출한다.

```
FragmentTransaction show(Fragment fragment)
FragmentTransaction hide(Fragment fragment)
```

모든 편집이 완료된 후에 최종적으로 다음 메서드를 호출하여 편집을 실행한다. 트랜잭션 편집 메서드는 트랜잭션 그 자체를 리턴하므로 메서드를 연쇄적으로 호출할 수 있다.

```
int commit()
```

이 메서드는 트랜잭션을 직접 처리하는 것이 아니라 스레드가 한가할 때 처리하도록 스케줄링한다. 즉, 스레드가 다른 일을 하고 있다면 먼저 처리한 후에 트랜잭션을 처리하는데 대개의 경우 즉시 처리된다. 만약 지금 당장 처리하고 싶다면 관리자의 executePendingTransactions 메서드를 호출하되 웬만하면 자연스럽게 스케줄링되도록 내버려 두는 것이 좋다. commit 메서드를 호출하지 않으면 트랜잭션 편집은 모두 취소된다.

트랜잭션의 메서드는 넣고 빼고 바꾸는 무척 평이한 편집 기능을 제공한다. 다음 예제는 실행 중에 프래그먼트를 추가, 제거, 교체 및 보이기 상태를 토글한다. 이 실습을 위해 최소한 2개의 프래그먼트가 필요하므로 추가로 프래그먼트 하나를 더 만든다. 텍스트를 입력받는 프래그먼트를 위해 다음 레이아웃을 선언한다.

textfragment.xml

```
<LinearLayout xmlns:android="http://schemas.android.com/apk/res/android"
    android:orientation="vertical"
    android:layout_width="match_parent"
    android:layout_height="match_parent"
    android:background="#00ff00"
    >
<TextView
    android:layout_width="match_parent"
    android:layout_height="wrap_content"
    android:text="문자열 입력 프래그먼트"
    />
<EditText
    android:id="@+id/text"
    android:layout_width="match_parent"
    android:layout_height="wrap_content"
    android:background="#ff0000"
    android:text="String"
    />
</LinearLayout>
```

리니어 안에 텍스트뷰와 에디트를 배치하고 배경을 초록색으로 지정하여 확실히 구분되도록 했다. 호스트 액티비티는 다음과 같이 작성한다.

FragmentManagerTest

```
<LinearLayout xmlns:android="http://schemas.android.com/apk/res/android"
    android:orientation="vertical"
    android:layout_width="match_parent"
    android:layout_height="match_parent"
    >
<Button
    android:id="@+id/btnadd"
    android:layout_width="wrap_content"
```

```
            android:layout_height="wrap_content"
            android:onClick="mOnClick"
            android:text="Add"
            />
    <Button
            android:id="@+id/btnremove"
            android:layout_width="wrap_content"
            android:layout_height="wrap_content"
            android:onClick="mOnClick"
            android:text="Remove"
            />
    <Button
            android:id="@+id/btnreplace"
            android:layout_width="wrap_content"
            android:layout_height="wrap_content"
            android:onClick="mOnClick"
            android:text="Replace"
            />
    <Button
            android:id="@+id/btnhideshow"
            android:layout_width="wrap_content"
            android:layout_height="wrap_content"
            android:onClick="mOnClick"
            android:text="Hide"
            />
    <FrameLayout
            android:id="@+id/frame"
            android:layout_width="wrap_content"
            android:layout_height="wrap_content"
            />
</LinearLayout>
```

```java
import andexam.ver6.c20_fragment.SaveFragmentState.CounterFragment;

public class FragmentManagerTest extends Activity {
    public void onCreate(Bundle savedInstanceState) {
        super.onCreate(savedInstanceState);
        setContentView(R.layout.fragmentmanagertest);
    }

    public void mOnClick(View v) {
        FragmentManager fm = getFragmentManager();
        Fragment fragment = fm.findFragmentById(R.id.frame);
```

```java
switch (v.getId()) {
case R.id.btnadd:
    if (fragment == null) {
        FragmentTransaction tr = fm.beginTransaction();
        CounterFragment cf = new CounterFragment();
        tr.add(R.id.frame, cf, "counter");
        tr.commit();
        //fm.beginTransaction().add(R.id.frame, cf, "counter").commit();
    } else {
        Toast.makeText(this, "이미 추가되어 있습니다.", 0).show();
    }
    break;
case R.id.btnremove:
    if (fragment == null) {
        Toast.makeText(this, "프래그먼트가 없습니다.", 0).show();
    } else {
        FragmentTransaction tr = fm.beginTransaction();
        tr.remove(fragment);
        tr.commit();
    }
    break;
case R.id.btnreplace:
    if (fragment == null) {
        Toast.makeText(this, "프래그먼트가 없습니다.", 0).show();
    } else {
        FragmentTransaction tr = fm.beginTransaction();
        if (fragment.getTag() == "counter") {
            TextFragment tf = new TextFragment();
            tr.replace(R.id.frame, tf, "text");
        } else {
            CounterFragment cf = new CounterFragment();
            tr.replace(R.id.frame, cf, "counter");
        }
        tr.commit();
    }
    break;
case R.id.btnhideshow:
    if (fragment == null) {
        Toast.makeText(this, "프래그먼트가 없습니다.", 0).show();
    } else {
        FragmentTransaction tr = fm.beginTransaction();
        if (fragment.isHidden()) {
            tr.show(fragment);
        } else {
```

```
                    tr.hide(fragment);
                }
                tr.commit();
            }
            break;
        }
    }

    public static class TextFragment extends Fragment {
        public View onCreateView(LayoutInflater inflater, ViewGroup container,
                Bundle savedInstanceState) {
            View root = inflater.inflate(R.layout.textfragment, container, false);
            TextView text = (TextView)root.findViewById(R.id.text);
            text.setSaveEnabled(true);
            return root;
        }
    }
}
```

편집 명령을 내리는 버튼을 4개 배치하고 아래쪽에 R.id.frame이라는 ID로 빈 프레임 레이아웃을 배치했다. 이 프레임이 프래그먼트를 배치하는 컨테이너 역할을 하며 레이아웃에는 차일드가 없는 상태이므로 최초 실행 시에는 아무 것도 보이지 않는다. 차일드끼리 겹칠 수 있는 프레임 레이아웃이 프래그먼트의 컨테이너로 가장 적합하다.

CounterFragment는 앞에서 이미 작성했던 클래스를 재사용한다. 선두에 import 선언문이 작성되어 있음을 유의하자. import에서 어떤 클래스를 가져 오는가에 따라 사용할 버전이 결정되는데 최초 작성했던 것이 아니라 상태 저장이 가능한 버전을 사용했다. TextFragment 클래스는 같은 소스 안에 내부 클래스로 정의했다. onCreateView에서 레이아웃을 전개하며 에디트의 setSaveEnabled 메서드를 호출하여 입력된 문자열을 스스로 저장한다. 문자열을 입력받는 것 외에 별다른 동작은 없다.

각 버튼의 클릭 이벤트 핸들러에서 프래그먼트를 편집한다. 편집 동작을 시작하기 전에 프래그먼트 관리자를 먼저 구해 놓는다. 편집 동작은 프래그먼트의 존재 여부에 따라 에러 처리가 필요한데 예를 들어 이미 추가된 상태에서 다시 추가할 수 없고 아무 것도 없는 상태에서 삭제할 수 없다. R.id. frame 부모 레이아웃의 이름으로 프레임에 배치된 차일드 프래그먼트를 검색하여 fragment 변수에 찾아 놓았다. 최초 실행 시에는 빈 프레임만 있으므로 아래쪽에 아무 것도 없으며 fragment 변수는 null이다.

Add 버튼을 누르면 이미 추가된 차일드가 있는지 보고 있으면 토스트로 에러 메시지를 출력한다. 차일드가 없으면 CounterFragment를 프레임에 추가한다. tr 트랜잭션을 시작하고 cf 프래그먼트 객체를 생성한다. 이 프래그먼트는 XML 레이아웃으로 배치된 것이 아니라 실행 중에 추가된 것이 므로 별도의 id가 없는데 차후 제거, 교체 시에 계속 참조해야 하므로 counter라는 태그명을 주었 다. 트랜잭션의 add 메서드를 호출하여 프레임에 프래그먼트 객체를 추가한 후 commit을 호출하 여 추가 동작을 확정한다. 트랜잭션의 메서드는 자신을 리턴하므로 다음과 같이 한 줄로 연쇄적 호 출이 가능하다.

```
fm.beginTransaction().add(R.id.frame, cf, "counter").commit();
```

시작, 추가, 확정까지 한줄에 마무리했다. 프레임의 차일드로 프래그먼트가 배치되며 Increase 버 튼을 누르면 값도 잘 증가한다. 실행 중에 프래그먼트가 필요하다면 빈 레이아웃을 하나 배치해 두 고 이 방법대로 프래그먼트를 추가하면 된다. 코드로 추가하는 것이므로 조건에 따라 원하는 프래그 먼트를 골라 선택적으로 배치할 수 있다.

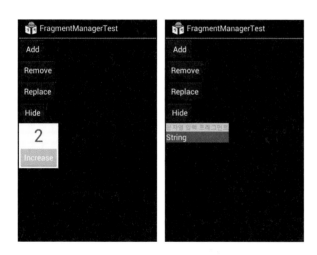

제거할 때는 프래그먼트가 없으면 에러 처리하고 있으면 remove 메서드로 제거한다. 교체는 약간 복잡하다. 교체할 대상 프래그먼트가 있어야 하며 없으면 에러 처리한다. 있을 경우 태그명을 읽어 보고 counter이면 TextFragment 객체를 생성하여 대체하되 이때 태그명은 "text"로 준다. 태그명 이 "text"이면 CounterFragment 객체를 생성하여 대체한다. 결국 이 버튼을 계속 누르면 두 프래 그먼트가 반복적으로 교체된다.

보이기와 숨기기는 show, hide 메서드만 호출하면 된다. 특정 프래그먼트가 현재 보이는 상태인지 아닌지는 isHidden 메서드를 통해 조사한다. 숨기는 것은 파괴하는 것과는 다르므로 현재 상태가 유지된다. 카운트를 증가시켜 놓은 상태에서 제거했다가 다시 추가하면 카운트는 0이 되지만 숨겼다가 다시 보이면 마지막 카운트가 그대로 보존된다.

20.2.5 인수 전달

프래그먼트는 액티비티의 작업 일부를 전담하는 서브 모듈이다. 복잡한 작업을 하는 메서드의 작업 일부를 서브 메서드가 분담하는 것과 비슷하다. 메서드가 작업 거리를 인수로 전달받는 것과 마찬가지로 프래그먼트도 액티비티의 요구에 따라 조금씩 다르게 동작하기 위해 인수를 받아 들인다. 이때 프래그먼트의 인수 저장을 위해 아규먼트를 사용하며 다음 두 메서드로 아규먼트를 설정하거나 얻는다.

```
void setArguments(Bundle args)
Bundle getArguments()
```

아규먼트는 프래그먼트 내부에 저장되는 Bundle 객체이며 주로 프래그먼트의 생성에 관련된 정보를 저장한다. 따라서 아규먼트는 액티비티에 프래그먼트를 부착하기 전에만 저장할 수 있으며 보통 객체 생성 직후에 저장한다. 프래그먼트의 생성자는 인수를 받지 않으므로 생성자를 통해서 관련 정보를 전달할 수 없다. 그래서 인수를 받는 정적 메서드를 별도로 선언하고 이 메서드를 통해 객체를 생성한다. 프래그먼트 생성을 담당하는 정적 메서드는 전달받은 인수를 내부의 아규먼트에 저장하며 프래그먼트는 실행 중에 이 정보를 꺼내 사용한다.

CounterFragment는 버튼을 누를 때 숫자를 증가시키는 간단한 동작을 하는데 시작값은 항상 0으로 고정되어 있다. 시작값을 호스트 액티비티가 지정하려면 인수로 전달받아야 하며 프래그먼트는 텍스트뷰의 초기값으로 이 인수를 사용한다. 상태 저장 기능은 복잡도만 증가시키므로 잠시 제외했다.

FragmentArgument

```
<LinearLayout xmlns:android="http://schemas.android.com/apk/res/android"
    android:orientation="vertical"
    android:layout_width="match_parent"
    android:layout_height="match_parent"
    >
```

```xml
<EditText
    android:id="@+id/startnum"
    android:inputType="number"
    android:layout_width="match_parent"
    android:layout_height="wrap_content"
    android:text="5"
    />
<Button
    android:id="@+id/btnadd"
    android:layout_width="wrap_content"
    android:layout_height="wrap_content"
    android:onClick="mOnClick"
    android:text="Add"
    />
<FrameLayout
    android:id="@+id/frame"
    android:layout_width="wrap_content"
    android:layout_height="wrap_content"
    />
</LinearLayout>
```
- -
```java
public class FragmentArgument extends Activity {
    EditText mStartNum;
    public void onCreate(Bundle savedInstanceState) {
        super.onCreate(savedInstanceState);
        setContentView(R.layout.fragmentargument);

        mStartNum = (EditText)findViewById(R.id.startnum);
    }

    public void mOnClick(View v) {
        switch (v.getId()) {
        case R.id.btnadd:
            FragmentManager fm = getFragmentManager();
            FragmentTransaction tr = fm.beginTransaction();
            int start = Integer.parseInt(mStartNum.getText().toString());
            CounterFragment cf = CounterFragment.newInstance(start);
            tr.add(R.id.frame, cf, "counter");
            tr.commit();
            break;
        }
    }

    public static class CounterFragment extends Fragment {
```

```
public static CounterFragment newInstance(int start) {
    CounterFragment cf = new CounterFragment();

    Bundle args = new Bundle();
    args.putInt("start", start);
    cf.setArguments(args);

    return cf;
}

public View onCreateView(LayoutInflater inflater, ViewGroup container,
        Bundle savedInstanceState) {
    View root = inflater.inflate(R.layout.counterfragment, container, false);

    Button btnIncrease = (Button)root.findViewById(R.id.btnincrease);
    final TextView textCounter=(TextView)root.findViewById(R.id.txtcounter);

    int start = 0;
    Bundle args = getArguments();
    if (args != null) {
        start = args.getInt("start");
    }
    textCounter.setText(Integer.toString(start));

    btnIncrease.setOnClickListener(new Button.OnClickListener() {
        public void onClick(View v) {
            int count = Integer.parseInt(textCounter.getText().toString());
            textCounter.setText(Integer.toString(count + 1));
        }
    });

    return root;
}
}
}
```

레이아웃에는 시작값을 입력하는 에디트와 프래그먼트를 생성하는 버튼을 배치했다. 에디트는 프래그먼트가 사용할 시작값을 입력받으며 사용자가 실행 중에 시작값을 선택할 수 있음을 보이기 위한 것이다. 에디트에 적당한 정수를 입력한 후 Add 버튼을 누르면 아래쪽의 빈 프레임에 프래그먼트를 추가하되 에디트에 입력한 시작값을 전달받아 동작한다.

CounterFragment는 자신을 생성하는 newInstance 정적 메서드를 제공하며 이 메서드는 정수 시작값을 인수로 받는다. 전달받은 인수를 Bundle 객체에 start라는 이름으로 저장하고 이 객체를 setArgument 메서드로 아큐먼트에 저장했다. 아직 레이아웃을 전개하지 않았으므로 인수로 전달된 값을 바로 적용할 수 없어 일단 저장하는 것이다. 프래그먼트 레이아웃을 생성하는 onCreateView 메서드는 getArgument 메서드로 저장해 둔 Bundle 객체를 얻고 start 인수를 읽어 텍스트뷰에 출력한다.

액티비티는 Add 버튼을 누를 때 newInstance 정적 메서드를 호출하여 프래그먼트를 생성하되 이 때 에디트에 입력한 시작값을 인수로 전달한다. 이 값은 프래그먼트의 아큐먼트에 저장되었다가 레이아웃 생성 시점에 텍스트뷰로 출력된다. 컨테이너가 프레임이므로 여러 개의 프래그먼트를 중복 추가해도 상관없지만 최후에 추가된 프래그먼트만 보인다. 예제를 실행한 후 에디트에 값을 입력하고 Add 버튼을 눌러 보자.

예제 작성의 편의상 정수값 하나만 인수로 전달했는데 필요하다면 증가값이나 배경 색상, 버튼의 캡션 등도 인수로 전달할 수 있다. 프래그먼트의 모양이나 동작을 조정할 수 있는 어떤 값이라도 인수로 정의하여 액티비티가 마음대로 조작할 수 있다. 아큐먼트는 키와 값의 쌍으로 된 맵이므로 저장할 수 있는 정보의 양에 제한이 없다.

아큐먼트는 프래그먼트의 생성 정보를 프래그먼트 객체 자체에 저장해 놓는 용도로 사용된다. 그렇다면 아큐먼트 대신 그냥 일반 필드도 사용할 수 있지 않을까? 프래그먼트는 독립된 클래스이므로 필요한 만큼 멤버를 가질 수 있고 어차피 정보를 저장하는 것이 목적이라면 단순한 필드로도 목적을 충분히 달성할 수 있다. 다음과 같이 수정해도 결과는 동일하다.

```
public static class CounterFragment extends Fragment {
    int mStart;

    public static CounterFragment newInstance(int start) {
        CounterFragment cf = new CounterFragment();
        cf.mStart = start;
        return cf;
    }

    public View onCreateView(LayoutInflater inflater, ViewGroup container,
            Bundle savedInstanceState) {
        View root = inflater.inflate(R.layout.counterfragment, container, false);

        final Button btnIncrease = (Button)root.findViewById(R.id.btnincrease);
        final TextView textCounter=(TextView)root.findViewById(R.id.txtcounter);
        textCounter.setText(Integer.toString(mStart));

        btnIncrease.setOnClickListener(new Button.OnClickListener() {
            public void onClick(View v) {
                int count = Integer.parseInt(textCounter.getText().toString());
                textCounter.setText(Integer.toString(count + 1));
            }
        });

        return root;
    }
}
```

CounterFragment에 mStart라는 필드를 선언하고 newInstance 메서드는 인수로 전달받은 시작 값을 mStart에 저장한다. 이 값은 onCreateView에서 에디트의 초기값 설정에 사용된다. 더 많은 인수가 필요하다면 그만큼 멤버를 늘리면 된다. 보다시피 아규먼트 대신 필드를 사용해도 원하는 대로 인수를 저장 및 사용할 수 있으며 아규먼트를 꼭 사용해야 하는 것은 아니다.

그럼에도 불구하고 안드로이드가 프래그먼트에 아규먼트라는 저장 장치를 별도로 제공하는 이유는 초기화 정보와 실행에 필요한 정보를 명확하게 구분한다는 의미가 있다. 위 코드에서 mStart 필드 는 초기화 시에 딱 한 번만 사용될 뿐 이후의 실행에는 더 이상 사용되지 않는다. 또 Bundle 타입의 아규먼트는 초기화 콜백의 인수로 전달되는 savedInstanceState나 인텐트의 Extras와 호환되며 여러 값의 묶음이어서 저장이나 전달에 편리하다는 이점도 있다.

꼭 디자인 타임에 인수를 전달하고 싶다면 커스텀 속성을 사용할 수도 있다. XML 레이아웃에 저장할 때는 custom:start 따위의 속성을 정의해 놓고 onInflate에서 이 속성을 읽어 적용하면 된다. 이 방법은 커스텀 컨트롤 제작편에서 이미 상세하게 연구해 본 바 있으므로 생략한다. 커스텀 속성은 최종 사용자가 디자인 타임에 레이아웃에 편리하게 지정할 수 있다는 면에서 편리하지만 styleable을 정의해야 하므로 개발자 입장에서는 무척 번거롭다.

20.2.6 백스택

여러 개의 액티비티로 구성된 프로그램은 실행 중인 액티비티의 목록을 스택에 저장한다. 프래그먼트도 액티비티와 마찬가지로 스택에 저장된다. 액티비티의 스택은 시스템이 자동으로 관리하는데 비해 프래그먼트 스택은 액티비티가 관리하며 명시적인 요구가 있을 때만 저장한다. 현재 상태를 스택에 저장하려면 트랜잭션의 다음 메서드를 호출한다.

```
FragmentTransaction addToBackStack(String name)
```

이 메서드는 현재 프래그먼트 상태를 백스택에 그대로 저장한다. 스택의 상태에 대해 이름을 줄 수 있되 필요 없으면 null을 전달한다. 스택에 프래그먼트를 저장한 상태에서 사용자가 Back 버튼을 누르면 액티비티가 종료되는 것이 아니라 스택의 최상위에 있는 프래그먼트를 꺼내 원래 상태로 복귀한다. 다음 메서드로 프래그먼트 전환시의 애니메이션을 지정할 수도 있다.

```
FragmentTransaction setTransition(int transit)
FragmentTransaction setCustomAnimations(int enter, int exit [, int popEnter, int popExit])
```

나타날 때, 사라질 때, 스택으로 들어갈 때, 스택에서 나올 때에 대해 각각의 애니메이션을 지정한다. 다음 예제는 10씩 증가하는 카운터 프래그먼트를 계속 대체하며 각 프래그먼트를 스택에 저장한다.

BackStack

```
<LinearLayout xmlns:android="http://schemas.android.com/apk/res/android"
    android:orientation="vertical"
    android:layout_width="match_parent"
    android:layout_height="match_parent"
    >
<Button
```

```
        android:id="@+id/btnadd"
        android:layout_width="wrap_content"
        android:layout_height="wrap_content"
        android:onClick="mOnClick"
        android:text="Add"
        />
    <FrameLayout
        android:id="@+id/frame"
        android:layout_width="match_parent"
        android:layout_height="wrap_content"
        />
</LinearLayout>
```

```java
import andexam.ver6.c20_fragment.FragmentArgument.CounterFragment;

public class BackStack extends Activity {
    int mStart = 10;
    public void onCreate(Bundle savedInstanceState) {
        super.onCreate(savedInstanceState);
        setContentView(R.layout.backstack);

        if (savedInstanceState != null) {
            mStart = savedInstanceState.getInt("mStart");
        }

        FragmentManager fm = getFragmentManager();
        FragmentTransaction tr = fm.beginTransaction();
        CounterFragment cf = CounterFragment.newInstance(mStart);
        tr.add(R.id.frame, cf).commit();
    }

    public void onSaveInstanceState(Bundle outState) {
        super.onSaveInstanceState(outState);

        outState.putInt("mStart", mStart);
    }

    public void mOnClick(View v) {
        switch (v.getId()) {
        case R.id.btnadd:
            mStart += 10;
            FragmentManager fm = getFragmentManager();
            FragmentTransaction tr = fm.beginTransaction();
            CounterFragment cf = CounterFragment.newInstance(mStart);
```

```
            tr.replace(R.id.frame, cf);
            tr.addToBackStack(null);
            tr.setTransition(FragmentTransaction.TRANSIT_FRAGMENT_CLOSE);
            tr.commit();
            break;
        }
    }
}
```

mStart는 최초 10에서 시작하며 실행 직후에 이 값을 시작값으로 사용하는 프래그먼트 하나를 추가한다. Add 버튼을 누르면 mStart를 10씩 증가시키며 새로운 프래그먼트로 대체한다. 다른 인스턴스임을 확인하기 위해 mStart 값을 일부러 증가시켰다. 프래그먼트를 대체할 때 현재 상태는 백 스택에 저장하고 약간의 애니메이션 효과를 적용했다.

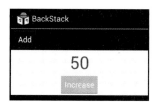

버튼을 누를 때마다 새로운 프래그먼트의 시작값이 10씩 증가한다. 물론 프래그먼트 자체적으로 값을 1씩 계속 증가시킬 수 있다. 여러 번 대체한 후 Back 버튼을 누르면 대체하기 전의 이전 프래그먼트로 복귀한다. 마치 액티비티끼리 호출한 상태에서 이전 액티비티로 돌아가는 것과 비슷하다. 스택이 텅 비어 더 복귀할 프래그먼트가 없으면 액티비티가 종료된다.

이 예제에서 replace 호출과 addToBackStack 메서드의 순서는 바뀌어도 무관하다. 백스택에 넣는 대상은 항상 현재 프래그먼트이므로 교체하기 전에 스택에 먼저 넣어야 맞을 것 같지만 replace를 먼저 호출해도 상관없다. 왜냐하면 replace는 교체하라는 지시만 한 것이고 실제 교체는 commit에서 처리하기 때문이다. 따라서 addToBackStack 메서드에 의해 스택에 들어가는 프래그먼트는 항상 교체 이전의 프래그먼트이다.

20.3 프래그먼트 활용

20.3.1 ListFragment

ListFragment는 리스트뷰로 가득 채워진 프래그먼트이며 목록을 보여주고 관리하는 것이 주된 임무이다. 개념상 리스트뷰를 가지는 ListActivity와 유사하되 다만 전체 화면을 다 채우는 것이 아니라 프래그먼트 영역만 채운다는 점이 다르다. 목록 출력이라는 특정 기능을 위해 전문적으로 디자인된 클래스이므로 직접 만들어 사용하는 것보다 간편하고 편의성이 높다.

ListFragment 내부에는 단 하나의 리스트뷰 위젯만 배치되어 있으며 이 위젯에 목록이 표시된다. 원한다면 onCreateView 콜백에서 다른 레이아웃으로 대체할 수 있지만 이 경우 android:list라는 ID의 리스트뷰가 반드시 있어야 한다. 또 리스트뷰가 비어 있을 때 대신 표시할 뷰를 android:empty라는 ID로 추가 정의할 수 있다. 항목이 있으면 list가 보이고 텅 비어 있으면 empty가 보인다.

구조나 프로그래밍하는 방법은 ListActivity와 비슷하다. getListView() 메서드로 언제든지 내부의 리스트뷰를 구해 속성을 조정하거나 메서드를 호출할 수 있다. setListAdapter 메서드로 어댑터를 지정하면 어댑터의 목록이 리스트뷰에 나타나며 리스트의 항목을 클릭하면 onListItemClick 콜백 메서드가 호출된다. 항목 표시와 선택 처리 등의 콜백이 모두 마련되어 있어 편리하다. 목록만을 출력하는 간단한 예제를 만들어 보자.

ListFragmentTest

```java
public class ListFragmentTest extends Activity {
    public static String[] WORDS = {
        "boy", "girl", "school", "hello", "go"
    };
    public static String[] DESC = {
        "소년. 남자(사내) 아이. 어머나, 맙소사(놀람, 기쁨, 아픔 등을 나타내는 소리)",
        "소녀. 여자(계집) 아이. 여자친구.",
        "학교(주로 초, 중, 고등학교). 교습소. 훈련소. 훈련시키다. 단련시키다. 교육하다.",
        "안녕하세요. 여보세요. Say hello to : ~에게 안부를 전하다.",
        "가다. 나아가다(move along). go for walk : 산책하러 가다."
    };

    public void onCreate(Bundle savedInstanceState) {
        super.onCreate(savedInstanceState);
```

```
        FragmentManager fm = getFragmentManager();
        if (fm.findFragmentById(android.R.id.content) == null) {
            WordListFragment wordlist = new WordListFragment();
            fm.beginTransaction().add(android.R.id.content, wordlist).commit();
        }
    }

    public class WordListFragment extends ListFragment {
        public void onActivityCreated(Bundle savedInstanceState) {
            super.onActivityCreated(savedInstanceState);
            setListAdapter(new ArrayAdapter<String>(getActivity(),
                    android.R.layout.simple_list_item_1, WORDS));
        }

        public void onListItemClick(ListView l, View v, int position, long id) {
            String toast = WORDS[position] + " : " + DESC[position];
            Toast.makeText(getActivity(), toast, 0).show();
        }
    }
}
```

영어 단어 목록인 WORDS 배열과 단어의 뜻인 DESC 배열이 정적으로 선언되어 있으며 단어 목록을 프래그먼트를 통해 액티비티에 출력한다. ListFragment로부터 상속받은 WordListFragment 클래스는 목록을 표시하는 프래그먼트를 정의한다. 내부에 이미 리스트뷰가 배치되어 있으므로 레이아웃을 정의하고 전개할 필요가 없다. 따라서 onCreateView 메서드를 재정의하지 않았다.

액티비티 초기화가 완료되는 onActivityCreated 메서드에서 setListAdapter 메서드를 호출하여 내부의 리스트뷰를 배열 어댑터와 연결한다. 리스트뷰의 항목 레이아웃은 문자열 하나짜리로 지정하고 데이터는 WORDS 배열로 지정했다. 배열의 단어 목록이 리스트뷰에 문자열 형태로 표시된다. 물론 배열이 아닌 커서와 연결하여 데이터베이스나 원격지에서 받은 정보를 보여줄 수도 있고 항목 레이아웃을 커스텀으로 디자인하여 복잡한 정보를 보여줄 수도 있다.

항목 선택 시 호출되는 onListItemClick 메서드는 선택한 단어와 뜻을 문자열로 조립하여 아래쪽에 토스트로 보여준다. 슈퍼 클래스인 ListFragment가 레이아웃 정의와 목록 출력, 클릭 이벤트 처리까지 다 하고 있으므로 서브 클래스는 콜백 메서드에 꼭 필요한 동작만 정의한다. 목록에 보여줄 대상인 어댑터를 지정하고 클릭시의 동작을 처리하는 최소한의 코드만 작성하면 된다. WordListFragment 클래스는 목록 출력, 선택 처리 등의 복잡한 동작을 하지만 보다시피 코드는 지극히 짧다.

액티비티의 코드도 간단하다. onCreate에서는 WordListFragment 객체를 생성하여 전체 내용물로 채운다. 프래그먼트가 액티비티 화면(android.R.id.content)을 가득 채우므로 액티비티 레이아웃을 따로 만들 필요가 없다. 실행하면 단어 목록이 나타나고 클릭하면 단어의 뜻이 아래쪽에 토스트로 출력된다.

리스트 프래그먼트는 사용하기 굉장히 쉽지만 사실 그 자체만으로는 별 가치가 없다. 위 예제처럼 목록만 보여주려면 굳이 프래그먼트를 쓸 필요 없이 ListActivity로도 충분하다. 프래그먼트가 실용성을 발휘하려면 화면을 분할하여 다른 뷰와 함께 동시에 보여야 한다. 그래야 화면 조각을 나누는 의미가 있으며 화면을 분할할 때 사용하는 것이 프래그먼트이다. 이전에 액티비티가 하던 역할을 더 작은 단위인 프래그먼트로 옮김으로써 재활용성을 향상시킨 것이다. 따라서 ListFragment를 제대로 활용하려면 화면을 분할해야 하며 분할할 때 진가가 드러난다.

다음 예제는 화면을 좌우로 나누어 단어 목록과 선택한 단어의 뜻을 보여준다. 샘플 배열은 앞 예제의 것을 그대로 사용한다. 먼저 프래그먼트 클래스를 정의한다. 목록을 프래그먼트로 만드는 것은 쉽지만 액티비티와 통신하는 방법이 약간 어렵다. 분리된 객체이므로 서로 통신할 필요가 있다. 목록에서 항목을 선택하면 액티비티에게 이 사실을 알려야 한다. 프래그먼트가 액티비티에게 이벤트를 보내는 정석적인 방법은 이벤트 인터페이스를 정의하고 액티비티가 이를 구현하도록 하는 것이다.

WordListFragment

```java
public class WordListFragment extends ListFragment {
    OnWordChangedListener mHost;

    public interface OnWordChangedListener {
```

```
        public void onWordChanged(int index);
    }

    public void onAttach(Activity activity) {
        super.onAttach(activity);

        try {
            mHost = (OnWordChangedListener)activity;
        } catch (ClassCastException e) {
            throw new ClassCastException("activity must implement OnWordChanged");
        }
    }

    public void onActivityCreated(Bundle savedInstanceState) {
        super.onActivityCreated(savedInstanceState);
        setListAdapter(new ArrayAdapter<String>(getActivity(),
                android.R.layout.simple_list_item_activated_1,
                ListFragmentTest.WORDS));
        getListView().setChoiceMode(ListView.CHOICE_MODE_SINGLE);
    }

    public void onListItemClick(ListView l, View v, int position, long id) {
        l.setItemChecked(position, true);
        mHost.onWordChanged(position);
    }
}
}
```

프래그먼트 클래스는 onWordChanged 메서드를 가지는 OnWordChangedListener 내부 인터페이스를 정의한다. 메서드 이름에서 유추할 수 있다시피 단어의 선택이 바뀔 때 이 메서드를 호출한다. 액티비티는 목록에서 단어가 바뀌었다는 이벤트를 받기 위해 이 인터페이스를 구현하고 onWordChanged 메서드에서 선택된 단어의 뜻을 출력한다.

프래그먼트는 onAttach 메서드에서 액티비티가 이벤트 인터페이스를 확실히 구현하는지 확인한다. 인수로 전달된 호스트 액티비티를 OnWordChangedListener 인터페이스 타입으로 캐스팅해 보고 성공하면 mHost에 호스트 액티비티의 참조를 저장한다. 그렇지 않으면 예외를 던져 필수 요건이 구비되지 않았음을 알린다. 액티비티 개발자는 예외를 보고 이 프래그먼트와 통신하려면 어떤 인터페이스를 구현해야 하는지 알게 된다.

프래그먼트가 액티비티와 무사히 연결되었다면 액티비티는 단어 선택 이벤트를 받을 준비가 되었다. 항목 선택 시 호출되는 onListItemClick 콜백 메서드에서 호스트 액티비티의 onWordChanged 메서드를 호출하여 선택된 단어의 첨자를 알려 주며 액티비티는 이 이벤트에 대해 반응을 보인다. 메인 액티비티는 다음과 같이 작성한다.

WordList

```
<LinearLayout xmlns:android="http://schemas.android.com/apk/res/android"
    android:layout_width="match_parent"
    android:layout_height="match_parent"
    android:orientation="horizontal" >
<fragment
    android:name="andexam.ver6.c20_fragment.WordListFragment"
    android:id="@+id/wordlist"
    android:layout_width="0dp"
    android:layout_weight="1"
    android:layout_height="match_parent"
    />
<TextView
    android:id="@+id/worddesc"
    android:layout_width="0dp"
    android:layout_weight="1"
    android:layout_height="match_parent"
    android:background="#404040"
    android:textColor="#ffffff"
    />
</LinearLayout>
--------------------------------------------------------
public class WordList extends Activity implements
        WordListFragment.OnWordChangedListener {
    public void onCreate(Bundle savedInstanceState) {
        super.onCreate(savedInstanceState);
        setContentView(R.layout.wordlist);
    }

    public void onWordChanged(int index) {
        TextView worddesc = (TextView)findViewById(R.id.worddesc);
        worddesc.setText(ListFragmentTest.DESC[index]);
    }
}
```

수평 리니어의 양쪽에 단어 목록 프래그먼트와 뜻을 보여줄 텍스트뷰를 균등 분할하여 배치했다. 좀 더 멋지게 보여주고 싶다면 텍스트뷰 대신 별도의 뷰그룹을 디자인할 수 있고 다른 프래그먼트를 배치할 수도 있다. 액티비티는 OnWordChangedListener 인터페이스를 구현하며 onWordChanged 메서드에서 선택된 단어의 첨자를 받아 그 뜻을 텍스트뷰에 출력한다. 짧은 코드로도 꽤 그럴듯한 사전이 만들어졌다.

왼쪽에 단어의 목록이 나타나고 목록에서 단어를 선택하면 오른쪽에 단어의 뜻이 나타난다. 수직일 때는 설명란이 너무 좁아 갑갑해 보이지만 수평으로 방향을 돌리면 설명란의 폭이 넉넉해서 보기 편하다. 방향에 따라 레이아웃을 따로 만들어 수직일 때 목록과 설명을 아래, 위로 분할하면 훨씬 보기 좋을 듯하다. 이런 식으로 액티비티의 영역을 자유롭게 분할하기 위해 도입된 장치가 바로 프래그먼트이다. 이 예제에서 프래그먼트의 진면목을 볼 수 있다.

프래그먼트와 액티비티의 통신을 위해 인터페이스를 활용했는데 다른 방법도 얼마든지 사용할 수 있다. 단어 선택 시 액티비티의 특정 메서드를 호출한다거나 프래그먼트가 직접 액티비티의 텍스트뷰나 다른 프래그먼트에게 신호를 보낼 수도 있다. 그러나 프래그먼트가 외부와 직접 통신을 수행하면 독립성이 떨어지고 재사용하기 어려우므로 구조적으로 바람직하지 않다. 일반적으로 형제끼리는 직접 통신하지 않는 것이 원칙이다. 인터페이스를 통해 액티비티가 이를 구현하도록 강제하고 액티비티에게만 신호를 보내며 나머지 뒷처리는 액티비티에게 맡기는 것이 좋다.

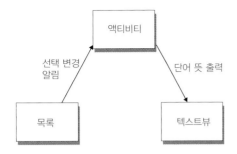

선택한 단어를 어떻게 사용할 것인가는 프래그먼트가 신경쓸 일이 아니다. 목록 프래그먼트는 목록을 보여주고 선택에 변화가 생길 시 상위의 액티비티에게 보고만 하면 그만이다. 선택 단어로 뜻을 출력할지 검색을 할지 네트워크로 보낼지는 부모가 결정한다. 재활용 가능한 모듈은 자기 임무에만 충실하면 될 뿐 바깥일까지 신경써서는 안 된다. 만약 이 예제의 목록이 단어의 뜻을 직접 출력한다면 용도가 고정되어 버리며 다른 목적으로는 사용할 수 없어 범용성이 떨어진다.

20.3.2 DialogFragment

DialogFragment 클래스는 대화상자를 표현하며 액티비티 위에 대화상자를 표시한다. 프래그먼트 내부에 대화상자를 품고 있으며 보임, 숨김, 포커스 관리 등을 직접 처리한다. 프래그먼트 내부의 대화상자는 다음 2가지 방법으로 정의한다.

- onCreateView에서 대화상자의 레이아웃을 생성 또는 전개하여 루트 뷰를 리턴한다. 이 루트 뷰에 포함된 위젯이 대화상자에 나타난다. 커스텀 레이아웃을 자유롭게 배치할 수 있다.
- onCreateDialog에서 Dialog나 그 서브 클래스의 객체를 리턴한다. 통상 AlertDialog 객체를 생성하여 리턴하며 기존의 대화상자를 그대로 흉내낼 수 있다.

프래그먼트에 포함된 대화상자는 대화상자 관련 메서드 대신 프래그먼트의 메서드로 관리한다. 프래그먼트 내부의 대화상자를 화면으로 출력할 때는 다음 메서드를 호출한다.

```
int show(FragmentTransaction transaction, String tag)
void show(FragmentManager manager, String tag)
```

첫 번째 인수로 트랜잭션을 전달하면 프래그먼트를 트랜잭션에 추가하고 확정(commit)까지 자동으로 수행하여 대화상자가 즉시 나타난다. 프래그먼트 관리자를 전달해도 효과는 동일하되 트랜잭션을 백스택에 넣지 않는다는 점이 다르다. 두 번째 인수는 차후의 검색을 위한 태그이다. 대화상자는 자체적으로 닫기 버튼을 가질 수 있고 설사 버튼이 없더라도 Back 버튼으로 대화상자를 언제든지 닫을 수 있다.

다음 레이아웃은 이름과 성별을 입력받는 전형적인 대화상자의 한 예이다. 이름은 문자열이므로 에디트로 입력받고 성별은 둘 중 하나이므로 라디오 버튼을 배치했다. 임의의 레이아웃을 배치할 수 있으므로 얼마든지 복잡해도 상관없다.

namegenderfragment.xml

```
<LinearLayout xmlns:android="http://schemas.android.com/apk/res/android"
    android:orientation="vertical"
    android:layout_width="match_parent"
    android:layout_height="match_parent"
    android:gravity="center_horizontal"
    >
<LinearLayout
    android:layout_width="match_parent"
    android:layout_height="wrap_content"
    >
<TextView
    android:layout_width="wrap_content"
    android:layout_height="wrap_content"
    android:text="이름"
    />
<EditText
    android:layout_width="wrap_content"
    android:layout_height="wrap_content"
    android:text="김아무개"
    />
</LinearLayout>
<RadioGroup
    android:layout_width="match_parent"
    android:layout_height="wrap_content"
    android:checkedButton="@+id/man"
    >
<RadioButton
    android:id="@id/man"
    android:layout_width="wrap_content"
    android:layout_height="wrap_content"
    android:text="남자"
    />
<RadioButton
```

```
        android:layout_width="wrap_content"
        android:layout_height="wrap_content"
        android:text="여자"
        />
    </RadioGroup>
</LinearLayout>
```

이 레이아웃을 대화상자 프래그먼트로 표시해 보자.

```
<LinearLayout xmlns:android="http://schemas.android.com/apk/res/android"
    android:orientation="vertical"
    android:layout_width="match_parent"
    android:layout_height="match_parent"
    >
<Button
    android:id="@+id/btn"
    android:layout_width="wrap_content"
    android:layout_height="wrap_content"
    android:onClick="mOnClick"
    android:text="대화상자 호출"
    />
</LinearLayout>
------------------------------------------------------
public class DialogFragmentTest extends Activity {
    public void onCreate(Bundle savedInstanceState) {
        super.onCreate(savedInstanceState);
        setContentView(R.layout.dialogfragmenttest);
    }

    public void mOnClick(View v) {
        FragmentManager fm = getFragmentManager();
        FragmentTransaction tr = fm.beginTransaction();
        Fragment prev = fm.findFragmentByTag("dialog");
        if (prev != null) {
            tr.remove(prev);
        }
        NameGenderFragment dialog = new NameGenderFragment();
        dialog.show(tr, "dialog");
        //dialog.show(fm, "dialog");
    }
```

```
public static class NameGenderFragment extends DialogFragment {
    //* 레이아웃 전개해서 리턴
    public View onCreateView(LayoutInflater inflater, ViewGroup container,
            Bundle savedInstanceState) {
        View root = inflater.inflate(R.layout.namegenderfragment, container, false);
        return root;
    }
    //*/

    /* Dialog 객체 생성해서 리턴
    public Dialog onCreateDialog(Bundle savedInstanceState) {
        Dialog dialog = new Dialog(getActivity());
        dialog.setContentView(R.layout.namegenderfragment);

        return dialog;
    }
    //*/
}
}
```

NameGenderFragment는 DialogFragment를 상속받는다. 다른 동작은 특별히 처리하는 것이 없고 onCreateView 메서드에서 namegenderfragment 레이아웃을 전개하여 리턴했다. 리니어와 에디트, 라디오 버튼 등이 전개되어 대화상자에 나타난다. 또는 onCreateDialog에서 대화상자 객체를 생성한 후 레이아웃을 대화상자에 채워 대화상자 객체를 리턴해도 효과는 동일하다. 이 코드는 아래쪽에 주석 처리되어 있다.

액티비티 레이아웃에는 버튼 하나만 배치했으며 이 버튼을 클릭할 때 대화상자 프래그먼트를 띄운다. dialog라는 태그명으로 프래그먼트를 찾아보고 이미 대화상자가 떠 있으면 제거하여 2개의 대화상자를 실행하지 않도록 하였다. 대화상자와는 달리 프래그먼트는 모달이 아니다. NameGenderFragment 객체를 생성하고 show 메서드로 이 대화상자를 화면에 표시한다. 예제에는 2개의 show 메서드 호출문을 작성해 두었는데 어떤 메서드를 호출하나 결과는 같다.

호출 버튼을 누르면 화면 중앙에 프래그먼트의 레이아웃이 대화상자로 표시된다. 이 대화상자에서 이름을 입력하고 성별을 선택할 수 있다. 별도의 닫기 버튼은 없지만 Back 버튼을 누르거나 대화상자 바깥을 터치하면 닫힌다.

그렇다면 대화상자를 프래그먼트로 정의하는 것과 AlertDialog로 띄우는 것과는 어떤 차이점이 있을까? 커스텀 레이아웃을 자유롭게 적용할 수 있지만 사실 일반 대화상자도 임의의 레이아웃을 적용할 수 있으므로 프래그먼트만의 이점이라고 볼 수는 없다. 대화상자를 프래그먼트로 정의하면 몇 가지 기교를 부릴 수 있다.

먼저 하나의 프래그먼트를 여러 용도로 사용할 수 있다. 프래그먼트는 액티비티의 일부를 구성하는 조각이므로 대화상자로 띄울 수도 있고 액티비티안에 내장할 수도 있다. 똑같은 레이아웃을 어떨 때는 분리된 대화상자로 표시하고 어떨 때는 액티비티안에 배치하고 싶을 때 프래그먼트로 정의한다. 대화상자를 액티비티 레이아웃에 박아 넣는 방법은 일반 프래그먼트와 동일하다. XML 문서에 fragment 엘리먼트로 배치하거나 실행 중에 생성하여 추가한다.

DialogFragmentEmbed

```
<LinearLayout xmlns:android="http://schemas.android.com/apk/res/android"
    android:layout_width="match_parent"
    android:layout_height="match_parent"
    android:orientation="vertical" >
<TextView
    android:layout_width="match_parent"
    android:layout_height="wrap_content"
    android:text="대화상자 프래그먼트를 액티비티에 내장하였습니다." />
<fragment
    android:name="andexam.ver6.c20_fragment.DialogFragmentEmbed$NameGenderFragment"
```

```
            android:id="@+id/namegenderfragment"
            android:layout_width="wrap_content"
            android:layout_height="wrap_content"
            />
    </LinearLayout>
------------------------------------------------------------
public class DialogFragmentEmbed extends Activity {
    public void onCreate(Bundle savedInstanceState) {
        super.onCreate(savedInstanceState);
        setContentView(R.layout.dialogfragmentembed);
    }

    public static class NameGenderFragment extends DialogFragment {
        public View onCreateView(LayoutInflater inflater, ViewGroup container,
                Bundle savedInstanceState) {
            View root = inflater.inflate(R.layout.namegenderfragment, container, false);
            return root;
        }
    }
}
```

리니어 레이아웃 안에 텍스트뷰와 NameGenderFragment를 배치했다. 단, 이 경우는 대
화상자로 띄우는 것이 아니므로 onCreateView에서 레이아웃을 리턴하는 방식이어야 하며
onCreateDialog에서 대화상자를 리턴하는 방식은 쓸 수 없다. 대화상자를 생성하고 표시하는 것
은 프래그먼트가 알아서 처리하므로 액티비티는 레이아웃만 배치하면 될 뿐 별다른 코드가 더 필요
치 않다.

앞 예제에서 대화상자로 띄웠던 레이아웃을 이번에는 액티비티 안에 배치했다. 똑같은 레이아웃을
여러 가지 방법으로 활용할 수 있고 수정할 때 프래그먼트만 수정하면 되어 관리하기도 편리하다.

일반 대화상자에 비해 대화상자 프래그먼트는 다양한 스타일과 테마를 쉽게 적용할 수 있다는 이점
도 있다. Dialog는 속성을 일일이 수정하거나 윈도우 속성을 조정해야 하지만 프래그먼트는 다음

메서드만 호출하면 된다. 단, 스타일과 테마는 대화상자를 생성할 때 적용되므로 생성하기 전에 이 메서드를 호출해야 한다.

void setStyle(int style, int theme)

style 인수는 스타일을 지정하며 STYLE_NORMAL, STYLE_NO_TITLE, STYLE_NO_FRAME, STYLE_NO_INPUT 등의 상수가 정의되어 있다. theme 인수는 테마를 지정하되 0으로 지정하면 스타일에 어울리는 적당한 테마가 자동으로 선택된다. 각 스타일과 테마의 모양 및 특징은 말로 설명하는 것보다 직접 적용해 보고 차이를 관찰해 보는 것이 더 낫다. 다음 예제는 스타일과 테마의 조합 몇 가지를 보여준다.

DialogStyleTheme

```
<LinearLayout xmlns:android="http://schemas.android.com/apk/res/android"
    android:orientation="vertical"
    android:layout_width="match_parent"
    android:layout_height="match_parent"
    >
<TextView
    android:id="@+id/result"
    android:layout_width="wrap_content"
    android:layout_height="wrap_content"
    android:textSize="16sp"
    android:text=""
    />
<Button
    android:id="@+id/btn1"
    android:layout_width="wrap_content"
    android:layout_height="wrap_content"
    android:onClick="mOnClick"
    android:text="Normal"
    />
    ....
</LinearLayout>
-----------------------------------------------------------
public class DialogStyleTheme extends Activity {
    public void onCreate(Bundle savedInstanceState) {
        super.onCreate(savedInstanceState);
        setContentView(R.layout.dialogstyletheme);
    }
```

```
public void mOnClick(View v) {
    switch (v.getId()) {
    case R.id.btn1:
        showDialog(DialogFragment.STYLE_NORMAL,0);
        break;
    case R.id.btn2:
        showDialog(DialogFragment.STYLE_NO_TITLE,0);
        break;
    case R.id.btn3:
        showDialog(DialogFragment.STYLE_NO_FRAME,0);
        break;
    case R.id.btn4:
        showDialog(DialogFragment.STYLE_NO_INPUT,0);
        break;
    case R.id.btn5:
        showDialog(DialogFragment.STYLE_NORMAL,android.R.style.Theme_Holo);
        break;
    case R.id.btn6:
        showDialog(DialogFragment.STYLE_NORMAL,android.R.style.Theme_Holo_Light_Dialog);
        break;
    case R.id.btn7:
        showDialog(DialogFragment.STYLE_NORMAL,android.R.style.Theme_Holo_Light);
        break;
    case R.id.btn8:
        showDialog(DialogFragment.STYLE_NORMAL,android.R.style.Theme_Holo_Light_Panel);
        break;
    }
}

void showDialog(int style, int theme) {
    FragmentManager fm = getFragmentManager();
    FragmentTransaction tr = fm.beginTransaction();
    Fragment prev = fm.findFragmentByTag("dialog");
    if (prev != null) {
        tr.remove(prev);
    }
    tr.addToBackStack(null);

    NameGenderFragment newFragment = NameGenderFragment.newInstance(style, theme);
    newFragment.show(tr, "dialog");
}

public static class NameGenderFragment extends DialogFragment {
    static NameGenderFragment newInstance(int style, int theme) {
```

```
        NameGenderFragment df = new NameGenderFragment();

        Bundle args = new Bundle();
        args.putInt("style", style);
        args.putInt("theme", theme);
        df.setArguments(args);

        return df;
    }

    public void onCreate(Bundle savedInstanceState) {
        super.onCreate(savedInstanceState);

        int style = getArguments().getInt("style");
        int theme = getArguments().getInt("theme");

        setStyle(style, theme);
    }

    public View onCreateView(LayoutInflater inflater, ViewGroup container,
            Bundle savedInstanceState) {
        View root = inflater.inflate(R.layout.namegenderfragment, container, false);
        return root;
    }
    }
}
```

리니어 안에 8개의 버튼을 배치하고 각 버튼을 누를 때 스타일과 테마를 조합하여 적용한다. 대화상자를 생성하기 전에 적용해야 하므로 newInstance 정적 메서드의 인수로 스타일과 테마를 전달하고 이 값을 아규먼트에 저장해 두었다가 onCreate에서 읽어 적용했다. 실행해 보고 각 스타일의 특징을 관찰해 보자.

Normal 스타일은 앞 예제에서 본 대로 수평으로 가득찬 형태이며 위쪽에 타이틀 영역이 있다. No Title 스타일은 타이틀 바 영역이 없고 대화상자의 폭이 위젯의 폭과 같으며 문자열을 입력하면 대화상자 폭도 같이 늘어난다. No Frame 스타일은 대화상자의 배경이 투명하다. 둘 다 Back 버튼으로 닫을 수 있고 포커스도 받되 대화상자 바깥을 터치할 때 닫힘 여부가 다르다. No Title 스타일은 바깥을 터치하면 즉시 닫히지만 No Frame은 그렇지 않다.

No Input 스타일은 포커스를 받지 않아 문자열을 입력할 수 없고 라디오 버튼을 체크할 수도 없다. 따라서 이 스타일은 단순히 정보를 보여주기만 하는 대화상자에 사용하며 입력용으로는 어울리지 않는다. 아래쪽의 테마 버튼 4개를 눌러 각 대화상자를 띄워 보면 테마에 따라 대화상자의 색상과 모양이 완전히 달라진다. 스타일과 테마를 조합하면 더 다양한 형태의 대화상자를 디자인할 수 있다.

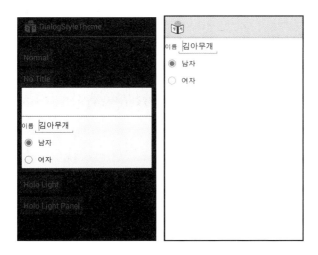

ListFragment와 DialogFragment는 프래그먼트의 특정 기능만을 노출하여 쓰기 쉽게 래핑한 서브 클래스이다. 이 외에 PreferenceFragment라는 것도 있는데 Preference 객체의 목록을 보여준다. PreferenceActivity와 유사하게 사용자의 입력을 받아 자동으로 저장하는 기능을 제공하며 설정창처럼 좌우에 목록과 세부 설정을 보여줄 때 사용된다. WebViewFragment는 웹뷰를 프래그먼트로 래핑한 것이다. 이 두 클래스는 비프래그먼트 클래스와 사용법이나 특징이 거의 유사하므로 간단하게 소개만 한다.

20.3.3 핸드셋과 태블릿 지원

프래그먼트의 가장 실용적인 사용 예는 화면 크기에 따라 다른 배치를 생성해내는 것이다. 핸드셋에서는 목록과 설명을 별도의 액티비티로 분리하여 시원스럽게 보여주고 태블릿에서는 좌우로 나누어 한꺼번에 일목 요연하게 보여주는 것이 좋다. 프래그먼트의 사용 여부는 실행 중에 리소스와 코드에 의해 결정되므로 하나의 실행 파일로 두 장비를 모두 지원할 수 있다. 화면이 넓으면 대화면의 장점을 극대화하고 화면이 작으면 작은 대로 무난하게 실행된다.

핸드셋과 태블릿을 동시에 지원하는 예제를 만들어 보자. 출력할만한 다량의 데이터가 필요하므로 별도의 소스 파일에 데이터 배열을 정의한다. 다음 소스는 태양계의 천체들과 그 설명을 두 개의 문자열 배열로 정의한다. 설명 문자열이 길어 소스 리스트는 일부만 보였는데 실제 정보는 굉장히 길고 상세하다. 평소 천문학에 관심이 많은데 이번 기회에 상당한 시간을 투자하여 각종 자료를 참조해 정리했다.

PlanetInfo

```
public class PlanetInfo {
    public static String[] PLANET = {
    "태양", "수성", "금성", "지구", "화성", "목성", "토성", "천왕성", "해왕성", "명왕성", "소행성"
    };
    public static String[] DESC = {
        "태양계는 8개의 행성과 2000개의 소행성들로 구성되며 ....
        "태양과 가장 가까운 행성이다. ....
        ....
    };
}
```

다음은 이 정보를 보여줄 레이아웃 파일을 작성한다. layout-sw320dp 폴더에도 똑같은 파일이 작성되어 있으며 표준 레이아웃에도 그보다 더 작은 장비를 위해 중복 정의해두었다. 최소폭 320dp의 장비와 그 이하의 폭을 가지는 장비에서는 이 레이아웃이 사용된다.

```
<LinearLayout xmlns:android="http://schemas.android.com/apk/res/android"
    android:layout_width="match_parent"
    android:layout_height="match_parent">
    <fragment
        class="andexam.ver6.c20_fragment.MultiPaneWidth$PlanetListFragment"
        android:id="@+id/planet"
        android:layout_width="match_parent"
        android:layout_height="match_parent" />
</LinearLayout>
```

800×480 해상도에 hdpi 밀도를 가지는, 또는 그보다 해상도와 밀도가 높더라도 최소폭이 320dp 정도되는 일반적인 핸드셋에 이 레이아웃을 적용하라는 뜻이다. 리니어 안에 행성 목록을 출력하는 프래그먼트만 배치되어 있다. 다음은 더 큰 화면을 위한 레이아웃을 layout-sw400dp 폴더에 작성한다. 핸드셋의 최소폭이 360dp를 넘지 않으므로 최소폭 400dp는 일반적으로 태블릿을 의미한다. 기준이 되는 최소폭은 어떤 장비를 대상으로 하는가에 따라 조정 가능하다. 이 예제는 구체적으로 갤럭시S3 이하의 핸드셋과 넥서스7 이상의 태블릿을 구분하기 위해 최소폭을 400으로 잡았다.

```
<LinearLayout xmlns:android="http://schemas.android.com/apk/res/android"
    android:layout_width="match_parent"
    android:layout_height="match_parent">
    <fragment
        class="andexam.ver6.c20_fragment.MultiPaneWidth$PlanetListFragment"
        android:id="@+id/planet"
        android:layout_width="0dp"
        android:layout_weight="1"
        android:layout_height="match_parent" />
    <FrameLayout
        android:id="@+id/descpanel"
        android:layout_width="0dp"
        android:layout_weight="1"
        android:layout_height="match_parent" />
</LinearLayout>
```

수평 리니어 안에 목록 프래그먼트와 설명 프래그먼트를 균등하게 배치했다. 표준 레이아웃은 목록만 표시되고 400dp 이상의 대화면에서는 좌우로 화면을 분할하여 목록과 설명이 같이 표시된다. 실행 장비의 최소폭에 따라 두 레이아웃 중에 하나가 선택되며 운영체제가 리소스 차원에서 자동으로 결정한다. 코드에서는 선택된 레이아웃에 따라 배치 및 처리가 달라진다.

MultiPaneWidth

```java
public class MultiPaneWidth extends Activity {
    public void onCreate(Bundle savedInstanceState) {
        super.onCreate(savedInstanceState);
        setContentView(R.layout.multipanewidth);
    }

    public static class PlanetListFragment extends ListFragment {
        boolean mMiltiPane;
        int mLastIndex = 0;

        public void onActivityCreated(Bundle savedInstanceState) {
            super.onActivityCreated(savedInstanceState);

            setListAdapter(new ArrayAdapter<String>(getActivity(),
                    android.R.layout.simple_list_item_activated_1, PlanetInfo.PLANET));
            getListView().setChoiceMode(ListView.CHOICE_MODE_SINGLE);

            if (savedInstanceState != null) {
                mLastIndex = savedInstanceState.getInt("lastindex");
            }

            View descPanel = getActivity().findViewById(R.id.descpanel);
            if (descPanel != null && descPanel.getVisibility() == View.VISIBLE) {
                mMiltiPane = true;
                onListItemClick(getListView(), null, mLastIndex, 0);
            }
        }

        public void onSaveInstanceState(Bundle outState) {
            super.onSaveInstanceState(outState);
            outState.putInt("lastindex", mLastIndex);
        }

        public void onListItemClick(ListView l, View v, int position, long id) {
            mLastIndex = position;
```

```
            getListView().setItemChecked(position, true);

            if (mMiltiPane) {
                FragmentManager fm = getFragmentManager();
                DescFragment df = (DescFragment)fm.findFragmentById(R.id.descpanel);
                if (df == null || df.mNowIndex != position) {
                    df = DescFragment.newInstance(position);
                    FragmentTransaction tr = fm.beginTransaction();
                    tr.replace(R.id.descpanel, df);
                    tr.commit();
                }
            } else {
                Intent intent = new Intent(getActivity(), DescActivity.class);
                intent.putExtra("index", position);
                startActivity(intent);
            }
        }
    }
}

// 설명을 보여주는 프래그먼트
public static class DescFragment extends Fragment {
    int mNowIndex;

    public static DescFragment newInstance(int index) {
        DescFragment df = new DescFragment();
        df.mNowIndex = index;
        return df;
    }

    // 텍스트뷰를 생성하고 아규먼트로 전달받은 단어의 설명을 보여준다.
    public View onCreateView(LayoutInflater inflater, ViewGroup container,
            Bundle savedInstanceState) {
        View root = inflater.inflate(R.layout.descfragment, container, false);
        TextView text = (TextView)root.findViewById(R.id.txtdescription);
        text.setText(PlanetInfo.DESC[mNowIndex]);
        return root;
    }
}

// 설명을 보여주는 액티비티
public static class DescActivity extends Activity {
    protected void onCreate(Bundle savedInstanceState) {
        super.onCreate(savedInstanceState);
```

```
        // 인텐트로 전달된 첨자의 단어를 보여준다.
        int index = getIntent().getExtras().getInt("index");
        DescFragment details = DescFragment.newInstance(index);
        getFragmentManager().beginTransaction().add(android.R.id.content, details).commit();
    }
  }
}
```

실습 편의상 한 소스안에 액티비티와 프래그먼트 클래스를 모두 작성했다. 메인 액티비티는 껍데기에 불과하므로 소스도 극단적으로 간단해서 onCreate 메서드에서 multipanewidth 레이아웃을 읽어 액티비티에 채우기만 한다. 이 과정에서 운영체제의 의해 어떤 레이아웃이 읽혀질 것인지가 결정되며 실행 장비의 최소폭에 따라 레이아웃 구조가 달라진다. 나머지 처리는 선택된 레이아웃과 프래그먼트가 담당한다.

목록 프래그먼트인 PlanetListFragment는 ListFragment를 상속받으며 onActivityCreated에서 어댑터에 PLANET 배열을 제공하여 행성의 목록을 출력한다. 최종 선택 항목을 보여주기 위해 리스트뷰를 단일 선택 모드로 설정하였다. mLastIndex 필드는 마지막으로 본 항목의 첨자이며 프래그먼트가 정지될 때인 onSaveInstanceState 메서드에서 저장하고 재생성될 때 다시 읽어들인다.

다음은 멀티 패인을 사용할 것인가 아닌가를 결정한다. 운영체제가 리소스를 선택하는 과정에서 멀티 패인 적용 여부가 이미 결정나 있으므로 어떤 리소스가 선택되었는지 알아내기만 하면 된다. 액티비티의 레이아웃에서 descpanel이 있는지 조사해 보면 운영체제가 어떤 레이아웃을 선택했는지 알 수 있으며 이후의 동작은 이 패널의 유무에 따라 달라진다. 설명을 보여주는 패널이 있고 보이는 상태이면 넓은 화면, 즉 태블릿이라는 뜻이다. 태블릿인 경우 mMultiPane에 true를 대입해 두고 마지막 보았던 항목을 설명 프래그먼트에 출력한다.

사용자가 목록의 행성 하나를 클릭할 때인 onListItemClick 메서드를 보자. 이 메서드는 생성 단계에서 조사해 놓은 mMultiPane 변수에 따라 동작이 달라진다. 멀티 패인인 경우는 오른쪽의 설명 패널에 설명을 출력한다. 설명 패널이 없거나 선택이 바뀌었으면 새로운 설명 프래그먼트를 생성하여 대체하고 새로운 첨자를 전달한다.

설명을 출력하는 DescFragment는 newInstance 정적 메서드에서 설명을 출력할 행성의 첨자를 인수로 받아 mNowIndex 멤버에 저장해 둔다. onCreateView에서 설명을 출력할 레이아웃을 전개한다. 이 레이아웃은 다음과 같이 작성했다. 설명은 단순한 문자열이므로 텍스트뷰 하나로 출력하되 내용이 대단히 길 수 있어 스크롤뷰로 감싸 두었다. 왼쪽의 목록에서 항목을 선택하면 선택한 행성의 정보가 설명 프래그먼트에 나타나며 다른 항목으로 변경하면 새로운 설명 프래그먼트로 대체된다.

descfragment.xml

```
<ScrollView xmlns:android="http://schemas.android.com/apk/res/android"
    android:layout_width="match_parent"
    android:layout_height="match_parent"
    android:background="#404040"
    android:padding="4dp"
    >
<TextView
    android:id="@+id/txtdescription"
    android:layout_width="match_parent"
    android:layout_height="wrap_content"
    android:textSize="16dp"
    android:textColor="#ffffff"
    />
</ScrollView>
```

다음은 핸드셋에서 실행하는 경우의 흐름을 보자. 핸드셋은 최소폭이 320dp나 360dp 정도가 고작이므로 기본 레이아웃이 선택된다. 이 레이아웃에는 descpanel이 없으므로 목록 프래그먼트만 나타나며 onActivityCreated에서 mMultiPane이 false로 조사된다.

목록의 항목을 클릭하면 DescActivity를 실행하며 index 인수로 선택된 첨자를 넘긴다. DescActivity는 소스의 제일 아래쪽에 선언되어 있는데 onCreate에서 설명 프래그먼트를 생성하여 내용물을 가득 채우며 인텐트로 전달된 index 첨자를 설명 프래그먼트의 newInstance 메서드로 전달하여 해당 설명을 보여준다. 설명 프래그먼트가 양쪽 액티비티에서 재사용됨을 유의하자.

이 예제의 핵심은 선택되는 레이아웃에 따라 설명을 프래그먼트에 출력할 것인가 별도의 액티비티를 열 것인가를 결정한다는 것이다. 그럼 제대로 실행되는지 에뮬레이터를 바꿔 가면서 실행해 보자. 먼저 지금까지 실습해 왔던 핸드셋 에뮬레이터에서 실행해 보자. 다음 2개의 액티비티로 구성되어 있다.

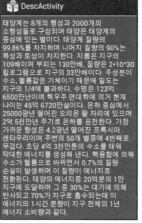

이 에뮬레이터는 최소폭이 320dp이므로 목록만 있는 레이아웃이 선택되며 실행 직후에 행성의 목록만 보인다. 목록에서 항목을 선택하면 별도의 설명 액티비티로 전환되어 설명이 출력되며 다 읽었으면 Back키를 눌러 목록으로 다시 돌아간다. 레이아웃에 설명 프래그먼트가 아예 없으므로 새로운 액티비티를 열어야 설명을 보여줄 수 있다. 설명을 넓게 볼 수 있어 시원스럽지만 항목을 바꿀 때마다 화면이 전환되어 불편하다.

다음은 태블릿용 에뮬레이터를 만들어 실행해 보자. 없다면 지금 만들어서 실행해 보아라. 1280×800의 대화면을 가지며 중밀도여서 최소폭은 720dp 정도 된다. sw720dp에 대한 레이아웃은 따로 정의하지 않았으므로 가장 가까운 최소폭을 정의하는 sw400dp 레이아웃이 대신 선택되며 이 레이아웃에는 설명 프래그먼트가 배치되어 있다.

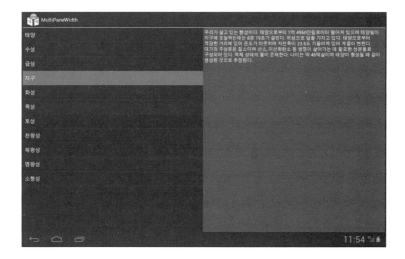

액티비티가 목록과 설명 프래그먼트로 분할되어 있으며 왼쪽의 목록에서 행성을 선택하면 오른쪽의 설명란에 정보가 즉시 출력된다. 목록과 설명을 한꺼번에 볼 수 있어서 편리하며 화면 전환이 발생하지 않아 신속하게 여러 정보를 살펴볼 수 있다. 이 경우 설명 액티비티는 아예 사용되지 않는다. 누차 강조하지만 최소폭은 화면의 방향과는 무관하므로 방향을 돌린다고 해서 배치가 바뀌지는 않는다. 어떤 장비에서 실행하는가에 따라 결정될 뿐이다.

실장비에서는 어떤 결과가 나타나는지 실행해 보자. 다음은 갤럭시S3와 넥서스7에서의 실행 결과이다. 두 장비는 해상도가 비슷하지만 밀도 차이로 인해 최소폭은 다르다. 최소폭이 400dp 미만인 갤럭시S3는 기본 레이아웃이 선택되어 설명이 액티비티로 표시된다. 최소폭이 500dp가 넘는 넥서스7은 멀티 패인 레이아웃이 선택되어 오른쪽의 프래그먼트에 설명이 표시된다.

똑같은 프로그램이지만 화면의 최소폭에 따라 배치가 완전히 달라지고 동작도 차이가 있다. 좁은 화면에서는 액티비티를 분리하여 설명을 최대한 크게 볼 수 있고 넓은 화면에서는 두 정보를 한꺼번에 볼 수 있다. 이 예제의 구조를 그림으로 그려 보면 다음과 같다.

목록을 보여주는 기능과 설명을 보여주는 기능을 각각의 프래그먼트와 액티비티로 작성해 놓고 장비에 따라 어떤 조각을 선택할 것인지 결정한다. 그렇다면 이런 구조를 만들기 위해 꼭 프래그먼트를 사용해야 하는 것일까? 사실 기존의 방법으로도 이런 구조를 만들 수 있으며 프래그먼트 이전에도 유사한 프로그램을 제작했었다. 수평 리니어로 화면을 분할하되 핸드셋이면 오른쪽을 숨겨 버리고 액티비티로 설명을 넘기면 된다.

그러나 이런 구조에서는 설명 액티비티와 설명 프래그먼트의 기능이 중복되어 코드의 낭비가 심하다. 똑같은 코드가 태블릿용의 메인 액티비티에도 필요하고 핸드셋용의 설명 액티비티에도 반복된다. 반면 프래그먼트는 임의의 액티비티에 배치될 수 있으므로 이런 낭비가 없다. 위 예제의 경우 설명 프래그먼트가 워낙 작아 이 차이를 실감하기 어렵지만 거대한 기능을 두 번 작성한다는 것은 용량상 낭비이고 관리에도 부정적이다. 프래그먼트는 기능적으로 독립적인 모듈을 만들 수 있고 재사용성이 뛰어나다는 면에서 진가를 발휘한다.

20.3.4 화면 방향 지원

앞 예제는 화면 크기에 따라 멀티 패인 여부를 선택적으로 적용하여 장비에 따라 배치가 달라진다. 이 외에도 멀티 패인 사용 여부를 결정하는 여러 가지 기준을 생각할 수 있다. 화면이 좁더라도 가로 방향에서는 오른쪽에 여백이 많이 남으므로 멀티 패인을 고려할만하다. 또, 화면의 물리적인 크기뿐만 아니라 밀도나 모양 등도 멀티 패인 선택 기준이 될 수 있으며 사용자의 선택에 따라 결정하는 것도 가능하다.

다음 예제는 장비의 화면 방향에 따라 멀티 패인 여부를 선택한다. 화면의 크기는 고정적이지만 방향은 실행 중에도 항상 변할 수 있어 더 많은 처리가 필요하다. 상황에 따라 레이아웃과 동작이 달라지므로 여러 모로 잔손이 많이 간다. 따라서 이런 예제는 결과 코드 뿐만 아니라 작업 절차도 잘 알아두어야 한다. 표준 레이아웃에는 목록 프래그먼트만 배치한다.

```
<LinearLayout xmlns:android="http://schemas.android.com/apk/res/android"
    android:layout_width="match_parent"
    android:layout_height="match_parent">
    <fragment
        class="andexam.ver6.c20_fragment.MultiPaneOrient$PlanetListFragment"
        android:id="@+id/planet"
        android:layout_width="match_parent"
        android:layout_height="match_parent" />
</LinearLayout>
```

가로 방향의 레이아웃에는 2개의 패인을 좌우로 배치한다. 사실상 화면 크기에 따른 레이아웃 작성법과 유사하되 기준의 차이에 의해 리소스를 저장하는 폴더만 달라졌을 뿐이며 설명을 더 넓게 보기 위해 좌우를 1:3의 비율로 분할했다. 메인 액티비티의 소스 파일이 다르므로 내부 클래스의 소속이 바뀌었다는 차이도 있다.

```
<LinearLayout xmlns:android="http://schemas.android.com/apk/res/android"
    android:layout_width="match_parent"
    android:layout_height="match_parent">
    <fragment
        class="andexam.ver6.c20_fragment.MultiPaneOrient$PlanetListFragment"
        android:id="@+id/planet"
        android:layout_width="0dp"
        android:layout_weight="1"
        android:layout_height="match_parent" />
    <FrameLayout
        android:id="@+id/descpanel"
        android:layout_width="0dp"
        android:layout_weight="3"
        android:layout_height="match_parent" />
</LinearLayout>
```

메인 액티비티의 소스는 다음과 같다. 사용하는 논리가 거의 비슷하므로 앞 예제와 코드도 거의 유사하다.

```
public class MultiPaneOrient extends Activity {
    public void onCreate(Bundle savedInstanceState) {
        super.onCreate(savedInstanceState);
        setContentView(R.layout.multipaneorient);
    }

    public static class PlanetListFragment extends ListFragment {
        ==== 앞 예제와 동일 ====
    }

    public static class DescFragment extends Fragment {
        ==== 앞 예제와 동일 ====
    }

    // 설명을 보여주는 액티비티
    public static class DescActivity extends Activity {
        protected void onCreate(Bundle savedInstanceState) {
            super.onCreate(savedInstanceState);

            // 세로 모드에서 가로로 전환하면 즉시 종료한다.
            if (getResources().getConfiguration().orientation
                    == Configuration.ORIENTATION_LANDSCAPE) {
                finish();
                return;
            }

            // 인텐트로 전달된 첨자의 단어를 보여준다.
            int index = getIntent().getExtras().getInt("index");
            DescFragment details = DescFragment.newInstance(index);
            getFragmentManager().beginTransaction().add(android.R.id.content,
details).commit();
        }
    }
}
```

메인 액티비티는 이름과 레이아웃 리소스만 바뀌었다. 리소스 저장 폴더가 화면의 방향을 기준으로
하므로 방향에 따라 적절한 리소스가 선택된다. 목록 프래그먼트 클래스와 설명 프래그먼트 클래스
는 앞 예제와 완전히 같다. 어떤 리소스가 선택되었는가에 따라 멀티 패인을 쓸 것인가 아닌가를 결
정하는 논리가 같고 이벤트를 처리하는 방식도 동일하므로 달라질 이유가 없다.

단, 단일 패인일 때 설명을 보여주는 액티비티에는 추가 코드가 약간 더 작성되어 있다. 화면 크기는 변하지 않지만 방향은 실행중에 언제든지 변경될 수 있으므로 이 점을 고려해야 한다. 세로 모드일 때는 별도의 설명 액티비티가 필요하지만 이 상태에서 가로로 전환하면 설명 프래그먼트가 나타나므로 액티비티는 더 이상 있을 필요가 없다. 그래서 세로 방향에서 가로 방향으로 전환할 때 액티비티를 종료하는 코드가 필요하다.

이 예제는 화면의 방향을 기준으로 레이아웃을 선택하므로 어떤 에뮬레이터에서 실행하나 결과가 같다. 실장비도 마찬가지이므로 굳이 실장비 테스트를 할 필요도 없다. 한 장비에서 두 가지 배치를 바꿔가며 사용할 수 있다는 점에서 오히려 더 실용적이다. 핸드셋 에뮬레이터에서 세로 모드를 테스트해 보자.

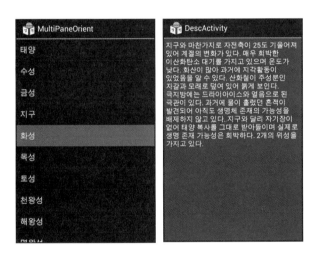

행성 목록만 나타나며 목록을 선택하면 별도의 설명 액티비티가 열린다. 이 상태에서 Ctrl + F11 을 눌러 에뮬레이터를 회전하면 2단으로 전환되며 혹시 설명 액티비티가 떠 있더라도 즉시 종료된다.

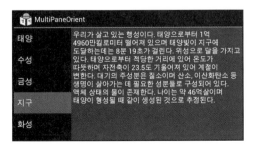

비록 좁은 화면이지만 좌우로 나누어 볼 수 있어 편리하다. 이 외에도 필요에 따라 여러 가지 기준으로 프래그먼트를 활용할 수 있다. 화면이 정말 크고 보여줄 정보가 많다면 4단 바둑판 형식으로 나눌 수도 있다. 각 패인에 표시할 레이아웃을 프래그먼트로 정의해 놓으면 조건에 따라 실행 중에 배치를 결정할 수 있어 활용성이 높다.

CHAPTER 21

액션바

21.1 액션바

21.1.1 액션바의 모양

액션바는 프래그먼트와 마찬가지로 태블릿의 등장과 함께 도입된 기능이다. 3.0 이전의 핸드셋에서 타이틀 바는 가로로 한 줄을 다 차지하면서 고작 실행 중인 앱의 이름만 출력했다. 핸드셋은 화면 폭이 넓지 않아 이 정도 면적에 제목을 표시하는 것이 아깝지 않았으나 태블릿에서는 사정이 달라졌다. 다음은 2.3 버전의 프로그램을 7인치 태블릿에서 실행한 모습이다.

제목은 왼쪽 귀퉁이에 조그맣게 표시되고 타이틀 바의 나머지 오른쪽은 그냥 버려지는 셈이다. 7인치 태블릿이 이 정도인데 2560 해상도의 10인치 태블릿에서는 어떨지 쉽게 짐작된다. 그래서 이 커진 영역을 알뜰하게 활용하기 위해 도입한 장치가 액션바이다. 이왕 한 줄을 다 차지하는 김에 아이콘도 예쁘게 그려 넣고 자주 사용하는 메뉴 항목도 따로 빼 놓자는 의도이다.

기존의 타이틀 바를 더 크고 예쁘게 디자인하고 기능적인 면도 확장하여 편의성을 향상시킨 것이다. 액션바는 메뉴의 기능 일부를 흡수 및 대체하므로 먼저 메뉴에 대한 선행 학습이 되어 있어야 한다. 메뉴에 대해서는 9장에서 기본적인 내용을 연구해 보았으므로 이 장에서는 액션바와 관련된 내용만 다루기로 한다. 액션바에는 다음과 같은 항목이 배치된다.

- 왼쪽에 응용 프로그램의 아이콘과 제목이 표시된다. 사용자는 제목을 통해 현재 사용하고 있는 프로그램이 무엇인지 바로 알 수 있다.
- 오른쪽에는 자주 사용하는 메뉴 명령을 액션 항목으로 배치하여 신속하게 사용할 수 있다. 언제나 보이고 원터치로 누를 수 있어 접근성이 뛰어나다.
- 커스텀 뷰를 배치하여 사용 빈도가 높은 기능을 처리한다. 통상 검색식을 입력하는 용도로 많이 사용한다.
- 프래그먼트를 전환하는 탭 내비게이션을 지원한다. 멀티 페이지로 구성된 프로그램을 만들 때 가장 권장되는 방법 이다.

액션바는 타이틀 바를 확장한 것이면서 메뉴의 기능 일부를 흡수했다. 또한 이전 버전에서 사용하던 탭위젯 기능을 신형으로 대체하고 그 외 컨텍스트 메뉴 대용으로 사용되기도 한다. 좁은 영역이지만 연구해 보면 자잘한 편의 기능이 많이 숨어 있다. 먼저 액션바로 메뉴의 기능을 확장하는 방법에 대해 연구해 보자. 메뉴 리소스의 각 메뉴 항목에 showAsAction 속성을 지정하여 메뉴 항목을 어디다 어떻게 배치할 것인지 지정한다.

속성	설명
never	항목을 액션바에 배치하지 않는다. 이 값이 디폴트이다.
always	항목을 항상 액션바에 배치한다. 이 속성을 가지는 항목이 너무 많으면 겹쳐서 표시될 수 있으므로 꼭 필요한 항목에만 사용해야 한다.
ifRoom	액션바에 여유 공간이 있을 때만 배치한다.
withText	다른 옵션과 함께	연산자로 연결하여 지정한다. title 속성으로 지정한 캡션을 액션 항목 옆에 같이 표시하되 공간이 부족하면 표시하지 않는다.
collapseActionView	actionLayout이나 actionViewClass 속성으로 지정한 액션 뷰를 축소할 수 있다.

XML 메뉴 리소스의 메뉴 항목(item) 엘리먼트에 이 속성을 지정하며 실행 중에 다음 메서드로 변경할 수도 있다.

```
MenuItem setShowAsActionFlags (int actionEnum)
```

다음 메뉴 리소스는 showAsAction 속성을 골고루 적용하여 제작한 것이다. 테스트를 위한 메뉴이며 액션바의 기능에 적합한 속성을 두루 사용하였다. 이 메뉴 리소스는 이 장 전체에 걸쳐 모든 예제에 계속 사용된다.

menu/actionbarmenu.xml

```xml
<menu xmlns:android="http://schemas.android.com/apk/res/android">
    <item android:title="하나"
        android:icon="@android:drawable/ic_menu_add"
        android:showAsAction="always|withText"
        />
    <item android:title="둘"
        android:icon="@android:drawable/ic_menu_edit"
        android:showAsAction="ifRoom"
        />
    <item android:title="셋"
        android:showAsAction="ifRoom"
        />
    <item android:title="넷"
        android:showAsAction="ifRoom"
        />
    <item android:title="다섯"
        android:showAsAction="ifRoom"
        />
    <item android:title="여섯" />
</menu>
```

총 6개의 메뉴 항목을 가지며 "하나" 항목은 showAsAction 속성을 always로 지정하여 항상 액션바에 표시한다. "둘"~"다섯"까지는 ifRoom으로 지정하여 공간이 허락할 때만 액션바에 나타나며 "여섯" 항목은 별다른 지정이 없으므로 메뉴에만 나타난다. 앞쪽 2개의 항목에는 아이콘도 붙었다. 아이콘의 크기는 밀도에 따라 다음 크기로 작성할 것을 권장한다. 강제성은 없지만 액션바 영역이 넓지 않아 앱 아이콘보다 작은 것이 보기에 좋다.

밀도	크기
ldpi	18×18
mdpi	24×24
hdpi	36×36
xhdpi	48×48

아이콘에는 크기 외에도 여러 가지 제약 사항이 있다. 직사각형 모양의 아이콘은 사무적이고 투박해 보인다. 가급적이면 배경은 생략하고 그림만 표시할 수 있는 투명한 PNG 파일로 작성하는 것이 좋다. 또 입체적으로 장식하면 너무 튀어 보여 오히려 역효과가 발생하므로 2차원 형태로 평평하게 만드는 것이 바람직하다. 흑백이나 그레이 스케일의 젊잖은 디자인이 권장되며 컬러를 너무 과다하게 사용하면 천박해 보인다. 액션 항목은 명령을 내리는 도구일 뿐 장식용이 아니다.

전문 디자이너라면 몰라도 우리 같은 개발자가 이 모든 조건에 맞는 무난한 아이콘을 디자인하는 것은 쉽지 않다. 그래서 안드로이드는 실습용으로 활용할 수 있는 기본 아이콘 집합을 제공하는데 위의 메뉴에는 기본 아이콘을 활용하였다. 시스템이 제공하는 아이콘은 ID가 android:으로 시작된다. 이 아이콘은 어디까지나 실습 편의를 위해 제공하는 것이며 또 버전에 따라 디자인이 바뀔 수 있으므로 실무 프로젝트에서는 용도에 맞게 제작하거나 아니면 사본을 복사한 후 사용해야 한다.

액션바에 배치할 항목은 아이콘을 지정하는 것이 보통이다. 아이콘을 생략해도 캡션이 표시되지만 문자열 형태의 항목은 액션바와 어울리지 않으므로 예쁜 아이콘으로 장식하는 것이 권장된다. 그렇다고 해서 아이콘만 지정하고 캡션을 생략하는 것은 다음 여러 가지 이유로 바람직하지 않다. 가급적이면 icon, title 속성을 모두 지정하는 것이 좋다.

> ① 그림을 아무리 잘 그려도 아이콘만으로 명령의 의미를 명확하게 파악하기 어렵다.
> ② 오버 플로우 메뉴에는 아이콘이 표시되지 않고 타이틀만 보인다.
> ③ 장애인은 아이콘을 볼 수 없으므로 문자열 형태로 된 타이틀이 필요하다.

이 메뉴를 사용하는 액티비티를 작성해 보자. 메뉴의 모양만 확인해 볼 것이므로 onCreate OptionsMenu 메서드에서 메뉴를 전개하는 것 외에 별다른 코드는 없으며 레이아웃도 텍스트뷰 하나로 대체하여 간략한 설명만 제공한다. 편의상 메뉴 선택 시의 명령 핸들러도 생략했는데 메뉴 항목의 핸들러와 동일한 방법으로 작성하면 된다.

ActionBarTest

```java
public class ActionBarTest extends Activity {
    public void onCreate(Bundle savedInstanceState) {
        super.onCreate(savedInstanceState);
        requestWindowFeature(Window.FEATURE_ACTION_BAR);
        TextView text = new TextView(this);
        text.setText("액션바를 테스트합니다.");
        setContentView(text);
```

```
        }

    public boolean onCreateOptionsMenu(Menu menu) {
        super.onCreateOptionsMenu(menu);
        MenuInflater inflater = getMenuInflater();
        inflater.inflate(R.menu.actionbarmenu, menu);

        return true;
    }
}
```

액션바가 실제로 어떻게 나타날 것인가는 장비의 구성과 설정에 따라 천차만별로 달라지며 안드로이드 버전이 올라가면 앞으로 어떻게 바뀔지 미리 알 수 없다. 여러분이 사용하는 실장비에서 이 책에서 보인 모습과 다르다고 해서 이상하게 생각할 필요는 없다. 다음은 에뮬레이터에서의 실행 모습이다.

세로 모드에서는 화면의 폭이 충분하지 않기 때문에 액션 항목이 2개밖에 나타나지 않으며 그나마도 첫 번째 항목의 캡션이 생략되었다. 아이콘과 캡션이 둘 다 지정되어 있는 경우 공간이 부족하면 캡션을 생략하도록 되어 있다. 액션바에 나타나지 않는 나머지 항목은 MENU 버튼을 누를 때 아래쪽에 팝업 형태로 나타난다.

가로 모드에서는 폭이 비교적 충분하므로 최대 4개까지의 액션 항목이 나타나며 캡션도 표시된다. 캡션과 아이콘을 모두 정의하면 표시 가능한 항목 개수는 줄어들 것이다. 메뉴 리소스에는 하나만 always이고 나머지는 ifRoom으로 지정했는데 운영체제는 이 요구를 최대한 들어주려고 노력하지만 폭의 제한으로 인해 다 수용하지 못한다. 따라서 꼭 액션 항목으로 배치하고 싶은 최소한의 항목만 배치하는 것이 좋다. 다음은 실장비인 갤럭시S3에서의 실행 모습이다.

가로폭이 720이며 에뮬레이터보다 넓어서 액션 항목 하나가 더 표시되지만 아이콘 항목의 캡션은 생략된다. 가로로 돌리면 다섯 개의 액션 항목이 나타나고 캡션도 표시된다. 다음은 7인치 태블릿에서의 실행 모습이다.

폭이 훨씬 넓지만 액션 항목은 4개밖에 나타나지 않는다. 핸드셋에 비해 특이한 점은 액션 항목 제일 오른쪽에 점 세 개짜리 버튼이 표시된다는 점인데 이 버튼을 누르면 액션바에 표시되지 않은 항목이 팝업으로 펼쳐진다. 이 메뉴를 오버플로우 메뉴라고 한다. 태블릿은 하드웨어 MENU 버튼이 따로 없기 때문에 메뉴 버튼도 액션바에 표시된다. 다음은 6.0 마시멜로 에뮬레이터에서의 실행 모습이다.

물리적인 메뉴 버튼이 있지만 액션바에 오버플로우 메뉴 버튼이 나타나며 그래서 이전 버전에 비해 메뉴 항목 하나가 덜 표시된다. 아래쪽의 메뉴 버튼을 눌러도 팝업 형태의 메뉴가 열린다. 이 실습에서 보다시피 메뉴를 어떻게 표시할 것인가는 장비의 종류나 운영체제의 버전에 따라 달라진다.

21.1.2 액션바 숨기기

액션바를 사용하려면 윈도우에 FEATURE_ACTION_BAR 기능을 지정해야 하며 앞 예제는 onCreate에서 이 기능을 명시적으로 지정했다. 그러나 버전 3.1이후부터는 이 기능을 요청하지 않더라도 액션바가 항상 표시된다. 도입 초기에는 원하는 프로그램만 선택적으로 사용할 수 있었으나 지금은 대부분의 프로그램이 액션바를 사용하므로 디폴트가 된 것이다. 4.0 이상의 버전을 대상으로 하는 프로그램이면 이 지정은 생략해도 무방하다.

액션바가 표시되려면 테마가 Holo 또는 그 파생 테마여야 하며 3.0 이후에는 디폴트 테마가 Holo 이므로 액션바가 항상 보인다. 만약 전체 화면으로 실행하고 싶다면 액션바를 숨겨 버리거나 실행 중에 액션바의 보이기 상태를 토글한다. 액션바를 숨기는 가장 간단한 방법은 Holo 테마가 아닌 다른 테마를 지정하는 것이다. 매니페스트에 다음과 같이 테마를 지정해 보자.

```
<activity android:name=".c21_actionbar.NoActionBar" android:label="NoActionBar"
    android:theme="@android:style/Theme.Holo.NoActionBar" />
```

테마에 NoActionBar를 지정하면 액션바가 없는 액티비티가 만들어진다. 또는 FEATURE_NO_TITLE 속성을 주어 타이틀 바를 명시적으로 숨긴다. 타이틀 바가 없으면 액션바도 보이지 않는다. 다음 예제는 매니페스트의 테마만 다르며 코드는 앞 예제와 동일하다.

NoActionBar

```
public class NoActionBar extends Activity {
    public void onCreate(Bundle savedInstanceState) {
        super.onCreate(savedInstanceState);
        TextView text = new TextView(this);
        text.setText("액션바를 숨깁니다.");
        setContentView(text);
    }

    public boolean onCreateOptionsMenu(Menu menu) {
        super.onCreateOptionsMenu(menu);
```

```
            MenuInflater inflater = getMenuInflater();
            inflater.inflate(R.menu.actionbarmenu, menu);

            return true;
        }
    }
```

이 예제를 실행하면 상단의 상태란만 보여 썰렁하다. 물론 상태란도 없애 버리고 전체 화면을 완전히 다 사용할 수도 있다.

실행 중에 조건에 따라 액션바의 보이기 상태를 토글할 수 있는데 이때는 ActionBar 클래스의 다음 메서드를 호출한다.

```
void show()
void hide()
boolean isShowing()
```

액션바는 ActionBar 클래스로 표현하며 액티비티의 getActionBar() 메서드로 구한다. 다음 예제는 실행 중에 버튼을 눌러 액션바의 보이기 상태를 토글한다.

ShowHideActionBar

```
<LinearLayout xmlns:android="http://schemas.android.com/apk/res/android"
    android:orientation="vertical"
    android:layout_width="match_parent"
    android:layout_height="match_parent" >
<TextView
    android:layout_width="wrap_content"
    android:layout_height="wrap_content"
    android:textSize="40sp"
    android:text="액션바 토글" />
<Button
    android:id="@+id/btntoggle"
    android:layout_width="match_parent"
    android:layout_height="wrap_content"
    android:onClick="mOnClick"
    android:text="Hide Action Bar" />
```

```xml
<Button
    android:layout_width="match_parent"
    android:layout_height="0px"
    android:layout_weight="1"
    android:text="윗 마을" />
<Button
    android:layout_width="match_parent"
    android:layout_height="0px"
    android:layout_weight="2"
    android:text="아랫 마을" />
</LinearLayout>
```

```java
public class ShowHideActionBar extends Activity {
    public void onCreate(Bundle savedInstanceState) {
        super.onCreate(savedInstanceState);
        setContentView(R.layout.showhideactionbar);
    }

    public boolean onCreateOptionsMenu(Menu menu) {
        super.onCreateOptionsMenu(menu);
        MenuInflater inflater = getMenuInflater();
        inflater.inflate(R.menu.actionbarmenu, menu);

        return true;
    }

    public void mOnClick(View v) {
        switch (v.getId()) {
        case R.id.btntoggle:
            ActionBar ab = getActionBar();
            if (ab.isShowing()) {
                ab.hide();
                ((Button)v).setText("Show Action Bar");
            } else {
                ab.show();
                ((Button)v).setText("Hide Action Bar");
            }
            break;
        }
    }
}
```

코드는 무척 간단하다. 버튼 클릭 이벤트 핸들러에서 액션바의 isShowing 메서드를 호출하여 현재 상태를 조사하고 반대 상태로 토글한다. 버튼의 캡션도 현재 상태에 맞게 변경하였다. 아래쪽의 버튼은 다음 항에서 배울 오버레이 모드와의 차이를 관찰하기 위해 배치한 것이다. 액션바가 사라지거나 나타날 때 슬라이딩되는 부드러운 애니메이션을 보여준다.

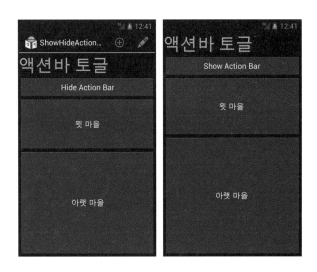

아예 액션바가 없는 것과 액션바를 숨긴 것은 다르다. 처음부터 액션바가 없었다면 액션 항목은 갈곳이 없으므로 메뉴에 자리를 잡는다. 그러나 실행 중에 액션바를 숨기면 액션 항목이 메뉴에 나타나지 않는다. NoActionBar 예제는 하나, 둘 항목이 메뉴에 표시되지만 이 예제는 하나, 둘 항목이 액션바에 이미 배치되었으므로 액션바를 숨기더라도 메뉴에는 나타나지 않는다.

21.1.3 오버레이 모드

원래 있던 액션바를 숨기면 액션바가 차지하고 있던 공간이 드러난다. 액티비티는 이 영역을 채우기 위해 레이아웃을 재조정하며 액션바가 다시 보일 때도 마찬가지이다. 이러다 보니 액션바의 존재 여부에 따라 전체적인 레이아웃이 달라진다. 액션바가 사라지면 가용 공간은 늘어나지만 레이아웃이 일관되지 못하므로 오히려 혼란스럽고 사용하기도 불편하다.

앞 예제의 동작을 다시 관찰해 보면 액션바의 보임 상태에 따라 Show(Hide) Action Bar 버튼의 위치가 매번 바뀌므로 보일 때와 숨길 때의 터치 위치가 달라 심히 불편하다. 또 아래쪽에 1:2의 비율로 남은 영역을 분할하는 윗 마을, 아랫 마을 버튼은 액션바가 사라지면 늘어나고 액션바가 다시 나타나면 짜부라들어 높이가 일정하지 못하다. 이런 때는 액션바를 오버레이 모드로 배치한다. 오버레이 모드란 액션바가 별도의 자리를 차지하지 않고 액티비티 위쪽에 겹쳐서 표시되는 방식이다.

```
<resources>
    <style name="actionbaroverlay">
        <item name="android:windowActionBarOverlay">true</item>
    </style>
</resources>
```

styles.xml에 windowActionBarOverlay 속성을 true로 지정한 actionbaroverlay 스타일을 정의하고 이 스타일을 액티비티의 테마에 지정하면 액션바가 오버레이 모드로 배치된다.

```
<activity android:name=".c21_actionbar.OverlayActionBar" android:label="OverlayActionBar"
    android:theme="@style/actionbaroverlay"/>
```

다음 예제로 오버레이 모드의 효과를 관찰해 보자. 액션바가 액티비티 위에 걸치면 아래쪽의 차일드와 겹쳐 잘 보이지 않아 텍스트뷰의 색상을 어두운 색으로 바꾸었다. 코드는 앞 예제와 동일하다.

OverlayActionBar

```
<LinearLayout xmlns:android="http://schemas.android.com/apk/res/android"
    android:orientation="vertical"
    android:layout_width="match_parent"
    android:layout_height="match_parent" >
<TextView
    android:layout_width="wrap_content"
    android:layout_height="wrap_content"
    android:textSize="40sp"
    android:textColor="#202020"
    android:text="오버레이 액션바" />
<Button
    android:id="@+id/btntoggle"
    android:layout_width="match_parent"
    android:layout_height="wrap_content"
    android:onClick="mOnClick"
    android:text="Hide Action Bar" />
<Button
    android:layout_width="match_parent"
    android:layout_height="0px"
    android:layout_weight="1"
    android:text="윗 마을" />
<Button
```

```
        android:layout_width="match_parent"
        android:layout_height="0px"
        android:layout_weight="2"
        android:text="아랫 마을" />
</LinearLayout>
-------------------------------------------------------
public class OverlayActionBar extends Activity {
    public void onCreate(Bundle savedInstanceState) {
        super.onCreate(savedInstanceState);
        setContentView(R.layout.overlayactionbar);
    }

    public boolean onCreateOptionsMenu(Menu menu) {
        super.onCreateOptionsMenu(menu);
        MenuInflater inflater = getMenuInflater();
        inflater.inflate(R.menu.actionbarmenu, menu);

        return true;
    }

    public void mOnClick(View v) {
        switch (v.getId()) {
        case R.id.btntoggle:
            ActionBar ab = getActionBar();
            if (ab.isShowing()) {
                ab.hide();
                ((Button)v).setText("Show Action Bar");
            } else {
                ab.show();
                ((Button)v).setText("Hide Action Bar");
            }
            break;
        }
    }
}
```

액션바가 별도의 공간을 차지하지 않으며 액티비티 위에 살짝 겹쳐서 표시된다. 액션바를 숨기더라도 액티비티의 레이아웃은 변화가 없다. 액션바의 보이기 여부에 상관없이 레이아웃을 일정하게 유지하고 싶을 때 이 기법을 사용한다.

그러나 레이아웃의 일관성은 마음에 들지만 액션바에 가려진 아래쪽은 내용이 잘 보이지 않는 문제가 있다. 따라서 내용이 가려져도 상관없는 경우에만 오버레이 액션바를 사용해야 한다. 예를 들어 이미지나 지도 정도라면 확대나 스크롤이 가능하므로 일부가 당장 안보여도 크게 불편하지 않다. 그러나 모든 내용이 보여야 하는 문서나 웹페이지를 가리면 곤란하다.

21.1.4 액션바 분할

안드로이드 4.0 버전 이후에는 액션바를 분할하여 화면 바닥에 배치하는 기능이 추가되었다. 액션바를 분할하면 화면 크기에 따라 운영체제가 액션바의 모양을 자동으로 결정하며 액션바의 일부가 화면 아래쪽에 나타나기도 한다.

SplitActionBar

```
public class SplitActionBar extends Activity {
    public void onCreate(Bundle savedInstanceState) {
        super.onCreate(savedInstanceState);
        TextView text = new TextView(this);
        text.setText("액션바를 테스트합니다.");
        setContentView(text);
    }

    public boolean onCreateOptionsMenu(Menu menu) {
        super.onCreateOptionsMenu(menu);
```

```
        MenuInflater inflater = getMenuInflater();
        inflater.inflate(R.menu.actionbarmenu, menu);

        return true;
    }
}
```

소스는 변화가 없되 매니페스트의 액티비티 속성이 다르다.

```
<activity android:name=".c21_actionbar.SplitActionBar" android:label="SplitActionBar"
    android:uiOptions="splitActionBarWhenNarrow" />
```

uiOptions 속성에 splitActionBarWhenNarrow를 지정하면 액션바를 분할한다.

세로 모드에서는 폭이 좁으므로 타이틀 바에 액션 항목을 놓을 자리가 충분하지 않다. 그래서 화면
아래쪽에 액션바가 나타난다. 타이틀 바와 액션바가 아래, 위로 분할된 것이다. 그러나 가로로 회전
하면 액션 항목을 배치할 자리가 넉넉해졌으므로 이때는 액션바가 위로 이동한다. 내비게이션 탭이
있으면 탭은 위쪽에 나타나고 액션바는 아래쪽으로 이동한다. 태블릿인 경우는 아래쪽에 이미 시스
템 바가 있기 때문에 이 속성을 주어도 분할되지 않는다.

운영체제는 여유 공간과 장비의 특성, 탭의 존재 여부 등을 종합적으로 판단하여 액션바를 적절히
분배한다. 명령을 더 많이 배치할 수 있다는 점이 좋고 운영체제가 지능적으로 여유 공간을 판별하
는 것도 기특하다. 그러나 어떤 항목을 어디다 배치할 것인가는 순전히 엿장수(운영체제) 마음대로
이며 일관성이 없어 오히려 불편한 면도 있다. 그래서 이 옵션을 실제 적용하는 앱은 흔하지 않다.

21.1.5 앱 로고 아이콘

액션바의 왼쪽에는 앱의 로고 아이콘이 표시되어 실행 중인 앱이 무엇인지 보여준다. 로고 아이콘은 앱의 정체를 표시할 뿐 별다른 기능은 없으며 터치해도 반응하지 않는다. 원한다면 로고 아이콘도 명령 입력용으로 사용할 수 있다. 액션바의 다음 메서드로 로고 아이콘을 사용하겠다는 선언을 한다.

void setHomeButtonEnabled(boolean enabled)

4.0 이전에는 이 메서드를 호출하지 않아도 홈 버튼을 디폴트로 사용할 수 있었으나 4.0 이후부터는 명시적으로 사용 여부를 선언해야만 쓸 수 있다. 이 선언을 한 상태에서 홈 버튼을 누르면 android.R.id.home 명령이 전달되며 여기서 원하는 작업을 한다. 마치 로고 아이콘이 하나의 메뉴 항목과 같은 역할을 하는 것이다. 이 버튼을 누를 때 임의의 작업을 할 수 있지만 주로 다음 두 가지 형태로 사용된다.

- Home으로 이동: 메인 액티비티로 즉시 이동한다. 여러 단계를 거쳐 현재 액티비티에 들어왔을 때 중간 단계를 생략하고 메인 액티비티로 바로 이동할 수 있다.
- Up 내비게이션: 한 수준 위의 상위 액티비티로 이동한다. Back 버튼을 누르는 것과 유사하지만 다른 앱에서 호출했을 때 호출 앱으로 돌아가지 않고 현재 앱의 상위 액티비티로 이동한다는 점이 다르다.

홈 버튼은 일반적인 명령을 내리는 메뉴 항목과는 위상이 다르므로 이런 용도로 사용하는 것이 관행상 어울린다는 것이지 꼭 그래야 한다는 얘기는 아니다. 다음 예제는 로고 아이콘을 누를 때 메인 액티비티로 복귀한다.

AppIcon

```
<menu xmlns:android="http://schemas.android.com/apk/res/android">
    <item android:id="@+id/one"
        android:title="하나"
        android:icon="@android:drawable/ic_menu_edit"
        android:showAsAction="always|withText"
        />
</menu>
-------------------------------------------------------------=
public class AppIcon extends Activity {
    public void onCreate(Bundle savedInstanceState) {
        super.onCreate(savedInstanceState);
        TextView text = new TextView(this);
        text.setText("타이틀 바의 로고 아이콘을 누르세요.");
```

```
        setContentView(text);
        getActionBar().setHomeButtonEnabled(true);
    }

    public boolean onCreateOptionsMenu(Menu menu) {
        super.onCreateOptionsMenu(menu);
        MenuInflater inflater = getMenuInflater();
        inflater.inflate(R.menu.appiconmenu, menu);

        return true;
    }

    public boolean onOptionsItemSelected(MenuItem item) {
        switch (item.getItemId()) {
        case R.id.one:
            Toast.makeText(this,"첫 번째 액션 항목 선택",Toast.LENGTH_SHORT).show();
            return true;
        case android.R.id.home:
            Toast.makeText(this,"로고 아이콘 선택",Toast.LENGTH_SHORT).show();
            Intent intent = new Intent(this, AndExam.class);
            intent.addFlags(Intent.FLAG_ACTIVITY_CLEAR_TOP);
            startActivity(intent);
            return true;
        }
        return false;
    }
}
```

onCreate에서 홈 버튼을 사용하겠다는 선언을 했다. 로고의 아이콘도 일반 메뉴 항목과 같은 자격을 가지므로 선택되었을 때의 처리는 onOptionsItemSelected 메서드에서 한다. 다만 ID가 android.R.id.home으로 고정되어 있다는 점만 다르다.

로고 아이콘을 누르면 선택되었음을 알리는 토스트를 띄우고 메인 액티비티로 즉시 돌아간다. 통합 예제의 경우 예제 목록이 메인이므로 목록으로 다시 돌아갈 것이다. 이 액티비티가 여러 단계를 거쳐 호출되었더라도 중간에 거친 모든 액티비티를 무시하고 최상위 액티비티로 복귀한다. 이를 위해 AndExam 액티비티를 FLAG_ACTIVITY_CLEAR_TOP 플래그와 함께 실행했다.

21.2 액션바 활용

21.2.1 액션 뷰

액션바에는 아이콘이나 텍스트를 배치하는 것이 보통이다. 형태야 어쨌건 액션 항목은 일종의 버튼이므로 클릭하여 명령을 내리기만 할 뿐이다. 명령 전달보다 더 복잡한 동작을 처리하려면 원하는 위젯이나 뷰그룹을 액션바에 배치하는데 이를 액션 뷰라고 한다. 메뉴 항목에 다음 두 속성을 사용하여 액션 뷰를 지정한다.

속성	설명
actionLayout	액션바에 배치할 뷰그룹의 레이아웃 리소스를 지정한다.
actionViewClass	액션바에 배치할 위젯의 클래스를 지정한다.

지정한 레이아웃을 전개한 뷰그룹이나 지정한 클래스의 객체를 배치한다. 액션바는 영역이 그리 넓지 않으므로 작은 크기의 위젯만 배치해야 하며 showAsAction 속성에 collapseActionView를 지정하여 평소에는 축소된 상태로 표시하고 버튼을 누를 때만 확장하여 사용하는 것이 좋다. 액션 뷰 객체를 구하거나 설정할 때는 메뉴 항목의 다음 메서드를 호출한다.

```
View getActionView()
MenuItem setActionView(int resId)
MenuItem setActionView(View view)
```

onCreateOptionsMenu 메서드에서 메뉴를 전개한 후 메뉴 항목을 먼저 찾는다. 그리고 메뉴 항목의 getActionView 메서드로 액션 뷰 객체를 구하고 속성을 조정하거나 리스너를 설치한다. 액션 뷰는 자체적으로 확장 및 축소 가능하지만 코드에서도 다음 메서드를 호출하여 확장 및 축소할 수 있다.

```
boolean expandActionView()
boolean collapseActionView()
```

사용자에 의해 액션 뷰가 확장 및 축소될 때 이벤트를 받고 싶다면 다음 메서드로 확장, 축소 리스너를 설치한다. 리스너에는 확장 및 축소될 때 호출되는 두 개의 메서드가 정의되어 있다. 이 메서드에서 true를 리턴하면 확장 및 축소가 허락되며 false를 리턴하면 허락되지 않는다.

```
MenuItem setOnActionExpandListener(MenuItem.OnActionExpandListener listener)
boolean onMenuItemActionExpand(MenuItem item)
boolean onMenuItemActionCollapse(MenuItem item)
```

액션바 영역은 아주 좁아서 동영상을 본다거나 복잡한 값을 입력하는 것은 비현실적이다. 기껏해야 간단한 문자열을 입력받는 정도여서 액션 뷰로 배치할만한 가장 전형적인 위젯은 에디트이다. 별도의 대화상자를 열 필요 없이 액션바에 바로 정보를 입력할 수 있으므로 편리하다. 대표적인 사용 예가 검색식 입력인데 어느 프로그램이나 정보를 검색하는 것은 흔하게 필요한 기능이다.

안드로이드는 이런 용도로 SearchView 위젯을 제공한다. 메뉴 항목의 actionViewClass 속성에 SearchView를 지정하면 배치된다. 서치뷰는 검색식을 입력받는 에디트와 입력 내용을 삭제하는 X 버튼으로 구성된다. 서치뷰 입력시 소프트 키보드에 검색 버튼이 나타나는데 이 버튼을 눌러 검색을 시작한다. 최초 축소된 형태로 열릴 것인가 아니면 에디트가 보이는 확장 상태로 열릴 것인가는 다음 메서드로 지정한다.

```
void setIconifiedByDefault(boolean iconified)
void setIconified(boolean iconify)
boolean isIconifiedByDefault()
boolean isIconified()
```

iconified 인수가 true이면 축소된 아이콘 형태로 열리며 디폴트가 true이다. 생성 직후에 이 값을 false로 지정하고 showAsAction 속성에 collapseActionView 플래그를 제거하면 처음부터 에디트가 확장된 채로 실행된다. setIconified는 실행 중에 확장 및 축소할 때 사용한다. 에디트를 편집시의 이벤트를 가로채려면 다음 메서드로 리스너를 등록한다. 텍스트가 편집되거나 검색 버튼을 눌러 검색식이 확정될 때 리스너의 메서드가 호출된다.

```
void setOnQueryTextListener(SearchView.OnQueryTextListener listener)
boolean onQueryTextChange(String newText)
boolean onQueryTextSubmit(String query)
```

이 메서드에서 true를 리턴하면 텍스트 변경 이벤트를 처리했다는 뜻이다. false를 리턴하면 검색 뷰가 추천 단어를 보여주는 등의 디폴트 액션을 취한다. 예제를 만들어 보자.

menu/actionviewmenu.xml

```
<menu xmlns:android="http://schemas.android.com/apk/res/android">
    <item android:id="@+id/search"
        android:icon="@android:drawable/ic_menu_search"
        android:showAsAction="always|collapseActionView"
        android:actionViewClass="android.widget.SearchView"
        />
</menu>
```

메뉴에 서치뷰 항목 하나만 배치했다. 액션바가 워낙 좁아 서치뷰는 단독으로 혼자 놓이는 경우가 많다. actionViewClass 속성에 SearchView를 지정하고 시스템의 기본 검색 아이콘을 지정했다. showAsAction 속성에 always를 지정하여 항상 보이도록 하고 collapseActionView 속성을 주어 최초 축소된 형태로 배치한다.

```
<LinearLayout xmlns:android="http://schemas.android.com/apk/res/android"
    android:orientation="vertical"
    android:layout_width="match_parent"
    android:layout_height="match_parent" >
<TextView
    android:id="@+id/txtsearch"
    android:layout_width="wrap_content"
    android:layout_height="wrap_content"
    android:text="검색식 : " />
<TextView
    android:id="@+id/txtresult"
    android:layout_width="wrap_content"
    android:layout_height="wrap_content"
    android:text="검색결과" />
<TextView
    android:id="@+id/txtstatus"
    android:layout_width="wrap_content"
    android:layout_height="wrap_content"
    android:text="현재 상태 : 축소됨" />
<Button
    android:id="@+id/btnexpand"
    android:layout_width="wrap_content"
    android:layout_height="wrap_content"
    android:onClick="mOnClick"
    android:text="확장" />
<Button
    android:id="@+id/btncollapse"
    android:layout_width="wrap_content"
    android:layout_height="wrap_content"
    android:onClick="mOnClick"
    android:text="축소" />
</LinearLayout>
```

```
public class ActionView extends Activity {
    MenuItem mSearch;
    public void onCreate(Bundle savedInstanceState) {
        super.onCreate(savedInstanceState);
        setContentView(R.layout.actionview);
    }

    public boolean onCreateOptionsMenu(Menu menu) {
        super.onCreateOptionsMenu(menu);
```

```java
        MenuInflater inflater = getMenuInflater();
        inflater.inflate(R.menu.actionviewmenu, menu);
        mSearch = menu.findItem(R.id.search);

        mSearch.setOnActionExpandListener(new MenuItem.OnActionExpandListener() {
            public boolean onMenuItemActionCollapse(MenuItem item) {
                TextView text = (TextView)findViewById(R.id.txtstatus);
                text.setText("현재 상태 : 축소됨");
                return true;
            }

            public boolean onMenuItemActionExpand(MenuItem item) {
                TextView text = (TextView)findViewById(R.id.txtstatus);
                text.setText("현재 상태 : 확장됨");
                return true;
            }
        });

        SearchView sv = (SearchView)mSearch.getActionView();
        sv.setOnQueryTextListener(new SearchView.OnQueryTextListener() {
            public boolean onQueryTextSubmit(String query) {
                TextView text = (TextView)findViewById(R.id.txtresult);
                text.setText(query + "를 검색합니다.");
                return true;
            }

            public boolean onQueryTextChange(String newText) {
                TextView text = (TextView)findViewById(R.id.txtsearch);
                text.setText("검색식 : " + newText);
                return true;
            }
        });

        return true;
    }

    public void mOnClick(View v) {
        switch (v.getId()) {
        case R.id.btnexpand:
            mSearch.expandActionView();
            break;
        case R.id.btncollapse:
            mSearch.collapseActionView();
            break;
```

```
            }
        }
    }
```

onCreateOptionsMenu 메서드에서 메뉴를 전개한 직후에 서치뷰 항목을 찾아 확장, 축소 리스너를 설치했다. 별다른 동작은 하지 않고 상태 텍스트뷰에 서치뷰의 현재 상태를 문자열 형태로 보여주기만 한다. 실제 프로젝트에서는 검색식에 대한 안내를 보여주거나 검색 시작을 준비하는 정도의 동작이 어울린다. 확장, 축소 시에 별다른 동작이 필요없다면 이 리스너는 꼭 구현하지 않아도 상관없다.

메뉴 항목의 getActionView 메서드로 서치뷰를 찾고 서치뷰의 문자열 변경 리스너를 등록했다. 문자열이 변경될 때마다 검색식을 읽어 텍스트뷰로 출력하며 키보드의 검색 버튼을 누르면 최종 검색식을 텍스트뷰로 출력한다. 실제 프로젝트에서는 입력받은 문자열로부터 검색을 수행하고 결과를 출력해야 할 것이다. 물론 검색 뿐만 아니라 문자열이 필요한 모든 작업에 사용할 수 있다.

최초 실행 시에 돋보기 모양의 아이콘만 표시되며 액션 뷰는 축소되어 보이지 않는다. 아이콘을 클릭하면 액션바 전체에 서치뷰가 펼쳐지며 아래쪽에 화면 키보드가 열린다. 펼쳐진 에디트에 검색식을 입력한다. 입력한 검색식을 지우려면 X 버튼을 누르며 키보드 우하단의 돋보기 버튼을 누르면 검색이 시작된다. 검색식 입력을 취소하려면 Back 버튼을 두 번 누른다. 처음 Back 버튼은 키보드를 닫는 것이고 다음 Back 버튼은 서치뷰를 닫는 것이다.

액티비티 아래쪽에 배치된 확장, 축소 버튼을 누르면 서치뷰가 펼쳐지거나 오므려진다. 이 두 버튼은 액션바의 돋보기, X 버튼과 기능이 같다. 검색이 필요할 때 사용자가 돋보기 아이콘을 알아서 클릭하겠지만 코드에서 expandActionView 메서드를 호출하여 서치뷰를 펼칠 수 있고 검색을 취소해야 할 상황이면 collapseActionView 메서드를 호출하여 서치뷰를 닫아줄 수도 있다.

액션 뷰의 가장 전형적인 사용 예가 서치뷰이지만 그 외의 다른 용도로도 활용할 수 있다. 다음 예제는 액션바에 스위치를 배치하여 네트워크 옵션을 선택받는다. WiFi 접속을 할 것인지 아니면 LTE 접속을 할 것인지 네트워크 연결을 수시로 바꾸어야 한다면 액션바에 이 옵션을 배치한다. 메뉴에는 항목 하나만 둔다.

menu/actionswitchmenu.xml

```xml
<menu xmlns:android="http://schemas.android.com/apk/res/android">
    <item android:id="@+id/network"
        android:showAsAction="always"
        android:actionLayout="@layout/actionswitchlayout"
        />
</menu>
```

actionLayout에 커스텀 레이아웃을 지정했다. 이 레이아웃을 다음과 같이 작성한다. 임의의 레이아웃을 작성할 수 있지만 액션바의 높이에 제약이 있으므로 너무 높지 않아야 한다. 스위치 위젯 하나만 배치했다.

layout/actionswitchlayout.xml

```xml
<Switch xmlns:android="http://schemas.android.com/apk/res/android"
    android:text=""
    android:layout_width="wrap_content"
    android:layout_height="wrap_content"
    android:checked="true"
    android:textOn="WiFi"
    android:textOff="LTE" />
```

On일 때가 WiFi이며 Off일 때가 LTE이며 디폴트는 WiFi로 지정했다. 스위치는 체크 박스에 비해 선택 옵션을 명확히 설명할 수 있어서 좋다.

```
public class ActionSwitch extends Activity {
    TextView mText;
    public void onCreate(Bundle savedInstanceState) {
        super.onCreate(savedInstanceState);
        mText = new TextView(this);
        mText.setText("액션바에서 네트워크 옵션을 선택하세요.");
        setContentView(mText);
    }

    public boolean onCreateOptionsMenu(Menu menu) {
        super.onCreateOptionsMenu(menu);
        MenuInflater inflater = getMenuInflater();
        inflater.inflate(R.menu.actionswitchmenu, menu);

        MenuItem network = menu.findItem(R.id.network);
        Switch sw = (Switch)network.getActionView();
        sw.setOnCheckedChangeListener(new OnCheckedChangeListener() {
            public void onCheckedChanged(CompoundButton buttonView, boolean isChecked) {
                mText.setText("선택된 네트워크 = " + (isChecked ? "WiFi":"LTE"));
            }
        });

        return true;
    }
}
```

메인 레이아웃은 텍스트뷰 하나로 대체했다. 메뉴 전개 직후에 네트워크 액션 항목을 찾고 이 항목
으로부터 액션 뷰를 찾아 스위치 변경 리스너를 설치한다. 리스너는 네트워크의 현재 상태를 텍스트
뷰에 출력한다. 실제 프로젝트에서는 선택된 네트워크 옵션으로 변경하는 적합한 처리를 해야 할 것
이다.

보다시피 자주 변경하는 옵션을 배치하기에 최적의 장소이며 접근성이 높아 편의성이 극대화된다.
별도의 설정창을 열 필요 없이 옵션을 즉시 변경할 수 있고 현재 네트워크 접속 상태를 바로 확인할
수 있어 편리하다. 다만 너무 좁다 보니 액션 뷰를 여러 개 둘 수 없다는 점이 아쉽다.

21.2.2 액션 프로바이더

액션 프로바이더는 용도상으로 액션 뷰와 유사하되 기능상 더 확장되었고 유연성이 높다. 커스텀 레이아웃을 액션바에 배치하며 모양뿐 아니라 동작까지도 정의할 수 있다. 자리가 좁아 액션바에 배치되지 못하고 메뉴에 배치되더라도 선택 시의 동작을 정의할 수 있으며 서브 메뉴도 표시할 수 있다.

ActionProvider 클래스를 상속받아 작성하며 필수 메서드 몇 가지를 재정의해야 한다. 먼저 레이아웃 전개를 위해 전개자가 필요하므로 생성자에서 인수로 전달된 Context를 멤버에 저장해 둔다. 그리고 다음 메서드를 재정의하여 액션 뷰를 생성하여 리턴한다.

> `View onCreateActionView([MenuItem forItem])`

인수로 전달된 forItem은 액션 뷰를 배치할 메뉴 항목이되 이 인수는 젤리빈 이상의 버전에서만 전달되며 이전의 버전에서는 전달되지 않는다. 메뉴 항목이 필요하다면 이 인수를 사용해야겠지만 당분간은 호환성에 불리하므로 인수 없는 버전을 구현하는 것이 유리하다. 레이아웃을 전개한 후 각 컨트롤의 이벤트 핸들러를 작성함으로써 동작을 정의한다. 다음 메서드는 액션 뷰가 아닌 메뉴에 배치된 상태에서 메뉴를 선택할 때 호출된다.

> `boolean onPerformDefaultAction()`

메뉴 선택 시 이 메서드보다는 onOptionsItemSelected가 먼저 호출되는데 여기서 항목을 처리하지 않을 경우 onPerformDefaultAction 메서드가 대신 호출된다. 단 서브 메뉴가 있을 경우에는 서브 메뉴를 펼치는 디폴트 동작을 하므로 이 메서드가 호출되지 않는다.

상기의 필수 메서드를 정의하는 액션 프로바이더 클래스와 레이아웃을 작성하고 메뉴 항목의 actionProviderClass 속성에 액션 프로바이더의 클래스명을 밝힌다. 이 클래스의 객체가 생성되어 액션바에 배치된다. 그럼 예제를 만들어 보자. 먼저 액션 프로바이더를 위한 레이아웃부터 작성한다.

res/layout/counterprovider.xml

```xml
<LinearLayout xmlns:android="http://schemas.android.com/apk/res/android"
    android:orientation="horizontal"
    android:layout_width="wrap_content"
    android:layout_height="match_parent" >
<TextView
    android:id="@+id/count"
    android:layout_width="wrap_content"
```

```xml
    android:layout_height="wrap_content"
    android:text="10" />
<Button
    android:id="@+id/btnincrease"
    android:layout_width="wrap_content"
    android:layout_height="wrap_content"
    android:text="+" />
<Button
    android:id="@+id/btndecrease"
    android:layout_width="wrap_content"
    android:layout_height="wrap_content"
    android:text="-" />
</LinearLayout>
```

수평 리니어에 텍스트뷰 하나와 버튼 2개를 배치했다. 버튼을 눌렀을 때 값을 증감시키는 간단한 동작을 한다.

ActionProviderTest

```java
public class ActionProviderTest extends Activity {
    public void onCreate(Bundle savedInstanceState) {
        super.onCreate(savedInstanceState);
        TextView text = new TextView(this);
        text.setText("액션 프로바이더를 테스트합니다.");
        setContentView(text);
    }

    public boolean onCreateOptionsMenu(Menu menu) {
        super.onCreateOptionsMenu(menu);
        MenuInflater inflater = getMenuInflater();
        inflater.inflate(R.menu.actionprovidermenu, menu);

        return true;
    }

    public boolean onOptionsItemSelected(MenuItem item) {
        Toast.makeText(this, "Counter Menu Item selected - onOptionsItemSelected", 0).show();

        return true;
    }

    public static class CounterProvider extends ActionProvider {
```

```
Context mContext;
TextView mCountText;

public CounterProvider(Context context) {
    super(context);
    mContext = context;
}

public View onCreateActionView() {
    LayoutInflater Inflater = LayoutInflater.from(mContext);
    View linear = Inflater.inflate(R.layout.counterprovider, null);
    mCountText = (TextView)linear.findViewById(R.id.count);

    Button btnInc = (Button)linear.findViewById(R.id.btnincrease);
    btnInc.setOnClickListener(new View.OnClickListener() {
        public void onClick(View v) {
            int count = Integer.parseInt(mCountText.getText().toString());
            mCountText.setText(Integer.toString(count + 1));
        }
    });

    Button btnDec = (Button)linear.findViewById(R.id.btndecrease);
    btnDec.setOnClickListener(new View.OnClickListener() {
        public void onClick(View v) {
            int count = Integer.parseInt(mCountText.getText().toString());
            mCountText.setText(Integer.toString(count - 1));
        }
    });
    return linear;
}

public boolean onPerformDefaultAction() {
    Toast.makeText(mContext, "Counter Menu Item selected - " +
            "onPerformDefaultAction", 0).show();
    return true;
}
    }
}
```

액티비티는 메뉴를 전개하여 배치하고 메뉴 항목 선택 시 토스트로 선택되었음을 알리는 정도의 동작만 한다. 프로바이더 클래스는 생성자에서 컨텍스트를 저장하고 onCreateActionView에서 전개자를 구해 레이아웃을 전개한다. 전개된 레이아웃의 두 버튼에 대해 값을 증감시키는 핸들러를 작성해 두었다. onPerformDefaultAction 메서드는 메뉴에 배치된 항목이 선택될 때 토스트를 열어 보여준다. 완성된 프로바이더 클래스를 메뉴에 배치한다.

```
<menu xmlns:android="http://schemas.android.com/apk/res/android">
<item android:id="@+id/counter"
    android:title="Counter"
    android:showAsAction="always"
    android:actionProviderClass=
        "andexam.ver6.c21_actionbar.ActionProviderTest$CounterProvider"
    />
<item android:id="@+id/countermenu"
    android:title="Counter"
    android:showAsAction="never"
    android:actionProviderClass=
        "andexam.ver6.c21_actionbar.ActionProviderTest$CounterProvider"
    />
</menu>
```

액션 프로바이더를 액티비티의 포함 클래스로 작성했으므로 $ 기호로 소속을 밝히는데 독립 클래스라면 풀 경로를 밝히면 된다. 위치에 따라 동작이 어떻게 달라지는지 실험해 보기 위해 똑같은 액션 프로바이더를 액션바에 하나, 메뉴에 하나 배치했다. 실행해 보자.

액션바에 텍스트뷰와 +, − 버튼이 배치되어 있고 버튼을 누르면 값이 증감되는 동작을 수행한다. 별 실용성은 없지만 저 좁은 영역에서도 뭔가 동작을 할 수 있다는 것을 보여주는 것이다. 메뉴의 Counter 항목을 선택하면 토스트가 열리는데 onOptionsItemSelected에서 출력하는 것임을 알 수 있다. onOptionsItemSelected에서 false를 리턴하거나 아예 처리하지 않으면 이때는 onPerformDefaultAction 메서드의 코드가 실행된다.

위 예제에서 보다시피 액션 프로바이더는 액션 뷰와는 달리 모양뿐만 아니라 구체적이고 상세한 동작까지 처리한다. 물론 액션 뷰도 위젯에 대한 핸들러를 작성하면 동작을 정의할 수 있다. 그러나 액션 뷰는 액티비티가 메뉴를 생성할 때 핸들러를 작성하는데 비해 프로바이더는 클래스 내에 핸들러가 캡슐화된다는 차이점이 있다. 동작을 상위의 액티비티가 정의하는 것이 아니라 자신이 직접 정의하므로 재사용이 쉽다.

이 예제를 보면 액션 프로바이더의 용도를 짐작할 수 있을 것이다. 그러나 액션바의 협소한 영역에 실제로 유용한 기능을 작성하기는 생각처럼 쉽지 않다. 다행히 안드로이드는 액션 프로바이더의 기능을 십분 발휘할 수 있는 전형적인 사용 예를 미리 제공한다. ActionProvider 클래스로부터 다음 2개의 서브 클래스가 파생된다.

ShareActionProvider는 공유 처리를 제공한다. 앱이 작성한 문서, 이미지, 동영상 등의 데이터를 SNS 서비스나 내부 프로그램과 공유하는 경우가 많은데 이 프로바이더를 사용하면 공유 대상을 선택하고 관리하는 작업을 쉽게 처리할 수 있다. 공유 서비스의 목록을 서브 메뉴로 만들고 클릭 이벤트를 받아 서비스를 호출하는 것까지 자동화되어 있다. 개발자는 공유 서비스 호출에 사용할 인텐트만 정의하면 된다.

공유 목록은 별도의 XML 파일에 저장되며 선택 빈도에 따라 랭킹을 관리하여 자주 사용하는 서비스를 목록의 위쪽으로 옮겨주는 처리까지 한다. 공유와 관련된 많은 처리가 자동화되어 있어 다량의 복잡한 코드를 작성하지 않고 다음의 메서드 몇 가지만 재정의하여 최소한의 의사만 밝히면 된다.

void setShareHistoryFileName(String shareHistoryFile)
공유 목록을 저장할 파일을 지정한다. 특별히 이름을 바꿀 필요가 없다면 "share_history.xml"로 정의되어 있는 DEFAULT_SHARE_HISTORY_FILE_NAME를 사용하면 된다. null로 지정하면 공유 목록을 저장하지 않는다.

void setShareIntent(Intent shareIntent)
공유할 때 사용할 인텐트를 지정한다. 공유 목록에서 항목을 선택하면 해당 서비스로 이 인텐트를 전달한다.

간단하게 예제를 만들어 보자. 메뉴의 액션 프로바이더 클래스 경로에 ShareActionProvider를 지정하되 2개의 항목을 액션 뷰와 메뉴에 각각 배치했다.

---

menu/shareactionmenu.xml

```xml
<menu xmlns:android="http://schemas.android.com/apk/res/android">
    <item android:id="@+id/share"
        android:title="Share"
        android:showAsAction="always"
        android:actionProviderClass="android.widget.ShareActionProvider"
        />
    <item android:id="@+id/sharemenu"
        android:title="Share..."
        android:showAsAction="never"
        android:actionProviderClass="android.widget.ShareActionProvider"
        />
</menu>
```

코드는 다음과 같다.

ShareAction

```java
public class ShareAction extends Activity {
    public void onCreate(Bundle savedInstanceState) {
        super.onCreate(savedInstanceState);
        TextView text = new TextView(this);
        text.setText("공유 액션 프로바이더를 테스트합니다.");
        setContentView(text);
    }

    public boolean onCreateOptionsMenu(Menu menu) {
        super.onCreateOptionsMenu(menu);
        MenuInflater inflater = getMenuInflater();
        inflater.inflate(R.menu.shareactionmenu, menu);

        Intent intent = new Intent(Intent.ACTION_SEND);
        intent.setType("text/plain");
        intent.putExtra(Intent.EXTRA_TEXT, "sharing text");

        MenuItem share = menu.findItem(R.id.share);
        ShareActionProvider provider = (ShareActionProvider) share.getActionProvider();
        provider.setShareHistoryFileName(ShareActionProvider.
```

```
                    DEFAULT_SHARE_HISTORY_FILE_NAME);
        provider.setShareIntent(intent);

        MenuItem sharemenu = menu.findItem(R.id.sharemenu);
        ShareActionProvider providermenu = (ShareActionProvider) share.getActionProvider();
        providermenu.setShareHistoryFileName(ShareActionProvider.
                    DEFAULT_SHARE_HISTORY_FILE_NAME);
        providermenu.setShareIntent(intent);

        return true;
    }
}
```

메뉴를 전개한 후 공유에 필요한 최소한의 처리를 한다. 공유에 사용할 인텐트는 ACTION_SEND 액션을 처리하며 짧은 문자열을 보낸다. 액션 뷰에 있는 항목과 메뉴에 있는 항목 모두에 대해 이 인텐트를 지정했다. 이후 공유 서비스 목록을 보여주는 동작과 클릭을 받아 인텐트를 보내는 작업은 클래스 내부에서 자동으로 수행한다.

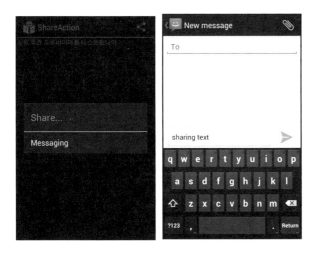

최초 공유를 한 번도 하지 않았을 때는 액션바에 공유 버튼만 보인다. 메뉴에서 Share...을 선택하면 공유 가능한 서비스의 목록이 나타나며 여기서 항목을 선택하면 해당 서비스로 공유 데이터를 보낸다. 에뮬레이터에는 별다른 서비스가 없으므로 메시지 작성 서비스만 나타나는데 이 항목을 선택하면 문자열을 메시지 작성창으로 보낸다.

메시지 작성창에는 sharing text라는 공유 문자열이 이미 입력되어 있으므로 전송하기만 하면 된다. 물론 전송하기 전에 더 편집하거나 내용을 추가해도 상관 없다. 문자열만 공유해 봤는데 이미지나 첨부 파일도 공유 가능하다. 한 번 공유하면 최후로 선택한 공유 옵션이 별도의 아이콘으로 표시된다. 액션 뷰에 메시지 작성 아이콘이 나타나므로 이후에는 이 아이콘을 클릭하여 메시지를 쉽게보낼 수 있다.

에뮬레이터에는 공유를 받아줄 만한 실제 서비스가 별로 없고 계정 정보도 설정되어 있지 않아 공유할만한 대상이 별로 없다. 그러나 개통한 실장비에는 훨씬 더 많은 공유 서비스가 제공된다. 다음은갤럭시S3의 공유 서비스 목록이되 실제 목록은 어떤 앱을 설치했는가에 따라 달라진다.

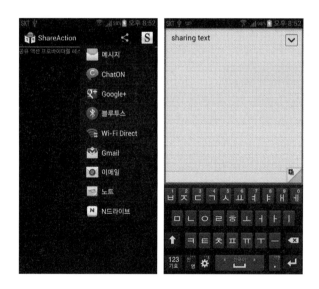

메시지, 노트, 메모, 블루투스 등 여러 서비스로 공유 데이터를 보낼 수 있다. SMemo를 선택하면메모 프로그램이 실행되며 공유 데이터인 문자열이 벌써 입력되어 있다. ShareActionProvider는이런 복잡한 공유 기능을 자동화해 준다.

21.2.3 내비게이션 탭

안드로이드는 페이지를 겹쳐서 표시하는 여러 가지 방법을 제공한다. TabWidget을 사용할 수도 있고 프레임에 레이아웃을 겹쳐 놓고 선택적으로 보여주는 방법도 있다. 액션 탭은 이전의 방식을 대체하는 신형 방식으로서 기능이 더 많다. 화면 크기에 따라 탭을 자동으로 조정해 주고 화면이 좁으면 별도의 행에 탭을 2층으로 표시한다. 액션탭을 사용하려면 다음 메서드로 내비게이션 모드를 변경한다.

```
void setNavigationMode(int mode)
int getNavigationMode()
```

선택한 모드에 따라 액션바의 전체적인 모양과 동작이 달라진다. 지금까지 우리가 사용했던 디폴트 모드는 STANDARD이며 이 모드에서는 탭이 보이지 않으므로 TABS나 LIST로 변경한다.

모드	설명
NAVIGATION_MODE_STANDARD	로고 아이콘과 액션 항목이 배치된다.
NAVIGATION_MODE_TABS	액션바에 여러 개의 탭을 배치하여 페이지를 전환한다.
NAVIGATION_MODE_LIST	드롭다운 리스트로 페이지를 전환한다.

탭 형태로 페이지를 보여주는 TABS 모드가 일반적이다. 스피너로 목록을 보여주는 LIST 방식은 훨씬 더 많은 페이지를 관리할 수 있지만 페이지 전환을 위해 여러 번 터치해야 한다는 점에서 불편하다. 액션바의 다음 메서드로 탭을 추가, 삭제한다.

```
ActionBar.Tab newTab()
void addTab(ActionBar.Tab tab, [ int position, boolean setSelected ])
void removeTab(ActionBar.Tab tab)
void removeTabAt(int position)
void removeAllTabs()
```

newTab 메서드로 새로운 빈 탭을 생성하며 addTab으로 액션바에 탭을 추가한다. position 인수로 추가할 위치를 지정하여 중간에 삽입할 수도 있고 setSelected 인수를 true로 전달하여 추가 후 바로 선택할 수도 있다. 위치를 생략하면 제일 마지막 탭으로 추가된다. removeTab은 특정 위치의 탭, 특정 객체의 탭을 제거하고 removeAllTabs는 전체 탭을 제거하여 비운다.

액션바의 탭은 ActionBar.Tab 클래스로 표현하며 페이지에 표시할 프래그먼트를 관리한다. 액션탭의 내부 페이지는 모두 프래그먼트로 작성하며 탭을 전환할 때 프래그먼트를 대체하는 식으로 동작한다. ActionBar.Tab 클래스의 다음 메서드로 탭의 속성을 지정한다. 모든 메서드는 ActionBar.Tab 객체 자신을 리턴하므로 연쇄적인 호출이 가능하다.

```
ActionBar.Tab setText(int resId)
ActionBar.Tab setText(CharSequence text)
ActionBar.Tab setIcon(int resId)
ActionBar.Tab setIcon(Drawable icon)
ActionBar.Tab setCustomView(int layoutResId)
ActionBar.Tab setCustomView(View view)
ActionBar.Tab setTag(Object obj)
ActionBar.Tab setTabListener(ActionBar.TabListener listener)
```

탭에 캡션, 아이콘, 커스텀 뷰를 배치할 수 있다. 캡션 문자열은 사용자가 인식하는 탭의 이름이므로 구분을 위해 반드시 붙여야 한다. 탭 리스너는 탭이 스위칭될 때의 동작을 정의하며 모든 탭은 탭 리스너를 가져야 한다. 탭이 선택, 해제, 재선택될 때 탭 리스너 인터페이스의 다음 메서드가 호출된다.

```
void onTabSelected(ActionBar.Tab tab, FragmentTransaction ft)
void onTabUnselected(ActionBar.Tab tab, FragmentTransaction ft)
void onTabReselected(ActionBar.Tab tab, FragmentTransaction ft)
```

대상 탭과 프래그먼트 편집에 사용할 트랜잭션을 인수로 전달한다. 리스너 메서드의 인수로 프래그먼트는 따로 전달되지 않는다. 따라서 어떤 탭이 어떤 프래그먼트와 대응되는지는 알아서 관리해야 한다. 여러 가지 방법을 사용할 수 있는데 리스너의 생성자로 대상 프래그먼트를 전달받아 저장해 놓는 방법이 가장 편리하다. 또는 배열에 미리 프래그먼트 집합을 정의해 놓을 수도 있고 프래그먼트 생성 정보만 전달할 수도 있다.

트랜잭션을 처리한 후 commit은 시스템이 알아서 호출한다. 프래그먼트를 편집한 후 확정하는 것은 당연한 수순이므로 내부에서 자동 처리하도록 되어 있다. 편집 후 commit은 호출할 필요 없으며 호출하면 이중 커밋이므로 오히려 예외가 발생한다. 인수로 전달된 트랜잭션은 백스택을 지원하지 않으므로 프래그먼트를 백스택에 넣어서도 안 된다. 선택된 탭에 따라 교체될 뿐이며 언제든지 재교체 가능하므로 스택에 저장할 필요 없다.

통상 탭이 선택될 때 프래그먼트를 추가하고 선택 해제될 때 제거한다. 재선택이란 이미 선택된 상태에서 탭을 다시 누르는 것을 의미하는데 특별한 경우가 아니면 아무것도 하지 않는 것이 좋다. 이

세 메서드를 구현하는 리스너 객체를 생성하여 setTabListener 메서드로 전달하되 이때 표시할 프래그먼트에 대한 정보도 미리 전달한다.

액션바의 다음 메서드는 탭을 관리한다. 탭의 개수를 구하고 선택을 변경하며 현재 선택된 탭을 구한다. 탭 객체 자체를 구할 수도 있고 정수 인덱스를 구할 수도 있다. 화면 방향 변경이나 메모리 부족 등의 이유로 액티비티가 재생성될 때 이전에 선택된 페이지를 원래대로 복구하기 위해 탭 관리 메서드가 필요하다.

```
int getTabCount()
void selectTab(ActionBar.Tab tab)
ActionBar.Tab getSelectedTab()
ActionBar.Tab getTabAt(int index)
void setSelectedNavigationItem(int position)
int getSelectedNavigationIndex()
```

예제를 만들어 보자. 먼저 각 탭에 놓을 프래그먼트부터 디자인한다. 간단하게 리니어 안에 텍스트뷰 하나만 배치하여 자신의 이름만 출력할 것이다.

res/layout/actiontabfragment.xml

```
<LinearLayout xmlns:android="http://schemas.android.com/apk/res/android"
    android:orientation="vertical"
    android:layout_width="match_parent"
    android:layout_height="match_parent" >
<TextView
    android:id="@+id/content"
    android:layout_width="wrap_content"
    android:layout_height="wrap_content"
    android:text="" />
</LinearLayout>
```

소스는 다음과 같다. 프래그먼트, 탭 리스너를 각각 따로 정의하고 레이아웃도 제작해야 하므로 실습 절차는 복잡하다.

```
<FrameLayout xmlns:android="http://schemas.android.com/apk/res/android"
    android:id="@+id/tabparent"
    android:layout_width="match_parent"
    android:layout_height="match_parent" />
```

```
public class ActionTab extends Activity {
    public void onCreate(Bundle savedInstanceState) {
        super.onCreate(savedInstanceState);
        setContentView(R.layout.actiontab);

        ActionBar ab = getActionBar();
        ab.setNavigationMode(ActionBar.NAVIGATION_MODE_TABS);

        for (int i=0;i<3;i++) {
            ActionBar.Tab tab = ab.newTab();
            String Cap = "Tab" + (i + 1);
            tab.setText(Cap);
            TabFragment frag = TabFragment.newInstance(Cap);
            tab.setTabListener(new TabListener(frag));
            ab.addTab(tab);
        }

        if (savedInstanceState != null) {
            int seltab = savedInstanceState.getInt("seltab");
            ab.setSelectedNavigationItem(seltab);
        }

    }

    public void onSaveInstanceState(Bundle outState) {
        super.onSaveInstanceState(outState);
        outState.putInt("seltab", getActionBar().getSelectedNavigationIndex());
    }

    private class TabListener implements ActionBar.TabListener {
        private Fragment mFragment;

        public TabListener(Fragment fragment) {
            mFragment = fragment;
        }

        public void onTabSelected(Tab tab, FragmentTransaction ft) {
```

```java
                ft.add(R.id.tabparent, mFragment, "tag");
        }

        public void onTabUnselected(Tab tab, FragmentTransaction ft) {
            ft.remove(mFragment);
        }

        public void onTabReselected(Tab tab, FragmentTransaction ft) {
        }
    }

    public static class TabFragment extends Fragment {
        public static TabFragment newInstance(String text) {
            TabFragment frag = new TabFragment();

            Bundle args = new Bundle();
            args.putString("text", text);
            frag.setArguments(args);

            return frag;
        }

        public View onCreateView(LayoutInflater inflater, ViewGroup container,
                Bundle savedInstanceState) {

            String text = "";
            Bundle args = getArguments();
            if (args != null) {
                text = args.getString("text");
            }

            View linear = inflater.inflate(R.layout.actiontabfragment, container, false);
            TextView textview = (TextView)linear.findViewById(R.id.content);
            textview.setText(text);

            return linear;
        }
    }
}
```

메인 레이아웃에는 프래그먼트의 부모로 사용할 프레임을 배치했으며 이 프레임 안에 프래그먼트가 표시된다. 프래그먼트를 추가하는 add 메서드의 첫 인수로 부모 레이아웃의 ID를 전달하는데 페이지에 따라 프래그먼트를 교체 배치할 수 있는 프레임이 가장 적합하다. 탭이 액티비티 전체를 가득 채운다면 android.R.id.content를 부모 레이아웃으로 대신 사용한다.

onCreate에서 내비게이션 모드를 TABS로 변경하고 루프를 돌며 3개의 탭을 추가한다. newTab 메서드로 새 탭을 생성하고 캡션은 1, 2, 3 번호로 각각 지정했다. 프래그먼트의 newInstance 메서드로 캡션 문자열을 전달하며 프래그먼트는 이 캡션을 자신의 텍스트뷰에 출력한다. 탭 리스너에 이 프래그먼트를 전달하여 배치하도록 하며 완성된 탭을 addTab 메서드로 액션탭에 추가했다.

동일한 프래그먼트를 가지는 탭 세 개를 추가했는데 각각 다른 모양의 프래그먼트를 배치하는 것도 물론 가능하다. 예제 구현상 너무 복잡해서 가급적이면 간단한 프래그먼트를 사용했다. 이 예제의 TabFragment는 newInstance 메서드로 전달받은 문자열을 저장해 두었다가 텍스트뷰에 출력함으로써 자신의 이름만 출력한다. 탭 리스너는 생성자로 대상 프래그먼트를 받아 두었다가 선택될 때 이 프래그먼트를 추가하고 선택 해제될 때 프래그먼트를 제거한다. 액션바는 사용자가 탭을 누를 때 탭 리스너의 적절한 메서드를 호출하여 프래그먼트를 교체한다.

최초 실행 시 TAB1이 선택되어 있지만 액션바의 탭을 누르면 프래그먼트가 바뀐다. onCreate에서 루프 제어변수 i의 상한값을 조절하면 얼마든지 많은 탭을 추가할 수 있으며 화면 폭보다 더 많은 탭이 있으면 스크롤도 가능하다. 탭 개수를 10개 정도로 늘려 보면 스크롤되는 탭을 쉽게 확인할 수 있다. 화면 방향을 가로로 돌려 보자.

세로 모드에서는 탭이 별도의 행에 표시되지만 가로 모드에서는 액션바의 공간이 넉넉하므로 탭이 제목 옆에 표시된다. 탭 개수가 많으면 드롭다운 목록으로 보여주기도 한다. 탭 위젯에 비해 시스템이 크기와 위치를 알아서 적절하게 선택한다는 점이 더 우월하다. 반면 장비나 구성에 따라 위치가 바뀌어 일관성이 없다는 것은 약간의 단점이다.

onSaveInstanceState에서 선택 탭의 인덱스를 저장하고 onCreate에서 이전에 선택된 탭을 복구함으로써 화면 방향이 바뀌어도 탭의 선택 상태가 유지된다. 이 처리를 생략하면 방향 변경 시 항상 첫 번째 탭으로 리셋될 뿐만 아니라 이전 선택된 프래그먼트가 제거되지 않아 2개 이상의 탭이 동시에 나타나는 문제가 있다. 액티비티 수준에서 선택 탭을 저장해야 하는 것과 마찬가지로 프래그먼트도 자신의 상태를 저장 및 복구해야 한다. 위 예제의 프래그먼트는 저장할 정보가 없어 아무 처리도 하지 않는다.

21.2.4 액션바 꾸미기

액션바에는 아이콘이나 제목 등 여러 가지 항목이 표시되는데 어떤 항목을 표시할 것인가를 선택할 수 있다. 다음 메서드는 액션바의 출력 옵션을 변경하거나 조사하며 액션바를 꾸밀 수 있는 여러 가지 방법을 제공한다. 이전 버전에 비해 타이틀 바의 높이가 높아져 다양한 정보를 보여주고 예쁜 장식을 할 수 있다.

```
void setDisplayOptions(int options [, int mask])
int getDisplayOptions()
```

지원 가능한 옵션의 종류는 다음과 같다. 여러 플래그를 | 연산자로 묶어 옵션값 전체를 지정할 수도 있고 마스크를 주어 특정 옵션만 변경할 수도 있다.

옵션	값	설명
DISPLAY_USE_LOGO	0x01	앱 아이콘 대신에 로고를 표시한다. 로고는 매니페스트의 logo 속성에 지정한다. 앱 아이콘보다 훨씬 더 큰 장식을 달 수 있다.
DISPLAY_SHOW_HOME	0x02	홈 요소를 보여준다. 아이콘 또는 로고의 형태로 출력되며 이 옵션이 선택되어 있지 않으면 둘 다 나타나지 않는다.
DISPLAY_HOME_AS_UP	0x04	왼쪽 화살표 모양의 Up 버튼을 보여준다. 이 버튼을 배치하면 홈, 업 버튼이 활성화된다.
DISPLAY_SHOW_TITLE	0x08	타이틀과 서브 타이틀을 보여준다.
DISPLAY_SHOW_CUSTOM	0x10	커스텀 뷰를 보여준다.

또는 각 옵션을 개별적으로 지정하는 다음 메서드를 호출해도 효과는 동일하다. 진위형 인수로 출력 옵션을 편리하게 설정할 수 있다. 단, 옵션 설정 상태를 개별적으로 조사하는 메서드는 따로 제공되지 않으므로 전체 옵션을 읽은 후 비트 연산해야 한다.

```
void setDisplayUseLogoEnabled(boolean useLogo)
void setDisplayShowHomeEnabled(boolean showHome)
void setDisplayHomeAsUpEnabled(boolean showHomeAsUp)
void setDisplayShowTitleEnabled(boolean showTitle)
void setDisplayShowCustomEnabled(boolean showCustom)
```

이 옵션을 전부 테스트해 보려면 로고 아이콘도 있어야 하고 커스텀 뷰도 설정되어 있어야 한다. 액션바에 표시 가능한 모든 항목을 다 출력해 보자. 액티비티의 로고 아이콘은 매니페스트에 logo 속성으로 지정한다.

```
<activity android:name=".c21_actionbar.DisplayOption" android:label="DisplayOption"
    android:logo="@drawable/androboy" />
```

또는 실행 중에 다음 메서드로 로고를 변경할 수 있다.

```
void setLogo(int resId)
void setLogo(Drawable logo)
```

커스텀 뷰는 액션바에 별도의 뷰를 추가로 하나 더 배치하는 것이며 로고 아이콘과 액션 항목 사이에 나타난다. 커스텀 뷰는 내비게이션 모드를 사용자 정의하기 위해 사용된다. 다음 메서드로 커스텀 뷰를 배치한다.

```
void setCustomView(int resId)
void setCustomView(View view [, ActionBar.LayoutParams layoutParams])
View getCustomView()
```

다음 메서드로 서브 타이틀을 하나 더 붙일 수 있다. 디폴트로 서브 타이틀이 없지만 지정하면 타이틀 아래에 작은 글꼴로 부제목이 표시된다. 큰 제목을 변경하는 메서드는 setTitle이다.

```
void setSubtitle(int resId)
void setSubtitle(CharSequence subtitle)
```

각 옵션이 어떤 효과가 있는지는 실행 중에 직접 토글해 보는 것이 가장 이해하기 쉽다. 다음 예제는 실행 중에 옵션값을 토글하며 코드를 굳이 분석해 볼 필요는 없고 실행만 해 보면 된다.

```xml
<LinearLayout xmlns:android="http://schemas.android.com/apk/res/android"
    android:orientation="vertical"
    android:layout_width="match_parent"
    android:layout_height="match_parent" >
<CheckBox
    android:id="@+id/chkuselogo"
    android:layout_width="wrap_content"
    android:layout_height="wrap_content"
    android:text="USE LOGO" />
<CheckBox
    android:id="@+id/chkshowhome"
    android:layout_width="wrap_content"
    android:layout_height="wrap_content"
    android:text="SHOW HOME" />
<CheckBox
    android:id="@+id/chkhomeasup"
    android:layout_width="wrap_content"
    android:layout_height="wrap_content"
    android:text="HOME AS UP" />
<CheckBox
    android:id="@+id/chkshowtitle"
    android:layout_width="wrap_content"
    android:layout_height="wrap_content"
    android:text="SHOW TITLE" />
<CheckBox
    android:id="@+id/chkshowcustom"
    android:layout_width="wrap_content"
    android:layout_height="wrap_content"
    android:text="SHOW CUSTOM" />
</LinearLayout>
```

```java
public class DisplayOption extends Activity {
    CheckBox mChkUseLogo;
    CheckBox mChkShowHome;
    CheckBox mChkHomeAsUp;
    CheckBox mChkShowTitle;
    CheckBox mChkShowCustom;
    ActionBar mActionBar;
    Button mCustom;
    public void onCreate(Bundle savedInstanceState) {
        super.onCreate(savedInstanceState);
        setContentView(R.layout.displayoption);
```

```
        mChkUseLogo = (CheckBox)findViewById(R.id.chkuselogo);
        mChkUseLogo.setOnCheckedChangeListener(mListener);
        mChkShowHome = (CheckBox)findViewById(R.id.chkshowhome);
        mChkShowHome.setOnCheckedChangeListener(mListener);
        mChkHomeAsUp = (CheckBox)findViewById(R.id.chkhomeasup);
        mChkHomeAsUp.setOnCheckedChangeListener(mListener);
        mChkShowTitle = (CheckBox)findViewById(R.id.chkshowtitle);
        mChkShowTitle.setOnCheckedChangeListener(mListener);
        mChkShowCustom = (CheckBox)findViewById(R.id.chkshowcustom);
        mChkShowCustom.setOnCheckedChangeListener(mListener);

        mActionBar = getActionBar();
        mCustom = new Button(this);
        mCustom.setText("Custom");
        mActionBar.setCustomView(mCustom);

        mActionBar.setSubtitle("subtitle");

        int option = mActionBar.getDisplayOptions();
        mChkUseLogo.setChecked((option & ActionBar.DISPLAY_USE_LOGO) != 0);
        mChkShowHome.setChecked((option & ActionBar.DISPLAY_SHOW_HOME) != 0);
        mChkHomeAsUp.setChecked((option & ActionBar.DISPLAY_HOME_AS_UP) != 0);
        mChkShowTitle.setChecked((option & ActionBar.DISPLAY_SHOW_TITLE) != 0);
        mChkShowCustom.setChecked((option & ActionBar.DISPLAY_SHOW_CUSTOM) != 0);
    }

    public boolean onCreateOptionsMenu(Menu menu) {
        super.onCreateOptionsMenu(menu);
        MenuInflater inflater = getMenuInflater();
        inflater.inflate(R.menu.actionbarmenu, menu);

        return true;
    }

    CheckBox.OnCheckedChangeListener mListener =
            new CheckBox.OnCheckedChangeListener() {
        public void onCheckedChanged(CompoundButton buttonView, boolean isChecked) {
            switch (buttonView.getId()) {
            case R.id.chkuselogo:
                //mActionBar.setDisplayOptions(isChecked ?
                //  ActionBar.DISPLAY_USE_LOGO:0,
                //  ActionBar.DISPLAY_USE_LOGO);
                mActionBar.setDisplayUseLogoEnabled(isChecked);
```

```
                    break;
            case R.id.chkshowhome:
                mActionBar.setDisplayShowHomeEnabled(isChecked);
                break;
            case R.id.chkhomeasup:
                mActionBar.setDisplayHomeAsUpEnabled(isChecked);
                break;
            case R.id.chkshowtitle:
                mActionBar.setDisplayShowTitleEnabled(isChecked);
                break;
            case R.id.chkshowcustom:
                mActionBar.setDisplayShowCustomEnabled(isChecked);
                break;
            }

        }
    };
}
```

레이아웃에 개별 옵션을 토글하기 위한 체크 박스 5개를 배치하고 onCreate에서 각 체크 박스의 체크 리스너를 등록한다. 버튼 하나를 생성하여 커스텀 뷰로 등록하고 서브 타이틀도 붙여 놓았다. 실행 직후에 디폴트 출력 옵션을 조사하여 체크 박스에 출력한다. 개별 옵션 상태를 조사하는 메서드는 없으므로 getDisplayOptions 메서드로 읽은 값을 비트 연산한다. 디폴트 옵션은 0x9이며 LOGO, HOME, TITLE이 선택되어 있다.

로고 사용 옵션이 선택되어 있으므로 앱 아이콘 대신 로고가 나타난다. Use Logo 옵션을 해제하면 응용 프로그램의 아이콘이 대신 나타나고 Show Home 옵션을 해제하면 아이콘이 사라진다. 로고나 아이콘이 보이려면 Show Home 옵션이 먼저 선택되어 있어야 한다. Home As Up 옵션을 선택하면 아이콘 옆에 왼쪽 화살표가 나타나 이 버튼을 누르면 이전 단계로 넘어간다는 것을 표시한다.

부제목을 지정했으므로 제목은 두 줄로 표시된다. 제목이 두 줄이라 번잡스러워 보이지만 필요하다면 추가 정보를 보여줄 수도 있다. Show Title 옵션을 끄면 제목은 사라진다. Show Custom 옵션을 선택하면 제목과 액션 항목 사이에 버튼이 나타나며 버튼이 차지한 만큼 제목 영역은 축소된다. 원한다면 버튼에 이벤트 핸들러도 설치할 수 있다. 액션바의 출력 옵션이 꽤 많은 편인데 너무 요란하게 보이는 것은 좋지 않으므로 적당한 수준에서 자제하는 것이 바람직하다.

21.2.5 액션 모드

액션 모드는 특정 상황에 임시적으로 열리는 액션바다. 타이틀 바의 영역에 나타나고 모양도 액션바와 비슷하지만 사실 액션바는 아니다. 일시적으로 특정한 명령의 집합이 필요할 때 잠시 열리는 것뿐이다. 예를 들어 텍스트를 선택하면 클립보드 관련 명령을 보여준다거나 이미지 선택 시 회전, 반사 등의 편집 명령을 보여줄 때 유용하다. 다음은 4.0 버전의 TextChange 예제의 에디트 위젯이 보여주는 액션 모드이다.

평소에는 타이틀 바에 앱의 제목이 보이지만 에디트에서 단어를 선택하면 전체 선택, 자르기, 복사하기 등의 명령이 있는 액션 모드가 타이틀 바에 나타난다. 제일 왼쪽의 체크 아이콘은 액션 모드를 닫는 명령이다. 여기서 복사 명령을 내리면 선택 블록이 클립보드로 복사되며 액션 모드는 즉시 종료된다. 선택 블록이 있을 때 선택과 관련된 편집 명령을 일시적으로 보여주는 것이다. 이전 버전에서는 컨텍스트 메뉴로 열렸는데 4.0에서 액션 모드로 바뀌었다가 6.0에서는 다시 팝업으로 바뀌었다.

액션바가 옵션 메뉴를 대체하는 장치라면 액션 모드는 컨텍스트 메뉴를 대체하는 장치라고 할 수 있다. 화면 중앙에 목록 형태로 열리는 컨텍스트 메뉴에 비해 타이틀 바의 고정된 위치에 열리며 아이콘으로 예쁘게 장식되어 있어 보기에 좋고 누르기도 쉽다. 액션 모드는 액티비티의 다음 메서드로 시작한다. 특정 위젯을 클릭하거나 롱 클릭할 때나 선택 영역이 생길 때 호출한다. 컨텍스트 메뉴를 띄우듯이 필요할 때 열면 된다.

```
ActionMode startActionMode (ActionMode.Callback callback)
```

인수로 액션 모드의 메뉴를 관리하는 콜백 객체를 요구하며 생성된 액션 모드 객체를 리턴한다. 콜백 인터페이스의 메서드는 옵션 메뉴의 콜백과 유사하다.

```
boolean onCreateActionMode (ActionMode mode, Menu menu)
boolean onPrepareActionMode (ActionMode mode, Menu menu)
boolean onActionItemClicked (ActionMode mode, MenuItem item)
void onDestroyActionMode (ActionMode mode)
```

메뉴의 생성, 준비, 선택, 파괴 시에 각 콜백이 호출된다. 액티비티에 정의된 메뉴 관련 콜백과 거의 비슷하되 인수로 ActionMode를 받는다는 점이 다르다. 생성할 때 메뉴를 달아 주고 준비할 때 액션 항목의 속성을 조정하며 선택되었을 때 명령을 처리한다. 버튼을 누르면 액션 모드를 보여주는 예제를 만들어 보자. 액션 모드는 일종의 메뉴이므로 메뉴 리소스를 먼저 작성한다. 액션바와 형태가 비슷하므로 아이콘으로 명령을 배치하는 것이 좋다.

res/menu/actionmodetestmenu.xml

```xml
<menu xmlns:android="http://schemas.android.com/apk/res/android">
    <item
        android:id="@+id/add"
        android:title="add"
        android:icon="@android:drawable/ic_menu_add"
        android:showAsAction="always|withText"
        />
    <item
        android:id="@+id/edit"
        android:title="edit"
        android:icon="@android:drawable/ic_menu_edit"
        android:showAsAction="always|withText"
        />
    <item
        android:id="@+id/search"
        android:title="search"
        android:icon="@android:drawable/ic_menu_search"
        android:showAsAction="always|withText"
        />
</menu>
```

3개의 아이콘 항목을 배치했다. 메뉴라기보다는 일종의 툴바이므로 웬만하면 아이콘을 붙여 주는 것이 좋다. 타이틀 영역이 그다지 넓지 못하므로 꼭 필요한 항목만 배치해야 한다.

```
<LinearLayout xmlns:android="http://schemas.android.com/apk/res/android"
    android:orientation="vertical"
    android:layout_width="match_parent"
    android:layout_height="match_parent" >
<Button
    android:id="@+id/btnaction"
    android:layout_width="wrap_content"
    android:layout_height="wrap_content"
    android:onClick="mOnClick"
    android:text="Action Mode" />
</LinearLayout>
```

```
public class ActionModeTest extends Activity {
    ActionMode mActionMode;
    public void onCreate(Bundle savedInstanceState) {
        super.onCreate(savedInstanceState);
        setContentView(R.layout.actionmodetest);
    }

    public void mOnClick(View v) {
        switch (v.getId()) {
        case R.id.btnaction:
            if (mActionMode == null) {
                mActionMode = startActionMode(mActionCallback);
                mActionMode.setTitle("Test");
            }
            break;
        }
    }

    ActionMode.Callback mActionCallback = new ActionMode.Callback() {
        public boolean onCreateActionMode(ActionMode mode, Menu menu) {
            MenuInflater inflater = mode.getMenuInflater();
            inflater.inflate(R.menu.actionmodetestmenu, menu);
            return true;
        }

        public boolean onPrepareActionMode(ActionMode mode, Menu menu) {
            return false;
        }

        public boolean onActionItemClicked(ActionMode mode, MenuItem item) {
```

```
                    switch (item.getItemId()) {
                    case R.id.add:
                        Toast.makeText(ActionModeTest.this, "add", 0).show();
                        break;
                    case R.id.edit:
                        Toast.makeText(ActionModeTest.this, "edit", 0).show();
                        break;
                    case R.id.search:
                        Toast.makeText(ActionModeTest.this, "search", 0).show();
                        break;
                    }
                    return false;
                }

                public void onDestroyActionMode(ActionMode mode) {
                    mActionMode = null;
                }
            };
        }
```

레이아웃에는 버튼 하나만 배치했으며 이 버튼을 누를 때 액션 모드를 호출한다. 액션 모드 생성 후 타이틀에 Test라는 문자열을 출력했는데 이 자리에는 액션 모드에 대한 간단한 설명을 작성한다. onCreateActionMode 콜백에서는 메뉴를 만들고 onActionItemClicked에서 선택 시 토스트를 열어 보여준다. 파괴 시에는 액션 모드 멤버를 null로 만들고 액션 모드를 시작할 때 null 여부를 체크함으로써 이중으로 열리지 않도록 하였다.

Action Mode 버튼을 누르면 타이틀 바 상단에 액션 모드가 열리며 액션 항목을 클릭하면 토스트가 출력된다. Back 버튼을 누르거나 액션 모드 왼쪽의 닫기 버튼을 누르면 액션 모드가 닫히고 타이틀 바는 원래의 모습으로 복귀한다.

리스트뷰와 그리드뷰도 액션 모드를 지원하며 선택된 복수 항목에 대한 액션을 처리한다. 복수 선택 항목에 대한 액션 모드 리스너를 등록해 놓으면 항목을 롱 클릭할 때 액션 모드가 시작되며 선택된 항목에 대해 일괄 처리할 수 있다. 리스너 타입만 다를 뿐 사용 방법은 비슷하다.

CHAPTER 22

그리기

22.1 필터

22.1.1 마스크 필터

7장에서 점, 선, 원 같은 기하 도형을 그려 보았고 색상을 다루는 방법과 비트맵, 셰이더 등 안드로이드의 기본적인 그래픽 출력문에 대해 알아보았다. 이 장에서는 고급 그래픽을 구사하는 방법에 대해 연구해 본다. 내부적인 그래픽 이론은 복잡하지만 사용만을 목적으로 한다면 단순한 메서드 호출문이므로 장황하게 설명하지 않고 요약적인 예제와 실행 결과만 보이도록 한다.

필터는 이미지를 구성하는 각 픽셀을 수학적인 연산으로 조작함으로써 출력 결과를 변형하는 것이다. 픽셀 하나는 ARGB의 요소로 구성되며 각 요소는 강도를 표현하는데 일정한 규칙에 따라 이 값을 조정하면 이미지 출력 결과가 바뀐다. 자세한 원리나 수학적 연산 과정에 대해서는 그래픽 서적을 참조하자.

필터는 적용되는 요소에 따라 마스크 필터, 색상 필터로 구분되며 세부적으로 다섯 개의 필터가 제공된다. 필터 객체를 생성한 후 Paint의 다음 메서드로 선택하면 이후 출력부터 필터가 적용된다. 필터를 제거하려면 인수로 null을 전달한다.

```
MaskFilter setMaskFilter (MaskFilter maskfilter)
ColorFilter setColorFilter (ColorFilter filter)
```

마스크 필터는 알파 채널에 변형을 가하여 픽셀의 투명도를 조정한다. MaskFilter 클래스로부터 파생되는 다음 두 개의 필터가 제공된다.

```
BlurMaskFilter(float radius, BlurMaskFilter.Blur style)
EmbossMaskFilter(float[] direction, float ambient, float specular, float blurRadius)
```

블러 필터는 가장자리 부분의 색상을 흐릿하게 만든다. 흔히 '뽀샤시 효과'라고 하며 뽀샵질 좀 해 본 사람에게는 아주 익숙하다. 이미지 아래쪽에 흐릿한 그림자를 깔고 싶다거나 이미지의 가장자리를 부드럽게 만드는 효과가 있다. 생성자로 흐릿하게 보일 영역의 반지름과 스타일을 지정한다.

반지름이 클수록 영향을 받는 영역이 넓어진다. 스타일은 필터가 적용될 영역이나 방식을 지정하는 데 INNER, NORMAL, OUTER, SOLID 4가지가 있다. 각 방식이 어떻게 다른지는 말로 설명하기 어려우므로 직접 코드를 바꿔 가며 차이점을 확인해 보자. 다음 코드는 이미지의 가장자리 20픽셀만큼을 흐리게 출력한다. 이 장의 모든 예제는 그래픽을 보여주는 식이므로 별도의 레이아웃을 사용하지 않으며 커스텀 뷰에 그래픽을 출력하는 구조로 되어 있다.

BlurFlt

```
public class BlurFlt extends Activity {
    public void onCreate(Bundle savedInstanceState) {
        super.onCreate(savedInstanceState);
        setContentView(new MyView(this));
    }

    protected class MyView extends View {
        public MyView(Context context) {
            super(context);
        }

        public void onDraw(Canvas canvas) {
            canvas.drawColor(Color.LTGRAY);
            Paint Pnt = new Paint();
            Pnt.setAntiAlias(true);

            Bitmap cup = BitmapFactory.decodeResource(getContext().getResources(),
                    R.drawable.cup);
```

```
            BlurMaskFilter blur = new BlurMaskFilter(20, BlurMaskFilter.Blur.NORMAL);
            Pnt.setMaskFilter(blur);
            canvas.drawBitmap(cup, 30, 30, Pnt);
        }
    }
}
```

배경을 밝은 회색으로 칠한 후 컵이 그려진 이미지를 출력했다. 필터 없이 출력하면 직사각형 모양의 이미지가 출력되지만 블러 필터를 적용하면 가장자리 부근이 흐려진다. 뒤쪽에 다른 배경 이미지가 있다면 경계 부근이 부드럽게 섞여 위쪽에 살짝 얹힌 것처럼 보인다.

임보스 필터는 올록 볼록 화장지에 적용되는 효과를 적용하여 경계 부근이 솟아난 것처럼 출력하여 입체감을 부여한다. 생성자의 인수로 효과를 적용할 방향, 주변 빛의 양, 블러링 효과의 강도 등을 지정한다. 각 인수는 효과를 적용하는 수식에 적용된다. 커스텀 뷰를 생성하는 코드는 앞 예제와 동일하므로 onDraw의 코드만 보인다.

EmbossFlt

```
public void onDraw(Canvas canvas) {
    canvas.drawColor(Color.LTGRAY);
    Paint Pnt = new Paint();
    Pnt.setAntiAlias(true);

    Bitmap cup = BitmapFactory.decodeResource(getContext().getResources(),
            R.drawable.cup);

    EmbossMaskFilter emboss = new EmbossMaskFilter(
            new float[] { 2, 2, 2 }, 0.5f, 6, 5);
    Pnt.setMaskFilter(emboss);
```

```
        canvas.drawBitmap(cup, 30, 30, Pnt);
    }
}
```

컵 이미지를 출력하되 임보싱 필터를 적용했다. 각 방향으로 2픽셀만큼 떨어진 위치에서 빛을 비추며 강도는 50%로 주었다. 이미지 가장자리가 강조되어 불쑥 솟아 오른 것처럼 보인다. 이미지에 입체감을 주고 싶을 때 사용하면 적절하다.

22.1.2 컬러 필터

ColorFilter는 마스크 필터와 달리 알파 채널은 건드리지 않고 RGB 채널의 색상 요소를 변형하여 이미지 자체의 색감을 조정한다. 다음 세 개의 서브 클래스가 제공된다.

```
LightingColorFilter(int mul, int add)
ColorMatrixColorFilter(float[] array)
PorterDuffColorFilter(int srcColor, PorterDuff.Mode mode)
```

LightingColorFilter는 RGB 채널의 각 색상에 mul 값을 곱하고 add 값을 더하여 색상 요소의 값을 변경한다. 각 요소별로 곱해지는 값과 더해지는 값의 자리를 구분하기 쉽게 16진수로 지정하는 것이 편리하다. 다음 코드는 빨간색을 절반으로 떨어뜨리고 초록색에 0x60을 더해 사진의 색조를 변경한다.

ColorFlt

```
public void onDraw(Canvas canvas) {
    Paint Pnt = new Paint();
    Pnt.setAntiAlias(true);
```

```
    Bitmap cup = BitmapFactory.decodeResource(getContext().getResources(),
            R.drawable.cup);

    Pnt.setColorFilter(new LightingColorFilter(0x80ffff,0x006000));
    canvas.drawBitmap(cup, 30, 30, Pnt);
}
```

빨간색에 곱해지는 값 0x80은 0.5를 의미하므로 빨간색의 강도가 절반으로 줄어든다. 초록색의 경우 곱해지는 값은 1이므로 변함이 없고 여기에 0x60을 더하므로 전반적으로 밝아진다. 파란색은 1을 곱하고 0을 더했으므로 변화가 없다. 각 색상 요소를 개별적으로 변경할 수 있다는 면에서 사용하기 쉽지만 연산이 너무 단순하다 보니 이미지 품질은 다소 떨어진다.

색상 행렬은 5×4의 행렬로 각 색상를 변경하는 다항식을 정의한다. 픽셀의 각 요소값을 행렬에 곱하면 원래 색상과는 다른 형태로 변형 가능하다. 색상 행렬은 다른 요소도 연산 가능하여 반전, 그레이스케일, 밝기 조정, 감마 조정 등의 기법을 구현할 수 있다. 다음 예제는 사진을 반전시켜 출력한다.

ColorM

```
public void onDraw(Canvas canvas) {
    Paint Pnt = new Paint();
    Pnt.setAntiAlias(true);

    Bitmap cup = BitmapFactory.decodeResource(getContext().getResources(),
            R.drawable.cup);

    ColorMatrix cm = new ColorMatrix(
            new float[] {
                    -1, 0, 0, 0, 255,
                    0, -1, 0, 0, 255,
```

```
                   0, 0, -1, 0, 255,
                   0, 0, 0, 1, 0 }
    );

    Pnt.setColorFilter(new ColorMatrixColorFilter(cm));
    canvas.drawBitmap(cup, 30, 30, Pnt);
}
```

색상 행렬에 의해 색상이 어떻게 변형되는지 간단한 행렬식으로 설명할 수 있다. 색상 행렬은 5×4 행렬을 정의하며 이 행렬과 픽셀의 색상 요소 $(r, g, b, a, 1)$을 곱해 보자.

$$\begin{bmatrix} m00 & m01 & m02 & m03 & m04 \\ m10 & m11 & m12 & m13 & m14 \\ m20 & m21 & m22 & m23 & m24 \\ m30 & m31 & m32 & m33 & m34 \end{bmatrix} \begin{bmatrix} r \\ g \\ b \\ a \\ 1 \end{bmatrix}$$

행렬끼리 곱셈이 가능하려면 앞 행렬의 열 수와 뒤 행렬의 행 수가 같아야 하므로 더미 1이 추가된다. 두 행렬을 곱하면 새로운 픽셀의 색상 요소를 결정하는 다항식이 도출된다.

```
r' = r*m00 + g*m01 + b*m02 + a*m03 + m04
g' = r*m10 + g*m11 + b*m12 + a*m13 + m14
b' = r*m20 + g*m21 + b*m22 + a*m23 + m24
a' = r*m30 + g*m31 + b*m32 + a*m33 + m34
```

위 예제의 행렬식을 이 방정식에 대입하면 새로 결정되는 색상값은 다음과 같다.

```
r' = 255 - r
g' = 255 - g
b' = 255 - b
a' = a
```

최대값에서 원래값을 빼므로 색상이 반전된다. 흰색은 검은색이 되고 검은색은 흰색이 되며 중간값도 적당히 반전된 값으로 바뀐다. 실행 결과는 다음과 같다.

다음은 그레이 스케일로 이미지를 출력해 보자. 이미지에서 색상을 모두 탈색시키고 명도값만 남기면 흑백의 이미지가 된다. 그레이 스케일은 흰색과 검은색 사이에 여러 단계의 회색이 있어 완전한 흑백과는 다르다.

GrayScale

```
public void onDraw(Canvas canvas) {
    Paint Pnt = new Paint();
    Pnt.setAntiAlias(true);

    Bitmap cup = BitmapFactory.decodeResource(getContext().getResources(),
            R.drawable.cup);

    ColorMatrix cm = new ColorMatrix(
            new float[] {
                    0.299f, 0.587f, 0.114f, 0, 0,
                    0.299f, 0.587f, 0.114f, 0, 0,
                    0.299f, 0.587f, 0.114f, 0, 0,
                    0, 0, 0, 1, 0 }
    );

    Pnt.setColorFilter(new ColorMatrixColorFilter(cm));
    canvas.drawBitmap(cup, 30, 30, Pnt);
}
```

이 행렬에 사용된 상수는 그래픽 전문가들이 미리 연구해 놓은 값이다. R, G, B 요소가 같은 값을 가지도록 하여 회색 계열로 만들되 사람의 눈이 가장 민감하게 반응하는 초록색에 높은 비중을 둔다. 실행 결과는 다음과 같되 지면에서는 어차피 흑백이라 그냥 출력한 것과 차이가 없는 것처럼 보인다.

포터, 더퍼 색상 필터는 일정한 수식에 따라 색상을 변형한다. 포터, 더프는 이 필터를 개발한 학자들이다. 다음 코드는 사진을 어둡게 변형한다. 실행 결과는 위 오른쪽 그림과 같다.

Porter

```
public void onDraw(Canvas canvas) {
    Paint Pnt = new Paint();
    Pnt.setAntiAlias(true);

    Bitmap cup = BitmapFactory.decodeResource(getContext().getResources(),
            R.drawable.cup);

    Pnt.setColorFilter(new PorterDuffColorFilter(Color.BLUE, PorterDuff.Mode.DARKEN));
    canvas.drawBitmap(cup, 30, 30, Pnt);
}
```

이 필터가 어떤 식으로 이미지의 픽셀에 적용되는지는 그래픽 전문가가 아니다 보니 솔직히 잘 모르겠다. 관심 있는 사람은 따로 관련 서적을 참조하거나 검색해 보기 바란다.

22.1.3 패스 효과

패스 효과는 도형의 외곽선 즉, 선의 모양에 적용된다. Paint에 선의 굵기나 조인 모양, 끝 모양 등을 지정하는 기본적인 메서드가 제공되지만 더 복잡한 효과는 패스를 사용한다. 패스 효과를 지정할 때는 다음 메서드를 호출한다.

```
PathEffect Paint.setPathEffect (PathEffect effect)
```

PathEffect의 서브 클래스 중 하나를 생성하여 이 메서드로 전달하면 외곽선을 그릴 때 효과가 적용된다. 효과의 종류에 따라 다양한 서브 클래스가 제공되는데 간단한 클래스이므로 계층도를 따로 그려볼 필요 없이 생성자만 나열해 보고 하나씩 설명하기로 한다.

```
DashPathEffect(float[] intervals, float phase)
CornerPathEffect(float radius)
PathDashPathEffect(Path shape, float advance, float phase,
    PathDashPathEffect.Style style)
DiscretePathEffect(float segmentLength, float deviation)
SumPathEffect(PathEffect first, PathEffect second)
ComposePathEffect(PathEffect outerpe, PathEffect innerpe)
```

DashPathEffect는 선의 대시 모양을 결정한다. 선의 길이와 공백의 길이로 구성된 배열을 인수로 전달한다. 선과 공백이 반복됨으로써 선의 모양이 만들어지므로 이 배열의 크기는 반드시 짝수여야 하며 최소한 2 이상이어야 한다. 배열의 짝수 번째는 선의 길이를 지정하며 홀수 번째는 공백의 길이를 지정한다. phase 인수는 선 모양의 반복 시작점을 지정한다.

DashPathEft

```
public void onDraw(Canvas canvas) {
    Paint Pnt = new Paint();
    Pnt.setAntiAlias(true);

    Pnt.setAntiAlias(false);
    Pnt.setColor(Color.WHITE);
    Pnt.setStrokeWidth(3);
    Pnt.setPathEffect(new DashPathEffect(new float[] {10, 10 }, 0));
    canvas.drawLine(10,10,300,10,Pnt);
    Pnt.setPathEffect(new DashPathEffect(new float[] {10, 10 }, 3));
    canvas.drawLine(10,30,300,30,Pnt);
    Pnt.setStrokeWidth(6);
    canvas.drawLine(10,50,300,50,Pnt);
    Pnt.setStrokeWidth(3);
    Pnt.setPathEffect(new DashPathEffect(new float[] {2, 2 }, 0));
    canvas.drawLine(10,70,300,70,Pnt);
    Pnt.setPathEffect(new DashPathEffect(new float[] {12, 2, 2, 2 }, 0));
    canvas.drawLine(10,90,300,90,Pnt);
    Pnt.setPathEffect(new DashPathEffect(new float[] {12, 2, 2, 2, 2, 2 }, 0));
    canvas.drawLine(10,110,300,110,Pnt);
}
```

여러 가지 모양의 대시를 만들어 순서대로 출력했다. 당연한 얘기겠지만 대시는 선의 모양이므로 Paint의 스타일이 STROKE이거나 또는 STROKE_AND_FILL일 때만 적용되며 FILL일 때는 아무 효과가 없다.

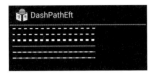

제일 위의 선은 (10, 10)의 패턴으로 선 모양을 정의한다. 10칸 그리고 10칸 띄우고를 반복하라는 뜻이므로 점선이 그려진다. 대시나 공백의 길이도 자유롭게 조정할 수 있다. 두 번째 선은 모양은 같되 phase를 3으로 정의했으므로 선 모양의 시작점이 3칸 오른쪽으로 이동한다. 시작점이 오른쪽으로 이동했으므로 선은 왼쪽으로 이동한 것처럼 보인다. phase를 점진적으로 바꾸어 가며 선을 계속 그리면 무늬가 스크롤되는 효과가 나타난다.

세 번째 선은 굵기를 6으로 그렸는데 굵기가 바뀌더라도 무늬의 간격은 일정하다. 네 번째 선은 간격을 더 좁게 함으로써 조밀한 점선을 그린다. 다섯 번째 선은 12칸 그리고, 2칸 건너 뛰고 2칸 그리고, 2칸 건너 뜀으로써 일점 쇄선을 그린다. 마지막 선은 짧은 선을 두 개 찍어 이점 쇄선을 그린다. 대시 모양을 정의하는 배열의 크기에 대한 제한은 없으므로 이보다 더 복잡한 선도 그릴 수 있다.

CornerPathEffect는 사각형의 모서리 부분처럼 꺾어지는 부분의 반경을 지정함으로써 둥근 모서리를 만든다. 생성자로 지정한 반경만큼의 내접 원을 모서리에 두고 모서리 부분이 내접하는 원주의 모양으로 처리되는 식이다. 다음 예제는 내접원의 반경을 점점 증가시켜 가며 세 개의 사각형을 그렸다.

ConnerPathEft

```
public void onDraw(Canvas canvas) {
    Paint Pnt = new Paint();
    Pnt.setAntiAlias(true);

    Pnt.setColor(Color.WHITE);

    canvas.drawRect(10,10,300,90,Pnt);
    Pnt.setPathEffect(new CornerPathEffect(15));
    canvas.drawRect(10,100,300,190,Pnt);
```

```
        Pnt.setPathEffect(new CornerPathEffect(30));
        canvas.drawRect(10,200,300,290,Pnt);
    }
```

drawRect로 사각형을 그렸지만 코너 효과에 의해 둥근 사각형이 그려진다. 반경이 클수록 모서리 부분이 더 둥글어진다.

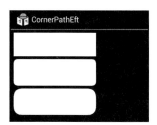

PathDashPathEffect는 패스로 대시의 모양을 직접 만든다. 대시로 사용할 작은 도형을 패스로 정의하고 각 도형 간의 간격과 phase를 지정한다. 패스의 표현력이 풍부하므로 얼마든지 복잡한 모양의 대시를 만들 수 있다. 다음 코드는 화살표 모양의 대시를 만든다.

PathDashEft

```
public void onDraw(Canvas canvas) {
    Paint Pnt = new Paint();
    Pnt.setAntiAlias(true);

    Pnt.setColor(Color.WHITE);

    Path dash = new Path();
    dash.moveTo(0, -4);
    dash.lineTo(4, -4);
    dash.lineTo(4, -8);
    dash.lineTo(10, 0);
    dash.lineTo(4, 8);
    dash.lineTo(4, 4);
    dash.lineTo(0, 4);

    PathDashPathEffect pathdash = new PathDashPathEffect(dash, 14, 0,
            PathDashPathEffect.Style.ROTATE);
    Pnt.setPathEffect(pathdash);
    canvas.drawLine(10,10,10,200,Pnt);
```

```
        canvas.drawCircle(180, 100, 80, Pnt);

        ComposePathEffect comp = new ComposePathEffect(pathdash,
                new CornerPathEffect(16));
        Pnt.setPathEffect(comp);
        canvas.drawRect(50, 200, 250, 300, Pnt);
    }
```

패스로 작은 화살표를 정의하고 이 패스로 대시를 만들었다. 화살표의 폭은 10이며 대시의 폭은 14
이므로 대시 간에는 4만큼의 여백이 삽입된다. 직선이나 원을 그리면 외곽선이 화살표 모양으로 그
려진다. 사각형을 그리면 모서리 부분에서 화살표가 급회전하지만 둥근 모서리를 그리면 화살표가
부드럽게 휘어진다.

원주상의 대시도 원주를 따라 각도가 부드럽게 바뀐다. 이런 도형은 패스 효과가 아니면 그리기 어
렵다. 다음 예제는 phase를 주기적으로 바꾸면서 외곽선을 따라 이동하는 화살표 모양을 그린다.

DashAnim

```
public class DashAnim extends Activity {
    public void onCreate(Bundle savedInstanceState) {
        super.onCreate(savedInstanceState);
        setContentView(new MyView(this));
    }

    protected class MyView extends View {
        Path dash;
        Paint Pnt;
        int phase;
        RectF ovalrt;

        public MyView(Context context) {
```

```
            super(context);

            dash = new Path();
            dash.moveTo(0, -4);
            dash.lineTo(4, -4);
            dash.lineTo(4, -8);
            dash.lineTo(10, 0);
            dash.lineTo(4, 8);
            dash.lineTo(4, 4);
            dash.lineTo(0, 4);

            Pnt = new Paint();
            Pnt.setAntiAlias(true);
            Pnt.setColor(Color.WHITE);
            phase = 0;
            ovalrt = new RectF(10,10,200,150);

            mAnimHandler.sendEmptyMessageDelayed(0, 100);
        }

        public void onDraw(Canvas canvas) {
            PathDashPathEffect pathdash = new PathDashPathEffect(dash, 14, phase,
                    PathDashPathEffect.Style.ROTATE);
            Pnt.setPathEffect(pathdash);
            canvas.drawOval(ovalrt, Pnt);
        }

        Handler mAnimHandler = new Handler() {
            public void handleMessage(Message msg) {
                phase--;
                invalidate();
                sendEmptyMessageDelayed(0, 100);
            }
        };
    }
}
```

매번 다시 그리기를 수행하므로 패스나 Paint 객체 등은 생성자에서 가급적 미리 생성해 놓는 것이
유리하다. 핸들러에서 0.1초에 한 번씩 phase 값을 조정하여 다시 그림으로써 대시의 시작점을 점
점 오른쪽으로 이동시킨다. phase 값이 계속 감소하지만 내부에서 나머지 연산으로 시작점을 찾으
므로 논리적인 문제는 없다.

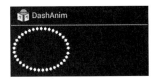

실행해 보면 화살표가 시계 방향으로 원주를 따라 흘러가는 것처럼 보인다. 속도는 핸들러의 지연 시간을 변경하여 조정한다. 원주의 길이가 대시 길이의 배수가 아니다 보니 3시 방향에서 대시가 잠시 끊어지는 것처럼 보이는데 배수만 맞춰 주면 해결된다. 움직이는 화면을 지면으로 보일 수 없으니 직접 실행해 보기 바란다.

22.1.4 그리기 모드

Xfermode(transfer mode)는 캔버스에 원래 그려진 픽셀과 새로 그려지는 픽셀과의 관계를 정의한다. 통상은 새로 그려지는 픽셀이 이전 픽셀을 덮어 버리지만 모드를 변경하면 두 픽셀을 논리 연산한 결과를 써 넣는다. Xfermode의 파생 객체를 생성한 후 다음 메서드로 지정한다.

Xfermode Paint.setXfermode (Xfermode xfermode)

연산 방법을 구성하는 수식에 따라 AvoidXfermode, PixelXorXfermode, PorterDuffXfermode 세 개의 서브 클래스가 정의되어 있다. 다음 예제는 제일 간단한 XOR 모드를 테스트한다.

Xfer

```
@SuppressWarnings("deprecation")
public void onDraw(Canvas canvas) {
    Paint Pnt = new Paint();
    Pnt.setAntiAlias(true);

    Pnt.setColor(Color.RED);
    canvas.drawCircle(100,100,80,Pnt);

    Pnt.setXfermode(new PixelXorXfermode(Color.BLACK));

    Pnt.setColor(Color.BLUE);
    canvas.drawRect(100,100,200,200,Pnt);
}
```

빨간색 원위에 파란색 사각형을 출력했다. 보통 모드에서는 새로 그려지는 파란색 사각형이 원을 덮어 버리지만 XOR 모드에서는 두 색상에 XOR 연산을 한 결과가 출력된다.

XOR 연산은 그 특성상 한 번 출력한 것을 다시 출력하면 원래대로 돌아오는 성질이 있다. 위 예제에서 마지막 사각형 출력문을 한 번 더 반복하면 사각형이 그려졌다가 다시 지워지며 이때 빨간색 원은 전혀 영향을 받지 않는다. 이런 특성으로 인해 XOR 연산은 간단한 애니메이션에 종종 응용되기도 한다. 다음 메서드는 Paint 객체의 디더링 플래그를 설정한다.

void Paint.setDither (boolean dither)

디더링이란 이미지보다 장비의 표현력이 떨어질 때 이미지의 색상을 낮추어 출력하는 기법이다. 예를 들어 24비트 이미지를 65K 장비에 출력할 때 8비트의 색상 요소값을 5비트나 6비트로 감소시켜야 한다. 디더링하지 않고 바로 출력하는 것이 더 빠르지만 이 경우 무식하게 값을 잘라 버리므로 이미지가 다소 어색해 보일 수 있다. 다음 테스트 코드를 실행해 보자.

Dither

```
public void onDraw(Canvas canvas) {
    Paint Pnt = new Paint();
    Pnt.setAntiAlias(true);

    Bitmap cup = BitmapFactory.decodeResource(getContext().getResources(),
            R.drawable.cup);

    canvas.drawBitmap(cup, 20, 0, Pnt);
    Pnt.setDither(true);
    canvas.drawBitmap(cup, 40, 250, Pnt);
}
```

똑같은 이미지를 한 번은 그냥 출력했고 한 번은 디더링해서 출력했다. 에뮬레이터에서의 실행 결과는 다음과 같다.

육안으로 분간하기 쉽지 않지만 자세히 보면 두 그림이 조금 다르게 출력되었음을 알 수 있다. 이 두 그림의 차이가 얼마나 벌어지는가는 실장비의 표현력에 따라 달라진다. 디더링할 필요가 없을 정도로 색상 표현력이 좋다면 아무 차이가 없다.

22.1.5 하드웨어 가속

안드로이드는 3.0부터 하드웨어 가속 기능을 지원한다. 하드웨어 가속이란 2D 그래픽을 소프트웨어 코드로 처리하는 것이 아니라 GPU(Graphic Processing Unit)가 직접 그리는 방식이다. 데스크톱에서는 이미 10년 전에 일반화되었지만 성능상의 제약이 심한 모바일에서는 최근에야 도입되기 시작했다. 하드웨어의 마이크로 코드가 엄청난 속도로 그리기를 처리하며 특히 비트맵 복사를 초고속으로 실행하여 스크롤 등의 화면 처리가 월등히 빠르다.

모바일이나 데스크톱이나 대부분의 출력이 화면을 통해 이루어지므로 그리기 속도가 빨라지면 프로그램의 실행 속도가 비약적으로 향상된다. 이런 고급 기능을 모바일에서 경험할 수 있다는 것은 참 고마운 일이다. 그러나 안타깝게도 안드로이드의 하드웨어 가속 기능은 아직 완전하지 못하다. 커스텀 뷰나 투명 상태, 비가시적인 그리기에서는 약간의 사소한 문제가 있다. 구체적으로 다음 메서드는 아직 가속을 지원하지 않는다.

클래스	메서드
Canvas	clipPath, clipRegion, drawPicture, drawTextOnPath, drawVertices
Paint	setLinearText, setMaskFilter, setRasterizer
Xfermode	AvoidXfermode, PixelXorXfermode

하드웨어 가속 상태에서 이 메서드를 호출하면 원하는 출력이 나오지 않는다는 뜻이다. 다음 기능은 가속을 사용할 때와 그렇지 않을 때 다르게 동작한다.

클래스	메서드
Canvas	clipRect – 일부 모드가 무시된다.
	drawBitmapMesh – 색상 배열이 무시된다.
Paint	setDither – 무시된다.
	setFilterBitmap – 필터링이 항상 켜진다.
	setShadowLayer – 텍스트에 대해서만 정상 동작한다.
PorterDuffXfermode	DARKEN, LIGHTEN, OVERLAY 모드가 SRC_OVER와 같음
ComposeShader	ComposeShader가 같은 타입의 셰이더는 조합하지 못하며 중첩도 안 된다.

가속 기능의 사용 여부는 하드웨어의 성능과 운영체제 버전에 의해 결정된다. 가속의 주체인 GPU가 지원해야 이 기능을 사용할 수 있으며 운영체제의 그리기 코드도 GPU의 가속 기능을 활용할 수 있어야 한다. 최신 운영체제라도 GPU가 싸구려이거나 GPU가 아무리 좋아도 운영체제가 3.0 이하이면 이 기능은 그림의 떡이다. 또 사용자의 선택에 따라 사용 여부가 결정되기도 한다. 사용자는 설정/개발자 옵션에서 GPU 랜더링 강제 실행 옵션을 선택하여 모든 프로그램이 강제로 가속 기능을 쓰도록 지시할 수 있다.

가속 기능은 속도를 향상시키는 것이 주목적이며 출력의 결과나 품질과는 상관이 없다. 따라서 가속 기능을 사용하지 않더라도 출력 속도만 조금 느릴 뿐 결과는 같아야 하는 것이 원칙이다. 가속 기능이 있으면 빨라서 좋고 없어도 느린 채로 그럭저럭 돌아가는 가야 한다. 그러나 가속을 쓰면 지원되지 않거나 결과가 달라지는 메서드가 있어 아직 가속 기능은 완벽하지 않다. 속도를 높이고자 기술을 적용했는데 출력이 달라지면 차라리 안 쓰는 게 나을 것이다.

만약 가속 기능이 완벽하고 사용 여부에 상관없이 출력 결과가 일관되다면 선택의 여지없이 이 기능을 적용할 것이다. 빨라서 나쁠 것은 없으므로 개발자나 사용자나 그 존재를 전혀 몰라도 상관없다. 그러나 현실이 그렇지 못하므로 가속 기능의 적용 여부를 선택하는 옵션이 제공된다. 개발자는 앱, 액티비티, 윈도우, 뷰 4가지 수준에서 가속 기능의 사용 여부를 선택할 수 있다. 앱과 액티비티의 가속 기능 사용 여부는 매니페스트의 속성으로 제어한다.

```
<application android:hardwareAccelerated="true">
    <activity name="A" />
    <activity name="B" />
    <activity name="C" android:hardwareAccelerated="false" />
</application>
```

application, activity 엘리먼트에 hardwareAccelerated 속성을 지정함으로써 가속 기능의 사용 여부를 지정한다. 이 속성을 생략하면 앱은 장비의 디폴트 설정을 따르며 액티비티는 앱의 속성을 따른다. 앱은 가속 기능을 사용하되 특정 액티비티만 가속 기능을 사용하지 않게 할 수도 있다. 위 코드에서 앱은 가속 기능을 사용하며 소속 액티비티인 A, B도 별다른 지정이 없으므로 앱의 설정에 따라 가속 기능을 사용한다. 그러나 C는 자신만의 속성을 지정하여 명시적으로 가속을 거부했으므로 가속 기능을 사용하지 않는다.

윈도우는 setFlags 메서드로 FLAG_HARDWARE_ACCELERATED 플래그를 지정함으로써 가속 기능을 선택한다. 액티비티의 가속 설정을 조정하는 것이 더 편리하므로 윈도우의 가속 플래그를 조정할 필요는 사실상 없다. 뷰는 가속 기능을 켤 수는 없고 끌 수만 있다. 상위의 액티비티가 가속을 하지 않는데 뷰 혼자만 가속을 쓸 수 없다는 얘기다. 반면 액티비티는 가속을 쓰지만 뷰가 이를 거부할 수는 있다. 뷰의 다음 메서드를 호출하면 가속 기능을 사용하지 않는다.

```
myView.setLayerType(View.LAYER_TYPE_SOFTWARE, null);
```

현재 가속 기능이 적용되고 있는지 아닌지는 다음 2가지 방법으로 조사한다. 앱이나 액티비티 수준에서는 가속 적용 여부를 조사할 수 없고 최종적으로 그리기를 수행하는 뷰나 캔버스에 대해 가속 여부를 조사한다.

```
boolean View.isHardwareAccelerated()
boolean Canvas.isHardwareAccelerated()
```

뷰는 가속 중이라도 캔버스는 가속 상태가 아닐 수 있으므로 뷰보다는 캔버스의 가속 상태를 조사하는 것이 더 정확하다. 캔버스에 직접 그리지 않는다면 뷰를 통해 조사하면 된다.

그리기 성능이 지극히 중요하다면 가급적 가속 기능을 활용하는 것이 유리하다. 하지만 사소하더라도 가속 기능에 의해 출력 결과가 영향을 받는다거나 부작용이 발생한다면 가속 기능을 끄는 것이 호환성 확보에 유리하다. 그렇다면 가속 기능에 의해 속도 차가 얼마나 발생하는지 다음 예제로 테스트해 보자.

```
public class AccelTest1 extends Activity {
    public void onCreate(Bundle savedInstanceState) {
        super.onCreate(savedInstanceState);
        AccelTestView vw = new AccelTestView(this);
        setContentView(vw);
    }
}

class AccelTestView extends View {
    Random Rnd = new Random();
    int Radius = 1;
    public AccelTestView(Context context) {
        super(context);
    }

    public void onDraw(Canvas canvas) {
        canvas.drawColor(Color.GRAY);
        Paint Pnt = new Paint();
        Pnt.setAntiAlias(true);
        Pnt.setTextSize(30);

        if (canvas.isHardwareAccelerated()) {
            canvas.drawText("Hardware Accel", 30, 30, Pnt);
        } else {
            canvas.drawText("Software Draw", 30, 30, Pnt);
        }

        Pnt.setStyle(Paint.Style.STROKE);
        Pnt.setStrokeWidth(3);
        Radius += 3;
        if (Radius > 255) Radius = 1;
        for (int i=1;i<Radius;i+=3) {
            Pnt.setColor(Color.rgb(i,i,i));
            canvas.drawCircle(240, 400, i, Pnt);
        }
        invalidate();
    }
}
```

별 특별한 코드는 없고 onDraw에서 색상을 바꿔 가며 동심원 그리기를 무한 반복한다. 속도 측정을 위해 연산량이 많은 그리기 동작을 계속 실행하여 GPU를 갈구는 것이다. 현재 상태를 알아보려고 캔버스의 가속 여부를 문자열로 출력했다. AccelTest2 예제의 코드는 다음과 같다.

AccelTest2

```
public class AccelTest2 extends Activity {
    public void onCreate(Bundle savedInstanceState) {
        super.onCreate(savedInstanceState);
        AccelTestView vw = new AccelTestView(this);
        setContentView(vw);
    }
}
```

AccelTestView로 액티비티 내부만 채웠다. AccelTestView는 같은 패키지의 앞 예제에 이미 선언했으므로 다시 선언할 필요가 없다. 결국 두 액티비티는 똑같은 동작을 하며 현재까지는 완전히 같다. 하지만 매니페스트에 적용된 속성이 다르다.

```
<activity android:name=".c22_graphic.AccelTest1" android:label="AccelTest1"
    android:hardwareAccelerated="true" />
<activity android:name=".c22_graphic.AccelTest2" android:label="AccelTest2"
    android:hardwareAccelerated="false" />
```

AccelTest1 액티비티는 가속 기능을 사용하며 AccelTest2 액티비티는 가속 기능을 사용하지 않는다. 두 예제를 에뮬레이터에서 실행해 보자.

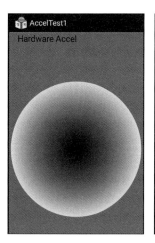

이전 버전의 에뮬레이터는 소프트웨어로 구현된 가짜여서 가속 기능을 지원하지 않았으나 6.0 이후에는 인텔의 가상화 기술의 덕택으로 에뮬레이터도 가속 기능을 제공한다. 두 예제의 실행 결과는 같지만 속도가 확연히 다름을 알 수 있다.

실장비에서는 더욱 빠른 속도로 실행되겠지만 물리적인 GPU는 가속 기능이 없어도 웬만큼 속도가 빠르다. 그래서 두 예제를 번갈아 실행해 봐도 그리기 속도의 차이를 거의 체감할 수 없다. 장비에 따라 차이가 날 수도 있고 정밀하게 측정하면 약간이나마 속도차가 있겠지만 적어도 사람의 눈으로 보기에는 두드러진 차이가 없어 보인다. 결론적으로 가속 기능은 개발자가 굳이 통제할 필요가 없고 대부분의 프로그램은 운영체제의 디폴트 설정을 따르는 것이 가장 무난하다.

하지만 이 장의 예제들은 또 예외이다. 앞에서 알아 봤다시피 일부 그리기 메서드는 가속 기능을 사용하면 효과가 제대로 나타나지 않는데 그 일부 메서드가 바로 이 장의 주제이기 때문이다. 통합 예제는 응용 프로그램 수준에서 가속 기능을 사용하지 않는 것으로 설정되어 있으므로 모든 예제가 정상 동작하는 것처럼 보이지만 액티비티에 가속 기능을 부여하면 출력 결과가 달라진다. 통합 예제의 BlurFlt2, DashPathEft2 예제는 앞에서 실습한 예제와 코드는 같고 매니페스트에 지정된 속성만 다르다.

```
<application
    android:hardwareAccelerated="false"
    >
....
<activity android:name=".c22_graphic.BlurFlt2" android:label="BlurFlt2"
    android:hardwareAccelerated="true" />
<activity android:name=".c22_graphic.DashPathEft2" android:label="DashPathEft2"
    android:hardwareAccelerated="true" />
```

앱 전체는 가속 기능을 사용하지 않는 것으로 선언되어 있다. 그러나 앞의 두 예제의 액티비티는 가속 기능을 사용하는 것으로 지정했다. 실장비에서 이 두 예제를 실행하면 앞서 실습한 예제와는 출력 결과가 다르게 나타난다.

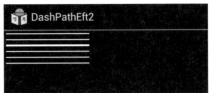

이미지의 가장자리가 흐릿해지지도 않고 점선이 그려지지도 않는다. 가속 기능을 사용하면 출력 내용이 완전히 달라진다. 이 장의 다른 예제도 마찬가지이다. 굳이 소스의 매니페스트 속성을 바꾸어 재컴파일할 필요 없이 설정/개발자 옵션/GPU 랜더링 강제 실행 옵션을 선택한 후 다시 실행해 보면 된다. 일부는 제대로 출력되지만 일부는 이상 동작을 보인다.

이 책에서 작성하는 통합 예제는 응용 프로그램 수준에서 가속 기능을 사용하지 않는 것으로 설정되어 있다. 왜냐하면 예제는 어떻게 동작한다는 것을 보여주는 것이 주 임무이지 빠르게 실행하는 것이 중요하지 않기 때문이다. 통합 예제의 코드 중 일부를 다른 프로젝트에 적용했는데 원하는 출력이 나오지 않을 수도 있다. 이럴 경우는 가속 기능을 끄거나 아니면 가속 기능을 켠채로 사용할 수 있는 다른 대체 방법을 찾아야 한다.

22.2 변환

22.2.1 평행 이동

변환(Transformation)이란 그림이 출력되는 좌표 공간을 조작하는 기법이다. 안드로이드의 좌표계는 좌상단이 (0,0)이며 수평 방향은 오른쪽으로 증가하고 수직 방향은 아래쪽으로 증가한다. 이런 상식적인 좌표 공간에 변형을 가하면 여러 가지 기교를 부릴 수 있다. Canvas에는 여러 가지 변환 메서드가 제공되는데 쉬운 것부터 순서대로 구경해 보자.

```
void translate (float dx, float dy)
```

translate는 원점을 dx, dy로 이동시킨다. 이후 모든 출력 메서드의 좌표는 이동된 원점을 기준으로 한다. 변환에 의해 그리기 메서드로 전달되는 좌표를 해석하는 방법이 달라져 똑같은 출력문으로도 다른 결과가 나온다.

Translate

```
public void onDraw(Canvas canvas) {
    Paint Pnt = new Paint();
    Pnt.setAntiAlias(true);

    Pnt.setColor(Color.YELLOW);
    canvas.drawRect(10,10,100,100,Pnt);

    Pnt.setColor(Color.GREEN);
    canvas.translate(200,0);
    canvas.drawRect(10,10,100,100,Pnt);

    Pnt.setColor(Color.BLUE);
    canvas.translate(0,200);
    canvas.drawRect(10,10,100,100,Pnt);
}
```

(10, 10)에서 시작하여 (100, 100)까지 걸치는 사각형을 여러 번 그렸다. 똑같은 좌표에 사각형을 반복해서 그렸지만 변환을 적용했으므로 위치가 달라진다. 각 사각형은 구분을 위해 색상도 서로 다르게 출력했다.

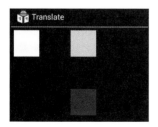

좌상단의 노란색 사각형은 변환을 전혀 하지 않은 상태로 출력한 것인데 지정한 좌표에 아주 정직하게 출력된다. 오른쪽의 초록색 사각형은 수평으로 200만큼 이동하여 출력한 것이다. 이후부터 모든 출력 메서드의 수평 좌표에 200만큼 더해진다. 따라서 (10, 10) – (100, 100)에 의해 실제 출력되는 좌표는 (210, 10) – (300, 100)이 된다. 초록색 사각형은 drawRect로 전달한 인수가 노란색 사각형과 같지만 더 오른쪽에 출력되었다.

이 상태에서 다시 수직으로 200만큼 더 이동했다. 변환은 누적적으로 적용되며 앞서 지정한 변환에 추가된다. 앞에서 수평으로 200만큼 이동했고 다시 수직으로 200만큼 이동했으므로 원점은 (200, 200)이 되며 이 상태에서 (10, 10)에 출력하면 (210, 210) 좌표에 출력된다. 파란색 사각형이 여기에 출력되었다.

평행 이동은 원점을 이동하는 아주 단순한 방법이지만 잘 응용하면 긴 코드를 아주 짧게 줄일 수 있다. 여러 개의 문자열을 일정한 간격으로 출력하고 싶다면 다음과 같이 한다. 척 보면 감이 딱 올 것이다.

Translate2

```
public void onDraw(Canvas canvas) {
    Paint Pnt = new Paint();
    Pnt.setAntiAlias(true);
    Pnt.setTextSize(30);

    Pnt.setColor(Color.WHITE);
    String[] arStr = { "One", "Two", "Three", "Four", "Five", "Six" };

    for (String s : arStr) {
        canvas.drawText(s, 10, 30, Pnt);
        canvas.translate(0,40);
    }
}
```

문자열을 바꿔가며 똑같은 (10, 30) 좌표에 출력하되 문자열 하나를 출력할 때마다 40만큼 원점을 아래로 이동시킴으로 다음 문자열이 40픽셀 아래쪽에 출력된다. 루프를 돌 때마다 변환이 계속 누적되므로 위, 아래 문자열은 계속 40픽셀만큼의 간격을 유지한다.

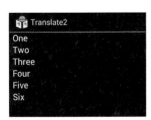

이 정도 출력은 굳이 변환을 쓰지 않더라도 직접 암산해서 좌표를 지정할 수도 있고 루프를 돌며 좌표에 일정값을 곱해 출력할 수도 있다. 그러나 변환을 사용하면 별도의 루프 조작 변수를 쓸 필요가 없으며 문자열 개수가 가변적이어도 무관하다. 또한 간격을 일괄 조정할 때 변환의 정도를 변경하면 되므로 편리하다.

변환 적용은 항상 누적된다. 오른쪽으로 50만큼 간 후 다시 오른쪽으로 60만큼 가면 총 110만큼 오른쪽으로 가는 것이다. 만약 원점으로 되돌린 후 다시 이동하려면 왼쪽으로 50만큼 역이동한 후 60만큼 가거나, 아니면 그 차를 계산한 10만큼 이동해야 한다. 평행 이동만이라면 이런 역변환이 어렵지 않지만 여러 가지 변환을 섞어서 사용하면 원래대로 돌아가기 쉽지 않다. 이럴 때는 다음 두 메서드를 활용한다.

```
int save ([int saveFlags])
void restore ()
void restoreToCount (int saveCount)
```

save 메서드는 캔버스에 적용된 변환과 클리핑 정보를 스택에 보관하며 restore는 저장된 설정 상태를 다시 복구한다. save를 호출하여 저장해 놓고 캔버스 상태를 마음대로 변경한 후 restore를 호출하면 변경전의 상태로 쉽게 돌아갈 수 있다. save할 때 어떤 정보를 저장할 것인지 플래그를 지정할 수 있으며 저장된 결과가 정수 식별자로 리턴된다.

restore는 최후 저장한 상태로 돌아가는 것이고 restoreToCount는 지정한 식별자 상태로 여러 단계를 건너 뛰어 돌아가는 것이다. 이 두 메서드를 활용하면 누적된 변환을 원점으로 돌리고 디폴트 상태에서 새로운 변환을 지정할 수 있다. 다음 코드는 최초의 사각형 그리기 예제와 같되 변환을 하기 전에 원래 상태를 저장해 두었다가 원점으로 돌아온 후 다시 변환한다는 점이 다르다.

SaveCanvas

```
public void onDraw(Canvas canvas) {
    Paint Pnt = new Paint();
    Pnt.setAntiAlias(true);

    Pnt.setColor(Color.YELLOW);
    canvas.drawRect(10,10,100,100,Pnt);

    Pnt.setColor(Color.GREEN);
    canvas.save();
    canvas.translate(200,0);
```

```
        canvas.drawRect(10,10,100,100,Pnt);

        Pnt.setColor(Color.BLUE);
        canvas.restore();
        canvas.translate(200,200);
        canvas.drawRect(10,10,100,100,Pnt);
    }
```

restore 후에 원점이 (0,0)으로 가 있으므로 원하는 거리를 지정해야 한다. 제일 아래쪽의 파란색
사각형은 원점에서 (200, 200) 만큼 이동해야 원래 예제처럼 출력된다. 다음 메서드는 좌표 공간을
기울인다.

void skew (float sx, float sy)

인수로 수평, 수직 방향으로 얼마만큼 기울일 것인지 지정한다. 실수 타입이므로 미세한 기울임까지
지정할 수 있으며 음수도 물론 가능하다. 기울임 값이 좌표에 곱해지며 값이 클수록 기울임의 정도
가 심해진다. 다음 예제는 4개의 사각형을 출력하되 기울임의 정도를 점점 증가시킨다.

Skew

```
public void onDraw(Canvas canvas) {
    Paint Pnt = new Paint();
    Pnt.setAntiAlias(true);

    Pnt.setColor(Color.YELLOW);
    canvas.drawRect(10,10,100,100,Pnt);

    canvas.skew(-0.1f,0);
    canvas.translate(120,0);
    canvas.drawRect(10,10,100,100,Pnt);

    canvas.skew(-0.1f,0);
    canvas.translate(120,0);
    canvas.drawRect(10,10,100,100,Pnt);

    canvas.skew(-0.1f,0);
    canvas.translate(120,0);
    canvas.drawRect(10,10,100,100,Pnt);
    }
```

똑같은 좌표에 사각형을 출력하되 사각형을 출력할 때마다 −0.1만큼 수평 좌표를 기울였다. 같은 좌표에 출력하면 겹쳐 보이므로 출력할 때마다 원점을 120픽셀 오른쪽으로 이동하여 한 화면에 기울기가 다른 4개의 사각형을 그렸다.

첫 번째 사각형은 별 지정이 없으므로 네모 반듯하게 그려졌다. 두 번째 사각형은 −0.1만큼 수평 좌표를 기울였으며 따라서 모든 X 좌표가 10%만큼 작게 평가된다. 우하단점의 좌표가 (100, 100)인데 Y 좌표는 그대로 100이지만 X 좌표가 90으로 평가되므로 아래변이 왼쪽으로 살짝 기운다. 중간 지점의 좌표도 X의 비율만큼 같이 작아진다. 이후의 사각형은 −0.1만큼 계속 누적된 채로 기울어지므로 점점 더 기울어진다.

22.2.2 확대

다음 메서드는 좌표에 일정 배율을 곱해 확대, 축소한다. 덧셈은 평행 이동하지만 곱셈을 하면 크기가 바뀐다.

```
void scale (float sx, float sy [, float px, float py])
```

sx, sy가 확대 배율이며 모든 좌표에 이 값이 곱해진다. 배율이 1보다 크면 확대되고 1보다 작으면 축소된다. px, py는 확대의 중심점인데 생략할 때 (0,0)이 적용되어 원점을 기준으로 확대된다. 다음 예제는 색상과 확대 배율을 바꿔 가며 여러 개의 사각형을 그린다.

Scale

```
public void onDraw(Canvas canvas) {
    Paint Pnt = new Paint();
    Pnt.setAntiAlias(true);

    Pnt.setColor(Color.YELLOW);
    canvas.drawRect(50,50,150,150,Pnt);

    Pnt.setColor(Color.GREEN);
    canvas.save();
```

```
        canvas.scale(1.5f,1.5f);
        canvas.drawRect(50,50,150,150,Pnt);

        Pnt.setColor(Color.BLUE);
        canvas.restore();
        canvas.save();
        canvas.scale(0.5f,0.5f);
        canvas.drawRect(50,50,150,150,Pnt);

        Pnt.setColor(Color.RED);
        canvas.restore();
        canvas.scale(0.5f,0.5f,100,100);
        canvas.drawRect(50,50,150,150,Pnt);
    }
```

사각형이 포개져 있어 출력 순서가 얼른 눈에 들어오지 않는데 소스의 색상 지정문을 보면 노란색, 초록색, 파란색, 빨간색순으로 출력했음을 알 수 있다. 각 사각형을 출력하는 drawRect문의 좌표는 모두 같지만 변환에 의해 크기가 달라진다. 흑백의 지면에서 색상이 잘 구분되지 않아 옆에 출력 순서를 따로 그려 두었다.

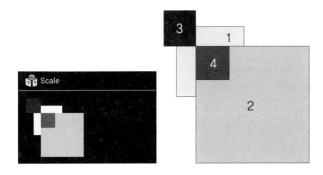

노란색 사각형은 변환을 지정하기 전에 출력했으므로 drawRect 메서드의 인수가 지정한 (50, 50) 좌표에 출력되며 폭과 높이도 모두 100이다. 초록색 사각형은 수평, 수직 모두 1.5배만큼 확대했다. 50은 75가 되고, 150은 225가 되어 노란색보다 아래쪽에 더 크게 출력된다. 크기만 확대되는 것이 아니라 시작 위치도 같이 확대된다.

파란색 사각형은 0.5만큼 확대했는데 0.5는 곧 절반으로 축소한다는 뜻이다. 그래서 파란색은 노란색 사각형보다 시작 위치가 더 앞쪽(25, 25)이며 크기도 작다. 만약 노란색의 중앙에 정확하게 절반이 되는 크기로 축소하고 싶으면 노란색의 중앙 지점을 중심으로 지정하여 절반으로 축소해야 한다. 빨간색 사각형은 노란색의 절반 크기이면서 확대의 중심점을 노란색의 중심으로 지정함으로써 시작 위치도 노란색의 중앙에 맞추었다.

여러 가지 변환을 동시에 적용할 수도 있다. 단일 변환은 상식적으로 쉽게 이해되지만 복합 변환은 여러 개의 수식이 같이 적용되어 결과를 얼른 예측하기 어렵다. 여러 가지 변환을 적용할 때는 순서에 따라 다른 결과가 나오기도 하므로 주의해야 한다.

TransOrder

```java
public void onDraw(Canvas canvas) {
    Paint Pnt = new Paint();
    Pnt.setAntiAlias(true);

    Pnt.setColor(Color.YELLOW);
    canvas.drawRect(0,0,50,50,Pnt);

    canvas.save();
    Pnt.setColor(Color.GREEN);
    canvas.translate(100,100);
    canvas.scale(2, 2);
    canvas.drawRect(0,0,50,50,Pnt);

    canvas.restore();
    Pnt.setColor(Color.BLUE);
    canvas.scale(2, 2);
    canvas.translate(100,100);
    canvas.drawRect(0,0,50,50,Pnt);
}
```

변환하기 전에 (0,0)에서 (50,50)까지 노란색 사각형을 먼저 출력했다. 그리고 2배 확대 및 100만큼 평행 이동을 적용하여 두 개의 사각형을 더 출력했다. 똑같은 변환이지만 순서가 다르기 때문에 출력되는 위치와 크기가 다르다.

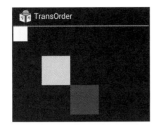

중간의 초록색 사각형은 (100, 100) - (200, 200) 사이에 출력되어 있다. 코드에서는 translate 를 먼저 호출하고 scale을 나중에 호출했는데 변환은 나중에 호출한 것이 먼저 적용되므로 이 사각 형은 확대 후 평행 이동된다. 파란색 사각형은 (200, 200) - (300, 300) 사이에 출력되어 있는데 초록색과는 달리 먼저 이동한 후 확대되었다.

두 사각형의 크기는 같지만 변환 순서에 따라 출력 좌표가 다르다. 이동 후 확대와 확대 후 이동의 결과가 같지 않다는 것은 수학적으로 쉽게 설명할 수 있다. 이동은 덧셈이고 확대는 곱셈인데 노란 색의 우하단점 수평 좌표인 50이 변환에 의해 어떻게 바뀌는지 계산해 보자.

```
확대 후 이동(초록색) : 50×2 + 100 = 200
이동 후 확대(파란색) : (50 + 100)×2 = 300
```

덧셈보다 곱셈의 우선 순위가 더 높기 때문에 확대를 먼저 하느냐 이동을 먼저 하느냐에 따라 결과 가 달라진다. 회전이나 기울이기 등의 변환도 마찬가지로 나중에 호출한 변환이 먼저 적용된다. 여 러 가지 변환을 동시에 적용할 때 원하는 결과를 만들려면 변환의 순서를 잘 결정해야 한다.

22.2.3 회전

회전은 좌표값에 sin, cos 삼각 함수를 적용하여 좌표 공간의 각도를 바꾸는 변환이다. 다음 메서드 로 회전 변환을 지정한다.

```
void rotate (float degrees [, float px, float py])
```

degree는 회전 각도를 지정하며 시계 방향으로 증가한다. px, py는 회전 중심점이되 생략시 (0, 0)이 중심점이 된다. 다음 예제는 회전 변환을 테스트한다.

```
public void onDraw(Canvas canvas) {
    Paint Pnt = new Paint();
    Pnt.setAntiAlias(true);

    Pnt.setColor(Color.YELLOW);
    canvas.drawRect(100,100,200,200,Pnt);

    Pnt.setColor(Color.GREEN);
    canvas.save();
    canvas.rotate(-30);
    canvas.drawRect(100,100,200,200,Pnt);

    Pnt.setColor(Color.BLUE);
    canvas.restore();
    canvas.rotate(30,150,150);
    canvas.drawRect(100,100,200,200,Pnt);
}
```

노란색 사각형은 회전 없이 출력한 원본이고 초록색과 파란색은 같은 좌표에 출력하되 회전을 적용한 것이다.

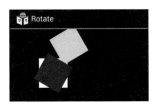

초록색은 시계 반대 방향으로 30도만큼 회전했다. 화면의 원점이 회전의 중심점으로 사용되므로 노란색과 상당히 떨어진 거리에 출력된다. 반면 파란색은 노란색의 중심 좌표를 기준으로 시계 방향으로 30도만큼 회전되었으므로 노란색 위에 각도만 기울어진 채로 겹쳐서 출력된다. 회전은 각도보다 중심을 어디에 두는가에 따라 결과가 많이 달라진다.

22.3 SurfaceView

22.3.1 서피스 뷰

일반 뷰는 캔버스에 그리기를 수행한다. 모든 그리기는 자동으로 더블 버퍼링되므로 깜박거림은 전혀 없다. 그러나 메인 스레드에서 그리므로 속도가 빠르지 못하며 그리기를 하는 동안에는 사용자의 입력을 받을 수 없어 반응성이 좋지 못하다. 게임처럼 화면 전환 속도가 빠르거나 지도처럼 그리기 연산이 복잡한 프로그램은 onDraw를 실행하는 동안 스레드가 잠시 멈춘 것처럼 보이며 일시적으로 입력에 반응하지 못한다.

그렇다고 해서 그리기 동작을 스레드로 분리할 수도 없다. 왜냐하면 메인이 아닌 스레드는 뷰나 캔버스를 직접적으로 건드리지 못하기 때문이다. 이런 여러 가지 문제점을 해결하는 장치가 바로 서피스 뷰이다. 복잡한 그리기를 수행하는 예제를 만들어 보고 문제점과 해결 방법을 연구해 보자. 코드의 길이가 다소 길고 복잡하다.

Reflection

```
// 볼 하나에 대한 정보
class Ball {
    int x, y;
    int rad;
    int dx, dy;
    int color;
    int count;

    // 새로운 볼 생성
    static Ball Create(int x, int y, int Rad) {
        Random Rnd = new Random();
        Ball NewBall = new Ball();

        NewBall.x = x;
        NewBall.y = y;
        NewBall.rad = Rad;
        do {
            NewBall.dx = Rnd.nextInt(11) - 5;
            NewBall.dy = Rnd.nextInt(11) - 5;
        } while (NewBall.dx == 0 || NewBall.dy == 0);

        NewBall.count = 0;
```

```
            NewBall.color = Color.rgb(Rnd.nextInt(256), Rnd.nextInt(256), Rnd.nextInt(256));

            return NewBall;
        }

        // 볼 이동
        void Move(int Width, int Height) {
            x += dx;
            y += dy;

            if (x < rad || x > Width - rad) {
                dx *= -1;
                count++;
            }
            if (y < rad || y > Height - rad) {
                dy *= -1;
                count++;
            }
        }

        // 그리기
        void Draw(Canvas canvas) {
            Paint pnt = new Paint();
            pnt.setAntiAlias(true);

            int r;
            int alpha;

            for (r = rad, alpha = 1; r > 4; r --, alpha += 5) {
                pnt.setColor(Color.argb(alpha, Color.red(color),
                        Color.green(color), Color.blue(color)));
                canvas.drawCircle(x, y, r, pnt);
            }
        }
    }
}

public class Reflection extends Activity {
    MyView vw;

    public void onCreate(Bundle savedInstanceState) {
        super.onCreate(savedInstanceState);
        vw = new MyView(this);
        setContentView(vw);
    }
```

```
}

class MyView extends View {
    Bitmap mBack;
    ArrayList<Ball> arBall = new ArrayList<Ball>();
    final static int DELAY = 50;
    final static int RAD = 24;

    public MyView(Context context) {
        super(context);
        mBack = BitmapFactory.decodeResource(context.getResources(), R.drawable.family);
        mHandler.sendEmptyMessageDelayed(0,DELAY);
    }

    // 새로운 볼 생성
    public boolean onTouchEvent(MotionEvent event) {
        if (event.getAction() == MotionEvent.ACTION_DOWN) {
            Ball NewBall = Ball.Create((int)event.getX(), (int)event.getY(), RAD);
            arBall.add(NewBall);
            invalidate();
            return true;
        }
        return false;
    }

    // 화면 그리기
    public void onDraw(Canvas canvas) {
        Rect dst = new Rect(0,0,getWidth(),getHeight());
        canvas.drawBitmap(mBack, null, dst, null);
        for (int idx = 0;idx < arBall.size(); idx++) {
            arBall.get(idx).Draw(canvas);
        }
    }

    // 볼 이동 및 화면 무효화
    Handler mHandler = new Handler() {
        public void handleMessage(Message msg) {
            Ball B;
            for (int idx = 0;idx < arBall.size(); idx++) {
                B = arBall.get(idx);
                B.Move(getWidth(), getHeight());
                if (B.count > 4) {
                    arBall.remove(idx);
                    idx--;
```

```
                }
            }

            invalidate();
            mHandler.sendEmptyMessageDelayed(0,DELAY);
        }
    };
}
```

이 예제는 화면 전체에 화려한 배경 이미지를 깔아 놓고 그 위에서 여러 개의 공을 이동시킨다. 뷰를 터치하면 무작위 색상으로 공을 생성하여 임의 방향으로 이동을 시작한다. 벽에 부딪힌 공은 반사되며 일정 회수 이상 반사된 공은 자동으로 사라진다. 화면을 터치하는 족족 공이 생성되므로 빠르게 터치하면 공이 여러 개 나타날 것이며 좌표 갱신을 위한 복잡한 연산도 수행해야 한다. 게임은 이 예제처럼 배경이 복잡하고 움직임이 많다.

공에 대한 모든 처리는 Ball 클래스에 구현되어 있다. Create는 새로운 공을 무작위 색상과 임의 방향으로 생성한다. 한 위치에서 왔다갔다하는 것을 방지하기 위해 수평이나 수직으로 이동하지는 않으며 반드시 대각선 방향으로만 이동한다. Move는 다음 위치로 공을 이동시키고 벽에 부딪칠 경우 반사시킨다. 좀 길어 보이지만 두 메서드의 코드는 아주 단순한 산수일 뿐이어서 읽어보면 쉽게 이해되는 수준이다.

Draw 메서드는 인수로 주어진 캔버스에 공을 그리는데 바깥쪽부터 알파를 점점 증가시켜 가며 동심원 여러 개를 그린다. 그래서 가장자리가 부드러운 모양의 원이 그려진다. 이런 그래디언트를 출력하려면 얼마든지 더 효율적인 방법이 있지만 그리는데 시간이 오래 걸리는 상황을 가정하기 위해 일부러 느린 코드를 사용했다. 실제 게임에서는 좌표 계산이 복잡하고 움직이는 물체가 워낙 많아 이보다 더 복잡한 코드가 사용된다.

Ball 클래스가 공에 대한 대부분의 처리를 하므로 뷰는 볼만 잘 관리하면 된다. 생성자에서 배경 비트맵을 미리 읽어 놓고 0.05초 간격의 타이머를 시작한다. onDraw는 배경 비트맵을 먼저 출력하고 그 위에 생성되어 있는 모든 공을 그린다. 터치 이벤트가 발생하면 터치한 위치에 새로운 공을 추가하고 화면을 무효화하여 다시 그린다. 새로 추가된 공은 사라질 때까지 계속 운동한다.

타이머는 생성된 모든 공을 이동시키며 5번 이상 반사된 공은 제거한다. 공을 새 위치에 그리기 위해 화면을 무효화하고 다시 0.05초 후에 타이머를 발생시킨다. 그리는 시간 때문에 약간의 오차가 발생하지만 대략 초당 20회씩 화면을 갱신하는 것이다. 실행해 보면 비교적 잘 돌아가며 공의 움직임도 부드러운 편이다. 그러나 공이 많아지면 눈에 띄게 느려지며 CPU 점유율도 급상승한다.

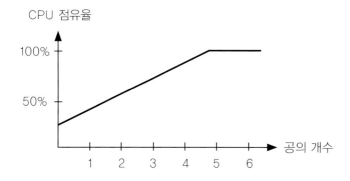

테스트 장비의 성능에 따라 달라지겠지만 에뮬레이터의 경우 배경만 그릴 때는 20%였다가 공이 생성되면 40%, 70%, 90%로 점유율이 올라가고 다섯 개 이상의 공이 있으면 CPU 점유율은 100%가 된다. 더 많은 공이 생성되면 실행은 되지만 공의 움직임이 눈에 띄게 둔화된다. 실장비는 에뮬레이터보다 빠르지만 공의 개수가 많아지면 느려지는 것은 어쩔 수 없다.

이유는 메인 스레드에서 그리기와 공의 이동, 터치 입력 등을 모두 처리하고 있기 때문이다. 그리기에서 시간을 너무 많이 쓰면 그동안은 블로킹되므로 사용자 터치 입력에 대한 반응성이 떨어진다. 해결책은 그리기 동작을 별도의 스레드로 분리하는 것이다. 화면이 주기적으로 바뀌므로 스레드가 미리 출력 준비를 해 놓을 수 있다.

그러나 위 예제의 구조로는 스레드로 그리기를 분리할 수 없다. 왜냐하면 주 스레드가 아닌 백그라운드 스레드에서 화면에 뭔가를 출력하는 것은 허용되지 않기 때문이다. 스레드는 계산이나 네트워크 입출력 같은 백그라운드 작업을 하는 것이지 사용자와 직접 인터페이스하지 않는다. 하나의 캔버스에 대고 두 스레드가 동시에 출력을 내 보내면 어떤 혼란이 발생할지 쉽게 추측 가능하며 그래서 운영체제는 스레드가 캔버스를 액세스하지 못하도록 금지한다.

이럴 때 SurfaceView를 사용한다. 일반 뷰는 캔버스를 가지지만 SurfaceView는 표면을 가진다. 표면(Surface)은 쉽게 말해 메모리에 있는 가상 화면이다. 어디까지나 메모리일 뿐이므로 스레드에서 미리 출력해 놓을 수 있으며 스레드가 표면에 그리는 동안 메인 스레드는 사용자의 입력을 즉시 처리할 수 있다. 표면은 메모리에 있을 뿐이지 화면과 구조가 같으므로 캔버스에 출력하는 것과 같은 방법으로 출력한다.

서피스를 사용하려면 SurfaceView를 상속받는 뷰 클래스를 만든다. 뷰를 만든다고 해서 표면이 바로 생성되는 것은 아니며 뷰가 윈도우 관리자에 등록되고 레이아웃을 완료하여 크기와 위치가 결정된 후에 생성된다. 스레드는 표면이 준비되었을 때만 그려야 하며 표면이 파괴되면 더 이상 그려서는 안 된다. 따라서 메인 스레드는 표면의 변화를 통지받고 스레드에게 그리기 허용 여부를 알려 주어야 하는데 이를 위해 SurfaceHolder.Callback 인터페이스의 다음 메서드를 구현한다.

> **void surfaceCreated (SurfaceHolder holder)**
> 표면이 처음 생성된 직후에 호출된다. 이 메서드가 호출된 이후부터 표면에 그리기가 허용된다. 단, 표면에는 한 스레드만 그리기를 수행할 수 있다. 메인 스레드가 이 콜백을 구현했다면 이 메서드가 호출되었을 때 그리기 스레드를 생성해야 한다.

> **void surfaceDestroyed(SurfaceHolder holder)**
> 표면이 파괴되기 직전에 호출된다. 이 메서드가 리턴된 후부터 표면이 유효하지 않으므로 더 이상 그리기를 해서는 안 된다. 스레드에게 그리기를 즉시 종료하도록 신호를 보내야 한다.

> **void surfaceChanged (SurfaceHolder holder, int format, int width, int height)**
> 표면의 색상이나 포맷이 변경되었을 때 호출된다. 최소한 한 번은 호출되므로 이 메서드로 전달된 인수를 통해 표면의 크기를 초기화한다.

이 메서드를 구현하는 별도의 객체를 생성할 수 있지만 번거로우므로 보통은 뷰에서 같이 구현하는 것이 편리하다. 그래서 SurfaceView를 사용하는 뷰 클래스의 선언문은 통상 다음과 같다.

```
class MyView extends SurfaceView implements SurfaceHolder.Callback
{
    ....
```

표면을 관리하는 주체는 SurfaceHolder 객체이다. 이 객체를 통해 표면의 크기나 색상 등을 관리하며 표면으로 출력을 내 보낸다. SurfaceView 파생 뷰는 다음 메서드로 홀드를 구한다.

SurfaceHolder SurfaceView.getHolder ()

홀더를 구한 후 제일 먼저 할 일은 표면의 변화를 통지받기 위한 콜백 객체를 등록하는 것이다. 다음 메서드로 콜백을 등록한다. 콜백 객체를 등록해 놓으면 시스템은 표면의 변화가 발생할 때마다 콜백의 메서드를 호출한다.

void SurfaceHolder.addCallback (SurfaceHolder.Callback callback)

SurfaceHolder.Callback 구현 객체를 인수로 전달하되 대개의 경우 뷰 자신이 콜백 객체를 겸하므로 addCallback(this)로 호출한다. 스레드에서 그리기를 수행할 때는 다음 두 메서드를 사용한다.

Canvas SurfaceHolder.lockCanvas ()
void SurfaceHolder.unlockCanvasAndPost (Canvas canvas)

lockCanvas는 표면을 잠그고 표면에 대한 캔버스를 제공한다. 이후 뷰에 그리듯이 모든 출력 메서드를 다 사용할 수 있으며 이때 출력은 화면으로 바로 나가지 않고 표면의 비트맵에 그려진다. 이전에 표면에 그려 놓은 그림은 따로 저장되지 않으므로 모든 픽셀을 다 채운 후 다시 그려야 한다. unlockCanvasAndPost 메서드는 표면 비트맵에 그려진 그림을 화면으로 내 보내며 비로소 사용자 눈에 출력된 내용이 보이게 된다.

스레드는 이 두 메서드 호출문 사이에서 그리기를 수행한다. SurfaceView 단독으로 그리는 것이 아니라 인터페이스까지 복잡하게 얽혀 있는데다 제대로 사용하려면 항상 스레드를 만들어야 하므로 얼른 감이 오지 않을 것이다. 위 예제를 서피스 뷰로 다시 만들어 보자. Ball 클래스는 앞 예제에서 구현한 것을 재사용한다.

```
public class Reflection2 extends Activity {
    SurfView vw;

    public void onCreate(Bundle savedInstanceState) {
        super.onCreate(savedInstanceState);
        vw = new SurfView(this);
        setContentView(vw);
    }
}

class SurfView extends SurfaceView implements SurfaceHolder.Callback {
    Bitmap mBack;
    ArrayList<Ball> arBall = new ArrayList<Ball>();
    final static int DELAY = 50;
    final static int RAD = 24;
    SurfaceHolder mHolder;
    DrawThread mThread;

    public SurfView(Context context) {
        super(context);
        mBack = BitmapFactory.decodeResource(context.getResources(), R.drawable.family);

        // 표면에 변화가 생길때의 이벤트를 처리할 콜백을 자신으로 지정한다.
        mHolder = getHolder();
        mHolder.addCallback(this);
    }

    // 표면이 생성될 때 그리기 스레드를 시작한다.
    public void surfaceCreated(SurfaceHolder holder) {
        mThread = new DrawThread(mHolder);
        mThread.start();
    }

    // 표면이 파괴될 때 그리기를 중지한다.
    public void surfaceDestroyed(SurfaceHolder holder) {
        mThread.bExit = true;
        for (;;) {
            try {
                mThread.join();
                break;
            }
            catch (Exception e) {;}
```

```
        }
    }

    // 표면의 크기가 바뀔 때 크기를 기록해 놓는다.
    public void surfaceChanged(SurfaceHolder holder, int format, int width, int height) {
        if (mThread != null) {
            mThread.SizeChange(width, height);
        }
    }

    // 새로운 볼 생성
    public boolean onTouchEvent(MotionEvent event) {
        if (event.getAction() == MotionEvent.ACTION_DOWN) {
            synchronized(mHolder) {
                Ball NewBall = Ball.Create((int)event.getX(), (int)event.getY(), RAD);
                arBall.add(NewBall);
            }
            return true;
        }
        return false;
    }

    class DrawThread extends Thread {
        boolean bExit;
        int mWidth, mHeight;
        SurfaceHolder mHolder;

        DrawThread(SurfaceHolder Holder) {
            mHolder = Holder;
            bExit = false;
        }

        public void SizeChange(int Width, int Height) {
            mWidth = Width;
            mHeight = Height;
        }

        // 스레드에서 그리기를 수행한다.
        public void run() {
            Canvas canvas;
            Ball B;

            while (bExit == false) {
                // 애니메이션 진행
```

```
                for (int idx = 0;idx < arBall.size(); idx++) {
                    B = arBall.get(idx);
                    B.Move(mWidth, mHeight);
                    if (B.count > 4) {
                        arBall.remove(idx);
                        idx--;
                    }
                }

                // 그리기
                synchronized(mHolder) {
                    canvas = mHolder.lockCanvas();
                    if (canvas == null) break;
                    canvas.drawColor(Color.BLACK);
                    Rect dst = new Rect(0,0,getWidth(),getHeight());
                    canvas.drawBitmap(mBack, null, dst, null);

                    for (int idx = 0;idx < arBall.size(); idx++) {
                        arBall.get(idx).Draw(canvas);
                        if (bExit) break;
                    }
                    mHolder.unlockCanvasAndPost(canvas);
                }

                try { Thread.sleep(SurfView.DELAY); } catch (Exception e) {;}
            }
        }
    }
}
```

SurfView는 SurfaceView로부터 상속받으며 콜백 인터페이스까지 같이 구현한다. 생성자에서 홀드의 addCallback 메서드를 호출하여 자신이 콜백을 구현함을 등록했다. 표면이 준비되면 관련 메서드가 호출되고 표면이 생성되면 surfaceCreated 메서드가 호출되는데 이후부터 그리기 가능하다. 이 시점에서 그리기 스레드를 생성하고 시작한다.

표면이 파괴되면 surfaceDestroyed 메서드가 호출되는데 이때 스레드를 종료하여 그리기를 즉시 중단한다. 외부에서 스레드를 강제로 종료할 수 없으므로 스레드 종료 플래그인 bExit에 true를 대입하여 종료 신호를 보내며 스레드가 완전히 종료할 때까지 대기한다. 표면의 크기가 바뀌면 surfaceChanged 메서드가 호출되며 이때 인수로 전달된 width와 height를 스레드에 전달하여 그릴 영역을 알려 준다.

콜백 메서드를 구현하는 것 외에 SurfView가 하는 것은 사용자의 터치 입력을 받아 arBall에 공을 하나 더 추가하는 것뿐이다. 나머지는 모두 그리기 스레드에서 처리한다. DrawThread는 생성자로 표면을 관리하는 홀더를 전달받으며 홀더를 통해 그리기를 할 캔버스를 얻는다. 스레드를 내부 클래스로 정의했으므로 arBall, mBack 등 그리기에 필요한 나머지 정보는 외부 객체의 멤버를 바로 참조하면 된다.

SizeChange 메서드는 표면에 변화가 있을 때 호출되는데 표면의 크기를 초기화하는 역할을 한다. 이후 표면의 변화에 대해서도 호출되며 이때마다 그리기에 필요한 동작을 한다. 예를 들어 화면이 가로로 회전되었다면 여기서 가로 크기에 맞는 비트맵으로 바꿔 치기할 수 있다. run 메서드는 0.05초에 한 번씩 애니메이션을 진행하고 표면에 배경 비트맵과 Ball을 그린다. 이 예제는 비트맵으로 화면을 가득 채우지만 그렇지 않은 경우를 고려하여 검은색으로 캔버스 전체를 다 지웠다.

애니메이션 한 동작을 진행한 후 unlockCanvasAndPost 메서드로 무효화하면 서피스에 그려 놓은 그림이 비로소 화면에 출력된다. 그리기를 하는 중간 중간에 bExit가 true가 아닌지 항상 감시해야 하며 이 값이 true가 되면 즉시 스레드를 종료하여 더 이상 표면을 건드리지 않는다. 전체를 while 루프로 감싸고 공 하나를 그릴 때마다 bExit를 한 번 더 점검하는데 신호를 받았을 때 최대한 신속하게 종료하기 위해서이다.

실행 결과는 앞 예제와 같지만 속도는 훨씬 더 빠르다. CPU 점유율도 낮아서 공 20개 정도를 생성해야 100%가 된다. 또 다른 차이점은 작업 스레드가 그리기를 수행하므로 메인 스레드는 터치 입력을 즉시 처리할 수 있어 반응성이 훨씬 더 좋다는 점이다. 이 예제에서는 한 프레임을 그리는 시간이 0.05초밖에 되지 않아 실감하기 어렵지만 작업 관리자로 확인해 보면 확실히 차이가 있음을 알 수 있다.

그리기 속도 외에도 서피스 뷰는 오버레이 처리가 쉬운 장점이 있다. 서피스 뷰는 일반 뷰보다 Z 순서가 항상 더 아래쪽이어서 서피스 뷰 위쪽에 다른 뷰를 겹쳐 놓아도 가려지지 않고 잘 보인다. 뿐만 아니라 알파 블렌딩까지도 훌륭하게 처리하므로 위쪽의 뷰가 반투명해도 부드럽게 처리된다. 이 기능을 잘 활용하면 서피스 뷰에 동영상을 출력하면서 위쪽에 자막 뷰를 둔다거나 지도 위에 세부 정보를 보기 좋게 출력할 수 있다.

22.3.2 그리기 최적화

모바일 장비에서 그리기 속도는 굉장히 중요하다. 간단한 도형 정도라면 순식간에 그릴 수 있지만 화면이 아주 복잡하다면 그리기를 얼마나 효율적으로 하는가에 따라 전체적인 성능이 결정되며 반응성도 영향을 받는다. 뿐만 아니라 불필요한 그리기를 최대한 자제하면 배터리 효율도 향상시킬 수 있다. 데스크톱 환경과 마찬가지로 빠른 그리기는 모든 프로그램이 신경써야 할 중요한 주제이다.

안드로이드의 출력 엔진은 그리기 최적화를 위한 많은 장치를 제공하므로 이런 장치를 최대한 활용해야 한다. 다음 예제는 복잡한 그리기를 하며 화면 갱신이 잦은 프로그램의 전형적인 예이다. CAD 나 지도 프로그램쯤 되는데 간단한 응용 프로그램이라도 약간의 장식이 들어가면 이 정도 복잡성은 얼마든지 가질수 있다. 이 실습을 통해 단계별로 문제를 확인해 보고 조금이라도 성능을 향상시킬 수 있는 방법을 모색해 보자.

ReDraw1

```java
public class ReDraw1 extends Activity {
    public void onCreate(Bundle savedInstanceState) {
        super.onCreate(savedInstanceState);
        setContentView(new MyView(this));
    }

    class MyView extends View {
        ArrayList<Vertex> Picture;
        public MyView(Context context) {
            super(context);
            Picture = new ArrayList<Vertex>();
        }

        public void onDraw(Canvas canvas) {
            Paint Pnt = new Paint();

            // 배경 그림
            LinearGradient lshader = new LinearGradient(0,0,480,0,
                    Color.DKGRAY, Color.LTGRAY, TileMode.REPEAT);
            Pnt.setShader(lshader);
            canvas.drawRect(0,0,getWidth(),getHeight(),Pnt);
            Pnt.setShader(null);

            // 배경 도형 그림
            Pnt.setStyle(Paint.Style.STROKE);
```

```
            Pnt.setStrokeWidth(2);
            Pnt.setColor(0x80ff0000);
            for (int x = 0; x < 7 ; x++) {
                for (int y = 0; y < 7 ; y++) {
                    Path path = new Path();
                    path.moveTo(x*70, y*70);
                    for (int dis = 32; dis > 1; dis--) {
                        switch (dis % 4) {
                        case 0:path.rLineTo(dis*2, 0);break;
                        case 3:path.rLineTo(0, dis*2);break;
                        case 2:path.rLineTo(-dis*2, 0);break;
                        case 1:path.rLineTo(0, -dis*2);break;
                        }
                    }
                    canvas.drawPath(path, Pnt);
                }
            }

            // 전경 도형 그림
            Pnt.setColor(Color.BLACK);
            Pnt.setStrokeWidth(3);
            Pnt.setAntiAlias(true);
            for (int i=0;i<Picture.size();i++) {
                if (Picture.get(i).draw) {
                    canvas.drawLine(Picture.get(i-1).x, Picture.get(i-1).y,
                            Picture.get(i).x, Picture.get(i).y, Pnt);
                }
            }
        }

    public boolean onTouchEvent(MotionEvent event) {
        if (event.getAction() == MotionEvent.ACTION_DOWN) {
            Picture.add(new Vertex(event.getX(), event.getY(), false));
            return true;
        }
        if (event.getAction() == MotionEvent.ACTION_MOVE) {
            Picture.add(new Vertex(event.getX(), event.getY(), true));
            invalidate();
            return true;
        }
        return false;
    }
}
```

```
public class Vertex {
    Vertex(float ax, float ay, boolean ad) {
        x = ax;
        y = ay;
        draw = ad;
    }
    float x;
    float y;
    boolean draw;
}
}
```

화면 터치 입력을 받아 자유 곡선을 그린다는 점에서 앞에서 실습했던 FreeLine 예제와 기능상 유사하지만 배경에 복잡한 그림이 깔려 있다는 점이 다르다. 제일 아래쪽에는 그래디언트 셰이더가 깔려 있고 그 위에 나선형의 직선 패스로 구성된 도형 49개가 배치되어 있다. 의도적으로 복잡하게 만들었지만 그렇다고 결코 과장한 것은 아니다. 지도 프로그램이라면 DB에서 읽은 산이나 강 같은 지형지물에 해당되는데 실제 예에서는 이보다 훨씬 더 복잡하고 양도 많으며 각 도형의 모양도 제각각이다.

이런 복잡한 배경을 가지고 그 위에 터치로 입력받은 곡선을 그려야 한다. 이때 배경을 유지한 채로 새로 추가되는 선을 최대한 빨리 그리는 것이 기술이다. 배경이 지워진다거나 깜박거려서는 안 되며 사용자의 터치 속도를 무난히 소화할 수 있어야 한다. 속도가 느리면 이벤트를 처리하는 주기가 길어져 선이 뚝뚝 끊어져 보이고 반응성도 좋지 않다. 예제를 실행한 후 빠른 속도로 화면을 드래그해 보자.

나선형의 원을 그렸는데 터치한 대로 그려지지만 보다시피 곡선이 부드럽지 않고 중간 중간에 각진 직선이 보인다. 이런 현상이 일어나는 이유는 그리기 속도가 느려 사용자의 입력을 신속하게 처리하지 못하기 때문이다. 선이 더 늘어날수록 증세가 점점 더 심해지는데 나중에는 아예 사용자의 터치를 따라 오지 못하는 지경이다. 이 문제를 해결하는 다양한 방법을 연구해 보자.

위 예제의 가장 큰 문제는 그리기에 필요한 배경이나 도형을 onDraw에서 모두 생성한다는 점이다. 터치할 때마다 화면을 다시 그리므로 onDraw는 호출 횟수가 굉장히 잦은데 너무 많은 부담을 주고 있다. 이렇게 하면 그리기 속도뿐만 아니라 객체가 계속 생성되었다가 버려지므로 메모리 사용량에도 부정적인 영향을 미친다. 미리 만들어둘 수 있는 객체는 가급적이면 onDraw 바깥에서 준비해 두고 onDraw에서는 준비된 객체를 사용하는 것이 좋다. 코드를 다음과 같이 수정한다.

ReDraw2

```
public class ReDraw2 extends Activity {
    public void onCreate(Bundle savedInstanceState) {
        super.onCreate(savedInstanceState);
        setContentView(new MyView(this));
    }

    class MyView extends View {
        ArrayList<Vertex> Picture;
        Paint mPntBack;
        Paint mPntPath;
        Paint mPntFore;
        Path[][] arPath;

        public MyView(Context context) {
            super(context);
            Picture = new ArrayList<Vertex>();

            mPntBack = new Paint();
            LinearGradient lshader = new LinearGradient(0,0,480,0,
                    Color.DKGRAY, Color.LTGRAY, TileMode.REPEAT);
            mPntBack.setShader(lshader);

            mPntPath = new Paint();
            mPntPath.setStyle(Paint.Style.STROKE);
            mPntPath.setStrokeWidth(2);
            mPntPath.setColor(0x80ff0000);
```

```
        mPntFore = new Paint();
        mPntFore.setColor(Color.BLACK);
        mPntFore.setStrokeWidth(3);
        mPntFore.setAntiAlias(true);

        arPath = new Path[7][7];
        for (int x = 0; x < 7 ; x++) {
            for (int y = 0; y < 7 ; y++) {
                arPath[x][y] = new Path();
                arPath[x][y].moveTo(x*70, y*70);
                for (int dis = 32; dis > 1; dis--) {
                    switch (dis % 4) {
                    case 0:arPath[x][y].rLineTo(dis*2, 0);break;
                    case 3:arPath[x][y].rLineTo(0, dis*2);break;
                    case 2:arPath[x][y].rLineTo(-dis*2, 0);break;
                    case 1:arPath[x][y].rLineTo(0, -dis*2);break;
                    }
                }
            }
        }
    }

    public void onDraw(Canvas canvas) {
        // 배경 그림
        canvas.drawRect(0,0,getWidth(),getHeight(),mPntBack);

        // 배경 도형 그림
        for (int x = 0; x < 7 ; x++) {
            for (int y = 0; y < 7 ; y++) {
                canvas.drawPath(arPath[x][y], mPntPath);
            }
        }

        // 전경 도형 그림
        for (int i=0;i<Picture.size();i++) {
            if (Picture.get(i).draw) {
                canvas.drawLine(Picture.get(i-1).x, Picture.get(i-1).y,
                        Picture.get(i).x, Picture.get(i).y, mPntFore);
            }
        }
    }

    public boolean onTouchEvent(MotionEvent event) {
        if (event.getAction() == MotionEvent.ACTION_DOWN) {
```

```
                    Picture.add(new Vertex(event.getX(), event.getY(), false));
                    return true;
                }
                if (event.getAction() == MotionEvent.ACTION_MOVE) {
                    Picture.add(new Vertex(event.getX(), event.getY(), true));
                    invalidate();
                    return true;
                }
                return false;
            }
        }

    public class Vertex {
        Vertex(float ax, float ay, boolean ad) {
            x = ax;
            y = ay;
            draw = ad;
        }
        float x;
        float y;
        boolean draw;
    }
}
```

그리기에 사용할 Paint 객체를 뷰의 멤버로 선언하고 생성자에서 미리 생성해 놓는다. 그리는 도형마다 속성이 다르므로 필요한 속성의 종류만큼 Paint 객체가 필요하다. 배경 그래디언트를 생성하여 설정해 놓고 색상, 스타일, 굵기 등도 미리 설정해 두었다. 실행중에 무늬가 바뀌는 것도 아니므로 매번 다시 생성할 필요가 없으며 한 번 생성해 놓고 계속 사용한다. 마찬가지로 패스도 미리 생성해 놓는다. 패스의 개수가 많으므로 2차 배열을 구성하고 배열에 패스를 모두 생성해 두었다.

onDraw에 있던 코드가 대거 생성자로 이동되었으며 이 코드는 딱 한 번만 실행된다. onDraw에서는 생성해 놓은 객체를 사용하기만 한다. onDraw의 길이가 짧아졌을 뿐만 아니라 출력 이외의 동작이 외부로 빠짐으로 인해 그리는 속도도 더 빨라질 것이다. 객체를 매번 생성했다가 제거하지 않아도 되므로 가비지 컬렉터에도 부담이 덜 가며 시스템 전체적인 속도나 메모리 사용량도 같이 개선된다. onDraw의 원래 임무는 그리기이므로 그 외의 동작은 신경쓰지 않도록 하는 것이 원칙이다.

예비 동작을 미리 취해 놓는 것은 빠른 그리기의 가장 기본에 해당한다. 딱 한 번만 하면 될 것을 매 그리기마다 불필요하게 반복할 필요는 없다. 설사 그리기 속도가 중요하지 않더라도 이 방법대로 미리 준비하는 것이 원론적이다. 그러나 막상 실행해 보면 앞 예제와 별 차이를 느낄 수 없는데 이 예제는 준비 시간이 그리는 시간에 비해 비율상 얼마 안 되기 때문이다. DB에서 패스를 읽는다거나 네트워크에서 받아야 하는 경우에는 엄청난 차이가 발생한다.

다음 단계는 클리핑 영역을 최소화하여 그리는 영역을 최소화하는 것이다. 현재 구조로는 선 하나만 추가되어도 invalidate를 호출하여 매번 전체 화면을 다시 그리므로 낭비가 심하다. 아래쪽에 선을 그었는데 위쪽 화면까지 그릴 필요는 없다. 꼭 그려야 할 필요가 있는 부분만 무효화하면 나머지는 다시 그리지 않으므로 속도가 극적으로 향상된다. onDraw와 onTouchEvent를 다음과 같이 수정한다.

ReDraw3

```
....
        public void onDraw(Canvas canvas) {
            Rect clip = canvas.getClipBounds();
            canvas.drawRect(0,0,getWidth(),getHeight(),mPntBack);

            // 클리핑 영역 안쪽만 그린다.
            Rect rtPath = new Rect();
            for (int x = 0; x < 7 ; x++) {
                for (int y = 0; y < 7 ; y++) {
                    rtPath.set(x * 70, y * 70, x * 70 + 64, y * 70 + 64);
                    if (Rect.intersects(clip, rtPath)) {
                        canvas.drawPath(arPath[x][y], mPntPath);
                    }
                }
            }

            for (int i=0;i<Picture.size();i++) {
                if (Picture.get(i).draw) {
                    if (Rect.intersects(clip, GetLineRect(i))) {
                        canvas.drawLine(Picture.get(i-1).x, Picture.get(i-1).y,
                                Picture.get(i).x, Picture.get(i).y, mPntFore);
                    }
                }
            }
        }

        public boolean onTouchEvent(MotionEvent event) {
            if (event.getAction() == MotionEvent.ACTION_DOWN) {
```

```
                Picture.add(new Vertex(event.getX(), event.getY(), false));
                return true;
            }
            if (event.getAction() == MotionEvent.ACTION_MOVE) {
                Picture.add(new Vertex(event.getX(), event.getY(), true));
                Rect rect = GetLineRect(Picture.size()-1);
                invalidate(rect);
                return true;
            }
            return false;
        }

        // idx번째 선분의 사각영역 구함.
        Rect GetLineRect(int idx) {
            Rect rect = new Rect();
            Vertex prev = Picture.get(idx-1);
            Vertex now = Picture.get(idx);
            rect.set((int)Math.min(now.x, prev.x)-2, (int)Math.min(now.y, prev.y)-2,
                    (int)Math.max(now.x, prev.x)+3, (int)Math.max(now.y, prev.y)+3);
            return rect;
        }
    }
....
```

터치 입력을 받을 때 새로 입력된 선의 영역만 무효화했다. GetLineRect 메서드는 idx 번째 선이
속한 영역을 구하는데 idx-1 좌표와 idx 좌표를 잇는 선의 사각영역을 구해 리턴한다. ACTION_
DOWN이 먼저 일어나고 ACTION_MOVE가 발생하므로 GetLineRect가 호출될 때 배열에는
항상 2개 이상의 좌표가 존재한다. 따라서 idx는 항상 1 이상이며 idx-1이라는 첨자는 언제나 안전
하다. 영역을 구할 때 다음 두 가지를 더 고려한다.

① 선을 그은 방향에 상관없이 사각형을 정규화한다. left가 right보다는 항상 왼쪽이어야 하며 top은 항상 bottom
보다 더 위에 있어야 한다. 정규화를 위해 min, max 메서드로 작은 값을 left, top에 대입하고 큰 값을 right,
bottom에 대입했다.

② 정확한 좌표 영역만 계산하지 말고 약간 더 여유를 두어야 한다. 왜냐하면 선이 두꺼워 삐져 나가는 부분도 고려해
야 하기 때문이다. 선 두께가 3이고 양쪽으로 확장되므로 좌상단은 2만큼 빼고 우하단은 3만큼 더했다. 왜 우하단
이 1 더 큰가 하면 int 캐스팅에 의해 잘려 나가는 소수점도 고려해야 하기 때문이다.

GetLineRect는 idx 번째 선의 영역을 계산하여 리턴하며 터치 이벤트는 계산된 영역만 무효화한다. 방금 새로 그은 선이 속한 영역만 다시 그리도록 요청하는 것이다. invalidate 메서드의 인수로 무효 영역을 전달하면 onDraw로 전달되는 캔버스에 클리핑 영역으로 설정된다. 운영체제는 클리핑 영역의 바깥으로 나가는 모든 출력을 차단함으로써 불필요한 출력을 방지한다.

onDraw에서 도형을 그릴 때 각 도형이 클리핑 영역에 걸치는지 보고 조금이라도 클리핑 영역에 포함되어 있을 때만 그린다. 클리핑 영역은 canvas의 getClipBounds 메서드로 구한다. 클리핑 영역 바깥쪽이라면 변화가 없으므로 불필요하게 다시 그릴 필요가 없고 그리기를 위한 계산도 할 필요가 없다. 배경의 경우는 워낙 면적이 넓어 클리핑 영역에 항상 속하므로 이 점검을 하지 않았다.

패스는 영역을 구한 후 클리핑 영역과 교집합 영역이 있는지 점검한 후 그린다. 조금이라도 클리핑 영역에 걸쳐 있을 때만 패스를 다시 그리고 그 외의 경우는 무시한다. 사각형끼리의 교집합 영역은 intersects 메서드로 구한다. 선분도 마찬가지로 클리핑 영역에 조금이라도 걸쳐 있어야만 출력한다. 이전에 그려 놓은 선이 아무리 많더라도 방금 그린 선과 겹치지 않으면 다시 출력하지 않는다.

곡선을 그려 보면 이전 예제보다 훨씬 더 부드러워졌으며 반응성도 월등히 향상되었다. 새로 추가되는 선분을 그리는 속도가 빨라졌고 onDraw가 즉시 리턴하므로 연이어 입력되는 터치 이벤트를 무리없이 소화할 수 있기 때문이다. 물론 무효영역을 계산하는 데는 별도의 시간이 소모된다. 그러나 계산이 웬만큼 복잡하더라도 산수일 뿐이며 그리는 시간보다 훨씬 짧기 때문에 전체적으로는 이득이 된다.

이 예제에서 onDraw의 클리핑 영역 점검은 사실 꼭 필요치 않다. 왜냐하면 drawPath나 drawLine 메서드 내부에서 클리핑 영역 바깥이면 바로 리턴하도록 되어 있기 때문이다. 오히려 이 예제는 이중 점검을 함으로써 시간을 더 낭비하는 셈이다. 그러나 그리기 메서드 호출외에 그리기를 위한 계산 루틴이 같이 포함된다면 클리핑 영역 바깥의 불필요한 계산을 생략함으로써 속도를 높일 수 있다.

예를 들어 DB에서 읽은 정보를 출력한다면 클리핑 영역 바깥의 데이터에 대해서는 DB를 읽는 동작 자체가 불필요하다. 이 예제의 경우는 꼭 필요치 않지만 대개의 경우 계산 생략에 의한 성능 향상이 분명히 있으므로 이 기법도 잘 알아야 두어야 한다. 다음은 좀 다른 각도에서 최적화를 해 보자. 무효 영역을 최소화하지만 어쨌건간에 매 선분마다 다시 그리기를 한다. 추가되는 선분의 길이가 짧으므로 빈도를 좀 떨어뜨려도 상관없다.

ReDraw4

```
class MyView extends View {
    ....
    Rect mUnion = new Rect();
    int mPass = 0;
    long mLastInv = 0;
    ....
    public boolean onTouchEvent(MotionEvent event) {
        if (event.getAction() == MotionEvent.ACTION_DOWN) {
            Picture.add(new Vertex(event.getX(), event.getY(), false));
            return true;
        }
        if (event.getAction() == MotionEvent.ACTION_MOVE) {
            Picture.add(new Vertex(event.getX(), event.getY(), true));
            Rect rect = GetLineRect(Picture.size()-1);

            mUnion.union(rect);
            long Now = System.currentTimeMillis();
            if (mUnion.width() > 16 || mUnion.height() > 16
                    || Now - mLastInv > 200 || mPass >= 8) {
                invalidate(mUnion);
                mUnion.setEmpty();
                mLastInv = Now;
                mPass = 0;
            } else {
                mPass++;
```

```
            }
            return true;
        }
        if (event.getAction() == MotionEvent.ACTION_UP) {
            if (mUnion.isEmpty() == false) {
                invalidate(mUnion);
                mUnion.setEmpty();
                mLastInv = System.currentTimeMillis();
                mPass = 0;
            }
            return true;
        }
        return false;
    }
```

뷰에 세 개의 변수를 더 추가했다. mUnion은 무효영역을 수집하며 mPass는 건너뛴 횟수이고 mLastInv는 마지막으로 무효화한 시간이다. 터치가 움직일 때 이 셋을 점검해 보고 다음 세 가지 조건이 만족될 때만 그리기를 한다.

① 가로, 세로 방향으로 각각 16픽셀 이상 움직여야 한다. 너무 근거리를 움직였을 때는 변화의 정도가 약하므로 그리지 않는다.

② 최후로 그리기를 한 후 0.2초 이상 경과해야 한다. 짧은 거리를 움직였더라도 시간이 적당히 지났으면 즉시 그린다.

③ 건너 뛴 횟수가 8 미만이어야 한다. 너무 많이 건너뛰지 않도록 한다.

즉, 당장 그려야 될 양이 많지 않으면 모아 두었다가 한꺼번에 그린다는 작전이다. mUnion은 무효 영역의 합집합을 부지런히 수집한다. 짧은 시간에 짧은 거리를 움직였을 때는 당장 화면에 나타나지 않아도 사용자가 웬만해서는 눈치채기 어렵다. 그리기를 생략하는 만큼 터치 이벤트를 더 자주 받을 수 있어 곡선의 품질도 향상된다.

이 방식의 부작용은 덜 그린 것이 남아 있는 상태에서 ACTION_MOVE가 오지 않을 때 남은 것이 화면에 그려지지 않는다는 것인데 ACTION_UP에서 일괄으로 그림으로써 해결한다. 이 예제에서 사용하는 16픽셀, 0.2초, 8번 통과 등의 상수는 어디까지나 임의값이다. 프로그램의 상황에 따라 적당한 값을 찾아야 하며 셋 다 모두 적용할 필요는 없다. 이 기법은 다소 특수한 예라 일반적인 프로그램에 적용하기는 어렵다.

다음은 아예 질적으로 다른 방법을 찾아 보자. 터치에 의해 그려지는 선분 외에는 변화가 없다는 점을 이용하면 배경을 비트맵으로 미리 떠 놓고 비트맵을 대신 출력하는 방법을 쓸 수 있다. 그래디언트나 패스를 매번 그리는 것보다 딱 한 번 비트맵에 그려 놓고 통째로 출력하면 속도가 향상된다.

ReDraw5

```java
class MyView extends View {
    ....
    Bitmap mBack;
    ....
    public void onDraw(Canvas canvas) {
        if (mBack == null) {
            BuildBack();
        }
        canvas.drawBitmap(mBack,0,0,new Paint());

        for (int i=0;i<Picture.size();i++) {
            if (Picture.get(i).draw) {
                canvas.drawLine(Picture.get(i-1).x, Picture.get(i-1).y,
                        Picture.get(i).x, Picture.get(i).y, mPntFore);
            }
        }
    }

    void BuildBack() {
        mBack = Bitmap.createBitmap(getWidth(),getHeight(),Bitmap.Config.RGB_565);
        Canvas canvas = new Canvas(mBack);

        canvas.drawRect(0,0,getWidth(),getHeight(),mPntBack);

        for (int x = 0; x < 7 ; x++) {
            for (int y = 0; y < 7 ; y++) {
                canvas.drawPath(arPath[x][y], mPntPath);
            }
        }
    }
```

비트맵 하나를 멤버로 선언해 두고 BuildBack 메서드에서 비트맵에 배경을 미리 그려 놓는다. 메모리상의 비트맵에 배경 그래디언트를 깔아 놓고 패스도 출력해 놓았는데 어디까지나 메모리 내에서의 그리기이므로 사용자 눈에는 직접적으로 보이지 않는다. 이렇게 준비된 비트맵을 onDraw에

서 사용한다. onDraw는 비트맵이 없을 때 BuildBack을 호출하여 딱 한 번만 준비하고 이후부터는 drawBitmap으로 그리기만 한다.

비트맵은 전송량이 많지만 패스나 그래디언트처럼 연산이 많지는 않으므로 출력 속도가 더 빠르다. 비트맵 전송을 하드웨어가 처리하는 경우에는 감히 비교하지 못할 정도의 속도 차가 난다. 매번 바뀌는 선분은 이 비트맵 위에 그려진다. 배경을 그리는 속도는 가장 빠르지만 대신 메모리를 조금 더 소모한다. 배경이 아무리 복잡해도 한 번 그려 놓은 것을 재활용하는 것이므로 그리기 속도는 항상 일정하다.

그렇다면 가끔이라도 배경이 바뀌는 경우는 어떻게 할까? 예를 들어 지도의 경우 매번 같은 지형 지물이 표시되지만 스크롤이 발생하면 다른 위치로 배경을 옮겨야 한다. 이럴 때는 변경된 위치를 기준으로 비트맵을 새로 만든다. 자주 있는 일이 아니므로 비트맵 갱신 속도는 다소 느려도 상관없다. 매번 화면에 그리는 것이 아니라 배경이 바뀔 때만 그리므로 속도 향상에는 역시 도움이 된다.

이상으로 그리기를 최적화하는 일반적인 방법을 연구해 보았는데 어디까지나 원론적인 이론일 뿐이어서 모든 예제에 그대로 적용되지는 않는다. 때로는 특정 기법이 효과가 없는 경우도 있고 두 개 이상의 방법을 같이 조합할 때 효과가 극대화되기도 하며 정 방법이 없으면 스레드까지 동원해야 하는 경우도 있다. 프로그램의 자료 구조나 다시 그리기 주기에 따라 문제가 특수해지므로 개발자가 최적의 방법을 찾아야 한다. 이 실습에서 소개한 기법을 조합, 변형, 응용하여 실제 프로젝트에 꼭 맞는 최적화 기법을 연구해 보도록 하자.

22.3.3 OpenGL 소개

OpenGL은 마이크로소프트의 Direct3D와 함께 3D 그래픽 라이브러리의 양대 산맥이다. 실리콘 그래픽스(SGI)는 1980년대에 유닉스 워크스테이션용으로 IRIS GL이라는 그래픽 라이브러리를 제작했다. IRIS GL은 개인용 PC에는 적합하지 않았고 다양한 장비에 적용할 수 있는 이식성이 부족했다. 또한 특허 문제로 인해 범용적으로 사용하기 어려웠다.

그래서 100여 개의 회사들과 크로노스 컨소시엄(Khronos Group)을 구성하고 1992년에 개방형으로 정리한 것이 바로 OpenGL이다. 이름이 의미하는 바대로 오픈된 라이브러리이므로 별도의 비용이 들지 않으며 다양한 환경에 이식할 수 있어 활용성이 높다. CAD, 가상현실, 게임 등에 널리 활용되며 잘 알려진 퀘이크나 둠이 OpenGL로 작성된 게임의 대표적인 예이다.

OpenGL ES는 OpenGL을 임베디드 시스템(ES)에 맞게 간략화하여 만든 축소판이다. 잘 사용하지 않는 고급 기능을 제거하여 데스크톱에 비해 성능이 떨어지는 모바일 장비에 적합하게 경량화하였다. 더불어 다양한 네이티브 플랫폼에 두루 활용할 수 있도록 공통 인터페이스 역할을 하는 EGL을 개발하였다. 3차원 가속 기능이 없더라도 소프트웨어로 에뮬레이션 처리하여 어느 플랫폼에나 실행할 수 있다.

아이폰, 심비안 등의 모바일 운영체제 대부분에 이식되어 있으며 심지어 경쟁 업체인 마이크로소프트의 윈도우 모바일에도 이식되어 지금은 명실상부한 3D 그래픽의 표준이다. 안드로이드는 1.0부터 OpenGL ES를 지원했으며 1.5부터 많은 편의 기능을 도입하여 편의성을 개선했고 2.2부터는 OpenGL ES 2.0으로, 5.0부터 OpenGL ES 3.1로 업그레이드하였다. 주로 게임 제작용으로 사용되지만 일반 응용 프로그램도 화려한 화면을 구현하기 위해 종종 사용한다.

OpenGL로 어떤 프로그램을 만들 수 있는지 간단한 예제 하나를 작성하여 구경해 보자. 다음 예제는 구글이 공식 배포한 APIDemos의 3D 그래픽 예제를 간소하게 정리한 것이다. 도형의 개수를 줄이고 배경색을 검은색으로 변경하였으며 사소한 경고를 제거하여 읽기 쉽게 정리했다. OpenGL의 Hello World쯤 되는 예제라고 할 수 있다.

OpenGLTest

```
public class OpenGLTest extends Activity {
    GLSurfaceView mGLSurfaceView;
    public void onCreate(Bundle savedInstanceState) {
        super.onCreate(savedInstanceState);

        mGLSurfaceView = new GLSurfaceView(this);
        mGLSurfaceView.setRenderer(new CubeRenderer());
        setContentView(mGLSurfaceView);
    }

    protected void onResume() {
        super.onResume();
        mGLSurfaceView.onResume();
    }

    protected void onPause() {
        super.onPause();
        mGLSurfaceView.onPause();
    }
```

```
    }

class CubeRenderer implements GLSurfaceView.Renderer {
    public CubeRenderer() {
        mCube = new Cube();
    }

    public void onDrawFrame(GL10 gl) {
        gl.glClear(GL10.GL_COLOR_BUFFER_BIT | GL10.GL_DEPTH_BUFFER_BIT);

        gl.glMatrixMode(GL10.GL_MODELVIEW);
        gl.glLoadIdentity();
        gl.glTranslatef(0, 0, -3.0f);
        gl.glRotatef(mAngle,        0, 1, 0);
        gl.glRotatef(mAngle*0.25f,  1, 0, 0);

        gl.glEnableClientState(GL10.GL_VERTEX_ARRAY);
        gl.glEnableClientState(GL10.GL_COLOR_ARRAY);

        mCube.draw(gl);
        mAngle += 1.2f;
    }

    public void onSurfaceChanged(GL10 gl, int width, int height) {
        gl.glViewport(0, 0, width, height);

        float ratio = (float) width / height;
        gl.glMatrixMode(GL10.GL_PROJECTION);
        gl.glLoadIdentity();
        gl.glFrustumf(-ratio, ratio, -1, 1, 1, 10);
    }

    public void onSurfaceCreated(GL10 gl, javax.microedition.khronos.egl.EGLConfig config) {
        gl.glDisable(GL10.GL_DITHER);
        gl.glHint(GL10.GL_PERSPECTIVE_CORRECTION_HINT, GL10.GL_FASTEST);

        gl.glClearColor(0,0,0,1);
        gl.glEnable(GL10.GL_CULL_FACE);
        gl.glShadeModel(GL10.GL_SMOOTH);
        gl.glEnable(GL10.GL_DEPTH_TEST);
    }
    private Cube mCube;
    private float mAngle;
}
```

```
class Cube
{
    public Cube()
    {
        int one = 0x10000;
        int vertices[] = { -one, -one, -one,  one, -one, -one,
                            one,  one, -one,  -one,  one, -one,
                            -one, -one,  one,  one, -one,  one,
                            one,  one,  one,  -one,  one,  one,};
        int colors[] = {0,    0,    0,  one,    one,    0,    0,  one,
                        one,  one,    0,  one,      0,  one,    0,  one,
                        0,    0,  one,  one,      one,    0,  one,  one,
                        one,  one,  one,  one,      0,  one,  one,  one,};
        byte indices[] = { 0, 4, 5,    0, 5, 1,    1, 5, 6,    1, 6, 2,
                    2, 6, 7,    2, 7, 3,    3, 7, 4,    3, 4, 0,
                    4, 7, 6,    4, 6, 5,    3, 0, 1,    3, 1, 2 };

        ByteBuffer vbb = ByteBuffer.allocateDirect(vertices.length*4);
        vbb.order(ByteOrder.nativeOrder());
        mVertexBuffer = vbb.asIntBuffer();
        mVertexBuffer.put(vertices);
        mVertexBuffer.position(0);

        ByteBuffer cbb = ByteBuffer.allocateDirect(colors.length*4);
        cbb.order(ByteOrder.nativeOrder());
        mColorBuffer = cbb.asIntBuffer();
        mColorBuffer.put(colors);
        mColorBuffer.position(0);

        mIndexBuffer = ByteBuffer.allocateDirect(indices.length);
        mIndexBuffer.put(indices);
        mIndexBuffer.position(0);
    }

    public void draw(GL10 gl)
    {
        gl.glFrontFace(GL10.GL_CW);
        gl.glVertexPointer(3, GL10.GL_FIXED, 0, mVertexBuffer);
        gl.glColorPointer(4, GL10.GL_FIXED, 0, mColorBuffer);
        gl.glDrawElements(GL10.GL_TRIANGLES, 36, GL10.GL_UNSIGNED_BYTE, mIndexBuffer);
    }

    private IntBuffer   mVertexBuffer;
```

```
    private IntBuffer   mColorBuffer;
    private ByteBuffer  mIndexBuffer;
}
```

GLSurfaceView가 EGL 초기화와 스레드 처리의 대부분을 담당하므로 이 객체를 생성하여 액티비티에 채우면 그리기 표면이 된다. GLSurfaceView.Renderer는 그리기를 처리하는 콜백 메서드를 제공하며 주기적으로 호출되는 onDrawFrame 메서드에서 3차원의 장면을 그린다. 12개의 삼각형으로 정 6면체를 정의하고 화려한 색상을 입힌 후 회전시키는 애니메이션을 수행한다.

이 예제는 표현하는 도형이 단순하고 애니메이션도 각도를 변경하는 정도의 간단한 연산만 하므로 에뮬레이터에서도 충분히 부드럽게 실행된다. 그러나 게임같이 화면이 복잡하고 개체들이 많아지면 복잡한 수학 공식이 적용되고 연산량도 많아지므로 실장비에서 실행해야 결과를 제대로 볼 수 있다. 최신 에뮬레이터는 구성상의 문제로 인해 잘 동작하지 않는 경우가 있는데 이럴 경우 실장비에서 실행해 보기 바란다.

안드로이드는 OpenGL ES 라이브러리를 포함하고 약간의 유틸리티 클래스를 제공할 뿐 그 외의 지원은 거의 없다. 특히 안드로이드 환경에서의 OpenGL ES 활용을 안내하는 자습서나 레퍼런스 문서는 전무하다. OpenGL 자체가 하나의 분리된 과목이며 3차원 그래픽인 만큼 부피가 거대하므로 따로 공부를 하라는 얘기이다. 실제로 3D 그래픽은 대학 4년동안 열심히 공부해야 좀 한다 소리 들을 수 있을 정도로 어렵고 양이 많다.

이 책도 마찬가지로 안드로이드에서 OpenGL을 사용할 수 있다는 것만 소개할 뿐 OpenGL의 구조나 사용법에 대해서는 다루지 않는다. 가장 중요한 이유는 3차원 그래픽을 다룰만한 능력이 부족해서이기도 하지만 이 책의 소임에도 맞지 않기 때문이다. 3D 그래픽에 관심이 많은 사람은 OpenGL 부터 먼저 공부하고 OpenGL ES를 공부하는 것이 순서에 맞다. 3D 그래픽은 모바일 개발과는 다른 별도의 과목이라 용어도 생소하며 수학과도 친해져야 한다. OpenGL을 공부하려면 다음 사이트를 방문한다.

```
http://www.opengl.org/
```

영문이지만 많은 문서와 예제가 제공되며 친절한 자습서도 쉽게 구할 수 있다. 웹을 검색해 보면 한글로 된 입문 강좌도 구할 수 있으며 국내서로 출판된 책도 많은 편이다. 당장 책을 사 볼 형편이 안된다면 아쉬운대로 다음 강좌를 추천한다.

```
http://www.soen.kr/lecture/library/opengl/opengl.html
```

완성도는 좀 떨어지지만 3D 그래픽의 기초적인 이론에 대해 소개하며 안드로이드 예제도 제공된다. 이 강좌로 기본 개념을 잡은 후 관련 서적을 탐독하고 웹에서 예제를 구해 분석해 보면 실무에 응용할 수 있는 수준까지 어렵지 않게 도달할 수 있다.

CHAPTER 23

애니메이션

23.1 애니메이션

23.1.1 프레임 애니메이션

애니메이션은 일정한 간격으로 출력물을 변경하여 움직이는 그림을 보여주는 그래픽 기법이다. 영화같은 섬세한 동영상은 아니더라도 꿈틀대는 아이콘을 보여줄 수 있고 화면 전환이나 스크롤도 부드럽게 처리할 수 있다. 아기자기한 애니메이션은 사용자의 시선을 끌고 프로그램의 품격을 높이는 훌륭한 수단으로 활용된다.

그림 교체를 위해 배터리를 많이 소모하여 과거의 모바일 환경에서는 잘 활용되지 않았지만 최근에는 장비의 성능이 좋아진데다 외양을 중시하는 풍조로 인해 예쁘고 깜찍한 동작이 중요해졌다. 화면을 눌렀을 때 갑자기 뿅 하고 사라지는 것보다 천천히 미끄러지며 퇴장하는 장면을 보여주는 것이 멋스럽고 화면을 터치하는 손맛도 살릴 수 있다. 안드로이드는 시스템 차원에서 여러 종류의 애니메이션을 지원한다.

- 프레임 애니메이션: 주기적으로 그림을 교체하는 전통적인 방법이다. 일련의 정지된 그림을 빠르게 교체하면 움직이는 것처럼 보인다. 단순해서 사용하기 쉽지만 프레임이 많아지면 용량이 지나치게 커진다는 점에서 표현력의 한계가 있다.

- 트윈 애니메이션: 위치 이동이나 크기 변경, 회전 등의 효과를 일정한 시간 내에 수행하여 애니메이션을 진행한다. 수학적 계산에 의해 장면을 생성하므로 움직임이 부드럽고 여러 가지 효과를 조합할 수 있다. 플래시의 애니메이션 방식과 유사하다. 적용 대상에 따라 뷰 애니메이션과 레이아웃 애니메이션으로 세분된다.

상대적으로 간단한 프레임 애니메이션부터 구현해 보자. 프레임으로 사용할 이미지는 크기와 포맷이 모두 같아야 한다. 사진 세 장을 준비했으며 장비의 밀도와 무관하게 일정한 크기를 유지하도록 nodpi 폴더에 저장했다. 애니메이션 정보는 별도의 XML 문서에 작성한다. 프레임 애니메이션 문서는 뷰의 배경으로 사용할 수 있는 드로블이므로 anim 폴더가 아닌 drawable 폴더에 저장해야 한다.

drawable-nodpi/babydrum.xml

```
<animation-list xmlns:android="http://schemas.android.com/apk/res/android"
    android:oneshot="false">
    <item android:drawable="@drawable/babydrum1" android:duration="300" />
    <item android:drawable="@drawable/babydrum2" android:duration="300" />
    <item android:drawable="@drawable/babydrum3" android:duration="300" />
</animation-list>
```

이 문서의 animation-list 엘리먼트가 프레임 애니메이션을 정의한다. oneshot 속성은 애니메이션을 한 번만 수행하고 끝낼 것인지 별도의 정지 명령을 내릴 때까지 계속 반복할 것인지 지정한다. 위 애니메이션에서는 false로 지정했으므로 한 번 시작시켜 놓으면 계속 반복된다.

item 엘리먼트에는 각 프레임에 출력할 드로블(drawable)과 지속 시간(duration)을 등록한다. 준비한 세 장의 그림을 순서대로 등록하고 각 그림마다 0.3초의 지연 시간을 지정했다. 각 프레임의 지연 시간은 일치시키는 것이 보통이지만 서로 달라도 무방하다. 프레임의 개수에는 제한이 없으므로 얼마든지 긴 애니메이션도 정의할 수 있다.

이 문서를 컴파일하면 AnimationDrawable 객체가 되며 이 객체에 각 프레임이 등록된다. 실행 중에 코드로 객체를 직접 생성하여 프레임 애니메이션을 정의할 수 있다. 이때는 다음 메서드를 사용한다. 디폴트 생성자로 객체를 생성하고 메서드를 호출하여 oneshot 속성과 프레임을 구성하는 드로블, 지속 시간을 지정한다. 애니메이션을 시작 및 중지할 때는 start, stop 메서드를 호출한다.

```
void setOneShot (boolean oneShot)
void addFrame (Drawable frame, int duration)
void start ()
void stop ()
```

다음 예제는 이미지뷰로 프레임 애니메이션을 보여준다.

```
<LinearLayout xmlns:android="http://schemas.android.com/apk/res/android"
    android:orientation="vertical"
    android:layout_width="match_parent"
    android:layout_height="match_parent"
    android:background="#808080"
    >
<Button
    android:id="@+id/start"
    android:layout_width="match_parent"
    android:layout_height="wrap_content"
    android:onClick="mOnClick"
    android:text="Start"
    />
<Button
    android:id="@+id/stop"
    android:layout_width="match_parent"
    android:layout_height="wrap_content"
    android:onClick="mOnClick"
    android:text="Stop"
    />
<ImageView
    android:id="@+id/babydrum"
    android:layout_width="wrap_content"
    android:layout_height="wrap_content"
    android:layout_gravity="center_horizontal"
    android:background="@drawable/babydrum"
    />
</LinearLayout>
-----------------------------------------------------
public class FrameAni extends Activity {
    AnimationDrawable mAni;
    public void onCreate(Bundle savedInstanceState) {
        super.onCreate(savedInstanceState);
        setContentView(R.layout.frameani);

        ImageView img = (ImageView)findViewById(R.id.babydrum);
        mAni = (AnimationDrawable)img.getBackground();

        img.post(new Runnable() {
```

```
            public void run() {
                mAni.start();
            }
        });
    }

    public void mOnClick(View v) {
        switch (v.getId()) {
        case R.id.start:
            mAni.start();
            break;
        case R.id.stop:
            mAni.stop();
            break;
        }
    }
}
```

메인 레이아웃에는 이미지와 버튼 두 개를 배치했으며 이미지의 background에 애니메이션 드로블을 지정했다. 애니메이션도 드로블의 일종이므로 뷰의 배경으로 사용할 수 있으며 실행 중에 setBackgroundResource 메서드를 호출하여 다른 애니메이션으로 교체할 수 있다. 애니메이션을 배경으로 지정하면 첫 번째 장면이 이미지에 출력되며 애니메이션을 시작하면 지속 시간만큼 대기한 후 다음 장면으로 교체된다.

디폴트로 애니메이션 배경은 정지한 채로 시작되며 적당한 시점에 시동을 걸어 주어야 한다. onCreate에서 애니메이션을 시작하며 버튼을 클릭할 때도 애니메이션을 시작하고 중지한다. 프레임 애니메이션은 내부적으로 Runnable 객체를 생성하여 주기적으로 그림을 교체한다. 그래서 정상적으로 동작하려면 러너블 객체를 받을 수 있는 상태까지 초기화되어야 한다. onCreate는 아직 초기화하고 있는 중이므로 여기서 start를 호출하면 제대로 시작되지 않는다. onResume에서도 안되며 별도의 러너블을 만든 후 post 해야 제대로 시작된다. onCreate에서 애니메이션을 바로 시작할 수 없다는 것은 일반적인 기대와 달라 주의할 필요가 있다.

이미지의 getBackground 메서드로 애니메이션 드로블을 구해 놓고 start 메서드로 시작하고 stop 메서드로 중지한다. 실행 직후 시작한 상태에서 위쪽의 두 버튼으로 애니메이션을 중지하거나 재시작한다. 이미지뷰의 배경이 0.3초 간격으로 1, 2, 3 이미지로 계속 교체되며 아기가 북을 두드리는 영상이 반복적으로 재생된다.

배포 용량의 제한으로 인해 작은 이미지 세 장만 사용해서 별로 멋이 없는데 예쁘장한 이미지 여러 개를 준비해 두고 빠르게 교체하면 색다른 효과를 낼 수 있다. 그림만 잘 그리면 얼마든지 복잡한 애니메이션을 재생할 수 있어 자유도가 높지만 프레임이 많고 주기가 짧을수록 용량이 급격하게 늘어나는 부담이 있다.

23.1.2 트윈 애니메이션

트윈(Tween) 애니메이션은 대상의 초기 상태와 마지막 상태를 지정하여 수학적 계산에 의해 중간 장면을 연속적으로 생성하는 방식이다. 예를 들어 첫 좌표는 0으로, 마지막 좌표는 100으로 지정하고 지속 시간을 10초로 주면 1초마다 좌표가 10씩 증가하면서 뷰를 이동시킨다. 프레임을 교체하는 방식에 비해 연산이 필요하므로 CPU는 더 소모하지만 중간 프레임을 생성하는 수식만 정의함으로써 용량은 훨씬 더 작다.

또한 중간 단계의 프레임까지 섬세하게 생성해낼 수 있어 품질이 우수하며 여러 개의 애니메이션을 조합하면 다양한 형태의 응용이 가능하다. 트윈 애니메이션은 프레임마다 좌표값, 크기, 회전, 투명도 등의 속성을 점진적으로 변경함으로써 수행된다. 변경할 속성에 따라 Animation 추상 클래스로부터 다음과 같은 서브 클래스가 제공된다. 클래스 이름에 변경 대상 속성이 잘 표현되어 있다.

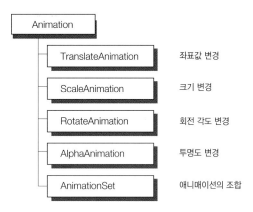

Animation	
TranslateAnimation	좌표값 변경
ScaleAnimation	크기 변경
RotateAnimation	회전 각도 변경
AlphaAnimation	투명도 변경
AnimationSet	애니메이션의 조합

루트인 Animation 클래스에는 모든 애니메이션이 공유하는 속성이 정의되는데 다음 항에서 따로 연구해 보기로 하고 개별 애니메이션의 속성부터 알아보자. 다음은 이동 애니메이션 클래스의 생성자이며 세 가지가 제공된다.

```
TranslateAnimation (Context context, AttributeSet attrs)
TranslateAnimation (float fromXDelta, float toXDelta, float fromYDelta, float toYDelta)
TranslateAnimation (int fromXType, float fromXValue, int toXType, float toXValue, int
fromYType, float fromYValue, int toYType, float toYValue)
```

첫 번째 생성자는 XML 문서로부터 생성될 때 사용된다. 두 번째 생성자는 시작점과 이동 목적지를 절대 좌표로 지정하며 (fromXDelta, fromYDelta)에서 시작해서 (toXDelta, toYDelta)로 이동한다. 애니메이션 클래스는 공통적으로 초기값인 from과 목적값인 to 인수를 받아들인다. 픽셀 단위의 좌표로 지정하므로 직관적이고 사용하기 쉽지만 장비 호환성에는 불리하다. 세 번째 생성자는 좌표의 타입 인수로 자기 자신이나 부모에 대한 상대적인 위치를 지정한다.

타입	설명
ABSOLUTE	절대적 좌표를 지정한다.
RELATIVE_TO_SELF	0~1.0까지의 실수로 자신의 크기를 기준으로 한 상대 위치를 지정한다.
RELATIVE_TO_PARENT	0~1.0까지의 실수로 부모의 크기를 기준으로 한 상대 위치를 지정한다.

자신의 크기는 물론이고 부모의 크기도 장비에 따라 달라질 수 있으므로 가급적이면 상대 좌표를 사용하는 것이 호환성에 유리하다. 세 번째 생성자의 타입 인수를 ABSOLUTE로 지정하면 두 번째 생성자의 역할을 겸하는 셈이다. 회전 애니메이션은 4개의 생성자를 가지는데 기능적으로 가장 완전한 생성자만 연구해 보자.

```
RotateAnimation (float fromDegrees, float toDegrees, int pivotXType, float
pivotXValue, int pivotYType, float pivotYValue)
```

앞의 두 인수는 회전 시작각과 끝각이며 시계 방향으로 회전하는 360분법의 각도로 지정한다. (pivotXValue, pivotYValue)는 회전의 중심점이며 이동과 마찬가지로 절대, 상대 타입을 모두 사용할 수 있다. 중심점을 생략하면 자신의 좌상단을 기준으로 한다. 다음은 확대 애니메이션이다.

```
ScaleAnimation (float fromX, float toX, float fromY, float toY, int pivotXType, float
pivotXValue, int pivotYType, float pivotYValue)
```

가로, 세로 방향 각각에 대해 시작 배율과 끝 배율을 지정한다. 확대 배율은 실수로 표기하는데 1.0은 원본과 같은 크기이고 1.0보다 더 크면 확대, 더 작으면 축소이다. 예를 들어 fromX가 1.0이고 toX가 2.0이면 원본 크기에서 두 배로 확대하라는 뜻이다. 확대도 회전과 마찬가지로 중심점을 지정한다. 다음은 가장 간단한 알파 애니메이션을 보자.

```
AlphaAnimation (float fromAlpha, float toAlpha)
```

시작 투명도와 끝 투명도를 지정하며 두 값 모두 0~1 사이의 값이다. 0은 완전 투명이며 1은 불투명, 0.5는 반투명이다. 애니메이션을 실행할 때는 뷰의 다음 메서드를 호출하며 인수로 애니메이션 객체를 전달한다.

```
void View.startAnimation (Animation animation)
```

뷰는 애니메이션 객체에 기록되어 있는 변환 방식대로 자신의 속성을 주기적으로 변경하면서 애니메이션을 수행한다. 양이 많아 보이지만 예제를 통해 각 애니메이션의 동작 방식을 구경해 보면 직관적으로 이해된다. 레이아웃에 버튼을 잔뜩 배치해 놓고 클릭 리스너에서 다양한 애니메이션 객체를 생성하여 아래쪽의 이미지뷰에 적용한다.

AnimationTest

```
<LinearLayout xmlns:android="http://schemas.android.com/apk/res/android"
    android:orientation="vertical"
    android:layout_width="match_parent"
    android:layout_height="match_parent"
    android:background="#808080"
    >
<LinearLayout
    android:layout_width="match_parent"
```

```
        android:layout_height="wrap_content"
        >
<Button
    android:id="@+id/btntrans1"
    android:layout_width="wrap_content"
    android:layout_height="wrap_content"
    android:onClick="mOnClick"
    android:textSize="12sp"
    android:text="0~200이동"
    />
....
---------------------------------------------------------
public class AnimationTest extends Activity {
    ImageView mAnimTarget;
    public void onCreate(Bundle savedInstanceState) {
        super.onCreate(savedInstanceState);
        setContentView(R.layout.animationtest);

        mAnimTarget = (ImageView)findViewById(R.id.animtarget);
    }

    public void mOnClick(View v) {
        Animation anim = null;
        switch (v.getId()) {
        case R.id.btntrans1:
            anim = new TranslateAnimation(0, 200, 0, 0);
            break;
        case R.id.btntrans2:
            anim = new TranslateAnimation(
                Animation.RELATIVE_TO_SELF, 0, Animation.RELATIVE_TO_SELF, 1,
                Animation.RELATIVE_TO_PARENT, 0, Animation.RELATIVE_TO_PARENT, 0);
            break;
        case R.id.btntrans3:
            anim = new TranslateAnimation(
                Animation.RELATIVE_TO_PARENT, 0, Animation.RELATIVE_TO_PARENT, 1,
                Animation.RELATIVE_TO_PARENT, 0, Animation.RELATIVE_TO_PARENT, 0);
            break;
        case R.id.btnrotate1:
            anim = new RotateAnimation(0, -180);
            break;
        case R.id.btnrotate2:
            anim = new RotateAnimation(0, -180, Animation.RELATIVE_TO_SELF, 0.5f,
                Animation.RELATIVE_TO_SELF, 0.5f);
            break;
```

```
                case R.id.btnrotate3:
                    anim = new RotateAnimation(0, 90, Animation.RELATIVE_TO_PARENT, 0.5f,
                        Animation.RELATIVE_TO_PARENT, 1.0f);
                    break;
                case R.id.btnscale1:
                    anim = new ScaleAnimation(0, 1, 0, 1);
                    break;
                case R.id.btnscale2:
                    anim = new ScaleAnimation(0, 1, 0, 1, Animation.RELATIVE_TO_SELF, 0.5f,
                        Animation.RELATIVE_TO_SELF, 0.5f);
                    break;
                case R.id.btnscale3:
                    anim = new ScaleAnimation(1, 0, 1, 0, Animation.RELATIVE_TO_SELF, 0.5f,
                        Animation.RELATIVE_TO_SELF, 0.5f);
                    break;
                case R.id.btnalpha1:
                    anim = new AlphaAnimation(0, 1);
                    break;
                case R.id.btnalpha2:
                    anim = new AlphaAnimation(1, 0);
                    break;
            }
            anim.setDuration(1000);
            mAnimTarget.startAnimation(anim);
        }
    }
```

클릭한 버튼별로 애니메이션 객체를 생성하고 지속 시간을 1초로 지정한 후 이미지뷰에 적용했다. 실제 프로젝트에서는 짧은 시간을 주어 신속하게 애니메이션을 수행하지만 예제는 연구가 목적이므로 천천히 결과를 감상할 수 있도록 충분히 긴 시간을 주었다. 버튼이 4행으로 배치되어 있는데 위에서부터 순서대로 이동, 회전, 확대, 알파 애니메이션을 수행한다.

화면 아래쪽의 무궁화 이미지가 애니메이션 대상이며 위쪽의 버튼 중 하나를 누르면 관련 애니메이션이 실행된다. 애니메이션은 움직임이어서 지면으로 보일 수 없고 직접 실행해 보아야 한다. 구경만 하지 말고 코드에서 사용한 값이 실제 애니메이션에 어떻게 적용되는지 관찰해 보고 값을 바꿔가며 여러 번 테스트해 보자.

'0~200이동' 버튼을 누르면 무궁화가 오른쪽으로 약간 이동하며 '자기폭만큼' 버튼은 무궁화 이미지의 폭만큼 이동하고 '부모폭만큼' 버튼은 왼쪽 끝에서 오른쪽 끝까지 신나게 달린다. 똑같은 TranslateAnimation이지만 인수에 따라 이동 거리가 달라진다. 기준점이나 회전/확대 중심점을 어디로 지정하는가에 따라 결과가 달라짐을 알 수 있다. 똑같은 각도만큼 회전시켜도 좌상단을 기준으로 할 때와 중앙을 기준으로 할 때의 결과가 다르다.

23.1.3 애니메이션의 속성

애니메이션 클래스는 자신이 조작하는 속성에 대한 시작값과 끝값, 중심점 정도의 필수 정보만 가지며 애니메이션 자체에 대한 속성은 직접적으로 가지지 않는다. 애니메이션 동작에 대한 모든 속성은 루트인 Animation 추상 클래스에 정의되어 있으며 서브 클래스도 이 속성 집합을 모두 상속받는다.

디폴트가 무난하게 정의되어 있지만 섬세한 조작을 하고 싶다면 이 속성을 변경한 후 애니메이션을 시작한다. 전체 목록은 다음과 같으며 XML 문서로 지정할 수 있고 실행 중에 메서드로 변경할 수도 있다. 이 중 일부는 단독 애니메이션에는 효과가 없고 여러 개의 애니메이션을 동시에 실행할 때만 유효하다.

속성	메서드	설명
duration	setDuration	애니메이션 실행 시간을 1/1000초 단위로 지정한다.
fillAfter	setFillAfter	애니메이션 종료시 마지막 상태를 유지한다. 디폴트는 false이다.
fillBefore	setFillBefore	애니메이션 시작시 최초의 상태를 적용한다. 디폴트는 true이다.
fillEnabled	setFillEnabled	fillAfter와 fillBefore 속성의 적용 여부
repeatCount	setRepeatCount	반복 회수를 지정한다. 0이면 반복하지 않으며 1이면 2회 반복, INFINITE(-1)이면 무한 반복한다.
repeatMode	setRepeatMode	반복할 때의 동작을 지정한다. RESTART이면 다시 시작하고 REVERSE이면 반대로 진행한다.
startOffset	setStartOffset	애니메이션 시작 전에 대기할 시간을 지정한다. 복수 개의 애니메이션을 시차에 따라 진행할 때 사용한다.

interpolator	setInterpolator	애니메이션 진행 속도의 변화 방식을 지정한다. 디폴트는 리니어이다.
detachWallpaper	setDetachWallpaper	벽지 위에서 애니메이션할 때 벽지에서 분리하여 벽지가 애니메이션되지 않도록 한다.
zAdjustment	setZAdjustment	애니메이션중에 다른 뷰와 겹칠 때의 Z순서를 지정한다.
		ZORDER_NORMAL : 원래값 유지
		ZORDER_TOP : 최상위로 올라옴
		ZORDER_BOTTOM : 최하위로 내려감

가장 이해하기 쉬운 속성은 애니메이션 지속 시간인 duration이다. 이 속성이 지정하는 시간동안 애니메이션의 전 과정이 수행된다. 이 값을 지정하지 않으면 디폴트인 0초가 적용되어 애니메이션이 수행되지 않으므로 반드시 지정해야 한다. 애니메이션 중에는 사용자가 기다려야 하며 어디까지나 장식일 뿐이지 그 자체가 목적은 아니다. 보통 0.1~0.5초 정도로 움직임이 보일 정도까지만 주는 것이 적당하며 길어도 1초를 넘지 않는 것이 좋다.

나머지 속성은 디폴트가 무난하므로 필요할 때만 변경한다. 각 속성이 애니메이션에 미치는 영향은 속성을 바꿔 가며 차이점을 분석해 보는 것이 가장 확실하지만 매번 다시 컴파일해야 하는 불편함이 있다. 그래서 실행 중에 체크 박스와 스피너로 속성을 선택할 수 있는 예제를 작성해 놓았으므로 이 예제로 실험해 보자. 연구용 예제이므로 소스는 딱히 분석해볼 필요가 없고 실행만 해 보면 된다.

AnimAttr

```
<LinearLayout xmlns:android="http://schemas.android.com/apk/res/android"
    android:orientation="vertical"
    android:layout_width="match_parent"
    android:layout_height="match_parent"
    android:background="#808080"
    >
<LinearLayout
    android:layout_width="match_parent"
    android:layout_height="wrap_content"
    >
<CheckBox
    android:id="@+id/btnfillbefore"
    android:layout_width="wrap_content"
    android:layout_height="wrap_content"
    android:checked="true"
    android:text="Fill Before"
    />
```

```
....
-------------------------------------------------------
public class AnimAttr extends Activity {
    ImageView mAnimTarget;
    CheckBox mChkBefore;
    CheckBox mChkAfter;
    CheckBox mChkRepeat;
    CheckBox mChkReverse;
    RadioGroup mRadInter;
    Spinner mSpinInter;
    public void onCreate(Bundle savedInstanceState) {
        super.onCreate(savedInstanceState);
        setContentView(R.layout.animattr);

        mAnimTarget = (ImageView)findViewById(R.id.animtarget);
        mChkBefore = (CheckBox)findViewById(R.id.btnfillbefore);
        mChkAfter = (CheckBox)findViewById(R.id.btnfillafter);
        mChkRepeat = (CheckBox)findViewById(R.id.btnrepeat);
        mChkReverse = (CheckBox)findViewById(R.id.btnreverse);

        mSpinInter = (Spinner)findViewById(R.id.spininter);
        mSpinInter.setPrompt("Select Interpolator");

        ArrayAdapter<CharSequence> adspin = ArrayAdapter.createFromResource(
                this, R.array.interpolator, android.R.layout.simple_spinner_item);
        adspin.setDropDownViewResource(android.R.layout.simple_spinner_dropdown_item);
        mSpinInter.setAdapter(adspin);
    }

    public void mOnClick(View v) {
        switch (v.getId()) {
        case R.id.btnstart:
            TranslateAnimation trans = new TranslateAnimation(0, 250, 0, 0);
            trans.setDuration(2000);
            trans.setFillBefore(mChkBefore.isChecked());
            trans.setFillAfter(mChkAfter.isChecked());
            if (mChkRepeat.isChecked()) {
                trans.setRepeatCount(1);
                if (mChkReverse.isChecked()) {
                    trans.setRepeatMode(Animation.REVERSE);
                }
            }
            switch (mSpinInter.getSelectedItemPosition()) {
            case 0:
```

```
                        trans.setInterpolator(new LinearInterpolator());
                        break;
                case 1:
                        trans.setInterpolator(new AccelerateInterpolator());
                        break;
                case 2:
                        trans.setInterpolator(new DecelerateInterpolator());
                        break;
                case 3:
                        trans.setInterpolator(new AccelerateDecelerateInterpolator());
                        break;
                case 4:
                        trans.setInterpolator(new AnticipateInterpolator());
                        break;
                case 5:
                        trans.setInterpolator(new BounceInterpolator());
                        break;
                case 6:
                        trans.setInterpolator(new CycleInterpolator(0.5f));
                        break;
                case 7:
                        trans.setInterpolator(new OvershootInterpolator());
                        break;
                case 8:
                        trans.setInterpolator(new AnticipateOvershootInterpolator());
                        break;
                }
                mAnimTarget.startAnimation(trans);
                break;
        }
    }
}
```

시작 버튼을 클릭할 때 체크 박스와 스피너의 선택된 값을 읽어 애니메이션 속성을 변경하고 아래쪽의 이미지뷰에 대해 이동 애니메이션을 적용한다. 디폴트 옵션을 선택해 놓고 시작 버튼을 누르면 무궁화가 왼쪽에서 오른쪽으로 천천히 이동하지만 속성을 변경하면 동작이 달라진다.

fillBefore와 fillAfter 속성은 애니메이션 전후의 처리를 지정한다. fillBefore를 지정하면 뷰의 현재 상태가 아닌 애니메이션의 첫 상태에서 시작하며 fillAfter를 지정하면 애니메이션 완료 후 원래 상태로 돌아오지 않고 애니메이션의 마지막 상태에서 멈춘다. 두 속성은 애니메이션 집합에서 애니메이션끼리 연결할 때 주로 사용된다.

반복 회수의 디폴트는 0이며 이는 애니메이션을 한 번만 수행하라는 뜻이다. 1 이상으로 지정하면 지정회수 + 1만큼 반복한다. 0은 반복하지 않는다는 뜻이고 1은 한 번 더, 즉 2번 반복한다는 뜻이며 INFINITE(실제값은 −1)로 지정하면 무한히 반복한다. 반복 모드를 NORMAL로 지정하면 똑같은 동작을 반복하지만 REVERSE로 지정하면 짝수 번째 반복할 때는 애니메이션을 역순으로 실행한다. 2회 반복, 역순 반복 체크 박스를 모두 선택하면 이미지가 오른쪽으로 이동했다가 다시 왼쪽 원래 자리로 돌아온다.

인터폴레이터(Interpolator)는 애니메이션의 진행 과정과 속도를 제어하며 중간값을 보간하는 역할을 한다. 트윈 애니메이션은 시작 상태, 끝 상태를 정해 주고 중간 상태는 계산에 의해 생성하는데 중간 부분에서 얼마만큼의 변화를 적용할 것인지가 인터폴레이터에 따라 달라진다. 즉, 진행 시간과 진행 정도의 함수 관계를 정의한다. 다음 9개의 기본 인터폴레이터가 제공된다.

값	설명
linear_interpolator	속도가 일정하다.
accelerate_interpolator	처음에 느리다가 점점 빨라진다.
decelerate_interpolator	처음에 빠르다가 점점 느려진다.
accelerate_decelerate_interpolator	빨라지다가 다시 느려진다.
anticipate_Interpolator	역순 진행했다가 가속 진행한다.
overshoot_interpolator	끝부분에서 좀 더 진행한다.
anticipateovershoot_interpolator	위 두 방식의 조합이다.
bounce_interpolator	끝부분에서 잔 진동을 보여준다.
cycle_interpolator	끝까지 진행했다가 다시 복귀한다.

대표적으로 두 개의 인터폴레이터만 비교해 보자. 디폴트인 리니어는 시간이 지나도 진행 속도가 항상 일정하게 유지되는데 비해 가속 인터폴레이터는 처음에는 느리다가 점점 더 빨라지는 식이다. 예를 들어 뷰가 0~100까지 1초동안 움직일 때 두 인터폴레이터의 동작은 다음과 같다.

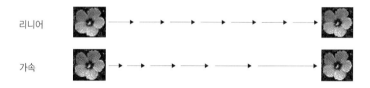

둘 다 애니메이션의 시작과 끝은 같지만 중간 진행 정도가 다르다. 리니어의 경우 0.5초일 때 정확하게 중간 위치에 가 있지만 가속의 경우는 중간보다 훨씬 덜 이동해 있을 것이다. 이동의 종류에 따라 적당한 인터폴레이터를 선택하되 단순 이동이면 리니어가 무난하다. 퇴장이면 꾸물꾸물 움직이기 시작하다가 확하고 사라지는 증가 인터폴레이터가 어울리고 등장이면 날쌔게 날아와 천천히 자기 자리를 잡는 감소 인터폴레이터가 어울린다. 진행 속도와 시간의 관계를 그래프로 그려보자.

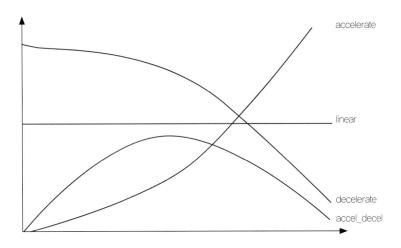

Bounce 인터폴레이터는 끝부분에서 통통 튕기는 효과를 보여주는데 상당히 재미있다. Cycle은 마치 고무줄에 묶여 있다가 튕겨 나가는 것처럼 감속 이동했다가 원래 자리로 천천히 돌아오며, Overshoot은 침대에 떨어지는 볼링공처럼 끝부분을 넘어서 이동했다가 끝 좌표로 천천히 복귀한다. Anticipate는 얄미운 제리를 발견한 톰이 깜짝 놀라며 뛰어가는 모습이다.

도움말 문서에 각 인터폴레이터의 동작에 대해 설명되어 있으며 위 도표에도 간략히 설명해 놓았지만 동적인 움직임을 말로 설명한다는 것은 솔직히 어렵고 읽어서 이해하는 것도 말이 안 된다. 예제의 스피너에서 모든 인터폴레이터를 선택할 수 있으므로 옵션을 바꿔 가며 어떤 동작을 하는지 눈으로 직접 감상해 보는 것이 가장 확실하다. 특정 효과에 사용할 인터폴레이터를 선택할 때 이 예제로 움직임을 잘 관찰해 보자.

23.1.4 애니메이션 집합

단일 애니메이션은 동작이 단순해서 다양한 효과를 내기 어렵지만 둘 이상의 애니메이션을 조합하여 동시에 적용하면 활용성이 극적으로 높아진다. 이동하면서 뱅글 뱅글 회전한다거나 점점 작아지면서 흐릿해지는 등의 복잡한 효과를 구현할 수 있다. 여러 개의 애니메이션을 조합할 때는 AnimationSet 클래스를 사용한다.

```
AnimationSet (boolean shareInterpolator)
void addAnimation (Animation a)
```

생성자로는 포함된 애니메이션이 인터폴레이터를 공유할 것인가 아니면 각자 다른 값을 사용할 것인가를 지정한다. 일관된 효과를 내려면 같은 인터폴레이터를 공유하는 것이 좋지만 특수한 효과를 원한다면 개별 애니메이션마다 다른 인터폴레이터를 사용할 수 있다. 공유할 경우는 집합의 인터폴레이터가 우선 적용된다. 다른 속성도 마찬가지로 개별 애니메이션보다 집합의 속성이 우선 적용된다.

개별 애니메이션 객체를 생성한 후 addAnimation 메서드를 호출하여 집합에 추가한다. 개수에는 제한이 없으므로 여러 개의 애니메이션을 동시에 실행할 수 있다. 다음 예제는 이동과 일파 애니메이션을 같이 적용한다. 오른쪽으로 움직이며 밝아졌다 어두워졌다 반복할 것이다.

AnimSet

```
<LinearLayout xmlns:android="http://schemas.android.com/apk/res/android"
    android:orientation="vertical"
    android:layout_width="match_parent"
    android:layout_height="match_parent"
    >
<Button
    android:id="@+id/btnstart"
    android:layout_width="match_parent"
    android:layout_height="wrap_content"
    android:onClick="mOnClick"
    android:text="애니메이션 시작"
    />
<ImageView
    android:id="@+id/animtarget"
    android:layout_width="wrap_content"
    android:layout_height="wrap_content"
    android:src="@drawable/mugung"
    />
</LinearLayout>
------------------------------------------------------
public class AnimSet extends Activity {
    ImageView mAnimTarget;
    public void onCreate(Bundle savedInstanceState) {
        super.onCreate(savedInstanceState);
        setContentView(R.layout.animset);

        mAnimTarget = (ImageView)findViewById(R.id.animtarget);
    }

    public void mOnClick(View v) {
```

```
            AnimationSet ani = null;
            switch (v.getId()) {
            case R.id.btnstart:
                ani = new AnimationSet(true);
                ani.setInterpolator(new LinearInterpolator());

                TranslateAnimation trans = new TranslateAnimation(
                    Animation.RELATIVE_TO_PARENT, 0, Animation.RELATIVE_TO_PARENT, 1,
                    Animation.RELATIVE_TO_PARENT, 0, Animation.RELATIVE_TO_PARENT, 0);
                trans.setDuration(3000);
                ani.addAnimation(trans);

                AlphaAnimation alpha = new AlphaAnimation(1, 0);
                alpha.setDuration(300);
                alpha.setStartOffset(500);
                alpha.setRepeatCount(4);
                alpha.setRepeatMode(Animation.REVERSE);
                ani.addAnimation(alpha);
                break;
            }
            mAnimTarget.startAnimation(ani);
        }
    }
```

이동 애니메이션은 부모를 기준으로 왼쪽에서 오른쪽으로 3초 간 이동한다. 알파 애니메이션은 0.3 초 간격으로 어두워지기를 5회 반복하며 반복 모드를 REVERSE로 지정했으므로 어두워졌다 다시 밝아질 것이다. 알파의 startOffset 속성을 0.5초로 지정하여 이동 시작 후 0.5초가 지나야 실행을 시작한다. 이처럼 각 애니메이션은 고유의 속성을 따로 가질 수 있다. 인터폴레이터는 집합에서 지정한 리니어를 공유한다.

이 예제에서는 두 개의 애니메이션만 적용해 보았지만 얼마든지 많은 애니메이션을 동시에 실행할 수 있으며 그럼에도 불구하고 속도의 감소는 거의 없다. 동시에 다수개의 애니메이션을 부드럽게 적용할 수 있는 이유는 변환 행렬을 사용하기 때문이다. 행렬은 하나의 객체로 여러 개의 다항식을 만들어 내므로 좌표와 크기, 회전 각도를 원하는 대로 조작할 수 있을 뿐만 아니라 단순한 행렬 곱셈 연산만으로 여러 변환을 누적 적용할 수 있다는 점에서 우수하다.

앞장에서 실습해본 대로 행렬은 변환을 위한 효율적인 수단이다. 그러나 애니메이션의 경우 크기, 위치 외에 투명도를 조정하는 알파값도 포함되므로 행렬만 가지고는 애니메이션 전체를 통제할 수 없다. 그래서 변환 행렬과 알파값을 묶어서 Transformation이라는 변환 객체를 정의한다. Transformation은 변환 행렬인 mMatrix와 알파값인 mAlpha를 가지며 애니메이션은 이 객체를 통해 뷰의 상태를 변화시킨다.

애니메이션할 때 뿐만 아니라 뷰는 항상 변환 객체를 적용하여 자신의 위치와 색상을 조정하여 화면에 표시된다. 평소에 그 과정을 잘 느낄 수 없는 이유는 변환 객체의 디폴트 행렬이 단위 행렬이고 알파는 1이기 때문이다. 변환 객체의 디폴트가 항등원이므로 지정한 좌표에 원래 색상대로 출력되는 것이다.

애니메이션은 주어진 지속 기간동안 변환 객체를 일정한 규칙에 따라 조작하며 따라서 뷰의 위치나 모양이 계속 변한다. 기본 애니메이션 클래스는 변환 객체 즉, 행렬과 알파값을 변화시키도록 작성되어 있으며 변환 방법은 클래스마다 고유하다. Animation의 서브 클래스를 직접 정의하면 임의의 형태로 변환 객체를 조작할 수 있다. 이때 다음 두 메서드를 반드시 재정의해야 한다.

```
void initialize (int width, int height, int parentWidth, int parentHeight)
void applyTransformation (float interpolatedTime, Transformation t)
```

initialize는 애니메이션을 실행하기 직전에 호출되며 여기서 지속 시간이나 인터폴레이터 등을 초기화한다. 인수로 대상 뷰와 부모의 크기를 알려주는데 중심점을 계산할 때 이 값이 필요하다. 이후 applyTransformation 메서드가 호출되며 인수로 현재 시간과 변환 객체가 전달된다. 시간은 0~1 사이의 실수로 전달되는데 애니메이션 시작시 0이며 끝부분으로 이동할수록 1에 가까워진다. 각 호출시마다 시간이 얼마나 증가하는지는 인터폴레이터에 의해 결정된다.

매 시간마다 변환 객체가 전달되는데 여기서 변환 객체를 조작하여 원하는 효과를 만들어 낸다. 변환 객체내의 행렬은 이동, 확대, 회전, 기울기 등의 여러 가지 효과를 지원하므로 표준 애니메이션보다 다양한 형태로 조작을 가할 수 있으며 누적된 변환을 적용하여 한 번에 복잡한 변형도 가능하다. 다음 예제는 두 개의 커스텀 애니메이션을 구현한다.

```
<LinearLayout xmlns:android="http://schemas.android.com/apk/res/android"
    android:orientation="vertical"
    android:layout_width="match_parent"
    android:layout_height="match_parent"
    >
<Button
    android:id="@+id/btnskew"
    android:layout_width="match_parent"
    android:layout_height="wrap_content"
    android:onClick="mOnClick"
    android:text="기울이기 애니메이션"
    />
<Button
    android:id="@+id/btncamera"
    android:layout_width="match_parent"
    android:layout_height="wrap_content"
    android:onClick="mOnClick"
    android:text="카메라 애니메이션"
    />
<ImageView
    android:id="@+id/animtarget"
    android:layout_width="wrap_content"
    android:layout_height="wrap_content"
    android:src="@drawable/korandoc"
    />
</LinearLayout>
-------------------------------------------------------------
public class AnimCustom extends Activity {
    ImageView mAnimTarget;
    Button mBtnAnim;
    public void onCreate(Bundle savedInstanceState) {
        super.onCreate(savedInstanceState);
        setContentView(R.layout.animcustom);

        mAnimTarget = (ImageView)findViewById(R.id.animtarget);
    }

    public void mOnClick(View v) {
        switch (v.getId()) {
        case R.id.btnskew:
            mAnimTarget.startAnimation(new SkewAnim());
            break;
```

```
        case R.id.btncamera:
            mAnimTarget.startAnimation(new CameraAnim());
            break;
    }
}

class SkewAnim extends Animation {
    public void initialize(int width, int height, int parentWidth, int parentHeight) {
        super.initialize(width, height, parentWidth, parentHeight);
        setDuration(1000);
        setInterpolator(new LinearInterpolator());
    }

    protected void applyTransformation(float interpolatedTime, Transformation t) {
        Matrix matrix = t.getMatrix();
        matrix.setSkew(0.5f * interpolatedTime, 0);
    }
}

class CameraAnim extends Animation {
    float cx, cy;
    public void initialize(int width, int height, int parentWidth, int parentHeight) {
        super.initialize(width, height, parentWidth, parentHeight);
        cx = width / 2;
        cy = height / 2;
        setDuration(1000);
        setInterpolator(new LinearInterpolator());
    }

    protected void applyTransformation(float interpolatedTime, Transformation t) {
        Camera cam = new Camera();
        cam.rotateY(360 * interpolatedTime);
        Matrix matrix = t.getMatrix();
        cam.getMatrix(matrix);
        matrix.preTranslate(-cx, -cy);
        matrix.postTranslate(cx, cy);
    }
}
}
```

레이아웃에는 버튼 두 개와 애니메이션의 대상인 이미지뷰 하나를 배치해 두었으며 각 버튼은 커스텀 애니메이션을 실행한다. 커스텀 애니메이션도 Animation의 서브 클래스이므로 사용 방법은 동일하다.

SkewAnim 클래스는 뷰의 기울기를 조정한다. initialize에서는 지속 시간을 1000으로 조정하고 리니어 인터폴레이터를 적용했다. applyTransformation 메서드는 행렬의 setSkew 메서드를 호출하여 뷰를 기울이는데 수평쪽으로만 시간에 0.5f를 곱하여 적용했다. 시작 시점에는 시간이 0이므로 기울기가 적용되지 않지만 시간이 1에 가까워질수록 점점 기울어지는 형태가 된다.

CameraAnim 클래스는 Camera 객체를 사용하여 뷰를 바라보는 시점을 변화시킨다. 여기서 Camera는 android.graphics에 소속된 논리적인 카메라이며 android.hardware에 소속된 사진 촬영 카메라와는 다른 것이다. Camera는 3차원 공간에서 2차원 평면을 내려다 본 모양을 만들며 그 결과를 행렬에 반영한다. 전문 그래픽 용어로 투영이라고 하며 뷰는 고정된 위치에 있되 뷰를 바라보는 시점을 변화시키는 기법이다.

initialize에서 뷰의 중심 좌표를 구해 놓는다. 이 좌표는 카메라 회전의 중심점으로 사용된다. applyTransformation에서 시간에 360을 곱해 Y 축을 중심으로 카메라를 회전시켰다. 시간이 0~1 사이에서 변하므로 최초 0도에서 시작하여 360이 될 때까지 점진적으로 변한다. 회전 중심을 이미지 중심으로 하기 위해 카메라를 회전하기 전에 중심을 원점으로 옮기고 회전 후 다시 원래 위치로 돌렸다. 실행 결과는 다음과 같다.

Y축으로만 회전해 봤는데 X축은 물론이고 Z축을 중심으로 회전시킬 수도 있다. 카메라를 수평의 어느 위치에나 가져다 놓을 수 있으며 Z축으로 카메라를 이동하면 멀리서 뷰를 바라본 모양을 만들어 낸다. 뷰가 소실점에서부터 뱅글 뱅글 회전하면서 다가 온다거나 좌우로 흔들리는 효과도 가능하다.

이 예제를 통해 트윈 애니메이션의 다양성이 얼마나 무궁무진한지 느낄 수 있다. 행렬 자체의 변환 능력이 거의 무한대인데다 변환을 조합할 수 있으며 게다가 카메라같은 입체적인 변환 기법까지 적용할 수 있어 응용의 여지가 많다. 좋은 애니메이션을 만들어내는 데는 기술적인 지식보다 예술적 자질이 필요하다.

23.1.5 XML로 정의하기

애니메이션 클래스는 설정이 복잡하지 않으므로 코드로 생성해서 사용해도 부담 없다. 그러나 애니메이션은 디자인적인 요소여서 실행 중에 값이 결정되는 경우보다 설계 당시에 미리 결정하는 경우가 많으며 이럴 때는 XML로 정의한다. 애니메이션을 리소스로 정의하면 재활용하기도 편리하다.

XML의 속성에 값만 대입하면 이 속성대로 애니메이션 객체가 생성된다. 애니메이션 XML 파일은 res/anim 폴더에 저장하며 따라서 애니메이션의 id는 R.anim.xxx가 된다. anim 폴더를 만든 후 이 폴더 안에 애니메이션 파일을 작성한다. XML로 작성된 애니메이션 리소스를 로드할 때는 다음 정적 메서드를 호출한다.

```
static Animation AnimationUtils.loadAnimation (Context context, int id)
```

인수로 컨텍스트 ID와 애니메이션의 리소스 ID를 지정한다. 컨텍스트는 통상 액티비티이며 ID는 애니메이션 XML 파일의 이름이다. 다음 예제는 각 종류별로 애니메이션 리소스를 정의하고 실행한다. 수직 리니어 안에 텍스트뷰 하나와 버튼 다섯 개를 배치했으며 별다른 속성은 지정하지 않았다.

Tween

```
public class Tween extends Activity {
    LinearLayout mLinear;
    public void onCreate(Bundle savedInstanceState) {
        super.onCreate(savedInstanceState);
        setContentView(R.layout.tween);

        mLinear = (LinearLayout)findViewById(R.id.linear);
    }
```

```
public void mOnClick(View v) {
    Animation ani = null;
    switch (v.getId()) {
    case R.id.translate:
        ani = AnimationUtils.loadAnimation(this, R.anim.translate);
        break;
    case R.id.rotate:
        ani = AnimationUtils.loadAnimation(this, R.anim.rotate);
        break;
    case R.id.scale:
        ani = AnimationUtils.loadAnimation(this, R.anim.scale);
        break;
    case R.id.alpha:
        ani = AnimationUtils.loadAnimation(this, R.anim.alpha);
        break;
    case R.id.set:
        ani = AnimationUtils.loadAnimation(this, R.anim.set);
        break;
    }
    mLinear.startAnimation(ani);
}
}
```

실행 결과는 다음과 같다. 각 버튼을 누를 때 전체 레이아웃인 리니어에 대해 대응되는 애니메이션
을 로드하여 실행한다.

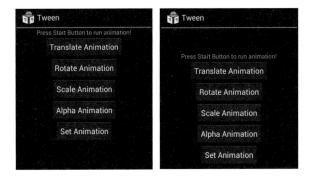

가장 간단한 이동 애니메이션부터 분석해 보자. res/anim 폴더의 translate.xml 파일로 정의되어
있다.

```
<set xmlns:android="http://schemas.android.com/apk/res/android"
    android:interpolator="@android:anim/accelerate_interpolator">
    <translate
        android:fromYDelta="0"
        android:toYDelta="100%"
        android:duration="3000"
    />
</set>
```

set 엘리먼트는 애니메이션의 집합(AnimationSet)을 정의한다. 단독 애니메이션이라도 set 엘리먼트 안에 작성한다. interpolator 속성은 가급적이면 집합에 적용하는 것이 좋다. set 엘리먼트안에 실제 애니메이션 엘리먼트가 포함되며 XML 속성으로 애니메이션 방식을 지정한다. translate는 이동 애니메이션을 정의하며 속성으로 시작 위치, 끝 위치, 지속 시간 등을 지정한다. 속성명은 대체로 생성자의 인수명과 거의 비슷하다.

위 문서는 y 좌표를 0부터 시작해서 100%, 즉 제일 아래쪽까지 이동하는 애니메이션을 3초 간 보여주라는 뜻이다. 정수를 쓰면 절대 좌표이며 %는 자기 기준이고 %p는 부모 기준이다. 이 예제의 경우 리니어가 메인이므로 100%라고 쓰나 100%p라고 쓰나 차이가 없다. 실행해 보면 버튼이 화면 아래쪽으로 일제히 이동한다. 다음은 회전 애니메이션을 보자.

```
<set xmlns:android="http://schemas.android.com/apk/res/android"
    android:interpolator="@android:anim/accelerate_interpolator">
    <rotate
        android:fromDegrees="0"
        android:toDegrees="360"
        android:pivotX="50%"
        android:pivotY="50%"
        android:duration="3000"
    />
</set>
```

rotate 엘리먼트를 사용하며 속성으로 시작각, 끝각, 회전 중심점 등을 지정한다. 0도부터 360도까지 한 바퀴 회전시키며 중심점은 뷰의 중앙이다. 회전 방향은 주어진 각도로부터 자동으로 결정되는데 이 경우는 시계 방향으로 회전된다. 반시계 방향으로 회전시키려면 toDegrees를 −360으로 지정한다. 애니메이션 중간 과정을 보이면 다음과 같다.

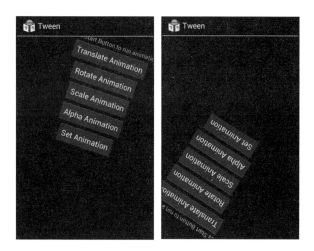

버튼 집합이 화면 중심을 기준으로 한 바퀴 돌아 원래 자리로 돌아온다. 다음은 확대 애니메이션을 보자.

anim/scale.xml

```
<set xmlns:android="http://schemas.android.com/apk/res/android"
    android:interpolator="@android:anim/accelerate_interpolator">
    <scale
        android:fromXScale="1.0"
        android:toXScale="0.1"
        android:fromYScale="1.0"
        android:toYScale="0.1"
        android:pivotX="50%"
        android:pivotY="50%"
        android:duration="2000"
    />
</set>
```

스케일 값은 실수로 표현하는데 1.0이 원래 크기를 의미한다. 1.0부터 0.1까지이므로 최초 100% 크기에서 시작하여 10% 크기가 될 때까지 축소하라는 뜻이다. 수평, 수직 각각에 대해 별도의 비율로 확대, 축소할 수 있지만 보통 종횡비 유지를 위해 같은 비율로 확대, 축소한다. 지속 시간이 2초이므로 회전이나 이동보다는 진행 속도가 빠르다.

알파 애니메이션은 뷰의 알파값을 변경한다. 알파값을 변경하면 뷰가 점점 흐릿해지면서 사라진다거나 없던 뷰가 점점 또렷해지며 나타난다.

anim/alpha.xml

```
<set xmlns:android="http://schemas.android.com/apk/res/android"
    android:interpolator="@android:anim/accelerate_interpolator">
    <alpha
        android:fromAlpha="1.0"
        android:toAlpha="0.0"
        android:duration="1000"
        android:repeatCount="1"
        android:repeatMode="reverse"
    />
</set>
```

1.0은 완전 불투명을 의미하며 0.0은 완전 투명을 의미하므로 점점 투명해지는 애니메이션이 실행된다. 애니메이션 실행 후 원래대로 돌아오려면 반복 모드를 사용한다. 불투명에서 투명으로 진행하는데 반복 모드를 reverse로 주어 애니메이션 종료 후 반대 애니메이션을 수행했다. 투명해졌다가 다시 불투명으로 돌아온다.

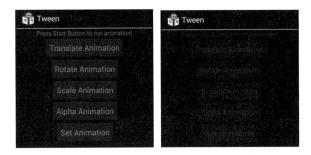

set 엘리먼트안에 여러 개의 애니메이션을 동시에 지정할 수 있다. 앞에서 만들었던 4개의 애니메이션을 동시에 실행하되 결과를 천천히 확인해 보려고 10초 정도의 충분한 시간을 주었다. 4개의 애니메이션을 set안에 포함시키되 완전히 사라지도록 하기 위해 알파 애니메이션의 반복 모드만 제거했다.

---

anim/set.xml

```
<set xmlns:android="http://schemas.android.com/apk/res/android"
    android:interpolator="@android:anim/accelerate_interpolator">
    <translate ...
    <alpha ...
    <scale ...
    <rotate ...
</set>
```

이동하면서 작아지면서 뱅글뱅글 돌아가면서 점점 흐려진다. 마치 모든 버튼이 하수구로 일제 빨려들어가 사라지는 듯한 모습이다.

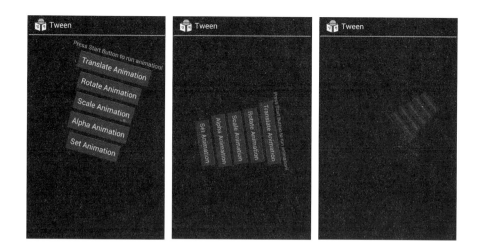

속성값만 잘 지정하면 원하는 효과를 낼 수 있으므로 애니메이션 자체는 기술적으로 어렵지 않다. 그러나 복합 애니메이션을 잘 조합하여 그럴듯한 움직임을 만들어 내기 위해서는 수많은 연습과 테스트가 필요하다.

23.1.6 애니메이션 리스너

애니메이션은 일단 시작만 시켜 놓으면 내부적인 규칙에 따라 알아서 실행되고 끝나면 자동으로 정지한다. 단순한 장식 애니메이션이라면 시동만 걸어 놓고 더 신경쓸 필요 없이 다른 일을 할 수 있다. 그러나 애니메이션 종료 후 곧바로 특정 작업을 해야 한다면 애니메이션에 대해 리스너를 등록한다. AnimationListener 인터페이스에는 다음 세 개의 메서드가 정의되어 있다.

```
void onAnimationStart (Animation animation)
void onAnimationEnd (Animation animation)
void onAnimationRepeat (Animation animation)
```

각 메서드가 언제 호출되는지 따로 설명하지 않아도 너무나 명확하다. 시작이나 반복에 대한 처리는 잘 사용되지 않으며 끝날 때에 대한 처리가 주로 사용된다. 애니메이션 완료 직후 어떤 동작을 하고 싶을 때 이 메서드에 코드를 작성한다. 다음 예제는 애니메이션 3개를 연속으로 실행한다.

```
<LinearLayout xmlns:android="http://schemas.android.com/apk/res/android"
    android:id="@+id/linear"
    android:orientation="vertical"
    android:layout_width="match_parent"
    android:layout_height="match_parent"
    android:gravity="center"
    >
<Button
    android:id="@+id/start"
    android:layout_width="wrap_content"
    android:layout_height="wrap_content"
    android:text="Start Animation"
    />
</LinearLayout>
--------------------------------------------------------
public class TweenListener extends Activity {
    LinearLayout mLinear;
    Button mBtn;
    Animation mAni1;
    Animation mAni2;
    Animation mAni3;

    public void onCreate(Bundle savedInstanceState) {
        super.onCreate(savedInstanceState);
        setContentView(R.layout.tweenlistener);

        mLinear = (LinearLayout)findViewById(R.id.linear);

        mBtn = (Button)findViewById(R.id.start);
        mBtn.setOnClickListener(new Button.OnClickListener() {
            public void onClick(View v) {
                mBtn.startAnimation(mAni1);
                /*
                mBtn.startAnimation(AnimationUtils.loadAnimation(
                        ani_TweenListener.this, R.anim.offset));
                //*/
            }
        });

        mAni1 = AnimationUtils.loadAnimation(this, R.anim.rotate2);
        mAni2 = AnimationUtils.loadAnimation(this, R.anim.alpha2);
        mAni3 = AnimationUtils.loadAnimation(this, R.anim.scale2);
```

```
mAni1.setAnimationListener(new AnimationListener() {
    public void onAnimationEnd(Animation animation) {
        mBtn.startAnimation(mAni2);
    }

    public void onAnimationRepeat(Animation animation) {;}
    public void onAnimationStart(Animation animation) {;}
});

mAni2.setAnimationListener(new AnimationListener() {
    public void onAnimationEnd(Animation animation) {
        mBtn.startAnimation(mAni3);
    }

    public void onAnimationRepeat(Animation animation) {;}
    public void onAnimationStart(Animation animation) {;}
});

mAni3.setAnimationListener(new AnimationListener() {
    public void onAnimationEnd(Animation animation) {
        Toast.makeText(TweenListener.this, "Animation End", 0).show();
    }

    public void onAnimationRepeat(Animation animation) {;}
    public void onAnimationStart(Animation animation) {;}
});
    }
}
```

세 개의 애니메이션이 순차적으로 실행되려면 앞쪽 애니메이션이 끝나는 시점에 다음 애니메이션을
시작해야 한다. 첫 번째 애니메이션은 버튼을 클릭할 때 실행하고 두 번째 애니메이션은 첫 번째 애
니메이션이 끝날 때 시작한다. 마찬가지로 세 번째 애니메이션은 두 번째 애니메이션이 끝날 때 실
행한다. 모든 애니메이션이 종료되면 최종적으로 토스트를 출력했다. 리소스에는 다음 세 개의 애니
메이션을 정의해 두었다.

anim/rotate2.xml

```xml
<set xmlns:android="http://schemas.android.com/apk/res/android"
    android:interpolator="@android:anim/accelerate_decelerate_interpolator">
    <rotate
        android:fromDegrees="0"
        android:toDegrees="360"
        android:pivotX="50%"
        android:pivotY="50%"
        android:duration="500"
    />
</set>
```

anim/alpha2.xml

```xml
<set xmlns:android="http://schemas.android.com/apk/res/android"
    android:interpolator="@android:anim/accelerate_interpolator">
    <alpha
        android:fromAlpha="1.0"
        android:toAlpha="0.0"
        android:duration="1000"
        android:repeatCount="1"
        android:repeatMode="reverse"
    />
</set>
```

anim/scale2.xml

```xml
<set xmlns:android="http://schemas.android.com/apk/res/android"
    android:interpolator="@android:anim/decelerate_interpolator">
    <scale
        android:fromXScale="1.0"
        android:toXScale="1.5"
        android:fromYScale="1.0"
        android:toYScale="1.5"
        android:pivotX="50%"
        android:pivotY="50%"
        android:duration="500"
        android:repeatCount="1"
        android:repeatMode="reverse"
    />
</set>
```

각각 회전, 알파, 확대 애니메이션이며 코드에서 연속으로 실행하도록 리스너로 연결하여 순서를 조정한다. 버튼이 한바퀴 휙 돌았다가 흐려졌다가 다시 나타났다가 커졌다가 작아지며 모든 애니메이션이 완료되면 토스트가 출력된다. 다음 애니메이션을 실행하기 위해 원래 상태로 돌아와야 하므로 반복 모드를 잘 활용해야 한다.

연속된 애니메이션이라면 리스너로 연결하는 방법 외에 애니메이션의 startOffset 속성으로 애니메이션 시작 시간을 조정하는 방법을 쓸 수도 있다. 뒤쪽 애니메이션은 앞쪽 애니메이션의 총 지속 시간만큼 대기한다. offset.xml에 연속된 애니메이션을 작성해 두었으며 코드에는 주석으로 처리해 두었다.

anim/offset.xml

```xml
<set xmlns:android="http://schemas.android.com/apk/res/android"
    android:interpolator="@android:anim/accelerate_decelerate_interpolator">
    <rotate
        android:fromDegrees="0"
        android:toDegrees="360"
        android:pivotX="50%"
        android:pivotY="50%"
        android:duration="500"
    />
    <alpha
        android:fromAlpha="1.0"
        android:toAlpha="0.0"
        android:duration="1000"
        android:repeatCount="1"
        android:repeatMode="reverse"
        android:startOffset="500"
    />
    <scale
        android:fromXScale="1.0"
        android:toXScale="1.5"
        android:fromYScale="1.0"
        android:toYScale="1.5"
        android:pivotX="50%"
```

```
            android:pivotY="50%"
            android:duration="500"
            android:repeatCount="1"
            android:repeatMode="reverse"
            android:startOffset="2500"
        />
    </set>
```

집합 안에 세 개의 애니메이션을 정의하되 각 애니메이션의 시작 시간이 다르다. 회전 애니메이션은 즉시 시작하며 0.5초 간 지속된다. 알파 애니메이션은 회전이 끝나는 0.5초 후에 시작하며 확대 애니메이션은 회전까지 끝나는 2.5초후에 시작된다. 세 애니메이션을 한꺼번에 실행하되 시작 시간에 차이를 둠으로써 마치 연결되어 실행되는 것처럼 보인다.

애니메이션을 연속 처리하려면 오프셋을 사용하는 것이 정석이다. 애니메이션 리스너는 애니메이션과 다른 동작을 연결할 때 주로 사용한다. 예를 들어 애니메이션 직후에 게임을 시작한다든가 애니메이션의 한 반복 단위마다 효과음을 내거나 진동을 발생시키는 정도에 활용할 수 있다. 완료 토스트를 출력하는 작업은 애니메이션이 아니므로 오프셋으로는 처리할 수 없다.

23.2 레이아웃 애니메이션

23.2.1 리스트뷰의 애니메이션

트윈 애니메이션은 적용 대상에 따라 뷰 애니메이션과 레이아웃 애니메이션으로 구분된다. 앞 절에서 연구해 본 것은 임의의 뷰에 대해 적용되는 뷰 애니메이션이었으며 애니메이션 대상은 뷰 그 자체이다. 레이아웃 애니메이션은 ViewGroup으로부터 파생되는 레이아웃에 대해 적용되며 레이아웃내의 개별 항목이 애니메이션 대상이다.

ViewGroup으로부터 파생되는 모든 레이아웃에 적용할 수 있지만 주로 리스트뷰와 그리드뷰에 대해 사용한다. 이 둘은 차일드 항목의 형태가 같고 위치가 균일하므로 애니메이션을 적용하기에 적합하다. 개별 항목이 순차적으로 애니메이션되므로 적용 순서나 시작 시간 등의 추가 속성이 더 필요하다. 이를 지정하는 객체가 LayoutAnimationController이다.

```
LayoutAnimationController(Animation animation, float delay)
```

항목에 적용할 애니메이션과 지연 시간을 지정한다. 각 항목의 애니메이션 시작 시점은 지속 시간×첨자×지연 시간으로 정해진다. 애니메이션의 지속 시간이 1초이고 지연 시간이 0.5초라면 각 항목별 시작 시간은 다음과 같다.

```
0 항목 : 1000×0×0.5 = 0
1 항목 : 1000×1×0.5 = 500
2 항목 : 1000×2×0.5 = 1000
```

지연 시간은 앞 항목의 애니메이션이 어느 정도까지 진행되었을 때 다음 항목의 애니메이션을 시작할 것인지 지정한다. 1이면 하나씩 순차적으로 실행되며 0.5이면 앞 항목을 반쯤 진행했을 때 다음 항목의 애니메이션이 시작되는 식이다. 즉, 지연 시간은 항목간의 애니메이션이 중첩되는 비율을 지정한다. 애니메이션은 첫 번째 항목부터 순서대로 적용되지만 다음 메서드로 순서를 바꾼다.

void setOrder (int order)

디폴트는 ORDER_NORMAL이되 ORDER_REVERSE로 설정하면 반대로 적용하고 ORDER_RANDOM으로 지정하면 무작위로 진행된다. 컨트롤러 객체를 생성한 후 뷰그룹의 layoutAnimation 속성에 대입하든가 실행 중에 setLayoutAnimation 메서드로 지정한다. 먼저 코드로 구현해 보자.

ListAnim

```
<LinearLayout xmlns:android="http://schemas.android.com/apk/res/android"
    android:orientation="vertical"
    android:layout_width="match_parent"
    android:layout_height="match_parent"
    >
<ListView
    android:id="@+id/list"
    android:persistentDrawingCache="all"
    android:layout_width="match_parent"
    android:layout_height="match_parent"
    />
</LinearLayout>
- - - - - - - - - - - - - - - - - - - - - - - - - - - - - - - - - - - - - - - - -
public class ListAnim extends Activity {
    public void onCreate(Bundle savedInstanceState) {
        super.onCreate(savedInstanceState);
        setContentView(R.layout.listanim);
```

```
ArrayAdapter<CharSequence> Adapter;
Adapter = ArrayAdapter.createFromResource(this, R.array.listanim,
        android.R.layout.simple_list_item_1);
ListView list = (ListView)findViewById(R.id.list);
list.setAdapter(Adapter);

AnimationSet set = new AnimationSet(true);
Animation rtl = new TranslateAnimation(
    Animation.RELATIVE_TO_SELF, 1.0f,Animation.RELATIVE_TO_SELF, 0.0f,
    Animation.RELATIVE_TO_SELF, 0.0f,Animation.RELATIVE_TO_SELF, 0.0f
);
rtl.setDuration(1000);
set.addAnimation(rtl);

Animation alpha = new AlphaAnimation(0.0f, 1.0f);
alpha.setDuration(1000);
set.addAnimation(alpha);

LayoutAnimationController controller =
    new LayoutAnimationController(set, 0.5f);
list.setLayoutAnimation(controller);
    }
  }
```

리니어 안에 리스트뷰 하나만 가득 채우고 persistentDrawingCache 속성을 all로 지정하여 애니메이션의 품질을 향상시켰다. 뷰그룹은 그리기 표면에 대한 캐시를 유지하는데 캐시는 메모리를 많이 소모하지만 가비지 컬렉션 회수를 줄여 속도에 유리하다. 디폴트로 스크롤시에만 캐시를 유지하지만 이 속성을 all로 지정하면 애니메이션시에도 캐시를 유지한다. 레이아웃 애니메이션을 하는 뷰그룹에는 이 속성을 지정하는 것이 유리하다.

배열 리소스에 몇 개의 문자열을 정의하고 어댑터를 통해 리스트뷰에 출력했다. 애니메이션 집합 객체를 생성하고 오른쪽에서 왼쪽으로 이동하는 애니메이션과 점점 또렷해지는 알파 애니메이션을 추가했다. 이 집합을 사용하고 지연 시간을 0.5초로 하는 컨트롤러를 생성하여 리스트뷰로 전달했다. 리스트뷰의 문자열이 한 번에 나타나지 않고 위에서부터 순서대로 오른쪽에서 왼쪽으로 미끄러지며 등장한다.

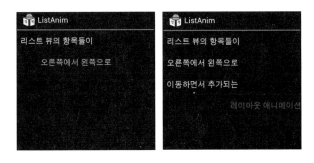

지연 시간을 0.5로 지정했으므로 한 항목이 반쯤 이동했을 때 다음 항목의 이동이 시작된다. 애니메이션 지속 시간이 1초이고 지연 시간이 0.5초이므로 초당 2개의 항목이 입장하는 셈이다. 지연 시간을 1초로 바꾸면 한 항목이 완전히 나온 후에 다음 항목이 등장한다. 천천히 결과를 볼 수 있도록 지속 시간을 충분히 길게 했는데 더 자세히 보고 싶다면 10초 정도로 늘려 보아라. 실제 프로젝트에서는 1초도 너무 길어 훨씬 더 짧게 주어야 한다. 다음은 비슷한 예제를 XML로 작성해 보자. 컨트롤러도 XML로 정의할 수 있다.

anim/listanimcontrol.xml

```
<layoutAnimation xmlns:android="http://schemas.android.com/apk/res/android"
        android:delay="100%"
        android:animationOrder="reverse"
        android:animation="@anim/righttoleft"
        />
```

righttoleft 애니메이션은 위 예제의 이동 애니메이션을 XML 문서로 작성한 것이며 알파 애니메이션은 뺐다.

anim/righttoleft.xml

```
<set xmlns:android="http://schemas.android.com/apk/res/android"
    android:interpolator="@android:anim/accelerate_interpolator">
    <translate android:fromXDelta="100%" android:toXDelta="0"
android:duration="1000" />
</set>
```

애니메이션을 역순으로 진행하며 지연 시간을 100%로 지정했다. 레이아웃의 리스트뷰에는 다음 속성으로 컨트롤러를 지정한다.

```
<ListView
    android:id="@+id/list"
    android:persistentDrawingCache="all"
    android:layout_width="match_parent"
    android:layout_height="match_parent"
    android:layoutAnimation="@anim/listanimcontrol"
    />
```

애니메이션과 컨트롤러가 모두 XML 문서로 제공되므로 코드는 별로 할 일이 없다. ListAnim2. java 소스는 리스트뷰에 어댑터를 연결하는 기본적인 코드만 작성되어 있다. 문서 간의 연결 관계는 다음과 같다.

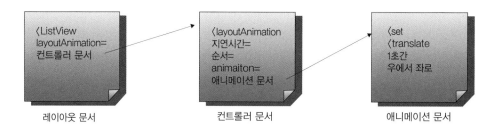

속성이 여기저기 분산되어 있어 다소 복잡해 보이는데 순서대로 리소스 파일을 생성하고 속성으로 연결하면 된다. 컨트롤러의 속성이 바뀌었으므로 앞 예제에 비해 애니메이션되는 형태가 조금 다르다.

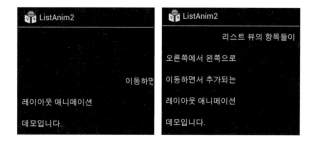

아래쪽의 항목이 먼저 등장하며 한 항목의 애니메이션이 완전히 종료되어야 다음 항목의 애니메이션이 진행된다. animationOrder 속성을 random으로 바꾸면 항목이 무작위 순서로 나타나며 한 꺼번에 여러 개가 나타나기도 한다.

23.2.2 그리드뷰의 애니메이션

그리드뷰의 애니메이션도 리스트뷰와 유사하되 리스트뷰가 1차원의 자료 집합인데 비해 그리드는 2차원의 도표 형태이므로 더 다양한 옵션이 필요하다. 그리드뷰의 컨트롤러는 LayoutAnimationController로부터 파생된 GridLayoutAnimationController 객체로 지정하며 다음 속성을 추가로 가진다.

속성	설명
columnDelay	각 열의 애니메이션을 시작할 지연 시간이며 지속 시간에 대한 비율이다.
rowDelay	각 행의 애니메이션을 시작할 지연 시간이며 지속 시간에 대한 비율이다.
direction	애니메이션 방향을 지정한다. 다음 4가지 값 중 하나 또는 복수개를 지정할 수 있다.
	left_to_right
	right_to_left
	top_to_bottom
	bottom_to_top
directionPriority	방향의 우선 순위를 지정한다. 디폴트는 none이며 행과 열이 같은 우선 순위를 가지지만 row나 column으로 지정하면 특정 방향이 우선 진행된다.

위젯편에서 만들었던 Grid 예제를 확장하여 애니메이션 기능을 추가해 보자. 속성이 약간 추가되었을 뿐 제작 과정은 리스트뷰와 거의 같다. 소스 코드는 원본 그리드뷰 예제를 그대로 사용하며 레이아웃의 GridView에 컨트롤러를 지정하는 속성이 추가로 지정되어 있다는 점만 다르다.

```
<GridView xmlns:android="http://schemas.android.com/apk/res/android"
    ....
    android:layoutAnimation="@anim/gridanimcontrol"
    />
```

컨트롤러는 다음과 같이 정의되어 있다.

anim/gridanimcontrol.xml

```
<gridLayoutAnimation xmlns:android="http://schemas.android.com/apk/res/android"
        android:direction="left_to_right|top_to_bottom"
        android:directionPriority="row"
        android:columnDelay="0.5"
        android:animation="@anim/gridfadein"
        />
```

왼쪽에서 오른쪽으로, 위에서 아래로 진행하되 행 방향을 우선 진행하며 한 열이 50% 진행되었을 때 다음 열의 애니메이션이 시작된다. gridfadein 애니메이션은 알파값이 점점 증가하는 애니메이션이다.

anim/gridfadein.xml

```
<set xmlns:android="http://schemas.android.com/apk/res/android"
    android:interpolator="@android:anim/accelerate_interpolator">
    <alpha
        android:fromAlpha="0.0"
        android:toAlpha="1.0"
        android:duration="500"
    />
</set>
```

개별 항목에 대해 이 애니메이션이 적용된다. 그리드는 항목의 개수가 많으므로 지속 시간이 너무 길면 좋지 않다. 웬만큼 속도가 빨라도 항목이 순서대로 쫘악 펼쳐지는 것이 사용자 눈에는 잘 보이므로 짧게 지정하는 것이 좋다. 이 예제는 효과를 분명히 관찰할 수 있도록 0.5초로 굉장히 길게 지정했다. GridAnim2 예제도 소스는 같고 컨트롤러만 약간 다르다.

anim/gridanimcontrol2.xml

```
<gridLayoutAnimation xmlns:android="http://schemas.android.com/apk/res/android"
        android:direction="left_to_right|top_to_bottom"
        android:directionPriority="column"
        android:rowDelay="0.5"
        android:animation="@anim/gridfadein"
        />
```

방향은 같되 열 우선으로 애니메이션을 진행했다. 두 예제의 실행 중간 과정은 각각 다음과 같다.

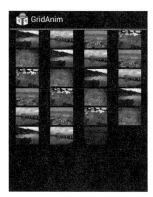 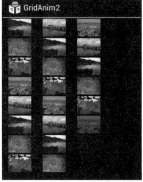

그리드의 항목이 한번에 뿅하고 나타나는 것이 아니라 하나씩 순서대로 나타나 사진이 차례대로 등장한다는 느낌이 든다. 확대나 회전 애니메이션을 적용하면 더 재미있는 효과를 만들어낼 수 있지만 너무 요란한 애니메이션은 바람직하지 않다.

23.2.3 액티비티의 애니메이션

애니메이션은 주로 뷰에 대해 적용되지만 액티비티에도 적용된다. 뷰의 애니메이션과 다른 점이라면 액티비티를 시작하거나 백그라운드로 전환할 때 운영체제에 의해 강제적으로 적용된다는 점이다. 전역 설정을 따르므로 모든 액티비티의 애니메이션이 같다. 기본 애니메이션은 안드로이드의 버전이나 장비의 설정에 따라 약간씩 다르다.

에뮬레이터에서는 오른쪽에서 왼쪽으로 밀면서 나오고, 사라질 때는 왼쪽에서 오른쪽으로 퇴장하는 것으로 되어 있고 실장비들은 중앙에서 점점 확대되는 식으로 더 멋있는 애니메이션을 채용한다. 자신의 액티비티에 변화를 주고 싶다면 다음 메서드로 등장, 퇴장 애니메이션을 각각 지정한다.

```
void overridePendingTransition (int enterAnim, int exitAnim)
```

액티비티 실행 직후나 finish로 종료하기 직전에 이 메서드를 호출하면 지정한 애니메이션이 실행된다. 인수로 애니메이션 ID를 전달하되 0은 애니메이션을 하지 말라는 뜻이다. 다음 예제는 등장할 때 별도의 애니메이션을 하지 않으며 퇴장할 때 아래로 빠르게 내려간다.

```
<LinearLayout xmlns:android="http://schemas.android.com/apk/res/android"
    android:orientation="vertical"
    android:layout_width="match_parent"
    android:layout_height="match_parent"
    >
<TextView
    android:layout_width="wrap_content"
    android:layout_height="wrap_content"
    android:textSize="16sp"
    android:text="이 액티비티는 시스템 설정을 따르지 않으며 고유한 애니메이션을 사용합니다."
    />
<Button
    android:id="@+id/btnquit"
    android:layout_width="match_parent"
    android:layout_height="wrap_content"
    android:onClick="mOnClick"
    android:text="Quit"
    />
</LinearLayout>
```

```
public class ActAnim extends Activity {
    public void onCreate(Bundle savedInstanceState) {
        super.onCreate(savedInstanceState);
        setContentView(R.layout.actanim);

        overridePendingTransition(0, 0);
    }

    public void mOnClick(View v) {
        switch (v.getId()) {
        case R.id.btnquit:
            finish();
            overridePendingTransition(0, R.anim.exitanim);
            break;
        }
    }
}
```

메인 레이아웃에는 간단한 설명 텍스트와 종료 버튼만 배치했다. 시작 애니메이션은 onCreate에서
지정한다. 호출하는 쪽에서 startActivity 호출 후에 애니메이션을 변경하는 것이 원칙적이지만 가

급적 한 코드에서 통합 처리하기 위해 onCreate에 작성했다. 퇴장 애니메이션은 finish 호출 후에 지정한다.

등장 애니메이션이 0이므로 이 액티비티는 다른 예제와 달리 실행 직후에 곧바로 화면에 나타나 다소 어색해 보일 수도 있다. 결과를 조금이라도 빨리 보여 줘야 한다거나 액티비티간에 모드를 신속하게 변환할 때는 애니메이션을 하지 않는 편이 차라리 더 깔끔하다. 퇴장할 때는 다음 애니메이션을 적용한다.

anim/exitanim.xml

```xml
<set xmlns:android="http://schemas.android.com/apk/res/android"
    android:interpolator="@android:anim/decelerate_interpolator">
    <translate
        android:fromYDelta="0"
        android:toYDelta="100%"
        android:duration="300"
    />
</set>
```

0.3초 만에 화면 아래쪽으로 완전히 내려가되 잽싸게 자리를 비켜 주려면 초반에 속도가 빠른 decel 인터폴레이터를 적용하는 것이 좋다. 액티비티마다 고유의 애니메이션을 적용할 수 있다는 면에서 자유도가 높다.

23.2.4 ViewAnimator

ViewAnimator 클래스는 프레임의 서브 클래스로서 여러 개의 뷰를 겹쳐 놓고 하나만 선택적으로 보여주되 자체적으로 애니메이션을 제공한다. 프레임이므로 실행 중에도 차일드를 추가, 삭제 가능하다. 최초 첫 번째 차일드가 보이고 나머지는 숨겨지는데 다음 메서드로 차일드를 스위칭한다.

```
void showNext ()
void showPrevious ()
void setDisplayedChild (int whichChild)
View getCurrentView ()
int getDisplayedChild ()
```

이전, 이후의 차일드로 이동할 수 있고 순서값을 지정하여 특정 차일드로 바로 점프할 수도 있다. 차일드의 visibility 속성을 따로 조정하지 않아도 현재 차일드 하나만 보여지고 나머지 차일드는 전부 숨겨진다. get* 메서드는 현재 차일드 뷰나 순서값을 구한다. 여기까지의 특성만 보면 프레임과 거의 같지만 전환할 때 애니메이션이 지원된다는 점이 다르다.

inAnimation 속성은 차일드가 나타날 때의 애니메이션을 지정하며 outAnimation은 차일드가 사라질 때의 애니메이션을 지정한다. 실행 중에도 setIn(Out)Animation 메서드로 효과를 변경할 수 있다. 차일드 교체시 애니메이션 효과를 주면 훨씬 더 멋있다. ViewAnimator 아래 특화된 몇 개의 서브 클래스가 제공된다.

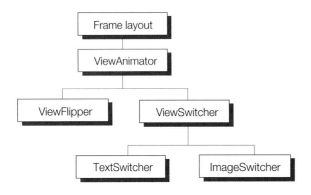

ViewFlipper는 일정 간격으로 차일드를 교체하는 기능을 추가로 제공한다. 간격은 flipInterval 속성으로 지정하며 다음 메서드로 자동 교체를 시작, 중지하거나 현재 자동 교체 중인지 조사한다.

```
void startFlipping ()
void stopFlipping ()
boolean isFlipping ()
```

autoStart 속성을 true로 지정하면 생성 직후에 바로 플리핑을 시작하며 프리젠테이션처럼 일련의 차일드를 교체하며 보여줄 때 유용하다.

```
<LinearLayout xmlns:android="http://schemas.android.com/apk/res/android"
    android:orientation="vertical"
    android:layout_width="match_parent"
    android:layout_height="match_parent"
    >
<LinearLayout
    android:layout_width="match_parent"
    android:layout_height="wrap_content"
    >
<Button
    android:id="@+id/btnprev"
    android:layout_width="wrap_content"
    android:layout_height="wrap_content"
    android:onClick="mOnClick"
    android:text="Prev"
    />
<Button
    android:id="@+id/btnnext"
    android:layout_width="wrap_content"
    android:layout_height="wrap_content"
    android:onClick="mOnClick"
    android:text="Next"
    />
<CheckBox
    android:id="@+id/chkflip"
    android:layout_width="wrap_content"
    android:layout_height="wrap_content"
    android:onClick="mOnClick"
    android:text="Flip"
    />
<CheckBox
    android:id="@+id/chkanim"
    android:layout_width="wrap_content"
    android:layout_height="wrap_content"
    android:onClick="mOnClick"
    android:text="Anim"
    />
</LinearLayout>
<ViewFlipper
    android:id="@+id/flip"
    android:layout_width="match_parent"
    android:layout_height="match_parent"
```

```
        android:flipInterval="1000"
        >
<ImageView
        android:layout_width="match_parent"
        android:layout_height="match_parent"
        android:background="#ffff00"
        android:src="@drawable/korandoc"
        />
<Button
        android:layout_width="match_parent"
        android:layout_height="match_parent"
        android:text="This is a Button"
        />
<EditText
        android:layout_width="match_parent"
        android:layout_height="match_parent"
        android:text="This is a Edit"
        />
</ViewFlipper>
</LinearLayout>
```

```java
public class ViewFlipperTest extends Activity {
    ViewFlipper mFlip;
    public void onCreate(Bundle savedInstanceState) {
        super.onCreate(savedInstanceState);
        setContentView(R.layout.viewflippertest);

        mFlip = (ViewFlipper)findViewById(R.id.flip);
    }

    public void mOnClick(View v) {
        switch (v.getId()) {
        case R.id.btnprev:
            mFlip.showPrevious();
            break;
        case R.id.btnnext:
            mFlip.showNext();
            break;
        case R.id.chkflip:
            if (mFlip.isFlipping()) {
                mFlip.stopFlipping();
            } else {
                mFlip.startFlipping();
            }
```

```
                break;
        case R.id.chkanim:
            if (mFlip.getInAnimation() == null) {
                mFlip.setInAnimation(AnimationUtils.loadAnimation(this, R.anim.viewin));
                mFlip.setOutAnimation(AnimationUtils.loadAnimation(this, R.anim.viewout));
            } else {
                mFlip.setInAnimation(null);
                mFlip.setOutAnimation(null);
            }
            break;
        }
    }
}
```

실행 중에 속성을 변경할 수 있는 위젯을 위쪽에 배치하고 플리퍼 안에는 이미지뷰와 버튼, 에디트를 각각 배치했다. 최초 실행 시 이미지뷰만 보이지만 Prev, Next 버튼을 눌러 다른 차일드로 전환한다.

Anim 체크 박스를 선택한 채로 차일드를 교체하면 차일드가 사라지거나 나타날 때 애니메이션이 수행된다. 차일드 애니메이션에 적용된 두 개의 애니메이션은 다음과 같이 정의되어 있다.

```
<set xmlns:android="http://schemas.android.com/apk/res/android">
    <translate
        android:fromXDelta="0"
        android:toXDelta="-100%p"
        android:duration="500"
        />
</set>
```

0의 위치에서 시작하여 −100%까지, 즉 자신의 폭만큼 왼쪽으로 밀려난 위치까지 이동하라는 뜻이다. viewin은 반대로 100% 위치에서 시작하여 0의 위치까지 이동하므로 오른쪽에서 왼쪽으로 나타난다. 알파나 확대 등을 혼합하면 화려한 전환 효과를 낼 수 있다.

```
<set xmlns:android="http://schemas.android.com/apk/res/android">
    <translate
        android:fromXDelta="100%p"
        android:toXDelta="0"
        android:duration="500"
        />
</set>
```

이 두 애니메이션이 동시에 실행되면서 이전 뷰는 왼쪽으로 밀려서 사라지고 새로운 뷰가 오른쪽에서 나타난다. Flip 체크 박스를 누르면 1초에 하나씩 자동으로 차일드가 교체된다. Flip 체크 박스와 Anim 체크 박스를 같이 선택해 놓으면 3개의 뷰가 마치 슬라이드쇼를 하듯 반복적으로 교체된다.

ViewSwitcher 클래스는 딱 두 개의 차일드를 가지며 두 차일드를 교체한다. 세 개 이상의 차일드를 추가하면 예외 처리되지만 두 차일드의 내용을 번갈아가며 교체하는 식으로 여러 차일드를 전환하는 효과를 낼 수 있다. 차일드는 레이아웃에 미리 추가해 놓거나 팩토리 인터페이스로 실행 중에 생성하는데 보통 여러 개의 내용물을 준비해 두고 뷰를 바꿔 가며 보여주는 식이라 실행 중에 생성하는 것이 더 일반적이다.

서브 클래스인 TextSwitcher는 텍스트뷰를 차일드로 가지며 두 개의 텍스트뷰를 번갈아가며 보여준다. 애니메이션을 보여주려면 최소한 두 개의 텍스트뷰가 필요하므로 실시간으로 뷰를 만들어 교체하는 과정을 보여주는 것이다. 문자열 두 개를 애니메이션으로 교체할 때 유용하다. 다음 예제는 광고를 교체해 가며 보여준다.

```
<LinearLayout xmlns:android="http://schemas.android.com/apk/res/android"
    android:orientation="vertical"
    android:layout_width="match_parent"
    android:layout_height="match_parent"
    >
<Button
    android:id="@+id/btnnext"
    android:layout_width="match_parent"
    android:layout_height="wrap_content"
    android:onClick="mOnClick"
    android:text="다음 광고 보기"
    />
<TextSwitcher
    android:id="@+id/switcher"
    android:layout_width="match_parent"
    android:layout_height="wrap_content"
    android:inAnimation="@anim/viewdown"
    android:outAnimation="@anim/viewup"
    />
</LinearLayout>
---------------------------------------------------------
public class TextSwitcherTest extends Activity {
    TextSwitcher mSwitcher;
    int mAdIdx = 0;
    String[] arAd = new String[] {
        "1.정력짱! 롯데 삼계탕",
        "2.MS 명품 마우스",
        "3.애플 아이 사과 쥬스",
        "4.신용불량자 긴급대출",
    };
    public void onCreate(Bundle savedInstanceState) {
        super.onCreate(savedInstanceState);
        setContentView(R.layout.textswitchertest);

        mSwitcher = (TextSwitcher)findViewById(R.id.switcher);
        mSwitcher.setFactory(mFactory);

        mSwitcher.setText(arAd[mAdIdx]);
    }

    public void mOnClick(View v) {
        switch (v.getId()) {
```

```
            case R.id.btnnext:
                mAdIdx = mAdIdx == arAd.length - 1 ? 0:mAdIdx + 1;
                mSwitcher.setText(arAd[mAdIdx]);
                break;
        }
    }

    ViewSwitcher.ViewFactory mFactory = new ViewSwitcher.ViewFactory() {
        public View makeView() {
            TextView text = new TextView(TextSwitcherTest.this);
            text.setTextSize(22);
            text.setBackgroundColor(Color.YELLOW);
            text.setTextColor(Color.BLACK);
            return text;
        }
    };
}
```

레이아웃의 TextSwitcher에는 등장, 퇴장에 대해 viewdown, viewup 애니메이션이 지정되어 있는데 이름만 봐도 위, 아래로 이동하는 애니메이션임을 쉽게 짐작할 수 있다. 두 애니메이션의 소스는 다음과 같다.

anim/viewdown.xml

```
<set xmlns:android="http://schemas.android.com/apk/res/android">
    <translate
        android:fromYDelta="100%p"
        android:toYDelta="0"
        android:duration="500"
        />
</set>
```

anim/viewup.xml

```
<set xmlns:android="http://schemas.android.com/apk/res/android">
    <translate
        android:fromYDelta="0"
        android:toYDelta="-100%p"
        android:duration="500"
        />
</set>
```

사라질 때는 위로 올라가고 나타날 때는 아래에서 올라오도록 했으므로 바닥에서 문자열이 솟아나는 듯한 효과를 낸다. arAd 배열에 4개의 광고 문자열을 준비해 두고 이 문자열을 순서대로 교체한다. 버튼의 클릭 리스너에서 광고의 첨자를 순환시키며 setText 메서드를 호출하여 새로운 광고로 전환한다. setText 메서드를 호출하면 이때 팩토리의 makeView가 호출되며 여기서 새로운 텍스트뷰를 생성하여 애니메이션을 진행한다. 버튼을 누르면 다음 광고 문자열이 위로 올라올 것이다.

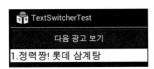 

비슷하게 ImageSwitcher 위젯도 제공된다. 텍스트 대신 이미지 여러 개를 준비해 두고 교대로 보여줄 때 유용하며 이 위젯을 사용하면 슬라이드 쇼를 쉽게 구현할 수 있다.

CHAPTER 24

속성 애니메이션

24.1 속성 애니메이션

24.1.1 Animator

기존의 애니메이션은 움직임에 대한 정보만 가지며 대상이 애니메이션을 직접 실행하는 방식이었다. 시작값, 끝값, 지속 시간, 인터폴레이터 등의 움직임 관련 정보를 애니메이션 객체에 설정하고 뷰에 대해 실행하면 뷰가 애니메이션의 속성을 참조하여 스스로 움직인다. 간편하지만 애니메이션 클래스가 제공하는 만큼의 기능만 사용할 수 있으며 그 이상의 효과를 발휘하기 어렵다는 제약이 있다.

안드로이드 3.0에서 속성 애니메이션이라는 새로운 방법이 추가되었다. 특정 속성값을 주어진 시간 동안 변화를 주어 애니메이션하는 방식이며 대상 속성에 제약이 없어 활용 범위가 훨씬 넓다. 3D 효과를 낼 수도 있고 화면에 나타나지 않는 속성값을 조작하여 간접적으로 애니메이션할 수 있으며 커스텀 속성까지 애니메이션 가능하다. 기존의 애니메이션과 방식이 다를 뿐 움직임을 구현한다는 목적이 같고 원리나 개념도 비슷하다. 주요 클래스 계층은 다음과 같다.

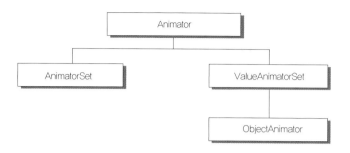

상위의 Animator는 추상 클래스이며 애니메이션을 관리하는 기본 메서드를 제공한다. 애니메이션을 관리하는 기본 구조와 메서드를 제공할 뿐 직접 사용되지는 않는다. 실제 애니메이션은 Animator 아래의 서브 클래스가 담당한다. 애니메이션 관리 메서드부터 정리해 보자. 다음 세 메서드는 애니메이션 실행을 제어한다.

```
void start()
void reverse()
void end()
void cancel()
```

start는 애니메이션을 처음부터 재생하고 reverse는 끝에서부터 역으로 재생한다. end와 cancel은 둘 다 애니메이션을 끝내지만 end는 애니메이션의 마지막 상태로 이동한 후 정지하는데 비해 cancel은 현재 진행 상태에서 정지한다는 점이 다르다. 다음 메서드는 애니메이션의 주요 속성값을 설정한다.

```
Animator setDuration(long duration)
void setStartDelay(long startDelay)
void setTarget(Object target)
void setupStartValues()
void setupEndValues()
void setInterpolator(TimeInterpolator value)
```

메서드 이름에서 알 수 있다시피 애니메이션 지속 시간, 시작 지연 시간, 애니메이션 대상 객체, 시작값과 끝값, 보간법을 설정한다. 조목조목 설명하지 않더라도 각 속성이 애니메이션에 어떤 영향을 미치는지 직관적으로 이해할 수 있을 것이다. 다음 메서드는 애니메이션의 현재 상태를 조사한다.

```
boolean isStarted()
boolean isRunning()
```

애니메이션이 시작되었는지, 현재 실행 중인지 조사하는데 이 둘은 약간 다르다. 시작은 했지만 지연 시간에 걸려 대기 중이면 아직 실행 중은 아닌 것으로 조사된다. 애니메이션이 시작되면 각 단계에서 진행 관련 이벤트가 전달되는데 다음 메서드는 이벤트를 받을 리스너를 등록 및 제거한다.

```
void addListener(Animator.AnimatorListener listener)
ArrayList<Animator.AnimatorListener> getListeners()
void removeListener(Animator.AnimatorListener listener)
void removeAllListeners()
```

애니메이션의 각 진행 상태에 따라 리스너의 다음 메서드가 호출된다. 시작, 끝, 중지, 반복 등의 이벤트가 발생할 때마다 콜백으로 현재 상태를 알려 준다. 애니메이션 중에 어떤 처리를 하려면 리스너를 등록하고 관심 있는 신호를 대기했다가 반응을 보여야 한다. 예를 들어 애니메이션이 끝난 직후에 새로운 액티비티를 띄우고 싶다면 onAnimationEnd 메서드에 코드를 작성한다.

```
void onAnimationStart(Animator animation)
void onAnimationEnd(Animator animation)
void onAnimationCancel(Animator animation)
void onAnimationRepeat(Animator animation)
```

AnimatorListener는 인터페이스이므로 상속받은 모든 메서드를 구현해야 한다. 완료에만 관심 있다고 해서 onAnimationEnd만 구현해서는 안 되며 나머지 메서드를 비워 두더라도 일단은 구현해야 한다. 이것이 번거롭다면 AnimatorListenerAdapter 클래스를 상속받는다. 이 클래스는 리스너의 모든 메서드에 대해 기본 구현을 제공하므로 상속받은 후 관심 있는 메서드만 재정의하면 된다.

24.1.2 ValueAnimator

실제 애니메이션은 Animator의 서브 클래스가 담당한다. ValueAnimator는 시간 흐름에 따라 중간값을 계산하여 주기적으로 알려주는 일종의 타이머이다. 애니메이션 속성으로 시작값과 끝값, 지속 시간, 인터폴레이터 등을 설정해 놓으면 시간 흐름과 보간 함수를 참조하여 중간값을 계산하고 콜백으로 전달한다. 변화시키는 값의 타입에 따라 다음 세 개의 정적 팩토리 메서드가 제공된다.

```
static ValueAnimator ofInt(int... values)
static ValueAnimator ofFloat(float... values)
static ValueAnimator ofObject(TypeEvaluator evaluator, Object... values)
```

정수, 실수, 임의 타입의 값을 여러 개 전달하는데 일반적으로 2개의 시작값과 끝값을 전달하여 애니메이션 범위를 지정한다. 지속 시간은 setDuration 메서드로 지정하며 디폴트 지속 시간은 0.3초이다. 애니메이션은 사용자의 동작 중간중간에 삽입되는 효과일 뿐이므로 신속하게 처리해야지 지속 시간이 너무 길면 애니메이션이 끝날 때까지 사용자가 대기해야 하므로 안 하느니만 못하다.

ValueAnimator는 중간값을 계산할 뿐 계산한 값을 어디다 사용할 것인가는 관여하지 않는다. 이 값을 어떤 객체의 어떤 속성에 적용할지 알지 못하며 직접 조작하는 것도 아니다. 다만 변경 리스너로 중간값을 알려만 준다. 따라서 중간값을 애니메이션에 활용하려면 변경 리스너에서 대상 객체의 값을 변경해야 한다. 변경 리스너는 다음 메서드로 등록하며 매 프레임마다 리스너의 onAnimationUpdate 메서드가 호출된다.

```
void addUpdateListener(ValueAnimator.AnimatorUpdateListener listener)
void onAnimationUpdate(ValueAnimator animation)
```

인수로 전달된 animation 객체의 다음 메서드로 현재 애니메이션 시간과 현재값을 조사한다.

```
float getAnimatedFraction()
Object getAnimatedValue()
```

getAnimatedFraction은 애니메이션의 진행 정도를 0~1사이의 실수로 리턴한다. 이 값을 경과 조각(Elapsed Fraction)이라고 하는데 0이면 이제 막 시작했다는 뜻이고 0.5면 절반, 1에 가까우면 거의 끝부분에 도달했다는 뜻이다. getAnimatedValue는 현재값을 리턴하되 Object 타입을 리턴하므로 원하는 타입으로 캐스팅하여 사용한다. 다음 두 메서드는 애니메이션의 반복 횟수와 방법을 지정한다.

```
void setRepeatCount(int value)
void setRepeatMode(int value)
```

반복 횟수가 0이면 한 번만 실행한다. 1이면 1회 더 반복하고 2이면 2회 더 반복하며 INFINITE이면 무한히 반복한다. 즉, value인수로 지정한 값보다 1회 더 반복하는 셈이다. 반복 모드는 반복 횟수가 0이상일 때 어떤 식으로 반복할 것인가를 지정한다. RESTART는 재시작하고 REVERSE는 역재생한다. 여기까지 설명을 읽어 보면 속성 애니메이션이 대충 어떤 식으로 실행되는지 감이 올 것이다.

```
<LinearLayout xmlns:android="http://schemas.android.com/apk/res/android"
    android:orientation="vertical"
    android:layout_width="match_parent"
    android:layout_height="match_parent" >
<Button
    android:id="@+id/btnrun"
    android:layout_width="wrap_content"
    android:layout_height="wrap_content"
    android:onClick="mOnClick"
    android:text="Run" />
<Button
    android:id="@+id/btn"
    android:layout_width="wrap_content"
    android:layout_height="wrap_content"
    android:text="Button" />
</LinearLayout>
--------------------------------------------------------
public class ValueAnimatorTest extends Activity {
    Button mBtn;
    public void onCreate(Bundle savedInstanceState) {
        super.onCreate(savedInstanceState);
        setContentView(R.layout.valueanimatortest);

        mBtn=(Button)findViewById(R.id.btn);
    }

    public void mOnClick(View v) {
        ValueAnimator anim = ValueAnimator.ofInt(150, 400);
        anim.setDuration(2000);
        anim.addUpdateListener(new ValueAnimator.AnimatorUpdateListener() {
            public void onAnimationUpdate(ValueAnimator animation) {
                mBtn.setWidth((Integer)animation.getAnimatedValue());
            }
        });
        anim.start();
    }
}
```

리니어에 2개의 버튼을 배치했다. 위쪽의 Run은 애니메이션을 시작하는 명령 버튼이고 아래쪽의 Button은 애니메이션 대상이다. Run 버튼의 클릭 이벤트 핸들러에서 ofInt 팩토리 메서드로 anim 객체를 생성한다. 조작 대상 속성의 타입이 정수형이며 시작값은 200, 끝값은 400이다. 결과를 천천히 살펴 볼 수 있도록 지속 시간은 2초로 충분히 길게 지정했다. 속성값이 200에서 시작하여 2초간 점점 증가하면서 400까지 이동한다.

ValueAnimator는 정해진 규칙에 따라 정수값을 변경할 뿐 대상 객체에 직접 적용하지 않으며 생성할 때도 적용 대상에 대한 정보를 아예 받지 않았다. 대신 변경 리스너에게 중간 프레임의 값을 수시로 알려준다. 따라서 이 값을 애니메이션에 적용하려면 리스너를 등록하고 원하는 객체의 특정 속성에 값을 대입해야 한다. 리스너에서 현재 애니메이션값을 읽어 버튼의 폭을 변경하였다. 버튼의 폭이 200에서 시작하여 400으로 점차 커진다.

setWidth 메서드는 버튼의 폭을 변경할 때마다 화면을 무효화하여 다시 그린다. 폭 뿐만 아니라 대부분의 속성 변경 메서드는 갱신된 값을 적용하기 위해 무효화하므로 프레임이 바뀔 때마다 버튼이 점점 커지는 것을 볼 수 있다. 만약 변경한 속성이 화면을 무효화하지 않는다면 invalidate 메서드를 직접 호출하여 화면을 무효화한다. 무척 드물지만 포함 객체의 속성이나 간접적으로 출력에 영향을 주는 속성, 커스텀 위젯의 경우는 무효화를 직접 해야 한다.

화면을 다시 그리는 프레임 비율의 디폴트는 0.01초로 되어 있다. 초당 100회 화면을 갱신하는 셈인데 이 정도 비율이면 사람 눈에는 자연스러운 움직임으로 인식된다. 단, 실제 프레임 비율은 시스템의 속도나 작업량에 따라 동적으로 조정된다. 결국 빠른 장비일수록 애니메이션도 부드러우며 백그라운드 작업이 많으면 느려진다. 에뮬레이터에서는 느려 보이고 뚝뚝 끊어지는 듯한 감이 있지만 실장비에서는 훨씬 더 부드럽다.

디폴트로 애니메이션은 딱 한 번만 수행되며 가속 인터폴레이터를 사용한다. 다음 예제는 애니메이션에 몇 가지 옵션을 더 적용해 본 것이다. 인터폴레이터를 null로 지정하면 직선 인터폴레이터를 사용하며 반복 횟수는 2회로 조정하고 두 번째는 역재생한다. 리스너를 등록하여 애니메이션 시작과 끝에 토스트도 출력했다.

```
public class ValueAnimatorTest2 extends Activity {
    Button mBtn;
    public void onCreate(Bundle savedInstanceState) {
        super.onCreate(savedInstanceState);
        setContentView(R.layout.valueanimatortest);

        mBtn=(Button)findViewById(R.id.btn);
    }

    public void mOnClick(View v) {
        ValueAnimator anim = ValueAnimator.ofInt(150, 400);
        anim.setDuration(2000);
        anim.setInterpolator(null);
        anim.setRepeatCount(1);
        anim.setRepeatMode(ValueAnimator.REVERSE);
        anim.addListener(new AnimatorListenerAdapter() {
            public void onAnimationStart(Animator animation) {
                Toast.makeText(ValueAnimatorTest2.this, "start", 0).show();
            }
            public void onAnimationEnd(Animator animation) {
                Toast.makeText(ValueAnimatorTest2.this, "end", 0).show();
            }
        });
        anim.addUpdateListener(new ValueAnimator.AnimatorUpdateListener() {
            public void onAnimationUpdate(ValueAnimator animation) {
                mBtn.setWidth((Integer)animation.getAnimatedValue());
            }
        });
        anim.start();
    }
}
```

애니메이션 리스너는 AnimatorListenerAdapter 임시 객체를 생성하고 관심 있는 이벤트에 대해서만 메서드를 재정의하여 등록했다. 원래는 다음과 같이 인터페이스에 대한 구현 객체를 등록하는 것이 원칙이다.

```
anim.addListener(new Animator.AnimatorListener() {
    public void onAnimationStart(Animator animation) {
        Toast.makeText(ValueAnimatorTest2.this, "start", 0).show();
    }
    public void onAnimationEnd(Animator animation) {
        Toast.makeText(ValueAnimatorTest2.this, "end", 0).show();
    }
    public void onAnimationCancel(Animator animation) {
    }
    public void onAnimationRepeat(Animator animation) {
    }
});
```

자바 문법상 인터페이스를 상속하면 관심도 없는 취소, 반복 이벤트에 대한 콜백까지 본체를 작성해야 하므로 번거롭다. 그래서 기본 구현을 제공하는 AnimatorListenerAdapter를 상속받는 것이 간편하다.

24.1.3 ObjectAnimator

ValueAnimator는 이름이 의미하는 바대로 값에 대한 조작만 처리한다. 값을 정해진 규칙에 따라 변경할 뿐이므로 리스너에서 매번 중간값을 수신하여 원하는 객체의 속성값을 직접 조작해야 사용자 눈에 보이는 애니메이션이 된다. 값을 속성에 대입해야 한다는 면에서 불편하지만 중간값을 어디에 어떻게 사용할 것인가는 자유이므로 활용성이 높다.

이에 비해 ObjectAnimator는 적용 대상 객체와 속성을 지정하면 중간값을 대입하는 처리까지 자동으로 수행하는 고수준의 클래스이다. 별도의 리스너를 등록할 필요가 없으며 코드도 짧고 간편하다. ValueAnimator와 리스너의 속성 대입문을 합쳐 놓은 형태라고 생각하면 된다. 이 객체는 다음 팩토리 메서드로 생성한다.

```
static ObjectAnimator ofInt(Object target, String propertyName, int... values)
static ObjectAnimator ofFloat(Object target, String propertyName, float... values)
static ObjectAnimator ofObject(Object target, String propertyName, TypeEvaluator
evaluator, Object... values)
```

ValueAnimator와 메서드 이름은 같되 앞쪽의 두 인수로 대상 객체와 속성을 전달받는다는 점이 다르며 이 정보를 통해 매 중간값을 속성에 자동으로 대입한다. 예를 들어 버튼의 폭 속성에 대해 200에서 400까지 증가하라는 식으로 지정하면 버튼의 폭이 200에서 시작하여 400으로 점점 커지는 애니메이션이 된다. 세 번째 이후의 인수는 속성의 시작과 끝값이며 애니메이션 범위를 지정한다.

사용하기는 편리하지만 변경 가능한 속성의 종류는 제한적이다. propertyName 인수는 애니메이션으로 조정할 속성의 이름이며 예를 들어 폭을 변경하려면 "width"라고 지정한다. 에니메이션 객체가 이름만으로 대상 속성을 조작하려면 이 값을 읽고 쓰는 방법이 있어야 한다. 즉 get, set 액세서(Accessor) 메서드가 있어야 한다는 얘기인데 width의 경우 getWidth, setWidth 메서드가 제공되므로 애니메이션 가능한 속성이다. 3.0 이후 다양한 속성에 대해 애니메이션을 적용할 수 있도록 View 클래스에 다음 메서드가 추가로 제공된다.

```
setTop, setBottom, setLeft, setRight, setAlpha, setPivotX, setPivotY, setRotationX,
setRotationY, setScaleX, setScaleY 등등
```

이전 버전에서는 굳이 제공할 필요가 없는 메서드였으나 애니메이션 지원을 위해 액세서 메서드가 추가되었다. 액세서 메서드가 없는 속성은 중간값을 자동으로 대입할 방법이 없으므로 애니메이션 대상이 될 수 없다. 자동화되어 있지만 조건에 맞는 속성만 지정할 수 있고 중간값을 조작할 기회가 없으므로 ValueAnimator에 비해 범용성은 떨어지는 셈이다. 안에서 알아서 다 처리하는 자동보다는 직접 조작할 수 있는 수동이 더 활용성이 높을 수밖에 없다.

값 목록은 1개 이상 여러 개를 지정할 수 있으며 통상 시작값과 끝값 2개를 지정한다. 그러나 시작값을 생략하고 끝값만 지정할 수도 있는데 이 경우 현재값을 시작값으로 대신 사용한다. 대상 속성의 get 메서드로 현재값을 조사할 수 있으므로 시작값을 생략할 수 있다. 반면 ValueAnimator는 어떤 속성에 대해 적용할지 미리 알 수 없으며 현재값도 구할 수 없으므로 최소한 2개의 값을 주어야 한다.

3개 이상의 값을 지정하는 것도 물론 가능하다. 200, 250, 400으로 지정하면 200에서 시작해서 중간 지점에 250이 되었다가 끝값은 400이 된다. 이렇게 되면 전반부와 후반부의 애니메이션 속도가 달라진다. 앞에서 ValueAnimator로 만든 예제를 ObjectAnimator로 다시 작성해 보자. 레이아웃은 동일하므로 코드만 보인다.

```java
public class ObjectAnimatorTest extends Activity {
    Button mBtn;
    public void onCreate(Bundle savedInstanceState) {
        super.onCreate(savedInstanceState);
        setContentView(R.layout.valueanimatortest);

        mBtn=(Button)findViewById(R.id.btn);
    }

    public void mOnClick(View v) {
        ObjectAnimator anim = ObjectAnimator.ofInt(mBtn, "width", 200, 400);
        anim.setDuration(2000);
        anim.start();
    }
}
```

ofInt 메서드의 인수 목록으로 애니메이션에 필요한 모든 정보가 전달된다. mBtn 객체의 width 속성에 대해 200~400까지 2초간 애니메이션했다. 리스너를 등록할 필요가 없고 속성에 중간값을 대입하는 코드도 불필요하므로 코드가 짧다. ofInt 메서드로 애니메이션 관련 정보만 지정하면 모든 것이 자동으로 처리된다. 두 예제의 코드를 나란히 놓고 비교해 보자.

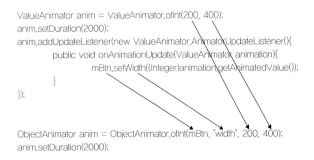

ValueAnimator는 리스너를 설치하고 여기서 특정 객체의 속성을 조작해야 애니메이션이 수행된다. 예제에서는 mBtn의 width 속성을 조작했으며 리스너가 해야 할 일은 통상 속성에 값을 대입하는 것이다. ObjectAnimator는 이 대입에 필요한 정보를 팩토리 메서드의 인수로 미리 받아 두고 내부에서 자동 처리한다. 실행 결과는 앞 예제와 같다. 다음 예제는 애니메이션 속성을 약간 변경한 것이다.

```java
public class ObjectAnimatorTest2 extends Activity {
    Button mBtn;
    public void onCreate(Bundle savedInstanceState) {
        super.onCreate(savedInstanceState);
        setContentView(R.layout.valueanimatortest);

        mBtn=(Button)findViewById(R.id.btn);
    }

    public void mOnClick(View v) {
        ObjectAnimator anim = ObjectAnimator.ofInt(mBtn, "width", 400);
        anim.setInterpolator(null);
        anim.setRepeatCount(1);
        anim.setRepeatMode(ValueAnimator.REVERSE);
        anim.setDuration(2000);
        anim.start();
    }
}
```

시작값을 생략하고 끝값만 400으로 지정했다. 버튼의 현재 폭에서 시작하여 400까지 증가한다. 애니메이션 객체 내부에서 getWidth 메서드를 호출하여 현재값을 조사할 수 있어 현재값에서 시작하는 것이 가능하다. ValueAnimator는 시작값을 강제로 지정해야 하므로 시작 부분이 어색하지만 이 예제는 그런 문제가 없다. 인터폴레이터는 직선 보간을 사용하며 2회 반복하되 역재생했다.

레이아웃 안에서 객체의 속성을 변경하는데는 제약이 따른다. 위 예제는 버튼의 폭을 조작하는데 수평 리니어 레이아웃에서 폭은 별 제약없이 바꿀 수 있기 때문이다. 버튼의 위치를 조작하여 이동하는 애니메이션을 만든다고 할 때 left 속성값을 점점 오른쪽으로 옮기면 될 것 같지만 안 된다. left만 조정하면 폭이 줄어들기만 할 뿐이며 right도 같이 조정해야 폭을 유지한 채로 위치를 바꿀 수 있다.

엄격한 배치 규칙이 적용되는 레이아웃 안에서는 특정 속성을 변경하는 것이 허락되지 않을 때도 있고 한 차일드의 위치나 크기가 바뀌면 형제들의 배치에도 영향을 미쳐 레이아웃이 엉망이 될 수도 있다. 자유로운 애니메이션이 가능하려면 캔버스에 직접 그리는 것이 제일 무난하다. 다음 예제는 캔버스에 공을 출력하고 공의 위치를 바꾸어 애니메이션한다.

```
<LinearLayout xmlns:android="http://schemas.android.com/apk/res/android"
    android:id="@+id/root"
    android:orientation="vertical"
    android:layout_width="match_parent"
    android:layout_height="match_parent" >
<Button
    android:id="@+id/btnrun"
    android:layout_width="wrap_content"
    android:layout_height="wrap_content"
    android:onClick="mOnClick"
    android:text="Run" />
</LinearLayout>
-----------------------------------------------------------
public class BallAnim extends Activity {
    AnimView mView;
    public void onCreate(Bundle savedInstanceState) {
        super.onCreate(savedInstanceState);
        setContentView(R.layout.ballanim);

        LinearLayout root = (LinearLayout)findViewById(R.id.root);
        mView = new AnimView(this);
        root.addView(mView);
    }

    public void mOnClick(View v) {
        mView.startAnim();
    }

    public class AnimView extends View {
        Ball mBall;
        public AnimView(Context context) {
            super(context);
            mBall = new Ball();
            mBall.setX(100);
            mBall.setY(50);
            mBall.setRad(20);
        }

        public void startAnim() {
            ObjectAnimator anim = ObjectAnimator.ofInt(mBall, "x", 100, 400);
            anim.setDuration(2000);
            anim.addUpdateListener(new ValueAnimator.AnimatorUpdateListener() {
```

```
                public void onAnimationUpdate(ValueAnimator animation) {
                    invalidate();
                }
            });
            anim.start();
        }

        protected void onDraw(Canvas canvas) {
            Paint pnt = new Paint();
            pnt.setColor(mBall.getColor());
            pnt.setAntiAlias(true);
            canvas.drawCircle(mBall.getX(), mBall.getY(), mBall.getRad(), pnt);
        }
    }
}

class Ball {
    int x = 0, y = 0;
    int rad = 20;
    int color = Color.YELLOW;

    void setX(int ax) { x = ax; }
    int getX() { return x; }
    void setY(int ay) { y = ay; }
    int getY() { return y; }
    void setRad(int arad) { rad = arad; }
    int getRad() { return rad; }
    void setColor(int acolor) { color = acolor; }
    int getColor() { return color; }
}
```

Ball 클래스는 현재 좌표와 반지름, 색상을 속성으로 가진다. 애니메이션 대상으로 사용하려면 반드시 속성값을 액세스하는 get, set 메서드가 제공되어야 하며 명명법이 정확해야 한다. 반지름의 속성명이 rad라면 이 속성값을 읽는 메서드는 getRad로 이름을 짓고 변경하는 메서드는 setRad로 이름을 짓는다. setrad나 SetRad 따위로 대소문자 구성만 틀려도 제대로 동작하지 않으며 낙타식 명명법(Camel Case)을 정확하게 준수해야 한다. Ball 클래스는 모든 속성에 대해 적절한 액세서 메서드를 제공한다.

AnimView 커스텀 뷰 생성자에서 공을 적당한 위치에 생성하고 onDraw에서 그린다. startAnim 에서 ObjectAnimator 객체를 생성하고 공의 x 속성을 100~400까지 변경한다. 속성값은 자동으로 바뀌지만 x를 바꾼다고 해서 화면이 다시 그려지지 않으므로 이 경우는 리스너를 등록하고 프레임마다 invalidate를 호출하여 화면을 다시 그려야 한다. Run 버튼을 누르면 공이 왼쪽에서 오른쪽으로 움직인다.

액티비티는 AnimView 객체를 생성하여 리니어 아래쪽에 배치하고 버튼 클릭시 startAnim 메서드를 호출한다. onDraw는 공을 제 위치에 그리며 애니메이션 객체가 주기적으로 공의 x 좌표를 바꾸고 화면을 무효화하여 다시 그림으로써 공이 이동한다.

24.1.4 평가자

평가자(Evaluator)는 애니메이션 중간값을 생성하는 역할을 하며 시작값과 끝값, 진행 시간을 종합적으로 고려하여 속성에 대입할 값을 결정한다. 예를 들어 200에서 400까지 움직이는데 현재 진행 시간이 0.5라면 200+(400−200)×0.5를 계산하여 300을 생성한다. 기본적으로 다음 3개의 평가자가 제공된다.

```
IntEvaluator
FloatEvaluator
ArgbEvaluator
```

대부분의 애니메이션 속성은 정수 아니면 실수 타입이다. 생성자는 ofInt, ofFloat 등 범위를 설정하는 메서드에 따라 평가자를 자동으로 결정하며 평가자의 동작이 무난해서 별 문제가 없다. 그러나 타입만으로 평가자를 정확하게 결정할 수 없다. 예를 들어 색상값은 int 타입이지만 정수와는 구조가 다르다. 그래서 색상 평가자를 별도로 지정해야 한다. 다음 예제를 보자.

```
<LinearLayout xmlns:android="http://schemas.android.com/apk/res/android"
    android:orientation="vertical"
    android:layout_width="match_parent"
    android:layout_height="match_parent" >
<Button
    android:id="@+id/btn1"
    android:layout_width="wrap_content"
    android:layout_height="wrap_content"
    android:onClick="mOnClick"
    android:text="IntEvaluator" />
<Button
    android:id="@+id/btn2"
    android:layout_width="wrap_content"
    android:layout_height="wrap_content"
    android:onClick="mOnClick"
    android:text="ArgbEvaluator" />
<Button
    android:id="@+id/btn"
    android:layout_width="match_parent"
    android:layout_height="wrap_content"
    android:text="Button" />
</LinearLayout>
--------------------------------------------------------
public class ColorAnim extends Activity {
    Button mBtn;
    public void onCreate(Bundle savedInstanceState) {
        super.onCreate(savedInstanceState);
        setContentView(R.layout.coloranim);

        mBtn=(Button)findViewById(R.id.btn);
    }

    public void mOnClick(View v) {
        ObjectAnimator anim = ObjectAnimator.ofInt(mBtn, "backgroundColor",
                Color.YELLOW, Color.RED);
        anim.setDuration(2000);
        if (v.getId() == R.id.btn2) {
            anim.setEvaluator(new ArgbEvaluator());
        }
        anim.start();
    }
}
```

버튼의 색상을 노란색에서 빨간색으로 점점 변화시키는 애니메이션을 실행한다. 노란색은 ffff00 이고 빨간색은 ff0000인데 애니메이션 중에 이 두 색상 사이의 중간 색상을 계산해서 버튼의 배경 색 속성에 대입한다. 색상은 정수와는 해석하는 방법이 다르므로 별도의 평가자를 사용해야 한다. btn2 버튼을 눌렀을 경우 setEvaluator 메서드로 ArgbEvaluator 객체를 대입하여 애니메이션 대 상값이 색상임을 알렸다.

평가자에 따라 결과가 어떻게 달라지는지 관찰해 보자. 레이아웃에 애니메이션을 시작하는 버튼 2 개를 배치하고 각 버튼에 따라 다른 평가자를 사용한다. 색상 평가자는 색상 요소를 분해한 후 각 색 상 요소에 대해 개별적으로 값을 조정하여 중간 색상을 계산한다. 노란색에서 시작하여 중간쯤에는 주황색이 되며 마지막에는 빨간색이 될 것이다.

그러나 정수 평가자는 ffff00 값을 ff0000 값으로 변경하되 진행 시간 비율에 따라 중간값을 기계적 으로 계산해낼 뿐이다. 노란색인 ffff00은 10진 정수로 16776960이고 빨간색인 ff0000은 십진 정 수로 16711680이어서 대략 60000 정도의 차이가 있다. 정수 평가자는 이 값을 정수로 보고 시작 값을 프레임마다 단순 감소시켜 끝값으로 만든다. 이렇게 되면 전혀 관련이 없는 제일 하위의 파란 색 요소도 수시로 변해 번쩍거린다.

색상이란 R, G, B 요소를 하나의 정수로 합쳐 표현할 뿐 정수 타입과는 구조가 많이 다르다. 따라서 중간값을 계산하는 평가자도 색상 포맷을 인식할 수 있는 것으로 사용해야 한다. 정수도, 실수도, 색 상도 아닌 특별한 타입인 경우는 별도의 평가자 클래스를 생성하여 전달한다. TypeEvaluator⟨T⟩ 인터페이스를 상속받아 다음 메서드를 구현한다.

```
T evaluate(float fraction, T startValue, T endValue)
```

이 메서드는 인수로 현재 경과 조각, 시작값, 끝값을 전달받으며 이 값을 참조하여 중간값을 계산하 여 리턴한다. 임의 타입의 속성에 대해 애니메이션을 정의할 수 있다는 면에서 섬세하다. 대부분의 속성이 정수 아니면 실수이고 색상인 경우까지도 평가자가 미리 제공되므로 커스텀 평가자를 정의 해야 할 경우는 흔하지 않다.

24.1.5 인터폴레이터

인터폴레이터의 개념에 대 해서는 앞에서 이미 설명했다. 속성 애니메이션도 기존 뷰 애니메이션에서 사용하던 인터폴레이터를 그대로 사용한다. 다만 TimeInterpolator 인터페이스의 다음 메서드를 구현하여 커스텀 인터폴레이터를 작성할 수 있다는 면에서 약간 더 확장되었다.

float getInterpolation(float input)

input 인수로 0~1사이의 애니메이션 경과 조각을 전달하면 이때 적용할 애니메이션 값을 0~1 사이의 실수로 리턴한다. 0은 시작값에 대응되고 1은 끝값에 대응된다. input을 그대로 리턴하면 리니어 보간이 되며 input에 함수를 적용하여 중간값을 만들어 내면 커스텀 보간이 된다. 다음 예제는 기본적으로 제공되는 인터폴레이터를 테스트한다.

AnimInterpolator

```
<LinearLayout xmlns:android="http://schemas.android.com/apk/res/android"
    android:id="@+id/root"
    android:orientation="vertical"
    android:layout_width="match_parent"
    android:layout_height="match_parent" >
<Button
    android:id="@+id/btn1"
    android:layout_width="wrap_content"
    android:layout_height="wrap_content"
    android:onClick="mOnClick"
    android:text="Linear" />
....
-----------------------------------------------------------
public class AnimInterpolator extends Activity {
    AnimView mView;
    public void onCreate(Bundle savedInstanceState) {
        super.onCreate(savedInstanceState);
        setContentView(R.layout.animinterpolator);

        LinearLayout root = (LinearLayout)findViewById(R.id.root);
        mView = new AnimView(this);
        root.addView(mView);
    }

    public void mOnClick(View v) {
        switch (v.getId()) {
```

```
            case R.id.btn1:
                mView.startAnim(new LinearInterpolator());
                break;
            case R.id.btn2:
                mView.startAnim(new AccelerateInterpolator());
                break;
            case R.id.btn3:
                mView.startAnim(new DecelerateInterpolator());
                break;
            case R.id.btn4:
                mView.startAnim(new BounceInterpolator());
                break;
            case R.id.btn5:
                mView.startAnim(new OvershootInterpolator());
                break;
            case R.id.btn6:
                mView.startAnim(new CycleInterpolator(3f));
                break;
            case R.id.btn7:
                mView.startAnim(new AnticipateInterpolator());
                break;
            case R.id.btn8:
                mView.startAnim(new MyInterpolator());
                break;
        }
    }

    class MyInterpolator implements TimeInterpolator {
        public float getInterpolation(float input) {
            return 1-input;
        }
    }

    public class AnimView extends View {
        Ball mBall;
        public AnimView(Context context) {
            super(context);
            mBall = new Ball();
            mBall.setX(100);
            mBall.setY(50);
            mBall.setRad(20);
        }

        public void startAnim(TimeInterpolator inter) {
```

```
        ObjectAnimator anim = ObjectAnimator.ofInt(mBall, "x", 100, 400);
        anim.setDuration(4000);
        anim.addUpdateListener(new ValueAnimator.AnimatorUpdateListener() {
            public void onAnimationUpdate(ValueAnimator animation) {
                invalidate();
            }
        });
        anim.setInterpolator(inter);
        anim.start();
    }

    protected void onDraw(Canvas canvas) {
        Paint pnt = new Paint();
        pnt.setColor(mBall.getColor());
        pnt.setAntiAlias(true);
        canvas.drawCircle(mBall.getX(), mBall.getY(), mBall.getRad(), pnt);
    }
  }
}
```

Ball 클래스는 앞 예제에 정의했으므로 다시 정의할 필요가 없다. 레이아웃에 8개의 버튼을 배치하고 각 버튼의 클릭 핸들러에서 각각 다른 보간 객체를 startAnim으로 전달했다. MyInterpolator는 1 - input을 리턴하여 역방향으로 리니어 보간을 수행한다. 삼각 함수나 로그 함수 등을 사용하면 곡선형의 보간도 가능하다. 각 버튼을 눌러 보고 보간의 실제 예를 감상해 보자.

공이 움직이는 시작 위치와 끝 위치는 같지만 시간 경과에 따른 중간 위치는 인터폴레이터에 따라 달라진다.

24.1.6 애니메이션 그룹

AnimatorSet은 여러 개의 애니메이션을 모아 놓은 집합이다. 집합은 두 가지 방법으로 구성할 수 있는데 첫 번째 방법은 다음 메서드를 사용하는 것이다.

```
void playSequentially(Animator... items)
void playSequentially(List<Animator> items)
void playTogether(Collection<Animator> items)
void playTogether(Animator... items)
```

여러 개의 애니메이션을 순서대로 실행하거나 아니면 동시에 같이 실행한다. 애니메이션을 개별적으로 나열할 수도 있고 컬렉션으로 묶은 후 컬렉션을 전달할 수도 있다. 사용법은 간단하지만 모든 애니메이션에 대해 동시, 순차만 가능할 뿐 일부의 순서를 섬세하게 통제할 수는 없다. a − b − c 순으로 실행하거나 a, b, c를 동시에 실행할 수만 있을 뿐 a와 b를 동시 실행한 후 c를 이어서 실행할 수는 없다.

집합을 구성하는 두 번째 방법은 빌더를 먼저 생성한 후 빌더의 메서드로 순서를 정하는 것이다. 각 애니메이션에 대해 순서를 개별적으로 지정할 수 있어 더 유연하다. 다음 메서드로 빌더를 생성한다

```
AnimatorSet.Builder play(Animator anim)
```

인수로 전달한 애니메이션이 기준 애니메이션이다. 빌더는 기준 애니메이션과 다른 애니메이션과의 관계를 설정하며 다음 메서드로 다른 애니메이션을 연결한다.

```
AnimatorSet.Builder before(Animator anim)
AnimatorSet.Builder after(Animator anim)
AnimatorSet.Builder after(long delay)
AnimatorSet.Builder with(Animator anim)
```

앞에, 뒤에 또는 동시에 실행되도록 애니메이션을 연결한다. with가 동시 실행임은 의심할 여지가 없지만 before, after는 영어 뜻 그대로 해석하되 우리말과 어순이 다르므로 주의가 필요하다. 한국말은 "A 다음 B" 식으로 기준이 앞쪽에 있지만 영어는 "B after A"식으로 기준이 뒤쪽에 있다. 미국 사람에게는 늘상 쓰는 말이라 아주 쉽지만 한국 개발자는 어쩔 수 없이 다소 헷갈리는 면이 있다.

```
play(a).with(b)          // a와 b 동시 실행
play(a).after(b)         // b 다음에 a. ba 순
play(a).before(b)        // b 이전에 a. ab 순
```

기준 애니메이션 앞쪽에 연결하는 after는 대상 애니메이션 대신 지연 시간을 지정하여 애니메이션 사이에 약간의 간격을 둘 수 있다. after, before 메서드가 빌더 객체를 다시 리턴하므로 연쇄적으로 호출 가능하다. 이때 최초 정한 기준 애니메이션은 고정이며 연속 호출되는 메서드도 기준 애니메이션과의 관계만 설정한다. 다음 예를 보자.

```
play(a).before(b).before(c)
```

a 다음에 b와 c를 배치하여 관계를 설정하되 이때 b와 c는 둘 다 a 다음이므로 동시에 실행된다. 이 구문은 a와 b, a와 c의 순서만 규정할 뿐 b와 c의 순서는 정의하지 않는다. 메서드를 연쇄적으로 호출해도 빌더의 기준 애니메이션은 계속 a이다. 만약 b와 c의 관계도 따로 정의하고 싶다면 별도의 빌더 객체를 생성하여 연결해야 한다. 다음 예제로 애니메이션을 여러 가지 방법으로 조합해 보자.

AnimatorSetTest

```xml
<LinearLayout xmlns:android="http://schemas.android.com/apk/res/android"
    android:id="@+id/root"
    android:orientation="vertical"
    android:layout_width="match_parent"
    android:layout_height="match_parent" >
<Button
    android:id="@+id/btn1"
    android:layout_width="wrap_content"
    android:layout_height="wrap_content"
    android:onClick="mOnClick"
    android:text="Sequential(Right,Down,Large)" />
<Button
    android:id="@+id/btn2"
    android:layout_width="wrap_content"
    android:layout_height="wrap_content"
    android:onClick="mOnClick"
    android:text="Sequential(Down,Right,Large)" />
<Button
    android:id="@+id/btn3"
    android:layout_width="wrap_content"
    android:layout_height="wrap_content"
    android:onClick="mOnClick"
```

```
        android:text="Together" />
<Button
        android:id="@+id/btn4"
        android:layout_width="wrap_content"
        android:layout_height="wrap_content"
        android:onClick="mOnClick"
        android:text="Right-Large,Down" />
</LinearLayout>
--------------------------------------------------------------
public class AnimatorSetTest extends Activity {
    AnimView mView;
    public void onCreate(Bundle savedInstanceState) {
        super.onCreate(savedInstanceState);
        setContentView(R.layout.animatorsettest);

        LinearLayout root = (LinearLayout)findViewById(R.id.root);
        mView = new AnimView(this);
        root.addView(mView);
    }

    public void mOnClick(View v) {
        mView.startAnim(v.getId());
    }

    public class AnimView extends View {
        Ball mBall;
        ObjectAnimator mToRight;
        ObjectAnimator mToDown;
        ObjectAnimator mEnLarge;
        public AnimView(Context context) {
            super(context);
            mBall = new Ball();
            mBall.setX(100);
            mBall.setY(50);
            mBall.setRad(20);

            mToRight = ObjectAnimator.ofInt(mBall, "x", 100, 400);
            mToRight.setDuration(2000);
            mToRight.addUpdateListener(mInvalator);

            mToDown = ObjectAnimator.ofInt(mBall, "y", 50, 300);
            mToDown.setDuration(2000);
            mToDown.addUpdateListener(mInvalator);
```

```
        mEnLarge = ObjectAnimator.ofInt(mBall, "rad", 20, 40);
        mEnLarge.setDuration(2000);
        mEnLarge.addUpdateListener(mInvalator);
    }

    public void startAnim(int id) {
        mBall.setX(100);
        mBall.setY(50);
        mBall.setRad(20);

        AnimatorSet set = new AnimatorSet();
        switch (id) {
        case R.id.btn1:
            set.playSequentially(mToRight, mToDown, mEnLarge);

            //set.play(mToDown).after(mToRight).before(mEnLarge);

            //set.play(mToRight).before(mToDown);
            //set.play(mToDown).before(mEnLarge);
            break;
        case R.id.btn2:
            set.playSequentially(mToDown, mToRight, mEnLarge);

            //set.play(mToRight).after(mToDown).before(mEnLarge);
            break;
        case R.id.btn3:
            set.playTogether(mToRight, mToDown, mEnLarge);
            //set.play(mToRight).with(mEnLarge).with(mToDown);
            break;
        case R.id.btn4:
            set.play(mToRight).with(mEnLarge).before(mToDown);
            break;
        }
        set.start();
    }

    AnimatorUpdateListener mInvalator = new AnimatorUpdateListener() {
        public void onAnimationUpdate(ValueAnimator animation) {
            invalidate();
        }
    };

    protected void onDraw(Canvas canvas) {
        Paint pnt = new Paint();
```

```
            pnt.setColor(mBall.getColor());
            pnt.setAntiAlias(true);
            canvas.drawCircle(mBall.getX(), mBall.getY(), mBall.getRad(), pnt);
        }
    }
}
```

레이아웃에 4개의 버튼을 배치하고 여러 가지 형태로 애니메이션을 그룹핑했다. 생성자에서 오른쪽으로 이동, 아래로 이동, 확대 3개의 애니메이션을 정의하고 startAnim에서 눌러진 버튼에 따라 순서와 조합을 다르게 지정했다.

첫 번째 버튼은 세 애니메이션을 순서대로 실행한다. 오른쪽으로 먼저 가고, 아래로 이동한 후 확대된다. 두 번째 버튼도 순서대로 실행하되 순서를 약간 바꾸어 아래로 먼저 이동한다. ㄱ자로 이동이냐 ㄴ자로 이동이냐의 차이만 있을 뿐 목적지는 같다.

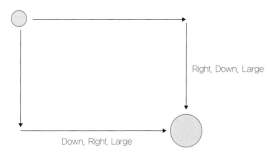

소스에 주석으로 처리된 빌더 그룹 구성문도 같은 동작을 한다. 오른쪽, 아래, 확대 순으로 실행할 때 중간의 mToDown에 대해 빌더 객체를 생성하여 mToDown을 기준 애니메이션으로 지정하고 mToRight를 앞쪽에, mEnLarge를 뒤쪽에 배치해야 한다. 아니면 빌더를 각각 따로 생성하여 mToRight 다음에 mToDown을 연결하고 mToDown 다음에 mEnLarge를 연결한다.

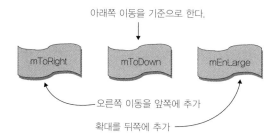

아래쪽 이동을 기준으로 한다.

mToRight   mToDown   mEnLarge

오른쪽 이동을 앞쪽에 추가

확대를 뒤쪽에 추가

세 번째 버튼은 3가지 애니메이션을 동시에 실행한다. 빌더를 사용할 때는 with를 사용하면 된다. 우하향으로 이동하면서 동시에 공이 점점 커진다. 네 번째 버튼은 오른쪽으로 이동하면서 동시에 공을 확대하고 오른쪽 끝까지 간 후 아래로 이동한다. 예제를 보면 쉬워 보이지만 막상 애니메이션의 순서를 직접 배치하려면 보기보다 헷갈린다. 애니메이션이 4개 이상이면 직관적인 배치가 잘 안 되므로 3개를 가지고 충분히 연습해 보자.

24.1.7 XML로 정의하기

속성 애니메이션도 이전의 애니메이션과 마찬가지로 XML 리소스로 정의해 놓고 재사용할 수 있다. 이전 버전의 애니메이션은 res/anim 폴더에 저장했었는데 속성 애니메이션은 방식이 다르므로 구분하기 위해 res/animator 폴더에 저장한다. 저장되는 폴더가 다르므로 속성 애니메이션의 ID는 R.anim.XXX가 아니라 R.animator.XXX임을 유의하자. XML 애니메이션 정의 문법은 다음과 같다.

```
<set
  android:ordering=["together" | "sequentially"]>

    <objectAnimator
        android:propertyName="string"
        android:duration="int"
        android:valueFrom="float | int | color"
        android:valueTo="float | int | color"
        android:startOffset="int"
        android:repeatCount="int"
        android:repeatMode=["repeat" | "reverse"]
        android:valueType=["intType" | "floatType"]/>

    <animator
        android:duration="int"
        android:valueFrom="float | int | color"
```

```
        android:valueTo="float ¦ int ¦ color"
        android:startOffset="int"
        android:repeatCount="int"
        android:repeatMode=["repeat" ¦ "reverse"]
        android:valueType=["intType" ¦ "floatType"]/>

    <set>
        ...
    </set>
</set>
```

뭔가 복잡해 보이지만 지금까지 실습했던 속성 관련 메서드와 이름이 비슷해서 따로 설명하지 않아도 어디다 어떤 값을 기입해야 하는지 직관적으로 알 수 있다. 집합을 여러 번 중첩할 수 있고 ordering 속성으로 동시 또는 순차 실행을 지정한다. 앞에서 만들었던 그룹 애니메이션을 리소스로 정의해 보자.

animator/rightdownlarge.xml

```
<set xmlns:android="http://schemas.android.com/apk/res/android"
    android:ordering="sequentially">
    <objectAnimator
        android:propertyName="x"
        android:duration="2000"
        android:valueFrom="100"
        android:valueTo="400"
        android:valueType="intType" />
    <objectAnimator
        android:propertyName="y"
        android:duration="2000"
        android:valueFrom="50"
        android:valueTo="300"
        android:valueType="intType" />
    <objectAnimator
        android:propertyName="rad"
        android:duration="2000"
        android:valueFrom="20"
        android:valueTo="40"
        android:valueType="intType" />
</set>
```

x를 100에서 400까지 2초 간 이동하는 애니메이션, y를 50에서 300까지 2초 간 이동하는 애니메이션, rad를 20에서 40으로 확대하는 애니메이션 3개를 집합 안에 정의했다. 집합의 ordering 속성이 sequentially이므로 모든 애니메이션을 순서대로 실행한다. 코드에서 리소스를 읽을 때는 다음 메서드를 호출한다.

```
static Animator AnimatorInflater.loadAnimator(Context context, int id)
```

리소스 ID를 전달하면 전개하여 Animator 객체를 리턴한다. 이후 추가로 필요한 속성을 지정하고 start 메서드로 실행한다.

XmlAnim

```
public class XmlAnim extends Activity {
    AnimView mView;
    public void onCreate(Bundle savedInstanceState) {
        super.onCreate(savedInstanceState);
        setContentView(R.layout.ballanim);

        LinearLayout root = (LinearLayout)findViewById(R.id.root);
        mView = new AnimView(this);
        root.addView(mView);
    }

    public void mOnClick(View v) {
        mView.startAnim();
    }

    public class AnimView extends View {
        Ball mBall;
        public AnimView(Context context) {
            super(context);
            mBall = new Ball();
            mBall.setX(100);
            mBall.setY(50);
            mBall.setRad(20);
        }

        public void startAnim() {
            mBall.setX(100);
            mBall.setY(50);
            mBall.setRad(20);
```

```
                AnimatorSet set = (AnimatorSet)AnimatorInflater.loadAnimator(
                        XmlAnim.this, R.animator.rightdownlarge);
                set.setTarget(mBall);
                ArrayList<Animator> childs = set.getChildAnimations();
                ((ObjectAnimator)childs.get(0)).addUpdateListener(mInvalator);
                ((ObjectAnimator)childs.get(1)).addUpdateListener(mInvalator);
                ((ObjectAnimator)childs.get(2)).addUpdateListener(mInvalator);
                set.start();
            }

            AnimatorUpdateListener mInvalator = new AnimatorUpdateListener() {
                public void onAnimationUpdate(ValueAnimator animation) {
                    invalidate();
                }
            };

            protected void onDraw(Canvas canvas) {
                Paint pnt = new Paint();
                pnt.setColor(mBall.getColor());
                pnt.setAntiAlias(true);
                canvas.drawCircle(mBall.getX(), mBall.getY(), mBall.getRad(), pnt);
            }
        }
    }
```

타깃과 리스너는 XML로 지정할 수 없으므로 전개한 후 메서드를 호출하여 지정했다. 동작은 앞 예
제의 첫 번째 버튼을 누른 것과 동일하다. 코드에서 메서드로 지정하던 값을 XML 속성으로 지정했
다는 정도의 차이가 있을 뿐이다.

24.1.8 레이아웃 애니메이션

여러 차일드를 거느리는 뷰그룹은 실행 중에도 차일드를 추가, 제거할 수 있으며 차일드 목록에 변
화가 생기면 기존 차일드의 위치나 크기가 재조정된다. 또한, 차일드의 보이기 상태가 변할 때도 마
찬가지이다. 이때 새로 생성되는 차일드가 뿅하고 나타나는 것보다 애니메이션되면서 멋지게 등장
하면 훨씬 더 보기에 좋다. 목록의 중간쯤에 차일드가 삽입, 삭제될 때 뒤쪽의 기존 차일드도 위치가
바뀌는데 이때도 마찬가지로 애니메이션을 적용할 수 있다.

레이아웃 애니메이션은 차일드의 집합을 관리하는 뷰그룹내에서의 애니메이션을 지정한다. 적용하는 방법은 다소 복잡하다. LayoutTransition 객체를 생성하고 이 객체의 setAnimator 메서드로 나타날 때, 사라질 때 등에 대한 애니메이션을 일일이 지정한 후 뷰그룹의 setLayoutTransition 메서드로 등록해 놓으면 이후 차일드 목록에 변화가 있을 때 미리 등록해 놓은 애니메이션이 수행된다. 지정 가능한 애니메이션 종류는 다음과 같다.

종류	설명
APPEARING	항목이 나타날 때
CHANGE_APPEARING	새 항목이 추가되어 변화가 생겼을 때
DISAPPEARING	항목이 사라질 때
CHANGE_DISAPPEARING	기존 항목이 제거되어 변화가 생겼을 때
CHANGING	추가나 삭제 외의 레이아웃 변화가 발생했을 때

각각의 변화에 대해 고유한 애니메이션을 등록할 수 있으며 null로 지정하면 해당 변화에 대해서는 애니메이션을 수행하지 않는다. 제대로 만들려면 여러 개의 애니메이션을 미리 준비해 두어야 하고 진행 시간, 인터폴레이터 등의 속성도 섬세하게 잘 조정해야 하므로 다량의 코드가 필요하다. 다행히 운영체제는 기본 뷰그룹 애니메이션을 제공하며 뷰그룹의 animateLayoutChanges 속성에 true만 대입하면 디폴트 레이아웃 애니메이션을 사용할 수 있다. 다음 예제로 구경해 보자.

LayoutAnim

```
<LinearLayout xmlns:android="http://schemas.android.com/apk/res/android"
    android:id="@+id/root"
    android:orientation="vertical"
    android:layout_width="match_parent"
    android:layout_height="match_parent"
    android:animateLayoutChanges="true">
<Button
    android:id="@+id/btnAdd"
    android:layout_width="wrap_content"
    android:layout_height="wrap_content"
    android:text="Add"
    android:onClick="mOnClick" />
</LinearLayout>
- - - - - - - - - - - - - - - - - - - - - - - - - - - - - - - - - - - - - - - - -
public class LayoutAnim extends Activity {
    LinearLayout mLinear;
```

```
    int mCount = 1;
    public void onCreate(Bundle savedInstanceState) {
        super.onCreate(savedInstanceState);
        setContentView(R.layout.layoutanim);

        mLinear =(LinearLayout)findViewById(R.id.root);
    }

    public void mOnClick(View v) {
        Button btn = new Button(this);
        btn.setText("B" + mCount);
        mCount++;
        btn.setOnClickListener(new View.OnClickListener() {
            public void onClick(View v) {
                mLinear.removeView(v);
            }
        });
        mLinear.addView(btn);
    }
}
```

리니어 레이아웃에 animateLayoutChanges 속성을 true로 대입한 것 외에는 특별한 코드가 없
다. 버튼을 클릭할 때마다 새로운 버튼을 리니어의 아래쪽에 추가하며 추가된 버튼을 클릭하면 제거
하는 기본적인 코드일 뿐이다. 그러나 레이아웃 애니메이션을 적용하여 실행한 모습은 상당히 재미
있다.

최초 Add 버튼만 있는데 이 버튼을 누르면 아래쪽에 버튼이 추가된다. 추가되는 버튼이 그냥 나타
나는 것이 아니라, 알파가 점점 또렷해지는 애니메이션을 보여준다. 추가된 버튼 중 하나를 누르면
점점 흐릿해지며 사라질 뿐만 아니라 아래쪽의 버튼이 위쪽으로 슬라이딩되면서 올라온다. 화면이
급격하게 변하지 않고 어떤 버튼이 추가되고, 어떤 버튼이 제거되었는지를 천천히 보여주므로 직관

성이 높고 운치도 있다.

LayoutTransition 객체를 생성하여 지정하면 각 사건에 대해 커스텀한 애니메이션을 지정할 수 있어 훨씬 더 다양한 효과를 낸다. 버튼이 한 바퀴 빙그르르 돌면서 등장한다든가 사라지는 버튼이 왼쪽으로 휙 밀려서 떨어지는 효과를 낼 수도 있다. ApiDemos에 다양한 커스텀 애니메이션을 구현한 예가 있으므로 구경해 보기 바란다. 속성 애니메이션으로 기발한 효과를 실현하여 익살스런 사용감을 발휘할 수 있다.

CHAPTER 25

파일

25.1 파일 입출력

25.1.1 파일 관리 메서드

어느 환경에서나 정보를 영구적으로 저장하는 궁극적인 방법은 파일밖에 없으며 안드로이드도 마찬가지다. 안드로이드 자체에는 파일 관련 기능이 따로 포함되어 있지 않다. 대신 파일 시스템은 기반 운영체제인 리눅스의 것을 그대로 사용하며 파일 입출력 라이브러리는 자바의 것을 쓴다. 따라서 안드로이드의 파일 입출력 방식을 이해하려면 먼저 리눅스 파일 시스템을 개략적으로 이해해야 하며 자바 입출력 스트림을 자유자재로 쓸 수 있어야 한다.

자바가 제공하는 입출력 스트림 기능은 비교적 풍부하지만 안드로이드에서 자바의 모든 입출력 기능을 다 사용할 수 있는 것은 아니다. 보안 상의 이유로 임의 위치의 파일을 아무나 읽고 쓸 수 없으며 응용 프로그램은 허가받은 위치에만 파일을 생성할 수 있고 자신이 만든 파일만 액세스할 수 있다. 자바 입출력 라이브러리로 이 제한을 일일이 준수하기 어려우므로 Context 클래스는 보안이 적용된 파일 관리 메서드를 별도로 제공한다. 파일을 열 때는 다음 두 메서드를 사용한다.

```
FileOutputStream openFileOutput (String name, int mode)
FileInputStream openFileInput (String name)
```

각각 쓰기용, 읽기용으로 파일을 열어 스트림을 리턴한다. name은 열고자 하는 파일의 이름이다. 파일의 실제 위치는 운영체제 버전에 따라 조금씩 다르되 보통 /data/data/패키지명/files 디렉터리로 정해져 있으며 임의 경로의 파일을 마음대로 열 수 없다. 자신의 디렉터리만 액세스 가능하므로 경로는 지정할 수 없고 반드시 파일명만 적어야 한다. 파일명에 경로를 표시하는 / 문자가 들어가면 에러 처리된다. 파일을 생성할 때는 다음 mode 중 하나를 지정한다.

mode	설명
MODE_PRIVATE	혼자만 사용하는 배타적인 모드로 파일을 생성한다. 이 모드가 디폴트이다.
MODE_APPEND	파일이 이미 있을 경우 덮어쓰기 모드로 열지 않고 추가 모드로 연다. 이후 기록되는 내용은 기존 내용 뒤에 덧붙여진다.
MODE_WORLD_READABLE	다른 응용 프로그램이 파일을 읽도록 허용한다.
MODE_WORLD_WRITEABLE	다른 응용 프로그램이 파일을 기록하도록 허용한다.

파일을 열면 스트림이 리턴되는데 이후부터 read, write 같은 자바의 스트림 입출력 메서드로 파일의 내용을 읽고 쓴다. 스트림 입출력 메서드 사용법은 자바 문법서를 참조하기 바란다. 다음 예제로 입출력 메서드를 테스트해 보자. 레이아웃에 버튼 4개와 입출력 결과 확인을 위한 에디트 하나를 배치했으며 각 버튼을 클릭할 때 파일 입출력 동작을 수행한다.

FileIO

```
<LinearLayout xmlns:android="http://schemas.android.com/apk/res/android"
    android:orientation="vertical"
    android:layout_width="match_parent"
    android:layout_height="match_parent"
    >
<Button
    android:id="@+id/save"
    android:layout_width="wrap_content"
    android:layout_height="wrap_content"
    android:onClick="mOnClick"
    android:text="Save"
    />
<Button
    android:id="@+id/load"
    android:layout_width="wrap_content"
    android:layout_height="wrap_content"
    android:onClick="mOnClick"
    android:text="Load"
```

```
            />
    <Button
        android:id="@+id/loadres"
        android:layout_width="wrap_content"
        android:layout_height="wrap_content"
        android:onClick="mOnClick"
        android:text="LoadRes"
        />
    <Button
        android:id="@+id/delete"
        android:layout_width="wrap_content"
        android:layout_height="wrap_content"
        android:onClick="mOnClick"
        android:text="Delete"
        />
    <EditText
        android:id="@+id/edittext"
        android:layout_width="match_parent"
        android:layout_height="wrap_content"
        />
</LinearLayout>
------------------------------------------------------------
public class FileIO extends Activity {
    EditText mEdit;
    public void onCreate(Bundle savedInstanceState) {
        super.onCreate(savedInstanceState);
        setContentView(R.layout.fileio);

        mEdit = (EditText)findViewById(R.id.edittext);
    }

    public void mOnClick(View v) {
        switch (v.getId()) {
        case R.id.save:
            try {
                FileOutputStream fos = openFileOutput("test.txt",
                        Context.MODE_WORLD_READABLE);
                String str = "Android File IO Test";
                fos.write(str.getBytes());
                fos.close();
                mEdit.setText("write success");
            } catch (Exception e) {;}
            break;
        case R.id.load:
```

```
            try {
                FileInputStream fis = openFileInput("test.txt");
                byte[] data = new byte[fis.available()];
                while (fis.read(data) != -1) {;}
                fis.close();
                mEdit.setText(new String(data));
            } catch (FileNotFoundException e) {
                mEdit.setText("File Not Found");
            }
            catch (Exception e) {;}
            break;
        case R.id.loadres:
            try {
                InputStream fres = getResources().openRawResource(R.raw.restext);
                byte[] data = new byte[fres.available()];
                while (fres.read(data) != -1) {;}
                fres.close();
                mEdit.setText(new String(data));
            } catch (Exception e) {;}
            break;
        case R.id.delete:
            if (deleteFile("test.txt")) {
                mEdit.setText("delete success");
            } else {
                mEdit.setText("delete failed");
            }
            break;
        }
    }
}
```

Save 버튼을 누르면 쓰기용으로 test.txt 파일을 생성하되 다음 항의 실습을 위해 공유 모드 (MODE_WORLD_READABLE)로 파일을 생성했다. 리턴된 출력 스트림의 write 메서드로 데이터를 출력하고 close 메서드로 스트림을 닫는다. 파일 입출력 중에 예외가 발생할 확률이 높으므로 try, catch 블록으로 감싸야 하며 이는 자바 문법이 강제하는 사항이므로 꼭 지켜야 한다.

스트림은 가비지 컬렉터의 정리 대상이 아니므로 다 사용한 후 반드시 닫아야 한다. 예외가 발생하더라도 스트림을 닫기 위해 finally 블록에서 close를 호출하는 것이 정석이지만 예제라 그렇게까지 하지 않았다. 파일을 기록한 후 에디트에 기록 완료 사실을 출력했다. 메모리가 꽉 차지 않은 한 특별히 예외가 발생할 사항이 없으므로 잘 기록된다.

예제의 Load 버튼으로 파일 생성 여부를 확인하는데 이 버튼은 test.txt 파일의 문자열을 읽어 아래쪽의 에디트에 출력한다. openFileInput 메서드로 스트림을 열고 read 메서드로 읽어들인다. 파일이 없으면 FileNotFoundException 예외가 발생하는데 이 예외는 아주 흔하게 발생하므로 반드시 처리해야 한다. Save 버튼을 먼저 눌러 파일을 생성해 놓았다면 별 이상없이 읽혀진다.

파일에 문자열을 기록했다가 다시 읽어 봄으로써 제대로 생성되는지 간단하게 점검해 보았다. 짧은 문자열만 기록했는데 이미지나 복잡한 설정 정보 등 얼마든지 큰 이진 데이터도 저장할 수 있다. 이 파일은 일부러 지우지 않는 한 영구적으로 보존되며 언제든지 내용물을 읽거나 갱신할 수 있다.

응용 프로그램 동작에 필요한 대용량의 읽기 전용 데이터 파일은 리소스에 포함시켜 두는 것이 좋다. 예를 들어 게임의 지도 맵 데이터나 우편 번호부, 영한 사전 데이터 등이 좋은 예이다. 분리된 파일로 배포할 수 있지만 파일이 누락되면 이상 동작할 위험이 있고 불의의 사고로 파일이 변형될 가능성도 배제할 수 없다. 실행에 꼭 필요한 파일을 리소스에 넣어 두면 실행 파일에 포함되므로 편리하고 안전하다.

포함시킬 파일은 res 폴더 아래에 raw 폴더를 생성하고 복사해 둔다. 여기서는 두 줄의 짧은 텍스트 문서를 restext.txt라는 이름으로 포함시켜 두었다. 리소스의 파일을 읽을 때는 Resources 객체의 다음 메서드를 사용하는데 id로 확장자를 뺀 파일명만 지정한다. 입력 스트림이 리턴되며 이후부터 자바의 표준 스트림 메서드로 통상적인 파일을 읽듯이 액세스한다.

```
InputStream openRawResource (int id)
```

이 예제에서는 텍스트 파일을 넣어 두었으므로 read 메서드로 읽어 문자열로 바꾼 후 에디트에 출력하였다. res/raw 폴더에 저장되는 파일은 원래 모습 그대로 저장되며 어떠한 변형도 가해지지 않는다. 텍스트 파일이나 이미지, 오디오, 비디오 등의 파일이 그대로 실행 파일에 포함된다. 반면 res/xml 폴더에 저장되는 파일은 이진 형태로 컴파일되어 포함된다는 점이 다르다.

Delete 버튼을 누르면 앞서 생성한 test.txt 파일을 삭제한다. deleteFile 메서드로 파일 이름만 전달하면 바로 삭제된다. 단, 패키지 폴더 아래의 파일만 삭제할 수 있으며 결국 자신이 만든 파일만 삭제할 수 있는 셈이다. 파일이 없으면 삭제 에러 처리된다. 파일을 삭제한 후 Load 버튼을 누르면 파일이 없다는 예외가 발생한다. 물론 Save 버튼을 눌러 언제든지 다시 생성할 수 있다.

25.1.2 파일 공유

안드로이드 에뮬레이터에는 파일 탐색기가 따로 제공되지 않는다. 제조사에 따라서 탐색기 대용으로 쓸 수 있는 프로그램이 포함된 경우도 있지만 안드로이드의 공식적인 탐색기는 없는 셈이다. 데스크톱 환경에 익숙한 사람에게는 자신의 장비에 있는 파일을 마음대로 관리할 수 없다는 것이 상식적으로 잘 이해되지 않지만 모바일 환경에서는 적당한 제약이 더 바람직하다. 왜냐하면 모바일 사용자는 비전문가이며 임의의 파일을 자유롭게 건드릴 수 있도록 방만하게 관리해서는 안 되기 때문이다. 대신 이미지 뷰어나 동영상 재생기, MP3 플레이어 등으로 데이터 파일만 볼 수 있도록 되어 있다.

안전상의 이유로 최종 사용자는 장비의 파일 시스템을 액세스하지 못하도록 금지되어 있다. 그러나 개발자는 여러 가지 이유로 장비의 파일을 관리할 필요가 있다. 파일이 제대로 생성되었는지 살펴본다거나 개발 및 디버깅을 위해 테스트 파일을 장비에 복사해야 하는 경우가 아주 흔하다. 이런 경우는 DDMS를 사용하는데 File Explorer 탭에서 장비나 에뮬레이터의 파일을 관리한다.

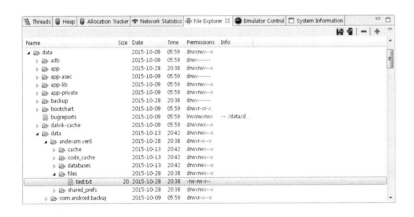

앞에서 만든 FileIO 예제의 디렉터리(결국 통합 예제의 디렉터리)를 살펴보면 /data/data/andexam.ver6/files 아래에 test.txt 파일이 생성되어 있다. 탐색기 상단의 버튼을 사용하여 파일을 개발 컴퓨터로 가져 오거나 복사해 넣을 수 있으며 삭제도 가능하다. 이 파일을 개발 컴퓨터로 복사한 후 메모장으로 확인해 보면 문자열이 기록되어 있다. adb의 push, pull 명령으로도 파일을 관리할 수 있지만 DDMS가 더 편리하다.

파일은 기본적으로 생성한 프로그램만 액세스할 수 있다. 다른 응용 프로그램이 파일을 공유하려면 여러 가지 조건을 만족해야 한다. 우선 대상 파일의 액세스 모드가 외부에 대해 허용되어 있어야 한다. test.txt의 퍼미션란을 보면 −rw−rw−r−−로 되어 있는데 소유자나 그룹은 읽고 쓰기 가능하며 외부에 대해서는 읽기만 가능하다. 외부 읽기가 가능한 이유는 이 파일을 생성할 때 MODE_WORLD_READABLE 플래그를 주었기 때문이다. 이 플래그를 주지 않으면 외부에서 읽을 수 없다.

외부의 파일을 읽으려면 해당 파일을 생성한 프로그램의 컨텍스트를 구해야 한다. 파일 열기 메서드에 경로를 지정할 수 없으므로 해당 프로그램의 컨텍스트를 구해야만 외부의 파일을 열 수 있다. 외부 프로그램의 컨텍스트를 구할 때는 다음 메서드를 호출한다. packageName 인수로 패키지 경로를 지정하고 flags로 모드를 지정한다. 디폴트 모드로 열면 보안상의 이유로 예외가 발생하므로 CONTEXT_IGNORE_SECURITY 플래그를 지정한다.

> **Context createPackageContext (String packageName, int flags)**

이 메서드를 호출하려면 대상 프로그램의 패키지 경로를 정확히 알고 있어야 하고 해당 패키지가 설치되어 있어야 한다. 컨텍스트를 구했으면 컨텍스트의 파일 열기 메서드로 원하는 파일을 연다. 앞에서 작성했던 test.txt 파일을 외부에서 읽어 보자. 배포 예제는 같은 프로젝트에 속해 있어서 당연히 잘 읽혀지는데 이 예제를 외부에 별도의 패키지로 만들어도 잘 읽혀진다. 과연 그런지 andexam.ver6.external 패키지에 별도의 예제를 만들어 보자.

ShareFile

```
<LinearLayout xmlns:android="http://schemas.android.com/apk/res/android"
    android:orientation="vertical"
    android:layout_width="match_parent"
    android:layout_height="match_parent"
    >
<Button
    android:id="@+id/load"
    android:layout_width="wrap_content"
    android:layout_height="wrap_content"
    android:text="Load"
```

```
        />
<EditText
    android:id="@+id/edittext"
    android:layout_width="match_parent"
    android:layout_height="wrap_content"
    />
</LinearLayout>
-----------------------------------------------------------
package andexam.ver6.external;

....
import andexam.ver6.*;

public class ShareFile extends Activity {
    public void onCreate(Bundle savedInstanceState) {
        super.onCreate(savedInstanceState);
        setContentView(R.layout.sharefile);

        final EditText edit;
        edit = (EditText)findViewById(R.id.edittext);

        Button btnload = (Button)findViewById(R.id.load);
        btnload.setOnClickListener(new Button.OnClickListener() {
            public void onClick(View v) {
                try {
                    Context Other = createPackageContext("andexam.ver6",
                            Context.CONTEXT_IGNORE_SECURITY);
                    FileInputStream fis = Other.openFileInput("test.txt");
                    byte[] data = new byte[fis.available()];
                    while (fis.read(data) != -1) {;}
                    fis.close();
                    edit.setText(new String(data));
                } catch (NameNotFoundException e) {
                    edit.setText("Package Not Found");
                }
                catch (FileNotFoundException e) {
                    edit.setText("File Not Found");
                }
                catch (Exception e) {;}
            }
        });
    }
}
```

R.java 파일은 andexam.ver6 소속이므로 임포트해야 한다. 통합 예제의 특성상 같은 프로세스의 다른 패키지에 속한 파일을 열었는데 프로세스가 달라도 상관없다. andexam.ver6 패키지의 컨텍스트를 구하고 이 컨텍스트의 openFile* 메서드를 호출하여 해당 컨텍스트가 생성한 파일을 오픈한다. 스트림을 열었으면 통상적인 자바 문법으로 액세스할 수 있다. Load 버튼을 누르면 외부 패키지의 파일을 열어 그 내용을 아래쪽 에디트에 출력한다.

외부의 파일을 읽을 때는 여러 가지 예외가 발생할 수 있으므로 적절히 예외 처리해야 한다. 패키지가 없을 수도 있고 파일이 없을 수도 있으며 권한이 없을 수도 있는데 위 예제는 발생 가능한 예외에 대해 모두 잘 대처하고 있다. FileIO 예제에서 파일을 삭제한 후 이 프로그램을 실행하면 File Not Found가 출력된다.

이 예제를 통해 응용 프로그램끼리 파일을 공유할 수 있다는 것을 확인해 봤는데 이는 가능하다는 것이지 권장된다는 뜻은 아니다. 공유하려면 파일을 생성한 쪽에서 허락해야 하고 공유받는 쪽에서는 정확한 패키지 경로를 통해 안전하게 액세스해야 하며 섬세한 예외 처리까지 요구되므로 여러 모로 번거롭다. 응용 프로그램끼리 정보를 공유하는 좀 더 일반적인 방법이 따로 제공되므로 이 방법은 가급적 사용하지 말아야 한다.

25.1.3 SD 카드

안드로이드의 파일 시스템은 운영체제에 의해 엄격하게 보호된다. 응용 프로그램끼리 서로 침범할 수 없게 하려는 보안상의 합당한 이유가 있지만 여러 가지로 불편한 면이 많다. 응용 프로그램의 고유한 정보는 당연히 보호해야겠지만 MP3나 비디오 파일, 그림 파일처럼 공동으로 사용하는 파일은 민감한 정보를 가지지 않는 단순한 데이터일 뿐이므로 보안이 그다지 중요하지 않다.

단순 데이터 파일을 저장하기 위한 장소로 SD 카드가 주로 사용되며 안드로이드는 SD 카드에 대해서는 보안을 적용하지 않는다. SD 카드는 운영체제와는 분리된 기억 장치이며 리눅스 파일 시스템으로 포맷되어 있지 않고 훨씬 더 단순한 FAT 포맷으로 되어 있기 때문에 보안상의 제약없이 누구나 파일을 읽고 쓸 수 있다. 또한, 용량도 커서 멀티미디어 파일을 저장하기에 적합하다.

SD 카드 액세스 실습을 하려면 일단 SD 카드가 있어야 한다. 대부분의 모바일 장비는 외부 저장 장치로 손톱만한 크기의 MicroSD 카드를 사용한다. 그러나 에뮬레이터를 사용하는 상황에서 실제 SD 카드는 무용지물이다. 가짜 장비인 화면상의 에뮬레이터에 진짜 SD 카드를 꽂을 수 없기 때문이다. 그래서 에뮬레이터에서는 SD 카드조차도 가짜로 만들어야 한다. 가상 기계인 AVD를 생성할 때 SD 카드를 어느 정도 크기로 생성할 것인가를 지정할 수 있는데 최초 AVD를 생성할 때 디폴트로 100M가 주어진다.

SD card의 Studio-managed 란에 지정한 용량만큼 AVD 디렉터리에 sdcard.img 파일이 생성되며 이 파일이 가상의 SD 카드로 활용된다. 따라서 지금 우리가 실습용으로 사용하고 있는 에뮬레이터에는 이미 SD 카드가 장착되어 있는 셈이다. AVD와 같이 생성되는 SD 카드와는 별도의 SD 카드 파일을 따로 생성할 수도 있다. 여러 벌의 SD 카드를 교체해 가며 사용할 때 필요한 만큼 SD 카드를 만들어 놓고 사용하면 된다. SD 카드를 생성하는 mksdcard.exe 유틸리티를 다음과 같이 호출한다.

```
mksdcard [-l 레이블] 용량 파일명
```

용량과 파일명을 지정하면 지정한 용량대로 하드 디스크에 파일을 생성한다. CD 롬 이미지를 가지는 ISO 파일과 비슷하다고 보면 된다. 하드 디스크의 파일일 뿐이므로 이름은 임의로 붙일 수 있으며 생성 후 삭제, 복사, 이름 변경도 자유롭게 할 수 있다. 용량은 자유롭게 선택할 수 있지만 최소 8M 이상이어야 한다. 테스트용이므로 너무 크게 만들 필요는 없다. 다음 명령은 128M의 SD 카드를 생성한다.

```
mksdcard 128M testcard.sd
```

안에는 포맷만 되어 있을 뿐 파일이 전혀 없는 상태이다. 이 카드를 사용하려면 AVD를 생성할 때 또는 이미 생성한 AVD의 속성 편집창에서 External file란에 SD 카드 파일의 경로를 지정한다. 이렇게 지정해 놓으면 에뮬레이터가 열릴 때마다 SD 카드를 로드한다. 특정 프로젝트에만 다른 SD 카드를 사용하려면 프로젝트 구성의 Emulator 페이지에서 명령행 옵션에 다음과 같이 지정한다.

```
-sdcard c:\sd\testcard.sd
```

이미 실행 중인 에뮬레이터에 SD 카드를 바꿔 끼울 수는 없으므로 이 옵션을 적용하려면 에뮬레이터를 재시작해야 한다. 데스크톱 환경에서 실행 중인 컴퓨터의 하드 디스크를 갈아 끼울 수 없는 것과 마찬가지이다. 현재 장비에 SD 카드가 장착되어 있는지, 장착되어 있다면 경로는 어디인지를 조사할 때는 Environment 클래스의 다음 정적 메서드를 호출한다.

```
static String getExternalStorageState ()
static File getExternalStorageDirectory ()
static File getRootDirectory ()
static File getDataDirectory ()
static File getDownloadCacheDirectory ()
```

getExternalStorageState 메서드는 외부 저장 장치, 즉 SD 카드의 현재 상태를 조사한다. 장착되어 있고 읽고 쓰기가 가능한 상태이면 MEDIA_MOUNTED가 리턴되며 그렇지 않으면 MEDIA_UNMOUNTED가 리턴된다. getExternalStorageDirectory는 SD 카드가 마운트된 경로를 조사하며 나머지 메서드는 루트, 데이터, 캐쉬 경로를 조사한다. SD 카드의 파일을 액세스하려면 매니페스트에 다음 퍼미션을 지정한다.

```
<uses-permission android:name="android.permission.READ_EXTERNAL_STORAGE" />
<uses-permission android:name="android.permission.WRITE_EXTERNAL_STORAGE" />
```

하나는 읽기 퍼미션이고 하나는 쓰기 퍼미션이다. 이 중 읽기 퍼미션은 3.0에서 더 엄격한 기억장치 관리를 위해 새로 추가된 것이다. 정보를 읽기만 하는 것은 보안상 치명적인 문제가 없어 3.0 이하의 버전에서는 이 퍼미션을 굳이 요구하지 않았다. 3.0 이후의 버전이라도 쓰기 퍼미션을 지정하면 읽기 퍼미션도 같이 허가되므로 읽기 퍼미션은 주지 않아도 상관 없다. 쓰기가 가능하면 읽기도 당연히 가능한 것이다.

그러나 각종 악성 코드가 범람하면서 개인 정보 보호의 중요성이 더 높아졌다. 그래서 3.0 이후부터는 SD 카드를 읽기만 하는 프로그램도 명시적인 퍼미션을 요구하도록 바뀌었다. 과거 프로그램과의 호환성 문제로 인해 아직 강제적이지 않아 퍼미션 없이도 읽기는 가능하지만 이후에는 정책이 어떻게 바뀔지 알 수 없다. 조만간 읽기에도 퍼미션이 요구될 예정이므로 이후부터는 SD 카드를 읽을 때 이 퍼미션을 꼭 지정하는 것이 바람직하다.

퍼미션이 지정되어 있지 않으면 컴파일은 잘 되지만 모든 액세스가 실패로 처리된다. SD 카드가 제대로 마운트되어 있고 경로를 조사했으면 이후부터 표준 자바 입출력 클래스로 파일과 디렉터리를 액세스 및 관리할 수 있으며 별다른 제약은 없다. 다음 예제는 SD 카드의 현재 상태를 조사하고 SD 카드에 파일을 생성 및 읽어 본다. 레이아웃에는 버튼 세 개와 결과 확인을 위한 에디트를 배치해 두었다. 소스의 구조는 앞 예제와 거의 비슷하다.

SDCard

```
<LinearLayout xmlns:android="http://schemas.android.com/apk/res/android"
    android:orientation="vertical"
    android:layout_width="match_parent"
    android:layout_height="match_parent"
    >
<Button
    android:id="@+id/test"
    android:layout_width="wrap_content"
    android:layout_height="wrap_content"
    android:onClick="mOnClick"
    android:text="Test"
    />
<Button
    android:id="@+id/save"
    android:layout_width="wrap_content"
    android:layout_height="wrap_content"
    android:onClick="mOnClick"
    android:text="Save"
    />
<Button
    android:id="@+id/load"
    android:layout_width="wrap_content"
    android:layout_height="wrap_content"
    android:onClick="mOnClick"
    android:text="Load"
    />
<EditText
    android:id="@+id/edittext"
    android:layout_width="match_parent"
    android:layout_height="wrap_content"
    />
</LinearLayout>
```

```
public class SDCard extends Activity {
    EditText mEdit;
    String mSdPath;
    public void onCreate(Bundle savedInstanceState) {
        super.onCreate(savedInstanceState);
        setContentView(R.layout.sdcard);

        mEdit = (EditText)findViewById(R.id.edittext);

        String ext = Environment.getExternalStorageState();
        if (ext.equals(Environment.MEDIA_MOUNTED)) {
            mSdPath = Environment.getExternalStorageDirectory().getAbsolutePath();
        } else {
            mSdPath = Environment.MEDIA_UNMOUNTED;
        }
    }

    public void mOnClick(View v) {
        switch (v.getId()) {
        case R.id.test:
            String rootdir = Environment.getRootDirectory().getAbsolutePath();
            String datadir = Environment.getDataDirectory().getAbsolutePath();
            String cachedir = Environment.getDownloadCacheDirectory().getAbsolutePath();
            mEdit.setText(String.format("ext = %s\nroot=%s\ndata=%s\ncache=%s",
                    mSdPath, rootdir, datadir, cachedir));
            break;
        case R.id.save:
            File dir = new File(mSdPath + "/dir");
            dir.mkdir();
            File file = new File(mSdPath + "/dir/file.txt");
            try {
                FileOutputStream fos = new FileOutputStream(file);
                String str = "This file exists in SDcard";
                fos.write(str.getBytes());
                fos.close();
                mEdit.setText("write success");
            } catch (FileNotFoundException e) {
                mEdit.setText("File Not Found." + e.getMessage());
            }
            catch (SecurityException e) {
                mEdit.setText("Security Exception");
            }
            catch (Exception e) {
                mEdit.setText(e.getMessage());
```

```
                }
                break;
        case R.id.load:
            try {
                FileInputStream fis = new FileInputStream(mSdPath + "/dir/file.txt");
                byte[] data = new byte[fis.available()];
                while (fis.read(data) != -1) {;}
                fis.close();
                mEdit.setText(new String(data));
            } catch (FileNotFoundException e) {
                mEdit.setText("File Not Found");
            }
            catch (Exception e) {;}
            break;
        }
    }
}
```

파일 입출력을 하려면 경로를 알아야 하므로 onCreate에서 SD 카드의 장착 여부와 경로를 미리 조사해 두었다. Test 버튼을 클릭하면 그 외 나머지 디렉터리 정보도 조사해서 아래쪽의 에디트에 출력한다. 실습 환경에서는 다음과 같이 출력되면 정상적으로 마운트되어 있는 것이다. 마운트되는 경로는 운영체제 버전이나 실장비 구성에 따라 조금씩 달라진다.

2.2 이전 버전에서는 sdcard 폴더가 루트에 마운트되었지만 2.3 이후부터는 mnt 폴더 안에 마운트된다. 4.2 버전에서는 멀티 유저 지원으로 인해 로그인한 사용자에 따라 폴더가 달라질 수도 있으며 5.0 이후에는 storage 폴더 아래에 마운트된다. 버전마다 매번 경로가 달라지므로 SD 카드의 경로를 상수로 가정해서는 안 되며 반드시 실행 중에 조사해야 한다.

Load, Save 버튼은 자유롭게 파일을 관리할 수 있다는 것을 보이기 위해 디렉터리를 만들고 그 안에 파일을 생성한다. 파일이 실제로 생성되었는지는 DDMS의 파일 탐색기로 확인해 볼 수 있으며 Load 버튼을 누르면 아래쪽 에디트에 파일의 내용이 나타난다. 이 예제의 File 클래스와 입출력 스트림은 자바가 제공하는 것이므로 모르는 부분이 있으면 자바 문법서를 참조하기 바란다.

통합 예제에 포함되어 있는 SDCard 예제는 아주 잘 실행된다. 그러나 이 예제를 별도의 프로젝트로 분리하여 6.0 기반으로 다시 작성하면 예외가 발생한다. 외부 기억 장치 읽기는 보안상의 문제가 있으므로 일단 퍼미션을 주어야 하며 변경된 퍼미션 모델로 인해 그래도 예외가 발생할 수 있다.

7장에서 설명한대로 코드에서 퍼미션을 점검 및 요청해야 한다. 퍼미션 문제 외에도 버전에 따라 문제가 발생할 수 있는데 4.4 킷캣에서 사용자앱은 SD 카드에 읽기만 가능하도록 잠시 바뀐 적이 있었다. 이로 인해 잘 돌아가던 프로그램이 실행되지 않아 원성이 자자했으며 결국 롤리팝에서 이 정책을 철회했다. 이후에도 정책이 바뀔 수 있으므로 변경된 정책을 잘 알아 보고 예외 처리는 반드시 해야 한다.

25.1.4 TextLog

스튜디오의 디버깅 지원이 훌륭하고 안드로이드도 시스템 차원에서 로그 기능을 제공한다. 정상적인 상황에서는 이 정도 지원이면 충분하지만 극단적인 상황에서는 이런 훌륭한 기능도 무용지물인 경우가 있다. 단계 실행은 멀티 스레드 디버깅이나 비순차적 실행에 취약하여 이벤트 발생 순서를 정확히 알기 어렵다. 시스템 로그는 호스트에 장비가 일단 붙어야 사용할 수 있는데 실무 개발에서는 그렇지 못한 경우가 많다.

하드웨어와 소프트웨어가 동시에 개발될 때는 디바이스 드라이버가 완비되지 못해 장비를 개발 컴퓨터에 붙이지 못하는 경우도 흔하다. 이럴 때는 전체 이미지를 ROM에 구워서 테스트하므로 잘 정비된 시스템 로그 기능도 아무 도움을 주지 못한다. 또한 시스템 로그는 장비가 완전히 다운되어 버리면 이전의 사건은 확인 불가하다.

개발툴의 지원을 기대하기 어려울 때 궁극적인 디버깅 방법은 텍스트 로그를 남기는 방법밖에 없다. 외부 지원이 없으므로 결국 응용 프로그램이 스스로 로그를 남기고 스스로 확인해야 한다. 다음 클래스는 이런 용도로 개발된 로그 클래스이며 실무에서 사용했던 것이다. 실제 프로젝트에도 실용성이 있지만 텍스트 입출력 기법 분석용으로도 참고할만하다. 임의의 프로젝트에 재사용하기 쉽도록 작성했다.

TextLog

```java
package andexam.ver6.c25_file;

import java.io.*;
import java.util.*;

import android.app.*;
import android.content.*;
import android.graphics.*;
import android.os.*;
import android.util.*;
import android.view.*;
import android.widget.*;

// 텍스트 로그 작성 유틸리티
// 1.액티비티의 onCreate에서 init(this) 호출하고 속성 설정
// 2.로그를 남길 때 TextLog.o("~") 메서드 호출
// 3.로그 확인시 TextLog.ViewLog() 메서드 호출
public class TextLog {
    static Context mMain;
    static final int LOG_FILE = 1;
    static final int LOG_SYSTEM = 2;
    static int mWhere = LOG_FILE | LOG_SYSTEM;
    // 기록 경로. 디폴트는 SD 루트의 andlog.txt이나 절대 경로로 지정 가능
    // SD 카드가 없는 경우 "/data/data/패키지/files/파일" 경로로 지정할 것
    static String mPath = "";
    static String mTag = "textlog";
    static boolean mAppendTime = false;
```

```
static float mViewTextSize = 6.0f;
static int mMaxFileSize = 100;              // KB
static boolean mReverseReport = false;
static long mStartTime;
static long mLastTime;

// mPath는 SD카드의 루트로 기본 초기화한다. SD 카드가 없으면 빈 문자열이다.
static {
    boolean HaveSD = Environment.getExternalStorageState()
    .equals(Environment.MEDIA_MOUNTED);
    if (HaveSD) {
        String SDPath = Environment.getExternalStorageDirectory()
        .getAbsolutePath();
        mPath = SDPath + "/andlog.txt";
    }
}

// 디폴트 설정대로 초기화한다.
public static void init(Context main) {
    mMain = main;

    // 일정 크기 이상이면 로그 파일의 앞부분을 잘라낸다.
    if (mMaxFileSize != 0 && (mWhere & LOG_FILE) != 0) {
        File file = new File(mPath);
        if (file.length() > mMaxFileSize * 1024) {
            String log = "";
            try {
                FileInputStream fis = new FileInputStream(mPath);
                int avail = fis.available();
                byte[] data = new byte[avail];
                while (fis.read(data) != -1) {;}
                fis.close();
                log = new String(data);
            }
            catch (Exception e) {;}

            // 앞쪽 90%를 잘라낸다.
            log = log.substring(log.length() * 9 / 10);

            try {
                FileOutputStream fos = new FileOutputStream(file);
                fos.write(log.getBytes());
                fos.close();
            }
```

```
                    catch (Exception e) {;}

            }
        }

        o("---------- start time : " + getNowTime());
    }

    // 로그 파일을 삭제하여 초기화한다.
    public static void reset() {
        if ((mWhere & LOG_FILE) != 0) {
            File file = new File(mPath);
            file.delete();
        }
        o("---------- reset time : " + getNowTime());
    }

    static String getNowTime() {
        Calendar calendar = Calendar.getInstance();
        String Time = String.format("%d-%d %d:%d:%d",calendar.get(Calendar.MONTH)+1,
                calendar.get(Calendar.DAY_OF_MONTH), calendar.get(Calendar.HOUR_OF_DAY),
                calendar.get(Calendar.MINUTE), calendar.get(Calendar.SECOND));
        return Time;
    }

    // write string to log.
    public static void o(String text, Object ... args) {
        // 릴리즈에서 로그 기록문을 제거했으면 바로 리턴한다.
        if (mWhere == 0) {
            return;
        }

        // 예외의 getMessage가 null을 리턴하는 경우가 있어 널 점검 필요하다.
        if (text == null) {
            return;
        }

        if (args.length != 0) {
            text = String.format(text, args);
        }

        if (mAppendTime) {
            Calendar calendar = Calendar.getInstance();
            String Time = String.format("%d:%d:%02d.%04d = ",
```

```
                        calendar.get(Calendar.HOUR_OF_DAY), calendar.get(Calendar.MINUTE),
                        calendar.get(Calendar.SECOND), calendar.get(Calendar.MILLISECOND));
            text = Time + text;
        }

        if ((mWhere & LOG_FILE) != 0 && mPath.length() != 0) {
            File file = new File(mPath);
            FileOutputStream fos = null;
            try {
                fos = new FileOutputStream(file, true);
                if (fos != null) {
                    fos.write(text.getBytes());
                    fos.write("\n".getBytes());
                }
            }
            catch (Exception e) {
                // silent fail
            }
            finally {
                try {
                    if(fos != null) fos.close();
                }
                catch (Exception e) { ; }
            }
        }

        if ((mWhere & LOG_SYSTEM) != 0) {
            Log.d(mTag, text);
        }
    }

    public static void lapstart(String text) {
        mStartTime = System.currentTimeMillis();
        mLastTime = mStartTime;
        o("St=0000,gap=0000 " + text);
    }

    public static void lap(String text) {
        long now = System.currentTimeMillis();
        String sText = String.format("St=%4d,gap=%4d " + text,
            now - mStartTime, now - mLastTime);
        mLastTime = now;
        o(sText);
    }
```

```
// 로그 파일 보기
public static void ViewLog() {
    String path;
    int ch;

    StringBuilder Result = new StringBuilder();
    BufferedReader in = null;
    try {
        in = new BufferedReader(new FileReader(mPath));
        if (in != null) {
            for (;;) {
                ch = in.read();
                if (ch == -1) break;
                Result.append((char)ch);
            }
        }
    }
    catch (Exception e) {
        Result.append("log file not found");
    }
    finally {
        try {
            if(in != null) in.close();
        }
        catch (Exception e) { ; }
    }

    String sResult = Result.toString();
    if (mReverseReport) {
        String[] lines = sResult.split("\n");
        Result.delete(0, Result.length());
        for (int i = lines.length - 1;i >= 0; i--) {
            Result.append(lines[i]);
            Result.append("\n");
        }
        sResult = Result.toString();
    }

    ScrollView scroll = new ScrollView(mMain);
    TextView text = new TextView(mMain);
    text.setTextSize(TypedValue.COMPLEX_UNIT_PT, mViewTextSize);
    text.setTextColor(Color.WHITE);
    text.setText("length = " + sResult.length() + "\n" + sResult);
```

```
            scroll.addView(text);

            new AlertDialog.Builder(mMain)
            .setTitle("Log")
            .setView(scroll)
            .setPositiveButton("OK", null)
            .show();
        }

        public static void addMenu(Menu menu) {
            menu.add(0,101092+1,0,"ViewLog");
            menu.add(0,101092+2,0,"ResetLog");
        }

        public static boolean execMenu(MenuItem item) {
            switch (item.getItemId()) {
            case 101092+1:
                ViewLog();
                return true;
            case 101092+2:
                reset();
                return true;
            }
            return false;
        }
    }

    //내부 패키지에서 간단하게 호출할 수 있는 래퍼 클래스
    //TextLog.o() 대신 lg.o()로 호출 가능하다.
    class lg {
        public static void o(String text, Object ... args) {
            TextLog.o(text, args);
        }
    }
```

TextLog 클래스는 SD 카드의 임의 경로나 시스템 로그에 2중으로 로그를 기록한다. mWhere 멤버는 로그를 남길 위치를 지정하는데 디폴트로 SD 카드와 시스템 로그를 모두 남긴다. 로그 파일 경로는 SD 카드의 루트에 andlog.txt로 초기화되며 시스템 로그를 남길 때의 태그값은 mTag로 지정한다. mWhere, mPath, mTag 멤버와 로그 유지 용량, 글꼴 크기 등은 별도의 액세스 메서드가 없는 대신 공개되어 있으므로 필요할 때 외부에서 값을 직접 수정하면 된다.

정적 생성자에서 장비에 SD 카드가 장착되어 있는지 조사하고 SD 카드의 경로를 조사해 놓는다. SD 카드가 없으면 로그는 시스템으로만 출력된다. init 메서드는 로그 파일의 용량을 관리하며 로그 기록을 시작한다는 것과 현재 시간으로 첫 번째 로그를 남긴다. init 메서드가 하는 일 중 가장 중요한 일은 로그를 남기는 주체인 Context를 받아 놓는 것인데 이 값이 있어야 파일을 생성할 수 있다. reset 메서드는 작성된 로그를 모두 삭제하며 리셋되었다는 기록을 남긴다.

로그를 기록하는 메서드는 o이다. 자주 호출하므로 메서드 이름을 극단적으로 짧게 해 두었다. 서식 문자열과 가변 인수를 전달받는다. Format 메서드처럼 %d, %f 등의 서식을 사용하거나 + 로 연결하여 변수값을 찍어볼 수 있다. 로그 출력문은 지극히 간단하다. mPath 경로의 파일을 추가용으로 열어 로그 문자열과 개행 문자열을 뒤에 덧붙이고 파일을 닫는다. 파일에 추가하고 바로 닫으므로 설사 프로그램이 다운되더라도 파일이 손상되지 않는다. 예외 처리가 들어가 복잡해 보일 뿐 아주 간단한 문장이다. 시스템 로그 기록문은 Log.d 호출로 되어 있다.

ViewLog 메서드는 작성된 로그를 대화상자로 보여준다. 로그 파일 전체를 읽어 문자열로 만든 후 대화상자로 출력하되 역순 출력일 경우 최근 로그를 앞에 보여준다. AlertDialog는 내용이 많을 경우 스크롤을 지원하므로 로그 내용이 길어도 상관없다. addMenu, execMenu는 로그 확인, 리셋하는 명령을 호스트의 메뉴에 덧붙이고 실행하는 정적 메서드이다. 외부에서 ViewLog, reset 메서드를 직접 호출할 수 있지만 적당한 시점이 없는 경우 메뉴를 사용하는 것이 편리하다. 이 두 메서드는 호스트를 대신해서 메뉴를 관리하는 역할을 한다.

lg 클래스는 TextLog의 o 메서드를 대신 호출하는데 TextLog.o라고 쓰는 것보다 lg.o라고 쓰는 것이 더 짧고 간편하다. 단, 이 클래스는 public이 아니므로 같은 패키지 내부에서만 사용할 수 있고 외부 패키지에서는 사용할 수 없으며 TextLog 클래스를 임포트해서 사용해야 한다. 간단하게 테스트 예제를 만들어 보고 로그를 남기는 방법에 대해 알아보자. 레이아웃에는 짧은 안내 문자열만 배치되어 있다.

TextLogTest

```xml
<LinearLayout xmlns:android="http://schemas.android.com/apk/res/android"
    android:id="@+id/linear"
    android:orientation="vertical"
    android:layout_width="match_parent"
    android:layout_height="match_parent"
    >
<TextView
```

```
            android:layout_width="wrap_content"
            android:layout_height="wrap_content"
            android:text="화면을 터치한 좌표가 로그에 기록됩니다. 작성된 로그는 메뉴를 통해
                    확인하십시오."
        />
</LinearLayout>
- - - - - - - - - - - - - - - - - - - - - - - - - - - - - - - - - - - - - - - - - - - -
public class TextLogTest extends Activity {
    LinearLayout mLinear;

    public void onCreate(Bundle savedInstanceState) {
        super.onCreate(savedInstanceState);
        setContentView(R.layout.textlogtest);

        // onCreate에서 로그 유틸리티 초기화
        TextLog.init(this);
        TextLog.mAppendTime = true;
        TextLog.mReverseReport = true;

        mLinear = (LinearLayout)findViewById(R.id.linear);
        mLinear.setOnTouchListener(new View.OnTouchListener() {
            public boolean onTouch(View v, MotionEvent event) {
                switch (event.getAction()) {
                case MotionEvent.ACTION_DOWN:
                    // 필요할 때 로그 기록
                    lg.o("down. x = " + (int)event.getX() +
                            ", y = " + (int)event.getY());
                    return true;
                case MotionEvent.ACTION_MOVE:
                    lg.o("move. x = " + (int)event.getX() +
                            ", y = " + (int)event.getY());
                    return true;
                }
                return false;
            }
        });
    }

    // 다음 두 메서드를 디버깅 프로젝트의 엑티비티에 추가한다.
    public boolean onCreateOptionsMenu(Menu menu) {
        super.onCreateOptionsMenu(menu);
        TextLog.addMenu(menu);
        return true;
    }
```

```
    public boolean onOptionsItemSelected(MenuItem item) {
        if (TextLog.execMenu(item) == true) {
            return true;
        }
        return false;
    }
}
```

사용하는 방법은 아주 쉽다. onCreate에서 init 메서드를 호출하여 초기화하고 멤버값을 적당히 변경한 후 메뉴 생성 및 실행 시에 addMenu, execMenu만 호출하면 된다. 기록을 남길만한 부분에서 lg.o 메서드로 문자열 형태의 기록을 남기면 로그 파일에 차곡차곡 쌓인다. 예제에서는 터치 이벤트에 대해 누른 곳과 이동한 곳의 좌표를 출력했다. 메뉴의 ViewLog 명령을 선택하면 현재까지 작성된 로그를 대화상자로 보여준다.

어떤 사건이 발생했는지 로그를 보면 알 수 있다. 만약 프로그램이 실행 중에 다운되었더라도 reset 명령을 내리지 않는 한 로그는 그대로 남아 있으므로 다시 실행해서 로그를 재확인하면 된다. 설사 장비를 재부팅했더라도 로그 파일은 항상 유지된다. 만약 프로그램을 재실행할 수 없는 상황이라면 SD 카드에 작성되어 있는 로그를 통해 기록을 살펴볼 수 있다.

로그 클래스 자체는 단순하고 보잘 것 없다. 그러나 아무리 간단한 툴이라도 적재 적소에 잘 활용하면 굉장히 강력한 디버깅 툴이 될 수 있다. 극단적인 상황을 대비해 제작된 툴이지만 평소에도 디버깅용으로 꽤 쓸만하다. 번거로운 연결을 거치지 않더라도 응용 프로그램 스스로 로그를 볼 수 있다는 점에서 편리하다. 실무에서 유용하게 잘 활용했었는데 미진한 부분이 있다면 여러분이 개선하여 사용해 보기 바란다.

25.2 파일 관리

25.2.1 파일 탐색기

파일 입출력 메서드는 파일 안에 저장된 데이터를 관리하는데 비해 파일 관리 메서드는 파일 그 자체가 관리 대상이다. 여기서는 파일을 관리하는 메서드에 대해 연구해 보자. File 클래스의 다음 메서드는 파일 목록을 구한다.

```
String[] list([FilenameFilter filter])
File[] listFiles([FilenameFilter filter])
```

파일의 경로 목록을 구할 수도 있고 File 객체의 목록을 구할 수도 있다. File 객체는 거대하므로 경로의 목록만 구한 후 관심 있는 파일만 열어 보는 것이 더 유리하다. filter를 지정하면 조건에 맞는 파일의 목록만 조사하며 생략하면 모든 파일이 조사된다. 디렉터리도 같이 조사되지만 현재 디렉터리인 .과 부모 디렉터리인 ..은 제외된다. 만약 파일이 하나도 없으면 null이 리턴된다. 다음 메서드는 파일의 이름을 변경하거나 삭제한다.

```
boolean renameTo(File newPath)
boolean delete()
void deleteOnExit()
```

둘 다 패키지 디렉터리 아래의 파일만 관리할 수 있으며 경로는 사용할 수 없다. 즉시 삭제할 수도 있고 가상 머신이 종료될 때 삭제하도록 예약해 놓을 수도 있다. 디렉터리는 내부에 파일이 없어야 하며 완전히 빈 디렉터리만 삭제 가능하다. 삭제나 이름 변경에 성공하면 true를 리턴한다. 다음 메서드는 파일에 대한 정보를 조사한다.

```
boolean exists()
boolean isFile()
boolean isDirectory()
long length()
boolean isHidden()
long lastModified()
boolean canRead()
boolean canWrite()
```

따로 설명하지 않더라도 메서드 이름으로부터 어떤 정보를 조사하는지 쉽게 알 수 있다. 디렉터리를 생성할 때는 다음 메서드를 사용한다.

```
boolean mkdir()
boolean mkdirs()
```

mkdir은 부모 폴더까지 생성하지 않는데 비해 mkdirs는 부모 폴더까지 한꺼번에 생성한다는 점이 다르다. 원하는 경로에 대해 File 객체를 생성한 후 이 메서드를 호출하면 디렉터리가 생성된다. 만약 디렉터리가 이미 있다면 false가 리턴된다. 다음 예제는 SD 카드의 파일과 디렉터리 목록을 보여준다.

FileExplorer

```
<LinearLayout xmlns:android="http://schemas.android.com/apk/res/android"
    android:orientation="vertical"
    android:layout_width="match_parent"
    android:layout_height="match_parent" >
<LinearLayout
    android:layout_width="match_parent"
    android:layout_height="wrap_content"
    android:orientation="vertical" >
<TextView
    android:id="@+id/current"
    android:layout_width="match_parent"
    android:layout_height="wrap_content"
    android:text="current"
    />
<LinearLayout
    android:layout_width="match_parent"
    android:layout_height="wrap_content" >
<Button
    android:id="@+id/btnroot"
    android:layout_width="wrap_content"
    android:layout_height="wrap_content"
    android:onClick="mOnClick"
    android:text="Root" />
<Button
    android:id="@+id/btnup"
    android:layout_width="wrap_content"
    android:layout_height="wrap_content"
    android:onClick="mOnClick"
    android:text="Up" />
</LinearLayout>
</LinearLayout>
<ListView
```

```
        android:id="@+id/filelist"
        android:layout_width="match_parent"
        android:layout_height="match_parent"
        />
</LinearLayout>
```

```
public class FileExplorer extends Activity {
    String mCurrent;
    String mRoot;
    TextView mCurrentTxt;
    ListView mFileList;
    ArrayAdapter<String> mAdapter;
    ArrayList<String> arFiles;

    public void onCreate(Bundle savedInstanceState) {
        super.onCreate(savedInstanceState);
        setContentView(R.layout.fileexplorer);

        mCurrentTxt = (TextView)findViewById(R.id.current);
        mFileList = (ListView)findViewById(R.id.filelist);

        arFiles = new ArrayList<String>();
        mRoot = Environment.getExternalStorageDirectory().getAbsolutePath();
        mCurrent = mRoot;

        mAdapter = new ArrayAdapter<String>(this,
                android.R.layout.simple_list_item_1, arFiles);
        mFileList.setAdapter(mAdapter);
        mFileList.setOnItemClickListener(mItemClickListener);

        refreshFiles();
    }

    AdapterView.OnItemClickListener mItemClickListener =
            new AdapterView.OnItemClickListener() {
        public void onItemClick(AdapterView<?> parent, View view, int position, long id) {
            String Name = arFiles.get(position);
            if (Name.startsWith("[") && Name.endsWith("]")) {
                Name = Name.substring(1, Name.length()-1);
            }
            String Path = mCurrent + "/" + Name;
            File f = new File(Path);
            if (f.isDirectory()) {
                mCurrent = Path;
```

```
                refreshFiles();
            } else {
                Toast.makeText(FileExplorer.this, arFiles.get(position),
                        Toast.LENGTH_SHORT).show();
            }
        }
    };

    public void mOnClick(View v) {
        switch (v.getId()) {
        case R.id.btnroot:
            if (mCurrent.compareTo(mRoot) != 0) {
                mCurrent = mRoot;
                refreshFiles();
            }
            break;
        case R.id.btnup:
            if (mCurrent.compareTo(mRoot) != 0) {
                int end = mCurrent.lastIndexOf("/");
                String uppath = mCurrent.substring(0, end);
                mCurrent = uppath;
                refreshFiles();
            }
            break;
        }
    }

    void refreshFiles() {
        mCurrentTxt.setText(mCurrent);
        arFiles.clear();
        File current = new File(mCurrent);
        String[] files = current.list();
        if (files != null) {
            for (int i = 0; i < files.length;i++) {
                String Path = mCurrent + "/" + files[i];
                String Name = "";
                File f = new File(Path);
                if (f.isDirectory()) {
                    Name = "[" + files[i] + "]";
                } else {
                    Name = files[i];
                }

                arFiles.add(Name);
```

```
                }
            }
            mAdapter.notifyDataSetChanged();
        }
    }
```

별다른 기능은 없고 목록을 뽑아 리스트뷰에 보여주고 디렉터리를 선택하면 안으로 이동하는 정도의 기능만 제공한다. onCreate에서 SD 카드의 루트 디렉터리 경로를 조사하고 arFiles 컬렉션의 파일 목록을 리스트뷰에 출력하는 어댑터를 생성해 놓는다. 파일 목록은 refreshFiles 메서드에서 조사한다.

현재 경로의 list 메서드로 파일 목록을 조사하여 arFiles 컬렉션에 채우되 디렉터리인 경우 [ ] 괄호로 감싸 파일과 구분되게 했다. 목록에서 디렉터리를 클릭하면 안쪽으로 들어가 목록을 다시 조사하고 파일을 클릭하면 토스트를 열어 선택된 파일의 이름을 보여준다. 상단의 Root와 Up 버튼은 루트 디렉터리나 한 단계 위로 이동한다.

기능이 거의 없어 SD 카드의 파일 목록 정도만 확인할 수 있는 수준인데 얼마든지 더 개선할 여지가 많다. 항목 앞에 아이콘을 달아 파일과 디렉터리를 구분하면 훨씬 더 예뻐지며 목록을 발견 순서대로 출력하는 대신 디렉터리, 파일 순으로 하고 알파벳 순으로 정렬하면 육안으로 찾기 쉽다. 커스텀 항목 뷰만 잘 작성해도 한층 더 보기 좋아진다.

목록에서 파일을 선택할 때 토스트를 띄우는 대신 해당 파일을 실행할 수도 있다. 파일 타입에 따라 적당한 인텐트로 보기나 편집 액티비티를 띄우면 된다. 복사, 삭제, 이름 변경 등의 기본적인 관리 기능도 제공할 수 있지만 기능 자체보다 선택 관련 UI를 만드는 것이 더 어렵고 시간이 많이 걸린다.

25.2.2 압축 파일

압축 파일은 고도의 알고리즘으로 대용량 파일의 데이터를 압축하여 작은 크기로 만드는 기술이다. 압축 그 자체도 유용한 기술이지만 압축 파일 자체에 디렉터리와 여러 파일을 묶어서 저장할 수 있다는 면에서 하나의 파일 시스템이나 마찬가지이며 파일의 집합을 저장 및 관리할 수 있어 여러모로 활용도가 높다. 안드로이드의 응용 프로그램 포맷인 apk도 압축 파일이며 이 안에 클래스 파일과 리소스 파일 등이 저장되어 있다.

압축 파일 관리 기능은 자바에 의해 언어 차원에서 제공되므로 안드로이드도 별도의 추가 라이브러리 없이 압축 파일을 만들거나 해제할 수 있다. 압축 파일은 응용 프로그램 수준에서 꽤 활용도가 높은 포맷이다. 특히 대량의 데이터가 필요한 프로그램은 데이터를 압축한 후 실행할 때 필요한 부분만 해제하여 사용함으로써 배포 용량을 획기적으로 줄일 수 있다. 여기서는 압축 파일을 다루는 방법을 간략하게 소개한다.

ZipFile 클래스는 파일 기반의 zip 압축 파일을 다루며 압축 파일 내의 임의 파일을 랜덤으로 액세스한다. 압축 파일을 일종의 파일 시스템처럼 취급하며 압축 파일 내의 모든 파일을 자유롭게 읽고 쓸 수 있다. 다음 두 가지 생성자가 있으며 File 객체로부터 생성할 수도 있고 압축 파일의 경로를 주어 열 수도 있다.

```
ZipFile(File file [, int mode])
ZipFile(String name)
```

File 객체로 생성할 때 mode에 OPEN_DELETE를 지정하면 임시적인 압축 파일이며 사용 후 자동으로 삭제된다. 압축 파일에 포함된 항목의 목록은 다음 메서드로 구한다.

```
Enumeration<? extends ZipEntry> entries ()
ZipEntry getEntry (String entryName)
int size ()
InputStream getInputStream (ZipEntry entry)
```

entries 메서드는 압축 파일에 들어간 순서대로 모든 파일과 디렉터리의 목록을 구하며 getEntry 메서드는 지정한 경로의 항목을 구한다. size는 압축 파일에 포함된 항목의 총 개수를 구한다. getInputStream은 항목을 액세스하는 스트림을 구하며 이 스트림에서 데이터를 읽음으로써 압축을 푼 데이터를 추출한다.

압축 파일에 포함된 항목 하나는 ZipEntry 클래스로 표현한다. zip을 하나의 파일 시스템으로 본다면 ZipEntry는 그 안에 포함된 파일이나 디렉터리다. ZipEntry는 파일에 대한 여러 가지 정보를 조사하는 다음 메서드를 제공한다. 정보를 변경하는 set 메서드도 물론 제공된다.

메서드	설명
String getName ()	파일의 이름
long getSize ()	압축을 풀었을 때의 원래 크기
long getCompressedSize ()	압축된 크기
long getCrc ()	체크섬
long getTime ()	최후 수정된 시간
boolean isDirectory ()	디렉터리인지 조사한다.

이 정보는 파일 자체에 대한 정보일 뿐이며 파일 안에 저장된 데이터를 읽는 것은 아니다. 압축 파일 내의 데이터를 읽으려면 스트림 입출력한다. 다음 예제는 압축 파일을 읽어 보고 내부의 파일을 풀어서 보여준다.

ReadZip

```xml
<LinearLayout xmlns:android="http://schemas.android.com/apk/res/android"
    android:orientation="vertical"
    android:layout_width="match_parent"
    android:layout_height="match_parent" >
<Button
    android:id="@+id/btnlist"
    android:layout_width="wrap_content"
    android:layout_height="wrap_content"
    android:onClick="mOnClick"
    android:text="list" />
<Button
    android:id="@+id/btna"
    android:layout_width="wrap_content"
    android:layout_height="wrap_content"
```

```
        android:onClick="mOnClick"
        android:text="a.txt" />
    <Button
        android:id="@+id/btnb"
        android:layout_width="wrap_content"
        android:layout_height="wrap_content"
        android:onClick="mOnClick"
        android:text="b.txt" />
    <TextView
        android:id="@+id/result"
        android:layout_width="wrap_content"
        android:layout_height="wrap_content"
        android:text="result" />
</LinearLayout>
-------------------------------------------------------
public class ReadZip extends Activity {
    TextView mResult;
    String mPath;

    public void onCreate(Bundle savedInstanceState) {
        super.onCreate(savedInstanceState);
        setContentView(R.layout.readzip);

        mPath = Environment.getExternalStorageDirectory().getAbsolutePath() + "/ZipTest.zip";
        mResult = (TextView)findViewById(R.id.result);

        // 애셋의 zip 파일 복사하기
        CopyAsset(this, "ZipTest.zip", "ZipTest.zip");
    }

    public void mOnClick(View v) {
        switch (v.getId()) {
        case R.id.btnlist:
            ShowList();
            break;
        case R.id.btna:
            ShowA();
            break;
        case R.id.btnb:
            ShowB();
            break;
        }
    }
```

```
void ShowList() {
    try {
        ZipFile zip = new ZipFile(mPath);
        String s = "";
        s = "size = " + zip.size() + "\n";
        ZipEntry e;

        Enumeration<? extends ZipEntry> ent = zip.entries();
        while (ent.hasMoreElements()) {
            e = (ZipEntry)ent.nextElement();
            s = s + "name = " + e.getName() +
                    " ,size = " + e.getSize() +
                    " ,Compsize = " + e.getCompressedSize() + "\n";
        }

        mResult.setText(s);
    } catch (Exception e) {
        return;
    }
}

void ShowA() {
    try {
        ZipFile zip;
        zip = new ZipFile(mPath);

        InputStream is = zip.getInputStream(zip.getEntry("a.txt"));
        ByteArrayOutputStream baos = new ByteArrayOutputStream();
        byte[] buffer = new byte[1024];

        int len;
        for (;;) {
            len = is.read(buffer);
            if (len <= 0) break;
            baos.write(buffer, 0, len);
        }
        is.close();
        mResult.setText(baos.toString());
    } catch (IOException e) {
    }
}

void ShowB() {
    try {
```

```
        ZipInputStream zin = new ZipInputStream(new FileInputStream(mPath));
        for (;;) {
            ZipEntry ze = zin.getNextEntry();
            if (ze == null) break;
            if (ze.getName().equals("subdir/b.txt")) {
                ByteArrayOutputStream baos = new ByteArrayOutputStream();
                byte[] buffer = new byte[1024];

                int len;
                for (;;) {
                    len = zin.read(buffer);
                    if (len <= 0) break;
                    baos.write(buffer, 0, len);
                }
                mResult.setText(baos.toString());
                break;
            }
        }
        zin.close();
    } catch (Exception e) {
    }
}

public boolean CopyAsset(Context context, String src, String dest) {
    if (!Environment.getExternalStorageState().equals(Environment.MEDIA_MOUNTED)) {
        return false;
    }
    String root = Environment.getExternalStorageDirectory().getAbsolutePath();

    String destpath = root + "/" + dest;
    File f = new File(destpath);
    if (f.exists()) {
        return true;
    }

    AssetManager am = context.getAssets();
    try {
        InputStream is = am.open(src);
        FileOutputStream os = new FileOutputStream(destpath);
        byte buffer[] = new byte[1024];
        for (;;) {
            int read = is.read(buffer);
            if (read <= 0) break;
            os.write(buffer,0,read);
```

```
            }
            is.close();
            os.close();
        } catch (IOException e) {
            return false;
        }

        return true;
    }
}
```

압축은 메모리의 데이터가 아닌 파일을 대상으로 하므로 압축 실습을 하려면 파일로 저장된 압축 파일이 있어야 한다. 압축 라이브러리는 파일을 대상으로 동작할 뿐 애셋이나 리소스같은 것은 모르기 때문이다. 통합 예제는 ZipTest.zip이라는 압축 파일을 애셋에 미리 포함시켜 놓았으며 이 파일을 실행 중에 읽어 SD 카드로 추출한다. 이 작업은 CopyAsset 메서드가 처리한다.

CopyAsset 메서드는 src 인수로 전달된 애셋을 애셋 관리자로 열고 SD 카드의 루트에 dest 인수가 지정한 이름으로 복사한다. 만약 파일이 이미 생성되어 있다면 다시 복사하지 않고 그냥 리턴한다. 아무튼 이 메서드를 호출하면 SD 카드 루트에 원하는 데이터 파일이 생성된다. 예제에서는 onCreate에서 애셋의 ZipTest.zip 파일을 SD 카드 루트에 복사한다.

원칙대로라면 독자 여러분이 테스트에 사용할 압축 파일을 DDMS나 adb 등의 툴로 SD 카드로 직접 복사한 후 예제를 실행해야 하지만 이는 너무 번거로운 작업이다. 그래서 실습에 필요한 파일을 애셋에 저장해 두고 실행 시에 복사하는 방법을 사용했다. 예제가 알아서 실행 환경을 만든 후 실행되므로 독자들은 그냥 예제를 실행해 보기만 하면 된다. CopyAsset 메서드는 테스트 파일이 필요할 때 재사용하기 편리하게 작성해 두었다.

list 버튼을 누르면 압축 파일에 포함된 파일의 목록을 보여준다. SD 카드의 테스트 파일로부터 ZipFile 객체 zip을 생성하고 zip의 entries 메서드로 목록을 조사하였으며 목록의 모든 항목에 대해 이름과 크기, 압축 크기 등을 문자열 형태로 출력한다. a.txt 버튼을 누르면 a.txt로부터 입력 스트림을 구하고 이 스트림으로부터 문자열을 읽어 들인다. b.txt도 압축을 풀어서 보여주는 것은 비슷하되 ZipInputStream 객체를 구한 후 이 스트림을 순회하면서 b.txt를 찾아 압축을 푼다. 실행 결과는 다음과 같다.

용량상의 문제로 작은 텍스트 파일을 사용하다 보니 압축률이 얼마 되지 않는 것으로 조사되는데 대용량의 텍스트 파일은 거의 90%에 육박하는 압축률을 보여준다. 사전류나 소설처럼 대량의 데이터를 사용하는 프로그램은 생 데이터를 그냥 가지고 있는 것보다 압축해서 애셋에 넣어 두고 필요할 때 풀어서 사용하는 것이 훨씬 더 효율적이다.

25.3 프레퍼런스

25.3.1 프레퍼런스

프레퍼런스는 응용 프로그램의 설정 정보를 영구적으로 저장하는 장치이다. 사용자의 옵션 선택 사항이나 프로그램 자체의 구성 정보를 저장하며 한 번 선택해 놓은 옵션을 다음 실행 시에도 계속 기억하는 역할을 한다. 윈도우즈 환경의 레지스트리나 리눅스 환경의 세팅 파일 정도에 대응되는 개념이되 XML 포맷의 텍스트 파일에 정보를 저장하므로 세팅 파일에 더 가깝다.

프레퍼런스의 데이터를 관리하는 클래스는 SharedPreferences 이다. 응용 프로그램내의 모든 액티비티가 공유하므로 Shared라는 이름이 붙어 있다. 한쪽 액티비티에서 프레퍼런스의 정보를 수정하면 다른 액티비티도 수정된 값을 읽을 수 있다. 그러나 응용 프로그램 내부의 고유한 정보이므로 외부에서는 읽을 수 없다. 이 객체는 컨텍스트의 다음 메서드로 생성한다.

```
SharedPreferences getSharedPreferences (String name, int mode)
```

첫 번째 인수는 프레퍼런스를 저장할 XML 파일의 이름이다. mode 인수는 이 파일의 공유 모드인데 0이면 읽기 쓰기가 가능하며 MODE_WORLD_READABLE은 읽기 공유, MODE_WORLD_WRITEABLE은 쓰기 공유로 파일을 연다. 이 메서드 대신 액티비티의 다음 메서드로도 프레퍼런스를 열 수 있되 생성한 액티비티 전용이므로 같은 패키지의 다른 액티비티가 읽을 수 없다. 파일명 인수가 생략되어 있는데 이 경우 액티비티의 이름과 같은 XML 파일이 생성된다.

```
SharedPreferences getPreferences (int mode)
```

프레퍼런스는 키와 값의 쌍으로 데이터를 저장한다. 키는 정보의 이름이며 값은 정보의 실제값이다. 여러 타입의 정보를 저장할 수 있는데 웬만한 기본 타입에 대해서는 읽기 메서드가 모두 제공된다. 가장 자주 사용되는 타입은 정수, 문자열, 논리형이며 다음 세 메서드로 읽는다.

```
int getInt (String key, int defValue)
String getString (String key, String defValue)
boolean getBoolean (String key, boolean defValue)
```

읽는 데이터의 타입이 다를 뿐 사용하는 방법은 모두 같다. key 인수로 데이터의 이름을 지정하고 defValue 인수로 값이 없을 때 적용할 디폴트를 지정한다. 프레퍼런스에 키가 있으면 기록되어 있는 값이 리턴되고 키가 없을 때는 두 번째 인수로 지정한 defValue가 리턴된다. 최초 실행할 때는 프레퍼런스가 생성되기 전이므로 디폴트가 리턴된다. 여기서 지정한 디폴트가 곧 프로그램 설정의 초기값이므로 무난한 값을 지정해야 한다.

프레퍼런스 클래스 자체에는 값을 읽는 메서드만 제공되며 값을 기록하는 메서드는 내부 클래스인 SharedPreferences.Editor가 제공한다. 값을 읽는 것에 비해 변경할 때는 동기화할 필요가 있는데 Editor는 모든 변경을 모아 두었다가 한꺼번에 적용하는 트랜잭션 기능을 제공한다. 데이터를 저장할 때는 프레퍼런스의 edit 메서드를 호출하여 Editor 객체를 먼저 얻는다. Editor 객체에는 값을 저장하고 관리하는 메서드가 제공된다.

```
SharedPreferences.Editor putInt(String key, int value)
SharedPreferences.Editor putBoolean(String key, boolean value)
SharedPreferences.Editor putString(String key, String value)
SharedPreferences.Editor remove(String key)
boolean commit()
SharedPreferences.Editor clear()
```

저장하는 데이터 타입에 따라 각각의 기록 메서드가 제공된다. put* 메서드로 값을 저장한 후에 반드시 commit 메서드를 호출해야 실제 파일에 저장된다. commit 메서드는 변경된 모든 값을 실제 파일에 한꺼번에 기록한다. 만약 두 개의 스레드가 동시에 프레퍼런스를 편집한다면 먼저 적용한 내용은 나중에 적용한 내용에 덮여 사라진다. 그러나 commit 메서드는 변경 사항을 원자적으로 적용하므로 최소한 섞이지는 않는다. 문자열과 정수를 저장하는 간단한 예제를 만들어 보자.

```xml
<LinearLayout xmlns:android="http://schemas.android.com/apk/res/android"
    android:orientation="vertical"
    android:layout_width="match_parent"
    android:layout_height="match_parent"
    >
<EditText
    android:id="@+id/name"
    android:layout_width="wrap_content"
    android:layout_height="wrap_content"
    android:text="이름 입력"
    />
<EditText
    android:id="@+id/stnum"
    android:layout_width="wrap_content"
    android:layout_height="wrap_content"
    android:text="학번 입력"
    />
</LinearLayout>
```

```java
public class PrefTest extends Activity {
    TextView textName;
    TextView textStNum;
    public void onCreate(Bundle savedInstanceState) {
        super.onCreate(savedInstanceState);
        setContentView(R.layout.preftest);

        textName = (TextView)findViewById(R.id.name);
        textStNum = (TextView)findViewById(R.id.stnum);

        SharedPreferences pref = getSharedPreferences("PrefTest",0);
        String Name = pref.getString("Name", "이름없음");
        textName.setText(Name);

        int StNum = pref.getInt("StNum",20101234);
        textStNum.setText("" + StNum);
    }

    public void onPause() {
        super.onPause();

        SharedPreferences pref = getSharedPreferences("PrefTest",0);
        SharedPreferences.Editor edit = pref.edit();
```

```
        String Name = textName.getText().toString();
        int StNum = 0;
        try {
            StNum = Integer.parseInt(textStNum.getText().toString());
        }
        catch (Exception e) {}

        edit.putString("Name", Name);
        edit.putInt("StNum", StNum);

        edit.commit();
    }
}
```

문자열, 정수 모두 에디트로 입력받을 수 있으므로 두 개의 에디트를 배치해 두었다. 사용자는 에디트에 문자열을 마음대로 입력하고 편집할 수 있다. 그러나 사용자가 입력한 내용을 따로 저장해 놓지 않았으므로 종료했다가 다시 실행하면 모두 사라지고 다시 초기화된다. 세션 간에도 정보를 계속 유지하려면 어딘가에 정보를 저장해 두어야 하며 이런 정보를 저장하는 최적의 장소가 바로 프레퍼런스이다.

프레퍼런스에 데이터를 저장하는 onPause의 코드부터 보자. 액티비티가 종료되기 전에 onPause를 반드시 거치도록 되어 있으므로 여기에 저장 코드를 작성한다. 값을 저장하려면 먼저 프레퍼런스 객체를 얻는다. getSharedPreferences 메서드로 PrefTest라는 이름의 프레퍼런스를 열었는데 파일명이 액티비티명과 같으므로 다음과 같이 호출해도 효과는 같다.

```
    SharedPreferences pref = getPreferences(0);
```

프레퍼런스에 정보를 기록하려면 edit 메서드로 Editor 객체를 먼저 얻는다. 다음은 저장할 정보를 구하는데 사용자가 입력한 문자열이 에디트에 있으므로 이 정보를 먼저 읽는다. 문자열 타입인 이름은 getText 메서드로 읽은 후 toString으로 변환하면 되지만 정수 타입인 학번은 문자열을 정수로 변환해서 읽는다. 변환 중에 예외가 발생할 수 있으므로 try catch 블록으로 감싸 처리했다.

정보를 구했으면 타입에 맞는 메서드를 호출하여 프레퍼런스로 정보를 출력한다. 이름은 문자열이므로 putString으로 출력하고 학번은 정수이므로 putInt로 출력했다. 다음에 정보를 읽으려면 기억하기 쉬운 키 이름을 주어야 하는데 각각 Name, StNum이라는 이름을 부여했다. 다 저장한 후 commit 메서드를 호출해야 파일에 기록된다. DDMS의 파일 탐색기로 확인해 보면 shared_prefs 폴더에 PrefTest.xml이라는 파일이 생성되어 있을 것이다.

```xml
<?xml version='1.0' encoding='utf-8' standalone='yes' ?>
<map>
<int name="StNum" value="8906299" />
<string name="Name">kim sang hyung</string>
</map>
```

파일의 구조는 한눈에 이해될 수 있을 정도로 쉽다. map 루트 엘리먼트 안에 int, string 등 정보의 타입명으로 엘리먼트가 작성되며 name 속성에 키가 기록되고 value 속성이나 엘리먼트 자체의 내용에 값이 저장된다. 저장된 정보는 다음 세션에서 읽어 사용하는데 보통 액티비티가 초기화될 때인 onCreate에서 읽는다. getInt, getString 메서드로 읽되 저장할 때 지정한 키 이름을 전달한다. 디폴트값은 프레퍼런스가 아직 생성되기 전에, 즉 최초 실행될 때 적용된다. 이 예제를 여러 번 실행해보면 종료하더라도 한 번 입력해 놓은 값이 잘 복원되며 심지어 장비를 완전히 재부팅해도 값이 유지된다.

문자열과 정수를 저장하는 간단한 예제를 만들어 보았다. 다른 복잡한 타입의 값도 방식은 비슷하다. 특별히 어려운 내용은 없지만 정보를 저장하는 코드가 onStop이나 onDestroy가 아니라 onPause에 있음을 유의해야 한다. 메모리가 부족한 상황이 되면 onStop이나 onDestroy는 호출되지 않으므로 반드시 onPause에서 저장해야 한다. 아니면 정보가 변경되는 즉시 저장하는 것도 좋은 방법인데 이렇게 하면 액세스 회수가 많아지지만 갑자기 전원이 나가더라도 정보가 온전히 저장된다는 면에서 이점이 있다.

25.3.2 PreferenceActivity

어떤 프로그램이나 동작이 완전히 고정적이지 않으며 사용자가 선택할 수 있는 약간의 옵션 정도는 가지고 있다. 옵션은 사용자의 취향에 따라 프로그램의 기능을 선택적으로 사용할 수 있게 함으로써 다양한 사용자의 기호를 충족시키는 역할을 한다. 프로그램이 옵션을 제공하려면 사용자가 실행 중에 옵션을 편집할 수 있는 UI를 제공해야 하며 사용자의 선택을 프레퍼런스에 저장하고 다시 읽어오는 기능도 필요하다.

그런데 이런 코드는 너무 뻔하고 당연한 것이며 특별한 기술이 필요한 것도 아니다. 문자열을 입력받으려면 에디트가 필요하고 진위형을 입력받으려면 체크 박스가 필요하며 입력받은 값은 프레퍼런스에 저장해 놓았다가 다시 실행할 때 읽어오면 된다. 사용자가 선택해야 할 것이라고는 값을 저장할 키 이름과 초기 실행 시에 적용할 디폴트값 정도뿐이다.

그래서 이런 옵션을 입력받고 관리하는 자동화된 방법이 제공된다. PreferenceActivity로부터 상속받고 입력받고자 하는 옵션의 종류만 XML 문서에 기록해 놓으면 된다. 액티비티의 레이아웃 루트는 반드시 PreferenceScreen이어야 하며 이 안에 옵션의 타입에 따라 에디트, 체크 박스 등의 위젯을 배치해 놓으면 나머지 처리는 자동으로 수행된다. prefactivity.xml 파일에 레이아웃을 작성해 보자.

PrefActivity

```
<PreferenceScreen  xmlns:android="http://schemas.android.com/apk/res/android">
<EditTextPreference
    android:key="age"
    android:title="나이"
    android:summary="너 도대체 몇 살이니?"
    android:defaultValue="19"
/>
<CheckBoxPreference
    android:key="male"
    android:title="성별"
    android:summary="남자면 체크"
    android:defaultValue="true"
/>
</PreferenceScreen>
---------------------------------------------------------
public class PrefActivity extends PreferenceActivity {
    @SuppressWarnings("deprecation")
    public void onCreate(Bundle savedInstanceState) {
        super.onCreate(savedInstanceState);
        addPreferencesFromResource(R.layout.prefactivity);
    }
}
```

나이와 성별을 입력받기 위해 에디트와 체크 박스를 배치했다. 이 위젯들은 표준 위젯과 동작은 비슷하지만 프레퍼런스 입출력 기능을 가지므로 key 속성에 저장할 키의 이름을 지정하고 defaultValue 속성에 처음 적용할 값을 지정한다. summary 속성에는 이 옵션에 대한 간단한 안내 문자열을 작성해 둔다. 코드에서는 단순히 이 레이아웃을 전개하기만 한다.

PreferenceActivity로부터 상속받아 액티비티를 만들고 초기화될 때인 onCreate 메서드에서 addPreferencesFromResource 메서드로 레이아웃만 지정하면 나머지 모든 동작은 자동으로 수행된다. 아마도 앞 예제에서 우리가 작성했던 코드와 거의 유사한 동작을 할 것이다. 액티비티가 열릴 때 옵션값이 위젯으로 로드되고 닫히기 전에 옵션값을 다시 저장한다.

XML 레이아웃에 배치해 놓은 위젯이 리스트뷰 안에 나타나며 이 위젯으로 옵션을 편집한다. 체크박스를 클릭하면 값이 즉시 토글되며 에디트를 클릭하면 입력받는 대화상자가 열린다. 편집된 내용은 물론 프레퍼런스에 저장된다. 3.0 이후에는 PreferenceActivity보다는 프래그먼트에 기반한 PreferenceFragment를 더 권장한다.

25.3.3 TextPref

프레퍼런스는 사용법이 간단하고 웬만한 타입의 정보는 다 저장할 수 있어 범용성도 높은 편이다. 그러나 읽기 쓰기 속도가 지나치게 느리다는 결정적인 단점이 있다. 한 두 개의 정보를 저장할 때는 느낄 수 없지만 10개 이상이면 체감할 수 있으며 100개 정도 되면 도저히 못 써먹을 정도다.

이렇게 느린 이유는 메모리 자체가 저속으로 동작하며 프레퍼런스의 저장 포맷이 XML이기 때문이다. XML은 규칙이 엄격하고 까다로와서 직접 읽지 못하고 파서를 사용해야 하며 그래서 읽고 쓰는 속도가 기대에 부응하지 못한다. 사실 XML은 자료를 교환하는 포맷이지 저장하기 위한 수단으로는 매력적이지 못하다. 단순한 텍스트 파일이 정보 저장용으로 훨씬 더 좋다.

옵션을 저장할 일이 많지 않다거나 액세스 빈도가 떨어진다면 속도가 느려도 별 상관없다. 시작할 때 딱 한 번만 읽어오고 종료할 때 저장하면 이상적이지만 그렇게 할 수 없는 이유는 안드로이드의 앱은 언제 죽을지 알 수 없기 때문이다. 백그라운드로 전환할 때마다 항상 죽을 준비를 해야 하므로 보통 onPause에서 저장하거나 옵션이 변경되는 즉시 자주 저장해야 한다. 저장 빈도가 잦으므로 속도가 중요해지는데 onPause에서 얼마나 빠르게 저장하는가에 따라 작업 전환 속도가 결정된다.

저장 빈도를 낮출 수는 없으므로 반응성을 높이려면 절대적인 저장 속도를 높이는 수밖에 없으며 이런 용도로는 단순 텍스트 파일이 유리하다. 다음 클래스는 텍스트 파일에 문자열 형태로 정보를 저장한다. 임의의 프로젝트에 재사용하기 쉽게 작성했다.

TextPref

```
//텍스트 파일에 설정 정보를 저장하는 클래스. 안드로이드의 프레퍼런스가 너무 느려 새로 만듦
//Ready()를 호출하여 입출력 준비하고 기록할 때는 CommitWrite, 읽기만 했을 때는
EndReady를 호출한다.
class TextPref {
    String mPath;
    StringBuilder mBuf;
    static final String HEADER = "__Text Preference File__\n";

    // 생성자로 프레퍼런스의 완전 경로를 전달한다.
    public TextPref(String Path) throws Exception {
        mPath = Path;
        File file = new File(mPath);
        if (file.exists() == false) {
            FileOutputStream fos = new FileOutputStream(file);
            fos.write(HEADER.getBytes());
            fos.close();
        }
    }

    // 설정 파일을 삭제한다.
    public void Reset() {
        File file = new File(mPath);
        file.delete();
    }

    // 버퍼를 준비하여 읽기 및 쓰기 준비를 한다.
```

```java
public boolean Ready() {
    try {
        FileInputStream fis = new FileInputStream(mPath);
        int avail = fis.available();
        byte[] data = new byte[avail];
        while (fis.read(data) != -1) {;}
        fis.close();
        mBuf = new StringBuilder(avail);
        mBuf.append(new String(data));
    }
    catch (Exception e) {
        return false;
    }
    return true;
}

// 버퍼의 내용을 파일로 기록한다.
public boolean CommitWrite() {
    File file = new File(mPath);
    try {
        FileOutputStream fos = new FileOutputStream(file);
        fos.write(mBuf.toString().getBytes());
        fos.close();
    }
    catch (Exception e) {
        return false;
    }
    mBuf = null;
    return true;
}

// 버퍼를 해제하고 읽기를 종료한다. 변경한 내용은 모두 취소된다.
public void EndReady() {
    mBuf = null;
}

// name키의 위치를 검색하여 = 다음 위치를 리턴한다. 없으면 -1을 리턴한다.
// 우연한 중복 방지를 위해 키 이름앞에 __를 붙인다.
int FindIdx(String name) {
    String key = "__" + name + "=";
    int idx = mBuf.indexOf(key);
    if (idx == -1) {
        return -1;
    } else {
```

```
            return idx + key.length();
        }
    }

    // 문자열 키를 기록한다. 이미 있으면 대체한다.
    public void WriteString(String name, String value) {
        int idx = FindIdx(name);
        if (idx == -1) {
            mBuf.append("__");
            mBuf.append(name);
            mBuf.append("=");
            mBuf.append(value);
            mBuf.append("\n");
        } else {
            int end = mBuf.indexOf("\n", idx);
            mBuf.delete(idx, end);
            mBuf.insert(idx, value);
        }
    }

    // 문자열 키를 읽는다. 없으면 디폴트를 리턴한다.
    public String ReadString(String name, String def) {
        int idx = FindIdx(name);
        if (idx == -1) {
            return def;
        } else {
            int end = mBuf.indexOf("\n", idx);
            return mBuf.substring(idx, end);
        }
    }

    // 정수를 읽는다. 일단 문자열 형태로 읽은 후 변환한다.
    public void WriteInt(String name, int value) {
        WriteString(name, Integer.toString(value));
    }

    // 정수를 기록한다. 문자열 형태로 변환하여 기록한다.
    public int ReadInt(String name, int def) {
        String s = ReadString(name, "__none");
        if (s.equals("__none")) {
            return def;
        }
        try {
            return Integer.parseInt(s);
```

```
    }
    catch (Exception e) {
        return def;
    }
}

public void WriteLong(String name, long value) {
    WriteString(name, Long.toString(value));
}

public long ReadLong(String name, long def) {
    String s = ReadString(name, "__none");
    if (s.equals("__none")) {
        return def;
    }
    try {
        return Long.parseLong(s);
    }
    catch (Exception e) {
        return def;
    }
}

// 진위값은 true, false가 아닌 1, 0으로 기록한다.
public void WriteBoolean(String name, boolean value) {
    WriteString(name, value ? "1":"0");
}

public boolean ReadBoolean(String name, boolean def) {
    String s = ReadString(name, "__none");
    if (s.equals("__none")) {
        return def;
    }
    try {
        return s.equals("1") ? true:false;
    }
    catch (Exception e) {
        return def;
    }
}

public void WriteFloat(String name, float value) {
    WriteString(name, Float.toString(value));
}
```

```
    public float ReadFloat(String name, float def) {
        String s = ReadString(name, "__none");
        if (s.equals("__none")) {
            return def;
        }
        try {
            return Float.parseFloat(s);
        }
        catch (Exception e) {
            return def;
        }
    }

    // 한꺼번에 값을 삽입하기 위해 준비한다. 헤더 작성하고 충분한 버퍼를 할당한다.
    void BulkWriteReady(int length) {
        mBuf = new StringBuilder(length);
        mBuf.append(HEADER);
        mBuf.append("\n");
    }

    // 문자열 형태로 받은 값을 무조건 뒤에 덧붙인다.
    void BulkWrite(String name, String value) {
        mBuf.append("__");
        mBuf.append(name);
        mBuf.append("=");
        mBuf.append(value);
        mBuf.append("\n");
    }

    // 키를 삭제한다.
    void DeleteKey(String name) {
        int idx = FindIdx(name);
        if (idx != -1) {
            int end = mBuf.indexOf("\n", idx);
            mBuf.delete(idx - (name.length() + 3), end + 1);
        }
    }
}
```

읽기 전에 텍스트 파일을 여는 준비 과정이 필요하고 다 읽은 후 해제해야 한다. 프레퍼런스의 파싱에 대응되는 동작이지만 일단 파일을 열었으면 XML 파싱보다는 단순 검색으로 위치를 찾을 수 있어 훨씬 더 빠르다. 타입별로 Read, Write 메서드가 준비되어 있으며 사용방법은 프레퍼런스와 거의 같다.

기록할 때는 벌크로 한꺼번에 써 넣을 수 있다. 반드시 순서에 맞춰서 기록해야 하는 번거로움이 있지만 키를 검색할 필요가 없으므로 속도는 거의 환상적이다. 값을 문자열 형태로 조립하여 뒤쪽에 덧붙이는 식이므로 거의 시간이 들지 않는다. 종료 직전에 모든 옵션을 저장할 때 이 기능을 사용하면 유리하다. 다음 예제로 간단히 테스트해 보자.

TextPrefTest

```
<LinearLayout xmlns:android="http://schemas.android.com/apk/res/android"
    android:orientation="vertical"
    android:layout_width="match_parent"
    android:layout_height="match_parent"
    >
<EditText
    android:id="@+id/name"
    android:layout_width="wrap_content"
    android:layout_height="wrap_content"
    android:text="이름 입력"
    />
<EditText
    android:id="@+id/stnum"
    android:layout_width="wrap_content"
    android:layout_height="wrap_content"
    android:text="학번 입력"
    />
</LinearLayout>
-------------------------------------------------------
public class TextPrefTest extends Activity {
    TextPref mPref;
    TextView textName;
    TextView textStNum;
    public void onCreate(Bundle savedInstanceState) {
        super.onCreate(savedInstanceState);
        setContentView(R.layout.textpreftest);

        textName = (TextView)findViewById(R.id.name);
```

```
        textStNum = (TextView)findViewById(R.id.stnum);

        try {
            mPref = new TextPref("/sdcard/textpref.pref");
        } catch (Exception e) {
            e.printStackTrace();
        }

        mPref.Ready();
        String Name = mPref.ReadString("Name", "이름없음");
        textName.setText(Name);
        int StNum = mPref.ReadInt("StNum",20101234);
        textStNum.setText("" + StNum);
        mPref.EndReady();
    }

    public void onPause() {
        super.onPause();

        String Name = textName.getText().toString();
        int StNum = 0;
        try {
            StNum = Integer.parseInt(textStNum.getText().toString());
        }
        catch (Exception e) {}

        /* 임의 순서대로 쓰기
        mPref.Ready();
        mPref.WriteString("Name", Name);
        mPref.WriteInt("StNum", StNum);
        mPref.CommitWrite();
        //*/

        //* 일괄 쓰기
        mPref.BulkWriteReady(1000);
        mPref.BulkWrite("Name", Name);
        mPref.BulkWrite("StNum", Integer.toString(StNum));
        mPref.CommitWrite();
        //*/
    }
}
```

이름과 학번을 저장하는 동일한 예제인데 프레퍼런스를 사용한 것과 기능은 완전히 같다. 단 두 개의 필드만 저장하므로 속도차를 전혀 실감할 수 없지만 최소한 수십배는 더 빠르다. 옵션을 자주 저장해야 하는 프로젝트에 유용하게 사용할 만하며 실제 프로젝트에서도 성공적으로 사용했었다. 대량의 데이터를 한꺼번에 저장해도 거의 실시간으로 저장되므로 작업 전환 속도가 빠르고 반응성도 뛰어나다.

CHAPTER 26

CP

26.1 SQLite

26.1.1 도우미 클래스

단순한 데이터는 파일 형태로 관리할 수 있지만 조직화된 대량의 데이터를 효율적으로 다루려면 데이터베이스가 필요하다. 안드로이드는 운영체제 차원에서 SQLite 라이브러리를 포함하고 있어 별도의 설정없이 DB를 사용할 수 있다. SQLite는 2000년 리처드 힙(Richard Hipp) 박사에 의해 개발된 무료 DB 엔진이다. 거대한 상용 DBMS에 비할 바는 아니지만 안정적이고 용량이 작아 소규모의 데이터베이스에 적합하다. 아이폰, 심비안 등의 모바일 환경에 많이 채용되어 있으며 휴대용 MP3 등에도 널리 사용된다.

데이터를 저장하는 장소가 단순한 파일이므로 별도의 서버가 필요 없으며 연결이니 권한이니 하는 것도 신경쓸 필요가 없다. 파일일 뿐이므로 원하는 대로 복사, 삭제, 이동할 수 있으며 복잡한 설정이나 관리 정책도 불필요하다. 복수 사용자는 지원하지 않지만 대신 용량이 작고 C 언어로 작성되어 빠르다. 안드로이드의 일부로 포함되어 있으므로 별도의 라이브러리를 배포할 필요가 없다는 것도 큰 장점이다. SQLite에 대한 더 상세한 정보는 www.sqlite.org에서 구할 수 있다.

SQLite가 비록 초경량급이지만 엄연한 관계형 데이터베이스(RDB) 엔진이므로 데이터베이스에 대한 기본 개념과 표준 SQL 구문에 대한 선행 학습이 필요하다. SQL을 잘 모르는 사람을 위해 쿼리를 대신 수행하는 메서드를 제공하지만 SQL만큼의 융통성은 없으므로 결국은 SQL을 알아야 한다. 메서드에 익숙해지는 것보다는 차라리 SQL을 먼저 공부하는 것이 더 빠르며 SQL은 모든 RDB에 통용되므로 충분히 배울 가치가 있는 문법이다. 이후 SQL은 안다고 가정한다.

데이터베이스를 사용하려면 먼저 정보를 저장할 DB를 생성하고, 관리할 정보와 업무 규칙에 적합한 테이블을 디자인해야 한다. 상용 DBMS는 초기화와 테이블 디자인을 위한 편리한 툴을 제공하지만 SQLite는 별도의 툴을 제공하지 않으므로 초기화도 SQL 스크립트로 처리한다. 안드로이드는 DB를 관리하는 SQLiteOpenHelper라는 도우미 클래스를 제공하는데 DB를 생성 및 오픈하는 처리를 담당한다.

```
SQLiteOpenHelper(Context context, String name, SQLiteDatabase.CursorFactory factory,
int version)
```

첫 번째 인수는 DB를 생성하는 컨텍스트이되 보통 메인 액티비티를 전달한다. name, version 인수로 전달되는 DB 파일의 이름과 버전은 이후 DB를 생성 및 업데이트할 때 사용된다. 세 번째 인수는 커스텀 커서를 사용할 때 지정하는데 표준 커서를 사용할 경우 null로 지정한다. 도우미 객체를 생성해 놓으면 DB가 필요한 시점에 다음 세 메서드가 호출된다.

메서드	설명
onCreate	DB가 처음 만들어질 때 호출된다. 여기서 테이블을 만들고 초기 레코드를 삽입한다.
onUpgrade	DB를 업그레이드할 때 호출된다. 기존 테이블을 삭제하고 새로 만들거나 ALTER TABLE로 스키마를 수정한다.
onOpen	DB를 열 때 호출된다.

onCreate는 처음 DB를 생성할 때 호출되는데 여기서 테이블을 생성하는 CREATE TABLE 문을 실행하여 테이블을 만든다. onUpgrade는 DB의 버전이 변경될 때 호출된다. 두 메서드는 DB 스키마에 따라 본체의 구현 코드가 완전히 달라진다. SQLiteOpenHelper는 추상 클래스이므로 서브 클래스를 파생한 후, 사용하는 DB의 구조에 맞게 메서드를 재정의하고 적절한 스크립트를 작성해 넣어야 한다. 생성 및 업그레이드 메서드를 정의한 후 DB가 필요할 때 다음 메서드를 호출한다.

메서드	설명
getReadableDatabase	읽기 위해 DB를 연다. 이 단계에서 DB가 없으면 onCreate가 호출되며 버전이 바뀌었으면 onUpgrade가 호출된다.
getWritableDatabase	읽고 쓰기 위해 DB를 연다. 권한이 없거나 디스크가 가득차면 실패한다.
close	DB를 닫는다.

getReadable(Writable)Database 메서드만 호출하면 나머지는 도우미가 알아서 처리한다. DB 파일이 아예 없다면 파일을 생성한 후 onCreate를 호출하여 테이블을 만들 것이고 버전이 바뀌었으면 onUpgrade를 호출하여 변경된 버전에 맞게 테이블을 수정한다. 아무튼 onCreate에 테이블 생성문만 작성해 놓으면 get*Database 메서드 호출만으로 DB가 열리고 SQLiteDatabase 객체가 리턴된다.

이 객체에는 쿼리를 실행하는 각종 메서드가 제공되는데 실습 예제를 통해 알아보자. 다음 예제는 아주 간단한 영한 사전이다. 영어 단어와 한글 해석을 필드로 가지는 일종의 맵인데 예제를 간략하게 만들기 위해 초간단 테이블을 사용했다. 레이아웃에는 쿼리를 실행하는 버튼 4개와 결과 확인을 위한 에디트를 배치해 두었다.

EnglishWord

```
<LinearLayout xmlns:android="http://schemas.android.com/apk/res/android"
    android:orientation="vertical"
    android:layout_width="match_parent"
    android:layout_height="match_parent"
    >
<Button
    android:id="@+id/insert"
    android:layout_width="wrap_content"
    android:layout_height="wrap_content"
    android:onClick="mOnClick"
    android:text="Insert"
    />
<Button
    android:id="@+id/delete"
    android:layout_width="wrap_content"
    android:layout_height="wrap_content"
    android:onClick="mOnClick"
    android:text="Delete"
    />
```

```
<Button
    android:id="@+id/update"
    android:layout_width="wrap_content"
    android:layout_height="wrap_content"
    android:onClick="mOnClick"
    android:text="Update"
    />
<Button
    android:id="@+id/select"
    android:layout_width="wrap_content"
    android:layout_height="wrap_content"
    android:onClick="mOnClick"
    android:text="Select"
    />
<EditText
    android:id="@+id/edittext"
    android:layout_width="match_parent"
    android:layout_height="wrap_content"
    />
</LinearLayout>
-------------------------------------------------------
public class EnglishWord extends Activity {
    WordDBHelper mHelper;
    EditText mText;
    public void onCreate(Bundle savedInstanceState) {
        super.onCreate(savedInstanceState);
        setContentView(R.layout.englishword);

        mHelper = new WordDBHelper(this);
        mText = (EditText)findViewById(R.id.edittext);
    }

    public void mOnClick(View v) {
        SQLiteDatabase db;
        ContentValues row;
        switch (v.getId()) {
        case R.id.insert:
            db = mHelper.getWritableDatabase();
            // insert 메서드로 삽입
            row = new ContentValues();
            row.put("eng", "boy");
            row.put("han", "머스마");
            db.insert("dic", null, row);
            // SQL 명령으로 삽입
```

```
        db.execSQL("INSERT INTO dic VALUES (null, 'girl', '가시나');");
        mHelper.close();
        mText.setText("Insert Success");
        break;
case R.id.delete:
        db = mHelper.getWritableDatabase();
        // delete 메서드로 삭제
        db.delete("dic", null, null);
        // SQL 명령으로 삭제
        //db.execSQL("DELETE FROM dic;");
        mHelper.close();
        mText.setText("Delete Success");
        break;
case R.id.update:
        db = mHelper.getWritableDatabase();
        // update 메서드로 갱신
        row = new ContentValues();
        row.put("han", "소년");
        db.update("dic", row, "eng = 'boy'", null);
        // SQL 명령으로 갱신
        //db.execSQL("UPDATE dic SET han = '소년' WHERE eng = 'boy';");
        mHelper.close();
        mText.setText("Update Success");
        break;
case R.id.select:
        db = mHelper.getReadableDatabase();
        Cursor cursor;
        // query 메서드로 읽기
        //cursor = db.query("dic", new String[] {"eng", "han"}, null,
        //      null, null, null, null);
        // SQL 명령으로 읽기
        cursor = db.rawQuery("SELECT eng, han FROM dic", null);

        String Result = "";
        while (cursor.moveToNext()) {
            String eng = cursor.getString(0);
            String han = cursor.getString(1);
            Result += (eng + " = " + han + "\n");
        }

        if (Result.length() == 0) {
            mText.setText("Empyt Set");
        } else {
            mText.setText(Result);
```

```
                }
                cursor.close();
                mHelper.close();
                break;
            }
        }
    }

    class WordDBHelper extends SQLiteOpenHelper {
        public WordDBHelper(Context context) {
            super(context, "EngWord.db", null, 1);
        }

        public void onCreate(SQLiteDatabase db) {
            db.execSQL("CREATE TABLE dic ( _id INTEGER PRIMARY KEY AUTOINCREMENT, " +
            "eng TEXT, han TEXT);");
        }

        public void onUpgrade(SQLiteDatabase db, int oldVersion, int newVersion) {
            db.execSQL("DROP TABLE IF EXISTS dic");
            onCreate(db);
        }
    }
}
```

메인 액티비티에는 버튼의 클릭 핸들러가 있고 아래쪽에는 도우미 클래스가 작성되어 있다. 네 개의 버튼을 차례대로 눌러 보면 테이블에 레코드가 삽입, 삭제, 갱신되며 현재 레코드 목록을 조사하여 아래쪽의 에디트에 출력한다.

예제를 실행한 후 DDMS로 패키지 디렉터리를 살펴보면 databases 디렉터리가 생성되어 있고 이 안에 EngWord.db 파일이 있다. 이 파일이 데이터베이스와 그 속에 포함된 모든 테이블을 가지는

DB 파일이다. 단순한 파일이므로 복사하여 백업해 둔다거나 다른 장비로 쉽게 옮길 수 있으며 삭제하면 재초기화된다.

소스 아래쪽에 도우미 클래스를 상속받은 WordDBHelper 클래스가 정의되어 있다. 생성자에서 DB 이름과 버전을 정의한다. DB 파일의 이름은 EngWord.db이며 처음 정의하는 것이므로 버전은 1이다. 도우미는 DB가 아예 없으면 onCreate를 호출하여 DB를 초기화하며 버전이 이전에 기록된 것보다 더 높으면 onUpgrade 메서드를 호출하여 DB를 갱신한다. 만약 중간에 DB의 구조를 바꾸어야 한다면 생성자로 전달되는 버전을 높인다.

onCreate에서는 execSQL 메서드로 CREATE TABLE 명령을 실행하여 dic 테이블을 생성한다. 뭔가 복잡해 보이지만 SQL DDL 명령을 안다면 아주 쉬운 문장이다. PK로 사용할 _id 필드와 영어 단어를 저장하는 eng, 한글 해석을 저장할 han 필드를 정의했다. 자동으로 증가하는 _id 필드는 당장 필요한 것은 아니지만 차후 CP로 확장하거나 커서 어댑터와 연결하기 위해 필요하다. 일반적인 테이블 설계 지침상 PK는 레코드를 효율적으로 관리하기 위해 필수적이므로 가급적이면 _id 필드는 포함시키는 것이 좋다.

DB가 있을 때는 onOpen이 호출되는데 생성자로 전달된 DB를 열기만 하므로 굳이 재정의할 필요는 없다. onUpgrade 에서는 단순히 테이블을 삭제한 후 같은 테이블을 재생성하여 업그레이드하는 흉내만 냈다. 이렇게 하면 기존 데이터가 날라가 버린다는 문제가 있는데 실제로는 변경된 구조의 테이블을 다시 생성하거나 ALTER TABLE문으로 변경된 스키마에 맞게 테이블의 구조만 수정하는 것이 원칙이다. 좀 더 형식성을 따진다면 테이블 이름이나 필드 이름은 상수로 정의해 놓고 사용하는 것이 좋지만 이렇게 하자면 + 연산자로 일일이 연결하여 스크립트를 작성해야 하므로 가독성이 떨어진다.

액티비티는 WordDBHelper 타입의 mHelper 멤버를 미리 생성해 놓는다. 이후 mHelper의 DB 오픈 메서드를 호출하면 DB의 존재 여부와 버전을 비교하여 DB를 생성, 업그레이드하거나 아니면 기존의 DB를 오픈한다. DB를 관리하는 업무는 도우미가 담당하므로 필요할 때 DB를 오픈해서 사용하면 된다. 도우미를 사용하지 않고 직접 DB를 생성하려면 다음 메서드를 호출한다.

```
SQLiteDatabase Context.openOrCreateDatabase (String name, int mode, SQLiteDatabase.
    CursorFactory factory)
boolean deleteDatabase(String name)
```

이 메서드로 DB 파일을 생성하고 리턴되는 db의 execSQL 메서드를 통해 CREATE TABLE 구문을 실행하여 DB를 초기화한다. 물론 조회, 삽입, 삭제, 갱신 등의 동작도 가능하다. 실행 중에 만들어진 데이터베이스는 통상 임시적인 정보 저장용으로 사용되며 다 사용하고 난 후 deleteDatabase 메서드로 삭제한다. 필요할 때 즉석에서 DB를 만들어 쓸 수 있다는 면에서 편리하다.

그러나 DB가 없는 경우와 이미 만들어져 있는 경우, 버전이 바뀐 경우 등을 직접 판단해야 하는 귀찮은 면이 있으므로 도우미를 쓰는 것이 더 편리하다. 스크립트를 작성하는 것은 결국 개발자이지만 작성된 스크립트를 언제 어떤 조건에서 호출할 것인가를 대신 판단하는 것이 도우미의 역할이다.

26.1.2 쿼리 실행

쿼리를 실행하는 네 버튼의 핸들러를 차례대로 분석해 보자. 새 레코드를 삽입할 때는 DB에 기록해야 하므로 getWritableDatabase 메서드로 DB를 오픈한다. 도우미가 onCreate 메서드를 호출하여 DB를 만들든지, onOpen 메서드를 호출하여 기존의 DB를 열든지 어쨌거나 기록 가능한 DB 객체가 리턴된다. DB 파일의 존재 유무, 버전 비교 등을 종합적으로 판단하여 어떤 식으로 DB 객체를 생성할 것인지 도우미가 판단하므로 onCreate, onUpgrade 등의 메서드에 명령만 채워 놓았다면 더 이상 신경쓰지 않아도 된다.

이후부터는 도우미가 리턴한 DB 객체의 메서드를 호출하여 레코드를 관리한다. 테이블에 삽입되는 레코드는 ContentValues 클래스로 표현한다. 레코드 하나는 임의의 타입을 가지는 필드의 집합이므로 테이블마다 형태가 다르다. 그래서 빈 객체를 만든 후 put 메서드를 호출하여 필드와 값의 쌍을 여러 개 저장한다. 모든 기본 타입에 대해 오버로딩되어 있으므로 필드의 타입에 맞는 메서드를 호출하면 된다.

```
void put (String key, Integer value)
void put (String key, String value)
void put (String key, Boolean value)
```

ContentValues는 레코드에 포함된 필드의 이름과 값의 맵이다. 레코드에 포함되는 컬럼의 개수나 타입이 가변적이므로 일단 맵 형태로 이름과 값의 배열을 저장한다. 예제에서는 eng 필드에 'boy' 문자열을, han 필드에 '머스마' 문자열을 저장하여 하나의 레코드를 만들었다. _id 필드는 자동으로 증가되는 값이므로 별도로 값을 지정하지 않아도 알아서 적당한 값이 삽입된다. 삽입할 레코드가 준비되면 다음 메서드로 삽입한다.

```
long SQLiteDatabase.insert(String table, String nullColumnHack, ContentValues values)
```

테이블 이름과 삽입할 레코드를 인수로 전달한다. 별도의 삽입 메서드를 쓰는 대신 다음 메서드로 SQL 명령을 직접 실행할 수도 있다. 이 메서드는 SELECT 명령을 제외한 대부분의 명령을 직접 실행한다.

```
void execSQL (String sql)
```

인수로는 SQL 문자열 하나만 전달되는데 이 문자열 안에 대상 테이블 이름과 삽입할 레코드의 필드값이 모두 기록된다. 예제에서는 insert 메서드로도 삽입해 보고 SQL 명령으로도 삽입해 보았다. SQL 명령으로 삽입할 때는 INSERT INTO 구문을 사용하며 VALUES 절에 각 필드값을 나열한다. eng 필드에 "girl", han 필드에 "가시나"라는 레코드를 삽입했다. DB를 조작할 때는 SQL을 쓰는 것이 정석이지만 SQLite는 SQL을 잘 모르는 초보자를 위해 SQL 명령의 각 부분을 인수로 받아들이는 메서드도 제공한다. 삽입을 완료한 후 close 메서드를 호출하여 DB를 닫는다.

레코드를 삭제, 갱신할 때는 다음 메서드를 사용한다. 삭제할 레코드를 지정하는 Where 절과 Where절 내의 ? 기호를 대체할 문자열, 갱신 대상 필드의 값 등을 인수로 전달한다. 갱신할 때는 ContentValues에 갱신 대상 필드의 값을 지정하고 갱신 대상 행은 where절로 지정한다. 예제에는 메서드 호출문을 사용하되 대응되는 SQL문도 주석으로 묶어 같이 작성해 놓았다. 테이블 전체를 삭제하고 boy 레코드의 뜻을 "소년"으로 갱신했다.

```
int delete (String table, String whereClause, String[] whereArgs)
int update (String table, ContentValues values, String whereClause, String[]
whereArgs)
```

다음은 레코드를 검색하는 메서드를 보자. 검색 방법이 굉장히 다양하므로 인수도 많이 필요하다. 각각 SELECT문의 WHERE 절, ORDER BY절, GROUP BY절, HAVING, TOP 절, DISTINCT 옵션 등에 대응된다. 모든 조건절을 다 사용하는 경우는 사실 무척 드문데 필요 없는 절은 null로 지정한다.

```
Cursor query (boolean distinct, String table, String[] columns, String selection,
String[] selectionArgs, String groupBy, String having, String orderBy, String limit)
```

이 메서드를 사용하는 대신 rawQuery 메서드로 SELECT문을 바로 실행할 수도 있다. SELECT 문은 다른 SQL문과는 달리 결과셋을 리턴하므로 execSQL 메서드가 아닌 rawQuery 메서드로 실행한다. 예제에서는 query 메서드를 호출하는 것과 SELECT 문을 직접 실행하는 두 가지 코드가 모두 작성되어 있으며 한쪽이 주석으로 처리되어 있는데 어떤 코드를 실행하나 출력 결과는 같다.

SQLite가 쿼리 메서드를 제공하는 것은 어디까지나 SQL을 잘 모르는 초보자에게 편의를 제공하기 위해서이다. 그러나 보다시피 메서드를 쓴다고 해서 쉬워지는 것은 결코 아니며 메서드의 인수 의미를 이해하려면 결국 SQL 문법을 다 알아야 한다. 어차피 쿼리 메서드는 전달받은 인수를 조립하여 SQL 명령을 만들며 SQL 명령으로 쿼리를 실행한다. 솔직히 SQL 숙련자에게는 이런 메서드가 쓰기 더 까다롭다.

그럼에도 불구하고 이런 SQL 메서드를 제공하는 이유는 편의성의 이유도 있지만 CP에서 정보를 읽을 때 DB 액세스 방식과 똑같은 형식의 메서드를 제공함으로써 임의의 정보를 액세스하는 방법을 통일하기 위해서이다. 통일된 정보 관리를 위해 메서드를 사용하는 것이 권장되지만 적어도 학습할 때는 가급적이면 메서드에 의존하는 것보다 범용적인 SQL 문을 익힐 것을 권장한다. SQL을 모르고서 데이터베이스 프로그래밍을 한다는 것은 어불성설이다.

쿼리 결과는 대단히 양이 많을 수 있어 결과셋 자체가 리턴되지 않으며 위치를 가리키는 커서로 리턴된다. 커서는 결과셋의 한 위치를 가리키는 일종의 포인터이며 좀 더 쉽게 이해하려면 for 문의 제어 변수와 유사하다고 생각하면 된다. 랜덤 액세스를 지원하므로 임의 위치로 이동하여 레코드를 읽을 수 있다. 커서의 메서드 목록은 다음과 같다.

메서드	설명
close	결과셋을 닫는다.
getColumnCount	컬럼의 개수를 구한다.
getColumnIndex	이름으로부터 컬럼 번호를 구한다.
getColumnName	번호로부터 컬럼 이름을 구한다.
getCount	결과셋의 레코드 개수를 구한다.
getInt	컬럼값을 정수로 구한다. 인수로 컬럼 번호를 전달한다.
getDouble	컬럼값을 실수로 구한다.
getString	컬럼값을 문자열로 구한다.
moveToFirst	첫 레코드 위치로 이동한다. 결과셋이 비어 있으면 false를 리턴한다.
moveToLast	마지막 레코드 위치로 이동한다. 결과셋이 비어 있으면 false를 리턴한다.
moveToNext	다음 레코드 위치로 이동한다. 마지막 레코드이면 false를 리턴한다.

moveToPrevious	이전 레코드로 이동한다. 첫 레코드이면 false를 리턴한다.
moveToPosition	임의의 위치로 이동한다.

쿼리를 실행한 후 리턴되는 커서는 결과셋의 첫 레코드 이전을 가리킨다. 그래서 첫 레코드를 읽으려면 moveToNext나 moveToFirst 메서드를 호출하여 첫 레코드로 이동해야 하며 moveToNext가 false를 리턴할 때까지 루프를 돌며 전체 결과셋을 순회한다. 결과셋은 처음부터 끝까지 순회하며 한번에 다 읽는 것이 보통이므로 쿼리를 읽는 코드는 통상 while (moveToNext()) {}의 형태이다.

루프를 돌며 각 레코드의 컬럼값을 읽는다. SQLite는 타입 점검을 느슨하게 수행하므로 반드시 컬럼의 타입과 같은 타입으로 읽을 필요는 없다. 정수 컬럼을 getString으로 읽을 수 있고 반대도 가능하되 최대한 가능한데까지 변환하여 조사해 준다. 일부러 타입을 다르게 읽을 필요는 없지만 그렇다고 꼭 타입을 맞춰서 읽을 필요는 없다. 예를 들어 정수형 필드를 읽어 문자열로 출력하고 싶다면 getInt로 읽어 문자열로 변환할 필요 없이 아예 처음부터 getString으로 읽어 버리는 것이 더 편리하다. 컬럼값을 읽을 때 캐스팅까지 한꺼번에 해 버리는 것이다.

예제 테이블의 eng, han은 둘 다 문자열 필드이므로 getString으로 읽었다. 필드값을 읽는 get* 메서드의 인수로 필드의 번호를 전달하는데 결과셋의 첫 필드가 0번이다. 필드 번호를 분명히 알고 있을 때는 0, 1 식으로 상수를 바로 사용하지만 그렇지 않을 경우는 getColumnIndex 메서드로 컬럼 번호를 조사한 후 값을 읽는다. 단, 레코드를 읽을 때마다 컬럼 번호를 일일이 조사하면 느리므로 루프 밖에서 미리 조사해 놓는 것이 좋다.

결과셋을 하나의 문자열로 조립하여 에디트에 출력하되 비어 있으면 빈 결과셋임을 출력한다. 다 읽은 후 커서는 닫아야 하며 DB도 닫아야 한다. 동작만 확인해 보기 위해 값을 입력받는 UI는 만들지 않았다. 이 예제는 테이블도 간단하고 기본적인 쿼리만 수행하지만 데이터베이스 프로그래밍의 가장 실용적인 사용 예는 다 보여주고 있다. 조금만 응용하면 사용자가 입력한 단어를 DB에 저장하고, 검색하는 기능 정도는 쉽게 작성할 수 있다.

26.1.3 커서 바인딩

위 예제는 초간단 테이블을 사용하며 레코드도 기껏 두 개밖에 안 된다. 결과셋이 많을 때 쿼리로 전체를 다 읽어 화면에 출력하면 굉장히 느리며 한 화면에 다 보이지도 않는다. 이럴 때는 결과셋을 가지는 커서를 어댑터에 바인딩해 놓고 어댑터뷰로 출력한다. 바인딩해 놓으면 한꺼번에 다 읽을 필요 없이 어댑터가 필요할 때 커서를 적당한 위치로 이동시켜 현재 꼭 필요한 레코드만 읽어 어댑터뷰 위젯에 출력한다. 커서를 사용하는 어댑터의 생성자는 다음과 같다.

```
SimpleCursorAdapter (Context context, int layout, Cursor c, String[] from, int[] to)
```

레코드를 출력할 레이아웃과 데이터 원본인 커서를 전달한다. from은 커서의 열 이름 배열이며 to는 각 열이 출력될 위젯의 ID 배열이다. 레이아웃에 정보를 출력할 위젯을 배치해 놓고 열과 위젯을 짝지어 주는 것이다.

ProductList

```
<LinearLayout xmlns:android="http://schemas.android.com/apk/res/android"
    android:orientation="vertical"
    android:layout_width="match_parent"
    android:layout_height="match_parent"
    >
<ListView
    android:id="@+id/list"
    android:layout_width="match_parent"
    android:layout_height="match_parent"
    />
</LinearLayout>
-----------------------------------------------------
public class ProductList extends Activity {
    ProductDBHelper mHelper;
    @SuppressWarnings("deprecation")
    public void onCreate(Bundle savedInstanceState) {
        super.onCreate(savedInstanceState);
        setContentView(R.layout.productlist);

        mHelper = new ProductDBHelper(this);
        Cursor cursor;
        SQLiteDatabase db = mHelper.getWritableDatabase();

        cursor = db.rawQuery("SELECT * FROM product", null);
```

```
        startManagingCursor(cursor);

        SimpleCursorAdapter Adapter = null;
        Adapter = new SimpleCursorAdapter(this,
                android.R.layout.simple_list_item_2,
                cursor, new String[] { "name", "price" },
                new int[] { android.R.id.text1, android.R.id.text2});
        ListView list = (ListView)findViewById(R.id.list);
        list.setAdapter(Adapter);
    }
}

class ProductDBHelper extends SQLiteOpenHelper {
    public ProductDBHelper(Context context) {
        super(context, "Product.db", null, 1);
    }

    public void onCreate(SQLiteDatabase db) {
        db.execSQL("CREATE TABLE product ( _id INTEGER PRIMARY KEY AUTOINCREMENT, "
+
            "name TEXT, price INTEGER);");
        db.execSQL("INSERT INTO product VALUES (null, '오징어 땅콩', 900);");
        db.execSQL("INSERT INTO product VALUES (null, '농심 포테이토 칩', 2000);");
        db.execSQL("INSERT INTO product VALUES (null, '로보트 태권 V', 1000);");
        db.execSQL("INSERT INTO product VALUES (null, '꼬마 자동차 붕붕', 1500);");
        db.execSQL("INSERT INTO product VALUES (null, '윈도우즈 API 정복', 32000);");
        db.execSQL("INSERT INTO product VALUES (null, '롯데 인벤스 아파트', 190000000);");
        db.execSQL("INSERT INTO product VALUES (null, '88 라이트', 1900);");
        db.execSQL("INSERT INTO product VALUES (null, '프라이드 1.6 CVVT 골드', 8900000);");
        db.execSQL("INSERT INTO product VALUES (null, '캐리비안 베이 입장권', 25000);");
    }

    public void onUpgrade(SQLiteDatabase db, int oldVersion, int newVersion) {
        db.execSQL("DROP TABLE IF EXISTS product");
        onCreate(db);
    }
}
```

이 예제는 일종의 상품 목록을 보여주는 데이터베이스를 생성한다. 도우미 클래스의 구조는 앞 예제와 거의 동일한데 사실 하는 일이 정해져 있기 때문에 구조가 비슷할 수밖에 없다. 다만 생성하는 테이블의 개수와 스키마만 달라질 뿐이다. onCreate에서는 상품의 이름인 name 필드와 가격 정보인 price 필드를 가지는 product 테이블을 생성한다. 테이블 뿐만 아니라 이후의 동작에 필요한 샘플 레코드도 미리 삽입한다. 아무튼 onCreate는 DB 초기화를 위한 모든 동작을 다 처리한다.

액티비티는 도우미 객체를 생성한 후 product 테이블의 모든 레코드를 검색하여 커서에 대입했다. startManagingCursor 메서드는 액티비티의 생명 주기에 맞춰 커서를 자동으로 관리하도록 요청하며 이후 이 커서는 액티비티와 운명을 같이 한다. 이 커서를 어댑터로 전달했다. 레이아웃은 2개의 텍스트뷰를 가지는 표준 레이아웃을 사용했으며 name, price 필드를 각각 text1, text2에 연결했다. 리스트뷰에 커서 어댑터를 연결해 놓으면 DB의 내용이 커서로 읽혀져 리스트뷰의 위젯에 나타난다.

product 테이블에 레코드가 설사 수천 개 있더라도 당장 화면에 보이는 부분만 읽혀지므로 즉시 출력되며 스크롤되면 뒷부분의 레코드를 하나씩 읽어 화면에 보여준다. 안드로이드가 제공하는 표준 레이아웃에 텍스트가 두 개밖에 없어 두 개의 정보만 보여줄 수 있는데 커스텀 레이아웃을 사용하면 얼마든지 많은 필드를 원하는 모양으로 보여줄 수 있다.

마지막으로 DB를 관리하는 유틸리티에 대해 알아보자. 안드로이드가 제공하는 sqlite3툴을 사용하면 명령행에서 DB를 직접 조작할 수 있다. 불필요한 레코드를 삭제한다거나 삽입한 레코드가 잘 들어갔는지 확인할 때 편리하다. adb shell 명령으로 쉘로 들어간 후 sqlite3 뒤에 열고자 하는 DB의 절대 경로를 지정한다. DB가 열리면 모든 SQL 문을 다 사용할 수 있다. 다음은 가격이 10000원 이상인 제품만 출력해본 것이다.

```
C:>adb shell
# sqlite3 /data/data/exam.andexam/databases/Product.db
sqlite3 /data/data/exam.andexam/databases/Product.db
SQLite version 3.5.9
Enter ".help" for instructions
sqlite> select * from product where price > 10000;
select * from product where price > 10000;
5¦윈도우즈 API 정복¦32000
6¦롯데 인벤스 아파트¦190000000
8¦프라이드 1.6 CVVT 골드¦8900000
9¦캐리비안 베이 입장권¦25000
```

SQLite는 UTF-8 포맷으로 데이터를 저장하므로 한글이 제대로 출력되지 않는다. 명령행의 코드 페이지를 65001로 바꾸고 글꼴을 한글 트루타입 폰트로 맞춰야만 결과를 볼 수 있다. 도움말은 .help 명령으로 볼 수 있으며 .exit로 종료한다. 안드로이드에는 DB를 직접 들여다 볼 수 있는 툴이 이것밖에 없으므로 잘 알아 두어야 한다. 물론 윈도우즈나 리눅스에는 써드파티에서 제작 및 배포하는 훨씬 더 편리한 그래픽 기반의 관리 툴이 제공된다.

26.2 CP

26.2.1 URI

안드로이드의 보안 정책상 응용 프로그램이 만든 데이터는 기본적으로 혼자만 액세스할 수 있다. 자신이 만든 데이터를 외부로 공개하려면 Content Provider(이하 CP로 약칭)를 제공한다. CP는 안드로이드 응용 프로그램을 구성하는 컴포넌트 중 하나로서 데이터를 제공하는 역할을 하며 응용 프로그램끼리 데이터를 공유하는 유일한 방법이다. 지금까지 만들어 왔던 액티비티와는 완전히 다른 구조를 가지므로 처음 보기에 생소하다.

먼저 정보의 위치를 나타내는 URI(Uniform Resource Identifier)의 개념부터 알아보자. URI는 정보의 고유한 명칭으로서 웹상의 주소를 나타내는 URL보다 더 상위의 개념이다. 누가 어떤 정보를 제공하는지, 또 어떤 정보를 원하는지에 대한 정보가 URI에 작성된다. 임의의 내용을 가질 수 있는 문자열 형태이되 제공하는자와 제공받는자 간의 약속이므로 아무렇게나 작성할 수는 없다. 국제 표준(RFC 2396)에 URI를 작성하는 방식이 다음과 같이 명시되어 있으므로 이 형식대로 작성한다.

```
content://authority/path/id
```

content://는 이 문자열이 URI임을 나타내는 접두이며 무조건 붙여야 한다. authority는 정보 제공자의 명칭이되 중복되면 안 되므로 패키지명을 사용할 것을 권장한다. path는 정보의 종류를 지정하는 가상의 경로이다. 한 제공자가 여러 개의 정보를 제공할 수도 있는데 이때 각 정보를 경로로 구분한다. id는 구체적으로 어떤 정보를 원하는지 지정하되 전체 정보를 다 읽을 때는 생략한다.

CP는 단수와 복수에 대해 두 가지 형태의 URI를 각각 정의한다. 단수 URI는 복수 URI 뒤에 구체적인 정보를 지정하는 id가 더 추가되는 형식이다. id까지 있으면 단수이고 path까지만 있으면 복수이다. 다음은 URI의 몇 가지 예로 stockmarket이라는 가상의 회사에서 제공하는 정보의 예이다.

```
content://com.stockmarket/stock          // 주식 시세 정보
content://com.stockmarket/fee            // 수수료 정보
content://com.stockmarket/stock/posco    // posco 종목의 주식 시세 정보
content://com.stockmarket/fee/register   // 등록 수수료 정보
```

URI는 항상 content://로 시작하고 이어서 정보 제공자를 밝히는 저작권 정보가 온다. com.stockmarket이라는 자사의 URL을 사용했으므로 웬만해서는 제공자가 중복되지 않는다. 이 회사는 주식 시세 정보와 수수료 정보를 공개하는데 각 정보는 stock, fee라는 경로명으로 구분된다. 또 각 정보는 전체적으로 또는 특정 정보 하나만 참조 가능하다. 예를 들어 주식 정보를 한꺼번에 조사할 수도 있고 특정 종목에 대해서만 조사할 수도 있다. 정보 제공자와 정보의 종류에 따라 이 형식대로 URI 문자열을 만든 후 다음 정적 메서드로 URI 객체를 생성한다.

```
static Uri parse (String uriString)
```

이 메서드는 성능상의 문제로 인해 에러 처리는 하지 않는다. URI를 잘못 작성하면 예외를 발생하는 것이 아니라 쓰레기값이 조사되므로 반드시 형식에 맞게 작성해야 한다. URI의 형식이 틀렸을 때의 동작이 정의되지 않아 아주 위험하므로 충분한 주의를 기울여야 한다. 다음 메서드는 URI의 path 정보를 문자열 목록으로 조사한다.

```
List<String> getPathSegments ()
```

이 목록의 0번째 요소가 path이며 1번째 요소가 id이되 /를 제외한 문자열만 조사된다. URI에서 요구하는 정보를 조사할 때는 문자열을 일일이 분석할 필요 없이 이 메서드를 호출하면 된다. 예를 들어 특정 종목에 대한 주식 정보를 요청했다면 get(1) 호출로 종목에 대한 id를 추출한다. 정보를 제공하는 쪽은 URI를 통해 어떤 종류의 정보를 제공하는지 밝히고 정보를 사용하는 쪽은 URI를 통해 필요한 정보를 요청한다.

URI에서 문자열을 해석하여 정보를 일일이 추출해내는 것은 무척 번거로운 일이며 게다가 문자열 형태이므로 비교 속도도 느리다. 제공하는 데이터가 한두 가지라면 문자열 비교도 그럭저럭 할만하지만 개수가 많고 각각에 대해 단수, 복수 URI를 일일이 구분하자면 무척 까다롭다. 그래서 문자열 안의 요구 정보를 분석하여 정수 코드로 변환하는 UriMatcher라는 유틸리티 클래스가 제공된다. 다음 두 메서드로 URI를 미리 분석해 놓고 요구 코드를 정의해 놓는다.

```
void addURI (String authority, String path, int code)
int match (Uri uri)
```

addURI 메서드는 authority, path의 쌍을 정수 코드와 대응시켜 맵을 등록한다. path에서 *는 임의의 문자열과 대응되며 #은 숫자 하나와 대응된다. match 메서드는 uri를 분석하여 등록된 정수 코드를 리턴한다. 만약 uri에 해당하는 코드가 발견되지 않으면 −1을 리턴한다.

CP는 클라이언트의 URI를 일일이 분석할 필요 없이 UriMatcher가 분석해 놓은 정수 코드로 요청을 파악하여 정보를 리턴한다. 정수로부터 요청을 구분할 수 있으므로 switch case문으로 분기할 수 있어 편리하고 코드도 깔끔하게 정리된다.

26.2.2 자료 공유

CP를 만들려면 우선 ContentProvider 클래스를 상속받고 정보를 관리 및 제공하는 메서드를 재정의한다. onCreate는 CP가 로드될 때 호출되는데 여기서 제공할 데이터를 준비한다. 꼭 정보가 DB에 들어 있을 필요는 없으며 내부 배열이나 네트워크의 정보도 가능하지만 대개의 경우는 DB에 들어 있을 것이다. 데이터베이스에 들어 있는 정보라면 onCreate에서 DB를 열어 둔다. 다음 메서드는 제공하는 데이터의 MIME 타입을 조사한다.

```
String getType (Uri uri)
```

정보의 개수에 따라 MIME 타입의 형식이 다르다. 강제적인 규칙은 아니지만 대체로 다음 형식대로 작성한다.

- 단수 : vnd.회사명.cursor.item/타입
- 복수 : vnd.회사명.cursor.dir/타입

그 외에 제공하는 정보에 따라 실제 데이터를 제공 및 관리하는 query, insert, delete 등의 메서드를 재정의한다. 따로 예제를 만들 필요 없이 앞에서 만들었던 EnglishWord 프로젝트를 확장하여 CP 컴포넌트를 추가하여 외부 프로그램에게 영어 단어 정보를 공개해 보자.

프로젝트에 EWProvider.java 파일을 추가하고 다음 소스를 작성한다. 응용 프로그램의 원래 기능을 그대로 유지한 채 고유의 데이터를 외부로 공개하는 컴포넌트를 하나 더 추가하는 것이므로 기존의 액티비티는 전혀 건드릴 필요 없다. CP는 응용 프로그램에 저장된 데이터를 외부로 공개하는 역할을 할 뿐이다.

EWProvider

```java
public class EWProvider extends ContentProvider {
    static final Uri CONTENT_URI = Uri.parse("content://andexam.ver6.EnglishWord/word");
    static final int ALLWORD = 1;
    static final int ONEWORD = 2;

    static final UriMatcher Matcher;
    static {
        Matcher = new UriMatcher(UriMatcher.NO_MATCH);
        Matcher.addURI("andexam.ver6.EnglishWord", "word", ALLWORD);
        Matcher.addURI("andexam.ver6.EnglishWord", "word/*", ONEWORD);
    }

    SQLiteDatabase mDB;

    public boolean onCreate() {
        WordDBHelper helper = new WordDBHelper(getContext());
        mDB = helper.getWritableDatabase();
        return true;
    }

    public String getType(Uri uri) {
        if (Matcher.match(uri) == ALLWORD) {
            return "vnd.EnglishWord.ver6.andexam.cursor.item/word";
```

```
        }
        if (Matcher.match(uri) == ONEWORD) {
            return "vnd.EnglishWord.ver6.andexam.cursor.dir/word";
        }
        return null;
    }

    public Cursor query(Uri uri, String[] projection, String selection,
            String[] selectionArgs, String sortOrder) {
        String sql;

        // 전체에 대한 쿼리 명령
        sql = "SELECT eng, han FROM dic";

        // 단어 선택 where절 추가
        if (Matcher.match(uri) == ONEWORD) {
            sql += " where eng = '" + uri.getPathSegments().get(1) + "'";
        }

        Cursor cursor = mDB.rawQuery(sql, null);
        return cursor;
    }

    public Uri insert(Uri uri, ContentValues values) {
        long row = mDB.insert("dic", null, values);
        if (row > 0) {
            Uri notiuri = ContentUris.withAppendedId(CONTENT_URI, row);
            getContext().getContentResolver().notifyChange(notiuri, null);
            return notiuri;
        }
        return null;
    }

    public int delete(Uri uri, String selection, String[] selectionArgs) {
        int count = 0;

        //*
        switch (Matcher.match(uri)) {
        case ALLWORD:
            count = mDB.delete("dic", selection, selectionArgs);
            break;
        case ONEWORD:
            String where;
            where = "eng = '" + uri.getPathSegments().get(1) + "'";
```

```
        if (TextUtils.isEmpty(selection) == false) {
            where += " AND" + selection;
        }
        count = mDB.delete("dic", where, selectionArgs);
        break;
    }

    getContext().getContentResolver().notifyChange(uri, null);
    return count;
    //*/

    /*
    String sql;

    // 전체에 대한 쿼리 명령
    sql = "DELETE FROM dic";

    // 단어 선택 where절 추가
    if (Matcher.match(uri) == ONEWORD) {
        sql += " where eng = '" + uri.getPathSegments().get(1) + "'";
    }
    mDB.execSQL(sql);
    return 1;
    //*/
}

public int update(Uri uri, ContentValues values, String selection,
        String[] selectionArgs) {
    int count = 0;

    switch (Matcher.match(uri)) {
    case ALLWORD:
        count = mDB.update("dic", values, selection, selectionArgs);
        break;
    case ONEWORD:
        String where;
        where = "eng = '" + uri.getPathSegments().get(1) + "'";
        if (TextUtils.isEmpty(selection) == false) {
            where += " AND " + selection;
        }
        count = mDB.update("dic", values, where, selectionArgs);
        break;
    }
```

```
        getContext().getContentResolver().notifyChange(uri, null);
        return count;
    }
}
```

규정대로 URI를 작성하되 같은 패키지에 속해 있다 보니 패키지명 다음에 액티비티 이름인 EnglishWord를 추가했다. UriMatcher 타입의 헬퍼 Matcher를 정적 멤버로 선언하고 정적 초기화 블록에서 두 개의 URI 형식을 등록했다. word 패스로 끝나면 모든 단어를 다 달라는 뜻이고 word 뒤에 임의의 단어가 있으면 이 단어만 제공해 달라는 뜻이다. 두 경우에 대해 각각 1과 2의 정수값을 맵핑해 놓았다. 이후 CP의 나머지 코드는 URI를 직접 해석할 필요 없이 match 메서드가 리턴한 정수만 읽으면 된다.

onCreate에서는 DB를 열어 둔다. 액티비티에서 이미 DB 헬퍼를 제작해 두었으므로 DB의 생성이나 오픈에는 신경쓸 필요 없이 getWritableDatabase 메서드만 호출하면 읽고 쓰기 가능한 DB 객체를 열 수 있다. 만약 쓰기 기능은 공개하지 않는다면 getReadableDatabase로 열면 된다. getType 메서드는 규정대로 MIME 타입을 정의한다.

실제 데이터를 제공하는 것은 query 메서드이다. 인수로 전달된 uri를 분석하여 요청받은 데이터를 커서에 실어 리턴한다. 단어 전체를 요구했으면 dic 테이블 전체를 덤프해서 리턴하고 한 단어만 요구했으면 where 절을 작성하여 요구한 단어만 조사해서 리턴한다. uri에서 id에 해당하는 값은 uri.getPathSegments().get(1)로 구할 수 있으므로 이 값을 where 절의 eng 필드와 비교해 보면 된다.

uri	리턴
content://andexam.ver6.EnglishWord/word	모든 레코드 리턴
content://andexam.ver6.EnglishWord/word/boy	boy 레코드만 리턴

조사된 정보는 커서로 리턴되며 클라이언트는 커서를 읽어 CP가 제공한 정보를 이용한다. 예제에서는 단수냐 복수냐에 따라 where 절만 붙이는 간단한 형태이므로 SQL 문을 바로 실행했다. 정렬 순서까지 맞추려면 order by 절도 붙이고 특정 열만 요구했다면 원하는 열만 SELECT문에 나열한다. CP 요청이 DB의 쿼리와 유사한 형태로 전달되므로 db의 query 메서드를 호출해도 결과는 같다.

insert 메서드는 행 하나를 삽입한다. 삽입 동작은 하나의 레코드에 대해 수행되므로 단수, 복수를 구분할 필요 없이 DB의 insert 메서드로 레코드를 그대로 넘기면 된다. 삽입에 성공했으면 notifyChange 메서드를 호출하여 변경 사실을 통보한다. 만약 이 DB에 연결된 어댑터뷰가 있다면 삽입된 레코드를 인식하기 위해 갱신된다.

delete와 update의 구조는 거의 비슷하다. 복수에 대한 요청일 경우는 DB의 대응되는 메서드를 그대로 호출하고 단수에 대한 요청인 경우 URI의 끝에 있는 id를 읽어 where절에 조건을 추가한다. 조건은 URI를 통해 전달되거나 selection 인수를 통해 전달될 수도 있으므로 둘 다 AND로 연결한다. URI를 통해 대상 레코드가 전달됨에도 불구하고 별도의 조건절을 인수로 받는 이유는 URI는 하나 또는 전체만 지정할 뿐 일부를 지정하지 못하기 때문이다. 특정 조건을 만족하는 레코드만을 대상으로 할 때는 조건절을 따로 전달해야 한다. 삭제나 갱신의 경우도 메서드 대신 SQL 문을 바로 실행할 수 있다. 삭제의 경우는 아래쪽에 SQL 문으로 된 코드도 작성해 두었는데 구현하기 편리한 방식을 사용하면 된다.

CP가 반드시 모든 메서드를 다 구현해야 하는 것은 아니며 필요에 따라 일부를 생략하기도 한다. 데이터가 읽기 전용이라면 query 메서드만 제공하고 insert, delete, update는 꼭 구현하지 않아도 상관없다. 외부에서 데이터를 수정하는 것을 명시적으로 금지하고 싶다면 이 메서드를 정의하되 본체를 생략하여 껍데기만 남겨 둔다. 반대로 외부에서 데이터를 삽입만 할 수 있다면 query 메서드를 생략하고 insert만 구현한다.

마지막으로 CP를 매니페스트에 등록한다. 어떤 정보를 제공하는지 외부로 공개해 놓아야 임의의 응용 프로그램이 이 데이터를 사용할 수 있다. application 태그 아래, 즉 activity와 같은 수준에 다음 태그를 추가한다. CP의 이름과 제공자명을 밝혀 놓는다.

```
<provider android:name=".c26_cp.EWProvider"
          android:authorities="andexam.ver6.EnglishWord"
          android:exported="true"
          />
```

CP는 본질적으로 외부로 정보를 공개하는 역할을 하므로 4.1 이하의 버전에서는 별도의 선언이 없어도 CP는 항상 외부로 공개되었다. 그러나 4.2 이후에는 보안성 개선을 위해 디폴트로 CP는 공개되지 않으므로 exported 속성에 true를 지정하여 명시적으로 공개해야 한다. 물론 타깃 SDK가 16 이하라면 exported의 디폴트는 여전히 true로 간주되지만 차후의 확장성을 고려하여 이후부터는 이 속성을 붙이는 것이 바람직하다.

매니페스트에 등록해 놓으면 이후 시스템은 정보를 요청하는 쪽의 URI와 매니페스트의 URI를 비교해 보고 제공자가 일치하는 CP를 호출한다. 즉 매니페스트의 선언은 "내가 요런요런 데이터를 제공한다."는 것을 시스템 전역적으로 알리는 것이다.

26.2.3 CP 사용

CP만 만들었을 뿐 프로그램 자체의 기능에는 변화가 없으므로 실행해 봐야 아직까지는 전혀 차이가 없다. CP는 자신을 위한 기능이 아니라 남을 위한 기능이어서 겉으로 보기에는 아무 차이가 없어 보인다. 제대로 동작하는지 확인해 보려면 CP를 사용하는 프로그램을 만들어 봐야 한다. 일반적인 액티비티를 하나 만들고 CP의 정보를 액세스해 보자.

CallWordCP

```
<LinearLayout xmlns:android="http://schemas.android.com/apk/res/android"
    android:orientation="vertical"
    android:layout_width="match_parent"
    android:layout_height="match_parent"
    >
<Button
    android:id="@+id/readall"
    android:layout_width="wrap_content"
    android:layout_height="wrap_content"
    android:onClick="mOnClick"
    android:text="Readl All"
    />
<Button
    android:id="@+id/readone"
    android:layout_width="wrap_content"
    android:layout_height="wrap_content"
    android:onClick="mOnClick"
    android:text="Read One"
    />
<Button
    android:id="@+id/insert"
    android:layout_width="wrap_content"
    android:layout_height="wrap_content"
    android:onClick="mOnClick"
    android:text="Insert"
    />
```

```
<Button
    android:id="@+id/delete"
    android:layout_width="wrap_content"
    android:layout_height="wrap_content"
    android:onClick="mOnClick"
    android:text="Delete"
    />
<Button
    android:id="@+id/update"
    android:layout_width="wrap_content"
    android:layout_height="wrap_content"
    android:onClick="mOnClick"
    android:text="Update"
    />
<EditText
    android:id="@+id/edittext"
    android:layout_width="match_parent"
    android:layout_height="wrap_content"
    />
</LinearLayout>
```

```java
public class CallWordCP extends Activity {
    static final String WORDURI = "content://andexam.ver6.EnglishWord/word";
    EditText mText;
    public void onCreate(Bundle savedInstanceState) {
        super.onCreate(savedInstanceState);
        setContentView(R.layout.callwordcp);

        mText = (EditText)findViewById(R.id.edittext);
    }

    public void mOnClick(View v) {
        ContentResolver cr = getContentResolver();
        switch (v.getId()) {
        // 전부 읽기
        case R.id.readall:
            Cursor cursor = cr.query(Uri.parse(WORDURI), null, null, null, null);

            String Result = "";
            while (cursor.moveToNext()) {
                String eng = cursor.getString(0);
                String han = cursor.getString(1);
                Result += (eng + " = " + han + "\n");
            }
```

```
        if (Result.length() == 0) {
            mText.setText("Empyt Set");
        } else {
            mText.setText(Result);
        }
        cursor.close();
        break;
// 하나만 읽기
case R.id.readone:
    Cursor cursor2 = cr.query(Uri.parse(WORDURI + "/boy"),
            null, null, null, null);

    String Result2 = "";
    if (cursor2.moveToFirst()) {
        String eng = cursor2.getString(0);
        String han = cursor2.getString(1);
        Result2 += (eng + " = " + han + "\n");
    }

    if (Result2.length() == 0) {
        mText.setText("Empyt Set");
    } else {
        mText.setText(Result2);
    }
    cursor2.close();
    break;
// 삽입
case R.id.insert:
    ContentValues row = new ContentValues();
    row.put("eng", "school");
    row.put("han", "학교");

    cr.insert(Uri.parse(WORDURI), row);
    mText.setText("Insert Success");
    break;
// 삭제
case R.id.delete:
    cr.delete(Uri.parse(WORDURI), null, null);
    mText.setText("Delete Success");
    break;
// 수정
case R.id.update:
    ContentValues row2 = new ContentValues();
```

```
            row2.put("han", "핵교");
            cr.update(Uri.parse(WORDURI + "/school"), row2, null, null);
            mText.setText("Update Success");
            break;
        }
    }
}
```

콘텐츠를 읽으려면 먼저 ContentResolver 객체를 구한다. 리졸버는 쿼리를 통해 CP와 간접적으로 통신하는 표준 인터페이스이다. 응용 프로그램마다 하나씩 ContentResolver를 가지고 있으므로 다음 메서드로 구한다.

ContentResolver ContextWrapper.getContentResolver ()

어떤 CP와 통신할 것인가는 각 메서드로 전달되는 URI에 의해 결정된다. 시스템은 URI로부터 콘텐츠 제공자를 찾아 CP를 로드하고 CP의 메서드를 호출한다. 아마도 URI에 기록된 authority와 각 프로그램의 매니페스트에 기록된 authority를 비교해 보고 검색할 것이다. 그래서 정보를 제공하는 쪽과 제공받는 쪽은 서로 URI를 미리 약속해 두어야 한다. CP를 기동하는 것은 시스템이 알아서 하며 응용 프로그램이 직접 CP를 생성할 수는 없다. 응용 프로그램은 단지 원하는 데이터의 URI만 전달할 뿐이다.

리졸버가 구해졌으면 리졸버의 query, insert, delete 등의 메서드를 통해 CP의 메서드를 호출하고 CP의 데이터를 자신의 것처럼 관리할 수 있다. 리졸버는 URI로부터 CP를 찾고 CP의 메서드를 호출하여 결과셋을 중계하는 역할을 한다. 예제에서는 5개의 버튼을 배치하고 각 버튼의 클릭 리스너에서 CP의 데이터를 액세스해 보았다.

CP의 단어를 읽는 코드를 보자. 모든 단어와 한 단어에 대해 각각 코드가 작성되어 있다. URI로 content://andexam.ver6.EnglishWord/word를 요청했다. 시스템은 설치된 모든 프로그램의 매니페스트를 뒤져 andexam.ver6.EnglishWord라는 authority를 가진 CP를 찾는데 앞에서 우리가 만들어 두었던 EWProvider가 검색된다. 이때 EWProvider가 실행 중이 아니라면 시스템이 메모리에 올리므로 CP가 꼭 실행 중이어야 할 필요는 없다. cr.query를 호출하면 EWProvider의 query 메서드가 호출된다.

```
Cursor query (Uri uri, String[] projection, String selection, String[] selectionArgs,
String sortOrder)
```

CP의 query 메서드는 URI를 분석하여 모든 단어를 다 요청했음을 인식하고 SELECT eng, han FROM dic 명령으로 dic 테이블을 왕창 덤프하여 커서에 실어 보낸다. 클라이언트는 리턴된 커서로부터 dic 테이블의 내용을 모두 읽는다. 루프를 돌며 커서 끝까지 단어들을 순서대로 읽어 문자열로 출력했다.

한 단어만 요청할 때는 URI의 끝에 요청할 단어의 구체적인 정보를 덧붙인다. /boy를 덧붙여 보내면 이 단어의 정보만 조사된다. CP는 UriMatcher로 URI를 해석하여 한 단어에 대한 요청임을 인식하고 SQL 문에 where 절을 덧붙여 URI 끝의 단어만 검색하여 리턴한다. 리턴된 레코드가 하나밖에 없으므로 루프를 돌 필요는 없고 단어 하나만 읽는다.

삽입, 삭제, 갱신도 거의 유사한 형식이다. 리졸버의 다음 메서드로 CP의 쿼리 메서드를 간접적으로 호출한다. 대상 레코드를 URI와 ContentValues 인수로 전달한다. 삽입 메서드는 레코드 하나만 삽입하는 insert와 여러 개의 레코드 배열을 한꺼번에 삽입하는 bulkInsert 두 가지가 제공된다.

```
Uri insert (Uri url, ContentValues values)
int bulkInsert (Uri url, ContentValues[] values)
int delete (Uri url, String where, String[] selectionArgs)
int update (Uri uri, ContentValues values, String where, String[] selectionArgs)
```

CP의 쿼리 방식이 DB의 쿼리 방식과 거의 유사하며 메서드의 인수도 같으므로 DB를 사용하듯이 CP를 사용하면 된다. 메서드의 원형도 앞에 Uri가 하나 더 추가되어 있을 뿐 별 차이는 없다. 리졸버를 통해 CP의 메서드가 호출되고 CP의 DB를 마치 자신의 것인양 액세스한다.

CP는 데이터 구조를 추상화하여 데이터를 저장, 관리하는 작업과 데이터를 사용하는 작업을 분리하는 역할을 한다. CP는 데이터를 저장, 관리하는 일에만 집중하고 응용 프로그램은 CP로부터 데이터를 받아 다양한 형태로 데이터를 보여주고 사용자로부터 정보를 입력받아 CP로 전달한다. 원격지의 두 컴퓨터가 작업을 나누어 전담하는 클라이언트/서버 개념과 유사하다. 이 예제의 경우 같은 패키지에 속해 있어서 사실 CP가 아니어도 직접 DB를 읽을 수 있지만 패키지가 달라도 CP를 통해 DB를 액세스할 수 있다.

URI만 알면 누구나 CP의 데이터를 액세스할 수 있다는 면에서 보안상의 위험이 있을 것 같아 보이지만 안전 장치가 있다. CP는 필요할 경우 퍼미션을 요구할 수 있으며 특정 응용 프로그램만 데이터에 접근하도록 차단할 수 있다. 퍼미션이 없는 응용 프로그램은 설치 단계에서 거부된다.

CHAPTER 27

클립보드

27.1 클립보드

27.1.1 시스템 클립보드

클립보드는 임의의 응용 프로그램끼리 데이터를 교환하는 가장 기본적인 방법이다. 데스크톱에서는 이미 일상적으로 사용되고 있으며 특히 코드의 복사 및 수정이 주된 작업인 개발자나 편집자에게는 생필품이다. 사실 클립보드 기능은 안드로이드의 이전 버전부터 이미 제공되었으며 에디트의 팝업 메뉴를 통해 문자열을 복사하고 붙여 넣을 수 있었다. 그러나 단순 문자열만 복사할 수 있을 뿐 복잡한 데이터는 교환할 수 없었다.

3.0 이후 태블릿을 지원하면서부터 문자열 이상의 자료 교환이 필요해졌다. 주로 보기만 하는 폰과는 달리 데이터를 편집하는 것도 훨씬 수월해졌고 한 화면에 여러 앱이 실행될 수 있으므로 앱끼리 데이터를 교환하는 빈도가 높아졌다. 안드로이드가 데스크톱의 영역을 넘볼 정도로 성장하면서 데스크톱 수준의 클립보드 지원이 절실해진 것이다. 또 드래그 & 드롭에 의한 데이터 교환을 위해 범용적인 데이터 포맷을 정의할 필요가 있는데 클립보드 포맷이 그 역할을 맡는다.

시스템 클립보드는 운영체제가 관리하는 임시적인 자료 저장소이다. 임의의 프로그램이 클립보드를 자유롭게 액세스할 수 있으므로 프로그램 내부의 뷰끼리는 물론이고 응용 프로그램끼리도 약속된 방법으로 데이터를 교환할 수 있다. 지원 포맷도 대폭적으로 늘어나 문자열뿐만 아니라 이미지나 이진 스트림 같은 대용량 데이터도 교환할 수 있다. 시스템 클립보드는 다음 4가지 포맷을 지원한다.

- 텍스트: 가장 일반적이고 빈도가 높은 교환 대상이다. 단순한 포맷이고 누구나 해석할 수 있으므로 클립보드로 문자열을 전달하면 바로 저장되며 붙여 넣을 때도 간편하게 꺼낼 수 있다. 길이에 특별한 제약이 없어 장문의 텍스트도 교환 가능하다.
- URI: 복잡한 형태의 데이터는 CP가 제공하며 데이터의 위치를 가리키는 URI를 클립보드에 저장한다. 참조만 저장할 뿐 실제 데이터는 클립보드에 들어가지 않으므로 붙여 넣을 때 URI를 얻은 후 CP로부터 데이터를 읽어야 한다.
- 인텐트: 앱을 실행하는 명령과 관련 데이터를 클립보드를 통해 전달한다. 액티비티나 서비스 등에 대한 바로 가기를 교환할 때 유용하다.
- HTML 텍스트: 4.1 젤리빈에서 추가된 포맷이며 단순 문자열이 아닌 서식 있는 문자열을 교환한다. HTML로 포맷팅 가능한 모든 문서를 교환할 수 있다.

클립보드는 시스템 전역적인 자원이다. 운영체제 전체를 통틀어 딱 하나밖에 없으며 클립보드에 저장되는 클립 데이터도 하나뿐이다. 클립보드를 통한 데이터 교환은 일회적이고 임시적인 것이라 한 번에 하나의 데이터만 교환할 수 있다. 클립보드에 데이터가 이미 들어 있는 상태에서 다른 데이터가 들어오면 이전의 데이터는 삭제된다. 여러 프로그램이 클립보드를 통해 데이터를 교환할 수 있는 이유가 바로 이 유일성 때문이다. 저장 위치가 고정되어 있고 모든 프로그램이 공유하므로 임의의 데이터를 교환할 수 있다.

클립 데이터에는 데이터뿐만 아니라 데이터의 성격을 명시하는 설명이 포함된다. 설명에는 데이터의 이름인 레이블과 형태를 지정하는 마임(MIME) 타입의 배열이 저장된다. 응용 프로그램은 마임 타입을 통해 클립보드에 저장된 데이터가 문자열인지 URI인지 판별한다. 자신이 해석할 수 있는 데이터만 읽어야 하며 원하는 데이터가 아니면 아예 건드리지 말아야 한다. 텍스트를 붙여 넣는 프로그램에게 클립보드의 인텐트 정보는 무용지물이다.

실제 교환할 데이터인 클립 항목(Clip Item)은 보통 하나이지만 리스트뷰에서 복수 항목을 선택하여 복사할 때는 선택된 모든 항목이 클립보드에 저장되어 여러 개일 수도 있다. 이때 모든 항목은 데이터 타입이 일치해야 한다. 예를 들어 주소록 목록에서 직장 동료만 선택하여 클립보드로 모두 복사해 넣을 수 있는데 이때 선택된 동료들의 이름이 클립보드에 저장되며 모든 항목의 데이터 타입은 텍스트이다.

안드로이드의 클립보드 지원은 데스크톱의 클립보드에 비해서는 아직 수준이 낮다. 데스크톱은 같은 데이터에 대해서도 문자열, HTML, RTF, 이미지 등 여러 변형 포맷을 동시에 저장함으로써 붙여 넣는 쪽에서 원하는 포맷을 가져가도록 지원하지만 안드로이드는 딱 한가지 포맷에 대해서만 복사를 허용한다. 복수 항목은 지원하지만 복수 포맷은 아직 지원하지 않는다. 클립보드 관련 클래스를 순서대로 정리해 보자.

ClipboardManager

시스템 클립보드를 관리하며 클립보드 입출력을 담당한다. 시스템 서비스이므로 객체를 생성할 필요없으며 getSystemService 메서드로 언제든지 구할 수 있다. 다음 메서드로 클립 데이터가 있는지 조사하고 클립 데이터를 읽거나 쓴다. 클립 데이터는 읽은 후 분석해야 하지만 설명 데이터는 관리자에서 바로 읽을 수 있다.

```
boolean hasPrimaryClip()
ClipData getPrimaryClip()
ClipDescription getPrimaryClipDescription()
void setPrimaryClip(ClipData clip)
```

hasPrimaryClip 메서드는 클립 데이터가 있는지 조사하며 비어 있으면 false를 리턴한다. 이 메서드가 true를 리턴하면 getPrimaryClip 메서드로 클립 데이터를 읽는다. 원하는 타입이 맞는지 조사한 후 사용해야 하는데 클립 데이터를 읽어 분석하기 전에 설명을 먼저 읽어 보고 타입을 점검할 수 있다. 클립보드에 데이터를 저장할 때는 클립 데이터를 만든 후 setPrimaryClip 메서드로 전달한다.

허니콤 초기 버전에는 텍스트 포맷에 대해서만 동작하는 hasText, getText, setText 메서드가 제공되었다. 사용 빈도가 높기 때문인데 지금은 일관된 클립보드 관리를 위해 권장하지 않으며 문자열도 다른 타입과 동일한 메서드로 액세스해야 한다. 다음 메서드는 클립보드가 변경되는지 조사하는 리스너를 등록 및 제거한다. 클립보드의 데이터가 변경될 때마다 리스너의 onPrimaryClipChanged() 메서드가 호출된다.

```
void addPrimaryClipChangedListener(ClipboardManager. OnPrimaryClipChangedListener what)
void removePrimaryClipChangedListener(ClipboardManager. OnPrimaryClipChangedListener what)
```

클립보드가 변경되는 시점에 특정한 작업을 해야 한다면 이 리스너를 등록하고 핸들러에 코드를 작성한다. 원하는 데이터가 있을 때만 붙여 넣기 버튼을 사용 가능하게 만들고 데이터가 없을 때 버튼을 사용 금지시켜 데이터가 없음을 표시한다. 아직 한 화면에 여러 앱이 동시에 보이는 진정한 멀티태스킹은 지원하지 않으므로 굳이 리스너까지 설치해 가며 감시할 필요는 사실 별로 없다. 클립보드의 변화에 별 관심이 없다면 이 리스너는 굳이 등록하지 않아도 상관없다.

ClipData

클립보드에 저장되는 데이터를 표현하며 클립보드에 들어가는 내용물이다. 앞에서 알아본 바대로 설명과 데이터의 컬렉션이 저장된다. 다음 메서드로 항목의 개수를 조사하거나 항목을 읽고 추가한다.

```
int getItemCount()
ClipData.Item getItemAt(int index)
void addItem(ClipData.Item item)
ClipDescription getDescription()
```

대개의 경우 하나의 항목만 저장되는데 이 경우는 getItemAt(0) 호출로 항목을 바로 구할 수 있다. 클립보드에서 꺼낸 데이터를 어떻게 사용할 것인가는 프로그램이 필요에 따라 자유롭게 결정한다. 클립 데이터를 생성할 때는 저장할 항목의 타입에 따라 다음 정적 메서드를 사용한다.

```
ClipData newPlainText(CharSequence label, CharSequence text)
ClipData newRawUri(CharSequence label, Uri uri)
ClipData newUri(ContentResolver resolver, CharSequence label, Uri uri)
ClipData newIntent(CharSequence label, Intent intent)
ClipData newHtmlText(CharSequence label, CharSequence text, String htmlText)
```

데이터에 대한 간략한 설명인 레이블과 실제 데이터를 인수로 전달하면 클립 데이터 객체가 생성된다. 이렇게 만든 클립 데이터를 관리자의 setPrimaryClip 메서드로 클립보드에 넣어 복사한다.

ClipDescription

클립보드에 저장된 데이터에 대한 설명을 제공한다. 데이터에 대한 짧은 이름인 레이블과 데이터의 형태인 마임 타입이 저장되어 있다. 어디까지나 데이터에 대한 정보일 뿐 데이터 자체는 아니다. 현재 지원하는 타입은 다음과 같다.

마임 타입	설명
MIMETYPE_TEXT_PLAIN(text/plain)	평범한 일반 문자열이다.
MIMETYPE_TEXT_INTENT(text/vnd.android.intent)	인텐트이다.
MIMETYPE_TEXT_URILIST(text/uri-list)	URI 목록이다.
MIMETYPE_TEXT_HTML(text/html)	서식있는 HTML 문자열이다.

이후에 더 많은 타입이 추가될 수도 있다. 다음 메서드로 레이블, 마임 타입을 조사하거나 특정한 타입이 저장되어 있는지 조사한다.

```
CharSequence getLabel()
int getMimeTypeCount()
String getMimeType(int index)
boolean hasMimeType(String mimeType)
```

클립보드를 읽기 전에 hasMimeType 메서드로 원하는 포맷이 있는지 조사하고 그렇지 않을 경우 클립보드를 건드리지 말아야 한다.

ClipData.Item

클립보드에 저장되는 데이터 하나이며 응용 프로그램끼리 교환할 실제 데이터이다. 클립보드에 복사할 때는 이 객체를 직접 생성하는 것보다 ClipData의 new* 정적 메서드를 사용하는 것이 일반적이다. 복수개의 항목을 저장할 때는 생성자로 객체를 직접 생성한 후 addItem 메서드로 항목을 추가한다. 붙여 넣을 때는 데이터 타입에 따라 다음 메서드중 하나로 실제 값을 읽는다.

```
CharSequence getText()
Uri getUri()
Intent getIntent()
String getHtmlText()
```

문자열은 클립보드 자체에 저장되므로 읽어서 바로 사용할 수 있지만 Uri나 Intent는 읽은 후 원하는 데이터를 구하기 위해 추가 작업이 필요하다. 다음 메서드는 타입에 상관없이 강제로 문자열 형태로 바꿔 읽는다. 자바의 모든 타입은 toString 메서드로 문자열 형태로 변환할 수 있으므로 임의의 타입을 문자열로 표현하는 것은 언제나 가능하다.

```
CharSequence coerceToText(Context context)
CharSequence coerceToStyledText(Context context)
String coerceToHtmlText(Context context)
```

문자열 형태로 변환한 데이터는 원본 데이터와는 모양이 달라 바로 사용할 수 없지만 어떤 데이터가 들어 있는지 확인은 할 수 있다. 빈 데이터이거나 변환 불가능한 상황이라면 빈 문자열이 리턴된다. 이 메서드는 붙여 넣기보다는 디버깅용이나 클립보드 관리 목적으로 주로 사용된다.

27.1.2 텍스트 복사

이론을 대충 정리해 봤으니 이제 간단한 예제를 만들어 보자. 다음 예제는 가장 간단한 타입인 문자열을 클립보드로 복사하고 다시 붙여 넣는다.

CopyText

```
<LinearLayout xmlns:android="http://schemas.android.com/apk/res/android"
    android:orientation="vertical"
    android:layout_width="match_parent"
    android:layout_height="match_parent" >
<EditText
    android:id="@+id/copyedit"
    android:layout_width="wrap_content"
    android:layout_height="wrap_content"
    android:text="Clipboard Test" />
<Button
    android:id="@+id/btncopy"
    android:layout_width="wrap_content"
    android:layout_height="wrap_content"
    android:onClick="mOnClick"
    android:text="Copy" />
<TextView
    android:id="@+id/pastetext"
    android:layout_width="wrap_content"
    android:layout_height="wrap_content"
    android:text="paste here" />
<Button
    android:id="@+id/btnpaste"
    android:layout_width="wrap_content"
    android:layout_height="wrap_content"
    android:onClick="mOnClick"
    android:text="Paste" />
</LinearLayout>
-------------------------------------------------------
public class CopyText extends Activity {
```

```java
public void onCreate(Bundle savedInstanceState) {
    super.onCreate(savedInstanceState);
    setContentView(R.layout.copytext);
}

public void mOnClick(View v) {
    switch (v.getId()) {
    case R.id.btncopy:
        copyText();
        break;
    case R.id.btnpaste:
        pasteText();
        break;
    }
}

void copyText() {
    EditText copyedit = (EditText)findViewById(R.id.copyedit);
    String text = copyedit.getText().toString();
    if (text.length() != 0) {
        ClipData clip = ClipData.newPlainText("text", text);
        ClipboardManager cm = (ClipboardManager)
                getSystemService(Context.CLIPBOARD_SERVICE);
        cm.setPrimaryClip(clip);
        Toast.makeText(this, "Text Copied", 0).show();
    }
}

void pasteText(){
    ClipboardManager cm = (ClipboardManager)
            getSystemService(Context.CLIPBOARD_SERVICE);
    if (cm.hasPrimaryClip() == false) {
        Toast.makeText(this, "Clipboard Empty", 0).show();
        return;
    }
    if (cm.getPrimaryClipDescription().hasMimeType(
            ClipDescription.MIMETYPE_TEXT_PLAIN) == false) {
        Toast.makeText(this, "Clip is not text", 0).show();
        return;
    }

    ClipData clip = cm.getPrimaryClip();
    ClipData.Item item  = clip.getItemAt(0);
    TextView pastetext = (TextView)findViewById(R.id.pastetext);
```

```
                pastetext.setText(item.getText());
        }
    }
```

레이아웃에는 문자열을 입력할 수 있는 에디트와 복사, 붙여 넣기 명령을 실행할 버튼, 클립보드의 내용을 확인하기 위한 텍스트뷰를 배치했다. 클립보드 처리 코드는 두 버튼의 클릭 이벤트 핸들러에 작성되어 있다. Copy 버튼을 누른 후 Paste 버튼을 누르면 에디트의 내용이 클립보드에 복사된 후 아래쪽의 텍스트뷰에 붙여진다.

같은 액티비티 안에서의 데이터 교환이라 실감나지 않고 왠지 사기를 치는 것 같지만 다른 프로그램과도 데이터를 교환할 수 있다. Copy 버튼을 누른 후 웹 브라우저의 검색란에 붙여 넣어도 되며 반대로 다른 앱에서 문자열 일부를 복사한 후 이 프로그램의 Paste 버튼을 눌러도 된다. 문자열을 읽고 쓸 수 있는 프로그램이라면 에디트를 롱 클릭하여 클립보드 관련 명령을 선택하여 클립보드에 데이터를 넣고 뺄 수 있다.

클립보드에 문자열을 복사하는 copyText 메서드부터 분석해 보자. 먼저 클립보드에 넣을 데이터부터 구한다. 복사할 대상은 에디트에 입력된 문자열이므로 에디트 위젯의 getText 메서드로 전체 문자열을 조사한다. 선택 영역의 일부 문자열만 복사하려면 에디트의 관련 메서드로 선택된 문자열만 구한다. 에디트에 아무것도 입력되지 않았으면 복사할 대상이 없으므로 그냥 리턴한다.

다음은 문자열을 클립보드에 넣을 수 있는 클립 데이터 형태로 포장한다. newPlainText 메서드로 클립 객체를 생성하되 레이블은 "text"로 주고 에디트로부터 읽은 문자열을 전달한다. 레이블은 데이터에 붙이는 이름일 뿐이므로 임의로 붙일 수 있다. 텍스트로부터 클립 데이터를 생성했으므로 마임 타입은 MIMETYPE_TEXT_PLAIN으로 자동 지정된다. 클립보드 관리자 객체를 구하고 준비된 클립 데이터를 관리자의 setPrimaryClip 메서드로 전달하면 문자열이 클립보드에 저장된다. 이후 클립보드에 저장된 문자열은 누구든지 꺼내 읽을 수 있다.

pasteText 메서드는 클립보드에서 문자열을 읽어 아래쪽의 텍스트뷰에 붙여 넣는다. 두 가지 조건을 점검하는데 우선 클립보드에 데이터가 있어야 하고 마임 타입이 텍스트여야 한다. 이 두 조건 중 하나라도 맞지 않으면 붙여 넣을 수 없으며 토스트로 에러 메시지를 출력하고 리턴한다. 텍스트가 들어 있는지 확인했다면 getPrimaryClip 메서드로 클립 데이터를 읽고 getItemAt(0) 호출로 첫 번째 항목을 조사한다. 이 항목의 getText 메서드를 호출하면 클립보드에 저장된 문자열이 읽혀진다.

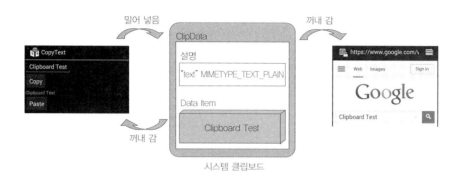

누구든지 복사할 데이터를 클립 데이터 포맷으로 생성하여 클립보드에 밀어 넣을 수 있으며 이 포맷의 데이터에 관심이 있는 임의의 프로그램이 데이터를 꺼낼 수 있다. 자기 자신이 넣은 데이터를 자신이 다시 꺼내는 것도 당연히 가능하다.

27.1.3 URI 복사

이미지나 구조체 같은 복잡한 데이터는 URI를 통해 간접적으로 복사한다. 덩치가 크기도 하지만 상한 크기를 미리 가늠할 수 없으므로 클립보드에 직접 넣을 수 없으며 대신 데이터를 찾을 수 있는 URI 참조만 넣어 둔다. 붙여 넣는 쪽에서는 URI를 먼저 구하고 CP에게 데이터를 요청하여 실제 데이터를 구한다. CP를 경유하여 데이터를 전달하므로 CP로 공유할 수 있는 모든 데이터를 교환할 수 있는 셈이다.

URI로 데이터를 전달하려면 주는 쪽에서는 이 URI에 반응할 수 있는 CP를 반드시 제공해야 한다. 따라서 이 기법으로 데이터를 교환하려면 CP에 대한 선수 학습이 필요하며 CP를 자유자재로 다룰 수 있어야 한다. 다음 예제는 앞장에서 만들었던 EnglishWord CP를 통해 영어 단어를 복사한다. 이 예제를 실행하려면 CP가 설치되어 있어야 하며 영어 단어 데이터베이스도 정상적으로 생성되어 있어야 한다. 앞장의 EnglishWord 예제를 실행하여 Insert 버튼을 눌러 주면 모든 준비가 완료된다.

```xml
<LinearLayout xmlns:android="http://schemas.android.com/apk/res/android"
    android:orientation="vertical"
    android:layout_width="match_parent"
    android:layout_height="match_parent" >
<Button
    android:id="@+id/btncopy"
    android:layout_width="wrap_content"
    android:layout_height="wrap_content"
    android:onClick="mOnClick"
    android:text="Copy" />
<TextView
    android:id="@+id/pastetext1"
    android:layout_width="wrap_content"
    android:layout_height="wrap_content"
    android:text="paste here" />
<Button
    android:id="@+id/btnpasteuri"
    android:layout_width="wrap_content"
    android:layout_height="wrap_content"
    android:onClick="mOnClick"
    android:text="Paste" />
<TextView
    android:id="@+id/pastetext2"
    android:layout_width="wrap_content"
    android:layout_height="wrap_content"
    android:text="paste here" />
<Button
    android:id="@+id/btnpastetext"
    android:layout_width="wrap_content"
    android:layout_height="wrap_content"
    android:onClick="mOnClick"
    android:text="Paste Text" />
</LinearLayout>
```

```java
public class CopyUri extends Activity {
    public void onCreate(Bundle savedInstanceState) {
        super.onCreate(savedInstanceState);
        setContentView(R.layout.copyuri);
    }

    public void mOnClick(View v) {
        switch (v.getId()) {
```

```
        case R.id.btncopy:
            copyUri();
            break;
        case R.id.btnpasteuri:
            pasteUri();
            break;
        case R.id.btnpastetext:
            pasteUriText();
            break;
    }
}

void copyUri() {
    ClipboardManager cm = (ClipboardManager)
            getSystemService(Context.CLIPBOARD_SERVICE);
    Uri copyuri = Uri.parse("content://andexam.EnglishWord/word/boy");
    ClipData clip = ClipData.newUri(getContentResolver(), "URI", copyuri);
    cm.setPrimaryClip(clip);
    Toast.makeText(this, "Uri Copied", 0).show();
}

void pasteUri(){
    ClipboardManager cm = (ClipboardManager)
            getSystemService(Context.CLIPBOARD_SERVICE);
    if (cm.hasPrimaryClip() == false) {
        Toast.makeText(this, "Clipboard Empty", 0).show();
        return;
    }
    if (cm.getPrimaryClipDescription().hasMimeType(
            ClipDescription.MIMETYPE_TEXT_URILIST) == false) {
        Toast.makeText(this, "Clip is not uri", 0).show();
        return;
    }

    ClipData clip = cm.getPrimaryClip();
    ClipData.Item item  = clip.getItemAt(0);
    Uri pasteuri = item.getUri();
    ContentResolver cr = getContentResolver();
    String uriMime = cr.getType(pasteuri);
    if (uriMime == null ||
            uriMime.equals("vnd.EnglishWord.andexam.cursor.dir/word") == false) {
        Toast.makeText(this, "Clip is not EnglishWord", 0).show();
    }
```

```
        Cursor pastecursor = cr.query(pasteuri, null, null, null, null);
        if (pastecursor != null) {
            if (pastecursor.moveToFirst()) {
                TextView pastetext = (TextView)findViewById(R.id.pastetext1);
                pastetext.setText(pastecursor.getString(0) + ":" + pastecursor.getString(1));
            }
            pastecursor.close();
        } else {
            Toast.makeText(this, "Data not found", 0).show();
        }
    }

    void pasteUriText(){
        ClipboardManager cm = (ClipboardManager)
                getSystemService(Context.CLIPBOARD_SERVICE);
        if (cm.hasPrimaryClip() == false) {
            Toast.makeText(this, "Clipboard Empty", 0).show();
            return;
        }

        ClipData clip = cm.getPrimaryClip();
        ClipData.Item item = clip.getItemAt(0);
        TextView pastetext = (TextView)findViewById(R.id.pastetext2);
        pastetext.setText(item.coerceToText(this).toString());
    }
}
```

클립보드에 데이터를 복사하는 절차는 텍스트 복사 예제와 동일하다. 다만 클립 데이터에 저장하는 대상이 텍스트가 아니라 Uri 객체라는 점만 다르다. boy 영어 단어를 검색할 수 있는 Uri 객체를 생성하고 newUri 메서드로 이 객체를 클립 데이터로 변환했다. 에디트에서 단어를 입력받으면 임의의 단어를 검색할 수 있지만 예제의 데이터베이스가 너무 작고 초라해서 실용성이 없다. 단어를 찾을 수 있는 Uri만 클립보드에 넣었을 뿐이며 단어에 대한 데이터는 저장하지 않았다.

붙여 넣을 때는 먼저 클립보드로부터 Uri 객체를 꺼낸다. 클립보드에 데이터가 있어야 하고 마임 타입이 URILIST일 때만 유효한 Uri이며 그 외의 경우에는 토스트로 에러를 출력하고 리턴한다. 조건에 부합하는 데이터가 들어 있다면 CP로 Uri를 요청하여 실제 데이터를 구한다. 앞장에서 실습한 대로 리졸버를 통해 쿼리를 날리고 커서로부터 결과값을 읽는다. 최종적으로 읽은 실제 데이터를 텍스트뷰에 출력했다. 영어 단어와 뜻이 같이 출력된다.

Uri의 실제 데이터가 아닌 Uri자체를 출력하고 싶다면 coerceToText 메서드로 문자열 형태로 바꿔 읽는다. 실제 데이터는 알 수 없지만 어떤 데이터에 대한 참조가 클립보드에 저장되어 있는지 확인할 수 있다. 다음은 Copy 버튼을 눌러 Uri를 복사하고 Paste 버튼을 눌러 Uri의 실제값을 조사하여 붙여 넣은 모습이다.

CopyText 예제와 이 예제를 번갈아 실행해 보면서 각 타입으로 클립보드에 데이터를 복사한 후 붙여 넣어 보자. 텍스트 타입의 데이터를 복사하면 Uri 타입으로는 붙여 넣을 수 없으며 반대도 마찬가지이다. 코드에서 클립보드의 마임 타입을 점검하고 있기 때문이다. 만약 마임 타입을 점검하지 않고 무조건 붙여 넣는다면 데이터를 해석하는 방법이 다르므로 엉뚱한 값이 출력된다.

URI는 임의의 데이터에 대한 참조를 표현할 수 있으므로 교환 가능한 데이터 포맷의 제한이 없다. 이미지나 동영상도 가능하며 파일 같은 큰 데이터도 파일 설명자를 저장함으로써 교환할 수 있다. 아무튼 붙여 넣는 쪽에서 URI를 통해 원본 데이터의 위치를 찾을 수만 있으면 된다. 물론 URI를 복사하는 프로그램은 URI로부터 실제 데이터를 찾을 수 있는 CP를 반드시 제공해야 한다. 단, 클립보드는 URI를 통해 데이터를 읽기만 하므로 insert, update 메서드는 굳이 구현하지 않아도 상관 없다. 물론 이미 구현되어 있다면 있어도 무방하다.

27.1.4 인텐트 복사

다음은 인텐트를 복사해 보자. 클립보드에 들어가는 데이터가 인텐트라는 것만 다를 뿐 텍스트 복사와 별 차이는 없다. 복사하는 쪽에서는 Intent 객체를 클립 데이터에 넣어 클립보드에 저장하며 붙여 넣는 쪽에서는 인텐트를 꺼내 원하는 작업을 한다.

```
<LinearLayout xmlns:android="http://schemas.android.com/apk/res/android"
    android:orientation="vertical"
    android:layout_width="match_parent"
    android:layout_height="match_parent" >
<Button
    android:id="@+id/btncopy"
    android:layout_width="wrap_content"
    android:layout_height="wrap_content"
    android:onClick="mOnClick"
    android:text="Copy" />
<Button
    android:id="@+id/btnpaste"
    android:layout_width="wrap_content"
    android:layout_height="wrap_content"
    android:onClick="mOnClick"
    android:text="Paste" />
</LinearLayout>
-------------------------------------------------------
public class CopyIntent extends Activity {
    public void onCreate(Bundle savedInstanceState) {
        super.onCreate(savedInstanceState);
        setContentView(R.layout.copyintent);
    }

    public void mOnClick(View v) {
        switch (v.getId()) {
        case R.id.btncopy:
            copyIntent();
            break;
        case R.id.btnpaste:
            pasteIntent();
            break;
        }
    }

    void copyIntent() {
        ClipboardManager cm = (ClipboardManager)
                getSystemService(Context.CLIPBOARD_SERVICE);
        Intent intent = new Intent(Intent.ACTION_VIEW, Uri.parse("http://www.google.com"));
        ClipData clip = ClipData.newIntent("intent", intent);
        cm.setPrimaryClip(clip);
        Toast.makeText(this, "Intent Copied", 0).show();
```

```
    }

    void pasteIntent(){
        ClipboardManager cm = (ClipboardManager)
                getSystemService(Context.CLIPBOARD_SERVICE);
        if (cm.hasPrimaryClip() == false) {
            Toast.makeText(this, "Clipboard Empty", 0).show();
            return;
        }
        if (cm.getPrimaryClipDescription().hasMimeType(
                ClipDescription.MIMETYPE_TEXT_INTENT) == false) {
            Toast.makeText(this, "Clip is not intent", 0).show();
            return;
        }

        ClipData clip = cm.getPrimaryClip();
        ClipData.Item item  = clip.getItemAt(0);
        Intent intent = item.getIntent();
        if (intent != null) {
            startActivity(intent);
        }
    }
}
```

구글 웹 사이트를 여는 암시적 인텐트 객체를 생성하고 newIntent 메서드로 클립 데이터로 변환한
후 시스템 클립보드에 저장했다. 클립보드는 데이터를 중계할 뿐이며 데이터를 꺼내 어떻게 사용할
것인가는 붙여 넣는 프로그램이 결정한다. 붙여 넣는 쪽에서는 이 인텐트를 받아 원하는 작업을 하
되 통상은 startActivity 메서드로 인텐트를 실행한다. 인텐트에 저장된 엑스트라 정보만 빼내거나
플래그 정보만 추출해 사용할 수도 있고 인텐트를 변형한 후 사용할 수도 있다.

위 예제는 인텐트를 별다른 조작 없이 startActivity 메서드로 전달하여 인텐트가 의도하는 작업을
액면대로 실행한다. Copy와 Paste 버튼을 순서대로 눌러 보자. 액티비티 자체는 별다른 출력이 없
다. 복사하는 쪽에서 구글 웹 사이트를 보여 달라는 인텐트를 전달했으므로 웹 브라우저가 실행되고
구글 사이트가 열릴 것이다.

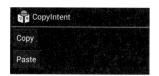

명시적 인텐트를 전달하여 특정 액티비티나 응용 프로그램을 실행할 수도 있고 인텐트를 통해 인수를 전달할 수도 있다. 어쨌든 붙여 넣는 쪽에 의도만 제대로 전달하면 된다.

27.2 드래그 & 드롭

27.2.1 드래그 이벤트

드래그 & 드롭(Drag & Drop)은 끌어서 다른 곳으로 이동한 후 떨어뜨리는 기법이다. 데스크톱에서는 마우스를 사용하지만 모바일 환경에서는 손가락을 대신 사용한다. 주로 뷰를 드래그하여 다른 뷰에 떨어뜨림으로써 데이터를 전달 및 교환하는 수단으로 사용된다. 예를 들어 응용 프로그램 아이콘을 휴지통에 떨어뜨려 삭제하라는 명령을 전달하는 식이다. 그 외에도 많은 용도가 있는데 뷰의 위치를 옮길 수 있고 드래그하여 순서를 바꾸기도 한다.

드래그는 사용자의 터치 동작으로부터 시작되는데 모바일 환경에서는 통상 뷰를 롱 클릭함으로써 시작된다. 필요에 따라 누르는 즉시 드래그할 수도 있고 더블탭 후에 시작할 수도 있다. 어쨌든 드래그는 시작 후에 손가락이 움직여야 하므로 시작 시점에는 손가락이 화면에 붙어 있어야 한다. 따라서 클릭은 드래그 시작 시점으로는 부적합하다. 롱 클릭이나 터치 다운 등의 이벤트에서 다음 메서드를 호출하여 드래그를 시작하며 인수로 드래그에 필요한 정보를 전달한다.

```
boolean startDrag(ClipData data, View.DragShadowBuilder shadowBuilder, Object
    myLocalState, int flags)
```

data는 드래그할 데이터이며 클립 데이터 객체를 사용한다. data 안에 교환 대상 데이터는 물론이고 데이터의 특성을 설명하는 메타 데이터도 포함되어 있다. 클립보드로 교환할 수 있는 데이터는 드래그 & 드롭으로도 교환할 수 있다. shadowBuilder는 드래그 중에 보여줄 이미지인 섀도우를 작성하며 시스템은 이 객체의 콜백 메서드를 호출하여 섀도우 이미지를 얻는다. 빌더의 생성자로 뷰 객체를 전달하면 뷰와 같은 모양의 섀도우를 생성하며 파생한 후 메서드를 재정의하면 임의의 모양으로 그릴 수도 있다.

myLocalState는 드래그 & 드롭 관련 데이터를 가지는 객체이며 드래그 뷰와 드롭 뷰간의 정보 교환에 사용된다. 임의의 정보를 전달할 수 있으며 딱히 전달할 대상이 없으면 null로 지정한다. flags

는 옵션값이되 현재는 기능이 없으므로 0으로 고정되어 있다. startDrag는 드래그가 정상적으로 시작되었으면 true를 리턴하며 에러로 인해 시작하지 못했으면 false를 리턴한다.

startDrag 메서드를 호출하여 드래그를 시작하면 시스템은 드래그 중이라는 의미로 섀도우 이미지를 표시하며 손가락이 이동하면 섀도우도 같이 이동한다. 드래그 동작 중에 시스템은 관심을 보이는 모든 뷰에게 드래그 이벤트를 보낸다. 드래그 이벤트를 받고 싶은 뷰는 다음 메서드를 호출하여 드래그 리스너를 등록한다. 리스너를 등록한 모든 뷰에 대해 onDrag 콜백 메서드가 호출된다.

```
void View.setOnDragListener(OnDragListener l)
boolean onDrag(View v, DragEvent event)
```

또는 OnDragEvent 콜백을 재정의할 수도 있는데 콜백을 재정의하려면 뷰를 상속받아야 하므로 대개의 경우는 리스너를 구현하는 것이 간편하다. 인터페이스를 상속하지 않아도 될 뿐만 아니라 여러 뷰가 공유할 수 있으므로 재사용성이 우수하다. 콜백과 리스너가 둘 다 있으면 리스너가 우선 호출되며 리스너가 false를 리턴해야 다음 순위인 콜백이 호출된다.

드래그 이벤트에 관련된 정보는 DragEvent 객체로 전달되며 액션 타입과 데이터가 들어 있다. 액션은 드래그 이벤트의 종류를 지정하며 getAction 메서드로 구한다. 드래그를 시작하면 리스너를 등록한 모든 뷰에게 ACTION_DRAG_STARTED 이벤트가 전달된다. 계속 이벤트를 받으려면 이 이벤트에 대해 true를 리턴하고 더 이상 드래그에 관심없으면 false를 리턴한다. 각 뷰는 DragEvent 객체의 메타 데이터를 분석하여 드롭 받을 것인지 결정한다.

ACTION_DRAG_STARTED 이벤트를 받았을 때 뷰는 드래그 받겠다는 의미로 자신의 모양을 변경하며 사용자는 이 신호를 보고 어디다 드롭할 것인지 쉽게 알 수 있다. 드래그를 시작한 상태에서 손가락을 계속 움직이면 다음 3개의 이벤트가 손가락 아래의 뷰에게 전달된다.

이벤트	설명
ACTION_DRAG_ENTERED	뷰의 경계 안으로 들어왔다. 이벤트를 계속 받으려면 true를 리턴한다.
ACTION_DRAG_LOCATION	경계 안에서 이동 중이다.
ACTION_DRAG_EXITED	경계를 벗어났다.

뷰는 이 이벤트를 받았을 때 드롭 가능하다는 것을 표시하기 위해 뷰의 모양을 변경한다. 뷰 영역 안에서 손가락을 놓으면 섀도우 이미지는 제거되며 드래그 동작이 종료된다. 이때 손가락 아래의 뷰에게 ACTION_DROP 이벤트가 전달되며 이때 다음 메서드로 드래그 대상 데이터와 뷰 내에서 드롭된 좌표를 구한다.

```
ClipData getClipData()
ClipDescription getClipDescription()
float getX()
float getY()
```

드롭을 받은 뷰는 이 메서드로 드래그된 데이터를 구해 사용한다. 클립 데이터에서 실제 데이터를 꺼내는 방법은 클립보드의 경우와 같다. 설명의 마임 타입을 점검해 보고 원하는 타입에 대해서만 드롭을 받는다. 데이터를 어떻게 사용할 것인가는 드롭을 받은 뷰 마음대로이다. 드롭을 받아 정상적으로 처리했으면 true를 리턴하고 그렇지 않으면 false를 리턴한다.

드롭 처리까지 끝나고 드래그가 완전히 종료되면 모든 뷰에게 ACTION_DRAG_ENDED 이벤트가 전달된다. ACTION_DRAG_STARTED 이벤트에 대해 false를 리턴한 뷰와 현재 숨겨진 뷰에게까지 종료 이벤트는 전달된다. 종료 이벤트에서 getResult 메서드는 드롭 동작이 제대로 수행되었는지 조사한다. 드래그 중에 모양을 변경한 뷰는 종료 이벤트를 받았을 때 원래 모습으로 복귀한다. 드래그 중에 다량의 이벤트가 전달되어 굉장히 복잡해 보이는데 다음 예제로 드래그 이벤트 처리 과정을 실습 및 정리해 보자.

DragButton

```
<LinearLayout xmlns:android="http://schemas.android.com/apk/res/android"
    android:orientation="vertical"
    android:layout_width="match_parent"
    android:layout_height="match_parent" >
<Button
    android:id="@+id/source"
    android:layout_width="100dp"
    android:layout_height="wrap_content"
    android:text="Source" />
<Button
    android:id="@+id/source2"
    android:layout_width="100dp"
    android:layout_height="wrap_content"
    android:text="Intent" />
<Button
    android:id="@+id/target"
    android:layout_width="100dp"
    android:layout_height="wrap_content"
    android:text="Target" />
<Button
    android:id="@+id/nodrop"
```

```
        android:layout_width="100dp"
        android:layout_height="wrap_content"
        android:text="No Drop" />
</LinearLayout>
```

```java
public class DragButton extends Activity {
    Button btnSource;
    Button btnTarget;
    public void onCreate(Bundle savedInstanceState) {
        super.onCreate(savedInstanceState);
        setContentView(R.layout.dragbutton);

        btnSource = (Button)findViewById(R.id.source);
        btnSource.setOnLongClickListener(new View.OnLongClickListener() {
            public boolean onLongClick(View v) {
                ClipData clip = ClipData.newPlainText("dragtext", "dragtext");
                v.startDrag(clip, new View.DragShadowBuilder(v), null, 0);
                return false;
            }
        });

        Button btnSource2 = (Button)findViewById(R.id.source2);
        btnSource2.setOnLongClickListener(new View.OnLongClickListener() {
            public boolean onLongClick(View v) {
                ClipData clip = ClipData.newRawUri("uri",
                        Uri.parse("content://exam.andexam.EnglishWord/word/boy"));
                v.startDrag(clip, new View.DragShadowBuilder(v), null, 0);
                return false;
            }
        });

        btnTarget = (Button)findViewById(R.id.target);
        btnTarget.setOnDragListener(mDragListener);
    }

    View.OnDragListener mDragListener = new View.OnDragListener() {
        public boolean onDrag(View v, DragEvent event) {
            Button btn;
            if (v instanceof Button) {
                btn = (Button)v;
            } else {
                return false;
            }
```

```
    switch (event.getAction()) {
    case DragEvent.ACTION_DRAG_STARTED:
        if (event.getClipDescription().hasMimeType(
                ClipDescription.MIMETYPE_TEXT_PLAIN)) {
            btn.setText("Drop OK");
            return true;
        } else {
            return false;
        }
    case DragEvent.ACTION_DRAG_ENTERED:
        btn.setText("Enter");
        return true;
    case DragEvent.ACTION_DRAG_EXITED:
        btn.setText("Exit");
        return true;
    case DragEvent.ACTION_DROP:
        String text = event.getClipData().getItemAt(0).getText().toString();
        btn.setText(text);
        return true;
    case DragEvent.ACTION_DRAG_ENDED:
        if (event.getResult()) {
            Toast.makeText(DragButton.this, "Drag & Drop completed", 0).show();
        } else {
            btn.setText("Target");
        }
        return true;
    }
    return true;
    }
};
}
```

레이아웃에 4개의 버튼을 배치했는데 위쪽의 2개는 드래그할 소스이며 아래쪽 2개는 드롭을 받을 타깃이다. Source 버튼의 롱 클릭 이벤트에서 드래그를 시작하며 startDrag의 인수로 dragtext라는 짧은 문자열을 클립 데이터로 전달했다. 차후 드롭을 받는 뷰에서 이 클립 데이터를 읽을 수 있다. 새도우 이미지 빌더로 뷰 자체를 전달하여 뷰와 똑같은 모양의 새도우를 생성했다.

세 번째의 Target 버튼은 드래그 리스너를 등록하고 드래그 관련 이벤트를 수신한다. 드래그가 시작되면 ACTION_DRAG_STARTED 이벤트가 전달되는데 이 이벤트는 "드래그를 시작했는데 받을 뷰는 손을 드시오"라는 뜻이다. Target 버튼은 무조건 손을 드는 것이 아니라 클립 데이터의 설명에서 마임 타입을 보고 문자열인 경우만 true를 리턴한다. Source가 전달한 데이터가 문자열이므로 Target은 이 데이터를 받겠다는 의사 표시를 하며 자신의 캡션을 Drop OK로 바꾸어 사용자에게 드롭을 받는 뷰임을 명확하게 표시한다.

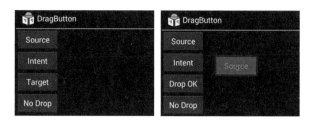

드래그가 시작된 상태에서 Source 버튼을 끌어 Target 버튼 위로 들락날락거리면 Target 버튼의 캡션이 Enter, Exit로 바뀐다. Enter는 지금 드롭하면 된다는 뜻이고 Exit는 이 상태에서 드롭하면 받을 수 없다는 뜻이다. Target 버튼 위에 Source 버튼을 드롭하면 ACTION_DROP 이벤트가 발생하며 Source 버튼이 클립 데이터로 저장한 dragtext 문자열이 전달된다. Target은 이 데이터를 읽어 자신의 캡션에 표시함으로써 잘 받았음을 표시한다.

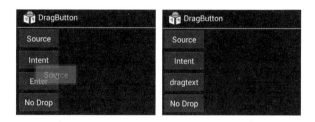

Target 버튼 바깥에 드롭하면 드래그 동작은 취소된다. 성공, 취소 여부에 상관 없이 리스너를 등록한 모든 뷰에게 ACTION_DRAG_ENDED 이벤트는 전달된다. 이 이벤트에서 getResult 메서드로 드래그 성공 여부를 조사하여 성공했으면 토스트로 성공했음을 알리고 실패했으면 Target 버튼의 캡션을 원래대로 복구한다.

두 번째 버튼인 Intent도 롱 클릭 이벤트에 대해 드래그를 시작하되 클립 데이터가 인텐트이다. Intent 버튼이 드래그를 시작할 때도 드래그 이벤트가 발생하지만 Target은 드래그 시작시에 클립 데이터의 포맷을 점검하여 텍스트가 아니면 false를 리턴하여 드롭을 받지 않겠다는 의사를 밝힌다. 결국 이 액티비티에는 인텐트 드래그를 받아줄 뷰가 없으며 이후의 이벤트는 더 이상 전달되지 않는다. 제일 아래쪽의 No Drop 버튼은 드래그 리스너 자체를 등록하지 않았으므로 드래그 & 드롭에 참여하지 않으며 아무런 이벤트도 받지 않는다. Target 버튼은 드래그에 관심이 있어 리스너를 등록하지만 텍스트에만 관심이 있고 No Drop은 아예 관심이 없는 것이다.

버튼 위젯으로 실습해서 좀 심심한 감이 있다. 버튼은 고작해야 캡션이나 색상 정도만 바꿀 수 있지만 이미지는 자신의 모양을 바꿔 가며 드롭 가능성 여부를 적극적으로 표현할 수 있다. 예를 들어 손 모양의 이미지를 그려 놓고 드롭을 받을 때 손을 벌리고 바깥으로 벗어나면 손을 오므리는 모양을 보여주면 훨씬 더 직관적이다. 재미있게 만들어 보고 싶은 마음은 굴뚝 같지만 그림 솜씨가 부족해 만만한 버튼을 대신 사용했다.

27.2.2 드래그 섀도우

드래그 섀도우는 드래그중임을 나타내는 반투명한 이미지이다. 어떤 뷰를 드래그하고 있는지 보여주며 드롭되는 위치를 명확히 표시하기도 한다. 드래그를 시작하는 startDrag의 인수로 섀도우 이미지를 생성하는 View.DragShadowBuilder 객체가 전달되며 빌더에 의해 섀도우 이미지가 결정된다. 빌더는 다음 2개의 생성자가 있다.

```
View.DragShadowBuilder(View view)
View.DragShadowBuilder()
View getView()
```

view를 인수로 전달하면 뷰와 같은 모양의 섀도우를 생성하며 터치한 곳이 뷰의 중앙에 맞추어진다. 생성자로 전달받은 뷰는 언제든지 getView 메서드로 다시 참조할 수 있다. 드래그 대상 뷰의 크기만한 커스텀 섀도우를 그릴 때 뷰의 크기를 참조할 수 있고 기타 뷰의 여러 속성을 조사할 수 있다. 이 생성자는 드래그되는 대상 뷰를 명확하게 보여주고 별도의 메서드를 재정의할 필요가 없으므로 가장 무난하고 사용하기 쉽다.

그러나 디폴트 섀도우는 뷰 외에 별도의 추가 정보를 표시할 수 없으며 터치점이 항상 뷰의 중앙이어서 뷰의 모서리를 드래그할 때 섀도우가 모서리에 나타나 어색한 감이 있다. 인수 없는 생성자를 사용하면 대상 뷰를 모르므로 투명한 섀도우를 생성하며 따라서 드래그 중인 뷰가 보이지 않는다. 커스텀 섀도우를 만드려면 빌더 클래스를 상속받은 후 다음 메서드를 재정의하여 섀도우를 직접 그린다.

```
void onProvideShadowMetrics(Point shadowSize, Point shadowTouchPoint)
void onDrawShadow(Canvas canvas)
```

onProvideShadowMetrics는 섀도우의 크기와 중심점의 좌표를 지정하는데 기본 구현은 뷰와 같은 크기에 뷰의 중앙을 터치점으로 지정한다. 두 인수의 값을 조정하면 섀도우 이미지의 크기와 중심점을 임의대로 설정할 수 있다. 섀도우 이미지를 그릴 때 onDrawShadow 메서드가 호출되며 디폴트 구현은 생성자로 받은 뷰를 그리는 것으로 되어 있다. 뷰를 받지 않았거나 직접 그리고 싶다면 인수로 전달된 캔버스 인수에 원하는 그림을 그린다. 다음 예제는 노란색 바탕에 빨간색 원으로 드래그 섀도우를 그린다.

DragShadow

```
<LinearLayout xmlns:android="http://schemas.android.com/apk/res/android"
    android:orientation="vertical"
    android:layout_width="match_parent"
    android:layout_height="match_parent" >
<Button
    android:id="@+id/source"
    android:layout_width="100dp"
    android:layout_height="wrap_content"
    android:text="Source" />
<Button
    android:id="@+id/target"
    android:layout_width="100dp"
    android:layout_height="wrap_content"
    android:text="Target" />
</LinearLayout>
--------------------------------------------------------
public class DragShadow extends Activity {
    Button btnSource;
    Button btnTarget;
    public void onCreate(Bundle savedInstanceState) {
        super.onCreate(savedInstanceState);
        setContentView(R.layout.dragshadow);

        btnSource = (Button)findViewById(R.id.source);
        btnSource.setOnLongClickListener(new View.OnLongClickListener() {
            public boolean onLongClick(View v) {
                ClipData clip = ClipData.newPlainText("dragtext", "dragtext");
                v.startDrag(clip, new CanvasShadow(v), null, 0);
                return false;
            }
        });
```

```
            btnTarget = (Button)findViewById(R.id.target);
            btnTarget.setOnDragListener(mDragListener);
        }

        class CanvasShadow extends View.DragShadowBuilder {
            int mWidth, mHeight;
            public CanvasShadow(View v) {
                super(v);
                mWidth = v.getWidth();
                mHeight = v.getHeight();
            }

            public void onProvideShadowMetrics(Point shadowSize, Point shadowTouchPoint) {
                shadowSize.set(mWidth, mHeight);
                shadowTouchPoint.set(mWidth/3, mHeight/3);
            }

            public void onDrawShadow(Canvas canvas) {
                Paint pnt = new Paint();
                pnt.setColor(Color.YELLOW);
                canvas.drawRect(0,0,mWidth, mHeight, pnt);

                Paint pnt2 = new Paint();
                pnt2.setAntiAlias(true);
                pnt2.setColor(Color.RED);
                pnt2.setStrokeWidth(8);
                pnt2.setStyle(Paint.Style.STROKE);
                canvas.drawCircle(mWidth/2, mHeight/2, mHeight/2-5, pnt2);
            }
        }

        View.OnDragListener mDragListener = new View.OnDragListener() {
            ==== 앞 예제와 동일함 ====
        };
    }
```

View.DragShadowBuilder로부터 CanvasShadow 클래스를 상속받았다. 생성자에서 드래그
뷰를 통해 크기를 미리 조사해 놓고 이 크기만한 캔버스를 요구한다. 터치 중심점은 통상 크기의 절
반을 취해 중앙으로 잡는 것이 보통이나 임의의 위치를 중앙으로 잡을 수도 있다. 위 예제에서는 왼
쪽 위에서 1/3 지점을 터치 중심점으로 설정하였다.

onDrawShadow에서는 super를 호출하지 않음으로써 기본 구현을 무시한다. 노란색 바탕에 빨간색 원을 그렸으며 이 그림이 섀도우 이미지로 대신 사용된다. 캔버스에 대고 그리는 것이므로 얼마든지 상세한 모양으로 그릴 수 있으며 드래그되는 정보를 보여줄 수도 있다. 손가락이 움직일 때마다 섀도우를 반투명하게 그리는 것은 상당한 연산을 요구하여 너무 크게 그리는 것은 성능에 불리하므로 적당한 크기로 그려야 한다.

터치 중심점을 중앙이 아닌 다른 곳으로 지정할 수 있다는 것만 확인하기 위해 1/3 지점으로 지정했다. 이렇게 하면 버튼의 어디를 눌러도 섀도우 이미지는 터치 위치의 1/3 지점에 맞추어져 드래그를 시작할 때 섀도우가 뷰의 위치와 다른 곳에 생성되어 자연스럽지 못하다. 터치를 시작한 지점으로 맞추는 것이 가장 보기 좋지만 롱 클릭 이벤트는 클릭 사실만 알려줄 뿐 터치 지점에 대한 정보를 따로 전달하지 않기 때문에 현재 좌표를 구하기 쉽지 않다. 이 문제는 다음 예제에서 해결해 볼 것이다.

27.2.3 동전 드래그

다음 예제는 두 레이아웃 사이에 뷰를 드래그하여 이동한다. 위, 아래 리니어에 동전 이미지 세 개를 배치해 놓고 동전을 드래그하여 리니어 사이를 이동한다. 카드 게임에서 카드나 판돈을 옮기는 것과 유사하며 여러 모로 실용성이 있는 예제이다.

DragCoin

```
<LinearLayout xmlns:android="http://schemas.android.com/apk/res/android"
    android:orientation="vertical"
    android:layout_width="match_parent"
    android:layout_height="match_parent" >
<LinearLayout
    android:id="@+id/uplinear"
    android:layout_width="match_parent"
    android:layout_height="0px"
    android:layout_weight="1"
    android:background="#0000ff"
    >
```

```xml
<ImageView
    android:id="@+id/coin500"
    android:layout_width="wrap_content"
    android:layout_height="wrap_content"
    android:src="@drawable/coin500" />"
<ImageView
    android:id="@+id/coin100"
    android:layout_width="wrap_content"
    android:layout_height="wrap_content"
    android:src="@drawable/coin100" />
</LinearLayout>
<LinearLayout
    android:id="@+id/downlinear"
    android:layout_width="match_parent"
    android:layout_height="0px"
    android:layout_weight="1"
    android:background="#00ff00"
    >
<ImageView
    android:id="@+id/coin50"
    android:layout_width="wrap_content"
    android:layout_height="wrap_content"
    android:src="@drawable/coin50" />
</LinearLayout>
</LinearLayout>
```

```java
public class DragCoin extends Activity {
    Button btnSource;
    LinearLayout uplinear, downlinear;
    public void onCreate(Bundle savedInstanceState) {
        super.onCreate(savedInstanceState);
        setContentView(R.layout.dragcoin);

        findViewById(R.id.coin500).setOnTouchListener(mTouchLintener);
        findViewById(R.id.coin100).setOnTouchListener(mTouchLintener);
        findViewById(R.id.coin50).setOnTouchListener(mTouchLintener);

        findViewById(R.id.uplinear).setOnDragListener(mDragListener);
        findViewById(R.id.downlinear).setOnDragListener(mDragListener);
    }

    View.OnTouchListener mTouchLintener = new View.OnTouchListener() {
        public boolean onTouch(View view, MotionEvent event) {
            if (event.getAction() == MotionEvent.ACTION_DOWN) {
```

```
                ClipData clip = ClipData.newPlainText("", "");
                view.startDrag(clip, new CanvasShadow(view,
                        (int)event.getX(), (int)event.getY()), view, 0);
                view.setVisibility(View.INVISIBLE);
                return true;
            }
            return false;
        }
    };

    class CanvasShadow extends View.DragShadowBuilder {
        int mWidth, mHeight;
        int mX, mY;
        public CanvasShadow(View v, int x, int y) {
            super(v);
            mWidth = v.getWidth();
            mHeight = v.getHeight();
            mX = x;
            mY = y;
        }

        public void onProvideShadowMetrics(Point shadowSize, Point shadowTouchPoint) {
            shadowSize.set(mWidth, mHeight);
            shadowTouchPoint.set(mX, mY);
        }

        public void onDrawShadow(Canvas canvas) {
            super.onDrawShadow(canvas);
        }
    }

    View.OnDragListener mDragListener = new View.OnDragListener() {
        public boolean onDrag(View v, DragEvent event) {
            switch (event.getAction()) {
            case DragEvent.ACTION_DRAG_STARTED:
                return true;
            case DragEvent.ACTION_DRAG_ENTERED:
                return true;
            case DragEvent.ACTION_DRAG_EXITED:
                return true;
            case DragEvent.ACTION_DROP:
                View view = (View)event.getLocalState();
                ViewGroup parent = (ViewGroup)view.getParent();
                parent.removeView(view);
```

```
                LinearLayout newparent = (LinearLayout)v;
                newparent.addView(view);
                view.setVisibility(View.VISIBLE);
                return true;
            case DragEvent.ACTION_DRAG_ENDED:
                if (event.getResult() == false) {
                    ((View)(event.getLocalState())).setVisibility(View.VISIBLE);
                }
                return true;
            }
            return true;
        }
    };
}
```

세 동전 위젯에 대해 터치 리스너를 등록하여 아무 동전이라도 터치만 하면 즉시 드래그를 시작한다. 위, 아래의 리니어 레이아웃은 드래그 리스너를 등록하여 동전을 드래그할 때 이벤트를 수신하며 리스너에서 동전을 재배치한다. 뷰의 이동은 신속해야 하므로 롱 클릭 이벤트 대신 터치 이벤트에서 드래그를 시작했다. 꼭 롱 클릭에서만 드래그를 시작할 필요는 없으며 터치 이벤트를 사용하면 동전을 누르기만 해도 드래그가 즉시 시작된다. 클립 데이터에는 빈 텍스트를 전달하되 대신 로컬 상태에 드래그 대상 뷰를 전달하여 드롭할 때 이동할 동전을 알려 준다.

터치 이벤트에서 드래그를 시작하므로 뷰를 터치한 좌표를 중심점으로 정확하게 지정할 수 있다. CanvasShadow의 생성자는 터치한 좌표를 인수로 받아 멤버에 저장하며 onProvideShadow Metrics 메서드는 이 지점을 터치 중심점으로 지정한다. 드래그를 시작하면 이동 대상 뷰를 숨긴다. 드래그 대상 동전은 화면에서 잠시 사라지며 대신 동전 모양의 섀도우 이미지가 나타나 드래그하는 족족 이동한다.

위, 아래의 리니어는 모두 드래그 이벤트를 수신하며 드롭 이벤트에서 동전을 이동시킨다. 드롭 대상 동전은 로컬 상태에 저장해 두었으므로 이 뷰로부터 원래 부모를 구해 뷰를 제거하고 드롭을 받은 부모에게 추가한다. 즉, 동전은 드래그를 시작한 리니어로부터 파양되며 드롭을 받은 리니어에게 새로 입양됨으로써 위치가 바뀐다. 드래그가 종료되면 드래그를 시작할 때 숨겼던 뷰를 다시 보이도록 만든다. 섀도우는 사라지고 실제 동전이 드롭한 곳에 나타난다.

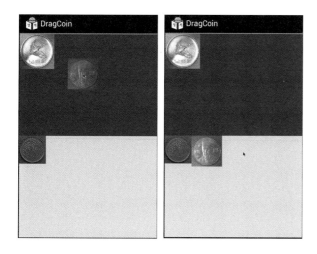

최초 위쪽에 500원, 100원이 있고 아래쪽에 50원이 있다. 이 상태에서 100원 동전을 드래그하여 아래쪽에 떨어뜨리면 위쪽의 100원은 사라지고 아래쪽에 새로 재배치된다. 드래그 중심점을 정확하게 지정했으므로 터치를 시작한 곳에 섀도우 이미지가 생성된다. 이순신 장군의 코를 누르면 코 위치가 드래그 중심점이 되고 귀를 누르면 귀 부분이 드래그 중심점이 되어 자연스럽다.

드래그 중에 부모의 모양이나 색상을 바꿀 수 있지만 이 예제는 위, 아래가 너무 분명히 구분되므로 별다른 처리는 하지 않았다. 같은 부모에 속한 동전을 드래그하여 드롭하면 제거 후 다시 추가되므로 제일 뒤쪽으로 이동하여 순서가 바뀐다. 코드를 더 정밀하게 작성하면 동전을 무조건 뒤에 추가하지 않고 드롭한 위치에 따라 중간에 삽입할 수도 있다.

CHAPTER 28

네트워크

28.1 인터넷

28.1.1 연결 관리자

모바일 장비는 태생적으로 네트워킹이 가능한 장비이다. 최소한 통화 기능은 제공해야 하므로 음성 네트워크에는 항상 연결되어 있으며 대부분의 장비는 데이터 네트워크에 접속되어 있어 웹 서핑도 가능하다. 스마트폰은 넓은 화면에 터치 기능까지 제공하는데다 CPU의 성능이 충분하므로 네트워킹에 더할 나위 없이 좋은 조건을 갖추고 있다. 최신 LTE 장비는 유선랜에 못지 않은 속도까지 겸비했다.

항상 들고 다니면서 세계의 모든 웹 사이트를 시간과 장소에 구애받지 않고 접속할 수 있다는 것이 스마트폰의 진정한 매력이며 실용성을 극대화하는 장점이기도 하다. 언제든지 최신 뉴스를 읽을 수 있고 친구의 블로그를 구독할 수 있으며 교통, 주식, 날씨 등의 정보를 실시간으로 접할 수 있다. 단순히 읽기만 하는 것이 아니라 게시판에 글을 남길 수 있으며 트위터 같은 SNS에 접속해서 친구와 대화도 가능하다.

모바일 환경에서 이용 가능한 네트워크 접속 방법은 모바일 네트워크, 무선 인터넷(WiFi), 블루투스, Wibro 등 여러 가지가 있다. 대부분의 장비는 이 중 2~3개를 같이 지원하며 장비나 통신사에 따라 연결 가능한 방법이 다르다. 사용자는 어떤 연결 방법을 사용할 것인지 제어판의 Settings/Wireless controls에서 선택한다. 상황에 따라 가장 원활하고 유리한 접속 방법을 선택하는데 요금이 가장 중요한 요건이다.

장비의 네트워크 구성은 사용자의 설정에 따라 달라지므로 응용 프로그램은 현재 연결 상태에 대한 정보를 얻어 가능한 연결 방법을 찾아야 한다. 무조건 연결만 할 것이 아니라 작업에 필요한 속도와 비용을 고려하여 가장 최적의 연결 방법을 적용하는 것이 중요하다. 이때는 연결 관리자를 사용하는데 시스템 서비스이므로 별도의 객체를 생성할 필요 없이 다음 호출문으로 구한다.

```
getSystemService(CONNECTIVITY_SERVICE)
```

이 호출에 의해 리턴되는 ConnectivityManager 객체가 연결 관리자이다. 연결 관리자는 다음 기능을 제공한다.

- 사용 가능한 네트워크에 대한 정보를 조사한다.
- 각 연결 방법의 현재 상태를 조사한다.
- 네트워크 연결 상태가 변경될 때 모든 응용 프로그램에게 인텐트로 알린다.
- 한 연결에 실패하면 대체 연결을 찾는다.

네트워크에 대한 정보를 구할 때는 연결 관리자의 다음 메서드를 호출한다. 모든 연결 방법에 대한 정보를 한꺼번에 구할 수도 있고 현재 액티브 상태인 연결 방법이나 특정 타입의 연결 방법에 대한 정보만 구할 수도 있다. 연결 타입에 대해서는 TYPE_MOBILE, TYPE_WIFI 두 개의 상수가 제공된다.

```
NetworkInfo[] getAllNetworkInfo ()
NetworkInfo getActiveNetworkInfo ()
NetworkInfo getNetworkInfo (int networkType)
```

네트워크의 상태나 특성에 대한 정보를 가지는 NetworkInfo 객체를 리턴하며 이 객체에는 다음과 같은 속성 조사 메서드가 제공된다.

```
boolean isAvailable ()
boolean isConnected ()
boolean isRoaming ()
NetworkInfo.State getState ()
```

개별 메서드로 원하는 상태만 조사할 수 있지만 연결 정보 자체를 toString으로 문자열화하면 모든 정보를 한눈에 확인할 수 있다. 다음 예제는 이 메서드를 호출하여 장비의 네트워크 상태를 확인한다.

ConMgr

```
<ScrollView xmlns:android="http://schemas.android.com/apk/res/android"
    android:layout_width="match_parent"
    android:layout_height="match_parent"
    >
<TextView
    android:id="@+id/result"
    android:layout_width="match_parent"
    android:layout_height="match_parent"
    />
</ScrollView>
-----------------------------------------------------------
public class ConMgr extends Activity {
    public void onCreate(Bundle savedInstanceState) {
        super.onCreate(savedInstanceState);
        setContentView(R.layout.conmgr);

        TextView result = (TextView)findViewById(R.id.result);
        String sResult = "";
        ConnectivityManager mgr = (ConnectivityManager)
            getSystemService(CONNECTIVITY_SERVICE);

        NetworkInfo[] ani = mgr.getAllNetworkInfo();
        for (NetworkInfo n : ani) {
            sResult += (n.toString() + "\n\n");
        }

        NetworkInfo ni = mgr.getActiveNetworkInfo();
        if (ni != null) {
            sResult += ("Active : \n" + ni.toString() + "\n");
            result.setText(sResult);
        }
    }
}
```

리턴되는 정보의 양이 많으므로 스크롤뷰 안에 텍스트뷰를 배치하고 네트워크 상태를 하나의 문자열로 조립하여 출력했다. 장비의 네트워크 상태를 조사하려면 매니페스트에 다음 퍼미션을 지정한다.

```
<uses-permission android:name="android.permission.ACCESS_NETWORK_STATE" />
```

onCreate에서 네트워크 상태를 조사하여 출력했으므로 실행하자마자 결과가 나타난다. 에뮬레이터에서의 실행 결과는 다음과 같다. 상당히 전문적인 정보여서 네트워크 초보자에게는 어려워 보이지만 대충만 봐도 상태를 짐작할 수 있다.

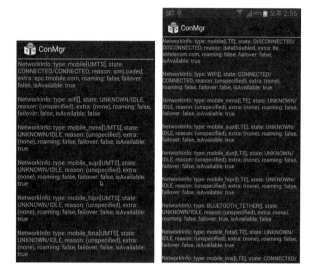

연결 방법의 개수는 버전에 따라 다르다. 6.0의 에뮬레이터는 13개의 연결 방법을 제공한다. WiFi는 사용할 수 없지만 모바일 네트워크에는 연결되어 있다. 호스트 장비가 인터넷에 연결되어 있으면 에뮬레이터도 모바일 네트워크를 통해 인터넷과 자동으로 연결된다. 그래서 에뮬레이터에서는 모바일 네트워크가 액티브 연결로 조사된다. 실장비인 갤럭시S3, S4는 12개의 연결을 제공하며 고속의 LTE망에도 접속할 수 있다.

만약 액티브 연결이 없는 상태라면 인터넷에 연결할 수 없으며 응용 프로그램은 적절하게 에러 처리해야 한다. 대체 연결 방법을 찾거나 일시적으로 끊어진 상태라면 재연결될 때까지 반복적으로 연결을 시도해 보되 계속 연결이 안 된다면 최종적으로 사용자에게 현재 상황을 에러 메시지로 보고한다.

28.1.2 HTTP 요청

핸드폰이 인터넷에 연결된 것은 우리가 알고 있는 것보다 훨씬 더 오래 전의 일이다. 스마트폰을 쓰면서부터 본격적으로 인터넷을 사용하게 되었지만 사실 스마트폰 이전에도 핸드폰은 다양한 방법으로 인터넷에 연결되었다. 초기에는 장비의 성능이 너무 낮아 PC와 같은 수준의 인터넷 접속은 어려웠다. 그래서 핸드폰에서는 HTTP의 간략화된 버전인 WAP(Wireless Application Protocol)을 사용했으며 WAP 사이트는 HTML의 군살을 뺀 WML(Wireless Markup Language)로 콘텐츠를 제공했다.

국내에서도 Nate 같은 업체가 WAP 서비스를 했었다. 그러나 WAP은 진정한 의미의 휴대 인터넷이라고 부르기에는 양적으로나 질적으로나 터무니없이 부족했다. CPU 속도도 느리고 화면도 작았으며 터치가 안 되어 커서키로 이동해 가며 링크를 눌러야 했다. 게다가 데이터망이 충분하게 구축되지 않은 상태여서 데이터 요금이 무지막지하게 잔인했다. 뉴스 몇 개만 읽어도 음성 통화 요금을 훌쩍 넘어 버려 마음 내키는대로 쓰기에 부담스러웠다.

지금은 상황이 많이 좋아져 모바일 환경에서도 HTTP 프로토콜을 직접 사용할 수 있으며 넓은 화면에서 풀 브라우징도 가능하다. 핸드폰이 곧 이동하는 웹 클라이언트이며 PC와 별반 차이가 없다. HTTP는 웹의 기본 프로토콜로서 비연결성의 요청/응답 프로토콜이다. 데스크톱의 가장 인기있는 프로토콜인 HTTP는 현재 모바일 환경에서도 가장 대중적이다. HTTP의 동작 방식이나 GET, POST 등의 요청 방식 등에 대한 개론은 네트워크 관련서를 참고하기 바란다.

모바일 환경에서 HTTP 프로토콜을 쓸 수 있다는 것은 무척 다행스러운 일이다. 데스크톱에서 네트워크 프로그램을 작성해 본 경험자는 그 노하우를 모바일 환경에 그대로 활용할 수 있으며 기존의 프로그램 소스도 별다른 변형없이 재사용할 수 있다. 안드로이드의 네트워크 기능은 대부분 java.net 패키지가 제공하는 클래스를 사용한다. 저수준의 소켓을 직접 프로그래밍할 수 있으며 심지어는 서버 모듈도 작성할 수 있다. 그러나 모바일 장비가 서비스를 제공하는 경우는 거의 없고 대부분은 서비스를 받는 클라이언트의 입장이다. 따라서 고수준의 HTTP 라이브러리만 잘 활용해도 충분하다.

HTTP 클라이언트는 원하는 정보를 URL로 전송한다. URL은 인터넷상의 자원이나 서비스의 유일한 한 지점을 가리키는 주소값이다. RFC 1738에 의해 포맷이 정의되어 있으며 프로토콜, 호스트명, 포트, 경로, 파일 등의 기본 정보와 쿼리, 사용자명, 인증 정보 등으로 구성된다. 보통 긴 문자열 하나로 표현하는데 각 부분을 따로 전달할 수도 있다.

```
URL(String spec)
URL(String protocol, String host, int port, String file)
```

다음 메서드는 URL의 각 부분을 분리한다. 메서드명에 어떤 정보를 리턴하는지 잘 나타나 있는데 http://www.chatting.com/showroom?girl=3이라는 샘플 URL에서 각 부분은 다음과 같이 조사된다.

메서드	리턴	설명
String getProtocol ()	http	통신 방법을 정의하는 프로토콜
int getDefaultPort ()	80	프로토콜이 정의하는 디폴트 포트
int getPort ()	−1	URL에 정의된 포트. 없을 경우 −1이 리턴된다.
String getHost ()	www.chatting.com	서버 주소
String getFile ()	/showroom?girl=3	Path와 쿼리
String getPath ()	/showroom	서버 내의 경로
String getQuery ()	girl=3	서버로 전달되는 쿼리 변수값

규칙에 맞지 않은 무효한 URL을 설정하면 MalformedURLException 예외가 발생한다. 접속할 주소를 결정했으면 URL 클래스의 다음 메서드로 접속한다. 프록시는 필요없을 경우 생략 가능하다. 접속에 성공했으면 지정한 주소로 양방향 통신이 가능한 연결 객체가 리턴된다. 실패한 경우 예외가 리턴되는데 단순한 입출력 예외이거나 보안상의 문제일 수도 있다.

```
URLConnection URL.openConnection ([Proxy proxy])
```

URLConnection 자체는 추상 클래스이며 프로토콜에 따라 Http, Https, Jar 등의 연결 객체가 리턴된다. 요청한 프로토콜에 따라 연결 객체의 타입이 달라지는데 통상적인 웹 주소라면 HttpURLConnection 객체가 리턴되므로 이 타입으로 직접 캐스팅해서 대입받는다. 연결에 성공한 후 URLConnection 클래스의 다음 메서드로 연결의 속성을 설정한다. 대부분의 속성은 연결하기 전에 설정해야 한다. 속성을 조사하는 get* 메서드도 물론 제공된다.

메서드	설명
setConnectTimeout (int timeout)	연결 제한 시간을 1/1000초 단위로 지정한다. 0이면 무한 대기한다.
setReadTimeout (int timeout)	읽기 제한 시간을 지정한다. 0이면 무한 대기한다.
setUseCaches (boolean newValue)	캐시 사용 여부를 지정한다.
setDoInput (boolean newValue)	입력받을 것인지 지정한다.
setDoOutput (boolean newValue)	출력할 것인지 지정한다.

setRequestProperty (String field, String newValue)	요청 헤더에 값을 설정한다.
addRequestProperty (String field, String newValue)	요청 헤더에 값을 추가한다. 속성의 이름이 같더라도 덮어 쓰지는 않는다.

기본 속성을 설정한 후 각 연결 타입별로 속성을 추가 설정할 수 있다. Http 연결의 경우 요청 방식을 지정하는데 다음 메서드로 "GET", "POST" 등의 방법을 지정하되 별 지정이 없으면 디폴트인 "GET" 방식이 적용된다. 요청 방법에 따라 길이 제한이나 인수의 노출 여부가 달라진다.

```
void HttpURLConnection.setRequestMethod (String method)
```

모든 속성 설정이 완료되었으면 다음 메서드로 서버에 요청을 보낸다. 이 메서드는 원격지의 서버로 명령을 보내고 응답 결과를 받는다.

```
int getResponseCode ()
```

요청이 무사히 전달되었으면 HTTP_OK(200)가 리턴된다. URL이 발견되지 않으면 HTTP_NOT_FOUND(404)가 리턴되며 인증에 실패하면 HTTP_UNAUTHORIZED(401) 에러 코드가 리턴된다. 네트워크 입출력은 여러 가지 원인으로 에러가 발생활 확률이 높으므로 에러 처리는 반드시 해야 한다.

요청에 성공했으면 getInputStream 메서드로 입력 스트림을 얻어 서버로부터 전송된 결과를 읽어들인다. 스트림을 직접 읽으면 느리고 비효율적이므로 버퍼를 지원하는 보조 스트림 객체로 감싸 사용하는 것이 유리하다. 원격지에서 받아온 데이터도 로컬의 스트림과 프로그래밍하는 방법은 동일하다. 네트워크 액세스를 하는 프로그램은 다음 퍼미션이 있어야 한다.

```
<uses-permission android:name="android.permission.INTERNET" />
```

통합 예제에는 이 퍼미션이 이미 지정되어 있으므로 포함된 모든 액티비티가 자유롭게 인터넷 액세스를 할 수 있다. 별도의 프로젝트를 작성한다면 매니페스트에 퍼미션 지정을 빼먹지 않도록 주의하고 만약 알 수 없는 에러가 발생한다면 퍼미션을 제대로 지정했는지 꼭 확인하자.

28.1.3 HTML 읽기

네트워크 연결에 대한 개론을 정리했으니 이제 예제를 통해 직접 네트워크에 접속해 보자. 다음 예제는 java.net 패키지의 클래스를 활용하여 HTML 문서 하나를 다운로드 받아 텍스트뷰에 출력하는 원론적인 방법을 보여주는 가장 단순한 네트워크 입력 예제이다.

DownHtml

```
<LinearLayout xmlns:android="http://schemas.android.com/apk/res/android"
    android:orientation="vertical"
    android:layout_width="match_parent"
    android:layout_height="match_parent"
    >
<Button
    android:id="@+id/down"
    android:layout_width="wrap_content"
    android:layout_height="wrap_content"
    android:text="DownLoad HTML"
    />
<ScrollView
    android:layout_width="match_parent"
    android:layout_height="match_parent"
    >
<TextView
    android:id="@+id/result"
    android:layout_width="match_parent"
    android:layout_height="match_parent"
    />
</ScrollView>
</LinearLayout>
-------------------------------------------------------
public class DownHtml extends Activity {
    public void onCreate(Bundle savedInstanceState) {
        super.onCreate(savedInstanceState);
        setContentView(R.layout.downhtml);

        Button btn = (Button)findViewById(R.id.down);
        btn.setOnClickListener(new Button.OnClickListener() {
            public void onClick(View v) {
                String html;
                html = DownloadHtml("http://www.google.com");
                TextView result = (TextView)findViewById(R.id.result);
                result.setText(html);
```

```
            }
        });
    }

    String DownloadHtml(String addr) {
        StringBuilder html = new StringBuilder();
        try {
            URL url = new URL(addr);
            HttpURLConnection conn = (HttpURLConnection)url.openConnection();
            if (conn != null) {
                conn.setConnectTimeout(10000);
                conn.setUseCaches(false);
                if (conn.getResponseCode() == HttpURLConnection.HTTP_OK) {
                    BufferedReader br = new BufferedReader(
                            new InputStreamReader(conn.getInputStream()));
                    for (;;) {
                        String line = br.readLine();
                        if (line == null) break;
                        html.append(line + '\n');
                    }
                    br.close();
                }
                conn.disconnect();
            }
        } catch (NetworkOnMainThreadException e) {
            return "Error : 메인 스레드 네트워크 작업 에러 - " + e.getMessage();
        } catch (Exception e) {
            return "Error : " + e.getMessage();
        }
        return html.toString();
    }
}
```

레이아웃에는 명령을 내리는 버튼 하나와 결과 확인을 위한 텍스트뷰가 배치되어 있다. 버튼을 누르면 DownloadHtml 메서드를 호출하여 구글의 첫 페이지를 받아 텍스트뷰에 출력한다. DownloadHtml 메서드가 이 예제의 핵심이다. 인수로 전달받은 주소로부터 URL 객체를 생성하고 openConnection 메서드로 연결한다. 연결 타임 아웃은 10초로 지정하고 캐시는 사용하지 않았다. getResponseCode 메서드로 요청을 보내고 요청이 정상적으로 리턴되면 입력 스트림으로부터 HTML 문서를 읽어들인다.

텍스트 문서임을 알고 있으므로 줄 단위로 읽어 덧붙이는 방식을 사용했는데 문서가 굉장히 길 수 있으므로 StringBuilder를 사용하는 것이 효율적이다. readLine 메서드는 줄 단위로 읽되 개행 코드는 읽지 않으므로 각 줄에 대해 개행 코드는 따로 붙였다. 사실 HTML 문서는 개행 코드가 중요치 않으므로 생략해도 상관없지만 이 예제의 경우 텍스트뷰에 HTML을 바로 출력하므로 보기 좋게 개행했다. 다 읽었으면 조립된 문자열을 리턴하며 이 문자열이 텍스트뷰에 출력된다. 자, 그럼 제대로 읽어오는지 실행해 보자.

코드는 정상적으로 작성했지만 보다시피 무심한 에러 메시지만 출력되고 HTML 문서는 전혀 읽혀지지 않았다. 예외 처리 구문으로 예외를 잡아 보면 NetworkOnMainThreadException이라는 긴 이름의 예외가 발생하며 별도의 친절한 메시지는 없다. 예외의 이름으로부터 유추할 수 있다시피 메인 스레드에서 네트워크 작업을 함으로써 예외가 발생했음을 알 수 있다.

이 예외가 발생하는 이유는 코드상의 문제가 아니라 안드로이드의 정책이 바뀌었기 때문이다. 3.0 허니콤부터 반응성을 높이기 위해 메인 스레드에서 네트워크를 액세스하는 것이 금지되었다. 모바일 네트워크는 신뢰성이 없기 때문에 요청이 언제 완료될지 미리 알 수 없으며 그러다 보니 메인 스레드가 블록되어 사용자의 터치를 처리하지 못하는 불의의 사고(ANR)가 종종 발생하였다. 이전 버전에서도 메인 스레드에서 네트워크 액세스는 권장되지 않았었는데 3.0 이후에는 비권장 수준이 아니라 아예 엄격하게 금지해 버리는 초강수를 두었다.

문제가 있다면 개발자가 알아서 선택할 수도 있는 사안인데 예외로 처리해 버리는 것은 좀 과격하지 않나 싶은 생각이 들지만 모바일 환경에서는 즉각적인 반응성이 무엇보다 중요하기 때문에 취해진 조치로 이해하면 되겠다. 사실 개발자라는 집단은 잠재적인 문제가 있음을 알고 있더라도 당장 잘 돌아가는 것처럼 보이는 코드는 웬만해서는 수정하지 않는 고집쟁이라 이렇게 강제하지 않으면 꿈쩍도 하지 않는다. 기어코 메인 스레드에서 네트워크 입출력하려면 방법이 전혀 없는 것은 아니다. 스트릭트 모드를 약간 풀어 주면 가능은 하다.

```
public class DownHtml2 extends Activity {
    public void onCreate(Bundle savedInstanceState) {
        super.onCreate(savedInstanceState);
        setContentView(R.layout.downhtml);

        StrictMode.ThreadPolicy pol = new StrictMode.ThreadPolicy.Builder()
            .permitNetwork().build();
        StrictMode.setThreadPolicy(pol);

        Button btn = (Button)findViewById(R.id.down);
        btn.setOnClickListener(new Button.OnClickListener() {
            public void onClick(View v) {
                String html;
                html = DownloadHtml("http://www.google.com");
                TextView result = (TextView)findViewById(R.id.result);
                result.setText(html);
            }
        });
    }
    ....
```

onCreate에서 정책 객체를 생성하고 permitNetwork 메서드로 네트워크 입출력을 허용하면 메인 스레드에서도 네트워크 입출력을 할 수 있다. 그러나 막상 실행해 보면 버튼을 누른 후에 한참 후에 다운로드가 완료되며 사용자는 프로그램이 다운되었다고 생각할 것이다. 이런 위험성이 있기 때문에 아예 예외를 발생시켜 메인 스레드에서 네트워크 입출력을 금지하는 것이다. 예외가 발생하는 원인이 확실해졌으므로 해결책도 명백하다. 다음 항에서 수정된 예제를 만들어 보자.

통합 예제는 최소한 5.0 이후의 SDK를 타깃으로 하므로 DownHtml 예제는 아예 처음부터 동작하지 않는 셈이다. 그럼에도 불구하고 이 예제를 보여주는 이유는 이미 이런 식으로 작성된 코드가 너무 많기 때문이다. 이 코드가 3.0 이후에는 동작하지 않음을 확실하게 보여주고 이유와 해결책을 제시하기 위해서 통합 예제에 포함시켰다. 이전 SDK를 대상으로 작성된 프로젝트는 모두 정책을 수정하거나 비동기 입출력 방식으로 코드를 수정해야 한다.

28.1.4 비동기 다운로드

고수준의 HTTP 클래스를 활용하면 네트워크 프로그래밍 정도는 아주 쉽다. 자바에서 네트워크 프로그래밍을 해본 경험이 있다면 거의 똑같은 방식으로 프로그래밍하면 된다. 그러나 정작 어려운 것은 네트워크 제어가 아니라 복잡한 예외 처리와 비동기 호출이다. 모바일 네트워크는 신뢰성이 극도로 떨어지므로 발생 가능한 모든 예외에 대해 섬세하게 처리해야 한다. 또 앞 예제에서 연구해 봤다시피 동기적으로 네트워크 요청을 보내면 UI가 블록되며 5초를 넘기면 ANR 처리된다. 그나마도 3.0 이후에는 메인 스레드에서 동기적인 네트워크 입출력이 아예 금지되어 지금은 스레드 처리가 선택이 아닌 필수가 되었다.

결국 네트워크 프로그램은 멀티 스레드로 작성하는 수밖에 없으며 멀티 스레드를 사용해야 할 가장 전형적인 예이기도 하다. 또는 AsyncTask 같은 비동기 호출 클래스를 활용할 수도 있다. 메인 스레드는 다운로드 시작만 명령하고 실질적인 네트워크 액세스는 분리된 작업 스레드에서 수행한다. 이 실습을 하려면 안드로이드의 스레드, 핸들러 등에 대한 지식이 필요하므로 준비가 안 된 사람은 관련장을 먼저 읽기 바란다. 앞에서 작성한 예제를 비동기 방식으로 바꾸어 보자. 네트워크 액세스 코드는 거의 동일하되 코드의 위치만 바뀌었다.

AsyncDownHtml

```java
public class AsyncDownHtml extends Activity {
    ProgressDialog mProgress;

    public void onCreate(Bundle savedInstanceState) {
        super.onCreate(savedInstanceState);
        setContentView(R.layout.downhtml);

        Button btn = (Button)findViewById(R.id.down);
        btn.setOnClickListener(new Button.OnClickListener() {
            public void onClick(View v) {
                mProgress = ProgressDialog.show(AsyncDownHtml.this,
                        "Wait", "Downloading...");
                DownThread  thread = new DownThread("http://www.google.com");
                thread.start();
            }
        });
    }

    class DownThread extends Thread {
```

```
        String mAddr;

        DownThread(String addr) {
            mAddr = addr;
        }

        public void run() {
            String result = DownloadHtml(mAddr);
            Message message = mAfterDown.obtainMessage();
            message.obj = result;
            mAfterDown.sendMessage(message);
        }

        String DownloadHtml(String addr) {
            StringBuilder html = new StringBuilder();
            try {
                URL url = new URL(addr);
                HttpURLConnection conn = (HttpURLConnection)url.openConnection();
                if (conn != null) {
                    conn.setConnectTimeout(10000);
                    conn.setUseCaches(false);
                    if (conn.getResponseCode() == HttpURLConnection.HTTP_OK) {
                        BufferedReader br = new BufferedReader(
                                new InputStreamReader(conn.getInputStream()));
                        for (;;) {
                            String line = br.readLine();
                            if (line == null) break;
                            html.append(line + '\n');
                        }
                        br.close();
                    }
                    conn.disconnect();
                }
            } catch (NetworkOnMainThreadException e) {
                return "Error : 메인 스레드 네트워크 작업 에러 - " + e.getMessage();
            } catch (Exception e) {
                return "Error : " + e.getMessage();
            }
            return html.toString();
        }
    }
}

Handler mAfterDown = new Handler() {
    public void handleMessage(Message msg) {
```

```
                    mProgress.dismiss();
                    TextView result = (TextView)findViewById(R.id.result);
                    result.setText((String)msg.obj);
            }
        };
    }
```

메인 스레드의 onClick 메서드는 프로그래스 대화상자를 화면에 표시한다. 네트워크 입출력은 언제 끝날지 미리 알 수 없으므로 사용자에게 진행 중임을 표시해야 한다. 다운로드 받는 스레드로 대상 주소를 넘기고 스레드를 실행한 후 즉시 리턴한다. 실행 흐름이 분리되었으므로 스레드가 진행 중인동안 메인 스레드의 프로그래스는 애니메이션을 보여주는데 프로그래스 대화상자를 열지 않는다면 다른 UI 입력에도 반응할 수 있다.

DownThread는 생성자로 전달된 주소를 멤버에 저장해 두고 run 메서드에서 이 주소의 HTML 문서를 다운로드받는 DownloadHtml 메서드를 호출한다. 이 메서드는 앞 예제와 완전히 동일하되 스레드에서 실행된다는 것만 다르다. 다운로드가 완료되면 결과를 메시지의 obj에 실어 핸들러로 보내고 자신은 종료한다. 핸들러는 프로그래스 대화상자를 닫고 다운로드 받은 응답 결과를 텍스트뷰에 출력한다. 앞에서도 여러 번 강조했다시피 작업 스레드는 메인 스레드의 위젯을 직접 건드릴 수 없으므로 반드시 핸들러로 메시지를 보내야 한다.

버튼을 누르면 프로그래스 대화상자가 나타나며 잠시 기다리면 구글의 웹 페이지 문서가 텍스트뷰에 출력된다. HTML 문서 자체는 문자열 포맷이므로 일단은 문자열 형태로 보이지만 이 문서를 포맷팅해서 출력하면 웹 브라우저가 된다. 이 문서안에 이미지와 클라이언트 스크립트 등이 저장되어 있다. 만약 웹 페이지를 포맷팅해서 출력하고 싶다면 네트워크 관련 코드를 작성할 필요 없이 WebView 위젯을 사용하는 것이 훨씬 간편하다.

28.2 네트워크 활용

28.2.1 이미지 읽기

다음은 텍스트보다 상대적으로 조금 더 복잡한 이미지 파일을 다운로드 받아 보자. 글자로만 구성된 페이지는 지루하고 재미없기 때문에 웹 사이트는 이미지를 적극적으로 활용한다. 게시물에 이미지를 첨부할 수 있으며 간단한 채팅 사이트라도 작성자의 프로필 이미지 정도는 표시하는 것이 보통이다.

크기가 조금 더 크고 이진 포맷이라는 것 외에는 텍스트와 별반 차이점이 없다. 이미지가 저장되어 있는 주소만 정확하게 알고 있다면 세계 어느 곳에 짱박혀 있는 이미지라도 다 받아볼 수 있다. 다음 예제는 국내 프로그래밍 사이트의 이미지 하나를 다운로드받아 이미지뷰에 출력한다. 이미지도 물론 비동기 방식으로 다운로드받는다.

DownImage

```
<LinearLayout xmlns:android="http://schemas.android.com/apk/res/android"
    android:orientation="vertical"
    android:layout_width="match_parent"
    android:layout_height="match_parent"
    >
<Button
    android:id="@+id/btndown"
    android:layout_width="wrap_content"
    android:layout_height="wrap_content"
    android:onClick="mOnClick"
    android:text="DownLoad Image"
    />
<ImageView
```

```
        android:id="@+id/result"
        android:layout_width="wrap_content"
        android:layout_height="wrap_content"
        />
</LinearLayout>
```

```
public class DownImage extends Activity {
    ImageView mImage;
    public void onCreate(Bundle savedInstanceState) {
        super.onCreate(savedInstanceState);
        setContentView(R.layout.downimage);

        mImage = (ImageView)findViewById(R.id.result);
    }

    public void mOnClick(View v) {
        switch (v.getId()) {
        case R.id.btndown:
            (new DownThread("http://www.soen.kr/data/child2.jpg")).start();
            break;
        }
    }

    class DownThread extends Thread {
        String mAddr;

        DownThread(String addr) {
            mAddr = addr;
        }

        public void run() {
            try {
                InputStream is = new URL(mAddr).openStream();
                Bitmap bit = BitmapFactory.decodeStream(is);
                is.close();
                Message message = mAfterDown.obtainMessage();
                message.obj = bit;
                mAfterDown.sendMessage(message);
            } catch (Exception e) {;}
        }
    }

    Handler mAfterDown = new Handler() {
        public void handleMessage(Message msg) {
```

```
        Bitmap bit = (Bitmap)msg.obj;
        if (bit == null) {
            Toast.makeText(DownImage.this, "bitmap is null", 0).show();
        } else {
            mImage.setImageBitmap(bit);
        }
    }
};
}
```

메인 레이아웃에는 명령 버튼과 결과 확인을 위한 ImageView만 배치했다. 웹에서 주로 사용되는 jpg, png, gif 등의 이미지는 안드로이드가 직접적으로 지원하므로 이미지뷰로 쉽게 확인할 수 있다. 버튼을 누르면 원격지의 이미지를 다운로드받아 이미지뷰에 출력한다. 편의상 이미지의 주소는 하드 코딩했는데 그럴리는 없겠지만 만약 이 사이트가 폐쇄되었다면 다른 주소로 바꿔서 테스트해 보기 바란다.

이 예제는 이미지를 다운로드받는 즉시 비트맵 객체로 변환하여 이미지뷰에 바로 대입하는 방식이다. 스레드의 run 메서드에서 URL 객체로부터 스트림을 열고 BitmapFactory의 decodeStream 메서드를 호출하면 원격지의 이미지 스트림을 읽어 비트맵 객체로 변환해 주기까지 한다. 스레드가 위젯을 직접 조작할 수 없으므로 변환된 비트맵을 핸들러로 보내 레이아웃의 이미지뷰에 출력했다.

이 방법은 지극히 간단하고 편리하지만 몇 가지 문제가 있다. 네트워크 사정에 따라 실패할 가능성이 있는데 이 경우 여러 번 재시도해야 한다. 이미지가 대단히 클 경우 decodeStream 메서드가 굉장히 오랜 시간을 소모하므로 흐름이 장시간 블록될 수 있으며 출력할 때마다 다운로드하므로 여러 번 반복적으로 다운로드할 때는 캐시의 이점을 살릴 수 없다. 자주 방문하는 사이트의 이미지를 미리 받아 놓으면 전체적인 속도가 향상되며 비용도 절감할 수 있다. 이 방법으로 예제를 다시 만들어 보자.

```java
public class DownImage2 extends Activity {
    ImageView mImage;
    public void onCreate(Bundle savedInstanceState) {
        super.onCreate(savedInstanceState);
        setContentView(R.layout.downimage);

        mImage = (ImageView)findViewById(R.id.result);
    }

    public void mOnClick(View v) {
        switch (v.getId()) {
        case R.id.btndown:
            String imageurl = "http://www.soen.kr/data/child3.jpg";
            int idx = imageurl.lastIndexOf('/');
            String localimage = imageurl.substring(idx + 1);
            String path = Environment.getDataDirectory().getAbsolutePath();
            path += "/data/andexam.ver6/files/" + localimage;

            if (new File(path).exists()) {
                Toast.makeText(this, "bitmap is exist", 0).show();
                mImage.setImageBitmap(BitmapFactory.decodeFile(path));
            } else {
                Toast.makeText(this, "bitmap is not exist", 0).show();
                (new DownThread(imageurl, localimage)).start();
            }

            break;
        }
    }

    class DownThread extends Thread {
        String mAddr;
        String mFile;

        DownThread(String addr, String filename) {
            mAddr = addr;
            mFile = filename;
        }

        public void run() {
            URL imageurl;
            int Read;
```

```
        try {
            imageurl = new URL(mAddr);
            HttpURLConnection conn= (HttpURLConnection)imageurl.openConnection();
            int len = conn.getContentLength();
            byte[] raster = new byte[len];
            InputStream is = conn.getInputStream();
            FileOutputStream fos = openFileOutput(mFile, 0);

            for (;;) {
                Read = is.read(raster);
                if (Read <= 0) {
                    break;
                }
                fos.write(raster,0, Read);
            }

            is.close();
            fos.close();
            conn.disconnect();
        } catch (Exception e) {
            mFile = null;
        }
        Message message = mAfterDown.obtainMessage();
        message.obj = mFile;
        mAfterDown.sendMessage(message);
    }
}

Handler mAfterDown = new Handler() {
    public void handleMessage(Message msg) {
        if (msg.obj != null) {
            String path = Environment.getDataDirectory().getAbsolutePath();
            path += "/data/andexam.ver6/files/" + (String)msg.obj;
            mImage.setImageBitmap(BitmapFactory.decodeFile(path));
        } else {
            Toast.makeText(DownImage2.this, "File not found", 0).show();
        }
    }
};
}
```

이 예제는 로컬에 파일을 다운로드 받아 저장해 놓고 파일을 열어 보여주는 방식이다. DownThread는 원격지의 이미지 주소와 이 이미지를 저장할 로컬 파일명을 인수로 전달받는다. 파일이 저장되는 위치는 응용 프로그램의 files 폴더로 정해져 있으므로 url에서 경로를 빼고 파일명만 추출하여 전달했다. 물론 원한다면 SD 카드의 특정 폴더나 임시 캐시 폴더에 저장할 수도 있다. 파일이 없을 때만 다운로드받으므로 최초 접속시에 한 번만 네트워크에 연결하며 이후부터는 받아 놓은 이미지를 사용하므로 속도가 훨씬 더 빠르다.

스레드의 run 메서드는 URL이 지정한 위치의 이미지를 다운로드받아 로컬 폴더에 저장한다. 연결하고 요청을 보내는 방법은 동일하되 이진 포맷이므로 스트림을 읽어들이는 방법만 다르다. getContentLength는 응답 결과의 크기를 바이트 단위로 조사하는데 조사된 길이만큼 바이트 배열을 할당하고 이 배열에 읽어들인다. 그리고 로컬 파일 스트림에 기록하여 복사했다. 다운로드에 성공했으면 핸들러로 신호를 보내 로컬에 저장된 비트맵을 이미지뷰에 출력한다.

웹은 위치만 정확하게 알고 있으면 항상 다운로드 가능하므로 압축 파일이나 멀티미디어 파일도 동일한 방법으로 다운로드 받을 수 있다. 다만 대용량 파일은 시간이 오래 걸리므로 중간 과정을 프로그래스바 등으로 사용자에게 수시로 보고해야 하며 섬세한 에러 처리도 필요하다.

28.2.2 다운로드 관리자

작은 파일을 다운로드할 때는 잠시 대기하거나 스레드만 돌려도 충분하다. 그러나 대용량이거나 네트워크가 느릴 때는 시간이 너무 오래 걸려 계속 대기하기 어렵다. 이럴 때는 다운로드 관리자에게 부탁해 놓고 다른 작업을 하는 것이 좋다. 큐에 등록만 해 두면 관리자가 활성화된 네트워크를 지능적으로 선택하여 다운로드받으며 실패시에 재시도하고 재부팅시 이어받기까지 해 준다. 원본이 사라지지만 않는다면 다운로드의 모든 것을 책임지므로 방송이 올 때까지 다른 작업을 편하게 수행할 수 있다.

데스크톱의 고질라나 토렌트같은 전문 다운로드 관리툴과 개념상 비슷하다. 받고 싶은 파일의 위치만 알려주면 뒷처리는 모두 책임진다. 이 기능은 사실 이전 버전에도 존재했었고 웹 브라우저나 설치 관리자는 예전부터 활용했었지만 감추어져 있었다. 2.3 버전에서 다운로드 관리자가 시스템 서비스로 공개됨으로써 일반 응용 프로그램도 이 기능을 사용할 수 있게 되었다. 시스템 서비스이므로 getSystemService 메서드로 객체를 구하고 enqueue 메서드로 다운로드를 요청한다.

```
getSystemService(Context.DOWNLOAD_SERVICE);
long enqueue (DownloadManager.Request request)
```

Request는 다운로드할 파일의 위치와 로컬 저장 경로, 사용할 네트워크 종류 등의 정보를 가지는 객체이다. 생성자는 다운로드할 대상 파일에 대한 위치만 지정하며 객체 생성 후 다음 메서드로 나머지 정보를 지정한다. 이 메서드는 Request 객체 자체를 다시 리턴하므로 연쇄적 호출이 가능하다.

```
DownloadManager.Request (Uri uri)
Request setAllowedNetworkTypes (int flags)
Request setAllowedOverRoaming (boolean allowed)
Request setTitle (CharSequence title)
Request setDescription (CharSequence description)
Request setDestinationInExternalPublicDir (String dirType, String subPath)
Request setDestinationUri (Uri uri)
```

다운로드시 사용할 네트워크의 종류나 로밍시의 다운로드 허가 여부, 상태란에 나타날 제목과 설명 문자열, 다운로드할 위치 등을 지정한다. 요금상의 문제로 WiFi가 활성화되어 있을 때만 다운로드 받거나 로밍중일 때 금지할 수 있고 다운받은 파일을 원하는 폴더에 저장 가능하다. 생성자로 전달하는 대상 파일의 위치 외에는 모두 생략 가능한데 이 경우 공유 볼륨에 임시적으로 저장되며 용량 부족시 시스템이 적당한 때에 알아서 삭제한다.

원하는 정보와 옵션으로 Request 객체를 생성한 후 enqueue 메서드로 큐에 등록하면 다운로드 ID가 리턴된다. 이 ID는 차후 다운로드 상태를 조사하거나 중간에 취소할 때 사용된다. 큐에 요청이 등록된 직후부터 다운로드 관리자는 파일을 받기 시작하며 상태란에 다운로드 상황을 보여준다. 사용자는 상태란을 통해 다운로드가 얼마나 진행되었는지 확인하며 상태란을 클릭하여 관리 화면으로 이동한다. 다운로드 완료나 상태란 클릭 등의 이벤트 발생시 다음 방송이 전달된다.

```
ACTION_DOWNLOAD_COMPLETE
ACTION_NOTIFICATION_CLICKED
```

응용 프로그램은 필요한 방송에 대해 BR을 설치하고 수신된 방송에 적절히 반응하면 될 뿐이며 다운로드 중에는 따로 신경쓸 필요가 없다. 다운로드 상태를 조사하거나 취소할 때 다음 메서드를 사용하며 완료 후에 저장된 파일을 열어 볼 수 있다.

```
Cursor query (DownloadManager.Query query)
int remove (long... ids)
ParcelFileDescriptor openDownloadedFile (long id)
```

이때 Query 객체나 remove 메서드의 인수로 큐에 등록할 때 발급받은 ID를 전달한다. 다음 예제는 이미지 파일 하나를 다운로드받되 직접 받지 않고 다운로드 관리자에게 요청한다. 인터넷 접속과 SD 카드에 기록하는 동작을 하므로 INTERNET, WRITE_EXTERNAL_STORAGE 퍼미션이 필요하다.

DownloadManagerTest

```
<LinearLayout xmlns:android="http://schemas.android.com/apk/res/android"
    android:orientation="vertical"
    android:layout_width="match_parent"
    android:layout_height="match_parent"
    >
<Button
    android:id="@+id/btnqueue"
    android:layout_width="wrap_content"
    android:layout_height="wrap_content"
    android:onClick="mOnClick"
    android:text="다운로드 예약"
    />
</LinearLayout>
--------------------------------------------------------
public class DownloadManagerTest extends Activity {
    DownloadManager mDm;
    long mId = 0;
    public void onCreate(Bundle savedInstanceState) {
        super.onCreate(savedInstanceState);
        setContentView(R.layout.downloadmanagertest);

        mDm = (DownloadManager)getSystemService(Context.DOWNLOAD_SERVICE);
    }

    public void mOnClick(View v) {
        switch (v.getId()) {
```

```
        case R.id.btnqueue:
            Uri uri = Uri.parse("http://www.soen.kr/data/child2.jpg");
            DownloadManager.Request req = new DownloadManager.Request(uri);
            req.setTitle("테스트 다운로드");
            req.setDescription("이미지 파일을 다운로드 받습니다.");
            req.setAllowedNetworkTypes(DownloadManager.Request.NETWORK_WIFI |
                    DownloadManager.Request.NETWORK_MOBILE);
            mId = mDm.enqueue(req);

            IntentFilter filter = new IntentFilter();
            filter.addAction(DownloadManager.ACTION_DOWNLOAD_COMPLETE);
            registerReceiver(mDownComplete, filter);
            break;
        }
    }

    public void onPause() {
        super.onPause();
        if (mId != 0) {
            unregisterReceiver(mDownComplete);
            mId = 0;
        }
    }

    BroadcastReceiver mDownComplete = new BroadcastReceiver() {
        public void onReceive(Context context, Intent intent) {
            Toast.makeText(context, "다운로드 완료",
                    Toast.LENGTH_LONG).show();
        }
    };
}
```

레이아웃에는 버튼 하나만 배치해 두었고 버튼 클릭시 이미지 파일 하나에 대한 요청을 큐에 넣는
다. 대상 파일의 위치는 하드 코딩했으며 상태란의 제목과 설명 등을 적당히 지정하고 네트워크는
WiFi와 3G 모두 활용하도록 지정했다. 다운로드 완료에 대한 방송을 수신하기 위해 BR을 등록했
으며 BR에서는 다운로드가 완료되었음을 토스트로 알리기만 했다. 다운로드 받은 파일을 직접 열어
사용할 수도 있다.

다운로드 예약 버튼을 누르면 상태란에 다운로드 아이콘이 나타나며 진행 상태가 프로그래스바로 나타난다. 아주 작은 파일이라 순식간에 다운로드되는데 대용량 파일로 경로를 바꾸면 천천히 다운로드됨을 볼 수 있으며 중간에 네트워크 연결이 끊겨도 재시도한다. 다운로드 완료 후 관리자 프로그램을 열어 보면 해당 이미지가 다운로드되어 있으며 항목을 클릭하면 이미지가 열린다.

모바일 환경은 아직도 데이터 요금이 비싸기 때문에 대용량 파일을 받을 일이 그리 많지 않다. 그러나 앞으로 네트워크 환경이 좋아지고 합리적인 정액 요금제가 도입되면 동영상을 폰에서 직접 받아 보는 경우도 왕왕 있을 것이며 이럴 경우 매 프로그램이 직접 다운로드하는 것보다 전문 관리자에게 위임하여 중앙에서 관리하는 것이 훨씬 더 편리하다.

28.2.3 웹 서비스

웹 페이지는 주로 정적인 텍스트나 이미지를 보여주며 사용자는 웹에서 일방적으로 정보를 읽기만 한다. 뉴스 사이트나 기업 홍보 페이지, 개인의 홈페이지 등이 대표적이다. 웹 서비스는 이보다 더 발전된 형태로 사용자가 직접 참여하여 적극적으로 요청을 보내고 처리한 결과를 받아 보는 서비스이다. 간단하게는 게시판이 있고 트위터나 미투데이같은 SNS 서비스도 한창 인기를 누리고 있다. 이제 모바일 환경에서도 이런 서비스를 이용할 수 있어 이동중에도 커뮤니티에 동참할 수 있다.

웹 서비스는 개방적인 HTTP 프로토콜과 국제 표준 문서 포맷인 XML을 활용하여 이기종간의 범용적인 통신을 수행하는 방법이다. 모바일 환경에서 웹 서비스는 특히 유용하다. 휴대폰으로 날씨나 뉴스, 주식 시세 등을 서버로 요청하고 리턴된 결과를 보기 좋게 정리하여 사용자에게 보여준다. 네트워크에 연결되어 있기만 하면 간단한 쿼리로 사용자가 필요로 하는 정보를 실시간으로 구할 수 있다. 운전중에 현재 교통 상황을 확인한다거나 버스, 지하철 운행 정보도 손쉽게 조회할 수 있다.

웹 서비스 운영을 위해 콘텐츠 제공자는 기존의 폐쇄적인 데이터를 외부로 공개하는데 이를 Open API라고 한다. SNS 기업이나 네이버, 다음 같은 포털이 보유한 데이터는 물론이고 날씨나 환율 같은 공공적인 데이터도 Open API로 공개된 것이 많다. Open API를 사용하려면 호출 방법이나 리턴되는 정보의 구조를 알아야 하므로 별도의 학습이 필요하다. 서비스의 종류에 따라 복잡도의 차이는 있지만 대개의 경우는 대충 훑어만 봐도 이해할 수 있는 수준이다.

웹 서비스가 제공하는 데이터는 수집 및 관리 비용이 들어간다. 그래서 콘텐츠 제공자는 아무에게나 서비스를 공개하지 않으며 등록된 개발자에게만 공개하는 경우가 많다. 아무리 공개된 서비스라 하더라도 누가 어떤 목적으로 사용하는지 파악해야 하며 과도한 트래픽이나 악의적인 공격으로부터 방어할 필요가 있어 간략한 신원 확인 절차를 거친다. 네이버의 경우 다음 사이트에서 Open API를 관리한다.

    http://dev.naver.com/openapi/

왼쪽의 메뉴를 보면 네이버가 제공하는 API의 목록을 볼 수 있는데 카페, 검색, 지도, 미투데이 등 자사의 여러 서비스를 공개해 놓았다.

이 서비스를 사용하려면 당연히 네이버 ID가 있어야 하며 소정의 절차를 거쳐 개발자로 등록해야 한다. 등록 절차나 요건은 자주 변경되어 지면으로 설명하는 것은 별 의미가 없으므로 네이버 홈페이지의 정보를 참조하자. 여기서는 검색 웹 서비스를 활용하기 위해 검색 API에 대한 개발자 등록을 했으며 그 결과로 개발자 키를 발급 받았다. 검색 API의 호출 방법을 간략하게 요약하면 다음과 같다.

```
http://openapi.naver.com/search?key=개발자키&query=종류&target=카테고리
```

URL의 인수로 알고 싶은 정보를 전달하면 결과가 XML 문서로 리턴된다. 더 자세한 문법은 네이버를 참조하기 바란다. 다음 예제는 내가 발급받은 개발자 키를 사용하여 현재 네이버 검색 순위를 요청하고 그 결과를 받아 출력한다.

SearchRank

```xml
<LinearLayout xmlns:android="http://schemas.android.com/apk/res/android"
    android:orientation="vertical"
    android:layout_width="match_parent"
    android:layout_height="match_parent"
    >
<Button
    android:id="@+id/getrankraw"
    android:layout_width="wrap_content"
    android:layout_height="wrap_content"
    android:onClick="mOnClick"
    android:text="Get Search Rank(XML)"
    />
<Button
    android:id="@+id/getrank"
    android:layout_width="wrap_content"
    android:layout_height="wrap_content"
    android:onClick="mOnClick"
    android:text="Get Search Rank(Format)"
    />
<ScrollView
    android:layout_width="match_parent"
    android:layout_height="match_parent"
    >
<TextView
    android:id="@+id/result"
    android:layout_width="match_parent"
    android:layout_height="match_parent"
    />
```

```
</ScrollView>
</LinearLayout>
-------------------------------------------------------
public class SearchRank extends Activity {
    ProgressDialog mProgress;
    boolean mRaw;

    public void onCreate(Bundle savedInstanceState) {
        super.onCreate(savedInstanceState);
        setContentView(R.layout.searchrank);
    }

    public void mOnClick(View v) {
        switch (v.getId()) {
        case R.id.getrankraw:
            mRaw = true;
            break;
        case R.id.getrank:
            mRaw = false;
            break;
        }
        mProgress = ProgressDialog.show(this, "Wait", "Downloading...");
        DownThread thread = new DownThread("http://openapi.naver.com/search?" +
                "key=8f8c1668efc16f634110fb9fd51f15c8&query=nexearch&target=rank");
        thread.start();
    }

    class DownThread extends Thread {
        String mAddr;

        DownThread(String addr) {
            mAddr = addr;
        }

        public void run() {
            String result = DownloadHtml(mAddr);
            Message message = mAfterDown.obtainMessage();
            message.obj = result;
            mAfterDown.sendMessage(message);
        }

        String DownloadHtml(String addr) {
            StringBuilder html = new StringBuilder();
            try {
```

```
                    URL url = new URL(addr);
                    HttpURLConnection conn = (HttpURLConnection)url.openConnection();
                    if (conn != null) {
                        conn.setConnectTimeout(10000);
                        conn.setUseCaches(false);
                        if (conn.getResponseCode() == HttpURLConnection.HTTP_OK) {
                            BufferedReader br = new BufferedReader(
                                    new InputStreamReader(conn.getInputStream()));
                            for (;;) {
                                String line = br.readLine();
                                if (line == null) break;
                                html.append(line + '\n');
                            }
                            br.close();
                        }
                        conn.disconnect();
                    }
                } catch (NetworkOnMainThreadException e) {
                    return "Error : 메인 스레드 네트워크 작업 에러 - " + e.getMessage();
                } catch (Exception e) {
                    return "Error : " + e.getMessage();
                }
                return html.toString();
            }
        }

    Handler mAfterDown = new Handler() {
        public void handleMessage(Message msg) {
            mProgress.dismiss();
            TextView result = (TextView)findViewById(R.id.result);
            String html = (String)msg.obj;

            if (mRaw) {
                result.setText(html);
            } else {
                String Result = "";
                try {
                    DocumentBuilderFactory factory = DocumentBuilderFactory.newInstance();
                    DocumentBuilder builder = factory.newDocumentBuilder();
                    InputStream istream = new ByteArrayInputStream(html.getBytes("utf-8"));
                    Document doc = builder.parse(istream);

                    Element root = doc.getDocumentElement();
                    Node item = root.getElementsByTagName("item").item(0);
```

```
                    Node rank = item.getFirstChild();
                    for (int i = 1; i <= 10;i++) {
                        Node k = rank.getFirstChild();
                        String sK = k.getFirstChild().getNodeValue();
                        Node s = k.getNextSibling();
                        String sS = s.getFirstChild().getNodeValue();
                        Node v = s.getNextSibling();
                        String sV = v.getFirstChild().getNodeValue();
                        rank = rank.getNextSibling();
                        Result += "" + i + "위 : " + sK + ", " + sS + sV + "\n";
                    }
                    result.setText(Result);
                }
                catch (Exception e) { ; }
            }
        }
    };
}
```

레이아웃에 2개의 버튼을 배치하고 웹 서비스를 요청하되 위쪽 버튼은 받은 그대로 보여주고 아래쪽 버튼은 보기 좋게 포맷팅하여 출력한다. 웹 서비스 요청 URL에 키와 종류, 카테고리 정보가 포함되어 있다는 것 외에 앞에서 살펴본 HTML 다운로드 예제와 유사하며 DownThread는 그대로 재사용하였다. 실행 결과는 다음과 같되 실시간 순위이므로 실행할 때마다 결과는 달라진다.

웹 서비스가 리턴한 XML 문서를 있는 그대로 출력해 보면 왼쪽 실행 결과와 같다. 구조가 워낙 직관적이어서 따로 설명을 읽지 않아도 이해될 정도이다. result/item 엘리먼트안에 검색어 순위별로 R1, R2, R3 엘리먼트가 있으며 K는 키워드, S는 순위 증감 방향, V는 순위 증감양을 나타난다. 필요한 정보가 다 들어있지만 이대로 출력하면 읽기 쉽지 않다. 이 정보를 보기 좋게 포맷팅하려면 XML 문서를 파싱해야 한다.

mAfterDown 핸들러에서 리턴된 XML 문서를 분석하여 사용자에게 보고할 문서를 만들어 낸다. 루트인 result를 구하고 그 아래의 item을 구한 후 루프를 돌면서 R1 ~ R10까지의 엘리먼트를 찾아 키워드, 순위 변동 사항 등을 문자열로 포맷팅하는 것이다. 어떤 정보를 보여주는가보다 얼마나 예쁘게 포장해서 일목요연하게 보여주는가가 관건이다. 결국 웹 서비스를 제대로 활용하려면 XML을 잘 다루어야 하는데 다음 절에서 XML 파싱을 상세하게 연구해볼 것이다.

네이버 검색 순위 외에도 각 기업체나 공공 기관에서 제공하는 웹 서비스의 예가 아주 많다. 날씨 정보, 지하철 운행 정보, 주식 시황, 환율, 도로 교통 상황 등 공공적인 정보는 대부분 공개되어 있으며 기업체에서 제공하는 유용한 정보도 굉장히 많은 편이다. 만약 원하는 정보를 제공하는 웹 서비스가 없다면 직접 만들어야 한다. 예를 들어 걸그룹 실시간 순위 서비스를 제공하고 싶다면 해당 정보를 조사하여 XML로 제공하는 서버를 먼저 만들고 이 정보를 보여주는 클라이언트를 만들어야 한다. 서버 프로그래밍이 필요하며 비용이 꽤 많이 들어간다.

역동적인 웹의 특성상 웹 서비스는 언제든지 중단될 수 있고 사용 방법이나 정책이 달라질 수도 있다. 위 예제는 당분간은 잘 실행되겠지만 네이버가 정책을 바꾼다거나 개인키가 무효화되면 실행되지 않을 수도 있다. 이 책의 이전판은 트위터 클라이언트 예제를 제공했었는데 트위터의 로그인 정책이 변경됨으로 인해 현재는 동작하지 않는다. 그래서 예제를 네이버 검색 서비스로 바꾸었다.

28.3 XML

28.3.1 DOM 파서

XML은 웹 서비스의 기본 데이터 포맷으로서 서버와 클라이언트의 주요 통신 수단이다. 서버는 클라이언트의 요청을 받아들여 처리하고 그 결과를 XML로 리턴하며 클라이언트는 XML을 분석하여 처리 결과를 얻는다. 따라서 웹 서비스의 혜택을 받으려면 서버로부터 리턴된 XML 문서를 빠르고 정확하게 읽어야 한다. XML 자체는 단순한 텍스트 포맷이지만 규칙이 워낙 엄격해서 정확한 정보를 빼 내기 쉽지 않다. 다음은 극단적으로 단순한 XML 문서이다.

```
<?xml version="1.0" encoding="utf-8"?>
<order>
    <item>Mouse</item>
</order>
```

일종의 주문 정보인 셈인데 이 문서에서 주문 제품에 해당하는 Mouse라는 문자열을 구한다고 해보자. 문자열 검색으로 쉽게 구할 수 있을 것 같지만 원하는 문자열만 쏙 빼 내기 만만치 않다. 왜냐하면 정보가 있는 정확한 위치를 찾아야 하고 부분 문자열을 걸러내야 하며 특수 문자도 처리해야 하기 때문이다. 그래서 XML 문서를 대신 읽어주는 전문 파서의 도움이 필요하다. XML을 잘 사용하려면 먼저 XML의 기본 개념부터 익혀야 하는데 규칙, 구조, 유효성 등에 대해서는 별도의 참고 서적을 보기 바란다.

XML 파서는 크게 DOM, SAX 두 가지로 구분된다. DOM은 트리 형식으로 문서를 읽어서 전체 구조를 파악한 후 정보를 구하는 방식이고 SAX는 순차적으로 문서를 읽으면서 정보를 차례대로 읽는 방식이다. DOM은 메모리를 많이 사용하지만 성능이 좋고 SAX는 느리지만 메모리를 거의 사용하지 않는다. 먼저 DOM 파서부터 사용해 보자. 다음 예제는 DOM 파서를 사용하여 XML 문서에서 원하는 정보만 빼낸다.

DomParser

```
<LinearLayout xmlns:android="http://schemas.android.com/apk/res/android"
    android:orientation="vertical"
    android:layout_width="match_parent"
    android:layout_height="match_parent"
    >
<Button
    android:id="@+id/parse"
    android:layout_width="wrap_content"
    android:layout_height="wrap_content"
    android:onClick="mOnClick"
    android:text="Parse XML"
    />
<TextView
    android:id="@+id/result"
    android:layout_width="match_parent"
    android:layout_height="match_parent"
    android:textSize="12sp"
    android:text="Result"
    />
</LinearLayout>
-------------------------------------------------------
public class DomParser extends Activity {
    TextView mResult;
```

```java
public void onCreate(Bundle savedInstanceState) {
    super.onCreate(savedInstanceState);
    setContentView(R.layout.domparser);

    mResult = (TextView)findViewById(R.id.result);
}

public void mOnClick(View v) {
    String xml = "<?xml version=\"1.0\" encoding=\"utf-8\"?>\n" +
        "<order><item>Mouse</item></order>";

    try {
        DocumentBuilderFactory factory = DocumentBuilderFactory.newInstance();
        DocumentBuilder builder = factory.newDocumentBuilder();
        InputStream istream = new ByteArrayInputStream(xml.getBytes("utf-8"));
        Document doc = builder.parse(istream);

        Element order = doc.getDocumentElement();
        NodeList items = order.getElementsByTagName("item");
        Node item = items.item(0);
        Node text = item.getFirstChild();
        String ItemName = text.getNodeValue();
        mResult.setText("주문 항목 : " + ItemName);
    }
    catch (Exception e) {
        Toast.makeText(v.getContext(), e.getMessage(), 0).show();
    }
}
}
```

레이아웃에는 명령을 내리는 버튼과 분석한 결과를 출력할 텍스트뷰를 배치했다. 버튼의 onClick 리스너에 모든 코드가 작성되어 있으므로 이 코드만 분석해 보면 된다. 샘플 XML 문서는 메서드 선두에 xml 변수로 선언해 두었는데 실제 프로젝트에서는 네트워크로 읽은 문서가 대신 사용될 것이다.

XML 문서를 열려면 먼저 DocumentBuilderFactory 객체를 구한다. 추상 클래스여서 직접 생성할 수 없으며 newInstance 정적 메서드로 생성한다. 객체를 생성한 후 주석 무시 여부, 네임 스페이스 인식 여부, 유효성 점검 여부 등의 속성을 설정하는데 디폴트가 무난하므로 특별히 건드릴만한 옵션은 없다. 속성을 맞춘 후 newDocumentBuilder 메서드를 호출하면 DocumentBuilder 객체가 리턴된다.

```
static DocumentBuilderFactory newInstance ()
DocumentBuilder newDocumentBuilder ()
```

DocumentBuilder도 추상 클래스이므로 반드시 이 과정을 거쳐야 생성할 수 있다. 빌더 객체를 얻은 후 다음 메서드로 문서를 파싱하면 Document 객체가 얻어진다. 문서는 스트림, URI, 파일 형태로 전달한다.

```
Document parse (InputStream stream [, String systemId])
Document parse (String uri)
Document parse (File file)
```

예제에서는 문자열 변수에 XML 문서를 직접 정의했으므로 이 문자열을 스트림으로 바꾼 후 전달했다. 자바의 String 타입은 유니코드로 되어 있는데 비해 XML 문서는 주로 UTF-8 인코딩으로 되어 있으므로 유니코드 문자열을 UTF-8 형식의 스트림으로 바꾼 후 전달한다. parse 메서드는 스트림을 분석하여 메모리에 트리 형태로 전개하며 이후 Document 객체의 메서드로 요소를 읽는다.

```
Element Document.getDocumentElement ()
```

XML 문서는 유일한 루트 엘리먼트 하나를 가지는데 getDocumentElement 메서드는 루트 엘리먼트를 구한다. 루트를 구해야 그 아래의 자식을 읽을 수 있다. 다음 메서드는 태그명과 일치하는 엘리먼트를 찾아 Node의 배열인 NodeList 객체를 리턴한다.

```
NodeList Element.getElementsByTagName (String tagname)
```

NodeList에는 개수를 구하는 getLength 메서드와 순서값으로부터 노드를 찾는 item 메서드가 제공된다. 예제에서는 루트인 order 엘리먼트를 먼저 찾고 order의 자식 항목인 item 엘리먼트의 목록을 찾았으며 그 첫 번째 항목을 item 노드에 구했다. 항목이 하나밖에 없음을 미리 알고 있어 item(0)만 읽었는데 여러 개의 항목이 있다면 순회해야 한다. Node 객체를 구했으면 다음 메서드로 노드의 정보를 구한다.

```
String getNodeName ()
short getNodeType ()
String getNodeValue ()
```

각각 노드의 이름, 타입, 값이다. 다음은 노드를 중심으로 주변 노드를 찾는 메서드이다. 부모, 형제, 자식을 찾는데 이름이 무척 직관적이다.

```
Node getFirstChild ()
Node getLastChild ()
Node getNextSibling ()
Node getPreviousSibling ()
Node getParentNode ()
NodeList getChildNodes ()
```

item 엘리먼트의 값을 읽으려면 getFirstChild로 첫 번째 자식을 구하고 getNodeValue로 자식의 값을 읽는다. DOM은 엘리먼트 안의 문자열도 하나의 객체로 취급하며 문자열을 엘리먼트의 자식으로 취급하기 때문이다. 최종적으로 읽은 문자열을 에디트에 출력하면 item 엘리먼트의 문자열인 Mouse가 조사된다.

딱 하나의 엘리먼트만 가지는 초간단 문서를 분석해 보았는데 이번에는 조금 더 복잡한 문서를 읽어보자. 다음 문서는 order 엘리먼트 안에 여러 개의 item 엘리먼트가 있고 item 엘리먼트에는 여러 개의 속성이 정의되어 있다.

```
<?xml version="1.0" encoding="utf-8"?>
<order>
    <item Maker="Samsung" Price="23000">Mouse</item>
    <item Maker="LG" Price="12000">KeyBoard</item>
    <item Price="156000" Maker="Western Digital">HDD</item>
</order>
```

항목 여러 개를 읽어야 하므로 NodeList의 배열을 순회한다. 엘리먼트의 속성을 읽을 때는 다음 메서드를 사용한다.

```
NamedNodeMap Node.getAttributes ()
```

엘리먼트와 달리 속성은 순서가 없으므로 어떤 속성이 먼저 조사될지 알 수 없다. XML 스팩은 속성의 순서에 의미를 부여하지 않으며 NamedNodeMap은 속성을 순서없이 저장한다. 꼭 순서대로 속성을 조사할 필요가 없다면 item 메서드로 순서대로 꺼내 읽기만 하면 된다.

```
public class DomParser2 extends Activity {
    TextView mResult;

    public void onCreate(Bundle savedInstanceState) {
        super.onCreate(savedInstanceState);
        setContentView(R.layout.domparser);

        mResult = (TextView)findViewById(R.id.result);
    }

    public void mOnClick(View v) {
        String xml = "<?xml version=\"1.0\" encoding=\"utf-8\"?>\n" +
        "<order>" +
        "<item Maker=\"Samsung\" Price=\"23000\">Mouse</item>" +
        "<item Maker=\"LG\" Price=\"12000\">KeyBoard</item>" +
        "<item Price=\"156000\" Maker=\"Western Digital\">HDD</item>" +
        "</order>";

        try {
            DocumentBuilderFactory factory = DocumentBuilderFactory.newInstance();
            DocumentBuilder builder = factory.newDocumentBuilder();
            InputStream istream = new ByteArrayInputStream(xml.getBytes("utf-8"));
            Document doc = builder.parse(istream);

            Element order = doc.getDocumentElement();
            NodeList items = order.getElementsByTagName("item");
            String Result = "";
            for (int i = 0; i < items.getLength();i++) {
                Node item = items.item(i);
                Node text = item.getFirstChild();
                String ItemName = text.getNodeValue();
                Result += ItemName + " : ";

                NamedNodeMap Attrs = item.getAttributes();
                for (int j = 0;j < Attrs.getLength(); j++) {
                    Node attr = Attrs.item(j);
                    Result += (attr.getNodeName() + " = " + attr.getNodeValue() + "  ");
                }
                Result += "\n";
            }
            mResult.setText("주문 목록\n" + Result);
        }
```

```
        catch (Exception e) {
            Toast.makeText(v.getContext(), e.getMessage(), 0).show();
        }
    }
}
```

DOM 문서를 여는 방법은 앞 예제와 같은데 item 엘리먼트가 복수개이므로 NodeList를 순회하면서 item 항목을 순서대로 읽는다. 각 항목의 이름을 먼저 구하고 속성으로부터 제조사와 가격 정보를 구했으며 이렇게 읽은 정보를 하나의 문자열로 연결해서 출력했다. 총 3 개의 주문 목록이 출력된다.

마지막 엘리먼트의 경우 가격을 먼저 쓰고 제조사를 나중에 기록했는데 보다시피 있는 그대로 조사된다. 순서가 조금 달라졌지만 그렇다고 해서 정보의 내용이 달라지는 것은 아니다. XML 파서는 상기 두 예제의 샘플 문서보다 더 복잡하고 긴 문서도 잘 읽어내지만 웹 서비스에서는 이보다 더 복잡한 구조를 잘 사용하지 않는다. 엘리먼트값, 속성값만 읽어도 웬만한 웹 서비스 이용에는 큰 부족함이 없다.

28.3.2 SAX 파서

DOM은 문서의 모든 내용을 메모리에 트리 형태로 펼친 후 읽기 때문에 속도가 대단히 빠르며 임의의 노드를 여러 번 읽을 수 있다는 이점이 있다. 그러나 전체 문서를 다 읽어서 트리를 완성한 후에야 읽기가 가능하므로 처음 시작이 느리다는 단점이 있고 문서가 커지면 메모리를 지나치게 많이 소모한다는 것도 문제다.

이에 비해 SAX는 문서를 순서대로 읽으면서 이벤트를 발생시키는 식이라 메모리를 거의 사용하지 않으며 기동 속도가 빠르다. 딱 한 번만 읽는다면 DOM보다 훨씬 빠르며 원하는 노드만 골라 읽을 수 있고 중간에 파싱을 그만 둘 수도 있다. SAX는 읽기만 하는데 비해 DOM은 노드를 삽입할 수 있다는 차이점이 있으나 모바일 환경에서는 주로 XML 문서를 읽기만 하므로 큰 의미는 없다.

두 파서는 장단점이 뚜렷하게 구분되므로 읽고자 하는 문서의 성격에 맞는 파서를 잘 선택해야 한다. DOM과 SAX의 상세한 동작 방식이나 장단점에 대해서는 XML 관련 서적을 참조하기 바라며 여기서는 간단하게 SAX 방식으로 XML 문서를 파싱하는 예제 하나만 소개한다. 메서드에 대한 상세한 설명은 생략한다.

SaxParser

```java
public class SaxParser extends Activity {
    TextView mResult;

    public void onCreate(Bundle savedInstanceState) {
        super.onCreate(savedInstanceState);
        setContentView(R.layout.domparser);

        mResult = (TextView)findViewById(R.id.result);
    }

    public void mOnClick(View v) {
        String xml = "<?xml version=\"1.0\" encoding=\"utf-8\"?>\n" +
            "<order><item>Mouse</item></order>";

        try {
            SAXParserFactory factory = SAXParserFactory.newInstance();
            SAXParser parser = factory.newSAXParser();
            XMLReader reader = parser.getXMLReader();
            SaxHandler handler = new SaxHandler();
            reader.setContentHandler(handler);
            InputStream istream = new ByteArrayInputStream(xml.getBytes("utf-8"));
            reader.parse(new InputSource(istream));
            mResult.setText("주문 항목 : " + handler.item);
        }
        catch (Exception e) {
            Toast.makeText(v.getContext(), e.getMessage(), 0).show();
        }
    }

    class SaxHandler extends DefaultHandler {
        boolean initem = false;
        StringBuilder item = new StringBuilder();

        public void startDocument () {}
        public void endDocument() {}
```

```
public void startElement(String uri, String localName, String qName, Attributes atts) {
    if (localName.equals("item")) {
        initem = true;
    }
}

public void endElement(String uri, String localName, String qName) {}

public void characters(char[] chars, int start, int length) {
    if (initem) {
        item.append(chars, start, length);
        initem = false;
    }
}
    };
}
```

SAX 파서를 초기화하는 방법도 DOM 파서와 거의 유사하다. 빌더 팩토리로부터 빌더를 생성하고 빌더로부터 파서 객체를 얻는다. 파서 객체로부터 리더 객체를 구하고 리더에 내용 핸들러를 부착하면 문서를 읽으면서 정보가 발견될 때마다 핸들러로 이벤트를 보내준다.

핸들러로 전달되는 이벤트는 메서드 이름으로 쉽게 알 수 있다. 문서가 시작되었다, 엘리먼트가 시작된다, 문자열이 발견되었다 등의 이벤트가 전달되며 각 이벤트에서 원하는 정보를 구한다. 예제의 핸들러는 오직 item 엘리먼트 하나만 읽으므로 item 엘리먼트가 시작될 때 엘리먼트 발견 플래그를 설정하고 문자열 이벤트를 받았을 때 이 문자열을 item의 내용으로 취했다. 실행 결과는 앞 예제와 동일하다.

DOM, SAX 외에도 안드로이드는 XmlPullParser라는 것도 제공한다. 전체적인 동작 방식은 SAX 와 유사하되 이벤트 발생시마다 핸들러를 호출하지 않고 대신 루프를 돌며 다음 이벤트를 직접 조사하는 방식이다. SAX에 비해 이벤트 핸들러를 작성하지 않아도 되어 간편하며 문서 전체에서 일부 정보만 필요할 때 관심없는 이벤트는 무시할 수 있다. 상세한 사용법이나 관련 이론은 www.xmlpull.org를 참조하기 바라며 간단하게 예제 하나만 만들어 보자.

```
public class PullParser extends Activity {
    TextView mResult;

    public void onCreate(Bundle savedInstanceState) {
        super.onCreate(savedInstanceState);
        setContentView(R.layout.domparser);

        mResult = (TextView)findViewById(R.id.result);
    }

    public void mOnClick(View v) {
        String xml = "<?xml version=\"1.0\" encoding=\"utf-8\"?>\n" +
            "<order><item>Mouse</item></order>";
        boolean initem = false;
        String ItemName = "";

        try {
            XmlPullParserFactory factory = XmlPullParserFactory.newInstance();
            XmlPullParser parser = factory.newPullParser();
            parser.setInput(new StringReader(xml));

            int eventType = parser.getEventType();
            while (eventType != XmlPullParser.END_DOCUMENT) {
                switch (eventType) {
                case XmlPullParser.START_DOCUMENT:
                    break;
                case XmlPullParser.END_DOCUMENT:
                    break;
                case XmlPullParser.START_TAG:
                    if (parser.getName().equals("item")) {
                        initem = true;
                    }
                    break;
                case XmlPullParser.END_TAG:
                    break;
                case XmlPullParser.TEXT:
                    if (initem) {
                        ItemName = parser.getText();
                        initem = false;
                    }
                    break;
                }
```

```
                eventType = parser.next();
            }
            mResult.setText("주문 항목 : " + ItemName);
        }
        catch (Exception e) {
            Toast.makeText(v.getContext(), e.getMessage(), 0).show();
        }
    }
}
```

getEventType 메서드로 현재 사건을 조사하며 next 메서드로 다음 사건을 조사하면서 문서를 처음부터 순회한다. 최초 문서 시작 이벤트에서 시작하여 문서가 끝날 때까지 태그나 텍스트를 만나면 각 사건마다 getName이나 getText 메서드로 태그 및 텍스트 내용을 조사하여 원하는 정보를 추출한다.

이 외에 데스크톱 환경에서 사용되는 커스텀 파서도 많다. 모바일 환경의 프로세서 속도가 느리기 때문에 공식적인 파서로는 제 속도를 기대하기 어려워 가볍고 빠른 파서가 선호된다. 커스텀 파서는 가볍고 성능이 좋지만 공식 파서에 비해 모든 것을 다 고려하지 않으므로 복잡한 문서에서는 약간의 문제를 일으키기도 한다. 만약 정 속도가 중요하고 문서의 형식이 단순하다면 문자열을 직접 검색하는 방법도 그리 나쁘지는 않다.

28.3.3 JSON 파서

웹 응용 프로그램 개발을 위한 자료 공유 포맷으로 지금까지는 XML을 능가할만한 표준이 없으며 앞으로도 그럴 것이다. 표현력이 풍부하고 규칙이 엄격해서 기계화가 용이한데다 세계 표준으로 확립된 것이므로 이기종간의 통신에도 최적이다. 규칙이 까다롭지만 전문 파서를 사용하면 쉽게 원하는 정보를 뽑아낼 수 있다. 그러나 이 좋은 XML도 자원이 제한된 모바일 환경에서는 사정이 달라진다.

SGML을 간략화한 포맷임에도 워낙 기능이 많다 보니 파서가 정밀하게 분석하자면 시간이 꽤 걸리며 DOM 파서는 문서를 메모리에 다 올려야 하므로 메모리를 많이 소모한다. 고속의 CPU와 넉넉한 메모리를 가진 데스크톱 환경에서는 별 문제가 안 되지만 모바일 환경에서 XML의 비효율성은 치명적이다. 100K 정도 되는 문서를 파싱하는데 10초가 더 걸리는 지경이며 이 정도면 네트워크 속도보다 더 느린 수준이다.

그래서 XML보다 더 간략화된 정보 전달 방법이 고안 되었는데 그 중 하나가 바로 JSON이다. JSON(JavaScript Object Notation)은 웹에서 정보를 주고 받는 경량화된 방법이다. 이름이 의미 하듯이 자바 스크립트에서 주로 사용하는 방법이지만 다른 언어에도 수치, 논리, 문자열, 객체, 배열 등의 타입이 약간씩 다른 형태로 존재하므로 대부분의 언어에 활용할 수 있다. JSON은 무엇보다 프로그래밍 언어의 변수를 전달하는데 효율적이다. 다음은 JSON의 특징 및 장점이다.

- 데이터 파일은 단순한 유니코드 텍스트 파일이므로 사람이 읽을 수 있고 직접 편집도 가능하다. 그러나 형식이 너무 함축적이어서 XML보다 가독성은 떨어진다.
- 단순한 텍스트 파일이므로 네트워크로 전송하기 편리하며 텍스트를 읽고 쓸 수 있는 모든 언어나 플랫폼에 사용 가능하다.
- 헤더, 네임스페이스 따위의 형식적인 정보나 구두점이 거의 없고 정보 자체만 가지므로 XML보다는 일반적으로 길이가 짧다.
- 대부분의 언어에 JSON 파서가 라이브러리 형태로 제공되므로 직접 문자열을 파싱할 필요가 없다. 안드로이드도 JSON 파서를 기본 제공한다.
- RFC 4627로 포맷이 규격화되어 있어 나름대로 표준이 정립되어 있다. 그만큼 많이 쓴다는 얘기며 앞으로도 신뢰성 있는 라이브러리의 지원을 받을 수 있다.

JSON에 저장되는 정보의 형태는 다음 세 가지이다. XML에 비해 표현력 자체는 부족하지만 일반적인 프로그래밍 언어의 데이터 타입을 모두 저장할 수 있다.

① 배열: 대괄호안에 값을 콤마로 구분하여 나열한다. 대괄호 안에 나오는 순서대로 배열 요소의 순서가 매겨진다. 예를 들어 크기 3의 정수형 배열이라면 [1, 2, 3] 식으로 표기한다.

   [값1, 값2, ...]

② 객체: 중괄호 안에 이름:값의 형태로 멤버 하나를 표현하고 각 멤버는 콤마로 구분한다. 이름으로 읽기 때문에 멤버의 순서는 의미가 없다. 이름은 가급적이면 따옴표로 둘러싸는 것이 좋다. 예를 들어 사람 하나의 신상 정보라면 {"name":"이명선", "age":29 } 식으로 표기한다.

   {이름:값, 이름:값 ...}

③ 단순 값: 수치, 문자열, 논리형, null 등의 4가지 타입을 지원한다. 날짜나 시간, 화폐 등의 복잡한 정보는 따로 지원하지 않으므로 문자열 형태로 표현한다.

- 수치: 10진수만 지원하며 소수점을 포함한 고정 소수점, 지수 표기식인 부동 소수점을 지원한다. 언어에 따라서 8진수나 16진수를 지원하는 경우도 있다.
- 문자열: 따옴표로 감싸 표기하며 특수 기호는 확장열로 이스케이프한다. 확장열은 C나 자바와 거의 유사하다. 예를 들어 따옴표 자체는 \"로 표기하고 \n은 개행이다.

- 논리형: true 또는 false 중 하나의 값을 가진다.

- null: 빈 객체를 표현한다.

표현할 수 있는 타입이 굉장히 적은 것 같지만 중첩을 허용하기 때문에 이 정도만으로도 대부분의 언어에서 사용하는 타입을 무리없이 표기할 수 있다. 배열안의 값에 객체가 들어갈 수 있고 객체안에는 또 배열이 들어갈 수 있다. 이런 중첩은 프로그래밍을 조금이라도 해 본 사람이라면 아주 익숙할 것이다. 다음은 주문 정보를 표현한 JSON 파일이다.

```
[{"Product":"Mouse", "Maker":"Samsung", "Price":23000},{"Product ":"KeyBoard",
"Maker":"LG", "Price":12000},{" Product":"HDD", "Maker":"Western Digital",
"Price":156000}]
```

주문 정보 하나는 제품명, 제조사, 가격 등을 멤버로 가지는 객체이고 그런 객체 세 개가 배열을 구성한다. 이 배열이 다른 객체의 멤버가 될 수 있으며 객체는 또 다른 객체의 멤버나 배열의 요소가 될 수 있다. 중첩의 깊이에는 제한이 없으므로 표현할 수 있는 정보의 양은 거의 무한하다.

다음은 JSON 파일을 읽어들이는 방법에 대해 알아보자. 언어별로 JSON 파서를 제공하는데 여기서는 자바의 org.json 패키지가 제공하는 클래스만 소개한다. 자바의 기본 패키지는 아니지만 안드로이드에는 기본적으로 포함되어 있으므로 별다른 설정 없이 바로 사용할 수 있다.

JSONArray 클래스는 JSON 파일에서 배열을 읽어들인다. 생성자로 JSON 문자열을 전달하면 문자열을 파싱하여 내부 메모리에 배열 형태로 저장한다. 배열에 저장된 값을 읽을 때는 다음 메서드를 호출한다. 물론 읽고자 하는 배열 요소의 타입은 미리 알고 있어야 한다. 인수로는 읽고자 하는 요소의 순서값인 첨자를 전달한다.

```
Object get (int index)
int getInt (int index)
String getString (int index)
boolean getBoolean (int index)
JSONArray getJSONArray (int index)
JSONObject getJSONObject (int index)
```

get 메서드는 Object 타입을 리턴하므로 원하는 타입으로 캐스팅해서 대입받는다. 나머지 메서드는 리턴 타입을 분명히 지정하므로 캐스팅할 필요가 없다. 첨자가 발견되지 않으면 예외를 발생시킨다. get 외에 opt* 메서드도 제공되는데 이 메서드는 첨자가 발견되지 않을 때 예외를 발생시키는 대신 null, 0, false 등의 디폴트값을 리턴한다는 점이 다르다.

JSONObject 클래스는 JSON 파일에서 객체를 읽어들인다. 생성자로 JSON 문자열을 전달하면 파싱 후 객체의 멤버 집합을 가지고 있으며 멤버를 읽을 때는 다음 메서드를 호출한다.

```
Object get (String key)
int getInt (String key)
String getString (String key)
boolean getBoolean (String key)
JSONArray getJSONArray (String key)
JSONObject getJSONObject (String key)
```

JSONArray의 메서드와 목록은 동일하되 첨자가 아니라 멤버의 이름을 인수로 전달받는다는 점이 다르다. 배열은 요소를 첨자로 참조하지만 객체는 멤버를 이름으로 참조하기 때문이다. 멤버가 존재하지 않으면 예외가 발생한다. 예외 대신 디폴트를 리턴하는 opt* 메서드가 제공된다는 점도 배열과 동일하다. 차이점은 멤버의 이름을 열거하는 메서드가 따로 제공된다는 정도이다.

```
Iterator keys ()
```

이 메서드가 리턴하는 반복자의 next, hasnext 메서드를 통해 객체의 모든 멤버를 열거한다. 멤버의 이름을 미리 알고 있다면 굳이 열거할 필요 없지만 이름이 가변적일 때는 어떤 멤버로 구성되어 있는지 조사한 후 사용한다.

JSON 파일에 저장되는 정보가 주로 배열과 객체이므로 JSONArray, JSONObject 두 클래스와 그 메서드로 모든 정보를 추출할 수 있다. 다음 예제는 정수형 배열을 정의하는 JSON 파일에서 각 정수를 추출하여 총 합계를 구한다.

JSONArrayTest

```xml
<LinearLayout xmlns:android="http://schemas.android.com/apk/res/android"
    android:orientation="vertical"
    android:layout_width="match_parent"
    android:layout_height="match_parent"
    >
<Button
    android:id="@+id/parse"
    android:layout_width="wrap_content"
    android:layout_height="wrap_content"
    android:onClick="mOnClick"
    android:text="Parse JSON"
    />
```

```
<TextView
    android:id="@+id/result"
    android:layout_width="match_parent"
    android:layout_height="match_parent"
    android:textSize="12sp"
    android:text="Result"
    />
</LinearLayout>
```
- -
```
public class JSONArrayTest extends Activity {
    TextView mResult;

    public void onCreate(Bundle savedInstanceState) {
        super.onCreate(savedInstanceState);
        setContentView(R.layout.jsonparser);

        mResult = (TextView)findViewById(R.id.result);
    }

    public void mOnClick(View v) {
        String Json = "[8,9,6,2,9]";
        try {
            int sum = 0;
            JSONArray ja = new JSONArray(Json);
            for (int i = 0; i < ja.length(); i++) {
                sum += ja.getInt(i);
            }
            mResult.setText("Sum = " + sum);
        } catch (JSONException e) {
            Toast.makeText(v.getContext(), e.getMessage(), 0).show();
        }
    }
}
```

Json 테스트 문자열에는 다섯 개의 요소를 가지는 정수 배열이 저장되어 있다. 이 문자열을 JSONArray의 생성자로 전달하여 파싱하고 length 메서드로 조사한 요소 개수만큼 루프를 돌며 getInt 메서드로 각 요소의 값을 꺼낸다. 예제에서는 각 요소값을 조사하여 sum에 누적시킨 후 출력했으므로 34라는 총 합계가 출력된다.

정수형 배열은 JSON으로 저장할 수 있는 가장 단순한 정보이므로 읽는 것도 쉽다. 다음은 조금 더 복잡한 객체의 배열을 읽어들여 보자.

JSONObjectTest

```java
public class JSONObjectTest extends Activity {
    TextView mResult;

    public void onCreate(Bundle savedInstanceState) {
        super.onCreate(savedInstanceState);
        setContentView(R.layout.jsonparser);

        mResult = (TextView)findViewById(R.id.result);
    }

    public void mOnClick(View v) {
        String Json = "[{\"Product\":\"Mouse\", \"Maker\":\"Samsung\", \"Price\":23000},"
            + "{\"Product\":\"KeyBoard\", \"Maker\":\"LG\", \"Price\":12000},"
            + "{\"Product\":\"HDD\", \"Maker\":\"Western Digital\", \"Price\":156000}]";
        try {
            String Result = "주문 목록\n";
            JSONArray ja = new JSONArray(Json);
            for (int i = 0; i < ja.length(); i++) {
                JSONObject order = ja.getJSONObject(i);
                Result += "제품명:" + order.getString("Product") +
                    ",제조사:" + order.getString("Maker") +
                    ",가격" + order.getInt("Price") + "\n";
            }
            mResult.setText(Result);
        } catch (JSONException e) {
            Toast.makeText(v.getContext(), e.getMessage(), 0).show();
        }
    }
}
```

배열을 읽는 부분은 앞 예제와 동일하다. 다만 배열의 요소가 객체이므로 getJSONObject 메서드로 요소를 읽으며 이렇게 읽은 객체의 멤버도 일일이 읽어야 한다는 점이 다르다. 주문 내역을 문자열 하나로 깔끔하게 정리한 후 텍스트뷰에 출력했다.

JSON은 XML에 비해 무척 단순한 포맷이다. JSON이 XML을 완전히 대체하지 못하겠지만 리소스가 부족한 환경에서는 XML의 대체품으로 충분히 실용적이다. 사실 네트워크를 통해 전달하는 정보는 이보다 더 복잡할 필요가 없다. 문자열, 수치만 해도 웬만한 정보는 다 표현할 수 있고 배열, 객체까지 지원하면 사실상 모든 정보를 다 전달할 수 있는 셈이다. 단순한만큼 빠르고 직관적이다.

CHAPTER 29

BR

29.1 통지

29.1.1 백그라운드 알림

프로그램은 혼자서 실행되지 않으며 끊임없이 사용자와 통신한다. 자신의 상태 변화나 특정 사건이 발생했음을 수시로 보고하며 때로는 다음 동작에 대한 질문을 하거나 작업 지시를 받기도 한다. 활성화된 프로그램의 경우 짧은 메시지는 토스트로 출력하고 긴 전달사항이나 질문은 대화상자를 활용한다. 전면에서 실행 중이므로 사용자와 통신할 방법이 다양하며 사용자와 즉각적인 상호 작용이 가능하다. 앞에서 이런 대화 장치를 많이 사용해 보았다.

안드로이드는 여러 가지 방법으로 백그라운드 작업을 지원하며 프로그램이 활성화되지 않은 상태에서 사용자와 무관하게 실행되기도 한다. 간단하게는 타이머나 스레드가 있고 좀 더 공식적인 방법으로 서비스를 활용할 수 있다. 서비스는 화면에 전혀 보이지 않으며 UI가 없으므로 사용자를 직접 대면하지 않는다. 알람이나 BR의 경우도 배경에서 대기하다가 시간이 되거나 신호를 받았을 때 사용자에게 보고한다.

백그라운드 프로세스는 어떤 사건이 발생할 때 사용자에게 확실하게 알릴 마땅한 방법이 없다. 토스트 정도는 출력할 수 있지만 잠시만 보였다가 사라지므로 사용자가 내용을 확실히 접수했음을 보장하지 못한다. 하루 온종일 핸드폰만 째려 보고 있는 사람은 없으므로 토스트는 중요한 전달 사항에는 적합하지 않다. 부재 중 전화나 약속 시간 따위를 토스트만 잠시 보여주고 말아 버린다면 곤란하다. 대화상자의 경우도 사용자가 화면을 보기 전에는 확인하지 않으므로 마찬가지이다.

그래서 백그라운드 프로세스가 사용자와 통신할 수 있는 더 확실한 방법이 필요한데 그것이 바로 통지(Notification)이다. 화면 제일 위쪽에는 상태란이 있으며 오른쪽에 현재 시간, 배터리 잔량, 네트워크 상태 등이 표시된다. 상태란의 왼쪽은 비어 있는데 이 영역에 통지 아이콘이 나타난다. USB 케이블이 연결되었다거나 배터리가 부족하다는 알림 메시지가 표시되며 부재 중 전화나 메시지를 출력하기에 적당한 영역이다.

통지는 최초 잠깐만 보이지만 토스트와는 달리 사용자가 확인하기 전에는 아이콘이 계속 표시된다. 또한 소리나 진동, 불빛같은 적극적인 방법으로 사용자에게 신호를 보낼 수 있다. 장소가 협소하여 사건 발생 사실만 아이콘으로 표시할 뿐이며 구체적인 내용은 당장 보이지 않는다. 상태란을 아래로 드래그하여 확장하면 통지에 대한 상세한 정보가 출력된다. 통지 뷰의 모습은 버전이나 장비에 따라 다른데 4.1 버전은 현재 시간과 설정 아이콘이 표시되고 그 아래쪽에 상세한 통지 내용이 나타난다.

보통의 경우에는 통지 내용이 없으며 상태란을 확장해 봤자 아무 것도 보이지 않는다. 특별한 사건이 발생하면 이 영역에 상세한 알림 메시지와 시간이 표시된다. 부재 중 전화나 다운로드 완료 등의 통지 메시지를 흔하게 볼 수 있다. 통지 뷰를 탭하면 통지와 관련된 액티비티로 점프하여 상세한 정보를 보여줄 수 있고 사용자와 대화도 가능하다.

서비스나 BR 같은 백그라운드 프로세스를 배우기 전에 통지를 출력하는 방법에 대해 연구해 보자. 통지를 출력하려면 통지 관리자(NotificationManager)와 통지 객체(Notification) 둘을 사용하는데 미리 준비할 것이 많아 다소 번거롭다. 먼저 어떤 내용을 어떻게 알릴지 통지 객체를 생성하고 여러 가지 속성을 원하는 대로 설정한다. 통지 객체의 생성자는 다음과 같다.

```
Notification()
Notification(int icon, CharSequence tickerText, long when)
```

인수를 받지 않는 디폴트 생성자로 생성한 후 속성을 설정하거나 아이콘, 티커 텍스트, 통지 발생 시간 등을 인수로 전달한다. 이전 버전에서는 주로 생성자로 직접 통지 객체를 생성하고 setLatest EventInfo 메서드로 선택 시의 동작을 정의했으나 3.0 이후에는 통지 영역에 출력할 수 있는 옵션이 대폭적으로 늘어나면서 빌더를 통해 통지 객체를 생성하는 것으로 변경되었다. 이전 방식도 여전히 사용할 수는 있지만 최신 기능을 사용할 수 없으므로 가급적이면 빌더로 생성하는 것이 좋다. 빌더의 생성자는 다음과 같다.

```
Notification.Builder(Context context)
```

인수로 리모트 뷰 생성에 사용할 컨텍스트를 전달하는데 통지 객체를 생성하는 액티비티를 전달한다. 이후 다음 메서드로 통지 객체의 속성을 설정한다. 속성의 종류가 굉장히 많은데 이해하기 쉬운 기본 속성부터 정리해 보자.

```
Notification.Builder setTicker(CharSequence tickerText [, RemoteViews views])
Notification.Builder setWhen(long when)
Notification.Builder setSmallIcon(int icon [, int level])
Notification.Builder setLargeIcon(Bitmap icon)
```

티커 텍스트는 통지 영역에 아이콘이 처음 나타날 때 잠시 출력될 짧은 문자열이다. 잠시만 보였다가 금방 사라지지만 통지 전달 시점에 화면을 보고 있다면 티커 텍스트만 보고도 무슨 일이 일어났는지 알 수 있다. 단순 문자열 외에 커스텀 리모트 뷰를 지정하여 더 복잡한 정보도 출력할 수 있다. when은 통지가 발생한 시간을 지정하는데 System.currentTimeMillis 메서드로 구한 현재 시간을 지정하는 것이 보통이며 디폴트도 현재 시간으로 되어 있다.

아이콘은 두 가지를 지정할 수 있는데 작은 아이콘은 상태란 왼쪽에 티커 텍스트와 함께 표시되며 상태란을 펼쳤을 때 통지 뷰에도 나타난다. 또 티커 텍스트가 사라진 후에는 상태란에 작은 아이콘만 남아 통지가 발생했음을 알리는 역할을 한다. 상태란의 면적이 그다지 넓지 않으므로 작은 아이콘만 표시할 수 있다. 3.0 이후에는 큰 아이콘도 추가로 표시할 수 있는데 통지 뷰에 나타난다.

큰 아이콘이 없으면 작은 아이콘이 통지 뷰에 대신 표시되지만 큰 아이콘이 지정되면 통지 뷰에는 큰 아이콘이 사용되며 작은 아이콘은 오른쪽에 표시된다. 통지의 기능이 확장됨으로 인해 단순히 사건 발생만을 알리는 것이 아니라 사건에 대한 정보를 표시할 큰 아이콘이 필요해졌다. 큰 아이콘은 SNS 메시지의 사용자 사진이나 멀티미디어 앱의 앨범 자켓 등을 보여주는 용도로 사용된다. 다음 메서드는 통지 뷰에 대한 여러 가지 속성을 설정한다.

```
Notification.Builder setContentTitle(CharSequence title)
Notification.Builder setContentText(CharSequence text)
Notification.Builder setSubText(CharSequence text)
Notification.Builder setContentIntent(PendingIntent intent)
```

통지 뷰에는 상단의 제목, 중간의 내용, 하단의 서브 텍스트 등 총 3개의 문자열을 표시한다. 모든 문자열을 다 표시할 필요는 없고 필요한 만큼만 표시하면 된다. 문자열이 너무 많으면 오히려 번잡스러워 보이므로 제목에 사건 개요를 적고 내용에 상세 메시지 정도만 표시하는 것이 일반적이다. 사용자가 통지 뷰를 클릭했을 때의 동작은 setContentIntent 메서드로 펜딩 인텐트를 전달하여 지정한다.

PendingIntent 클래스는 인텐트를 래핑하며 다른 응용 프로그램으로 전달하여 실행 권한을 준다는 점에서 보통의 인텐트와 다르다. 통지를 등록하는 앱과 통지 뷰를 관리하는 앱이 다르기 때문에 일반 인텐트로는 의도를 전달할 수 없다. 펜딩 인텐트는 시스템이 관리하며 인텐트를 만든 응용 프로그램이 종료되어도 유효하다. 생성자가 정의되어 있지 않아 객체를 직접 생성할 수 없고 다음 세 개의 정적 메서드 중 하나로 생성한다.

```
PendingIntent getActivity (Context context, int requestCode, Intent intent, int flags)
PendingIntent getBroadcast (Context context, int requestCode, Intent intent, int flags)
PendingIntent getService (Context context, int requestCode, Intent intent, int flags)
```

인텐트로 무엇을 띄울 것인가에 따라 메서드가 나누어져 있는데 액티비티를 띄울 예정이라면 getActivity 메서드로 펜딩 인텐트를 생성한다. context 인수는 인텐트를 등록하는 주체이며 intent는 실행할 작업이다. 펜딩 인텐트를 등록해 놓으면 시스템이 인텐트를 가지고 있다가 통지 뷰가 클릭될 때 내부의 인텐트를 실행한다.

getActivity로 생성된 인텐트는 결국 startActivity를 호출하여 인텐트가 지정하는 액티비티를 띄운다. 통지 뷰에서는 주로 액티비티를 띄우는데 이 경우 인텐트에는 FLAG_ACTIVITY_NEW_TASK 플래그를 지정하여 새로운 태스크를 시작하도록 한다. 나머지 두 메서드는 방송을 보내거나 서비스를 호출한다. 다음은 고급 속성을 보자.

```
Notification.Builder setLights(int argb, int onMs, int offMs)
Notification.Builder setNumber(int number)
Notification.Builder setOngoing(boolean ongoing)
Notification.Builder setSound(Uri sound [, int streamType])
Notification.Builder setVibrate(long[] pattern)
```

setLights 메서드는 통지 발생시에 장비의 LED를 깜박거리며 색상과 주기를 지정한다. 모든 장비가 LED를 가지고 있지 않으며 지원하는 색상도 제한적이어서 반드시 지정한 색상대로 출력되는 것은 아니다. setNumber 메서드는 통지와 함께 숫자 하나를 보여주는데 여러 가지 의미로 사용된다. 부재중 메시지 알림의 경우 총 몇 통의 메시지가 왔는지 표시하고 충전중 알림이라면 충전 진행 정도를 표시한다.

setOngoing 메서드로 지정하면 일회적인 알림이 아니라 음악 재생이나 싱크 등의 작업이 진행 중임을 나타낸다. 사용자가 통지를 직접 제거할 수 없으며 코드에서 작업 완료시에만 제거할 수 있다. 통지 발생시 사운드를 낸다거나 진동을 발생시킬 수도 있다. 통지는 주로 화면이 꺼진 상태에서 발생하므로 소리나 진동을 통해 사용자에게 적극적으로 사건 발생을 알리는 것이 좋다. 이 모든 설정이 완료되면 최종적으로 다음 메서드를 호출하여 통지 객체를 생성한다.

```
Notification build()
```

빌더의 모든 메서드는 빌더 자신을 리턴하므로 연쇄적인 호출이 가능하며 최종적으로 build 메서드를 호출함으로써 통지 객체를 생성한다. 대부분의 속성은 빌더의 메서드로 지정하지만 통지 객체를 생성한 후에도 다음 필드를 직접 조작할 수 있다. 이전 버전에서는 필드를 직접 조작했었지만 지금은 빌더에 이 속성을 변경하는 메서드가 제공되므로 가급적이면 빌더를 통해 속성을 설정하는 것이 좋다.

필드	설명
number	통지 아이콘에 겹쳐서 출력될 숫자를 지정한다. 예를 들어 새로운 메시지가 도착했다는 통지라면 메시지의 개수를 같이 표시할 수 있다. 0이나 음수를 지정하면 숫자가 표시되지 않는다.
sound	통지와 함께 출력할 소리를 Uri 객체로 지정한다.
vibrate	진동 방식을 지정한다. 진동할 시간과 멈출 시간을 배열로 전달함으로써 진동의 패턴을 지정한다.
ledARGB	불빛의 색상을 지정한다. 장비에 장착된 LED의 능력에 따라 표현 가능한 색상은 달라진다.
ledOnMs, ledOffMs	LED를 켤 시간과 끌 시간을 1/1000초 단위로 지정한다. 이 두 값은 LED의 점멸 주기를 지정한다. 정확하지는 않지만 장비는 가급적 근접한 시간을 지킨다.
defaults	디폴트로 취할 통지 전달 방식을 지정한다.
flags	통지의 동작 방식을 지정한다.

주로 소리나 진동을 같이 사용하는데 소리 파일이나 진동 패턴을 직접 만들기는 상당히 번거롭다. 그래서 시스템은 디폴트 소리와 진동 기능을 제공하며 defaults 필드에 어떤 기능을 사용할 것인지 지정한다.

플래그	설명
DEFAULT_SOUND	소리를 발생시킨다.
DEFAULT_VIBRATE	진동을 발생시킨다.
DEFAULT_LIGHTS	불빛을 깜박거린다.
DEFAULT_ALL	위 세 가지 동작을 모두 수행한다.

defaults 필드에 값을 대입하면 시스템이 제공하는 기능을 사용할 수 있으므로 별도의 리소스를 준비할 필요가 없다. 물론 sound, vibrate 필드를 사용하면 소리나 진동도 원하는 대로 디자인할 수 있다. flags 필드에는 통지의 동작 및 관리 방법을 지정한다.

플래그	설명
FLAG_AUTO_CANCEL	사용자가 아이콘을 탭하면 자동으로 통지를 취소한다.
FLAG_INSISTENT	취소하거나 상태란을 확장하기 전까지 소리를 계속 발생시킨다.
FLAG_NO_CLEAR	clear all을 선택해도 취소되지 않는다.
FLAG_ONGOING_EVENT	계속 진행 중인 이벤트를 참조한다.
FLAG_ONLY_ALERT_ONCE	통지가 보이지 않을 때 사운드, 진동, 티커가 동작한다.
FLAG_SHOW_LIGHTS	LED 불빛을 출력한다.

빌더와 통지 객체 자체의 필드를 통해 알리고자 하는 정보를 준비한 후 통지 관리자로 등록한다. 통지 관리자는 시스템이 제공하는 서비스이므로 객체를 직접 생성할 필요 없이 다음 호출문으로 구한다.

```
getSystemService(NOTIFICATION_SERVICE)
```

통지 관리자의 메서드는 통지를 등록하거나 취소하는 다음 세 개 뿐이다.

```
void notify (int id, Notification notification)
void notify (String tag, int id, Notification notification)
void cancel (int id)
void cancel (String tag, int id)
void cancelAll ()
```

notify 메서드의 첫 번째 인수는 등록할 통지 객체의 고유한 식별 번호이되 정수 ID를 지정하거나 문자열 형태의 태그로 이름을 지정한다. 한 프로그램이 여러 개의 통지를 동시에 보낼 수 있으므로 서로 구분하기 위해 중복되지 않는 ID를 부여한다. 이 ID는 이후 통지 객체의 아이콘을 변경하거나 취소할 때 사용된다. 두 번째 인수는 미리 준비해 놓은 통지 객체이다.

29.1.2 통지 출력

통지 하나를 출력하기 위해 준비해야 할 것이 많고 절차가 복잡해서 이론만 봐서는 통지를 정복하기 어렵다. 간단하나마 예제를 만들어 보자. 다음 예제는 통지 기능을 이용한 낮잠 도우미이다. 오후에 잠깐씩 자는 낮잠은 업무 효율 향상에 아주 좋지만 한 번 잠들면 원하는 시간에 정확하게 일어나기 어렵다는 점이 곤란하다. 낮잠을 자기 전에 이 프로그램을 실행해 놓으면 원하는 시간이 경과한 후에 소리나 진동으로 사용자를 깨운다.

모바일 장비는 항상 들고 다니는 것이므로 언제 어디서나 꼭 원하는 시간만큼 낮잠을 즐길 수 있다. 연구에 의하면 낮잠을 많이 자면 오히려 역효과가 발생하며 20분 정도가 가장 좋다고 한다. 실제 프로젝트라면 20분 후에 통지를 보내겠지만 20분씩이나 기다릴 수 없으므로 예제 테스트의 편의를 위해 5초 후에 통지를 보내도록 했다. 예제는 액티비티에서 통지를 출력하지만 서비스나 BR에서도 마찬가지 방법으로 사용할 수 있다.

NapAlarm

```
<LinearLayout xmlns:android="http://schemas.android.com/apk/res/android"
    android:orientation="vertical"
    android:layout_width="match_parent"
    android:layout_height="match_parent"
    >
<Button
    android:id="@+id/start"
    android:layout_width="wrap_content"
    android:layout_height="wrap_content"
    android:onClick="mOnClick"
    android:text="낮잠 시작"
    />
</LinearLayout>
-------------------------------------------------------
public class NapAlarm extends Activity {
    static final int NAPNOTI = 1;
    NotificationManager mNotiManager;

    public void onCreate(Bundle savedInstanceState) {
        super.onCreate(savedInstanceState);
        setContentView(R.layout.napalarm);
        mNotiManager = (NotificationManager)getSystemService(
            NOTIFICATION_SERVICE);
```

```
        }

    public void mOnClick(View v) {
        Toast.makeText(NapAlarm.this, "안녕히 주무세요", 0).show();
        v.postDelayed(new Runnable() {
            public void run() {
                Intent intent = new Intent(NapAlarm.this, NapEnd.class);
                intent.addFlags(Intent.FLAG_ACTIVITY_NEW_TASK);
                PendingIntent content = PendingIntent.getActivity(
                        NapAlarm.this, 0, intent, 0);


                Notification noti = new Notification.Builder(NapAlarm.this)
                .setTicker("일어나세요")
                .setContentTitle("기상 시간")
                .setContentText("일어나! 일할 시간이야.")
                .setSubText("일을 해야 돈을 벌고 돈을 벌어야 밥먹고 살지!!")
                .setSmallIcon(R.drawable.napalarm)
                .setLargeIcon(BitmapFactory.decodeResource(getResources(),
                        R.drawable.harubang))
                .setContentIntent(content)
                .build();

                mNotiManager.notify(NapAlarm.NAPNOTI, noti);
            }
        }, 5 * 1000);
    }
}
```

레이아웃에는 낮잠 시작이라는 버튼 하나만 달랑 배치했다. 이 버튼을 누르면 잘 자라는 공손한 인
사말을 토스트로 보여주고 적당한 시간이 흐른 후에 통지 객체를 생성하여 등록한다. 예제에서는 신
속하게 확인하기 위해 5초로 되어 있다. 대기 시간이 길다면 알람이나 타이머를 사용하는 것이 정석
이지만 이 예제의 경우는 대기 시간이 짧으므로 postDelayed 메서드로 5초 후에 곧바로 통지를 출
력했다.

리소스에 낮잠을 깨우는 나팔수 모양의 아이콘을 준비해 두었으며 티커 텍스트로 일어나라는 짧은
문자열을 등록했다. 큰 아이콘은 통지 뷰에 표시되며 그 옆에 세 줄의 텍스트를 출력한다. 일어나서
통지 아이콘을 클릭하면 NapEnd 액티비티를 호출하여 낮잠이 끝났음을 알린다. NapEnd 액티비
티는 onCreate에서 통지 객체를 취소하고 버튼 클릭시 스스로 종료하는 간단한 동작을 한다.

```
<LinearLayout xmlns:android="http://schemas.android.com/apk/res/android"
    android:orientation="vertical"
    android:layout_width="match_parent"
    android:layout_height="match_parent"
    >
<TextView
    android:layout_width="match_parent"
    android:layout_height="wrap_content"
    android:text="안녕히 주무셨어요."
    />
<Button
    android:id="@+id/end"
    android:layout_width="wrap_content"
    android:layout_height="wrap_content"
    android:text="오냐"
    />
</LinearLayout>
--------------------------------------------------------
public class NapEnd extends Activity {
    protected void onCreate(Bundle savedInstanceState) {
        super.onCreate(savedInstanceState);
        setContentView(R.layout.napend);

        NotificationManager NM = (NotificationManager)
            getSystemService(NOTIFICATION_SERVICE);
        NM.cancel(NapAlarm.NAPNOTI);

        Button btn = (Button)findViewById(R.id.end);
        btn.setOnClickListener(new Button.OnClickListener() {
            public void onClick(View v) {
                finish();
            }
        });
    }
}
```

낮잠 시작 버튼을 누르고 잠시 기다리면 상태란에 통지 객체가 나타난다. 통지를 등록한 프로그램이 아닌 임의의 프로그램이 실행 중이더라도 통지는 잘 출력되며 다른 프로그램 사용중에도 사건 발생 여부를 알 수 있다. 낮잠 시작 버튼을 누른 후 Home 버튼을 눌러 홈 화면으로 이동해도 잘 동작하며 심지어 Back 버튼을 눌러 액티비티를 종료해도 상관없다. 사실 활성화된 프로그램은 대화상자를 쓰면 되므로 군이 통지 객체를 등록할 필요가 없다.

지정한 시간이 되면 상태란에 짧은 티커 텍스트와 아이콘이 스크롤되며 나타났다가 티커 텍스트는 잠시 후 사라지고 아이콘만 남는다. 상태란의 영역이 넓지 못한데다 여러 개의 통지가 동시에 발생할 수 있어 티커 텍스트는 항상 표시할 수 없다. 사용자는 티커 텍스트를 보고 사건이 발생했음을 눈치채며 설사 티커 텍스트를 놓쳤다 하더라도 남아 있는 아이콘을 통해 언제가는 확인할 것이다. 여러 개의 사건이 동시에 일어날 때는 아이콘만 봐서 의미를 바로 알기 어려운데 이럴 때는 상태란을 드래그하여 확장해 본다.

큰 아이콘과 제목, 구체적인 설명, 서브 텍스트가 표시되고 오른쪽에는 통지가 발생한 시간과 작은 아이콘이 나타난다. 통지 뷰에 표시되는 이 모든 정보가 빌더에 의해 설정된 것이다. 확장된 상태란에서 통지 뷰를 탭하면 미리 지정해 놓은 액티비티가 호출되며 상태란의 아이콘은 사라진다. NapEnd는 실행되자마자 1번 통지 객체를 취소하는데 통지 객체를 등록할 때 FLAG_AUTO_CANCEL 플래그를 지정해 놓았다면 사용자가 아이콘을 탭할 때 자동으로 취소되므로 이 코드는 군이 필요치 않다.

이 액티비티에 좀 더 상세한 메시지를 출력하거나 사용자의 다음 동작을 기다릴 수 있는데 낮잠 도우미의 경우는 인사말을 하는 것밖에 달리 할 일이 없다. 오냐 버튼을 클릭하면 액티비티가 종료되며 달콤한 낮잠 시간이 끝난다. 사건 자체가 간단하므로 통지를 받은 액티비티도 별로 할 일이 없다. 만약 부재 중 전화 통지에 대한 액티비티라면 전화 다시 걸기 정도의 기능을 제공할 것이다.

29.1.3 커스텀 통지 뷰

빌더나 통지 객체는 알림을 표시하는 굉장히 많은 속성을 제공한다. 그러나 아무리 많은 속성을 동원하더라도 출력 형태가 고정적이므로 통지 뷰에 변화를 줄 수 있는 폭도 제한적일 수밖에 없다. 문자열과 이미지만으로는 강렬한 인상을 줄 수 없으며 정보에 대한 상세함도 떨어진다. 전달하고 싶은 내용을 그럴싸하게 표현하려면 커스텀 뷰를 만들어 사용한다. 커스텀 통지 뷰도 일반적인 뷰이므로 XML 파일에 레이아웃을 작성한다.

customnotiview.xml

```xml
<LinearLayout xmlns:android="http://schemas.android.com/apk/res/android"
    android:layout_width="match_parent"
    android:layout_height="match_parent"
    >
<ImageView
    android:id="@+id/image"
    android:layout_width="wrap_content"
    android:layout_height="wrap_content"
    android:src="@drawable/napview"
    />
<TextView
    android:id="@+id/text"
    android:layout_width="wrap_content"
    android:layout_height="wrap_content"
    android:text="일어나! 으헝~"
    android:textColor="#808080"
    android:textSize="18sp"
    android:layout_gravity="center_vertical"
    />
</LinearLayout>
```

수평 리니어 안에 이미지 하나와 텍스트뷰 하나를 배치했다. 얼마든지 더 예쁘장하게 만들 수 있지만 상태란의 크기에 제약이 있는 데다 여러 개의 통지가 한꺼번에 출력될 경우도 고려해야 하므로 통지 뷰의 크기에는 한계가 있다. 잠이 확 깰 수 있는 무시 무시한 이미지를 보여 줌으로써 당장 일어나도록 협박하는 효과를 주었다.

이 뷰는 통지를 하는 프로세스가 만든 것이지만 상태란에 이 뷰를 표시하는 처리는 운영체제가 한다. 그래서 통상적인 뷰로 생성해서는 안 되며 프로세스의 경계를 넘어 출력할 수 있는 RemoteViews 클래스의 객체로 생성해야 한다. RemoteViews는 진짜 뷰는 아니고 다른 프로세스에서 뷰를 생성하기 위해 뷰의 모양을 정의하는 객체이다. 생성자로 패키지 이름과 레이아웃 리소스의 id를 전달한다.

```
RemoteViews(String packageName, int layoutId)
```

이미지와 텍스트 내용이 고정적이라면 위 소스처럼 XML 파일에 아예 내용을 미리 대입해 놓는 것이 가장 간편하다. 그러나 통지의 내용에 따라 가변적이라면 다음 메서드로 이미지와 텍스트를 실시간으로 결정해서 대입한다.

```
void setImageViewResource(int viewId, int srcId)
void setTextViewText(int viewId, CharSequence text)
```

차일드 뷰의 id와 대입할 내용을 전달한다. 예를 들어 부재중 전화가 왔다면 누구한테 언제 왔었는지 표시하고 주소록에 등록된 사진을 출력하면 적당하다. 리모트 뷰가 준비되었으면 빌더의 다음 메서드로 전달한다.

```
Notification.Builder setContent(RemoteViews views)
```

통지 뷰에 리모트 뷰의 레이아웃이 전개되어 나타난다. 다음 예제는 커스텀 통지 뷰를 사용하고 가급적 많은 옵션을 적용해본 것이다. 실제 어떤 소리가 발생할 것인가는 장비와 버전에 따라 달라지는데 에뮬레이터의 경우는 북소리가 난다. 소리 외에 진동과 불빛도 사용했는데 낮잠을 깨우는 데는 특히 진동이 효과적이다.

CustomNotiView

```java
public class CustomNotiView extends Activity {
    static final int NAPNOTI = 1;
    NotificationManager mNotiManager;

    public void onCreate(Bundle savedInstanceState) {
        super.onCreate(savedInstanceState);
        setContentView(R.layout.napalarm);
        mNotiManager = (NotificationManager)getSystemService(
                NOTIFICATION_SERVICE);
```

```
        }

        public void mOnClick(View v) {
            Toast.makeText(CustomNotiView.this, "안녕히 주무세요", 0).show();
            v.postDelayed(new Runnable() {
                public void run() {
                    Intent intent = new Intent(CustomNotiView.this, NapEnd.class);
                    intent.addFlags(Intent.FLAG_ACTIVITY_NEW_TASK);
                    PendingIntent content = PendingIntent.getActivity(
                            CustomNotiView.this, 0, intent, 0);

                    RemoteViews napView = new RemoteViews(getPackageName(),
                            R.layout.customnotiview);

                    Notification noti = new Notification.Builder(CustomNotiView.this)
                    .setTicker("일어나세요")
                    .setSmallIcon(R.drawable.napalarm)
                    .setContentIntent(content)
                    .setDefaults(Notification.DEFAULT_SOUND | Notification.DEFAULT_VIBRATE)
                    .setVibrate(new long[] {1000,1000,500,500,200,200,200,200,200,200})
                    .setLights(0xff00ff00, 500, 500)
                    .setContent(napView)
                    .build();

                    noti.flags |= (Notification.FLAG_INSISTENT | Notification.FLAG_SHOW_LIGHTS);

                    mNotiManager.notify(NapAlarm.NAPNOTI, noti);
                }
            }, 5 * 1000);
        }
    }
```

napView 리모트 뷰를 미리 생성해 놓고 빌더의 setContent 메서드로 전달했으며 사운드와 진동 효과도 적용했다. 커스텀 뷰를 사용하므로 제복, 내용, 큰 아이콘 등은 지정해 봤자 무시당한다. 실행하면 표준 통지 뷰보다 더 복잡한 뷰가 나타난다. 그래봐야 이미지 하나일 뿐이지만 최소한 문자열보다는 보기에 좋다. 실장비에서는 소리와 진동이 발생하고 화면이 꺼져있을 때는 초록색 LED가 점등되며 사용자가 통지를 확인할 때까지 끈질기게 소리를 내서 귀찮게 한다.

통지 뷰가 출력될 때의 상황은 달라질 수 있으므로 해상도나 화면 방향에 대한 호환성이 충분해야 힌다. 너무 화려한 장식은 삼가고 꼭 필요한 정보만 보여줄 수 있도록 간결하게 작성하는 것이 좋다. 이 예제는 이미지와 문자열 정도만 보여주는데 버튼을 배치하고 버튼에 대해 펜딩 인텐트를 작성하면 통지 뷰에서 명령을 직접 입력받아 처리할 수 있다.

29.2 BR

29.2.1 방송

모바일 장비는 이동중에 사용하는데다 외부 전원 공급이 없고 장비의 탈부착이 잦으므로 여러 가지 변화가 자주 발생한다. 배터리가 부족하다거나 네트워크 환경이 바뀌는 경우도 흔하고 그 외 여러 가지 환경이 수시로 변한다. 사소한 변화가 있을 때마다 시스템은 어떤 변화가 있었는지 신호를 보내는데 이를 방송이라고 한다. 보내는 쪽은 하나이고 받는 쪽은 다수이므로 방송이라는 용어를 사용한다. 응용 프로그램은 항상 방송에 귀를 기울여 주위 환경의 변화에 적극적으로 대처해야 한다.

방송을 청취하려는 응용 프로그램은 BR(Broadcast Receiver:방송 수신자)을 작성해 두고 관심 있는 방송을 대기한다. BR은 안드로이드 응용 프로그램을 구성하는 4개의 컴포넌트 중 하나로서 오로지 방송 수신 대기만 하며 사용자와 직접 대면은 하지 않는다. BroadcastReceiver 클래스로부터 상속받으며 방송을 수신하는 다음 메서드를 재정의한다. 추가로 더 필요한 멤버나 메서드도 물론 가질 수 있다.

```
void onReceive (Context context, Intent intent)
```

방송이 수신되면 onReceive 메서드가 호출된다. context는 BR이 실행되는 컨텍스트이며 intent는 수신된 방송 내용이다. 인텐트의 액션에 어떤 방송인지 들어 있으며 방송에 대한 추가 정보가 Extras나 인텐트의 기타 멤버에 저장되어 전달된다. 응용 프로그램은 인텐트의 추가 정보를 해석하여 어떤 변화가 발생했는지 알아내고 이에 적절히 대응한다.

BR은 프로세스의 메인 스레드에서 실행된다. 따라서 시간을 너무 오래 끌어서는 안 되며 10초 내로 리턴해야 한다. 만약 10초 내로 onReceive 메서드가 리턴하지 않으면 시스템은 응답이 없는 것으로 판별하며 강제로 죽여 버릴 수도 있다. 주어진 시간이 짧으므로 꼭 필요한 동작만 하고 최대한 빨리 리턴해야 한다. 스레드를 생성하여 비동기적으로 동작하는 것도 의미가 없는데 왜냐하면 onReceive 메서드가 리턴하면 스레드가 완료되기도 전에 BR의 생명이 끝나 버리기 때문이다. 사용자에게 전달할 내용도 대화상자를 사용할 수 없으며 통지를 대신 사용해야 한다.

방송은 시스템이 보내고 응용 프로그램은 수신만 하는 것이 일반적이다. 그러나 응용 프로그램도 특별한 변화를 유발시켰다거나 특이한 변화를 발견했다면 다른 응용 프로그램에게 방송을 보낼 수 있다. 그래서 방송은 응용 프로그램끼리 통신하는 공식적인 수단으로 활용된다. 응용 프로그램이 방송할 때는 다음 메서드를 호출한다.

```
void sendBroadcast (Intent intent [, String receiverPermission])
void sendOrderedBroadcast (Intent intent, String receiverPermission)
```

intent 인수는 전달하고자 하는 방송 내용이다. 액션에 방송의 주 내용을 대입하며 인텐트의 다른 필드에 추가 정보를 전달한다. 허가받은 수신자에게만 방송을 보내고 싶다면 두 번째 인수로 퍼미션을 지정하되 퍼미션이 필요 없으면 인수를 생략하거나 null로 전달한다. 방송을 보내는 메서드에 따라 방송이 전달되는 방식이 조금 달라진다.

일반 방송은 비동기적으로 동작하여 호출시 즉시 리턴한다. 수신자가 방송을 수신했는지의 여부는 관여하지 않으며 누가 먼저 방송을 받을지 알 수 없다. 비동기적이며 비순서적이므로 효율이 좋다. 순서 있는 방송은 인텐트 필터의 android:priority 속성이 지정하는 중요도에 따라 수신 순서가 결정되어 차례대로 전달된다. 수신자는 다음 순위의 수신자에게 방송을 계속 전달할 수도 있고 중간에 방송을 취소할 수도 있다.

응용 프로그램이 방송을 보내고 받는 간단한 예제를 만들어 보자. 다음 예제는 공짜 네트워크를 감시하다가 발견되는 즉시 방송한다. 모바일 장비는 여러 가지 네트워크 접속 방식을 지원하는데 비용상의 차이가 심하므로 가급적이면 저렴한 연결 방식을 사용하는 것이 유리하다. 모바일 네트워크는 통화료가 부과되지만 WiFi는 대개의 경우 공짜다. 이 방송에 의해 무료 네트워크 발견 즉시 네트워크 접속 프로그램이 동작을 재개할 수 있다.

```
<LinearLayout xmlns:android="http://schemas.android.com/apk/res/android"
    android:orientation="vertical"
    android:layout_width="match_parent"
    android:layout_height="match_parent"
    >
<TextView
    android:layout_width="match_parent"
    android:layout_height="wrap_content"
    android:text="이 프로그램은 무료 네트워크를 감시합니다."
    />
<Button
    android:id="@+id/brfree"
    android:layout_width="wrap_content"
    android:layout_height="wrap_content"
    android:onClick="mOnClick"
    android:text="공짜 발견"
    />
</LinearLayout>
-------------------------------------------------------------
public class DetectFree extends Activity {
    public void onCreate(Bundle savedInstanceState) {
        super.onCreate(savedInstanceState);
        setContentView(R.layout.detectfree);
    }

    public void mOnClick(View v) {
        Intent intent = new Intent();
        intent.setAction("andexam.ver6.FREEWIFI");
        sendBroadcast(intent);
    }
}
```

무료 네트워크 접속이 가능한지 알아 내려면 연결 관리자를 주기적으로 점검하여 WiFi 연결이 사용 가능한지 항상 감시해야 한다. 그러자면 스레드나 서비스를 작성해야 하므로 번거로워지는데 이 예제에서는 버튼을 누를 때 무료 네트워크를 찾은 것으로 가정했다. 무료 네트워크 발견시 인텐트에 WiFi를 발견했다는 액션을 기록하여 방송을 보낸다.

방송의 액션명은 중복을 방지하기 위해 패키지명을 먼저 쓰고 방송 내용을 문자열로 정의하는 것이 관행이다. andexam.ver6.FREEWIFI 라는 액션명은 andexam.ver6 패키지에서 방송하는 FREEWIFI 라는 뜻이다. 버전이 다른 예제끼리의 충돌 방지를 위해 버전부도 포함시켰다. 이 방송을 수신하는 프로그램은 다음과 같다. 편의상 같은 패키지에 속해 있지만 패키지가 달라도 방송을 받을 수 있다.

FreeBR

```java
public class FreeBR extends BroadcastReceiver {
    public void onReceive(Context context, Intent intent) {
        Intent intent2 = new Intent(context,
                andexam.ver6.c28_network.AsyncDownHtml.class);
        intent2.addFlags(Intent.FLAG_ACTIVITY_NEW_TASK);
        context.startActivity(intent2);
    }
}
```

onReceive 메서드에서 앞장의 AsyncDownHtml 액티비티를 호출했다. AsyncDownHtml 예제는 네트워크에 접속하고 웹 페이지 문서를 다운로드하여 무료 네트워크를 적절히 사용한다. BR도 응용 프로그램을 구성하는 컴포넌트 중 하나이므로 매니페스트에 등록한다. 매니페스트에 다음과 같이 BR이 등록되어 있다.

```xml
<receiver android:name=".c29_br.FreeBR">
    <intent-filter>
        <action android:name="andexam.ver6.FREEWIFI" />
    </intent-filter>
</receiver>
```

BR의 이름을 쓰고 인텐트 필터에 어떤 액션에 대해 반응하는지 밝혀 놓는다. 이 선언문은 FREEWIFI가 방송될 경우 FreeBR이 수신한다는 뜻이며 이때 FreeBR의 onReceive가 호출된다. onReceive에서 AsyncDownHtml을 호출했으므로 무료 네트워크가 발견되는 즉시 AsyncDownHtml 액티비티가 실행된다. 이 예제를 실행해 놓고 버튼을 누르면 AsyncDownHtml 액티비티가 새로운 태스크로 실행된다.

버튼을 클릭하는 사용자의 동작이 필요해 실감나지 않지만 BR을 사용하면 무료 네트워크 발견 즉시 필요한 동작을 취할 수 있다는 것을 알 수 있다. 운영체제는 설치된 모든 응용 프로그램의 매니페스트를 뒤져 BR을 호출하므로 수신자는 실행 중이 아니어도 상관없으며 설치되어 있기만 하면 된다. 만약 FREEWIFI 방송에 관심을 가지는 BR이 전혀 없다면 방송만 할 뿐 아무도 이를 수신하지 않는다.

BR은 보통 매니페스트에 등록해 두며 이 경우 BR은 설치 직후부터 항상 방송 수신을 대기하는 셈이다. 액티비티가 실행 중인 동안만 방송을 수신하려면 코드에서 BR을 일시적으로 등록할 수 있다. 필요할 때만 방송을 수신하려면 매니페스트에 등록할 필요 없이 다음 메서드로 등록 및 해제한다.

```
Intent registerReceiver (BroadcastReceiver receiver, IntentFilter filter)
void unregisterReceiver (BroadcastReceiver receiver)
```

등록 메서드로 BR 객체와 인텐트 필터를 전달하여 어떤 방송에 대해 어떤 BR 객체를 호출할 것인가를 지정한다. 액티비티가 종료될 때는 BR 등록을 해제한다. BR을 등록하는 최적의 시점은 onResume이며 등록을 해제할 최적의 시점은 onPause이다. 결국 이 BR은 액티비티가 실행 중인 동안만 동작하는 셈이다. 액티비티는 운영체제에 의해 종료 및 재실행될 수 있는데 실행 직후부터 대기하고 싶다고 해서 onCreate에서 등록하는 것이 아님을 주의하자.

다음 예제는 통화 할인 지역을 감시하여 할인 지역으로 들어왔을 때 방송을 보낸다. 각 통신사마다 통화 요금이 할인되는 지역이 있는데 할인 지역에 들어 왔을 때를 알아내는 것이다. 실제 프로젝트에서는 GPS를 수신하여 현재 위치를 알아내고 데이터베이스를 쿼리하여 할인 지역인지 조사해야겠지만 여기서는 그냥 버튼을 누를 때 찾은 것으로 가정했다.

```
<LinearLayout xmlns:android="http://schemas.android.com/apk/res/android"
    android:orientation="vertical"
    android:layout_width="match_parent"
    android:layout_height="match_parent"
    >
<TextView
    android:layout_width="match_parent"
    android:layout_height="wrap_content"
    android:text="이 프로그램은 통화 할인 지역을 감시합니다."
    />
<Button
    android:id="@+id/brsavezone"
    android:layout_width="wrap_content"
    android:layout_height="wrap_content"
    android:onClick="mOnClick"
    android:text="할인 지역 발견"
    />
</LinearLayout>
- - - - - - - - - - - - - - - - - - - - - - - - - - - - - - - - - - - - - - - - -
public class DetectSaveZone extends Activity {
    public void onCreate(Bundle savedInstanceState) {
        super.onCreate(savedInstanceState);
        setContentView(R.layout.detectsavezone);
    }

    public void mOnClick(View v) {
        v.postDelayed(new Runnable() {
            public void run() {
                Intent intent = new Intent();
                intent.setAction("andexam.ver6.SAVEZONE");
                sendBroadcast(intent);
            }
        }, 10000);
    }
}
```

버튼을 누르면 10초 동안 대기했다가 방송을 한다. 10초의 대기 시간을 두는 이유는 수신 액티비티를 실행할 시간이 필요하기 때문이다. 방송을 보내는 예제와 받는 예제가 같은 프로젝트에 속해 있고 사용자가 수동으로 버튼을 눌러 방송을 보내는 흉내를 내기 때문에 어쩔 수 없이 어색한 꼼수가 필요하다. 실제 프로젝트에서는 백그라운드 서비스가 방송하고 액티비티가 수신하므로 이렇게 할 필요가 없다. 이 방송을 수신하는 액티비티는 다음과 같이 작성한다.

OnSaveZone

```xml
<LinearLayout xmlns:android="http://schemas.android.com/apk/res/android"
    android:orientation="vertical"
    android:layout_width="match_parent"
    android:layout_height="match_parent"
    >
<TextView
    android:layout_width="match_parent"
    android:layout_height="wrap_content"
    android:text="이 액티비티가 실행 중인 동안 SAVEZONE 방송을 수신합니다."
    />
</LinearLayout>
```
```java
public class OnSaveZone extends Activity {
    public void onCreate(Bundle savedInstanceState) {
        super.onCreate(savedInstanceState);
        setContentView(R.layout.onsavezone);
    }

    public void onResume() {
        super.onResume();
        IntentFilter filter = new IntentFilter();
        filter.addAction("andexam.ver6.SAVEZONE");
        registerReceiver(mSaveZoneBR, filter);
    }

    public void onPause() {
        super.onPause();
        unregisterReceiver(mSaveZoneBR);
    }

    BroadcastReceiver mSaveZoneBR = new BroadcastReceiver() {
        public void onReceive(Context context, Intent intent) {
            Toast.makeText(context, "아싸! 공짜다.",
                    Toast.LENGTH_LONG).show();
        }
    };
}
```

방송을 수신하는 BR 객체를 mSaveZoneBR 멤버로 선언했다. BR 객체 자체의 동작은 아주 간단하므로 굳이 분리된 모듈에 작성하지 않아도 상관없다. onReceive에서는 할인 지역에 들어왔음을 알리는 토스트만 출력했는데 실제 프로젝트에서는 할인의 혜택을 누리기 위해 할인 통화를 하거나 밀려 있던 문자 메시지를 왕창 보내는 동작이 가능하다.

onResume 메서드에서 SAVEZONE 방송 수신시 mSaveZoneBR을 호출하라는 것을 등록했다. 따라서 이 액티비티가 실행 중인 동안에는 SAVEZONE 방송에 대해 반응한다. 방송 액티비티에서 할인 지역 발견 버튼을 누른 후 OnSaveZone 액티비티를 실행해 놓으면 10초후에 토스트가 나타난다.

등록된 BR은 onPause에서 해제한다. 굳이 해제하지 않더라도 액티비티가 종료되면 어차피 BR 객체도 없어지므로 방송 수신을 하지 않는다. 그러나 등록된 BR이 유효한지 검사하는 헛수고를 하게 되므로 가급적이면 정석대로 해제하는 것이 좋다.

여기서는 공짜나 할인 지역 발견시에 방송을 보내는 예제를 만들어 보았는데 사실 실용성은 별로 없다. 반대의 예제도 생각할 수 있는데 예를 들어 무료 네트워크 접속이 끊어졌을 때 이 사실을 사용자에게 알려 주면 요금 절약에 꽤 도움이 된다. 시작할 때는 WiFi로 접속했지만 이동중에 사용자가 모르는 사이에 유료로 접속되어 요금 폭탄을 맞는 사고를 사전에 방지할 수 있다.

29.2.2 배터리 감시

모바일 장비는 거의 항상 배터리로 동작하며 배터리가 없으면 아무 것도 할 수 없다. 따라서 배터리의 남은 양은 모든 응용 프로그램이 관심을 가져야 할 중요한 정보이다. 중간에 끊어져서는 안 되는 장시간 작업을 하는 중에 배터리가 떨어지면 난감해지는데 이때 응용 프로그램은 작업을 즉시 중지하고 다음 전원 연결시까지 안정적으로 휴식을 취해야 한다. 또한 배터리를 많이 소모하는 작업은 배터리의 남은 양에 따라 작업의 강도를 조정하여 배터리를 아껴야 한다.

응용 프로그램이 배터리의 상태를 조사할 수 있지만 그렇다고 해서 하던 일 제쳐 두고 늘상 배터리만 감시할 수는 없는 노릇이다. 그래서 시스템이 배터리의 상태를 대신 감시하며 변화가 있을 때마다 방송을 보낸다. 배터리 상태에 관심 있는 프로그램은 자신의 일에 몰두하되 배터리 변화에 대한 방송에 항상 귀를 쫑긋 기울이고 상황이 어떻게 바뀌는지 지켜 보아야 한다. 배터리와 관련된 방송은 다음 여러 가지가 있다.

액션	설명
ACTION_BATTERY_CHANGED	배터리의 충전 상태가 변경되었다. 이 방송은 매니페스트에 등록해서는 받을 수 없으며 registerReceiver 메서드로 명시적으로 등록해야 받을 수 있다.
ACTION_BATTERY_LOW	배터리 상태가 위험 수준으로 낮아졌다.
ACTION_BATTERY_OKAY	배터리 상태가 위험 수준에서 양호한 상태로 전환되었다. 위험 수준을 벗어날 때 딱 한 번만 방송된다.
ACTION_POWER_CONNECTED	외부 전원이 연결되었다. 응용 프로그램이 활성화 상태가 아니어도 이 방송을 받을 수 있다.
ACTION_POWER_DISCONNECTED	외부 전원이 분리되었다. 응용 프로그램이 활성화 상태가 아니어도 이 방송을 받을 수 있다.

대개의 경우는 ACTION_BATTERY_CHANGED 방송만 청취해도 웬만한 변화는 다 알아낼 수 있다. 배터리 상태에 대한 좀 더 상세한 정보는 인텐트의 Extras에 실려 방송 수신자에게 전달된다. 조사 가능한 값은 BatteryManager 클래스에 상수로 정의되어 있다.

상태	설명
EXTRA_PRESENT	배터리가 존재하는지 조사한다.
EXTRA_PLUGGED	외부 전원에 연결되어 있는지 조사한다. 0이면 배터리가 있다는 뜻이고 그 외의 경우는 다른 전원에 연결되어 있다는 뜻이다. BATTERY_PLUGGED_AC는 어댑터 연결을 의미하며 BATTERY_PLUGGED_USB는 USB 케이블 연결을 의미한다.

EXTRA_STATUS	배터리의 현재 상태를 나타내며 다음과 같은 상수들이 정의되어 있다.
	BATTERY_STATUS_CHARGING : 충전중이다.
	BATTERY_STATUS_DISCHARGING : 방전중이다.
	BATTERY_STATUS_FULL : 가득 충전되었다.
	BATTERY_STATUS_NOT_CHARGING : 충전중이 아니다.
	BATTERY_STATUS_UNKNOWN : 상태를 알 수 없다.
EXTRA_SCALE	배터리 레벨의 최대량을 조사한다.
EXTRA_LEVEL	현재 충전 레벨을 조사한다.
EXTRA_HEALTH	배터리의 성능 상태를 조사한다.
EXTRA_ICON_SMALL	배터리 상태를 표시하는 아이콘의 리소스 ID를 조사한다.
EXTRA_TECHNOLOGY	배터리의 방식을 조사한다.
EXTRA_TEMPERATURE	온도를 조사한다.
EXTRA_VOLTAGE	전압을 조사한다.

배터리의 존재 여부, 방식, 전압, 성능, 충전 상태 등의 상세한 정보를 조사할 수 있는데 이중 가장 중요한 정보는 현재 상태인 EXTRA_STATUS와 충전양인 EXTRA_LEVEL이다. 모든 정보를 다 조사할 필요는 없으며 관심 있는 정보만 조사하면 된다. 다음 예제는 배터리의 현재 상태를 문자열로 보여준다.

WatchBattery

```
<LinearLayout xmlns:android="http://schemas.android.com/apk/res/android"
    android:id="@+id/linear"
    android:orientation="vertical"
    android:layout_width="match_parent"
    android:layout_height="match_parent"
    >
<TextView
    android:id="@+id/status"
    android:layout_width="wrap_content"
    android:layout_height="wrap_content"
    android:textSize="10pt"
    android:text="배터리 상태"
    />
</LinearLayout>
--------------------------------------------------------
public class WatchBattery extends Activity {
    TextView mStatus;
```

```java
public void onCreate(Bundle savedInstanceState) {
    super.onCreate(savedInstanceState);
    setContentView(R.layout.watchbattery);

    mStatus = (TextView)findViewById(R.id.status);
}

public void onResume() {
    super.onResume();
    IntentFilter filter = new IntentFilter();
    filter.addAction(Intent.ACTION_BATTERY_CHANGED);
    filter.addAction(Intent.ACTION_BATTERY_LOW);
    filter.addAction(Intent.ACTION_BATTERY_OKAY);
    filter.addAction(Intent.ACTION_POWER_CONNECTED);
    filter.addAction(Intent.ACTION_POWER_DISCONNECTED);
    registerReceiver(mBRBattery, filter);
}

public void onPause() {
    super.onPause();
    unregisterReceiver(mBRBattery);
}

BroadcastReceiver mBRBattery = new BroadcastReceiver() {
    int Count = 0;
    public void onReceive(Context context, Intent intent) {
        String action = intent.getAction();
        Count++;
        if (action.equals(Intent.ACTION_BATTERY_CHANGED)) {
            onBatteryChanged(intent);
        }
        if (action.equals(Intent.ACTION_BATTERY_LOW)) {
            Toast.makeText(context, "배터리 위험 수준", Toast.LENGTH_LONG).show();
        }
        if (action.equals(Intent.ACTION_BATTERY_OKAY)) {
            Toast.makeText(context, "배터리 양호", Toast.LENGTH_LONG).show();
        }
        if (action.equals(Intent.ACTION_POWER_CONNECTED)) {
            Toast.makeText(context, "전원 연결됨", Toast.LENGTH_LONG).show();
        }
        if (action.equals(Intent.ACTION_POWER_DISCONNECTED)) {
            Toast.makeText(context, "전원 분리됨", Toast.LENGTH_LONG).show();
        }
    }
```

```java
public void onBatteryChanged(Intent intent) {
    int plug, status, scale, level, ratio;
    String sPlug = "";
    String sStatus = "";

    if (intent.getBooleanExtra(BatteryManager.EXTRA_PRESENT, false) == false){
        mStatus.setText("배터리 없음");
        return;
    }

    plug = intent.getIntExtra(BatteryManager.EXTRA_PLUGGED, 0);
    status = intent.getIntExtra(BatteryManager.EXTRA_STATUS,
            BatteryManager.BATTERY_STATUS_UNKNOWN);
    scale = intent.getIntExtra(BatteryManager.EXTRA_SCALE, 100);
    level = intent.getIntExtra(BatteryManager.EXTRA_LEVEL, 0);
    ratio = level * 100 / scale;

    switch (plug) {
    case BatteryManager.BATTERY_PLUGGED_AC:
        sPlug = "AC";
        break;
    case BatteryManager.BATTERY_PLUGGED_USB:
        sPlug = "USB";
        break;
    default:
        sPlug = "Battery";
        break;
    }

    switch (status) {
    case BatteryManager.BATTERY_STATUS_CHARGING:
        sStatus = "충전중";
        break;
    case BatteryManager.BATTERY_STATUS_NOT_CHARGING:
        sStatus = "충전중 아님";
        break;
    case BatteryManager.BATTERY_STATUS_DISCHARGING:
        sStatus = "방전중";
        break;
    case BatteryManager.BATTERY_STATUS_FULL:
        sStatus = "만충전";
        break;
    default:
```

```
            case BatteryManager.BATTERY_STATUS_UNKNOWN:
                sStatus = "알 수가 없어";
                break;
        }

        String str = String.format("수신 회수:%d\n연결: %s\n상태:%s\n레벨:%d%%",
                Count, sPlug, sStatus, ratio);
        mStatus.setText(str);
    }
};
}
```

레이아웃에는 배터리의 상태를 출력하기 위한 텍스트뷰 하나만 배치했다. BR 객체는 mBRBattery 라는 이름의 멤버로 등록해 두었다. onResume 메서드에서 BR을 등록하되 인텐트 필터에 는 배터리와 관련된 모든 액션을 다 등록한다. 이제 배터리에 관련한 사소한 변화라도 발생하면 onReceive가 호출된다. onPause에서는 BR의 등록을 해제한다.

onReceive 메서드는 방송 수신시 배터리의 현재 상태를 조사하여 문자열이나 토스트로 출력한다. Count 필드는 방송을 수신할 때마다 1씩 증가하며 방송 수신 회수를 기억한다. 여러 개의 방송이 짧 은 시간에 날라 올 수 있으므로 방송 간의 구분을 위해 카운터를 출력했다. 실행 결과는 다음과 같다.

실장비에서는 현재 배터리 상태가 표시되며 전원을 연결하거나 분리하면 그 변화가 즉시 화면에 반 영된다. 에뮬레이터는 배터리를 쓰지 않기 때문에 충전의 개념 자체가 없으며 테스트해 보기 쉽지 않다. 항상 충전 중으로 표시되며 충전 레벨은 50%로 고정이다. 에뮬레이터에서 테스트해 보려면 텔넷으로 접속한 후 배터리의 상태를 인위적으로 변경하는 명령을 내려야 한다. 명령행에서 다음 명 령을 실행한다.

```
telnet localhost 5554
```

접속할 포트 번호를 적는데 에뮬레이터는 통상 5554번으로 접속된다. 대부분의 운영체제에 텔넷은 기본으로 설치되어 있다. 윈도우즈 7의 경우 텔넷이 설치되어 있지만 사용하지 않는 것으로 되어 있다. 제어판의 프로그램 및 기능에서 텔넷 클라이언트를 체크해 주면 명령행에서 텔넷을 사용할 수 있다. 텔넷이 없는 시스템에서는 Zterm이나 putty 같은 공개 텔넷 프로그램을 사용한다. 다음은 putty로 에뮬레이터에 접속하는 모습이다.

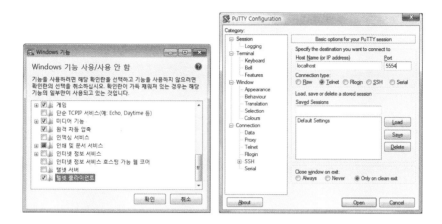

텔넷에 접속한 후 다음 명령으로 에뮬레이터의 배터리 상태를 변경한다. 물론 어디까지나 가짜 배터리에 대한 에뮬레이션일 뿐이다.

명령	설명
power capacity n	배터리 레벨을 변경한다. n은 0~100까지이다.
power ac on/off	외부 전원을 연결 또는 해제한다.
power status 상태	배터리의 상태를 변경한다. 지정 가능한 상태는 charging, discharging, not-charging, full, unknown 등이 있다.
power health	배터리의 성능을 조사한다.
power present true/false	배터리를 탈부착한다.
power display	배터리의 현재 상태를 조사한다.

에뮬레이터는 있지도 않은 배터리 흉내를 잘 내지만 아무래도 실장비보다는 실감나지 않으며 테스트하기도 불편하다. 위 예제는 실장비에서도 테스트 완료되었으므로 이 코드를 실장비에 적용해도 무리가 없다.

29.2.3 SD 카드 감시

안드로이드는 SD 카드를 외부 저장 장치로 사용하며 데이터 파일은 모두 SD 카드에 저장한다. 메인 메모리에는 프로그램만 저장되며 보안이 워낙 강력하게 적용되므로 공용 파일을 넣어둘 수 없다. 그렇다 보니 MP3 플레이어나 이미지 뷰어 같은 공유 파일 관리 프로그램은 SD 카드의 존재 여부에 따라 동작 가능성이 달라진다.

문제는 SD 카드가 항상 마운트되어 있는 것이 아니라 사용자가 선택적으로 끼울 수 있다는 점이다. SD 카드가 없다면 이런 프로그램들은 아예 실행조차 하지 못한다. 또한 SD 카드는 장비의 전원이 들어와 있는 상태에서도 언제든지 삽입, 분리, 교체 가능하다. 따라서 SD 카드가 필요한 프로그램은 SD 카드의 변화에 귀를 쫑긋 기울일 수밖에 없다. SD 카드와 관련된 방송 액션은 다음과 같다.

액션	설명
ACTION_MEDIA_MOUNTED	외부 미디어가 존재하며 제 위치에 마운트되었다. 마운트된 경로는 인텐트의 mData 필드로 조사할 수 있으며 read-only 값은 읽기 전용 미디어인지 조사한다.
ACTION_MEDIA_UNMOUNTED	외부 미디어가 존재하지만 제 위치에 마운트되지 않았다.
ACTION_MEDIA_EJECT	사용자가 외부 미디어의 제거를 명령했다. 응용 프로그램은 열려진 모든 파일을 닫아야 한다.
ACTION_MEDIA_REMOVED	외부 미디어가 제거되었다.
ACTION_MEDIA_NOFS	외부 미디어가 존재하지만 인식하지 못하는 파일 시스템이거나 빈 미디어이다.
ACTION_MEDIA_SCANNER_STARTED	미디어 스캐너가 스캔을 시작했다.
ACTION_MEDIA_SCANNER_FINISHED	미디어 스캔을 종료했다.
ACTION_MEDIA_SCANNER_SCAN_FILE	파일을 검색했으며 DB에 파일을 추가한다.

다음 예제는 이 방송을 수신하여 SD 카드의 현재 상태를 문자열로 바꿔 토스트로 출력한다. 전체적인 구성은 앞 예제와 동일하되 수신하는 방송의 종류가 다르다. 미디어 관련 방송의 데이터 스킴은 반드시 file로 지정해야 하며 그렇지 않으면 방송이 수신되지 않는다.

```
<LinearLayout xmlns:android="http://schemas.android.com/apk/res/android"
    android:id="@+id/linear"
    android:orientation="vertical"
    android:layout_width="match_parent"
    android:layout_height="match_parent"
    >
<TextView
    android:id="@+id/status"
    android:layout_width="wrap_content"
    android:layout_height="wrap_content"
    android:textSize="10pt"
    android:text="SDCard 상태"
    />
</LinearLayout>
```

```
public class WatchSdcard extends Activity {
    TextView mStatus;

    public void onCreate(Bundle savedInstanceState) {
        super.onCreate(savedInstanceState);
        setContentView(R.layout.watchsdcard);

        mStatus = (TextView)findViewById(R.id.status);
    }

    public void onResume() {
        super.onResume();

        IntentFilter filter = new IntentFilter();
        filter.addAction(Intent.ACTION_MEDIA_MOUNTED);
        filter.addAction(Intent.ACTION_MEDIA_REMOVED);
        filter.addAction(Intent.ACTION_MEDIA_UNMOUNTED);
        filter.addAction(Intent.ACTION_MEDIA_EJECT);
        filter.addAction(Intent.ACTION_MEDIA_NOFS);
        filter.addDataScheme("file");
        registerReceiver(mBRSdcard, filter);
    }

    public void onPause() {
        super.onPause();
        unregisterReceiver(mBRSdcard);
    }
```

```
BroadcastReceiver mBRSdcard = new BroadcastReceiver() {
    int Count = 0;
    public void onReceive(Context context, Intent intent) {
        String action = intent.getAction();
        Count++;
        String str = String.format("수신 회수:%d, 위치:%s",
                Count, intent.getData().toString());
        mStatus.setText(str);
        if (action.equals(Intent.ACTION_MEDIA_MOUNTED)) {
            boolean readonly = intent.getBooleanExtra("read-only", false);
            String mount = "미디어 장착 : " + (readonly ? "읽기 전용":"읽기 쓰기 가능");
            Toast.makeText(context, mount, Toast.LENGTH_SHORT).show();
        }
        if (action.equals(Intent.ACTION_MEDIA_REMOVED)) {
            Toast.makeText(context, "미디어 분리", Toast.LENGTH_SHORT).show();
        }
        if (action.equals(Intent.ACTION_MEDIA_UNMOUNTED)) {
            Toast.makeText(context, "미디어 잘못된 위치에 장착",
                    Toast.LENGTH_SHORT).show();
        }
        if (action.equals(Intent.ACTION_MEDIA_EJECT)) {
            Toast.makeText(context, "미디어 제거 요청", Toast.LENGTH_SHORT).show();
        }
        if (action.equals(Intent.ACTION_MEDIA_NOFS)) {
            Toast.makeText(context, "미디어 인식 안됨", Toast.LENGTH_SHORT).show();
        }
    }
};
}
```

실행 결과는 다음과 같다. 방송을 수신하면 텍스트뷰에 수신 회수와 외부 미디어의 경로가 표시되며 수신된 방송의 종류를 토스트로 알려 준다.

실장비에서는 SD 카드의 탈부착에 따라 방송이 제대로 수신되며 SD 카드의 현재 상태가 문자열로 잘 출력된다. 최초 실행 시 위와 같이 출력되며 SD 카드를 분리하면 "수신 회수:4, 위치:file:///sdcard." 라고 출력되는데 마운트되는 경로는 장비나 버전에 따라 다르다. SD 카드 분리에 의해 여러 가지 방송이 동시에 전달된다. SD 카드를 다시 끼우면 토스트가 출력되고 수신 회수는 5로 증가한다.

안타깝게도 에뮬레이터에서는 이 예제를 테스트할 수 없다. SD 카드를 넣고 빼기 위해서는 에뮬레이터를 재시작해야 하며 실행 중에 탈부착할 방법이 없기 때문이다. 변화를 줄 방법이 없으므로 방송이 오지 않으며 그래서 에뮬레이터에서는 항상 위의 실행 결과밖에 보지 못한다. 이런 경우에는 어쩔 수 없이 실장비가 필요하다.

SD 카드 감시의 경우는 코드에서 BR을 등록하는 대신 별도의 BR 객체 모듈을 만들어 두고 매니페스트에 등록해 놓을 수도 있다. 다음 코드는 SD 카드 장착시에 짧은 토스트 문자열을 띄워 방송 수신 여부만 확인한다.

BRSDCard

```java
public class BRSdcard extends BroadcastReceiver {
    public void onReceive(Context context, Intent intent) {
        String action = intent.getAction();
        if (action.equals(Intent.ACTION_MEDIA_MOUNTED)) {
            Toast.makeText(context, "SDCard가 장착되었습니다.",
                    Toast.LENGTH_LONG).show();
        }
    }
}
```

이 BR이 동작하려면 매니페스트에 다음과 같이 등록한다. 인텐트 필터에 관심 있는 방송을 적되 실제 액션명 문자열을 적는다. 코드에서는 각 액션명에 대해 상수가 정의되어 있지만 매니페스트에서 이 상수를 참조할 수 없다. Intent.ACTION_MEDIA_MOUNTED 상수는 다음과 같이 적어야 한다.

```xml
<receiver android:name=".c29_br.BRSdcard">
 <intent-filter>
   <action android:name="android.intent.action.MEDIA_MOUNTED" />
   <data android:scheme="file" />
 </intent-filter>
</receiver>
```

배포 예제의 매니페스트에는 이 등록문이 작성되어 있지만 주석 처리되어 있다. 왜냐하면 같은 방송을 수신하는 BR이 두 개 있으면 테스트할 때 누가 출력한 토스트인지 헷갈리기 때문이다. 주석을 풀어 놓고 SD 카드를 탈부착해 보면 WatchSDCard 예제가 실행 중이 아닐 때도 토스트가 출력된다.

매니페스트에 등록해 놓으면 코드에서 수동으로 등록 및 해제하지 않아도 되고 실행 중이 아니어도 방송을 받을 수 있다는 점에서 편리하다. 그러나 일부 방송은 매니페스트에 등록해서는 동작하지 않는 경우도 있는데 이 경우는 코드에서 등록해야 한다. 대표적인 예가 바로 앞에서 알아본 ACTION_BATTERY_CHANGED 방송인데 코드에서 등록해야만 제대로 동작한다.

29.2.4 알람

알람은 미리 지정해 놓은 시간에 이벤트를 발생시키는 시스템 장치이다. 장래의 특정 시점이나 일정 시간 경과 후에 할 작업을 등록하고 싶을 때 사용한다. 원하는 시점에 작업하려면 핸들러를 사용할 수도 있지만 알람은 시스템이 관리한다는 점에서 수준이 다르다. 핸들러는 응용 프로그램 내에서만 사용할 수 있으며 그것도 응용 프로그램이 살아 있는 동안에만 동작한다.

알람은 운영체제가 관리하며 응용 프로그램 외부에서도 설정 가능하다. 응용 프로그램이 종료된 상태에서도 알람은 동작하며 시간이 되면 응용 프로그램을 기동시키기도 한다. 심지어 장비가 슬립 상태이더라도 장비를 깨워 응용 프로그램을 실행 시킨다는 면에서 아주 강력하다. 한 번 설정한 알람이 취소되는 경우는 장비를 재부팅할 때 뿐이다. 장비의 전원을 끄거나 명시적으로 알람을 취소하지 않는 한 어떤 조건에서도 정확하게 동작한다. 알람의 이런 특성은 여러 가지 용도로 활용된다.

- 아침에 시끄러운 소리를 내거나 부르르 떨어서 잠든 주인을 깨우는 모닝콜 기능으로 쓸 수 있다. 알람의 사전적인 의미에 가장 부합되는 기능이다. 약속 시간을 알리는 기능으로도 쓸 수 있다.
- 통신 요금이 저렴한 할인 시간대에 예약 다운로드, 예약 업로드를 걸어 놓음으로써 비용을 절감한다. 옵션에 따라서 공짜 시간대만 골라 네트워크에 접속하는 것도 가능하다.
- 하드 디스크 조각 모음이나 이미지 파일 인덱싱, 바이러스 체크 등 주기적으로 해야 할 작업을 처리한다. 새벽 시간대에 맞춰 놓으면 사용자가 잠든 사이에 잡스러운 처리를 깔끔하게 처리할 수 있다.

알람은 AlarmManager 클래스로 관리한다. 시스템 서비스이며 공개된 생성자가 없어 직접 생성할 수 없으며 컨텍스트의 다음 메서드로 인스턴스를 구한다.

```
Context.getSystemService(Context.ALARM_SERVICE);
```

알람 매니저의 다음 메서드로 알람을 등록한다. 한 번만 동작하는 알람과 주기적으로 반복하는 알람 두 가지 종류가 있다.

```
void set (int type, long triggerAtTime, PendingIntent operation)
void setRepeating (int type, long triggerAtTime, long interval, PendingIntent
operation)
```

set 메서드는 딱 한 번만 동작하는 알람을 등록하며 setRepeating은 주기를 정해 놓고 반복적으로 동작하는 알람을 등록한다. 알람 발생 주기를 지정하는 interval 인수가 하나 더 추가되어 있다는 점만 다르며 나머지 세 인수의 의미는 동일하다.

첫 번째 인수 type은 예약 시간을 해석하는 방법과 예약 시간에 장비가 슬립 모드일 때 장비의 기동 여부를 지정하는데 다음 4가지 값 중 하나를 사용한다. 현재 시간을 기준으로 해서 일정 시간 후에 알람을 등록하려면 경과 시간을 사용하는 것이 편리하고 절대 시간으로 등록하려면 세계 표준시를 쓰는 것이 편리하다.

값	설명
RTC	System.currentTimeMillis() 메서드로 구한 세계 표준시(UTC)로 지정한다.
RTC_WAKEUP	위와 같되 장비를 깨운다.
ELAPSED_REALTIME	SystemClock.elapsedRealtime() 메서드로 구한 부팅된 이후의 경과 시간으로 지정한다.
ELAPSED_REALTIME_WAKEUP	위와 같되 장비를 깨운다.

triggerAtTime 인수는 알람을 기동할 시간을 지정하는데 포맷은 type에 따라 달라진다. 당연한 얘기겠지만 알람 시간은 현재 시점보다는 더 미래여야 합당하다. 만약 과거의 시간을 등록하면 등록 즉시 알람이 동작한다. 마지막 인수 operation은 예약 시간이 되었을 때 수행할 작업을 지정하는 펜딩 인텐트인데 호출할 컴포넌트의 종류에 따라 생성 메서드가 나누어져 있다. 관련 내용은 통지편에서 이미 소개했다.

예약 시간이 되었을 때 액티비티를 실행할 수도 있고 방송을 할 수도 있으며 서비스를 기동시킬 수도 있다. 알람에서 액티비티나 서비스를 직접 실행하는 경우는 흔하지 않으며 보통 방송을 통해 알람 시간이 되었음을 알리기만 한다. 알람의 고유 기능은 시간이 되었음을 알리는 것이므로 방송 수신자를 호출하는 것이 용도상 가장 적합하다. 알람이 시간을 알려 주면 방송 수신자가 미리 정의된 동작을 수행한다.

다음 예제는 1회용의 알람과 주기적으로 호출되는 알람을 구현한다. 레이아웃에는 알람을 등록 및 취소하는 세 개의 버튼만 배치해 두었으며 세 버튼의 클릭 이벤트는 mOnClick 리스너가 일괄 처리한다.

AlarmTest

```
<LinearLayout xmlns:android="http://schemas.android.com/apk/res/android"
    android:orientation="vertical"
    android:layout_width="match_parent"
    android:layout_height="match_parent"
    >
<Button
    android:id="@+id/onetime"
    android:layout_width="wrap_content"
    android:layout_height="wrap_content"
    android:onClick="mOnClick"
    android:text="One Time Alarm"
    />
<Button
    android:id="@+id/repeat"
    android:layout_width="wrap_content"
    android:layout_height="wrap_content"
    android:onClick="mOnClick"
    android:text="Repeating Alarm"
    />
<Button
    android:id="@+id/stop"
    android:layout_width="wrap_content"
    android:layout_height="wrap_content"
    android:onClick="mOnClick"
    android:text="Stop Repeating Alarm"
    />
</LinearLayout>
--------------------------------------------------------
public class AlarmTest extends Activity {
    public void onCreate(Bundle savedInstanceState) {
        super.onCreate(savedInstanceState);
        setContentView(R.layout.alarmtest);
    }

    public void mOnClick(View v) {
        AlarmManager am = (AlarmManager)getSystemService(Context.ALARM_SERVICE);
```

```
        Intent intent;
        PendingIntent sender;

        switch (v.getId()) {
        case R.id.onetime:
            // 예약에 의해 호출될 BR 지정
            intent = new Intent(this, AlarmReceiver.class);
            sender = PendingIntent.getBroadcast(this, 0, intent, 0);

            // 알람 시간. 10초후
            Calendar calendar = Calendar.getInstance();
            calendar.setTimeInMillis(System.currentTimeMillis());
            calendar.add(Calendar.SECOND, 10);

            // 알람 등록
            am.set(AlarmManager.RTC, calendar.getTimeInMillis(), sender);
            break;
        case R.id.repeat:
        case R.id.stop:
            intent = new Intent(this, DisplayScore.class);
            sender = PendingIntent.getBroadcast(this, 0, intent, 0);

            // 6초당 한 번 알람 등록
            if (v.getId() == R.id.repeat) {
                am.setRepeating(AlarmManager.ELAPSED_REALTIME,
                        SystemClock.elapsedRealtime(),
                        6000, sender);
            } else {
                am.cancel(sender);
            }
            break;
        }
    }
}
```

1회용 알람부터 분석해 보자. 이 알람은 일종의 약속 시간 알림 기능을 보여주는데 현재 시점 이후 일정 시간이 경과했을 때 BR을 호출한다. 알람을 등록하려면 먼저 방송 수신자부터 만들어야 한다.

```
public class AlarmReceiver extends BroadcastReceiver {
    public void onReceive(Context context, Intent intent) {
        Toast.makeText(context, "It's time to start",
                Toast.LENGTH_LONG).show();
    }
}
```

onReceive에서 토스트를 열어 알람을 받았음을 표시만 했다. "약속 시간이 됐어~. 얼른 출발해!" 따위의 소리를 낼 수도 있다. 방송 수신자는 외부에서도 호출되므로 매니페스트에 등록한다. 잠시 후 실습할 점수 출력 수신자까지 다음 두 개의 엘리먼트를 등록한다.

```
<receiver android:name=".c29_br.AlarmReceiver" />
<receiver android:name=".c29_br.DisplayScore" />
```

알람 기동 시간은 현재 시간에 10초를 더했다. UTC 시간을 구한 후 add 메서드로 10초를 더하면 현재 시점에서 10초 후에 알람이 동작한다. 실제 약속 시간은 6월 29일 오후 7:30분 식으로 절대 시간으로 지정하는 것이 보통이며 이런 절대 시간을 지정할 때는 RTC 타입이 적합하다. 절대 시간으로 지정하려면 calendar 객체의 set 메서드로 년월일시분초를 설정한다.

하지만 예제에서 진짜 약속 시간이 될 때까지 무작정 기다리기도 곤란하고 절대 시간은 소스를 편집해야 동작을 제대로 확인할 수 있기 때문에 편의상 상대시간으로 지정했다. 인텐트와 시간을 준비하고 알람 매니저로 알람을 등록했다. 실행해 보자.

One Time Alarm 버튼을 누른 후 10초가 지나면 토스트가 출력된다. 알람을 등록한 후 이 예제를 종료해도 알람은 여전히 잘 동작한다. onReceive에서 액티비티를 띄우면 알람 시간에 특정 작업을 수행할 수도 있다. 사용자가 이 토스트를 놓칠 수도 있으므로 원칙적으로는 통지로 출력하는 것이 적합하다.

다음은 주기적으로 실행되는 알람을 분석해 보자. 프로야구 실시간 중계 서비스를 흉내낸 것인데 다른 작업을 하는 동안에도 토스트로 경기 진행 상황을 꾸준히 알려준다. 주기적으로 어떤 상태를 보고 받고자 할 때 이 예제의 방식을 응용할 수 있는데 주식 시세나 환율 변동 등을 모니터링하는 용도로 쓸만하다. 방송 수신자는 다음과 같이 작성한다.

DisplayScore

```
public class DisplayScore extends BroadcastReceiver {
    public void onReceive(Context context, Intent intent) {
        Toast.makeText(context, "Kia : Lotte = 2 : 3",
                Toast.LENGTH_SHORT).show();
    }
}
```

메인에서 6초 간격으로 현재 점수를 출력한다. Stop 버튼을 누르면 cancel 메서드를 호출하여 알람 등록을 취소한다. 알람을 일단 등록해 놓으면 사용자가 무엇을 하고 있건간에 토스트로 경기 진행 상황을 알려 준다. 웹 브라우징을 하고 있건 동영상을 보고 있건 6초 간격으로 계속 토스트가 뜬다.

DisplayScore 클래스의 onReceive 메서드는 경기 진행 상황을 보여주는 것을 흉내내기 위해 주기적으로 토스트만 열심히 띄우며 점수는 상수로 가정했다. 진짜 경기를 중계하려면 네트워크에 접속하여 경기 진행 상황을 다운로드 받아야 한다. 좀 더 실용성 있는 경기 중계 프로그램이 되려면 점수가 변경되었을 때나 출루, 아웃 등의 상황이 발생할 때만 경기 상황을 알려야 한다. 토스트보다는 통지를 사용하는 것이 더 좋고 소리나 진동을 활용하면 좀 더 재미있을 것이다. 업무중에 부장님 몰래 프로야구를 감상할 수 있다.

CHAPTER 30

서비스

30.1 서비스

30.1.1 데몬

안드로이드 응용 프로그램은 4가지 컴포넌트로 구성된다. 지금까지 액티비티, CP, BR 등에 대해 알아 봤는데 마지막 남은 하나가 바로 서비스이다. 서비스는 백그라운드에서 실행되며 사용자와 직접적인 상호작용은 하지 않는다. 전면에서 사용자를 대면하는 액티비티를 위해 연산이나 메서드 등의 서비스를 제공하는 것이 주된 임무이다. 클라이언트에서 어떤 식으로 호출하는가에 따라 다음 두가지 사용 방법이 있다.

- 백그라운드 데몬: 배경에서 계속 실행되는 프로세스이다. 클라이언트가 기동시켜 놓기만 하면 사용자의 명령이 없어도 지속적으로 실행된다. MP3 플레이어가 대표적인 예인데 화면에 보이지 않지만 배경에서 노래를 계속 재생한다. 전통적인 의미의 서비스에 가장 가까운 형태이다.

- 바운드 서비스: 클라이언트를 위해 특정한 기능을 제공하는 역할을 한다. 자신의 기능을 메서드로 노출시키며 클라이언트는 메서드를 호출함으로써 서비스를 이용한다. 다른 운영체제의 COM, CORBA에 대응되는 개념이다.

사용 형태가 조금 다르지만 둘 다 Service 클래스를 파생시켜 작성한다. 두 가지 형태를 모두 지원하는 서비스도 만들 수 있다. 사용 용도에 따라 가장 뚜렷한 차이가 발생하는 부분은 서비스의 생명주기(Life Cycle)이다. 시작할 때 onCreate, 종료될 때 onDestroy 메서드가 호출되는 것은 동일하지만 중간에 호출되는 메서드가 다르다.

데몬일 때는 백그라운드 서비스를 시작하라는 onStartCommand 메서드가 호출되고 원격 호출일 때는 클라이언트에게 인터페이스를 노출하는 onBind 메서드가 호출된다. 서비스를 기동하는 메서드의 경우 2.0 이전에는 onStart였는데 2.0 버전부터 플래그가 추가되어 onStartCommand 메서드로 변경되었다. 서비스의 생명 주기는 액티비티에 비해 아주 단순하다.

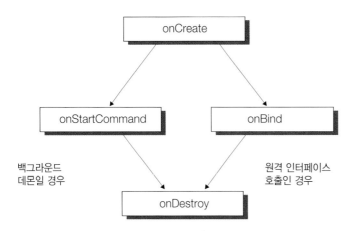

서비스가 어떤 식으로 사용될 것인가는 클라이언트가 어떤 메서드로 서비스를 기동시키는가에 의해 결정되며 서비스는 자신이 어떻게 사용될지 미리 알 수 없다. 따라서 생명 주기의 메서드 4개는 모두 정의해야 하며 각 메서드는 꼭 필요한 동작만 해야 한다. 원격 호출로 사용된다면 백그라운드 동작을 준비할 필요가 없으므로 onCreate에서는 최소한의 초기화만 해 놓고 나머지 초기화는 onBind에서 처리한다. 설사 데몬으로 사용된다 하더라도 기동될 때인 onStartCommand에서 실행 준비를 해야 하며 onCreate에서 미리 준비할 필요는 없다.

다음 예제는 데몬으로 동작하는 뉴스 서비스이다. 백그라운드에서 뉴스 제공 사이트를 감시하여 최신 뉴스를 계속 퍼다 나르며 새로운 뉴스가 들어오면 사용자에게 즉시 보여준다. 최대한 간단하게 만들기 위해 네트워크 접속은 하지 않고 뉴스를 읽는 흉내만 내며 토스트로 출력한다. 좀 더 실용적이려면 사용자가 읽지 않은 뉴스가 있음을 통지로 알리고 뉴스의 실제 내용은 통지 뷰로 보여주는 것이 좋다.

```
public class NewsService extends Service {
    boolean mQuit;

    public void onCreate() {
        super.onCreate();
    }

    public void onDestroy() {
        super.onDestroy();

        Toast.makeText(this, "Service End", Toast.LENGTH_SHORT).show();
        mQuit = true;
    }

    public int onStartCommand (Intent intent, int flags, int startId) {
        super.onStartCommand(intent, flags, startId);

        mQuit = false;
        NewsThread thread = new NewsThread(this, mHandler);
        thread.start();
        return START_STICKY;
    }

    public IBinder onBind(Intent intent) {
        return null;
    }

    class NewsThread extends Thread {
        NewsService mParent;
        Handler mHandler;
        String[] arNews = {
                "일본, 독도는 한국땅으로 인정",
                "번데기 맛 쵸코파이 출시",
                "춘천 지역에 초거대 유전 발견",
                "한국 월드컵 결승 진출",
                "국민 소득 6만불 돌파",
                "학교 폭력 완전 근절된 것으로 조사",
                "안드로이드 점유율 아이폰을 앞질렀다",
        };
        public NewsThread(NewsService parent, Handler handler) {
            mParent = parent;
            mHandler = handler;
```

```
            }
        public void run() {
            for (int idx = 0;mQuit == false;idx++) {
                Message msg = new Message();
                msg.what = 0;
                msg.obj = arNews[idx % arNews.length];
                mHandler.sendMessage(msg);
                try { Thread.sleep(5000);} catch (Exception e) { ; }
            }
        }
    }

    Handler mHandler = new Handler() {
        public void handleMessage(Message msg) {
            if (msg.what == 0) {
                String news = (String)msg.obj;
                Toast.makeText(NewsService.this, news, Toast.LENGTH_SHORT).show();
            }
        }
    };
}
```

onCreate에서 뉴스를 읽기 위한 준비를 하는데 이 예제의 경우는 읽는 흉내만 내기 때문에 특별히 할 일이 없다. 실제 프로젝트에서는 네트워크 접속 초기화 코드와 읽은 뉴스를 인덱싱하기 위한 자료 구조 준비 등의 동작이 필요할 것이다. onDestroy에서는 서비스가 종료됨을 알리고 백그라운드 스레드에게 종료를 명령하는데 실제 프로젝트에서는 네트워크 접속 종료 명령이 들어가야 한다.

클라이언트가 startService 메서드로 서비스를 기동시키면 onStartCommand 메서드가 호출되는데 이후부터 백그라운드 동작을 본격적으로 시작한다. 이 예제의 경우 뉴스 사이트를 호시탐탐 감시하며 열심히 뉴스를 퍼다 나른다.

int onStartCommand (Intent intent, int flags, int startId)

intent는 클라이언트가 서비스를 시작할 때 전달한 인텐트이다. 만약 프로세스가 강제 종료된 후 재시작되는 것이라면 이때는 null이 전달된다. flags는 서비스의 요청에 대한 추가 정보이며 마지막 인수는 서비스 요청에 대한 고유한 식별자이다. 차후 stopSelfResult 메서드로 서비스가 스스로 종료할 때 이 식별자가 사용된다. 리턴값은 서비스의 동작 모드를 지정하는데 주로 접착식과 비접착식 둘 중 하나를 리턴한다. 접착식은 시작과 종료가 명시적이고 비접착식은 명령을 처리하는 동안만 실행된다는 점이 다르며 프로세스가 강제 종료될 때 재시작 여부가 다르다.

서비스는 프로세스의 메인 스레드에서 실행되므로 너무 오래 시간을 끌거나 블로킹해서는 안 된다. 즉시 리턴해야 하므로 오래 걸리는 작업이나 지속적으로 해야 할 작업은 반드시 스레드로 분리해야 한다. 데몬의 경우 지속적으로 실행되어야 하므로 스레드를 생성하는 것이 보통이다. 예제에서는 뉴스를 퍼다 나르는 스레드를 생성하여 실행 시키고 즉시 리턴했다.

스레드는 5초에 한 번씩 새로운 뉴스를 읽는다. 예제 작성의 편의상 네트워크로 뉴스를 조사하는 대신 배열에 미리 뉴스거리를 저장해 놓고 나머지 연산자로 순회했다. 조사된 뉴스를 사용자에게 전달할 때 통지를 사용하는 것이 가장 좋지만 편의상 토스트를 사용했다. 배경 스레드가 토스트를 출력할 수 없으므로 핸들러로 뉴스 내용을 보내며 핸들러는 전달된 문자열을 토스트로 출력한다.

이 예제는 원격 호출을 지원하지 않으므로 onBind 메서드는 null을 리턴한다. 이 메서드에서 원격 인터페이스를 리턴하면 외부에서 필요할 때 원하는 뉴스만 요청할 수 있지만 예제가 복잡해지므로 일단 무시했다. 설사 원격 호출을 지원하지 않는다 하더라도 onBind 메서드 자체는 재정의해야 한다. 서비스는 응용 프로그램을 구성하는 컴포넌트이므로 매니페스트에 등록해야 한다.

```
<service android:name="c30_service.NewsService" android:enabled="true">
    <intent-filter>
        <action android:name="andexam.ver6.NEWS" />
    </intent-filter>
</service>
```

〈service〉 태그안에 서비스에 대한 정보를 등록한다. name 속성에 서비스 클래스의 이름을 지정하고 enabled 속성에 서비스 사용 여부를 지정한다. enabled의 디폴트가 true여서 굳이 속성을 밝힐 필요는 없지만 차후 이 서비스를 잠시 무력화시켜 놓고 싶다면 서비스 자체를 제거할 필요 없이 enabled 속성을 조정함으로써 간단하게 사용 중지시킬 수 있다.

인텐트 필터의 액션에는 서비스의 이름을 지정한다. 내부에서만 사용하려면 클래스명으로 호출 가능하므로 굳이 이름을 줄 필요 없지만 외부 패키지에서 서비스를 호출하려면 이름이 필요하다. 서비스의 액션명은 시스템 전역적으로 유일해야 하므로 중복 방지를 위해 패키지명을 포함시키는 것이 좋다. 이 서비스의 경우 andexam.ver6 패키지에 정의된 NEWS라는 이름을 가진다.

서비스는 백그라운드에서만 동작하며 스스로 기동하지 못하므로 클라이언트가 있어야만 테스트해 볼 수 있다. 누군가가 불러주지 않으면 존재 자체가 사용자에게 아예 보이지 않는다. 클라이언트에서 서비스를 시작 및 중지할 때는 다음 메서드를 호출한다.

```
ComponentName startService (Intent service)
boolean stopService (Intent service)
```

같은 패키지에 있는 서비스인 경우는 서비스 클래스명으로 지정하는 것이 가장 간편하다. startService 호출은 중첩되지 않으므로 몇 번을 시작했건 간에 stopService를 한 번만 호출해도 즉시 종료된다. 단 stopService를 호출했더라도 다른 응용 프로그램이 이 서비스를 사용하고 있다면 onDestroy는 호출되지 않는다. 이 서비스를 관리하는 간단한 예제를 작성해 보자.

NewsController

```
<LinearLayout xmlns:android="http://schemas.android.com/apk/res/android"
    android:orientation="vertical"
    android:layout_width="match_parent"
    android:layout_height="match_parent"
    >
<Button
    android:id="@+id/newsstart"
    android:layout_width="wrap_content"
    android:layout_height="wrap_content"
    android:onClick="mOnClick"
    android:text="뉴스 서비스 시작"
    />
<Button
    android:id="@+id/newsend"
    android:layout_width="wrap_content"
    android:layout_height="wrap_content"
    android:onClick="mOnClick"
    android:text="뉴스 서비스 종료"
    />
</LinearLayout>
-----------------------------------------------------
public class NewsController extends Activity {
    public void onCreate(Bundle savedInstanceState) {
        super.onCreate(savedInstanceState);
        setContentView(R.layout.newscontroller);
    }

    public void mOnClick(View v) {
        Intent intent;
        switch (v.getId()) {
        case R.id.newsstart:
            intent = new Intent(this, NewsService.class);
```

```
                startService(intent);
                break;
        case R.id.newsend:
                intent = new Intent(this, NewsService.class);
                stopService(intent);
                break;
        }
    }
}
```

레이아웃에 두 개의 버튼을 배치해 두고 각 버튼을 클릭할 때 서비스를 시작 및 종료했다. 시작 버튼을 누른 직후부터 5초 간격으로 뉴스가 토스트로 출력되며 예제 목록이나 홈 화면으로 이동해도 계속 실행된다. 서비스가 일단 시작되면 명시적으로 종료하지 않는 한 계속 동작하며 심지어 기동한 액티비티가 종료되어도 멈추지 않는다. 종료 버튼을 누르면 중지한다.

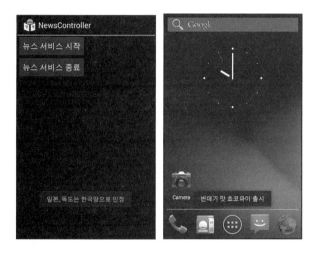

서비스는 유일한 이름이 있으므로 외부 패키지나 외부 프로그램에서도 호출 가능하다. 외부에서 다른 패키지에 속한 클래스를 직접 참조할 수 없으므로 이름을 사용하여 다음과 같이 호출한다.

```
intent = new Intent("andexam.ver6.NEWS");
startService(intent);
```

그러나 이 방법은 관련이 없는 외부에서 서비스를 마음대로 기동시키는 것이라 보안상 위험할 수 있으며 그래서 권장하지 않는다. 5.0 이후에는 비권장이 아니라 아예 암시적 인텐트를 사용할 수 없도록 보안이 강화되었으며 이 코드를 실행하면 Service intent must be explicit 예외가 발생한다. 이후 서비스는 반드시 명시적 인텐트로만 호출해야 한다.

30.1.2 IntentService

서비스는 호출 앱의 메인 스레드상에서 실행된다. 따라서 서비스가 시간을 너무 오래 끌면 그동안 사용자의 입력에 반응할 수 없다. 아주 짧은 작업이라면 상관없지만 오래 걸린다면 별도의 스레드로 분리하는 것이 바람직하다. 앞 예제도 이 규칙에 맞게 onStartCommand에서 작업 스레드를 생성하고 스레드에서 뉴스를 출력한다.

서비스에서 하는 작업은 대체로 시간이 오래 걸리므로 스레드를 생성하여 작업을 분담하는 것은 일상적이다. 보통 멀티 스레드로 작성하며 구조가 뻔하므로 이런 구조를 자동으로 처리하는 IntentService 클래스가 제공된다. Service의 서브 클래스이며 인텐트로 요청을 전달받아 별도의 스레드를 생성하고 onHandleIntent 메서드를 호출한다.

뻔한 코드를 미리 구현해 놓은 편의 메서드이므로 생명 주기 메서드는 일체 구현할 필요없이 onHandleIntent에서 요청에 대한 처리만 수행하면 된다. 앞 예제를 IntentService 클래스로 다시 작성해 보자. 같은 패키지에 있으므로 클래스 이름은 바꾸었고 뉴스 3개를 순차적으로 보여준 후 종료하는 간단한 형태로 작성했다.

NewsService2

```java
public class NewsService2 extends IntentService {
    public NewsService2() {
        super("NewsThread");
    }

    protected void onHandleIntent(Intent intent) {
        String[] arNews = {
                "4T SSD 10만원대 진입",
                "갤럭시S8 판매 호조",
                "핵융합 발전소 건설 완료",
        };
        for (int idx = 0;idx < arNews.length;idx++) {
```

```
                Message msg = new Message();
                msg.what = 0;
                msg.obj = arNews[idx % arNews.length];
                mHandler.sendMessage(msg);
                try { Thread.sleep(5000);} catch (Exception e) { ; }
            }
        }

        Handler mHandler = new Handler() {
            public void handleMessage(Message msg) {
                if (msg.what == 0) {
                    String news = (String)msg.obj;
                    Toast.makeText(NewsService2.this, news, Toast.LENGTH_SHORT).show();
                }
            }
        };
    }
```

onCreate, onDestroy, onStartCommand 등의 생명 주기 메서드는 클래스 내부에서 디폴트 처리하므로 구현하지 않았다. 생성자에서 super의 생성자를 호출하여 작업 스레드의 이름을 전달하는데 이 이름은 디버깅에만 사용될 뿐 별 의미는 없다. 호스트에서 서비스를 기동할 때 작업 스레드를 만들고 스레드에서 onHandleIntent 메서드를 호출하므로 여기서 비동기 작업을 처리하면 된다.

onHandleIntent 메서드가 리턴하면 서비스는 알아서 종료되므로 stopSelf 메서드도 호출할 필요 없다. 한번에 하나의 요청만 처리할 수 있으며 시간이 좀 오래 걸리더라도 분리된 스레드에서 실행되므로 메인 스레드의 작업을 방해하지 않는다. 호출하는 방법은 일반 서비스와 같으며 작업 처리 후 자동 종료되므로 서비스를 중지하는 기능은 제외했다.

NewsController

```
public class NewsController2 extends Activity {
    public void onCreate(Bundle savedInstanceState) {
        super.onCreate(savedInstanceState);
        setContentView(R.layout.newscontroller);
    }

    public void mOnClick(View v) {
        Intent intent;
        switch (v.getId()) {
            case R.id.newsstart:
```

```
                    intent = new Intent(this, NewsService2.class);
                    startService(intent);
                    break;
            }
        }
    }
```

비동기 작업을 처리하는 서비스라면 Service 클래스를 직접 상속받아 구현하는 것보다 IntentService 클래스를 상속받는 것이 간편하다.

30.1.3 바운드 서비스

다음은 서비스의 또 다른 사용 예인 바운드 서비스에 대해 알아보자. 바운드 서비스는 특정 기능을 제공하는 메서드를 클라이언트에게 노출한다. 클라이언트는 서비스에 연결하여 메서드를 호출함으로써 통신을 수행하며 자신이 직접 구현하지 않은 기능을 사용한다. 바운드 서비스는 일련의 기능 집합을 제공하는 라이브러리와 유사하다.

로컬에서 호출되는 바운드 서비스는 Binder 클래스를 확장하는 방식으로 구현한다. getService 메서드를 제정의하여 자신이 속한 서비스 객체를 리턴하며 서비스는 Binder 객체를 멤버로 생성해 놓고 onBind 메서드에서 이 객체를 리턴하여 클라이언트에게 자신을 노출한다. 노출을 위한 기본 구현 외에 클라이언트에게 제공할 메서드를 작성해 둔다. 예제를 만들어 보자.

CalcService

```
    public class CalcService extends Service {
        public class CalcBinder extends Binder {
            CalcService getService() { return CalcService.this; }
        }

        CalcBinder mBinder = new CalcBinder();

        public IBinder onBind(Intent intent) {
            return mBinder;
        }

        public int getLCM(int a, int b) throws RemoteException {
            int i;
            for (i = 1; ;i++) {
```

```
            if (i % a == 0 && i % b == 0) break;
        }
        return i;
    }

    public boolean isPrime(int n) throws RemoteException {
        int i;
        for (i = 2;i < n; i++) {
            if (n % i == 0) return false;
        }
        return true;
    }
}
```

이 예제는 최소 공배수를 구하는 getLCM 메서드와 소수 여부를 판별하는 isPrime 메서드를 제공한다. 아주 쉬운 알고리즘이며 몇줄 되지도 않지만 클라이언트에서 직접 작성하기는 번거로우므로 서비스의 형태로 노출해 두었다. 이런 식으로 제공하고 싶은 기능에 대해 메서드로 작성해 두면 클라이언트는 서비스에 연결하여 이 메서드를 호출한다. 매니페스트에 서비스를 등록해 둔다.

```
<service android:name=".c30_service.CalcService" android:enabled="true" />
```

클라이언트에서는 서비스를 찾아 메서드를 호출한다. 서비스의 각 메서드를 호출하는 버튼을 배치하여 메서드의 실행 결과를 출력해 보자.

CalcClient

```
<LinearLayout xmlns:android="http://schemas.android.com/apk/res/android"
    android:orientation="vertical"
    android:layout_width="match_parent"
    android:layout_height="match_parent"
    >
<Button
    android:id="@+id/btnLCM"
    android:layout_width="wrap_content"
    android:layout_height="wrap_content"
    android:onClick="mOnClick"
    android:text="최소 공배수 구하기"
    />
<Button
    android:id="@+id/btnPrime"
    android:layout_width="wrap_content"
```

```
            android:layout_height="wrap_content"
            android:onClick="mOnClick"
            android:text="소수 조사"
            />
    <TextView
            android:id="@+id/result"
            android:layout_width="match_parent"
            android:layout_height="wrap_content"
            android:text="계산 결과"
            />
</LinearLayout>
```

```java
public class CalcClient extends Activity {
    CalcService mCalc;
    TextView mResult;
    public void onCreate(Bundle savedInstanceState) {
        super.onCreate(savedInstanceState);
        setContentView(R.layout.calcclient);

        mResult = (TextView)findViewById(R.id.result);
    }

    public void mOnClick(View v) {
        switch (v.getId()) {
            case R.id.btnLCM:
                int LCM = 0;
                try {
                    LCM = mCalc.getLCM(6, 8);
                } catch (RemoteException e) {
                    e.printStackTrace();
                }
                mResult.setText("6과 8의 최소 공배수 = " + LCM);
                break;
            case R.id.btnPrime:
                boolean prime = false;
                try {
                    prime = mCalc.isPrime(7);
                } catch (RemoteException e) {
                    e.printStackTrace();
                }
                mResult.setText("7의 소수 여부 = " + prime);
                break;
        }
    }
}
```

```
    public void onResume() {
        super.onResume();
        Intent intent = new Intent(this, CalcService.class);
        bindService(intent, srvConn, BIND_AUTO_CREATE);
    }

    public void onPause() {
        super.onPause();
        unbindService(srvConn);
    }

    ServiceConnection srvConn = new ServiceConnection() {
        public void onServiceConnected(ComponentName className, IBinder binder) {
            mCalc = ((CalcService.CalcBinder)binder).getService();
        }

        public void onServiceDisconnected(ComponentName className) {
            mCalc = null;
        }
    };
}
```

클라이언트에서 서비스에 연결하거나 해제할 때 다음 메서드를 호출하여 바인딩한다. 바인딩이란 클라이언트와 서비스를 연결하는 동작이다.

```
boolean bindService (Intent service, ServiceConnection conn, int flags)
void unbindService (ServiceConnection conn)
```

첫 번째 인수 service는 사용하고자 하는 서비스를 지정하는데 같은 패키지에 있으면 클래스명으로 지정하고 외부에 있다면 서비스의 액션명을 사용한다. 두 번째 인수 conn은 서비스가 연결, 해제될 때의 동작을 정의하는 연결 객체이다. 서비스를 사용하는 클라이언트는 ServiceConnection 인터페이스를 구현하는데 클라이언트와 서비스가 연결되거나 해제될 때 호출되는 콜백 메서드를 정의한다.

서비스가 연결될 때 onServiceConnected 메서드가 호출되며 이때 인수로 전달되는 binder 객체를 서비스 객체 타입으로 캐스팅한다. 서비스 객체를 구해 두면 이후부터 이 객체의 메서드를 호출함으로써 서비스의 기능을 사용한다. 예제에서는 ServiceConnection 인터페이스를 구현하는 별도의 멤버를 생성했지만 액티비티가 직접 구현해도 무방하다. 이 경우 bindService의 두 번째 인수는 당연히 this가 되어야 한다.

마지막 인수 flag는 서비스 바인딩 방식을 지정하는데 통상 BIND_AUTO_CREATE로 지정하여 서비스를 자동으로 기동시킨다. 바인딩이 완료되면 mCalc 멤버를 통해 서비스의 메서드를 호출할 수 있다. unbindService 메서드는 서비스와의 연결을 끊으며 이때 호출되는 onServiceDisconnected 콜백에서 mCalc를 null로 무효화한다.

onResume에서 서비스에 연결하고 onPause에서 연결을 해제하였으므로 이 액티비티가 실행중인동안 서비스와 계속 연결되어 있을 것이다. 레이아웃의 두 버튼에 대한 클릭 이벤트 핸들러에서 mCalc의 메서드를 호출하여 연산을 수행하며 그 결과를 아래쪽의 텍스트 뷰에 출력한다. 서비스 호출은 예외 발생 가능성이 높으므로 항상 예외 블록을 구성해야 한다.

CalcClient 액티비티에는 최소 공배수를 조사하는 기능이 없지만 서비스의 메서드를 호출함으로써 원하는 연산을 수행할 수 있다. 아주 복잡한 연산이나 통계 처리 등의 공통적인 기능을 서비스에 작성해 놓으면 여러 모듈이니 응용 프로그램이 공유할 수 있다.

서비스는 로컬에서뿐만 아니라 원격으로도 호출할 수 있는데 그렇게 하려면 자신의 메서드 목록을 인터페이스로 정의해야 한다. 이는 단순히 메서드의 원형을 선언하는 것과는 수준이 다른데 원격에서 호출되는 메서드는 응용 프로그램의 경계를 넘어서 인수를 전달해야 하는 어려움이 있다. 각 응용 프로그램이 사용하는 메모리가 완전히 분리되어 있어 통상의 방법으로는 인수를 넘기기 어렵다.

소속된 패키지가 다름은 물론이고 응용 프로그램 수준보다 더 아래쪽의 저수준일 수도 있으며 심지어 자바가 아닌 다른 언어일 수도 있다. 따라서 전달할 수 있는 인수의 종류가 자바 기본 타입과 Parcelable 정도로 제한되며 그 외에도 몇 가지 제약이 존재한다. 자바 수준에서 인터페이스를 직접 정의하기는 대단히 어려워 원격 인터페이스를 정의하는 AIDL이라는 별도의 언어를 제공한다. CalcService를 AIDL 언어로 작성하면 다음과 같다.

```
package andexam.ver6.c30_service;

interface ICalc {
    int getLCM(in int a, in int b);
    boolean isPrime(in int n);
}
```

ICalc 인터페이스안에 노출할 메서드의 선언문만 작성해 두었다. 이 파일을 프로젝트에 포함시켜 두면 AIDL 컴파일러가 이 인터페이스를 구현하는 자바 파일을 생성해 준다. 이 파일의 ICalc 인터페이스안에 Stub이라는 추상 클래스가 선언되어 있는데 이 클래스를 상속받아 실제 동작을 하는 코드만 채워 넣으면 된다.

AIDL 언어로 인터페이스를 정의하는 방식은 이클립스에서는 잘 동작했지만 안타깝게도 안드로이드 스튜디오에서는 아직 제대로 동작하지 않는다. 아직 초기 버전이라 일종의 버그가 있는 셈인데 빌드 툴의 버전을 낮추는 방법이 있고 여러가지 꼼수가 제시되고 있지만 어떤 방법이든지 깔끔하지 못하다. 여러 경로로 버그가 보고되고 있으므로 조만간 해결될 것이다.

30.2 라이브 벽지

30.2.1 벽지 서비스 및 엔진

홈 화면의 바닥에 그림을 깔아 놓는 기능인 배경 벽지(Wallpaper)는 폰을 꾸미는 가장 기본적인 수단이다. 모든 운영체제가 이 기능을 제공하며 어떤 이미지를 깔아 놓는가에 따라 전체적인 분위기가 완전히 달라진다. 안드로이드는 정적인 벽지 외에도 살아 움직이는 라이브 벽지(Live Wallpaper) 기능을 추가로 제공한다. 정지된 그림만 보여주는 것이 아니라 주기적으로 바뀌어 장식성이 좋으며 심지어 사용자의 터치도 받을 수 있다.

벽지가 꿈틀꿈틀 움직으므로 일단 예뻐서 좋고 앱위젯처럼 최신 정보를 주기적으로 갱신하여 보여줄 수 있어 실용적이다. 그러나 항상 동작해야 하므로 배터리를 많이 소모하는 단점이 있고 아이콘 뒤쪽의 배경이 계속 서성거려 정신 사납기도 하다. 너무 요란하게 화면을 바꾸는 것보다 차분한 무늬나 풍경 이미지로 장식하고 상태도 천천히 바꾸는 것이 바람직하다. 터치 입력을 받을 수 있지만 어디까지나 배경일 뿐이므로 너무 복잡한 동작은 자제하는 것이 좋다.

홈 화면의 빈 곳을 롱 클릭한 후 팝업 메뉴에서 Live Wallpaper 항목을 선택하면 현재 장비에 설치된 라이브 벽지 목록이 나타난다. 에뮬레이터에는 2개의 샘플 벽지가 설치되어 있다. 다음은 에뮬레이터에 내장된 Cube 라이브 벽지이다. 육면체가 계속 회전하며 터치한 곳에 원을 그린다. 샘플이다 보니 그다지 예쁘지 않은데 실장비는 훨씬 더 매력적이고 복잡한 라이브 벽지를 제공하며 마켓에서 참신하고 실용적인 벽지를 얼마든지 구할 수 있다.

 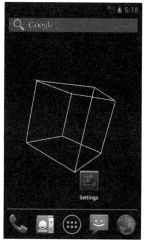

라이브 벽지는 홈 화면의 배경을 차지하며 백그라운드에서 계속 동작하므로 형태상으로 서비스이다. 독립된 작업을 처리하지 않으므로 액티비티가 아니며 홈 화면에 빌붙어 동작하는 코드일 뿐이다. Service로부터 파생된 WallpaperService가 라이브 벽지를 제공하는 클래스이다. WallpaperService 객체는 백그라운드에서 계속 동작하기 위해 존재만 할 뿐이며 화면을 그리는 주요 기능은 모두 Engine 클래스가 담당한다. WallpaperService의 임무는 다음 메서드에서 엔진 객체를 생성하여 리턴하는 것뿐이다.

```
WallpaperService.Engine onCreateEngine()
```

벽지 관리자(WallpaperManager)는 미리 보기를 출력하거나 홈 화면에 그리기를 수행할 때 WallpaperService의 onCreateEngine 메서드를 호출하여 엔진을 얻고 엔진을 동작시켜 화면을 그린다. 이 외에도 초기화 및 종료 처리를 하는 onCreate, onDestroy 메서드가 있지만 필요한 초기화도 대부분 엔진에서 수행하므로 서비스는 별로 할 것이 없다. 결국 WallpaperService는 엔진을 생성하고 백그라운드에서 계속 동작하도록 존재만 유지할 뿐이다.

라이브 벽지의 기능 대부분은 Engine이 제공한다. 엔진은 라이브 벽지를 그리고 사용자로부터 터치 입력을 받는 역할을 수행한다. 백그라운드에서 그림을 주기적으로 계속 갱신하므로 SurfaceView와 흡사하며 사용 방법도 거의 비슷하다. 그러나 SurfaceView의 파생 클래스는 아니며 Object로부터 직접 상속받는 독립 클래스이다. 엔진의 주요 메서드를 정리해 보자. 다음은 초기화 관련 메서드이다.

```
WallpaperService.Engine()
void onCreate(SurfaceHolder surfaceHolder)
void onDestroy()
```

생성자는 디폴트만 제공되며 여기서 객체 생성시에 필요한 초기화를 수행한다. 라이브 벽지가 생성될 때 onCreate가 호출되고 파괴될 때 onDestroy가 호출된다. 이들 메서드에서 그리기에 필요한 객체를 생성 및 해제하고 동작에 필요한 준비와 마무리를 한다. 그리기 표면에 변화가 생길 때는 서피스 뷰와 마찬가지로 다음 메서드가 호출된다.

```
void onSurfaceCreated(SurfaceHolder holder)
void onSurfaceChanged(SurfaceHolder holder, int format, int width, int height)
void onSurfaceDestroyed(SurfaceHolder holder)
```

모든 메서드를 다 재정의할 필요는 없다. onSurfaceChanged에서 화면의 크기를 최초로 알 수 있으므로 화면에 가득차게 그리기 위해 이 메서드는 반드시 재정의해야 한다. 라이브 벽지의 배경에 그리는 방법은 서피스 뷰와 같다. getSurfaceHolder() 메서드로 홀더를 구하고 lockCanvas 메서드로 캔버스를 구한 후 캔버스에 원하는 그림을 그린다. 다 그린 후 unlockCanvasAndPost 메서드를 호출하면 홈 화면의 배경으로 그림이 전송된다. 라이브 벽지 실행 환경에 변화가 생길 때는 다음 메서드가 호출된다.

```
void onVisibilityChanged(boolean visible)
void onOffsetsChanged(float xOffset, float yOffset, float xOffsetStep, float
yOffsetStep, int xPixelOffset, int yPixelOffset)
```

onVisibilityChanged 메서드는 라이브 벽지의 보임 상태가 변경될 때 호출된다. 초기화를 완료하고 처음 화면에 나타날 때 호출되므로 이 메서드가 실질적인 시작 역할을 수행한다. 백그라운드 서비스인 라이브 벽지는 항상 동작 중이되 그렇다고 해서 계속 그리기를 수행할 필요는 없다. 다른 앱이 실행되어 전면을 덮거나 화면이 꺼져 숨겨지면 보이지 않는 상태이므로 더 이상 그릴 필요가 없다. 이때는 즉시 그리기를 중지하여 배터리를 아껴야 한다. 물론 다시 보이면 재동작하며 이런 보임 상태의 변화에 대한 처리를 수행하는 곳이 onVisibilityChanged 메서드이다.

사용자가 화면을 드래그하여 좌우의 페이지로 이동하면 오프셋이 바뀐다. 화면보다 더 넓은 이미지를 페이지 변화에 따라 조금씩 스크롤하며 보여줄 때 오프셋의 변화를 참조하여 이미지의 어떤 부분을 보여줄 것인지 결정한다. 아쉽게도 오프셋 변화에 대해서는 문서화가 거의 되어 있지 않으며 정적 벽지와는 달리 라이브 벽지는 오프셋을 참조하는 경우가 많지 않다.

라이브 벽지는 배경에 깔리는 그림일 뿐이지만 스스로 동작하므로 터치 입력도 받아 처리할 수 있다. 단, 디폴트로 터치 입력을 받지 않게 되어 있으므로 터치를 받으려면 초기화 시에 터치 입력을 받겠다는 선언을 한다. setTouchEventsEnabled로 터치 입력을 활성화해 놓으면 홈 화면의 모든 터치에 대해 onTouchEvent 메서드가 호출된다. 터치 이벤트의 구조나 처리 방법은 일반 뷰의 경우와 같다.

```
void setTouchEventsEnabled(boolean enabled)
void onTouchEvent(MotionEvent event)
```

이상으로 라이브 벽지를 제작하는데 필요한 서비스와 엔진의 주요 메서드를 정리해 보았다. 배경을 그리는 코드 외에도 벽지 관리자가 라이브 벽지에 대한 정보를 찾을 수 있도록 메타 데이터를 제공한다. xml 파일로 메타 데이터를 작성하며 다음과 같은 필드를 통해 라이브 벽지에 대한 정보를 제공한다.

항목	설명
author	작성자를 명시한다.
description	벽지에 대한 설명이다.
thumbnail	목록에 나타날 미리 보기 아이콘이다.
settingsActivity	설정을 위한 액티비티이다.

작성자와 설명 등의 문자열은 리터럴을 바로 쓸 수 없으며 반드시 strings.xml에 리소스로 작성한 후 리소스의 위치를 밝혀야 한다. 작성된 메타 데이터는 매니페스트의 서비스 항목에 등록된다. 벽지 관리자는 메타 정보를 참조하여 벽지 목록에 요약 정보를 보여주고 설정 액티비티를 호출한다.

30.2.2 BallWall

라이브 벽지는 액티비티에 비해 만들어야 할 것이 많으므로 손이 많이 가고 작업 절차도 복잡하다. 우선 극단적으로 간단한 예제를 제작해 보면서 개발 절차부터 익혀 보자. 터치 입력은 받지 않으며 별도의 리소스도 사용하지 않고 공이 화면 테두리에서 반사되어 움직이는 지극히 간단한 애니메이션만 보여준다. 메타 데이터에 써 넣을 정보를 지정하기 위해 strings.xml에 다음 문자열을 추가한다.

```
<string name="author">KimSangHyung</string>
<string name="ballwall">Moving Ball Wallpaper</string>
<string name="ballwalldescription">Bouncing yellow ball</string>
```

이 프로그램을 작성한 개발자의 이름과 제목, 간단한 설명 문자열이다. 이 문자열은 매니페스트와 메타 데이터에 기록되며 벽지 목록 표시에 사용된다. 메타 데이터 파일을 다음과 같이 작성한다. xml 폴더가 없으면 직접 생성한다.

res/xml/ballwallmeta.xml

```
<wallpaper xmlns:android="http://schemas.android.com/apk/res/android"
    android:author="@string/author"
    android:description="@string/ballwalldescription"
    >
</wallpaper>
```

미리 보기 이미지와 설정 액티비디는 생략하고 작성지와 설명 정도만 제공했다. 다음은 매니페스트에 라이브 벽지 서비스를 등록한다.

```
<service android:name="andexam.ver6.c30_service.BallWall"
    android:label="@string/ballwall"
    android:permission="android.permission.BIND_WALLPAPER" >
    <intent-filter>
        <action android:name="android.service.wallpaper.WallpaperService" />
    </intent-filter>
    <meta-data android:name="android.service.wallpaper"
```

```
        android:resource="@xml/ballwallmeta" />
    </service>

    <uses-feature android:name="android.software.live_wallpaper" />
```

name 속성이 라이브 벽지 클래스인데 잠시 후 작성할 것이다. label 속성에 라이브 벽지의 이름을
지정하고 벽지로 동작하기 위해 BIND_WALLPAPER 퍼미션을 지정한다. 벽지 관리자가 라이브
벽지로 인식하기 위해서는 인텐트 필터에 WallpaperService 액션을 지정한다. meta-data 엘리
먼트의 resource 속성에 앞서 작성한 메타 데이터 파일의 위치를 지정한다. 벽지 관리자는 인텐트
필터를 제공하는 서비스 객체를 찾아 라이브 벽지의 목록을 얻고 매니페스트의 제목과 메타 데이터
를 참조하여 목록을 보여준다.

마지막으로 uses-feature에 라이브 벽지 기능을 사용함을 명시한다. 이 지정이 없어도 동작에는
이상이 없지만 라이브 벽지 기능을 지원하지 않는 이전 버전(2.0이하)의 장비에 이 프로그램이 설
치되는 것을 방지하는 역할을 한다. 이제 메인 소스를 작성해 보자. 동작에 꼭 필요한 코드만 작성했
음에도 불구하고 길고 복잡하다.

BallWall

```java
public class BallWall extends WallpaperService {
    Handler mHandler = new Handler();

    public Engine onCreateEngine() {
        return new BallEngine();
    }

    class BallEngine extends Engine {
        boolean mVisible = false;
        int mWidth, mHeight;
        Paint mBackPaint;
        Paint mBallPaint;
        int mBallX=50, mBallY=50;
        int mDx = 3, mDy = 4;
        final int RAD = 30;

        Runnable mRunDraw = new Runnable() {
            public void run() {
                drawFrame();
            }
```

```
};

public void onSurfaceChanged(SurfaceHolder holder, int format, int width, int height) {
    super.onSurfaceChanged(holder, format, width, height);
    mWidth = width;
    mHeight = height;
    mBallPaint = new Paint();
    mBallPaint.setAntiAlias(true);
    mBallPaint.setColor(Color.YELLOW);
    mBackPaint = new Paint();
    mBackPaint.setShader(new LinearGradient(0,0,0,mHeight,
            0xff606060, 0xff202020, TileMode.CLAMP));
}

public void onSurfaceDestroyed(SurfaceHolder holder) {
    super.onSurfaceDestroyed(holder);
    mVisible = false;
    mHandler.removeCallbacks(mRunDraw);
}

public void onDestroy() {
    super.onDestroy();
    mVisible = false;
    mHandler.removeCallbacks(mRunDraw);
}

public void onVisibilityChanged(boolean visible) {
    mVisible = visible;

    if (mVisible) {
        drawFrame();
    } else {
        mHandler.removeCallbacks(mRunDraw);
    }
}

void drawFrame() {
    SurfaceHolder holder = getSurfaceHolder();
    Canvas canvas = holder.lockCanvas();
    if (canvas != null) {
        canvas.drawRect(0,0,mWidth,mHeight,mBackPaint);
        mBallX += mDx;
        if (mBallX + RAD > mWidth || mBallX - RAD < 0) mDx *= -1;
        mBallY += mDy;
```

```
            if (mBallY + RAD > mHeight || mBallY - RAD < 0) mDy *= -1;
            canvas.drawCircle(mBallX, mBallY, RAD, mBallPaint);
            holder.unlockCanvasAndPost(canvas);
        }

        mHandler.removeCallbacks(mRunDraw);
        if (mVisible) {
            mHandler.postDelayed(mRunDraw, 50);
        }
    }
    }
}
```

WallpaperService로부터 파생되는 BallWall 클래스가 라이브 벽지 클래스이다. 그리기 동작을
큐에 저장하기 위해 mHandler를 멤버로 포함하고 onCreateEngine 메서드에서 엔진 객체를 생
성하여 리턴한다. 그리고 이후부터는 계속 존재만 할 뿐 특별한 동작은 하지 않는다. 화면을 그리는
모든 동작은 포함 클래스인 BallEngine 클래스가 담당한다.

현재 보이기 상태, 화면 크기와 그리기에 사용할 Paint 객체 등을 멤버로 선언해 두었으며 공의 현
재 좌표와 움직이는 방향을 저장하는 멤버도 있다. 표면이 생성될 때인 onSurfaceChanged에서
모든 초기화를 담당하는데 화면 크기를 알아야 배경 브러시를 만들 수 있기 때문이다. 화면을 가득
채우는 회색의 수직 그래디언트 브러시를 생성해 둔다. 배터리를 최대한 절약하기 위해 그리기에 필
요한 모든 객체는 가급적이면 미리 초기화하여 그리기 코드를 최적화한다.

실제로 화면을 그리는 메서드는 drawFrame이다. getSurfaceHolder 메서드로 표면 홀더를 구
하고 lockCanvas 메서드로 캔버스를 구한 후 이 캔버스에 그린다. 준비해둔 회색 브러시로 화
면을 가득 채우고 그 위에 노란색의 원을 그려 공을 출력한다. 한 번 그릴 때마다 공은 mDx,
mDy 만큼 움직이며 화면의 가장자리에 닿으면 움직이는 방향을 바꾸어 반사된다. 다 그린 후
unlockCanvasAndPost 메서드로 완성된 그림을 표면으로 내 보낸다.

현재 위치
(mBallX, mBallY)

mDx, mDy만큼 이동한다.

수평 벽에 닿으면 mDx의 부호를
바꾸어 반대 방향으로 움직인다.

수직 벽에 닿으면 mDy의 부호를
바꾸어 반대 방향으로 움직인다.

mDx, mDy가 3, 4로 초기화되어 있으므로 한 번 움직일 때마다 수평으로 3칸, 수직으로 4칸 움직인다. 공이 화면의 오른쪽이나 왼쪽에 닿으면 mDx의 부호를 바꾸어 반사하며 수직쪽으로도 마찬가지이다. 지극히 단순한 반사 이동 알고리즘일 뿐이되 벽과의 충돌 판정을 할 때 공의 중심점 좌표와 비교하는 것이 아니라 공의 바깥쪽 테두리 좌표와 비교하기 위해 반지름 RAD를 적당히 더하고 빼는 것만 주의하면 된다.

mRunDraw 러너블은 run 메서드에서 drawFrame을 호출하는 객체이다. 메서드를 직접 호출하지 않고 러너블 안에 넣어 두고 러너블을 통해 간접적으로 호출하는 이유는 출력을 즉시 중지하기 위해서이다. 러너블은 큐에 쌓아 두고 일정 시간 간격으로 호출할 수 있고 필요가 없으면 제거할 수 있다. 함수 호출문을 객체화하여 필요에 따라 관리하기 위해 러너블로 감싸 두었다.

배경 벽지가 처음 보일 때인 onVisibilityChanged 메서드에서 현재 보이는 상태이면 drawFrame을 호출하여 장면을 그리기 시작한다. drawFrame 메서드의 끝에서 러너블을 큐에 다시 삽입하여 0.05초 후에 자기 자신을 재귀적으로 호출하며 이 과정이 계속 반복되어 초당 20 프레임으로 공을 이동시킨다. 벽지가 가려지면 onVisibilityChanged가 다시 호출되며 이때는 큐에 쌓인 러너블을 제거함으로써 그리기를 즉시 중지한다. 다시 보이면 drawFrame이 재호출되어 그리기를 재개한다.

onVisibilityChanged는 최초 보이기 상태가 될 때 drawFrame을 호출함으로써 시동만 걸어주고 drawFrame이 큐와 러너블을 통해 자기 자신을 계속 호출한다. 가려지면 러너블을 제거하여 중지하고 다시 보이면 또 시작함으로써 배터리를 절약한다. 표면이 파괴될 때, 엔진이 파괴될 때도 큐에 남아 있는 러너블을 즉시 제거하여 무효한 그리기를 하지 않도록 하였다. 상황에 따라 그리기 코드를 반복 및 제거하기 위해 핸들러와 러너블을 적절히 사용하는 예이다.

완성된 예제를 실행해 보자. 액티비티가 아니라 서비스이므로 직접 실행할 수 없으며 배경 화면으로 등록해야만 결과를 확인할 수 있다. 홈 화면의 팝업 메뉴에서 Live Wallpaper를 선택하면 라이브 배경 목록이 나타난다. 미리 보기 이미지를 제공하지 않았으므로 디폴트 이미지로만 보인다. 목록에서 Moving Ball Wallpaper 항목을 선택하면 동작 화면을 볼 수 있다. 회색 그라데이션 배경에 노란색 공이 움직인다.

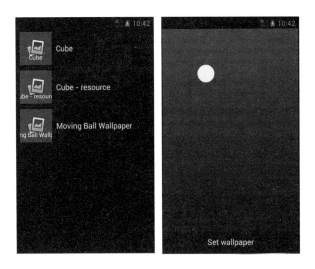

미리 보기 화면의 아래쪽에 있는 Set wallpaper 버튼을 누르면 라이브 벽지로 등록되며 홈 화면의 배경에 나타나 동작을 시작한다. 아이콘과 위젯 뒤쪽으로 노란색 공이 계속 움직인다. 코드를 수정하여 다시 설치하더라도 배경 벽지를 재등록할 필요는 없다. 한 번 등록해 놓으면 재설치시 즉시 업데이트되므로 설치해 놓고 코드를 수정해도 무방하다.

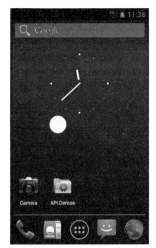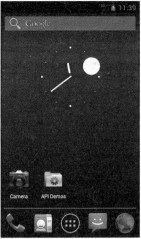

움직이는 상태에서 공의 위치를 잘 봐두고 다른 앱을 실행해 보자. 앱 실행 후 다시 홈 화면으로 돌아오면 공이 앱 실행 이전의 위치에서 다시 움직이기 시작한다. 다른 앱이 실행되어 홈 화면이 가려지면 라이브 벽지도 즉시 중지한다. 실장비에 설치해 놓고 관찰해 보면 슬립 모드로 들어갔다가 다시 돌아올 때 이전 위치를 그대로 유지하는데 슬립 모드에서도 동작을 중지하는 것이다.

onVisibilityChanged에서 정지와 재개를 적절히 잘 하고 있기 때문이며 이렇게 하는 이유는 배터리를 최대한 절약하기 위해서이다. 라이브 벽지는 화면이 켜져 있는 동안에는 계속 동작하므로 배터리를 소모하지만 슬립 모드로 들어가거나 가려지면 즉시 중지하므로 과하게 배터리를 소모하는 것은 아니다. 홈 화면이 켜져 있을 때는 어차피 일정 정도의 배터리를 소모하므로 극단적으로 화려한 그래픽만 아니라면 크게 문제되지 않는다.

이 예제는 상호 작용도 없고 설정 기능도 없으며 미리 보기 이미지도 제공하지 않는 초간단 라이브 벽지이다. 그러나 라이브 벽지의 기본 골격은 제대로 다 갖추고 있는 셈이어서 라이브 벽지를 제작하는 시작 프로젝트로 활용할 만하다. 이 예제를 복사하여 확장하면 비슷한 형태의 라이브 벽지를 신속하게 만들 수 있다.

30.2.3 아기 벽지

기본 예제를 제작해 봤으니 이제 기능을 더 확장해 보자. 미리 보기 이미지도 제공하고 설정 액티비티를 통해 약간의 옵션을 선택할 수 있으며 사용자로부터 터치 입력도 받아볼 것이다. 홈 화면 배경에 사랑스러운 아기 둘을 마음대로 돌아다니게 해 놓고 과일을 던져주면 아기들이 와서 먹는 벽지이다. 어떤 모습인지 먼저 실행해 보면 분석하기도 수월하다. 앞 실습에서 라이브 벽지의 기본 골격을 익혔으므로 이 예제에서는 추가된 기능과 프로그램 고유의 논리에 집중하기로 한다. 먼저 메타 데이터를 작성한다.

---

res/xml/childrenwallmeta.xml

```
<wallpaper xmlns:android="http://schemas.android.com/apk/res/android"
    android:author="@string/author"
    android:description="@string/childrenwalldescription"
    android:thumbnail="@drawable/childrenwall"
    android:settingsActivity="andexam.ver6.c30_service.ChildrenWallSetting"
    >
</wallpaper>
```

제작자 이름은 앞 예제와 같다. 아기들 벽지의 제목과 설명 문자열은 strings.xml에 다음과 같이 작성한다.

```
<string name="childrenwall">Children Wallpaper</string>
<string name="childrenwalldescription">My son and daughter</string>
```

thumbnail 속성에 아기 사진 이미지를 지정하여 배경 벽지 목록에 이 사진이 보이도록 하였다. settingsActivity 속성에는 설정 액티비티 클래스를 지정한다. 이 액티비티에서 배경색과 아기들에게 과일 주기 여부를 옵션으로 선택한다. 설정 액티비티는 미리 보기 화면에서 호출할 수 있다. 매니페스트는 다음과 같다.

```
<service android:name="andexam.ver6.c30_service.ChildrenWall"
    android:label="@string/childrenwall"
    android:permission="android.permission.BIND_WALLPAPER" >
    <intent-filter>
        <action android:name="android.service.wallpaper.WallpaperService" />
    </intent-filter>
    <meta-data android:name="android.service.wallpaper"
        android:resource="@xml/childrenwallmeta" />
```

```
</service>
<activity android:name="andexam.ver6.c30_service.ChildrenWallSetting"
    android:label="ChildrenWallSetting"
    android:theme="@android:style/Theme.Light.WallpaperSettings"
    android:exported="true" />
```

라이브 벽지 서비스에 대한 선언은 앞 예제와 거의 같되 제목과 메타 데이터 파일의 위치만 다르다. 서비스외에 설정 액티비티도 선언한다. 설정 액티비티는 내부에서 호출하는 것이 아니라 외부의 벽지 관리자가 호출하는 것이므로 exported 속성을 true로 지정한다. 테마는 꼭 바꾸지 않아도 상관없지만 라이브 벽지에 어울리는 것으로 지정하여 일반 액티비티와 구분되도록 하였다. 기능이 많다보니 메인 소스는 꽤 길다.

ChildrenWall

```java
public class ChildrenWall extends WallpaperService {
    Handler mHandler = new Handler();

    public Engine onCreateEngine() {
        return new ChildrenEngine();
    }

    // 아기들 위치 정보
    class ChildPos {
        float x, y;
        float dx, dy;
        int count;
        Bitmap bitmap;
    };

    // 과일 위치 정보
    class FruitPos {
        int x, y;
        Rect frt;
        int type;
    };

    class ChildrenEngine extends Engine {
        final int CHILDRAD = 40;
        final int FRUITNUM = 7;
        final int FRUITRAD = 30;
        boolean mVisible = false;
```

```
int mWidth, mHeight;
Paint mBackPaint;
Paint mBitmapPaint;
ChildPos[] mChild;
ArrayList<FruitPos> arFruit = new ArrayList<FruitPos>();
Bitmap[] mFruit;
Random Rnd = new Random();
boolean mGiveFruit;
int mBackColor;
int mScale = 0;
int mScaleDelta = 1;
float mRotate = -7;
float mRotateDelta = 0.5f;

ChildrenEngine() {
    mChild = new ChildPos[2];
    mChild[0] = new ChildPos();
    mChild[1] = new ChildPos();
    mChild[0].bitmap = BitmapFactory.decodeResource(getResources(),
            R.drawable.hanseul);
    mChild[1].bitmap = BitmapFactory.decodeResource(getResources(),
            R.drawable.hangyul);
    mFruit = new Bitmap[FRUITNUM];
    mFruit[0] = BitmapFactory.decodeResource(getResources(), R.drawable.fruit1);
    mFruit[1] = BitmapFactory.decodeResource(getResources(), R.drawable.fruit2);
    mFruit[2] = BitmapFactory.decodeResource(getResources(), R.drawable.fruit3);
    mFruit[3] = BitmapFactory.decodeResource(getResources(), R.drawable.fruit4);
    mFruit[4] = BitmapFactory.decodeResource(getResources(), R.drawable.fruit5);
    mFruit[5] = BitmapFactory.decodeResource(getResources(), R.drawable.fruit6);
    mFruit[6] = BitmapFactory.decodeResource(getResources(), R.drawable.fruit7);

    // 설정 변경 핸들러 등록
    SharedPreferences pref = getSharedPreferences("ChildrenWall", 0);
    pref.registerOnSharedPreferenceChangeListener(mPrefChange);
    mPrefChange.onSharedPreferenceChanged(pref, null);

    setTouchEventsEnabled(true);
}

// 설정값 재조사
SharedPreferences.OnSharedPreferenceChangeListener mPrefChange =
        new SharedPreferences.OnSharedPreferenceChangeListener() {
            public void onSharedPreferenceChanged(
                    SharedPreferences sharedPreferences, String key) {
```

```
                mGiveFruit = sharedPreferences.getBoolean("givefruit", true);
                mBackColor = sharedPreferences.getInt("backcolor", 0);
                setBackShader();
            }
    };

    // 배경 무늬 만듬
    void setBackShader() {
        if (mBackPaint != null) {
            int color1=0, color2=0;
            switch (mBackColor) {
            case 0:
                color1 = 0xff006000;
                color2 = 0xff002000;
                break;
            case 1:
                color1 = 0xff000060;
                color2 = 0xff000020;
                break;
            case 2:
                color1 = 0xff606000;
                color2 = 0xff202000;
                break;
            case 3:
                color1 = 0xff606060;
                color2 = 0xff202020;
                break;
            }
            mBackPaint.setShader(new LinearGradient(0,0,0,mHeight,
                    color1, color2, TileMode.CLAMP));
        }
    }

    Runnable mRunDraw = new Runnable() {
        public void run() {
            drawFrame();
        }
    };

    public void onCreate(SurfaceHolder surfaceHolder) {
        super.onCreate(surfaceHolder);
    }

    public void onDestroy() {
```

```
        super.onDestroy();
        mHandler.removeCallbacks(mRunDraw);
    }

    public void onVisibilityChanged(boolean visible) {
        mVisible = visible;

        if (mVisible) {
            drawFrame();
        } else {
            mHandler.removeCallbacks(mRunDraw);
        }
    }

    public void onSurfaceCreated(SurfaceHolder holder) {
        super.onSurfaceCreated(holder);
    }

    public void onSurfaceDestroyed(SurfaceHolder holder) {
        super.onSurfaceDestroyed(holder);
        mVisible = false;
        mHandler.removeCallbacks(mRunDraw);
    }

    public void onSurfaceChanged(SurfaceHolder holder, int format, int width, int height) {
        super.onSurfaceChanged(holder, format, width, height);
        mWidth = width;
        mHeight = height;
        mBitmapPaint = new Paint(Paint.ANTI_ALIAS_FLAG);
        mBackPaint = new Paint(Paint.ANTI_ALIAS_FLAG);
        setBackShader();
        mChild[0].x = CHILDRAD;
        mChild[1].x = mWidth - CHILDRAD;
        mChild[0].y = mChild[1].y = mHeight / 2;
        mChild[0].count = mChild[1].count = 0;
    }

    void drawFrame() {
        SurfaceHolder holder = getSurfaceHolder();
        Canvas canvas = holder.lockCanvas();
        if (canvas != null) {
            // 배경 그림
            canvas.drawRect(0,0,mWidth,mHeight,mBackPaint);
```

```
// 과일 그림
for(FruitPos fp:arFruit) {
    RectF dest = new RectF(fp.x, fp.y, fp.x, fp.y);
    int scale = FRUITRAD - mScale;
    dest.inset(-scale, -scale);
    canvas.drawBitmap(mFruit[fp.type], null, dest, mBitmapPaint);
}
mScale += mScaleDelta;
if (mScale == 0 || mScale == 5) mScaleDelta *= -1;

// 미리보기에 대한 안내를 출력한다.
if (isPreview()) {
    Paint textPaint = new Paint();
    textPaint.setTextSize(40);
    textPaint.setColor(Color.WHITE);
    canvas.drawText("미리보기", mWidth/2-80, 100, textPaint);
}

for (int i = 0; i < 2; i++) {
    // 이동 정보가 있으면 계속 이동
    if (mChild[i].count != 0) {
        mChild[i].count--;
        mChild[i].x += mChild[i].dx;
        if (mChild[i].x < CHILDRAD) mChild[i].x = CHILDRAD;
        if (mChild[i].x > mWidth - CHILDRAD) mChild[i].x =
                mWidth - CHILDRAD;
        mChild[i].y += mChild[i].dy;
        if (mChild[i].y < CHILDRAD) mChild[i].y = CHILDRAD;
        if (mChild[i].y > mHeight - CHILDRAD) mChild[i].y =
                mHeight - CHILDRAD;
    // 새로운 이동 방향 계산
    } else {
        // 과일이 없으면 -3~3 범위내에서 무작위로 움직인다.
        if (arFruit.size() == 0) {
            mChild[i].dx = Rnd.nextFloat() * 6 - 3;
            mChild[i].dy = Rnd.nextFloat() * 6 - 3;
            mChild[i].count = Rnd.nextInt(11) + 5;
        // 과일이 있으면 과일쪽으로 이동한다.
        } else {
            // 가장 가까이 있는 과일을 찾는다.
            int fruit = findNearestFruit(mChild[i].x, mChild[i].y);
            // 수평 속도는 4~12사이
            mChild[i].dx = Rnd.nextFloat() * 8 + 4;
            // 과일보다 오른쪽에 있으면 왼쪽으로 이동
```

```
                if (mChild[i].x > arFruit.get(fruit).x) mChild[i].dx *= -1;
                // 수직 속도는 수평 속도에 기울기를 곱해 구하되 약간의
                // 오차를 발생시켜 움직임을 자연스럽게 했다.
                float degree = 1;
                if (arFruit.get(fruit).x - mChild[i].x != 0) {
                    degree = (arFruit.get(fruit).y - mChild[i].y) /
                            (arFruit.get(fruit).x - mChild[i].x);
                    degree *= (Rnd.nextFloat() / 2.5f + 0.8f);
                }
                mChild[i].dy = mChild[i].dx * degree;
                // 너무 커지지 않도록 적당히 한계를 둔다.
                if (mChild[i].dy > 20) mChild[i].dy = 20;
                if (mChild[i].dy < -20) mChild[i].dy = -20;
                mChild[i].count = Rnd.nextInt(11) + 5;
            }
        }

        // 충돌 체크
        Rect crt = new Rect((int)mChild[i].x,(int)mChild[i].y,
                (int)mChild[i].x,(int)mChild[i].y);
        crt.inset(-CHILDRAD, -CHILDRAD);
        for(int f = 0;f < arFruit.size(); f++) {
            if (crt.intersect(arFruit.get(f).frt)) {
                arFruit.remove(f);
                f--;
            }
        }

        // 아기 그림. 과일이 없으면 고개를 까닥거린다.
        if (arFruit.size() == 0) {
            canvas.save();
            canvas.rotate(i==0 ? mRotate:-mRotate, mChild[i].x, mChild[i].y);
        }
        canvas.drawBitmap(mChild[i].bitmap, mChild[i].x - CHILDRAD,
                mChild[i].y - CHILDRAD, mBitmapPaint);
        if (arFruit.size() == 0) {
            canvas.restore();
        }

        mRotate += mRotateDelta;
        if (mRotate >= 7 || mRotate <= -7) mRotateDelta *= -1;
    }

    holder.unlockCanvasAndPost(canvas);
```

```
        }

        mHandler.removeCallbacks(mRunDraw);
        if (mVisible) {
            mHandler.postDelayed(mRunDraw, 100);
        }
    }

    // 가장 가까운 위치의 과일을 찾는다.
    int findNearestFruit(float x, float y) {
        int fruit = 0;
        float mindist = 10000;
        for(int f = 0;f < arFruit.size(); f++) {
            float dist = (float) Math.hypot(x-arFruit.get(f).x, y-arFruit.get(f).y);
            if (dist < mindist) {
                fruit = f;
                mindist = dist;
            }
        }

        return fruit;
    }

    // 터치한 곳에 과일을 배치한다.
    public void onTouchEvent(MotionEvent event) {
        super.onTouchEvent(event);

        if (mGiveFruit == false) return;

        if (event.getAction() == MotionEvent.ACTION_DOWN) {
            FruitPos fp = new FruitPos();
            fp.x = (int)event.getX();
            fp.y = (int)event.getY();
            fp.type = Rnd.nextInt(FRUITNUM);
            fp.frt = new Rect((int)fp.x, (int)fp.y,(int)fp.x,(int)fp.y);
            fp.frt.inset(-FRUITRAD, -FRUITRAD);
            arFruit.add(fp);
        }
    }
}
}
```

라이브 벽지를 구현하는 전체적인 구조는 앞 예제와 비슷하되 고유의 움직임을 구현하는 계산 코드의 분량이 많다. ChildPos 클래스는 아기의 위치와 이동 방향, 출력할 비트맵 정보를 가지는 구조체이다. 생성자에서 2개의 요소를 가지는 ChildPos 배열을 생성하고 리소스에서 아기 사진 이미지를 읽어 둔다. FruitPos 클래스는 과일의 위치와 영역, 종류에 대한 정보를 가지는 구조체이다. 과일 개수에 제한이 없으므로 ArrayList의 동적 배열로 선언했다. 생성자에서 과일 출력에 사용할 7개의 이미지를 미리 읽어 둔다. 아기 이미지는 80×80 크기이며 과일 이미지는 60×60으로 조금 더 작다.

설정 변경을 통지 받기 위해 프레퍼런스에 대한 변경 핸들러를 등록한다. 설정 액티비티에서 라이브 벽지로 별도의 통지를 보내지 않으므로 옵션의 변경 여부는 라이브 벽지가 직접 알아내 적용한다. 변경 핸들러에서 과일 주기 여부와 배경색을 프레퍼런스에서 읽어들이고 setBackColor 메서드는 선택된 배경색으로 그래디언트 브러시를 미리 작성해 놓는다. 출력 속도를 최대한 높이기 위해 그리기에 필요한 모든 준비를 미리 해 둔다.

생성자의 마지막 줄에서 setTouchEventsEnabled(true)를 호출하여 터치 입력을 받는다고 선언한다. 사용자가 홈 화면을 터치하면 onTouchEvent 메서드로 터치 정보가 전달된다. 이 메서드에서 터치한 곳에 7개의 과일중 하나를 난수로 골라 ArrayList에 추가한다. 동적 배열이므로 과일의 개수에는 제한이 없다. 단, mGiveFruit 옵션이 선택되어 있지 않을 때는 터치를 무시하며 아무 동작도 하지 않는다. 아기와 과일의 충돌 판정을 위해 과일의 사각영역도 미리 계산해 두었다. 과일의 중심 좌표 x, y에서 과일의 반지름 크기인 30만큼 확장하면 과일 영역이 된다.

중심 x, y   30만큼 확장   과일의 영역

onSurfaceChanged에서 화면 크기를 조사하고 이 크기에 맞게 배경 채색에 사용할 브러시를 준비한다. 아기들의 초기 위치는 수직 중앙의 좌우에서 마주보도록 하였다. onVisibilityChanged에서 보일 때 drawFrame을 호출하고 숨겨지면 러너블을 제거하는 방식은 앞 예제와 같다. 화면을 그리는 drawFrame 메서드의 구조도 앞 예제와 비슷하되 배터리를 더 절약하기 위해 호출 속도를 10프레임으로 낮추었다.

이 프로그램의 주요 논리 대부분은 화면을 그리는 drawFrame 메서드에 작성되어 있으며 주 분석 대상이다. 아기의 이동 경로가 결정되어 있는지, 과일이 있는지의 여부에 따라 처리가 달라진다. 먼저 배경을 그리고 배치된 과일을 화면에 출력한다. 과일을 먼저 출력해야 아기와 과일이 겹칠 때 과일이 아기보다 더 아래쪽에 나타난다. 과일의 확대 배율을 주기적으로 바꿈으로써 꿈틀 꿈틀거리도록 하여 생동감있게 표현했다. mScale이 0~5 사이를 왕복하므로 과일 출력 영역의 반지름은 30~25사이를 왔다 갔다 한다.

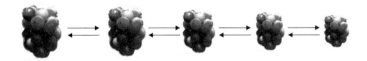

isPreview 메서드는 미리 보기 상태인지를 조사하는데 미리 보기 상태이면 짧은 안내 문자열을 출력한다. 이 벽지의 경우는 미리 보기 상태와 실제 실행 상태가 별 차이가 없지만 외부 정보를 출력하는 벽지는 미리 보기 상태일 때 다르게 출력해야 할 경우가 있다. 예를 들어 날씨를 보여주는 벽지라면 실제 날씨와 상관없이 비가 오는 모습, 해가 뜬 화창한 모습, 눈이 내리는 모습을 골고루 보여주어야 한다. 이런 처리를 위해 isPreview라는 메서드가 제공된다.

다음은 루프를 돌며 두 아기의 움직임을 처리한다. 아기는 홈 화면을 자유롭게 돌아다니되 그렇다고 해서 난수로 무작위로 움직이는 것은 좋지 않다. 난수로 다음 움직임을 즉시 결정하면 돌아다닌다기보다는 제자리에서 덜덜덜 떠는 모습이다. 그래서 한 번 방향을 결정하면 이 방향까지 일단 움직인 후 다음 경로를 계산하는 방식을 사용한다. 과일이 없을 때 dx, dy를 −3~3 범위내에서 선택하고 count는 5~15까지 선택한다. 그리고 count가 0이 될 때까지 지속적으로 계속 움직인다.

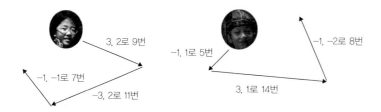

한 번 결정된 방향으로 일단 끝까지 이동하고 count가 0이 되면 다음 이동 경로를 새로 선택하는 방식이다. dx, dy를 난수로 결정하므로 어디로 움직일지 예측할 수 없지만 count 회수만큼은 직선 운동한다. 자유롭게 돌아다니되 단 화면을 벗어나서는 안 되므로 좌우나 상하벽에 닿으면 화면 안쪽으로 좌표를 강제 조정한다. 이 코드를 약간 조정하면 오른쪽으로 벗어날 때 왼쪽에 나타나도록 할 수 있다.

count가 0이 되면 다음 이동 경로를 찾되 이때는 과일이 화면에 있는 경우와 그렇지 않은 경우가 다르다. 과일이 없으면 -3~3의 범위에서 난수로 방향을 결정하고 이동 거리도 난수로 선택하며 무작위로 돌아다닌다. 이때 음양의 범위가 같아야 확률적으로 화면 중앙에 오래 머물러 있다. 만약 난수 범위를 -3~4로 지정하여 양수가 될 확률이 높으면 아기는 화면 오른쪽 아래에서 빙빙 돌 것이고 반대로 음수 방향의 확률이 높으면 화면 왼쪽 위에 짱박힌다.

화면에 과일이 있는 경우는 아기가 과일을 먹으러 이동한다. 먼저 가장 가까운 과일을 검색하는데 이 작업은 findNearestFruit가 계산한다. 아기와 과일의 거리는 피타고라스의 정리를 적용하면 쉽게 구할 수 있으며 이 정리대로 두 지점의 거리를 구하는 메서드가 hypot이다. 화면에 배치된 모든 과일의 좌표와 아기의 좌표를 비교하여 가장 가까운 거리의 과일 첨자를 조사하여 리턴한다.

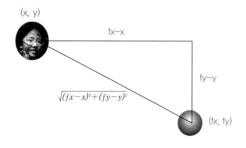

주변의 과일을 찾았으면 아기는 과일을 먹기 위해 이동한다. 수평 이동 증분은 4~12로 평소보다 더 크게 지정하여 잽싸게 이동한다. 과일이 아기보다 더 왼쪽에 있으면 음수 방향으로 이동한다. 즉 수평 이동 증분은 −4~−12 또는 4~12 범위에서 임의로 결정된다. 수평 이동 증분을 구했으면 수직 이동 증분은 다음 수학 공식대로 구한다. 수평 이동 증분에 아기와 과일을 잇는 선분의 기울기를 곱하는 것이다. 기울기 자체에 부호가 포함되어 있으므로 과일과 아기의 위치 관계는 고려하지 않아도 상관없다.

$$dy = dx * \frac{fy - y}{fx - x}$$

이 공식대로 dx, dy를 구해 이동하면 아기가 과일을 향해 똑바로 전진한다. 그러나 너무 똑바로 이동하면 얌체같아 보이고 기계적으로 보여 별로 재미가 없다. dy 증분에 0.8~1.2사이의 실수를 곱함으로써 최대 20%의 오차를 일부러 적용하여 약간의 조작을 가했다. 또한 count도 난수로 선택하여 한 번에 과일쪽으로 직선 이동하지 않고 여러번 경로를 수정해 가며 과일쪽으로 가도록 했다. 과일과 아기의 수평 거리가 짧아 dx 크기가 너무 작으면 dy가 과대 계산되는 문제가 있어 dy의 범위는 적절히 제한했다. 아기가 과일을 찾아가는 과정을 그려 보면 다음과 같다.

과일을 향해 똑바로 가는 것이 아니라 비뚤 비뚤하게 대충 방향을 맞추어 가며 어떤 경우는 과일을 지나쳤다가 다시 돌아오기도 한다. 이동하는 중에도 더 가까운 곳에 과일이 배치되면 즉시 방향을 튼다. 자연스러운 움직임을 구현하려다 보니 수식이 복잡해졌는데 이해를 위해 주석을 잔뜩 달아 두었다. 사실 이런 수식은 설명을 듣고 이해하는 것보다 직접 만들어 보는 것이 오히려 더 쉽다. 장황해 보이지만 중학 수학 수준일 뿐이다.

아기를 이동시킨 후에는 과일과 아기의 충돌을 체크하여 과일을 먹는다. 아기의 영역과 과일의 영역이 조금이라도 겹치면 과일을 먹은 것이므로 리스트에서 해당 과일을 삭제한다. 충돌 처리까지 마친 후 아기를 현재 위치에 출력한다. 여기에도 재미있는 효과가 적용되어 있는데 과일이 없는 경우 아기 이미지를 −7~7도 범위내에서 회전시킴으로써 고개를 까닥거리는 효과를 적용했다. 과일이 있으면 먹기 바빠 똑바로 이동하지만 먹을게 없으면 뭔가 심심하다는 표시로 고개를 갸우뚱거린다.

drawFrame의 끝에서 러너블을 큐에 넣어 0.1초 후에 자기 자신을 다시 호출한다. 아기를 초당 10번씩 움직이고 그 과정에서 새 경로를 계산하고 과일과의 충돌을 처리함으로써 끊임없이 화면이 바뀐다. 자, 그럼 이제 실행해 보자. 벽지 목록에 아기 사진이 미리 보기 이미지로 나타나는데 벽지의 동작을 상징적으로 보여주는 것이 좋다. 이 벽지를 선택하면 미리 보기 화면이 나타난다.

앞 예제와는 달리 미리 보기 화면 아래쪽에 Settings 버튼이 나타난다. 메타 데이터에 설정 액티비티가 지정되어 있기 때문이다. 이 버튼을 누르면 설정 액티비티가 실행되며 여기서 배경색과 터치 입력 여부를 선택한다. 배경색은 4가지가 준비되어 있으며 터치 여부는 가부만 선택할 수 있다. 미리 보기 화면에서 Set wallpaper 버튼을 누르면 벽지가 설치되고 홈 화면 배경에 나타난다.

아기들이 부지런히 뭐 먹을 거 없나 고개를 까딱거리며 화면을 돌아 다닌다. 화면을 터치하면 과일이 나타나며 아기는 그 즉시 과일을 먹기 위해 달려 온다. 둘이 동시에 달려오되 이동 속도가 난수로 결정되므로 누가 먹을지는 알 수 없다. 마지막으로 설정 액티비티를 분석해 보자.

ChildrenWallSetting

```
<LinearLayout xmlns:android="http://schemas.android.com/apk/res/android"
    android:orientation="vertical"
    android:layout_width="match_parent"
    android:layout_height="match_parent"
    >
<CheckBox
    android:id="@+id/givefruit"
    android:layout_width="match_parent"
    android:layout_height="wrap_content"
    android:text="터치해서 아기들에게 과일 주기"
    />
<RadioGroup
    android:id="@+id/ColorGroup"
    android:layout_width="match_parent"
    android:layout_height="wrap_content"
    android:orientation="vertical"
    >
<RadioButton
    android:id="@+id/Green"
    android:layout_width="match_parent"
```

```xml
        android:layout_height="wrap_content"
        android:text="초록색"
        />
<RadioButton
        android:id="@+id/Blue"
        android:layout_width="match_parent"
        android:layout_height="wrap_content"
        android:text="파란색"
        />
<RadioButton
        android:id="@+id/Yellow"
        android:layout_width="match_parent"
        android:layout_height="wrap_content"
        android:text="노란색"
        />
<RadioButton
        android:id="@+id/Gray"
        android:layout_width="match_parent"
        android:layout_height="wrap_content"
        android:text="회색"
        />
</RadioGroup>
<Button
        android:id="@+id/btnclose"
        android:layout_width="match_parent"
        android:layout_height="wrap_content"
        android:text="닫기" />
</LinearLayout>
```

```java
public class ChildrenWallSetting extends Activity {
    public void onCreate(Bundle savedInstanceState) {
        super.onCreate(savedInstanceState);
        setContentView(R.layout.childrenwallsetting);

        CheckBox GiveFruit = (CheckBox)findViewById(R.id.givefruit);
        GiveFruit.setOnCheckedChangeListener(mCheckChange);
        SharedPreferences pref = getSharedPreferences("ChildrenWall", 0);
        if (pref.getBoolean("givefruit", true)) {
            GiveFruit.setChecked(true);
        }

        RadioGroup ColGroup = (RadioGroup)findViewById(R.id.ColorGroup);
        ColGroup.setOnCheckedChangeListener(mRadioCheck);
```

```
        int backcolor = pref.getInt("backcolor", 0);
        switch(backcolor) {
        case 0:
            ((RadioButton)findViewById(R.id.Green)).setChecked(true);
            break;
        case 1:
            ((RadioButton)findViewById(R.id.Blue)).setChecked(true);
            break;
        case 2:
            ((RadioButton)findViewById(R.id.Yellow)).setChecked(true);
            break;
        case 3:
            ((RadioButton)findViewById(R.id.Gray)).setChecked(true);
            break;
        }

        findViewById(R.id.btnclose).setOnClickListener(new View.OnClickListener() {
            public void onClick(View v) {
                finish();
            }
        });
    }

    RadioGroup.OnCheckedChangeListener mRadioCheck =
        new RadioGroup.OnCheckedChangeListener() {
        public void onCheckedChanged(RadioGroup group, int checkedId) {
            SharedPreferences pref = getSharedPreferences("ChildrenWall", 0);
            SharedPreferences.Editor edit = pref.edit();
            if (group.getId() == R.id.ColorGroup) {
                switch (checkedId) {
                case R.id.Green:
                    edit.putInt("backcolor", 0);
                    break;
                case R.id.Blue:
                    edit.putInt("backcolor", 1);
                    break;
                case R.id.Yellow:
                    edit.putInt("backcolor", 2);
                    break;
                case R.id.Gray:
                    edit.putInt("backcolor", 3);
                    break;
                }
            }
```

```
            edit.commit();
        }
    };

    CompoundButton.OnCheckedChangeListener mCheckChange =
        new CompoundButton.OnCheckedChangeListener() {
        public void onCheckedChanged (CompoundButton buttonView, boolean isChecked) {
            SharedPreferences pref = getSharedPreferences("ChildrenWall", 0);
            SharedPreferences.Editor edit = pref.edit();
            if (buttonView.getId() == R.id.givefruit) {
                if (isChecked) {
                    edit.putBoolean("givefruit", true);
                } else {
                    edit.putBoolean("givefruit", false);
                }
            }
            edit.commit();
        }
    };
}
```

별 특별한 코드는 없고 그냥 일반적인 액티비티일 뿐이다. 체크 박스와 라디오 버튼으로 현재 상태를 보여주고 체크가 바뀔 때마다 프레퍼런스에 설정값을 써 넣는다. 라이브 벽지가 프레퍼런스 변경을 항상 감시하고 있으므로 값이 바뀔 때마다 즉시 적용된다. 배경색은 취향에 따라 선택하고 터치에 의해 과일이 배치되는 동작이 귀찮다면 옵션을 해제하면 된다. 그라데이션 대신 풀밭이나 놀이터 이미지를 제공하는 것도 좋겠지만 예제의 배포 용량이 너무 커지는 문제가 있어 그렇게 하지 못했다.

라이브 벽지의 설정 액티비티는 벽지를 등록하는 시점에 한 번만 호출할 수 있으며 일단 등록한 후에는 재호출할 방법이 없다. 물론 라이브 벽지에서 터치 입력을 받아 액티비티를 강제 호출할 수 있지만 배경 주제에 액티비티를 호출하는 것은 별로 어울리지 않는다. 정 옵션을 바꾸고 싶다면 다시 설치하는 수밖에 없다. 배경의 옵션을 매번 바꿔가며 쓰지도 않으며 다시 설치하는 것도 사실 그리 복잡하지 않다.

이미지 품질이 떨어지고 움직임도 더욱 정교하면 좋겠지만 이정도까지 만드는데도 꽤 많은 시간이 걸렸다. 무엇보다 작은 이미지 여러 장을 준비하는 것이 어렵고 오랜 시간 공을 들였지만 디자인 실력의 한계로 인해 별로 예쁘지 못하다. 또 설명을 위한 예제이다 보니 더 이상 복잡해져서는 곤란한 이유도 있다. 사실 지금도 충분히 복잡해서 분석하기 쉽지 않다. 아무튼 귀여운 아기를 내 홈 화면에서 언제든지 볼 수 있다는 것은 참 흐뭇한 일이며 이것이 개발자의 특권이 아닌가 싶다.

지인들은 내 폰의 배경을 보고 다들 이게 뭐냐고 물어보며 신기해한다. 동작 방식을 설명하면 무척 재미있어 하며 자기 폰에도 설치해 달라고 한다. 아기 이미지는 자기 애들로 바꾸고 어떤 이는 마누라 추가를 원한다. 그리고 과일보다는 닌텐도나 유희왕 카드가 좋고 마누라는 돈을 던져 주면 제일 좋아할 거란다. 설정 액티비티에서 이미지를 선택할 수 있도록 하고 과일 대신 던져줄 대상을 옵션으로 지정할 수 있으면 될 것이다. 이 정도 기능까지 구현하면 거의 상품화까지 가능하며 떼돈을 벌어볼 수 있겠지만 원고 쓰느라 바빠 그렇게 하지 못했다.

30.3 소프트 키보드

30.3.1 입력기 서비스

안드로이드 장비는 보통 하드웨어 키보드를 따로 제공하지 않는다. 초기에는 키보드를 내장한 제품도 발표되었으나 요즘은 핸드셋이나 태블릿이나 모두 키보드가 없는 채로 출시된다. 외장 키보드를 연결하여 사용할 수 있지만 항상 연결되어 있는 것은 아니므로 기본 입력 장치로는 사용할 수 없다. 그래서 안드로이드는 화면에 표시되는 소프트 키보드를 대신 사용하며 에디트에 포커스가 갈 때 아래쪽에 키보드가 나타난다.

물리적인 키보드에 비해 사용하기 불편하지만 소프트웨어로 구현되므로 변형이 쉬우며 원하는 대로 만들어 사용할 수 있다. API 샘플 예제 중에 SoftKeyboard 예제는 영문, 숫자 등의 기본 문자를 입력하는 키보드를 통해 소프트 키보드 제작 기법을 잘 보여준다. 이 예제를 분석해 보면 커스텀 키보드를 만들 수 있되 한글은 알파벳에 비해 구조가 훨씬 복잡하여 오토마타를 직접 만들어야 하는 어려움이 있다.

자신만의 고유한 키보드를 만들어 사용할 수 있다는 것은 참 멋진 일이며 취향에 따라 키보드를 골라 쓸 수 있다는 점도 안드로이드의 큰 장점이다. 에뮬레이터에는 한글 키보드가 없지만 실장비는 쿼티, 천지인, 필기 인식, 음성 입력 등 여러 가지 방식의 한글 키보드가 제공된다. 마켓에는 탭 방식 외에도 밀거나 드래그해서 빠른 속도로 한글을 입력할 수 있는 기발한 방식의 키보드가 많이 발표되어 있다. 여기서는 커스텀 키보드를 제작하는 방법에 대해 간략하게 알아보자.

소프트 키보드는 안드로이드 컴포넌트 중 서비스에 해당한다. 배경에서 항상 대기하고 있다가 문자 입력이 필요할 때 입력기를 보여주는 역할을 하며 언제나 실행 중이라는 면에서 데몬이다. 서비스 자체는 눈에 보이지 않으며 입력이 필요할 때 키보드 뷰를 열어 주는 역할을 한다. 소프트 키보드의 기능을 제공하는 InputMethodService는 Service로부터 파생되며 가장 기본적인 구조만 제공하므로 이 클래스를 상속받아 고유한 입력 방법을 구현한다. 운영체제는 문자 입력이 필요할 때 이 클래스의 콜백 메서드를 호출한다.

void onInitializeInterface()

UI 생성 전에 가장 먼저 호출되며 이 메서드에서 필요한 초기화를 한다. 서비스가 처음 생성될 때, 설정이 변경될 때 호출된다. 사용할 키보드를 이 단계에서 미리 생성해 놓는다.

void onBindInput()

새로운 클라이언트와 연결될 때 호출된다. 여기서 클라이언트란 구체적으로 에디트를 의미하며 에디트 사이를 이동하여 입력 포커스가 바뀔 때마다 호출된다.

void onStartInput(EditorInfo attribute, boolean restarting)

입력을 시작할 때 호출되며 이 단계에서 입력 상태를 초기화한다. attribute 인수는 입력 받을 정보의 종류 등의 정보를 제공하는데 이 인수로부터 문자인지, 숫자인지 판별하여 키의 캡션이나 배치 등을 조정한다. restarting 인수는 같은 편집기에서 텍스트 변경 등으로 인해 입력을 재시작하는 것인지 나타낸다.

View onCreateInputView()
View onCreateCandidatesView()
View onCreateExtractTextView()

입력창, 후보창, 추출창을 생성할 때 호출된다. 입력창은 곧 화면 키보드를 의미하며 이 메서드에서 키보드 배치를 생성하여 뷰를 리턴한다. 후보창은 키보드 위쪽에 열리며 입력한 문자로 시작하는 후보 문자를 보여주고 선택받는다. 추출창은 풀 화면 모드에서 입력받은 내용을 보여주는 창이다. 세 창 모두 필요 없을 때는 생성하지 않아도 상관없으며 그래서 디폴트는 모두 null을 리턴하도록 되어 있다. 대개의 경우 입력창은 꼭 생성해야 하지만 음성으로 입력받는다면 생략할 수도 있다.

void onStartInputView(EditorInfo info, boolean restarting)

입력창이 보이고 입력을 시작할 때 호출된다. onStartInput은 일반적인 설정을 하며 이 메서드에서는 뷰별로 필요한 초기화를 한다.

입력창은 KeyboardView 클래스로 구현하며 키보드를 화면에 그리고 사용자의 터치로부터 키 입력을 받아들인다. KeyboardView는 어디까지나 키보드를 보여주는 뷰일 뿐이며 내부에 표시되는 키보드는 Keyboard 클래스로 구현한다. 쉽게 말해서 KeyboardView는 키보드를 감싸는 껍데기이고 입력을 받는 진짜 알맹이는 Keyboard이다. 키보드 뷰는 딱 하나만 있으면 되지만 키보드는 입력 모드에 따라 여러 개 필요하다. 다음 메서드로 키보드와 키보드 액션 리스너를 지정한다.

```
void setKeyboard(Keyboard keyboard)
void setOnKeyboardActionListener(KeyboardView.OnKeyboardActionListener listener)
```

실제 문자를 입력받는 객체는 Keyboard이며 이 객체 안에 키들이 배치된다. 주요 속성은 다음과 같다.

속성	설명
keyWidth, keyHeight	키의 폭과 높이를 지정한다. 논리 단위로 절대 크기를 지정할 수도 있고 %를 사용하여 화면 폭에 대한 비율로 지정할 수도 있다. 예를 들어 한행에 10개의 키를 배치하고 싶다면 10%로 지정하면 된다.
horizontalGap, verticalGap	키의 수평, 수직 간격이다. 절대 크기를 지정할 수도 있고 화면 폭에 대한 비율로 지정할 수도 있다.

Keyboard 클래스 안에 키의 행을 정의하는 Keyboard.Row와 키 자체를 정의하는 Keyboard.Key 클래스가 중첩되어 있다. 행의 속성을 통해 Keyboard가 정의한 속성 일부를 재정의할 수 있다. 예를 들어 Keyboard의 keyHeight 속성을 30dp로 지정하면 모든 행은 30dp 높이를 가지는데 일부 행만 높이를 더 크게 지정하고 싶다면 해당 Keyboard.Row의 keyHeight 속성만 원하는 대로 지정하면 된다. 이 외에 다음 2개의 추가 속성을 가진다.

속성	설명
keyboardMode	키보드의 모드를 지정한다.
rowEdgeFlags	행이 위치한 변을 지정한다. top 또는 bottom으로 지정한다.

Keyboard.Key는 키 하나를 표현한다. Keyboard나 Keyboard.Row가 정의한 크기, 간격 등의 속성을 재정할 수도 있으며 다음 추가 속성을 가진다.

속성	설명
codes	입력할 유니코드 값이며 콤마로 구분하여 여러 값을 지정할 수도 있다.
keyLabel	키에 표시할 캡션이다. 문자키는 표시할 문자를 지정한다.
keyIcon	키의 아이콘을 지정한다. 개행이나 모드 변경 등의 특수한 기능키는 이미지 형태로 표시하는 것이 직관적이다.
iconPreview	팝업창에 보여줄 아이콘이다.
isModifier	Alt, Shift 같은 조합키인지를 지정한다.
isRepeatable	반복 입력 가능한지를 지정한다. 이 속성의 키는 누르고 있으면 계속 입력된다.
isSticky	토글키인지를 지정한다.
keyEdgeFlags	키가 위치한 변을 지정한다. left 또는 right로 지정한다.
keyOutputText	키를 눌렀을 때 출력할 문자열이다.
popupCharacters	팝업에 출력할 문자이다.
popupKeyboard	팝업 키보드의 XML 레이아웃이다.

키의 속성 중 가장 중요한 것은 표면에 표시할 캡션인 keyLabel과 키를 눌렀을 때 입력할 문자인 codes이다. 이 두 속성은 필수이고 나머지 옵션은 디폴트가 무난하게 설정되어 있으므로 필요할 때만 지정하면 된다. 행과 키의 목록을 XML 문서로 작성한 후 Keyboard의 다음 생성자로 키보드를 생성한다. 두 번째 인수로 XML 문서를 지정하면 XML 문서의 속성대로 키가 배치된다.

```
Keyboard(Context context, int xmlLayoutResId)
```

이렇게 생성한 키보드를 키보드 뷰의 setKeyboard 메서드로 지정하면 화면에 키보드가 나타난다. 여러 개의 키보드를 미리 생성해 놓고 모드에 따라 바꿔가며 쓸 수 있다. 모바일 장비의 화면폭이 넓지 못하므로 통상 영문, 숫자, 기호 등으로 모드에 따라 여러 개의 키보드를 제작한다. 키보드에서 어떤 사건이 발생하면 액션 리스너의 다음 콜백 메서드가 호출된다. 여기서 실제 입력을 처리한다.

```
void onKey(int primaryCode, int[] keyCodes)
```
키가 입력될 때 호출되며 사실상 가장 중요한 콜백이다. primaryCode는 눌러진 키의 코드이며 keyCodes는 눌러진 키의 주변키이되 오타 수정을 위해 사용된다. 예를 들어 에디트에 현재 andro까지 입력된 상태에서 u가 입력되었다면 주변키에 u옆의 i나 y가 같이 전달되어 어떤 문자에 대한 오타인지 판별할 수 있도록 도와준다.

```
void onText(CharSequence text)
```
문자열이 입력되었다는 뜻이다. 이모티콘처럼 키 하나로 여러 개의 문자가 동시에 입력될 때는 이 콜백이 호출된다.

이 외에도 누르거나 뗄 때 onPress, onRelease 등의 콜백이 호출되며 스와이프 관련 콜백도 정의되어 있다. 키보드 자체를 드래그할 때의 동작을 처리하고 싶다면 스와이프 콜백에 코드를 작성한다. 키 입력 외의 다른 동작에는 별다른 관심이 없다면 해당 콜백은 그냥 비워 둔다.

입력받은 문자를 편집기로 보낼 때는 InputConnection 객체를 사용한다. 이 객체는 입력기와 편집기를 연결하는 역할을 하며 두 객체의 통신 채널을 제공한다. 편집기에 입력된 주변 문자를 얻기도 하고 키보드로 입력된 문자를 편집기로 보내 삽입하기도 한다. getCurrentInputConnection() 메서드로 언제든지 이 객체를 얻을 수 있으며 다음 메서드로 문자를 편집기로 보낸다.

```
boolean commitText(CharSequence text, int newCursorPosition)
```

첫 번째 인수는 삽입할 문자열이며 두 번째 인수는 삽입 후 커서를 얼마나 이동시킬 것인가를 지정한다. 보통 키 하나가 하나의 문자를 입력받으므로 onKey 콜백으로 전달된 primaryCode를 삽입하고 커서는 한 칸 이동한다.

30.3.2 미니 키보드

소프트 키보드를 제작하려면 이것저것 많은 것을 만들어야 한다. 서비스 코드도 작성해야 하고 키보드 배치 리소스도 필요하고 그 외에 메타 정보나 매니페스트 정보도 꼼꼼하게 작성해야 한다. 테스트할 때도 키보드를 설치한 후 일일이 문자를 입력해 봐야 한다. 그래서 일반 액티비티를 만드는 것보다 작업 절차가 복잡하며 잔손도 많이 가는 편이다. 여기서는 극단적으로 간단한 소프트 키보드를 만들어 보기로 한다.

소프트 키보드는 서비스이므로 액티비티는 필요치 않으며 있어 봐야 별 쓸모가 없다. 프로젝트를 별도로 만든다면 마법사의 질문 대화상자에서 Create Activity 체크 박스를 해제하고 빈 프로젝트를 만든 후 필요한 요소를 하나하나 추가시킨다. 통합 프로젝트에는 모든 소스가 이미 추가되어 있는데 여기서는 실습을 가정하고 순서대로 작업 과정을 설명한다. 먼저 키보드 뷰와 키보드 클래스를 작성해 보자.

```java
public class MiniKeyboardView extends KeyboardView {
    public MiniKeyboardView(Context context, AttributeSet attrs) {
        super(context, attrs);
    }

    public MiniKeyboardView(Context context, AttributeSet attrs, int defStyle) {
        super(context, attrs, defStyle);
    }
}
```

```java
public class MiniKeyboard extends Keyboard {
    public MiniKeyboard(Context context, int xmlLayoutResId) {
        super(context, xmlLayoutResId);
    }

    public MiniKeyboard(Context context, int layoutTemplateResId,
            CharSequence characters, int columns, int horizontalPadding) {
        super(context, layoutTemplateResId, characters, columns, horizontalPadding);
    }
}
```

보다시피 두 클래스 모두 슈퍼 클래스를 그대로 상속받고 생성자도 슈퍼의 생성자를 호출하기만 한다. 이 소스 상으로는 굳이 상속받을 필요 없이 KeyboardView, Keyboard 클래스를 바로 사용하는 것과 차이가 없다. 그러나 고급 기능을 구현하려면 일부 메서드를 재정의해야 하므로 이후의 기능 확장을 위해 일단 상속받았다. 다음은 키보드의 레이아웃 파일을 작성한다.

```xml
<andexam.ver6.c30_service.MiniKeyboardView
        xmlns:android="http://schemas.android.com/apk/res/android"
        android:id="@+id/keyboard"
        android:layout_alignParentBottom="true"
        android:layout_width="match_parent"
        android:layout_height="wrap_content"
        />
```

MiniKeyboardView만 배치했으며 키보드 관련 속성을 정의했다. 부모의 아래쪽에 정렬하고 폭은 가득 채웠으며 높이는 자신의 높이만큼만 차지하도록 했다. 이 키보드 뷰 안에 문자키의 집합인 키보드가 배치된다. 다음은 문자를 입력받는 키보드의 키 배치 정보인 리소스를 작성한다. 영문, 숫자, 기호 3개의 키보드를 각각 만든다. 실제 키보드는 훨씬 더 거대하겠지만 실습용 예제이므로 간단하게 5열 2행짜리로 작성했다.

xml/english.xml

```xml
<Keyboard xmlns:android="http://schemas.android.com/apk/res/android"
    android:keyWidth="20%p"
    android:keyHeight="50dp"
    >
    <Row>
        <Key android:codes="97" android:keyLabel="a" android:keyEdgeFlags="left"/>
        <Key android:codes="98" android:keyLabel="b"/>
        <Key android:codes="99" android:keyLabel="c"/>
        <Key android:codes="100" android:keyLabel="d"/>
        <Key android:codes="101" android:keyLabel="e" android:keyEdgeFlags="right"/>
    </Row>

    <Row android:rowEdgeFlags="bottom">
        <Key android:codes="-1" android:keyIcon="@drawable/sym_keyboard_shift"
            android:isModifier="true" android:isSticky="true"
            android:keyEdgeFlags="left"/>
        <Key android:codes="-2" android:keyLabel="Num" />
        <Key android:codes="32" android:keyIcon="@drawable/sym_keyboard_space"
            android:isRepeatable="true"/>
        <Key android:codes="-5" android:keyIcon="@drawable/sym_keyboard_delete"
            android:isRepeatable="true"/>
        <Key android:codes="10" android:keyIcon="@drawable/sym_keyboard_return"
            android:keyEdgeFlags="right"/>
    </Row>
</Keyboard>
```

각 키의 폭은 부모폭의 20%이다. 행당 5개씩의 키를 배치하므로 20% 폭이면 공평하게 분할하는 것이다. 키의 높이는 50dp로 지정했다. 터치의 정확도를 높이기 위해 키의 폭과 높이는 손가락이 닿는 최소한의 면적을 확보하여 너무 인접하지 않도록 한다. 행이나 개별키에서 이 크기를 재정의할 수 있지만 예제에서는 모든 키가 키보드 자체의 크기값을 고분고분 받아들인다. 공백키처럼 빈도가 높은 키에는 더 넓은 폭을 할당할 수도 있다.

1행에 알파벳 a~e까지 5개의 문자를 배치하였다. keyLabel에 캡션을 적고 codes에 입력할 문자의 코드값을 적는다. 알파벳 전체를 다 배치하려면 행을 늘리고 필요한 만큼 키를 더 배치하면 된다. 2행에는 대소문자를 전환하는 Shift 키, 숫자 모드로 전환하는 Num키, 공백, 삭제, 개행 등의 기능키를 배치했다. Num만 캡션이 문자열이고 나머지 키는 아이콘을 지정했다. 각 아이콘은 샘플 예제의 것을 그대로 가져온 것이며 drawable 폴더에 복사해 두었다.

```xml
<Keyboard xmlns:android="http://schemas.android.com/apk/res/android"
    android:keyWidth="20%p"
    android:keyHeight="50dp"
    >
    <Row>
        <Key android:codes="49" android:keyLabel="1" android:keyEdgeFlags="left"/>
        <Key android:codes="50" android:keyLabel="2"/>
        <Key android:codes="51" android:keyLabel="3"/>
        <Key android:codes="52" android:keyLabel="4"/>
        <Key android:codes="53" android:keyLabel="5" android:keyEdgeFlags="right"/>
    </Row>

    <Row android:rowEdgeFlags="bottom">
        <Key android:codes="-1" android:keyIcon="@drawable/sym_keyboard_shift"
            android:isModifier="true" android:isSticky="true"
            android:keyEdgeFlags="left"/>
        <Key android:codes="-2" android:keyLabel="Eng" />
        <Key android:codes="32" android:keyIcon="@drawable/sym_keyboard_space"
            android:isRepeatable="true"/>
        <Key android:codes="-5" android:keyIcon="@drawable/sym_keyboard_delete"
            android:isRepeatable="true"/>
        <Key android:codes="10" android:keyIcon="@drawable/sym_keyboard_return"
            android:keyEdgeFlags="right"/>
    </Row>
</Keyboard>
```

숫자 키보드도 구조는 거의 비슷하다. 1행에 1~5까지의 숫자를 배치했으며 2행에는 영문 키보드와 마찬가지로 기능키를 배치한다. 기능키의 종류는 같되 모드 변경키의 캡션이 Num이 아니라 Eng라는 점이 다르다. 다음은 기호 키보드이다. 기호의 종류가 굉장히 많지만 자주 사용하는 구두점 몇 개만 포함시켰다.

```xml
<Keyboard xmlns:android="http://schemas.android.com/apk/res/android"
    android:keyWidth="20%p"
    android:keyHeight="50dp"
    >
    <Row>
        <Key android:codes="46" android:keyLabel="." android:keyEdgeFlags="left"/>
        <Key android:codes="44" android:keyLabel=","/>
        <Key android:codes="63" android:keyLabel="\?"/>
        <Key android:codes="34" android:keyLabel="&quot;"/>
        <Key android:codes="37" android:keyLabel="%" android:keyEdgeFlags="right"/>
    </Row>

    <Row android:rowEdgeFlags="bottom">
        <Key android:codes="-1" android:keyIcon="@drawable/sym_keyboard_shift"
            android:isModifier="true" android:isSticky="true"
            android:keyEdgeFlags="left"/>
        <Key android:codes="-2" android:keyLabel="Eng" />
        <Key android:codes="32" android:keyIcon="@drawable/sym_keyboard_space"
            android:isRepeatable="true"/>
        <Key android:codes="-5" android:keyIcon="@drawable/sym_keyboard_delete"
            android:isRepeatable="true"/>
        <Key android:codes="10" android:keyIcon="@drawable/sym_keyboard_return"
            android:keyEdgeFlags="right"/>
    </Row>
</Keyboard>
```

필요한 모든 데이터가 준비되었다. 이제 메인 소스를 작성한다.

MiniKeyboardService

```java
public class MiniKeyboardService extends InputMethodService
    implements KeyboardView.OnKeyboardActionListener {

    KeyboardView mInputView;
    MiniKeyboard mEnglish;
    MiniKeyboard mNumber;
    MiniKeyboard mSymbol;

    private int mLastDisplayWidth;

    // 키보드 생성. 폭이 바뀐 경우만 재생성한다.
```

```
@Override
public void onInitializeInterface() {
    if (mEnglish != null) {
        int displayWidth = getMaxWidth();
        if (displayWidth == mLastDisplayWidth) return;
        mLastDisplayWidth = displayWidth;
    }
    mEnglish = new MiniKeyboard(this, R.xml.english);
    mNumber = new MiniKeyboard(this, R.xml.number);
    mSymbol = new MiniKeyboard(this, R.xml.symbol);
}

// 입력뷰 생성하고 영문 키보드로 초기화
@Override
public View onCreateInputView() {
    mInputView = (KeyboardView) getLayoutInflater().inflate(
            R.layout.minikeyboard, null);
    mInputView.setOnKeyboardActionListener(this);
    mInputView.setKeyboard(mEnglish);
    return mInputView;
}

// 입력 시작시 초기화 - 특별히 초기화할 내용이 없음
@Override
public void onStartInput(EditorInfo attribute, boolean restarting) {
    super.onStartInput(attribute, restarting);
}

// 입력 끝 - 키보드를 닫는다.
@Override
public void onFinishInput() {
    super.onFinishInput();
    if (mInputView != null) {
        mInputView.closing();
    }
}

@Override
public void onStartInputView(EditorInfo attribute, boolean restarting) {
    super.onStartInputView(attribute, restarting);
    mInputView.setKeyboard(mEnglish);
    mInputView.closing();
}
```

```java
// 문자 입력을 받았을 때를 처리한다. 기능키 먼저 처리하고 문자키 처리한다.
public void onKey(int primaryCode, int[] keyCodes) {
    if (primaryCode == Keyboard.KEYCODE_SHIFT) {
        // 영문일 때는 대소문자 토글, 숫자나 기호일 때는 두 키보드 교체
        Keyboard current = mInputView.getKeyboard();
        if (current == mEnglish) {
            mInputView.setShifted(!mInputView.isShifted());
        } else if (current == mNumber) {
            mInputView.setKeyboard(mSymbol);
            mNumber.setShifted(true);
            mSymbol.setShifted(true);
        } else if (current == mSymbol) {
            mInputView.setKeyboard(mNumber);
            mNumber.setShifted(false);
            mSymbol.setShifted(false);
        }
    } else if (primaryCode == Keyboard.KEYCODE_MODE_CHANGE) {
        // 영문일 때 숫자로, 숫자나 기호일 때는 영문으로
        Keyboard current = mInputView.getKeyboard();
        if (current == mEnglish) {
            mInputView.setKeyboard(mNumber);
        } else {
            mInputView.setKeyboard(mEnglish);
        }
    } else if (primaryCode == Keyboard.KEYCODE_DELETE) {
        // Del키 코드를 보내 문자 삭제
        keyDownUp(KeyEvent.KEYCODE_DEL);
    } else {
        // 쉬프트 상태이면 대문자로 변환
        if (isInputViewShown()) {
            if (mInputView.isShifted()) {
                primaryCode = Character.toUpperCase(primaryCode);
            }
        }
        // 문자를 편집기로 보낸다.
        getCurrentInputConnection().commitText(
                String.valueOf((char) primaryCode), 1);
    }
}

// 키를 눌렀다가 떼는 동작을 하는 도우미 함수
private void keyDownUp(int keyEventCode) {
    getCurrentInputConnection().sendKeyEvent(
            new KeyEvent(KeyEvent.ACTION_DOWN, keyEventCode));
```

```
        getCurrentInputConnection().sendKeyEvent(
                new KeyEvent(KeyEvent.ACTION_UP, keyEventCode));
    }

    public void onText(CharSequence text) {
    }

    public void onPress(int primaryCode) {
    }

    public void onRelease(int primaryCode) {
    }

    public void swipeDown() {
    }

    public void swipeLeft() {
    }

    public void swipeRight() {
    }

    public void swipeUp() {
    }
}
```

MiniKeyboardService 클래스는 InputMethodService로부터 상속받으며 키 입력 액션 리스너 인터페이스를 구현하여 키 입력 이벤트를 처리한다. 서비스 초기화 시에 호출되는 onInitializeInterface 메서드에서 3개의 키보드를 생성한다. R.xml.english 리소스의 키배치표에 따라 영문 키보드가 생성되며 숫자, 기호 키보드도 마찬가지 방식이다. 일단 키보드를 생성했으면 다음번 초기화 시에는 중복 생성하지 않되 화면 방향을 회전하여 폭이 바뀌었으면 이때는 변경된 폭에 맞게 키보드를 다시 생성한다.

입력창을 처음 열 때 호출되는 onCreateInputView에서 minikeyboard 레이아웃을 전개하여 키보드 뷰를 생성한다. 키보드 액션 리스너는 서비스 자신으로 지정하고 초기 키보드는 영문으로 지정하여 최초 영문 상태로 열리도록 하였다. 입력 시작시에는 특별한 처리를 할 필요가 없고 입력 종료 시에는 키보드가 열려 있으면 닫는다.

실제 키 입력 논리는 키가 입력되었을 때 호출되는 onKey에서 처리한다. Eng, Num 등의 모드 변환키를 누르면 숫자, 기호, 영문 모드로 전환하며 Shift키는 영문일 경우 대소문자를 토글하고 숫자, 기호 모드일 때는 두 모드를 토글한다. 입력 모드를 전환할 때는 setKeyboard 메서드로 키보드를 통째로 교체한다. 삭제 키는 Del키 코드를 눌렀다 뗌으로써 앞 글자를 삭제한다. 삭제 키의 이름이 KEYCODE_DELETE로 되어 있지만 PC의 Del키가 아닌 BS키에 해당하는 동작을 한다.

기능키가 아닌 경우는 눌러진 키의 코드를 입력한다. 키보드 리소스에는 코드가 소문자로 지정되어 있으므로 영문 대문자인 경우 전달된 코드를 대문자로 바꾼다. 입력할 코드를 결정했으면 최종적으로 commitText 메서드로 코드를 편집기로 보내며 하나의 키 입력이 완료된다. InputConnection 객체를 거쳐 포커스를 가진 에디트에 문자가 입력된다.

다음은 매니페스트에 키보드 서비스에 대한 정보를 기록한다. 소프트 키보드는 서비스이므로 당연히 service 태그로 기록하며 name 속성에 InputMethodService 파생 클래스 이름을 지정한다. 키보드 서비스 클래스의 전체 경로명을 적어 주면 된다. 키보드 입력에 필요한 퍼미션과 인텐트 필터도 적어 준다.

```
<service android:name="andexam.ver6.c30_service.MiniKeyboardService"
        android:permission="android.permission.BIND_INPUT_METHOD">
    <intent-filter>
        <action android:name="android.view.InputMethod" />
    </intent-filter>
    <meta-data android:name="android.view.im"
        android:resource="@xml/minikeyboard_method" />
</service>
```

<meta-data> 태그는 소프트 키보드의 추가 속성값을 가지는 메타 정보를 지정한다. 별 속성을 지정하지 않더라도 구성 요건상 필요하므로 xml 폴더 안에 다음 파일을 생성하고 매니페스트에 그 경로를 밝힌다.

xml/minikeyboard_method.xml

```
<input-method xmlns:android="http://schemas.android.com/apk/res/android" />
```

input-method 태그 안에는 키보드의 속성값이 작성된다. isDefault 속성은 다른 키보드가 없을 때 사용할 디폴트 키보드로 지정하며 settingsActivity 속성은 키보드의 입력 옵션을 편집하는 액티비티를 지정한다. 복잡한 키보드는 옵션을 가질 수 있으므로 옵션을 보여주고 편집하는 액티비티가 필요할 수도 있다. 이 예제는 별다른 속성을 사용하지 않으므로 메타 데이터에 별 내용이 없다.

미니 키보드가 완성되었다. 과연 이 키보드가 제대로 문자를 입력받을 수 있는지 테스트해 보자. 소프트 키보드는 액티비티가 아니므로 설치해 봐야 아무런 반응이 없으며 주 입력기를 바꾼 후에 문자를 입력해 봐야 한다. 키보드 설정법은 운영체제 버전에 따라 약간씩 차이가 있다. 설정의 Settings/Language & input으로 들어가면 현재 시스템에 설치된 키보드 목록이 나타난다. 운영체제와 함께 설치된 키보드 목록이 보이는데 에뮬레이터는 한국어 키보드를 제공하지 않는다.

목록에 "안드로이드 프로그래밍 정복"이라는 이름이 표시되는데 이는 MiniKeyboard를 포함한 통합 예제의 앱 이름이다. 독립된 프로젝트로 작성했다면 앱 이름에 키보드의 이름을 원하는 대로 작성할 수 있다. 이 항목을 체크하여 사용하겠다는 의사 표시를 한다. 이 체크는 어디까지나 사용 가능한 키보드로만 지정하는 것이지 이 키보드를 쓰겠다는 뜻은 아니다. 위쪽의 Default 항목을 열면 사용 가능한 키보드 목록이 나타나며 이 중 하나를 선택하여 실제 사용할 키보드를 지정한다.

참고로 키보드를 선택할 때 보안 경고문이 나타나는데 이는 커스텀 키보드에는 위험한 기능이 들어갈 수 있으므로 출처가 불확실한 키보드는 함부로 설치하지 말라는 뜻이다. 모바일 장비에서 키보드는 ID, 비밀 번호, 보안 인증 코드 등을 입력하는 중요한 역할을 하는데 나쁜 목적을 가진 아저씨들이 그럴듯한 키보드를 설치하도록 해 놓고 중요한 정보를 빼내갈 수 있으므로 경고하는 것이다.

키보드는 사용자의 모든 문자 입력을 모니터링할 수 있으므로 이런 경고를 하는 것이 당연하다. MiniKeyboard 예제는 비록 기능은 보잘 것 없지만 그런 나쁜 짓은 하지 않으므로 믿고 설치해도 상관 없다. 코드를 보다시피 그런 악성 코드를 구겨 넣을만한 분량도 아니다. 미니 키보드를 주 입력 장치로 선택해 놓고 문자열을 입력받는 앱을 실행해 보자. 다음은 메일 작성 앱에서 위쪽의 수신자 란을 탭했을 때의 모습이다.

에디트가 포커스를 받으면 우리가 만든 키보드가 화면 아래쪽에 나타난다. 비록 키 개수는 얼마되지 않지만 영문 대문자, 소문자, 숫자, 기호를 입력할 수 있으며 공백, 삭제, 개행도 가능하다. 실습 편의상 모든 문자에 대한 키를 다 배치하지 못해 실제 사용할 수 없지만 이것도 엄연한 키보드이다. 키보드 맵만 확장하면 실제 사용할 수도 있다.

30.3.3 아너림 키보드

MiniKeyboard 예제는 비록 간단하지만 소프트 키보드 제작에 대한 거의 모든 것을 보여주고 있다. 그러나 한글은 입력할 수 없으므로 한글 오토마타 제작 기법은 따로 학습해야 하며 기호나 이모티콘 등에 대한 입력도 제한적이다. 좀 더 완벽한 키보드 예제를 보고 싶다면 인터넷에서 관련 자료를 쉽게 찾아 볼 수 있다. 한글 2벌식 키보드도 공개된 것이 있고 기발한 방식으로 입력받는 예제도 있다.

여기서는 그 중 아너림 키보드라는 것을 간략하게 소개한다. 이 키보드는 키의 개수를 줄이고 운지 거리를 최소화하여 고속 입력을 구현하기 위해 본인이 제작한 것이며 특허까지 받아 놓은 상태이다. 최초 윈도우용으로 작성했다가 안드로이드용으로도 구현해 보았다. 제작 절차와 동작 방식, 소스는 다음 사이트에서 볼 수 있다. 관련 소스를 통합 예제에 포함시키는 방안도 고려해 보았으나 너무 거 대하여 예제로서의 가치가 없고 아직 미완성이라 링크만 밝힌다.

http://www.soen.kr/project/anerim/

이 사이트에서 소스를 받아 컴파일한 후 설치하면 "아너림"이라는 키보드가 설치되며 이 키보드를 선택하면 에뮬레이터에서 한글을 입력할 수 있다. 한글 오토마타가 완벽하게 구현되어 있다는 뜻이 며 커스텀 오토마타 기능도 제공된다. 예를 들어 'ㅓ'를 두 번 연속으로 누르면 'ㅕ'가 입력된다. 아래 쪽의 "한영수" 모드 버튼을 누르면 영문 모드로 전환되고 더블 푸시하면 숫자 모드가 된다. 다음은 0.94버전의 실행 모습이다.

보다시피 한글은 2벌식을 기반으로 하지만 2벌식 키보드와는 다르며 영문도 쿼티와는 배치가 완전 히 다르다. 손가락의 좌우 이동없이 철저한 빈도별로 문자를 배치하다 보니 이런 생소한 배치가 나 왔으며 계속 조정중이다. 실제 사용을 목적으로 개발한 것이므로 숫자, 기호, 이모티콘 등도 모두 입 력할 수 있다.

오랫동안 심혈을 기울여 연구 및 제작하고 있지만 최초의 기획 의도가 너무 과격하여 아직 실용성을 확보하지 못한 상태이며 모바일 환경에는 어울리지 않는 것 같다. 차후에 더 연구 및 발전시켜 실물 키보드로도 만들어 볼 계획이다. 이 예제의 소스 코드에는 한글 오토마타 제작에 대한 기법이 총망라되어 있으며 주석도 풍부하게 달아 두었다. 한글 입력기에 관심이 있다면 아직 미완성이지만 이 소스가 많은 도움이 될 것이다.

CHAPTER 31

제스처

31.1 제스처

31.1.1 제스처 감지

모바일 장비의 주 입력 장치는 터치 스크린이다. 전통적인 디지털 장비와는 달리 화면이 출력은 물론 입력까지 겸한다. 평평해서 단순해 보이지만 여러 종류의 명령을 내릴 수 있다. 화면을 누르는 동작, 가볍게 두드리는 탭(=클릭), 눌러서 끄는 드래그 같은 기본 동작에서부터 더블탭, 롱 프레스 등의 응용 동작도 가능하다. 그러나 현실의 앱은 이보다 훨씬 더 복잡한 입력을 요구한다.

덩치가 작은 모바일 장비에 키보드는 부담스럽고 트랙볼도 없으므로 터치는 거의 유일한 입력 수단이다. 그러다 보니 화면을 통해 복잡한 명령을 입력받을 필요가 있다. 제스처는 일련의 터치 입력을 받아 패턴을 분석하여 다양한 명령을 감지하는 기능이다. 하드웨어로부터 입력된 정보를 그대로 전달하는 것이 아니라 누르거나 뗀 위치, 입력된 순서나 시간, 입력 속도, 이동 방향 등을 고려하여 2차적인 고수준의 명령을 생성해낸다. 여러 가지 조건을 종합하여 논리적인 명령으로 인식하므로 탭이나 드래그에 비해 훨씬 더 복잡한 동작을 입력받는다.

제스처는 여러 터치 사건의 관계로부터 정의되므로 일련의 터치 입력을 모아서 분석해야 한다. 가장 간단한 동작인 탭만 해도 단순히 누르는 것과는 다르며 조건이 나름 까다롭다. 누르는 것은 손가락을 화면에 접촉만 해도 명령으로 인식되지만 탭은 눌렀다 뗄 때 성립한다. 누른 자리에서 바로 떼야 하며 이동해서는 안 되고 누른 상태로 시간을 오래 끌어도 안 된다. 누른 자리에서 신속하게 떼야 탭으로 인정된다.

| 누름 | 누른 상태로
이동 후 뗌 | 눌렀다 잠시
대기 후 뗌 | 눌렀다 바로
뗌 – 탭 |

더 복잡한 더블탭 동작의 경우를 보자. 사전적인 의미로는 두 번 누르는 것으로 정의되지만 단순히 두 번 누르는 것과는 다르며 시간과 공간의 두 가지 조건을 만족해야 한다. 일정한 면적 안에서 제한된 시간 안에 터치가 연속으로 들어올 때만 더블탭으로 인정된다. 여기, 저기 마구 누르는 것이나 한 번 누르고 잠시 머뭇거리다가 다시 누르는 것은 더블탭이 아니다. 더블탭인지 정확하게 감지하려면 현재 입력된 터치 정보 뿐만 아니라 이전의 터치 기록도 참조해야 한다.

제스처 감지를 직접 하려면 터치가 입력되는 onTouchEvent 메서드에서 전달된 모든 이벤트를 배열에 모아 두었다가 일련의 이벤트를 분석해야 한다. 원론적으로 쉬워 보이지만 이 작업은 꽹장히 번거로우며 예상보다 복잡하다. 그래서 이벤트 수집과 분석을 전담하는 클래스가 제공된다. GestureDetector 클래스는 터치 이벤트로 전달된 MotionEvent 객체를 모아 두었다가 어떤 제스처인지 분석하여 그 결과를 리스너로 통보한다. 제스처는 손가락의 동작을 의미하므로 화면을 직접 누르는 터치만 참고할 뿐이며 트랙볼의 이동은 감시하지 않는다.

```
GestureDetector(Context context, GestureDetector.OnGestureListener listener, [
    Handler handler, boolean ignoreMultitouch ])
```

첫 번째 인수는 감지를 요청하는 컨텍스트이되 통상 액티비티 자신인 this를 전달한다. 두 번째 인수가 제스처 감지시 호출될 리스너이며 실질적으로 제일 중요한 정보이다. 나머지 두 인수는 신호를 받을 핸들러와 멀티 터치 무시 여부를 지정하되 필요 없을시 생략 가능하며 보통 생략한다. 제스처 감지기는 터치 입력을 받으므로 UI 스레드에서 동작한다. 백그라운드 스레드는 사용자를 대면하지 않으므로 제스처를 입력받을 경우가 거의 없다.

제스처를 받고 싶은 액티비티는 감지기 객체를 생성한 후 onTouchEvent 메서드에서 감지기의 onTouchEvent 메서드를 호출하여 터치 정보를 전달한다. 터치 이벤트는 감지기가 제스처를 분석하기 위한 재료이므로 이 처리를 생략하면 어떤 제스처도 감지하지 못한다. 감지기는 전달된 터치 정보를 차곡차곡 모아 두었다가 터치 이벤트를 분석하여 제스처를 감지하며 이때 리스너의 대응되는 콜백 메서드를 호출한다.

```
boolean onDown (MotionEvent e)
void onShowPress (MotionEvent e)
boolean onSingleTapUp (MotionEvent e)
void onLongPress (MotionEvent e)
boolean onScroll (MotionEvent e1, MotionEvent e2, float distanceX, float distanceY)
boolean onFling (MotionEvent e1, MotionEvent e2, float velocityX, float velocityY)
```

액티비티에서 터치 이벤트를 감지기로 전달하면 콜백 메서드로 고수준의 제스처 통지를 받는다. 리턴 타입이 boolean인 콜백은 제스처를 처리했는지 리턴하는데 true를 리턴하면 해당 제스처는 완료된 것으로 처리하며 더 이상 다른 제스처 감지에 사용되지 않는다. 각 콜백이 호출되는 시기와 조건, 인수의 의미는 다음과 같다.

콜백	설명
onDown	화면을 눌렀다는 뜻이다. 모든 제스처에 앞서 전달되는데 onTouchEvent에서도 감지해낼 수 있으므로 그 자체로는 유용성이 없다.
onShowPress	누른 채로 바로 이동하지 않고 약간의 시간이 흘렀다는 뜻이다. 이 콜백에서 눌렀다는 처리를 하는데 예를 들어 리스트뷰 항목의 경우 약간만 누르고 있으면 색상이 바뀐다. 너무 짧게 누르거나 누른 즉시 이동할 때는 프레스 상태로 인식되지 않는다.
onSingleTapUp	싱글탭이 입력되었다는 뜻이다. 눌렀다 그 자리에서 바로 놓을 때 싱글탭이며 누른 상태에서 이동하면 싱글탭이 아니다.
onLongPress	오랫동안 한자리를 계속 누르고 있으면 호출된다. 얼마나 오래 누르고 있어야 하는가는 시스템 설정에 의해 결정된다.
onScroll	누른 채로 이동할 때 호출되며 이동할 때마다 반복적으로 호출된다. 최초 누른 위치와 현재 위치, 직전 이동점과의 거리 등이 인수로 전달된다. 최초 이동을 시작한 위치와 현재 위치와의 거리가 아니라 매 이동시마다의 거리임을 유의하자.
onFling	드래그가 끝날 때 딱 한 번 호출된다. 시작점과 끝점의 좌표와 각 축의 이동 속도가 초당 픽셀수로 전달된다. 좌에서 우로, 위에서 아래로일 때는 속도가 양수이며 반대 방향은 음수이다.

다음 두 메서드는 감지기의 감지 방식을 변경한다. 롱 프레스 제스처는 디폴트로 추출하는 것으로 되어 있는데 추출할 필요가 없거나 다른 제스처 추출에 방해가 되면 false를 전달하여 금지시킨다.

```
void setIsLongpressEnabled (boolean isLongpressEnabled)
void setOnDoubleTapListener (GestureDetector.OnDoubleTapListener onDoubleTapListener)
```

더블탭은 기본 리스너로는 통지되지 않으므로 별도의 리스너를 따로 등록한다. 더블탭 리스너는 다음 세 개의 콜백 메서드를 제공한다.

```
boolean onDoubleTap (MotionEvent e)
boolean onDoubleTapEvent (MotionEvent e)
boolean onSingleTapConfirmed (MotionEvent e)
```

더블탭이 감지되었을 때, 더블탭 감지 중에, 싱글탭 확정시에 각 메서드가 호출된다. 기본 리스너의 onSingleTapUp 메서드는 한 번 탭할 때마다 발생하지만 onSingleTapConfirmed 메서드는 더블탭이 확실히 아니라는 판단이 들 때만 발생한다. 더블탭은 일정 시간 안에 빠르게 두 번 눌러야 하는데 두 번째 터치가 제한 시간을 초과하면 이때 싱글탭이 확정된다.

각 콜백이 호출되는 시점은 메서드 이름에 잘 나타나 있지만 한 사건에 대해 비슷 비슷한 콜백이 동시에 호출되므로 어디서 제스처를 감지해야 하는지 다소 헷갈리는 면이 있다. 다음 예제로 각 메서드가 호출되는 시점과 콜백의 인수를 덤프해 보자. 레이아웃에는 결과 덤프를 위한 텍스트뷰 하나만 배치했다.

GestureDump

```
<LinearLayout xmlns:android="http://schemas.android.com/apk/res/android"
    android:orientation="vertical"
    android:layout_width="match_parent"
    android:layout_height="match_parent"
    >
<TextView
    android:id="@+id/result"
    android:layout_width="wrap_content"
    android:layout_height="wrap_content"
    android:textSize="16sp"
    android:text="제스처 정보를 덤프합니다."
    />
</LinearLayout>
--------------------------------------------------------------
public class GestureDump extends Activity {
    ArrayList<String> arGesture = new ArrayList<String>();
    TextView mResult;
    GestureDetector mDetector;
```

```java
public void onCreate(Bundle savedInstanceState) {
    super.onCreate(savedInstanceState);
    setContentView(R.layout.gesturedump);

    mResult = (TextView)findViewById(R.id.result);
    mDetector = new GestureDetector(this, mGestureListener);
    mDetector.setOnDoubleTapListener(mDoubleTapListener);
}

public boolean onTouchEvent(MotionEvent event) {
    return mDetector.onTouchEvent(event);
}

OnGestureListener mGestureListener = new OnGestureListener() {
    public boolean onDown(MotionEvent e) {
        AppendText(String.format("Down : %d, %d", (int)e.getX(), (int)e.getY()));
        return false;
    }

    public boolean onFling(MotionEvent e1, MotionEvent e2, float velocityX,
            float velocityY) {
        AppendText(String.format("Fling : (%d,%d)-(%d,%d) (%d,%d)",
                (int)e1.getX(), (int)e1.getY(), (int)e2.getX(), (int)e2.getY(),
                (int)velocityX, (int)velocityY));
        return false;
    }

    public void onLongPress(MotionEvent e) {
        AppendText("LongPress");
    }

    public boolean onScroll(MotionEvent e1, MotionEvent e2,
            float distanceX, float distanceY) {
        AppendText(String.format("Scroll : (%d,%d)-(%d,%d) (%d,%d)",
                (int)e1.getX(), (int)e1.getY(), (int)e2.getX(), (int)e2.getY(),
                (int)distanceX, (int)distanceY));
        return false;
    }

    public void onShowPress(MotionEvent e) {
        AppendText("ShowPress");
    }
```

```
            public boolean onSingleTapUp(MotionEvent e) {
                AppendText("SingleTapUp");
                return false;
            }
    };

    OnDoubleTapListener mDoubleTapListener = new OnDoubleTapListener() {
        public boolean onDoubleTap(MotionEvent e) {
            AppendText("DoubleTap");
            return false;
        }

        public boolean onDoubleTapEvent(MotionEvent e) {
            AppendText("DoubleTapEvent");
            return false;
        }

        public boolean onSingleTapConfirmed(MotionEvent e) {
            AppendText("SingleTapConfirmed");
            return false;
        }
    };

    void AppendText(String text) {
        if (arGesture.size() > 15) {
            arGesture.remove(0);
        }
        arGesture.add(text);
        StringBuilder result = new StringBuilder();
        for (String s : arGesture) {
            result.append(s);
            result.append("\n");
        }
        mResult.setText(result.toString());
    }
}
```

onCreate에서 GestureDetector 객체를 생성하면서 기본 리스너를 등록하고 더블탭 리스너는 별
도의 메서드를 호출하여 등록했다. onTouchEvent에서 감지기의 같은 메서드를 그대로 호출함으
로써 액티비티가 받는 모든 터치 정보를 전달한다. 감지기는 이 터치 정보를 차곡차곡 모아 두었다
가 제스처로 인식될만한 사건 발생시 콜백을 호출한다.

리스너의 각 콜백 메서드는 자신이 호출되었다는 것과 전달받은 인수를 텍스트뷰에 출력한다. 이 정보를 통해 각 제스처에 어떤 정보가 전달되는지 분석할 수 있다. 텍스트뷰는 최대 15줄까지만 출력하며 정보가 많아지면 자동으로 스크롤하는데 이 처리는 AppendText 메서드에 작성되어 있다.

터치 이벤트를 살펴보기 위한 테스트 예제이므로 소스는 굳이 분석할 필요 없다. 화면을 터치 및 드래그하여 여러 이벤트를 발생시켜 보자. 에뮬레이터에서도 테스트 가능하지만 마우스로 터치하는 것은 정확도가 떨어지므로 가급적이면 실장비에서 손가락으로 테스트하는 것이 좋다.

동작	콜백 순서
가볍게 한 번 톡 친다.	Down, SingleTapUp, SingleTapConfirmed
누른 후 잠시 있다가 뗀다	Down, ShowPress, SingleTapUp
길게 누른다	Down, ShowPress, LongPress
더블탭	Down, SingleTapUp, DoubleTap, DoubleTabEvent, Down, DoubleTabEvent
다른 위치 두 번 탭	Down, SingleTapUp, Down, SingleTapUp
드래그	Down, Scroll, ..., Fling

짧게 톡 두드리면 싱글탭으로 인식되며 Down, SingleTapUp에 이어 SingleTapConfirmed 콜백이 호출된다. 한 번 눌렀으므로 더블탭 리스너에게도 신호가 가되 연이은 두 번째 탭이 오지 않았으므로 싱글탭으로 끝났다는 뜻이다. 누른 후 잠시 머물렀다가 떼면 ShowPress가 호출되어 배경색상을 변경할 기회를 제공하며 이때 더블탭은 아예 감지를 시도하지 않는다. 누른 채로 짧은 시간이나마 머물렀다는 것 자체가 더블탭의 정의와 맞지 않기 때문이다.

한 위치를 길게 누르면 LongPress 콜백이 호출되며 롱 프레스는 그 자체로 싱글탭과 완전히 구분되는 명령으로 인식되므로 SingleTapUp 콜백은 호출되지 않는다. 같은 위치를 잽싸게 두 번 누르면 더블탭으로 인식된다. 그러나 위치가 다르거나 첫 번째 탭 이후 잠시 꾸물대면 싱글탭이 두 번 올 뿐 더블탭으로 인식되지 않는다. SingleTapConfirmed가 호출되기 전에 두 번째 터치가 곧바로 입력되어야 더블탭이다.

누른 채로 드래그하면 Scroll이 반복적으로 호출되며 이때 각 이동점간의 거리가 인수로 전달된다. 드래그를 마치고 터치를 뗄 때 Fling이 호출되며 인수로 이동 속도가 전달된다. 이 인수를 보면 얼마나 빠른 속도로 이동했는지와 이동 방향을 알 수 있다. 이동시마다 어떤 처리가 필요하면 Scroll 콜백을 활용하고 이동을 완료한 후에 처리하려면 Fling 콜백을 활용한다. 드래그의 경우 탭과는 완전히 다른 동작이므로 터치를 뗄 때 SingleTapUp은 전달되지 않는다.

레퍼런스에는 어떤 콜백이 어떤 조건에서 호출된다는 상세한 설명이 있지만 사실 글을 읽어서 호출 시점을 정확하게 판단하기 어렵다. 실제 호출되는 것을 눈으로 봐야 확실하게 알 수 있으므로 학습을 위한 예제를 작성해 보았다. 이 덤프 예제를 통해 여러 가지 터치 동작의 발생 시점을 관찰해 봄으로써 자신이 원하는 제스처와 대응되는 메서드를 찾을 수 있으며 제스처 관련 정보 중 어떤 것을 참조해야 하는지 알 수 있다.

31.1.2 제스처 스크롤

감지기는 전달받은 터치 이벤트를 분석하여 어떤 제스처가 감지되었는지 콜백으로 알려 준다. 콜백으로 전달받은 제스처에 대해 어떤 동작을 할 것인지는 액티비티가 결정한다. 다음 예제는 수평 Fling 제스처를 입력받아 이전/이후로 이동하는 방법을 보여준다. 편의상 숫자값 하나를 증감시키는데 이미지 뷰어라면 그림을 교체하는 동작을 할 수 있다.

GestureNavi

```
<LinearLayout xmlns:android="http://schemas.android.com/apk/res/android"
    android:orientation="vertical"
    android:layout_width="match_parent"
    android:layout_height="match_parent"
    >
<TextView
    android:id="@+id/result"
    android:layout_width="wrap_content"
    android:layout_height="wrap_content"
    android:textSize="18sp"
    android:text="좌우로 문지르세요."
    />
<TextView
    android:id="@+id/count"
    android:layout_width="match_parent"
```

```
        android:layout_height="wrap_content"
        android:gravity="center"
        android:textSize="80sp"
        android:text=""
        />
</LinearLayout>
------------------------------------------------------------
public class GestureNavi extends Activity {
    TextView mResult;
    TextView mtxtCount;
    int mCount = 10;
    GestureDetector mDetector;
    final static int DISTANCE = 200;
    final static int VELOCITY = 300;

    public void onCreate(Bundle savedInstanceState) {
        super.onCreate(savedInstanceState);
        setContentView(R.layout.gesturenavi);

        mResult = (TextView)findViewById(R.id.result);
        mtxtCount = (TextView)findViewById(R.id.count);
        mDetector = new GestureDetector(this, mGestureListener);
        mDetector.setIsLongpressEnabled(false);
        mtxtCount.setText("" + mCount);
    }

    public boolean onTouchEvent(MotionEvent event) {
        return mDetector.onTouchEvent(event);
    }

    OnGestureListener mGestureListener = new OnGestureListener() {
        public boolean onFling(MotionEvent e1, MotionEvent e2, float velocityX,
                float velocityY) {
            if (Math.abs(velocityX) > VELOCITY) {
                if (e1.getX() - e2.getX() > DISTANCE) {
                    mCount--;
                }
                if (e2.getX() - e1.getX() > DISTANCE) {
                    mCount++;
                }
            }
            mtxtCount.setText("" + mCount);
            mResult.setText("거리 = " + (int)Math.abs(e1.getX() - e2.getX()) +
                    ", 속도 = " + (int)velocityX);
```

```
            return true;
        }

        public boolean onDown(MotionEvent e) {
            return false;
        }

        public void onLongPress(MotionEvent e) {
        }

        public boolean onScroll(MotionEvent e1, MotionEvent e2,
                float distanceX, float distanceY) {
            return false;
        }

        public void onShowPress(MotionEvent e) {
        }

        public boolean onSingleTapUp(MotionEvent e) {
            return false;
        }
    };
}
```

레이아웃에는 설명을 위한 문자열과 현재 카운트를 출력하기 위한 텍스트뷰 두 개만 배치했다. 이미지 뷰어라면 ImageFlipper나 ImageView 정도를 배치해 놓고 스크롤시에 이미지를 교체하면 된다. 제일 위의 설명 텍스트뷰에는 어떤 조건에서 제스처가 인식되는지 관찰해 보기 위해 콜백 메서드가 전달받은 인수를 표시한다.

onCreate에서 감지기를 설치하되 롱 프레스 감지는 금지시켰다. 이 예제는 롱 프레스 제스처가 필요없으며 오히려 롱 프레스가 플링 제스처 추출에 방해된다. 이미지를 감상할 때 손가락을 화면에 얹어 놓은 상태로 이미지를 감상하다가 다음 이미지로 넘어가는 경우도 있는데 이때 롱 프레스가 인식되어 버리면 플링 제스처가 추출되지 않는다. 감지기가 롱 프레스를 추출해 버리면 스크롤할 때만 손가락을 터치해야 하므로 그림을 감상할 때 손가락을 주차시켜 놓을 곳이 마땅치 않다.

액티비티의 onTouchEvent는 감지기에게 모든 터치 정보를 제공한다. 리스너는 인터페이스의 모든 추상 메서드를 다 구현해야 하지만 실제로는 onFling만 처리하며 나머지 제스처는 관심 없으므로 그냥 비워 두었다. onFling에서는 속도가 300 (VELOCITY) 이상인지 점검하고 그 이상의 속도로 움직였을 때만 플링 제스처를 처리한다. 거리는 200(DISTANCE) 이상이어야 하며 부호에 따라 증감 방향을 결정한다. 화면을 좌우로 문지르면 숫자가 증감한다. 오른쪽이 증가, 왼쪽이 감소인데 방향은 필요에 따라 변경 가능하다.

여기서 속도와 거리를 점검하는 것은 사용자의 진의를 확실히 파악한다는 의미가 있다. 이 프로그램이 요구하는 제스처는 충분한 거리를 잽싸게 움직이는 것이며 이 조건을 점검하기 위해 콜백으로 전달된 인수를 점검한다. 아주 천천히 움직이거나 이동 거리가 너무 짧으면 제스처로 인정하지 않는다. 느린 이동은 통상적인 스크롤로 처리하고 빠른 이동은 플링으로 처리하기 위해 속도 점검이 필요하다. 또 실수로 화면의 일부를 건드렸을 때는 플링으로 인정하지 않으므로써 불필요한 동작을 방지한다.

보다시피 제스처의 감지 조건은 생각보다 까다롭다. 이런 조건을 직접 처리하려면 모든 터치 이벤트를 모아 두었다가 드래그를 시작한 지점과 뗀 지점의 좌표 차를 구하고 시간으로 나누어 속도를 계산해야 한다. 뿐만 아니라 드래그 시작 시간을 최초 누른 시간이 아닌 이동 직전의 시간으로 계산함으로써 롱 프레스 후 플링까지도 속도를 제대로 계산해야 한다. 이런 복잡한 연산을 감지기가 대신하므로 액티비티는 콜백 메서드에서 편하게 제스처를 수신할 수 있다.

이 예제에서는 좌우 스크롤만 구현해 보았는데 상하로도 얼마든지 제스처를 추출할 수 있다. 똑같은 방식으로 Y축 좌표와 거리를 구해 적용하면 된다. 이미지가 화면보다 더 크게 확대되어 있다면 onScroll 콜백에서 이동 거리만큼 스크롤함으로 패닝을 구현하고 더블탭이나 롱 프레스 제스처에 이미지 편집이나 삭제 같은 명령을 연결한다. 명령을 내리는 버튼 위젯을 화면에 따로 배치하지 않더라도 제스처만으로 꽤 많은 작업이 가능하다.

31.1.3 커스텀 제스처

SDK 1.6부터는 기본 동작을 능가하는 새로운 제스처 API가 추가되어 더 복잡한 제스처도 추출할 수 있다. 기본 감지기는 주로 점과 직선의 단순 동작만 감지하는데 비해 새로 추가된 API는 동그라미나 별모양 같은 복잡한 도형까지 감지해낸다. 모양을 인식해낸다는 점에서 거의 OCR 수준의 제스처 추출이 가능하다. 일반적인 앱에서는 이정도 제스처까지 필요 없지만 웹 브라우저처럼 풀화면으로 실행되는 프로그램을 제스처만으로 제어할 수 있다는 장점이 있다. 새 API는 android.gesture 패키지로 제공된다.

새로운 제스처 기능을 사용하려면 먼저 제스처의 모양부터 정의하며 이때는 제스처 빌더를 사용한다. 에뮬레이터에 기본 설치되어 있으며 SDK에 소스와 함께 예제로도 제공되므로 실장비에서도 사용할 수 있다. 예제 폴더에서 GestureBuilder 프로젝트를 열어 컴파일한 후 사용하되 사용만을 목적으로 한다면 굳이 소스까지 분석할 필요는 없다. 제스처 빌더를 실행한 후 Add gesture 버튼을 누르면 이름을 입력할 수 있는 에디트와 제스처를 그릴 수 있는 빈 화면이 나타난다. 제스처의 특징을 잘 설명하는 이름을 붙이되 반드시 유일할 필요는 없으며 같은 이름으로 여러 개의 제스처를 중복 정의해도 상관없다.

숫자 7 같은 간단한 모양만 해도 2획으로 쓸 수도 있고 3획으로 쓸 수도 있으며 한 번에 붙여서 쓰는 방법, 두 번 나누어 쓰는 방법 등 다양하다. 동그라미도 시계 방향으로 그리는 사람, 반시계 방향으로 그리는 사람이 있고 ㄹ, ㅂ 같은 자음은 사람마다 필순이 제각각이다. 가능한 모든 모양과 획순에 대해 같은 이름으로 제스처를 여러 개 정의해 놓으면 대충 입력해도 그 중 하나와 일치할 확률이 높으므로 인식의 정확도가 향상된다. 위 두 모양에 대해 seven이라는 이름의 제스처를 모두 정의해 놓으면 사용자에 따라 모양이 좀 달라도 seven 제스처가 잘 감지된다. 일종의 동의어라고 할 수 있는데 가급적 많이 정의하는 것이 유리하다.

제스처의 모양은 빈 영역에 자유 곡선을 그리듯이 마음대로 정의하되 사용자가 손가락으로 입력해야 할 명령이므로 너무 복잡해서는 안 된다. 그리기 쉬우면서도 다른 제스처와 헷갈리지 않는 독특한 모양이 좋다. 제스처를 그린 후 Done 버튼을 누르면 목록에 등록되며 여러 개의 제스처를 하나의 파일에 통합하여 저장한다. 한글 자모 모양의 ㄱ, ㄴ, ㄷ 세 개의 제스처를 다음과 같이 정의해 보자.

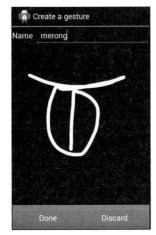

정의한 제스처는 SD 카드의 루트에 gestures라는 이진 파일로 저장되며 제스처의 모양과 이름이 기록되어 있다. 아쉽게도 저장 위치나 파일명은 고정되어 있어 변경할 수 없다. 개발 PC로 복사한 후 원하는 이름으로 바꿔야 하고 다시 수정할 때는 원래 이름으로 바꾼 후 SD 카드에 복사해야 한다. 공식 개발 툴이 아니므로 사용법이 그다지 친절하지 않다.

제스처 빌더로 정의한 제스처를 프로젝트에 사용하려면 제스처 정의 파일을 리소스의 res/raw 폴더에 복사해 넣고 제스처 라이브러리로 읽는다. 앞에서 작성한 제스처 파일을 hangul이라는 이름으로 바꾸어 복사했다. 사용자로부터 제스처를 입력받으려면 제스처를 그릴 영역이 필요한데 이 영역은 GestureOverlayView 클래스가 제공한다. 레이아웃에 이 객체를 배치한다.

CustomGesture

```
<LinearLayout xmlns:android="http://schemas.android.com/apk/res/android"
    android:orientation="vertical"
    android:layout_width="match_parent"
    android:layout_height="match_parent"
    >
<TextView
    android:layout_width="wrap_content"
    android:layout_height="wrap_content"
    android:textSize="18sp"
    android:text="제스처로 카운트를 제어합니다."
    />
<TextView
    android:id="@+id/count"
```

```
        android:layout_width="match_parent"
        android:layout_height="wrap_content"
        android:gravity="center"
        android:textSize="80sp"
        android:text=""
        />
<android.gesture.GestureOverlayView
        android:id="@+id/gestures"
        android:layout_width="match_parent"
        android:layout_height="0dip"
        android:layout_weight="1.0"
        android:gestureStrokeWidth="3.0"
        />
</LinearLayout>
-------------------------------------------------------
public class CustomGesture extends Activity{
    TextView mtxtCount;
    int mCount = 10;
    GestureLibrary mLibrary;

    public void onCreate(Bundle savedInstanceState) {
        super.onCreate(savedInstanceState);
        setContentView(R.layout.customgesture);

        mtxtCount = (TextView)findViewById(R.id.count);
        mtxtCount.setText("" + mCount);

        mLibrary = GestureLibraries.fromRawResource(this, R.raw.hangul);
        if (mLibrary.load() == false) {
            finish();
        }

        GestureOverlayView gestures = (GestureOverlayView) findViewById(R.id.gestures);
        gestures.addOnGesturePerformedListener(mListener);
    }

    OnGesturePerformedListener mListener = new OnGesturePerformedListener() {
        public void onGesturePerformed(GestureOverlayView overlay, Gesture gesture) {
            ArrayList<Prediction> predictions = mLibrary.recognize(gesture);

            if (predictions.size() != 0) {
                Prediction prediction = predictions.get(0);
                String name = prediction.name;
```

```
            if (prediction.score > 1.0) {
                if (name.equals("kiyuk")) {
                    mCount++;
                } else if (name.equals("niun")) {
                    mCount--;
                } else if (name.equals("digut")) {
                    mCount = 10;
                }
                mtxtCount.setText("" + mCount);
            }
        }
    }
};
}
```

리니어 안에 텍스트뷰 두 개를 배치하고 나머지 영역은 제스처를 입력받을 오버레이 뷰로 가득 채웠다. 오버레이 뷰는 android.widget 패키지 소속이 아니라 android.gesture 소속이므로 반드시 패키지 경로를 완전히 적어야 한다. 오버레이 뷰는 다음과 같은 속성을 가진다.

속성	설명
eventsInterceptionEnabled	제스처 인식시 차일드의 모션 이벤트를 가로챌 것인가를 지정한다. 사용자가 제스처를 그린다는 판단이 들었을 때 이벤트를 가로챈 차일드가 스크롤되지 않도록 한다.
fadeDuration	제스처를 그린 후 페이드 아웃 효과의 지속 시간이다.
fadeEnabled	제스처 인식 후 페이드 아웃 효과를 적용할 것인지를 지정한다.
fadeOffset	제스처를 그린 후 페이드 아웃을 시작할 시간이다.
gestureColor	제스처를 그릴 색상이다.
gestureStrokeAngleThreshold	인식을 시작할 곡선의 각도
gestureStrokeLengthThreshold	인식을 시작할 획의 최소 길이
gestureStrokeSquarenessThreshold	인식을 시작할 직선의 각도
gestureStrokeType	제스처를 구성하는 획의 개수이다. single이면 한 획으로 구성되며 multiple이면 여러 획으로 구성된다.
gestureStrokeWidth	제스처 선의 굵기를 지정한다.
orientation	차일드의 스크롤 방향을 지정한다. 오버레이는 스크롤 반대 방향 입력 시 즉시 제스처로 인식한다.
uncertainGestureColor	아직 제스처로 인식되기 전의 획 색상이다.

제스처 인식 방법이나 입력 중에 표시할 선의 속성 등을 변경할 수 있는데 예제에서는 선의 굵기만 변경했다. 다음은 코드를 분석해 보되 각 메서드에 대한 구체적인 소개는 생략한다. onCreate에서 fromRawResource 메서드로 제스처의 집합인 라이브러리를 초기화한다. 인수로 제스처 리소스 ID를 전달하고 load 메서드를 호출하면 리소스에 정의된 제스처가 읽혀진다. 리소스에서 읽는 대신 fromFile이나 fromPrivateFile 메서드로 파일에서 읽을 수도 있다. 리소스에서 읽은 라이브러리는 읽기 전용이지만 파일로부터 읽은 라이브러리는 변경도 가능하다. 제스처 빌더의 기능을 구현하면 프로그램 내부에서 사용자가 직접 제스처를 정의할 수도 있다.

제스처 오버레이 뷰에게 감지 리스너를 전달하면 이후부터 감지가 시작된다. 사용자는 오버레이 뷰 위에 도형을 마음대로 그릴 수 있으며 오버레이 뷰는 사용자가 도형 하나를 완성할 때마다 리스너의 onGesturePerformed 메서드를 호출한다. 이때 gesture 인수로 사용자가 그린 도형이 전달된다. 콜백은 제스처 하나를 받을 때 라이브러리의 recognize 메서드로 일치하는 제스처가 있는지 조사한다.

recognize 메서드는 사용자가 입력한 도형을 라이브러리에 정의된 도형과 비교하여 그 결과를 Prediction 객체의 배열로 리턴한다. Prediction은 입력된 제스처를 비교한 결과 하나이며 배열에는 유사한 제스처 목록이 점수의 내림차순으로 저장되어 있다. 곡선끼리 유사한지 비교해야 하므로 정확하게 일치하는 제스처를 단정짓기 어렵다. 그래서 대충 비슷해 보이는 제스처 목록에 대해 점수를 매겨 배열로 전달한다. 이 점수표를 보고 어떤 제스처를 선택할 것인지 프로그램이 직접 판단한다.

배열이 점수의 내림차순으로 정렬되어 전달되므로 첫 항목의 점수가 가장 높다. 점수가 높을수록 유사성이 높다는 뜻이며 1.0 이하이면 비슷한 도형이 아니다. 예제에서는 첫 항목의 점수가 1.0보다 높을 때만 제스처로 인정한다. 비교되는 값을 1.0보다 높게 지정하면 더 엄격하게 비교할 것이고 1.0보다 작은 값으로 비교하면 대충 비슷해도 인정한다. 만약 점수가 가장 높은 항목이 현재 상황에서 쓸 수 없는 명령이라면 두 번째, 세 번째 항목 중에서 하나를 고른다.

프로그램의 고유 정책에 의해 제스처를 선택했으면 다음은 이름을 보고 사용자가 어떤 제스처를 입력했는지 알아낸다. 예제는 ㄱ에 대해서는 증가, ㄴ에 대해서는 감소, ㄷ에 대해서는 리셋 동작을 실행한다. 제스처 모양을 너무 간단하게 정의해서 가끔 오인식하는 경우도 있지만 크기가 작아도 상관없으며 꼭 각지게 90도 각도로 꺾지 않고 대충 그려도 제스처를 잘 인식해 낸다. 8자나 알파벳 m처럼 생뚱맞은 제스처를 입력하면 무시된다.

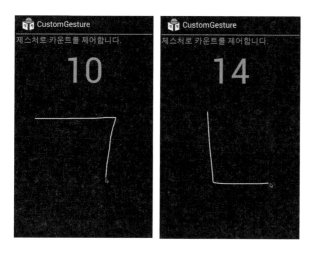

별도의 버튼을 배치하지 않아도 제스처만으로 명령을 내릴 수 있어서 편리하다. 그렇다면 레이아웃에 이미 위젯이 있는 경우는 어떻게 할까? 이름에서 알 수 있듯이 오버레이 뷰는 다른 위젯 위에 얹힐 수 있으므로 반드시 독립된 영역을 할당할 필요 없이 겹쳐서 배치하면 된다. 오버레이 뷰 자체가 프레임 레이아웃의 서브 클래스이므로 이 안에 필요한 다른 위젯을 배치할 수 있다. 다음 예제는 웹뷰 위에 제스처 인식 영역을 놓는다.

GestureOverlay

```
<android.gesture.GestureOverlayView xmlns:android="http://schemas.android.com/apk/
res/android"
    android:id="@+id/gestures"
    android:layout_width="match_parent"
    android:layout_height="match_parent"
    android:gestureColor="#ff0000"
    uncertainGestureColor="#0000ff"
    >
<WebView
    android:id="@+id/web"
    android:layout_width="match_parent"
    android:layout_height="match_parent"
    android:focusable="true"
    android:focusableInTouchMode="true"
    />
</android.gesture.GestureOverlayView>
---------------------------------------------------------
public class GestureOverlay extends Activity {
```

```java
WebView mWeb;
GestureLibrary mLibrary;

public void onCreate(Bundle savedInstanceState) {
    super.onCreate(savedInstanceState);
    setContentView(R.layout.gestureoverlay);

    mWeb = (WebView)findViewById(R.id.web);
    mWeb.setWebViewClient(new MyWebClient());
    WebSettings set = mWeb.getSettings();
    set.setJavaScriptEnabled(true);
    set.setBuiltInZoomControls(true);
    mWeb.loadUrl("http://www.google.com");

    mLibrary = GestureLibraries.fromRawResource(this, R.raw.hangul);
    if (mLibrary.load() == false) {
        finish();
    }
    GestureOverlayView gestures = (GestureOverlayView) findViewById(R.id.gestures);
    gestures.addOnGesturePerformedListener(mListener);
}

class MyWebClient extends WebViewClient {
    public boolean shouldOverrideUrlLoading(WebView view, String url) {
        view.loadUrl(url);
        return true;
    }
}

OnGesturePerformedListener mListener = new OnGesturePerformedListener() {
    public void onGesturePerformed(GestureOverlayView overlay, Gesture gesture) {
        ArrayList<Prediction> predictions = mLibrary.recognize(gesture);

        if (predictions.size() != 0) {
            Prediction prediction = predictions.get(0);
            String name = prediction.name;

            if (prediction.score > 1.0) {
                if (name.equals("kiyuk")) {
                    mWeb.goBack();
                } else if (name.equals("niun")) {
                    mWeb.goForward();
                } else if (name.equals("digut")) {
                    mWeb.loadUrl("http://www.soen.kr");
```

```
                    }
                }
            }
        }
    };
}
```

오버레이 뷰 자체가 하나의 레이아웃이므로 다른 레이아웃 안에 넣을 필요 없이 오버레이 뷰를 루트로 두고 그 안에 웹뷰를 넣으면 된다. 코드에서는 웹 브라우저의 기본 코드를 작성하고 제스처를 인식하여 웹 사이트를 이동한다.

앞 예제와 제스처 인식 코드는 거의 같되 입력된 제스처로부터 웹 브라우저를 제어한다는 점이 다르다. 기역은 뒤로 이동, 니은은 앞으로 이동, 디긋은 특정 사이트, 예를 들어 홈페이지로의 이동으로 정의했다. 최초 구글 사이트가 열리는데 웹 사이트를 돌아 다니다가 웹 페이지 아무 곳에서나 ㄱ을 그리면 이전 페이지로 돌아간다.

웹뷰 자체도 터치를 받고 오버레이 뷰도 터치를 받는데 아직 제스처로 인식되지 못한 임시적인 획은 옅은 노란색으로 그려지며 제스처의 가능성이 있는 도형이면 빨간색으로 바뀐다. 위, 아래 스크롤에 대해서는 옅은 노란색 선이 그어질 뿐이며 제스처가 아니라는 판단이 들 때 즉시 사라진다. 제스처 입력을 받되 차일드의 동작을 최대한 방해하지 않는다.

두 뷰가 동시에 터치를 받으므로 제스처는 아래쪽의 뷰가 사용하는 동작보다는 복잡하게 정의해야 한다. 수평이나 수직으로 한 줄만 죽 긋는 모양의 제스처는 스크롤로 인식되므로 제스처로 사용할 수 없다. 통상의 상황에서는 나타날 수 없는 나선 형태나 무한대 도형 등으로 특이하게 정의해야 제스처와 보통의 터치 입력이 충돌하지 않는다.

별도의 내비게이션 버튼을 배치하지 않아 풀화면으로 웹 서핑을 할 수 있어서 시원스러우며 손가락으로 바닥에 도형을 그려 명령을 내릴 수 있어 편리하다. 그러나 획을 그을 때마다 노란색 선이 그어져 미관상 좋지 않으며 사용자가 제스처 동작을 외워야 한다는 점에서 어렵기도 하다. 너무 남발하지만 않는다면 재미있고 응용할 곳이 많은 기술임은 분명하다.

31.2 멀티 터치

31.2.1 터치 이벤트

멀티 터치는 손가락 여러 개로 화면을 조작하는 입력 방법이다. 한 손가락으로 누르거나 끌기만 하는 싱글 터치에 비해 여러 손가락의 동작을 조합하여 명령을 내리므로 복잡한 명령을 간편하게 전달할 수 있다. 애플 아이폰에 최초로 적용되었으며 당시에는 다른 스마트폰 사용자들이 이 기능을 무척 부러워했었다. 특히 문제가 복잡하게 얽혀 있어 아직까지 결론이 나지 않았지만 지금은 대부분의 스마트폰은 물론이고 데스크톱에서도 일반적으로 지원한다.

안드로이드는 최신 운영체제임에도 멀티 터치 지원은 다소 늦었다. 2.0 버전부터 지원을 시작했지만 초기 버전에는 상당히 버그가 많아 도저히 쓸 수 없는 지경이었다고 한다. SDK가 지속적으로 업그레이드되고 장비의 성능이 향상되면서 요즘은 안정화되었다. 멀티 터치를 위해 별도의 클래스나 리스너가 따로 추가되지는 않았으며 터치를 받는 onTouchEvent 메서드가 멀티 터치를 인식한다.

여러 개의 터치가 동시에 전달될 수 있어야 하므로 터치 정보를 전달하는 MotionEvent 객체가 주로 확장되었다. 기존에는 DOWN, MOVE, UP 등의 액션과 좌표 정도만 전달되었으나 복수 터치에 대한 액션이 추가되고 각 터치별 좌표도 전달된다. 첫 번째 손가락에 대해서는 기존의 액션이 똑같이 전달된다는 점에서 이전 방식과 동일하다. 그러나 두 번째 이후의 손가락에 대해서는 다음 액션이 추가로 전달된다. 먼저 누른 손가락을 떼지 않고도 다른 손가락을 추가로 누르는 것을 인식하므로 멀티 터치인 것이다.

```
ACTION_POINTER_DOWN
ACTION_POINTER_UP
```

getAction이 조사하는 액션의 값 의미도 변경되었다. 이전에는 액션의 종류만 조사했으므로 정수 값 하나만 리턴하면 되었지만 지금은 몇 번째 손가락으로부터의 액션인지도 같이 조사해야 한다. 두 값을 하나의 정수로 리턴하기 위해 상하위 비트를 나누고 다음과 같이 비트를 할당했다. 하위 8비트 는 액션의 번호이고 상위 8비트는 손가락의 인덱스이다. 액션의 종류가 몇 개 되지 않으므로 8비트 면 충분하다.

손가락의 인덱스에 8비트가 할당되어 있으므로 안드로이드는 이론상으로 256개의 손가락 동시 터 치가 가능한 셈이다. 그러나 실제로는 화면이 받아들일 수 있는 동시 터치수에 제약이 있어 그 정도 까지는 입력받을 수 없으며 손가락이 256개나 되는 사람이 없으니 사실 그럴 필요도 없다. 초기 안 드로이드 장비는 고작 2개의 터치만 받아들일 수 있었으나 요즘 나오는 대부분의 장비는 5개 ~ 10 개의 손가락까지 동시 터치를 인식해낸다. 그 정도면 현실적으로 거의 부족하지 않다.

멀티 터치를 지원하는 프로그램은 getAction 메서드로 조사한 값으로부터 액션 종류와 손가락 인 덱스를 추출한다. 액션값만 추출하려면 하위 8비트만 제외하고 마스크 오프시키면 되므로 0xff와 & 연산을 취해 간단하게 구할 수 있다. 0xff가 ACTION_MASK 상수로 정의되어 있으므로 이 값과 &를 취하면 된다.

손가락 인덱스는 상위 8비트에 있으므로 상위 8비트만 남겨두고 나머지는 지운 후 8비트만큼 오른 쪽으로 쉬프트 연산한다. 쉬프트 연산을 수행하면 하위 비트는 자연스럽게 밀려 나므로 사실 마스크 오프 연산을 굳이 할 필요는 없다. 그러나 차후 상위의 비트가 다른 용도로 사용될 수 있으므로 원칙 대로 마스크 오프하는 것이 안전하다. 마스크 오프값인 0xff00과 쉬프트 비트수인 8은 각각 다음과 같이 상수로 정의되어 있다.

	2.1 이전	2.2 이후
0xff00	ACTION_POINTER_ID_MASK	ACTION_POINTER_INDEX_MASK
8	ACTION_POINTER_ID_SHIFT	ACTION_POINTER_INDEX_SHIFT

2.1 이전에는 getAction이 ID를 리턴했으나 2.2 이후부터는 인덱스를 리턴하는 것으로 바뀌었다. 그래서 상수의 이름도 의미에 맞게 바꾸었는데 실제값은 동일하므로 사실 어떤 것을 사용하나 결과는 같다. 2.2부터는 액션 정수값으로부터 액션 종류와 손가락의 인덱스를 추출하는 다음 메서드도 별도로 추가되었다. 이 메서드가 제공하는 연산이야 뻔하지만 직접 하는 것보다는 깔끔하고 정확하다.

```
int getActionMasked ()
int getActionIndex ()
```

이후부터는 새 버전의 SDK가 정의하는 상수와 새로 도입된 메서드를 사용하는 것이 권장된다. 초기에 설계를 잘못한 탓에 버그가 있었고 그 버그를 해결하기 위해 다소 복잡해졌다.

그렇다면 손가락의 인덱스와 ID는 무슨 차이가 있을까? 손가락의 인덱스는 눌러진 순서이며 손가락 ID는 눌러질 때 붙여지는 각 손가락의 고유 번호이다. 인덱스는 눌러진 순서대로 0번부터 번호가 매겨지고 항상 연속된 값을 관리하기 위해 수시로 변한다. 그러나 ID는 누를 때 결정된 값이 변하지 않고 계속 유지된다. 둘 다 눌러진 순서대로 0부터 번호를 매기지만 누른 순서대로 손가락을 떼지 않을 때도 있으므로 이 둘은 항상 일치하지 않는다. 다음 경우를 보자.

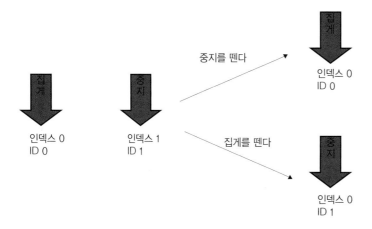

집게와 중지를 순서대로 눌렀는데 이 시점에서 둘의 인덱스와 ID는 순서대로 0, 1로 부여된다. 이 상태에서 나중에 누른 중지를 먼저 떼면 집게의 인덱스와 ID는 그대로 0번으로 유지된다. 그러나 처음 눌렀던 집게를 먼저 떼면 중지의 인덱스는 0으로 바뀐다. 인덱스는 누르고 있는 손가락의 순서값이며 최대값이 개수보다 항상 1 더 작다. 화면에 접촉하고 있는 손가락이 하나밖에 없으므로 인덱스는 0번이 될 수밖에 없다.

인덱스는 항상 연속적이므로 루프를 돌리기에 적합하지만 누름과 뗌에 따라 수시로 변하므로 손가락을 칭하는 고유한 명칭이 될 수 없으며 그래서 ID가 추가로 필요하다. ID는 누른 시점에 결정되어 변하지 않는다. 위 그림에서 집게를 뗐을 때 중지의 인덱스는 0으로 바뀌지만 ID는 여전히 1번을 유지한다. 특정 손가락의 좌표를 계속 추적해야 한다면 인덱스가 아닌 ID를 기준으로 해야 한다. getAction으로 조사되는 값이 초기 버전에서는 ID였는데 현재는 인덱스로 바뀌었다. 다음 두 메서드는 손가락의 인덱스와 ID를 상호 변환한다.

```
int getPointerId (int pointerIndex)
int findPointerIndex (int pointerId)
```

루프를 돌며 각 손가락의 ID를 조사할 때는 getPointerId 메서드를 사용하고 반대의 경우는 findPointerIndex 메서드를 사용한다. 다음 메서드는 눌러진 손가락 개수와 각 손가락의 좌표를 조사한다.

```
int getPointerCount ()
float getX (int pointerIndex)
float getY (int pointerIndex)
```

이 메서드를 호출하는 곳은 터치 이벤트 안이므로 개수는 항상 1 이상이며 2 이상이면 두 개 이상의 손가락을 누른 멀티 터치 상태이다. 개별 손가락의 좌표를 조사할 때는 ID가 아닌 인덱스를 인수로 전달한다. 손가락 개수만큼 루프를 돌며 좌표를 조사하면 모든 손가락의 현재 좌표를 알 수 있다. 인수를 취하지 않는 getX, getY 메서드도 물론 여전히 지원되며 이 메서드는 첫 번째 손가락의 좌표만 조사한다.

멀티 터치 이벤트가 실제 어떤 식으로 전달되는지 덤프 예제를 만들어 확인해 보자. 레이아웃에는 텍스트뷰 하나만 배치되어 있으며 onTouchEvent로 전달되는 MotionEvent 객체를 덤프한다.

TouchDump

```
<LinearLayout xmlns:android="http://schemas.android.com/apk/res/android"
    android:orientation="vertical"
    android:layout_width="match_parent"
    android:layout_height="match_parent"
    >
<TextView
    android:id="@+id/result"
    android:layout_width="wrap_content"
```

```
        android:layout_height="wrap_content"
        android:textSize="14sp"
        android:text="멀티 터치를 테스트합니다."
        />
</LinearLayout>
-----------------------------------------------------------
public class TouchDump extends Activity {
    ArrayList<String> arTouch = new ArrayList<String>();
    TextView mResult;

    public void onCreate(Bundle savedInstanceState) {
        super.onCreate(savedInstanceState);
        setContentView(R.layout.touchdump);

        mResult = (TextView)findViewById(R.id.result);
    }

    final static String[] arAction = {
        "DOWN", "UP", "MOVE", "CANCEL", "OUTSIDE",
        "PDOWN", "PUP"
    };

    public boolean onTouchEvent(MotionEvent event) {
        int action = event.getAction();
        int pureaction = action & MotionEvent.ACTION_MASK;
        //int pid = (action & MotionEvent.ACTION_POINTER_ID_MASK)
        //   >> MotionEvent.ACTION_POINTER_ID_SHIFT;
        // for 2.2 later
        int pid = (action & MotionEvent.ACTION_POINTER_INDEX_MASK)
            >> MotionEvent.ACTION_POINTER_INDEX_SHIFT;

        String info = "p" + pid + " " + arAction[pureaction];
        for (int i=0; i < event.getPointerCount();i++) {
            info += String.format(" p%d(%d,%d)", event.getPointerId(i),
                    (int)event.getX(i), (int)event.getY(i));
        }

        if (event.getPointerCount() > 1) {
            int dx = (int)(event.getX(0) - event.getX(1));
            int dy = (int)(event.getY(0) - event.getY(1));
            int distance = (int)(Math.sqrt(dx * dx + dy * dy));
            info += " dis=" + distance;
        }
```

```
            AppendText(info);
            return true;
        }

    void AppendText(String text) {
        if (arTouch.size() > 15) {
            arTouch.remove(0);
        }
        arTouch.add(text);
        StringBuilder result = new StringBuilder();
        for (String s : arTouch) {
            result.append(s);
            result.append("\n");
        }
        mResult.setText(result.toString());
    }
}
```

앞에서 설명한 방식대로 비트 연산을 하여 getAction으로 구한 값의 상하위 바이트를 추출했으며 손가락의 인덱스와 액션명을 문자열로 조립하여 출력한다. 그리고 눌러진 손가락의 개수만큼 루프를 돌며 각 손가락의 ID와 현재 좌표를 출력했다. 좌표를 구하는 getX, getY의 인수는 손가락 ID가 아니라 인덱스임을 유의하자. 한 손가락만 눌렀으면 좌표 하나만 출력되지만 멀티 터치이면 모든 손가락의 개별 좌표가 덤프된다.

2개 이상의 손가락이 화면에 닿아 있는 멀티 터치인 경우 첫 번째 손가락과 두 번째 손가락의 거리를 계산하여 출력한다. 피타고라스의 정리대로 두 좌표간의 거리를 구한 것이다. 멀티 터치에서는 손가락을 벌리거나 오므리는 동작이 가장 중요하며 이를 판별하기 위해 두 손가락의 거리가 꼭 필요하다.

이 예제는 에뮬레이터에서 테스트할 수 없으며 반드시 실장비에서 테스트해야 한다. 에뮬레이터는 마우스 커서가 하나밖에 없으므로 멀티 터치할 방법이 없다. 단 개발 PC의 모니터가 멀티 터치를 지원한다거나 별도의 멀티 터치 지원 툴을 설치하면 에뮬레이터에서도 테스트할 수 있다. 그러나 여러모로 번거롭고 정확하지 않으므로 실장비를 사용하는 것이 좋다.

```
TouchDump
p0 MOVE p0(316,952) p1(473,791) dis=224
p0 MOVE p0(315,953) p1(476,787) dis=230
p0 MOVE p0(314,953) p1(478,785) dis=234
p0 MOVE p0(314,953) p1(479,785) dis=235
p0 PUP p0(314,953) p1(479,783) dis=236
p0 MOVE p1(479,783)
p0 UP p1(479,783)
p0 DOWN p0(488,781)
p1 PDOWN p0(488,781) p1(316,949) dis=240
p0 MOVE p0(488,781) p1(318,948) dis=237
p0 MOVE p0(488,781) p1(319,946) dis=235
p0 PUP p0(488,781) p1(319,946) dis=235
p0 UP p1(319,946)
p0 DOWN p0(297,993)
p0 MOVE p0(298,993)
p0 UP p0(298,993)
```

손가락 하나만 눌렀다 떼면 단순한 싱글 터치이므로 DOWN과 UP이 순서대로 발생한다. 조금 세게 누르면 중간에 MOVE가 삽입될 수도 있는데 위치는 같아도 손가락이 닿는 면적에 변화가 생기기 때문이다. 다음은 멀티 터치를 테스트해 보자. 집게, 중지를 순서대로 눌렀다가 중지, 집게 순으로 떼면 다음 순서대로 이벤트가 발생한다. 실제 좌표는 중요하지 않으므로 x, y로만 표기했다.

```
P0 DOWN p0(x,y)
p1 PDOWN p0(x,y) p1(x,y) dis = 120
p1 PUP p0(x,y) p1(x,y) dis = 120
p0 UP p0(x,y)
```

두 손가락의 거리는 120 정도로 조사되었는데 손가락 굵기나 두 손가락의 거리에 따라 달라진다. 다음은 똑같은 순서로 누르되 앞과는 반대로 집게, 중지 순으로 떼 보고 결과를 비교해 보자.

```
P0 DOWN p0(x,y)
p1 PDOWN p0(x,y) p1(x,y) dis = 120
p0 PUP p0(x,y) p1(x,y) dis = 120
p0 UP p1(x,y)
```

앞 두 줄은 당연히 같고 세 번째 줄부터 달라진다. 먼저 누른 손가락을 뗀 것이므로 PUP한 손가락의 순서 값이 1번이 아니라 0번이다. 이 값을 참조하면 어떤 손가락이 떨어진 것인지 알아낼 수 있다. 4번째 줄도 다른데 손가락이 하나밖에 남지 않았으므로 떨어진 손가락의 인덱스는 당연히 0번이다. 그러나 ID는 나중에 누른 손가락임을 나타내는 1번이다. 누르고 떼는 순서에 따라 인덱스와 ID가 달라진다.

두 손가락을 누른 채로 벌리거나 오므리면 좌표가 바뀌는데 사실 좌표의 절대값은 별로 중요하지 않으며 두 지점의 거리가 얼마나 떨어져 있는지가 중요하다. 멀티 터치는 이 거리값의 변화를 명령으로 인식하며 거리가 점점 멀어지는가 좁아지는가에 따라 확대나 축소 등의 동작을 수행한다. 두 손가락이 일정한 거리를 유지하면서 평행 이동하는지 알아 내리면 좌표도 봐야 한다.

셋 이상의 손가락에 대해서도 각 손가락의 좌표가 잘 조사된다. 장비에 따라서는 두 손가락이 너무 근접하면 단일 터치로 인식되는데 어느 정도 거리까지 멀티 터치로 인식되는가는 하드웨어의 인식 성능에 따라 달라진다. 좌표도 약간씩 틀리게 보고되는 경우가 가끔 있는데 일반적으로 확대/축소 정도의 동작에는 문제되지 않는다.

31.2.2 핀치 줌

멀티 터치의 가장 실용적인 사용 예는 두 손가락의 거리를 조정함으로써 확대, 축소하는 핀치 줌 (Pinch Zoom)이다. 엄지 손가락과 집게 손가락을 동시에 대고 꼬집듯이 손가락 사이를 좁히면 축소하고 벌리면 확대하는 기능이다. 별도의 버튼을 누르지 않고 손가락의 간격만으로 확대 배율을 섬세하게 조정할 수 있어 아주 편리하다. 웹 브라우저나 이미지 뷰어 등에 확대/축소 용도로 종종 사용된다.

앞 예제에서 멀티 터치 이벤트를 받는 방법은 이미 다 연구해 보았으므로 이 정도 구현은 아주 쉽다. 확대, 축소를 위해 필요한 값은 거리뿐이며 손가락의 순서나 좌표 따위에는 신경쓸 필요가 없다. 둘 이상의 손가락이 눌러졌을 때 초기 거리를 구해 놓고 거리의 변화에 따라 배율만 조정하면 된다. 다음 예제는 멀티 터치의 거리를 측정하여 초기값이 1.0인 배율을 조정한다.

PinchZoom

```xml
<LinearLayout xmlns:android="http://schemas.android.com/apk/res/android"
    android:orientation="vertical"
    android:layout_width="match_parent"
    android:layout_height="match_parent"
    >
<TextView
    android:layout_width="wrap_content"
    android:layout_height="wrap_content"
    android:textSize="18sp"
    android:text="두 손가락을 벌리거나 오므리세요"
    />
```

```
<TextView
    android:id="@+id/ratio"
    android:layout_width="match_parent"
    android:layout_height="wrap_content"
    android:gravity="center"
    android:textSize="80sp"
    android:text=""
    />
</LinearLayout>
-------------------------------------------------------
public class PinchZoom extends Activity {
    final static float STEP = 200;
    TextView mtxtRatio;
    float mRatio = 1.0f;
    int mBaseDist;
    float mBaseRatio;

    public void onCreate(Bundle savedInstanceState) {
        super.onCreate(savedInstanceState);
        setContentView(R.layout.pinchzoom);

        mtxtRatio = (TextView)findViewById(R.id.ratio);
        mtxtRatio.setText("" + mRatio);
    }

    public boolean onTouchEvent(MotionEvent event) {
        if (event.getPointerCount() == 2) {
            int action = event.getAction();
            int pureaction = action & MotionEvent.ACTION_MASK;
            if (pureaction == MotionEvent.ACTION_POINTER_DOWN) {
                mBaseDist = getDistance(event);
                mBaseRatio = mRatio;
            } else {
                float delta = (getDistance(event) - mBaseDist) / STEP;
                float multi = (float)Math.pow(2, delta);
                mRatio = Math.min(1024.0f, Math.max(0.1f, mBaseRatio * multi));
                mtxtRatio.setText(String.format("%.2f", mRatio));
            }
        }
        return true;
    }

    int getDistance(MotionEvent event) {
        int dx = (int)(event.getX(0) - event.getX(1));
```

```
                int dy = (int)(event.getY(0) - event.getY(1));
                return (int)(Math.sqrt(dx * dx + dy * dy));
        }
    }
```

onTouchEvent에서 눌러진 손가락 개수를 점검해 보고 이 값이 2일 때만 멀티 터치를 처리한다. 1 일 때는 싱글 터치 동작을 처리하되 이 예제의 경우는 싱글 터치에서 하는 일이 없으므로 무시한다. 손가락 개수가 3개일 때도 무시해 버리는데 다른 용도로 활용하고 싶다면 별도로 처리할 수 있다. 손가락 3개로는 더 많은 명령을 전달할 수 있지만 순서가 엉키는 경우까지 고려하면 코드가 굉장히 복잡해져야 한다.

두 번째 손가락이 화면에 접촉되는 ACTION_POINTER_DOWN 액션이 발생할 때 확대/축소가 시작된다. 이때 초기 거리와 확대/축소를 시작할 때의 배율을 구해 놓는다. 이동중에도 거리를 계속 구해야 하므로 getDistance 메서드를 따로 정의해 두었다. 배율 조정을 위해 필요한 것은 거리 그 자체가 아니라 거리의 변화량이므로 이를 측정하기 위해 초기 거리를 구해 두었으며 배율도 초기값 을 기준으로 바뀌므로 역시 필요하다. 이후부터는 ACTION_MOVE가 날아올 때 두 손가락의 거 리가 어떻게 바뀌었나 계산하여 배율을 조정한다.

확대 배율을 계산하는 공식이 복잡해 보이는데 지수 함수를 사용한다. 초기 거리와 현재 거리의 차 이를 delta 변수에 대입하되 200픽셀당 2배씩 확대하기 위해 STEP 값인 200으로 나누었다. 여기 서 STEP 상수는 확대의 속도를 조정하는 파라미터이며 이 값이 클수록 배율 조정 속도는 느려지지 만 정밀도는 향상된다. 계산된 델타값을 2의 거듭승에 대한 지수로 적용했으므로 이동 거리의 변화 와 확대 배율은 지수 함수의 관계이다.

터치 후 손가락이 전혀 이동하지 않으면 delta는 0이며 배율은 2의 0승인 1이 적용되어 원래 배 율을 그대로 유지한다. 이동 거리가 200이면 2의 1승인 2배가 되고 400이면 2의 제곱인 4배가 되 어 기하 급수적으로 확대된다. 이동 거리가 음수이면, 즉 최초 멀티 터치한 거리보다 더 좁아지면 delta는 음수가 되며 이때는 축소가 발생한다. 2의 음수승은 거듭승의 역수이므로 음수가 아니라 1 보다 작은 값이다.

2의 지수 함수로 계산한 multi 값을 초기 배율에 곱해 최종 배율을 결정하되 너무 작게 축소하거나 너무 크게 확대해서는 안 되므로 0.1~1024 배까지 제한했다. 최종 결정된 배율은 텍스트뷰에 실수 형태로 출력된다. 이 예제는 신속한 확대, 축소를 위해 지수 함수를 사용했는데 산술 급수적으로 천 천히 확대하고 싶다면 단순히 곱하면 되고 확대 속도는 STEP 상수로 조정 가능하다.

잘 동작하지만 숫자값을 보여주므로 솔직히 별로 재미는 없으며 배율이 과연 부드럽게 잘 조정되는지 확인하기 어렵다. 이 예제의 논리를 이미지뷰에 그대로 적용하면 멀티 터치로 이미지를 확대/축소할 수 있다. 레이아웃에는 이미지뷰만 하나 배치하되 밤송이 그림을 출력했으며 확대를 위해 scaleType을 matrix로 지정했다.

ImageZoom

```
<LinearLayout xmlns:android="http://schemas.android.com/apk/res/android"
    android:orientation="vertical"
    android:layout_width="match_parent"
    android:layout_height="match_parent"
    >
<ImageView
    android:id="@+id/img"
    android:layout_width="match_parent"
    android:layout_height="match_parent"
    android:src="@drawable/nut480"
    android:scaleType="matrix"
    />
</LinearLayout>
-----------------------------------------------------
public class ImageZoom extends Activity {
    final static float STEP = 200;
    float mRatio = 1.0f;
    int mBaseDist;
    float mBaseRatio;
    ImageView mImg;

    public void onCreate(Bundle savedInstanceState) {
        super.onCreate(savedInstanceState);
        setContentView(R.layout.imagezoom);

        mImg = (ImageView)findViewById(R.id.img);
    }
```

```java
public boolean onTouchEvent(MotionEvent event) {
    if (event.getPointerCount() == 2) {
        int action = event.getAction();
        int pureaction = action & MotionEvent.ACTION_MASK;
        if (pureaction == MotionEvent.ACTION_POINTER_DOWN) {
            mBaseDist = getDistance(event);
            mBaseRatio = mRatio;
        } else {
            float delta = (getDistance(event) - mBaseDist) / STEP;
            float multi = (float)Math.pow(2, delta);
            mRatio = Math.min(1024.0f, Math.max(0.1f, mBaseRatio * multi));

            Matrix m = new Matrix();
            m.postScale(mRatio, mRatio);
            mImg.setImageMatrix(m);
        }
    }

    return true;
}

int getDistance(MotionEvent event) {
    int dx = (int)(event.getX(0) - event.getX(1));
    int dy = (int)(event.getY(0) - event.getY(1));
    return (int)(Math.sqrt(dx * dx + dy * dy));
}
}
```

코드는 앞 예제와 거의 비슷하되 멀티 터치로 조정한 배율값을 이미지의 행렬에 적용한다는 것만 다르다. 이미지뷰의 그림을 확대할 때는 행렬에 확대를 적용한 후 setImageMatrix 메서드로 적용한다. 행렬 사용법은 앞에서 이미 여러 번 실습해 본 적이 있다. 손가락을 벌리면 밤송이가 확대되고 오므리면 축소된다. 버튼으로 고정 배율만큼 확대하는 것보다 훨씬 더 섬세하고 사용하기도 편리하다.

 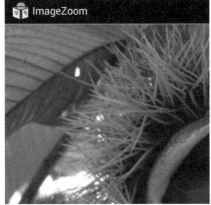

편의상 항상 이미지의 좌상단을 원점으로 확대하는데 두 손가락의 중간 지점을 중심으로 확대하는 것이 더 좋다. 또 화면보다 이미지가 더 커졌을 때는 드래그하여 스크롤도 가능해야 하며 더블탭이나 롱 프레스 등의 입력으로 원래 배율이나 화면을 꽉 채우는 배율로 빠르게 조정하는 기능도 필요하다. 이미지의 방향이 화면 방향과 맞지 않다면 이미지를 회전시키는 기능을 제공하는 것이 좋다.

이런 모든 처리도 행렬로 대부분 수행할 수 있지만 멀티 터치 외에도 일반 터치도 받아야 하며 연산도 굉장히 복잡해진다. 몇몇 고급 기능까지 고려하면 이미지뷰 위젯을 사용하는 것보다는 커스텀 뷰에 이미지를 그리는 것이 범용적이며 적용할 수 있는 기술도 많다. 이 예제는 멀티 터치로 이미지를 확대하는 원론적인 방법을 잘 보여주지만 쓸만한 이미지 뷰어가 되려면 다량의 코드가 더 필요하다.

CHAPTER 32

맵 서비스

32.1 위치 제공자

32.1.1 위치 기반 서비스

핸드폰은 PC와 달리 책상 위에 고정되어 있지 않고 늘상 품고 다니는 생필품이다. 내가 있는 곳에 핸드폰이 항상 따라 다니므로 핸드폰 위치가 곧 나의 위치이다. 스마트폰은 위치 인식 장치를 내장하고 있어 별도의 장비가 없어도 정확한 현재 위치를 알 수 있으며 주변 장소에 대한 상세한 정보까지 얻을 수 있다.

위치 정보라 하면 흔히 길을 안내하는 내비게이션을 떠올리며 실제로 가장 보편적이고 실용적인 위치 정보 서비스이다. 요즘은 핸드폰이 내비게이션 기능을 제공하므로 장비를 차에 따로 설치하지 않아도 된다. 위치 인식 기능에 데이터베이스와 약간의 연산 기능을 가미하여 응용하면 단순한 길 안내 외에도 위치 정보를 활용할 수 있는 곳이 아주 많다. 몇 가지 전형적인 예를 들어 보자.

- 현재 장소에 대한 부가 정보 제공: 관광지에 대한 정보는 물론이고 주변 맛집이나 숙박업소에 대한 정보까지 조사한다. 핸드폰이 관광 가이드 역할을 대신하는 굉장히 실용적인 기능이다.
- 위치 정보 기록: 사진 파일의 Exif 영역에 촬영한 좌표를 저장해 놓으면 굳이 메모해 놓지 않아도 언제 어디서 찍은 사진인지 알 수 있다. 자녀의 핸드폰에 적용하면 내 아이가 어디서 무얼 하는지 항상 지켜볼 수 있다.

- 지역에 따른 자동 옵션 설정: 네트워크 할인 지역을 인식하여 요금을 절약하며 도서관에 들어갈 때 알아서 진동 모드로 전환하여 실수를 방지한다. 도로 위에 있을 때 전화가 오면 블루투스 핸즈 프리로 자동 연결하는 것도 가능하다.

- 증강 현실(Augumented Reality): 최근 이슈가 되고 있는 기술이다. 눈에 보이는 장면에 DB로부터 구한 정보를 가미하여 직관적인 정보를 제공한다. 다소 과장된 면이 있지만 이후 발전 가능성이 주목되는 서비스이다.

위치 정보 서비스는 실생활 뿐만 아니라 업무용, 군사용, 상업용으로도 무궁무진한 응용처를 찾을 수 있으며 우리 생활을 혁신적으로 변화시킬 것이다. 누구나 스마트폰을 소유하게 되면 대리 운전 기사를 부를 때 강남역 1번 출구 따위로 설명할 필요 없이 GPS 좌표를 전송하면 편리하고 정확하다. 위급 상황시 핸드폰이 119로 전화를 걸어 긴급 요청을 보내고 약속 장소에서 서로를 찾기 위해 두리번거릴 필요가 없다.

위치로부터 정보를 얻어 편의를 제공하는 기능을 위치 기반 서비스(LBS:location based service) 또는 맵 서비스라고 한다. 항상 들고 다니는 핸드폰에 가장 잘 어울리는 실용적인 기능이며 애초부터 LBS를 염두에 두고 개발된 안드로이드의 강점 중 하나이다. 물론 다른 운영체제도 LBS를 지원하고 관련 앱이 많지만 안드로이드는 구글 맵이라는 강력한 무기를 추가로 제공한다. 구글 맵은 검색 다음으로 인기높은 서비스이며 데이터가 방대하고 누구에게나 공개되어 있다는 점에서 매력적이다.

안드로이드의 맵 서비스로 어떤 기능이 가능한지 구경해 보자. 대부분의 실장비는 물론이고 에뮬레이터에도 지도를 보여주는 Maps 앱이 이미 설치되어 있으므로 이 프로그램을 살펴보면 어떤 서비스가 가능한지 알 수 있다. 론처에서 Maps를 실행해 보되 단, 이 앱은 Google APIs 이미지를 적용한 에뮬레이터에만 설치되어 있다. 처음 실행했다면 미국 지도가 보인다. 더블탭하여 지도를 확대하며 드래그하면 지도의 다른 위치로 냉큼 이동한다.

실장비에서는 손가락 두 개를 죽 벌리면 부드럽게 확대된다. 사용 방법은 지극히 상식적이고 직관적이다. 오른쪽 그림은 서울시 부근으로 이동한 것이다. 이런 식으로 확대 및 이동하면 세계의 어느 곳이나 볼 수 있다. 남극점이나 에베레스트는 물론이고 평양 시내도 들여다 볼 수 있다.

메뉴나 아래쪽 툴바를 통해 검색, 경로 안내, 위성 보기, 교통 정보 보기, 내 위치 보기 등의 기능이 제공된다. 검색은 지명으로부터 위치를 찾는 것인데 Seoul station을 입력하면 서울역으로 즉시 이동한다. 툴바 아래쪽의 Layers 메뉴를 연 후 Satellite 항목을 선택하면 위성 사진 보기 모드로 전환한다. 위성 모드에서 확대하면 서울역 주변을 운행하는 자동차가 보일 정도로 상세하다.

우측 상단에 있는 My Location 버튼을 누르면 현재 내 위치를 찾아 이동한다. 실장비에서는 이 기능이 잘 동작하지만 에뮬레이터는 실제 GPS가 내장되어 있지 않으므로 내 위치를 찾을 수 없다. 대신 DDMS의 위치 제어 기능을 통해 가짜 좌표를 보낼 수 있는데 마치 GPS가 신호를 보낸 것처럼 흉내를 내 준다.

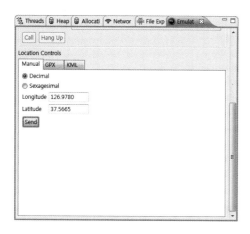

이 기능은 아직도 유효하지만 6.0의 맵 서비스는 에뮬레이터에서 제대로 동작하지 않아 당장은 별로 쓸 일이 없다. 예전에는 DDMS의 좌표 흉내내기 기능으로 맵 프로그램을 개발했었다.

32.1.2 맵 v2

구글 맵 서비스는 공개된 무료 서비스이므로 누구나 별도의 비용 없이 사용할 수 있다. 그러나 공개라고 해서 아무나 마음대로 사용하도록 방치할 수는 없다. 전 세계에서 접속하므로 방만하게 관리하면 서버가 버텨 내지 못할 것이다. 아무리 서버가 고성능이라도 트래픽을 관리할 필요가 있으며 부적절한 사용이나 과도한 요구도 방지해야 한다.

그래서 구글은 맵 서비스를 사용하기 전에 인증을 요구한다. 공개는 하되 누가 어떤 목적으로 얼마만큼의 트래픽을 사용하는지 관리하겠다는 뜻이다. 인증 절차는 무료이며 특별한 자격을 요구하지 않으므로 누구나 신청할 수 있다. 허가를 받는 것이 아니라 맵 서비스를 사용하겠다는 신고를 하는 정도의 절차이다.

이전에는 개발자키를 받아 사용하는 간단한 방식을 사용했었다. 2012년 말부터 클라우드, 앱 내부 결제 등의 고급 기능을 구글 플레이 서비스(Google Play Service)로 제공하고 맵도 이 서비스의 일부로 포함시킴으로써 인증 절차가 대대적으로 바뀌었다. 이전의 인증 방식을 v1이라고 하며 새로운 인증 방식을 v2라고 한다.

맵이 구글 플레이의 일부로 제공되므로 이 서비스를 이용하려면 먼저 구글 플레이부터 설치해야 한다. SDK 관리자 제일 아래쪽의 Extras 노드를 보면 Google Play services 항목이 있는데 디폴트로 이 서비스는 설치되지 않는다. 맵을 사용하기 전에 구글 플레이를 먼저 설치하고 이후에도 가급적 최신 버전으로 업데이트해야 한다.

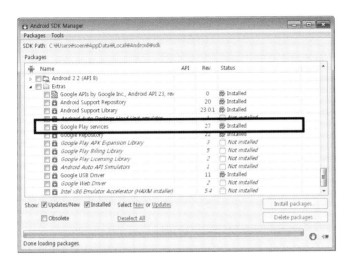

이전에는 맵 서비스가 시스템 이미지의 일부여서 에뮬레이터를 만들 때부터 맵 서비스를 쓸 수 있도록 생성해야 했으나 이제는 별도의 추가 라이브러리 형태로 배포되며 구글 플레이를 통해 자동으로 업데이트된다. 단, 이 서비스는 2.2 이상에서만 가능하며 구글 플레이 서비스가 없는 에뮬레이터에서는 동작하지 않는다. 진짜 장비와 비슷하지만 개통된 장비가 아니어서 사용자 인증을 할 수 없으며 구글 플레이 서비스도 받을 수 없다. 따라서 현재는 맵 서비스 테스트를 위해 반드시 실장비가 있어야 한다.

v2 방식의 맵 서비스 인증 과정은 굉장히 복잡하다. 플레이 서비스를 jar 파일로 받아 라이브러리를 버전에 맞춰 컴파일하여 프로젝트에 포함시킨다. 프로그래밍 방식이 바뀌어 이전의 MapView는 사용할 수 없으며 MapFragment를 대신 사용한다. 예제를 만든 후 인증을 위해 keytool로 인증서 지문을 구하고 구글의 개발자 콘솔에 이 프로젝트를 등록한 후 개발자키를 받아 매니페스트에 메타데이터로 작성한다.

키를 받기 위해 개발자 등록까지 할 필요는 없지만 구글 계정은 있어야 한다. 이뿐만 아니라 맵 사용을 위한 퍼미션을 설정하고 OpenGL 2.0 이상을 사용한다는 선언도 필요하다. 이 모든 과정을 초보 개발자가 직접 수행하기는 굉장히 어렵고 번거롭다. 다행히 안드로이드 스튜디오의 마법사가 이 모든 과정을 자동으로 수행해 주므로 지금은 마법사로 프로젝트를 만드는 방법이 가장 편리하다. 맵 서비스를 사용하는 새로운 프로젝트를 만들어 보자.

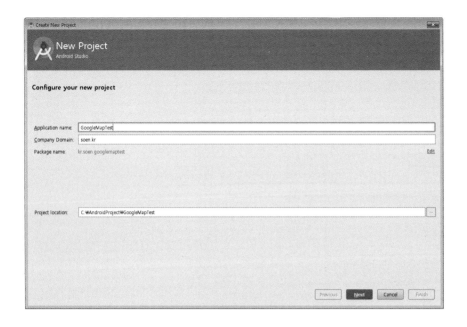

패키지 경로가 개발자 키에 포함되며 중간에 변경할 경우 키를 다시 받아야 하므로 처음부터 이름을
잘 결정해야 한다. 프로젝트 이름을 GoogleMapTest로 주고 Next 버튼을 누른다.

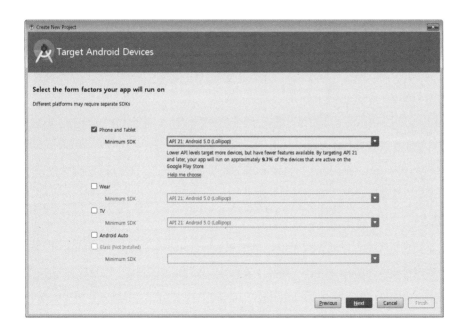

v1에서는 프로젝트 생성시에 맵 사용 여부에 따라 별도의 Google APIs를 선택했지만 v2부터는 추가 라이브러리 형태로 포함시키므로 생성 단계에서는 이를 고려할 필요가 없다. 타깃 SDK를 5.0으로 선택했는데 아직 6.0으로 발표된 실장비가 없기 때문이다. Next 버튼을 누르면 액티비티의 형태를 선택하는 대화상자가 나타난다.

디폴트로 Blank Activity가 선택되어 있는데 맵 서비스를 사용하기 위해 Google Maps Activity를 선택한다. 이 액티비티를 선택하면 맵 서비스를 사용하기 위한 대부분의 설정이 자동으로 완성되며 필요한 몇 가지 조정만 해 주면 된다. 물론 마법사가 만들어준 액티비티를 꼭 이대로 사용할 필요는 없다. 프로젝트 설정과 인증 과정을 마친 후에는 원하는대로 뜯어 고쳐도 무방하다.

다음은 액티비티 이름을 물어 보는데 테스트 예제이므로 디폴트를 받아들인다. Finish 버튼을 누르면 프로젝트가 완성된다. 일반적인 예제에 비해 어떤 점이 다른지 프로젝트를 살펴 보자. 매니페스트를 보면 맵 서비스 제공에 필요한 퍼미션이 지정되어 있다.

```
<uses-permission android:name="android.permission.INTERNET" />
<uses-permission android:name="android.permission.ACCESS_NETWORK_STATE" />
<uses-permission android:name="android.permission.WRITE_EXTERNAL_STORAGE" />

<uses-permission android:name="android.permission.ACCESS_COARSE_LOCATION" />
<uses-permission android:name="android.permission.ACCESS_FINE_LOCATION" />
```

방대한 지도 타일을 장비에 내장할 수 없어 인터넷을 통해 짬짬이 받으므로 네트워크 연결 퍼미션이 필요하며 캐시 관리를 위해 외장 스토리지도 액세스한다. 정밀도에 따라 네트워크용과 GPS용 위치 조사 퍼미션이 각각 필요하다. 빌드 스크립트에는 구글 플레이 라이브러리를 참조한다는 선언이 있다.

```
dependencies {
    compile fileTree(dir: 'libs', include: ['*.jar'])
    compile 'com.google.android.gms:play-services:8.1.0'
    compile 'com.android.support:appcompat-v7:23.0.1'
}
```

프로젝트 설정은 완벽하지만 아직 개발자키가 없어 당장은 실행할 수 없다. 마법사는 개발자키를 받아 적용하기 위한 모든 안내 문서를 프로젝트에 미리 작성해 놓았으며 이 문서의 지시대로만 하면 된다. 편집창에는 개발자키를 정의하는 google_maps.api.xml 파일이 이미 열려 있다.

```
<resources>
    <!--
    TODO: Before you run your application, you need a Google Maps API key.

    To get one, follow this link, follow the directions and press "Create" at the
end:

https://console.developers.google.com/flows/enableapi?apiid=maps_android_
backend&keyType=CLIENT_SIDE_ANDROID&r=7A:D8:9D:A8:F0:C5:03:35:A4:96:13:87:45:2B:6A:
A3:04:84:D3:99%3Bkr.soen.googlemaptest

    You can also add your credentials to an existing key, using this line:
    7A:D8:9D:A8:F0:C5:03:35:A4:96:13:87:45:2B:6A:A3:04:84:D3:99;kr.soen.googlemaptest

    Once you have your key (it starts with "AIza"), replace the "google_maps_key"
    string in this file.
    -->
    <string name="google_maps_key" translatable="false" templateMergeStrategy="pre
serve">
        YOUR_KEY_HERE
    </string>
</resources>
```

주석에 개발자키를 받기 위한 과정이 상세히 설명되어 있으며 개발자키를 얻기 위한 웹 주소까지 적혀 있다. 이 주소를 복사하여 크롬 브라우저에 붙여 넣는다. 구글 서비스를 받는 중이므로 크롬을 쓰는 것이 좋으며 구글에 미리 로그인해 두어야 한다. 구글 개발자 콘솔에 접속하며 URL 인수로 패키지명이 이미 전달되어 인증서 지문을 구할 필요가 없다.

간단한 안내 메시지가 나오며 새로운 프로젝트를 만들 준비가 완료되었다. 개발자 콘솔에서의 프로젝트라는 용어는 인증을 위해 실제 프로젝트를 등록하는 절차를 의미한다. 계속 버튼을 누르면 프로젝트가 생성되며 인증 정보로 이동하는 버튼이 표시된다.

이동 버튼을 누르면 패키지 이름과 인증서 지문이 이미 입력되어 있다. 프로젝트 이름을 My Project라는 디폴트명으로 붙여 주는데 나중에 바꾸면 된다.

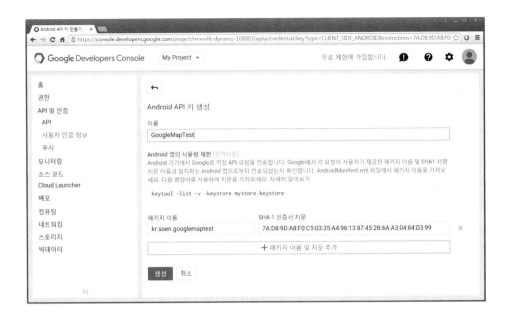

API 키의 이름란에 프로젝트 이름을 적고 생성 버튼을 누르면 Alza로 시작하는 개발자키가 생성된다.

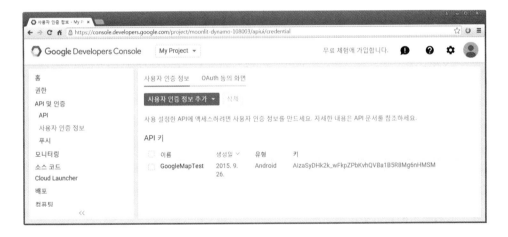

이 키에 GoogleMapTest 프로젝트가 구글 맵 서비스를 사용하겠으니 허가해 달라는 정보가 포함되어 있다. 웹 페이지에 표시된 개발자키를 복사하여 google_maps.api.xml 파일 아래쪽의 YOUR_KEY_HERE에 붙여 넣는다. 여기에 붙여 넣으면 매니페스트의 메타 데이터에도 개발자키가 자동으로 등록된다.

```
<string name="google_maps_key" translatable="false" templateMergeStrategy="preserve">
    AIzaSyDHk2k_wFkpZPbKvhQVBa1B5R8Mg6nHMSM
</string>
```

이 실습에서 발급받은 키에는 글쓴이 본인의 개인 정보와 프로젝트의 풀 패키지 경로가 포함되어 있으며 구글이 이를 허락한 것이다. 따라서 여러분이 직접 실습할 때는 이 키를 그대로 쓴다고 해도 인증되지 않으며 반드시 독자의 개인 정보로 키를 다시 발급받아야 한다. 키가 없으면 맵은 나타나지 않는다.

이상으로 v2 방식의 맵 서비스 예제를 완성했다. 이전의 v1 방식도 하위 호환성 유지를 위해 계속 유효하지만 개발자 키를 받는 방법을 더이상 제공하지 않으므로 앞으로 작성하는 앱은 v2 방식을 사용해야 한다. 인증 정책은 언제든지 다시 바뀔 수 있으며 이후 v3가 나올 수도 있다. 우리는 구글의 서비스를 받는 입장이므로 정책이 바뀔 때마다 이에 적응해야 한다. 모든 준비를 마쳤으니 실행해 보자.

에뮬레이터에서는 실행해 볼 수 없으므로 반드시 실장비가 있어야 한다. 에뮬레이터에서 맵 서비스를 사용하는 꼼수가 있긴 하지만 오히려 더 어렵고 장래 버전에서 어떻게 바뀔지 알 수 없으므로 그냥 실장비를 사용하는 것이 속편하다. 갤럭시S4에 이 예제를 실행해 보았다.

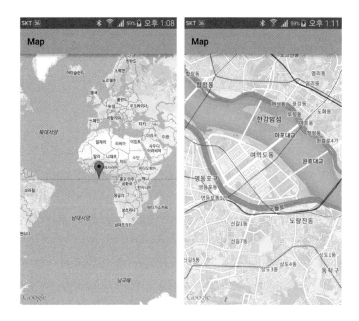

최초 아프리카가 표시되어 있는데 이는 본초 자오선이 영국 그리니치 천문대에 있기 때문이다. 드래그하여 서울 한강 부근으로 이동한 후 핀치줌으로 여의도가 보일 정도로 확대해 보자. 국내 지도에 비해 상세함이 부족하지만 일반적인 용도로 충분히 쓸만한 지도가 제공된다.

이장의 나머지 예제도 이런 식으로 프로젝트를 생성하고 개발자키를 발급받아야 한다. 매 예제마다 이 과정을 반복할 수는 없고 예제가 너무 많이 생성되는 것도 바람직하지 못하므로 AndExam6Map 통합 예제 하나로 묶어서 제공하기로 한다. AndExam 통합 예제와는 달리 에뮬레이터에서 실행되지 않으므로 어쩔 수 없이 별도의 분리된 통합 예제로 작성했다.

32.1.3 위치 제공자

위치 기반 서비스는 이름에서 알 수 있다시피 위치 정보를 기반으로 하는 서비스이다. 모든 부가 정보가 위치로부터 생성되므로 서비스가 가능하려면 무엇보다 현재 위치를 알아야 한다. 위치에 대한 정보를 제공하는 주체를 위치 제공자(Location Provider)라 하는데 안드로이드 장비에는 최소한 하나 이상의 위치 제공자가 있다. 위치라는 정보는 장비 내부에서 생성되는 것이 아니라 외부에서 주어지는 것이므로 하드웨어 장비가 필수적이다.

위치를 판독하는 방법으로 흔히 GPS(Global Positioning System)만 생각하며 실제로도 가장 현실적이고 경제적인 방법임이 분명하다. GPS는 인공 위성의 전파를 이용하므로 추가 비용이 들지 않으며 정밀도가 상당하다. 그러나 배터리를 많이 소모하고 지하나 건물내에서 전파를 수신하지 못하는 한계가 있다. 그래서 모바일 장비는 GPS 외에도 위치 정보를 파악할 수 있는 여러 가지 대체 방법을 제공하며 현재도 새로운 기술이 속속 개발되고 있다.

- 전화 기지국: 각 전화 기지국은 고유의 Cell ID를 가지는데 연결된 기지국이 어디인가 보고 위치를 판별한다. 여러 개의 기지국에 연결되어 있을 때 삼각 측량법으로 현재 위치를 계산하는데 예상보다 정밀도가 높다. GPS가 없는 구형 핸드폰도 이 방법으로 대충의 위치는 알 수 있다.
- 무선 네트워크: 스마트폰은 WiFi로 인터넷에 접속하는데 이때 무선 인터넷을 제공하는 AP(Access Point)로부터 위치를 판별한다. AP의 IP나 주소 정보로부터 핸드폰의 현재 위치를 가늠한다.
- 갈릴레오 서비스: 미국의 GPS, 러시아의 글로나스 서비스에 대항하기 위해 유럽 연합(EU)이 제공하는 위성 서비스이다. 기존 GPS에 비해 정밀도가 5배 이상 더 높으며 1미터 이내의 오차 정확도를 제공한다.

이 외에도 미래에는 기존과는 완전히 다른 방법의 위치 인식 기술이 나올 수 있다. 예를 들어 지구 자기장의 분포를 측정한다거나 천문 정보를 활용하는 방법도 예상해 볼 수 있다. 여기서 중요한 것은 각 기술의 세세한 면을 이해하는 것이 아니라 위치 제공자가 여러 개 있다는 점이다. 대개의 경우 GPS를 사용하겠지만 GPS가 불통인 상황에서도 서비스를 지속하기 위해 대체 방법을 사용한다.

안드로이드의 맵 서비스는 다양한 위치 제공자를 지원하여 극한 상황까지 치밀하게 대비한다. 장비에서 사용 가능한 위치 제공자의 목록을 구하고 그 중 용도에 가장 적합한 제공자를 선택하여 사용한다. 이 목록은 위치 관리자(Location Manager)가 관리한다. 위치 관리자는 시스템 서비스이므로 따로 생성할 필요는 없으며 액티비티의 다음 메서드로 구한다.

```
Object Context.getSystemService(Context.LOCATION_SERVICE)
```

Object 타입을 리턴하므로 LocationManager 타입으로 캐스팅한다. 위치 관리자는 위치 기반 서비스에 관련된 주요 기능을 제공하며 가장 중요한 기능이 위치 제공자의 목록을 조사하는 것이다. 위치 제공자의 목록을 조사할 때 다음 메서드를 호출한다.

```
List<String> getAllProviders ()
List<String> getProviders ([Criteria criteria], boolean enabledOnly)
String getBestProvider (Criteria criteria, boolean enabledOnly)
```

getAllProviders 메서드는 장비가 제공하는 모든 제공자 목록을 구하며 현재 상태에서 사용 불가능한 것이나 권한이 없는 것까지 포함된다. 당장 쓸 수 없는 제공자까지 조사되므로 별 실용성은 없으며 장비의 구성이나 능력치를 조사할 뿐이다.

getProviders 메서드는 사용 권한이 있는 제공자 목록을 조사하며 getBestProvider는 그 중 기준에 가장 부합되는 하나를 선택한다. criteria 인수로 기준을 주거나 enabledOnly 인수를 true로 지정하여 현재 동작 가능한 것만 조사할 수도 있다. 선택 기준은 Criteria 클래스의 다음 메서드로 지정한다.

```
void setAltitudeRequired (boolean altitudeRequired)
void setBearingRequired (boolean bearingRequired)
void setSpeedRequired (boolean speedRequired)
void setCostAllowed (boolean costAllowed)
void setPowerRequirement (int level)
void setAccuracy (int accuracy)
```

위치 정보는 일반적으로 위도, 경도 좌표로 나타내지만 고도, 방향, 속도 정보가 추가로 제공되는 기술도 있다. GPS는 고도 정보를 제공하지만 네트워크는 고도까지 알기 어렵다. 앞쪽 세 메서드는 각 정보를 리턴하는 제공자를 선택할 것인가 아닌가를 지정한다. 위치 정보를 어떤 용도로 사용할 것인가에 따라 필요한 정보의 종류가 달라진다. 지도 프로그램에서 고도 정보는 유용하지 않지만 등산 안내 소프트웨어라면 고도가 필수적이다.

setCostAllowed 메서드는 비용이 들어도 상관없는지 지정하는데 GPS는 따로 비용이 들지 않지만 네트워크는 접속 비용이 소모된다. 일회적인 조사라면 약간의 비용이 크게 문제되지 않지만 지속적인 조사라면 비용이 중요하다. 그 외 배터리를 얼마나 소모해도 되는지, 어느 정도의 정밀도가 요구되는지 등의 기준을 지정한다. 다음은 전원 사용량과 정확도를 지정하는 상수이다.

값	설명
NO_REQUIREMENT	상관없다.
ACCURACY_COARSE	대충의 정밀도만 요구된다.
ACCURACY_FINE	정밀한 정밀도가 요구된다.
POWER_HIGH	배터리를 많이 사용해도 무관하다.
POWER_MEDIUM	배터리를 적당히 사용해야 한다.
POWER_LOW	배터리를 조금만 사용해야 한다.

위치 관리자는 이 기준에서 정밀도, 배터리 사용량, 추가 정보 제공 여부 등의 순으로 점검하여 가장 적합한 제공자를 선택한다. 그러나 이 기준은 어디까지나 힌트로 참조될 뿐 절대적인 것은 아니다. 모든 기준에 다 부합되는 제공자가 없을 수 있는데 이 경우 일부 기준을 무시하고 차점자를 찾는다. 현재 상황에서 사용 가능한 제공자는 다음 세 가지가 있으며 각각 상수로 이름이 정의되어 있다.

```
public static final String GPS_PROVIDER : "gps"
public static final String NETWORK_PROVIDER : "network"
public static final String PASSIVE_PROVIDER : "passive"
```

앞으로는 다른 위치 조사 기술이 발표될 것이므로 이 목록은 더 늘어날 것이다. 다음 예제는 사용 가능한 제공자 목록을 조사하여 문자열로 출력한다. 레이아웃에는 텍스트뷰 하나만 배치되어 있으며 onCreate에서 사용 가능한 제공자 목록을 조사하여 이름을 덤프했다.

GetProvider

```
<LinearLayout xmlns:android="http://schemas.android.com/apk/res/android"
    android:orientation="vertical"
    android:layout_width="match_parent"
    android:layout_height="match_parent"
    >
<TextView
    android:id="@+id/result"
    android:layout_width="match_parent"
    android:layout_height="wrap_content"
    android:textSize="20sp"
    android:text="제공자 목록 : "
    />
</LinearLayout>
-------------------------------------------------------
public class GetProvider extends Activity {
    public void onCreate(Bundle savedInstanceState) {
        super.onCreate(savedInstanceState);
        setContentView(R.layout.getprovider);

        // 위치 관리자 구함
        LocationManager LocMan = (LocationManager)
            getSystemService(Context.LOCATION_SERVICE);

        // 제공자 목록 구해서 출력
        List<String> arProvider = LocMan.getProviders(false);
        String result = "";
```

```
            for (int i = 0; i < arProvider.size(); i++) {
                result += ("Provider " + i + " : " + arProvider.get(i) + "\n");
            }

            // 최적의 제공자 조사
            Criteria crit = new Criteria();
            crit.setAccuracy(Criteria.NO_REQUIREMENT);
            crit.setPowerRequirement(Criteria.NO_REQUIREMENT);
            crit.setAltitudeRequired(false);
            crit.setCostAllowed(false);
            String best = LocMan.getBestProvider(crit, true);
            result += ("\nbest provider : " + best + "\n\n");

            // GPS와 네트워크 제공자 사용 가능성 조사
            result += LocationManager.GPS_PROVIDER + " : " +
                LocMan.isProviderEnabled(LocationManager.GPS_PROVIDER) + "\n";
            result += LocationManager.NETWORK_PROVIDER  + " : " +
                LocMan.isProviderEnabled(LocationManager.NETWORK_PROVIDER ) + "\n";

            // 결과 출력
            TextView EditResult =(TextView)findViewById(R.id.result);
            EditResult.setText(result);
        }
    }
```

코드 내용은 아주 직선적이다. 위치 관리자 객체를 구하고 이 객체로부터 위치 제공자 목록을 구해 문자열로 조립한 후 텍스트뷰에 출력한다. 실행 결과는 장비나 설정에 따라 달라진다. 이전 버전의 에뮬레이터에서는 2개의 제공자가 조사된데 비해 실장비에서는 network가 추가된다.

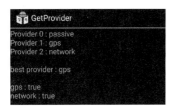

정확도나 전원 사용량에 별다른 제한을 두지 않고 최적의 제공자를 조사한 결과 gps가 리턴되었다. 네트워크도 사용 가능한 것으로 조사되며 GPS 수신 불가 지역에서는 네트워크 정보를 대신 사용한다. 아직까지는 GPS가 가장 최적의 위치 제공자이다.

위치 정보를 사용하는 응용 프로그램은 가용한 제공자가 있는지 점검해 보고 최적의 제공자를 선택한다. 따라서 제공자를 찾을 때는 getBestProvider 메서드를 사용하는 것이 가장 무난하다. 무조건 GPS만 사용하면 다양한 장비나 극한 상황을 지원하지 못하므로 바람직하지 않다. 만약 요구에 부합되는 제공자가 없다면 어쩔 수 없이 에러 처리한다.

32.1.4 위치 조사

적합한 위치 제공자를 구했으면 현재 위치를 조사하여 위치로부터 유용한 부가 정보를 만들어낸다. 그러나 안타깝게도 현재 위치를 즉시 구하는 getNowPosition 따위의 메서드는 없다. 이런 메서드가 있으면 좋겠지만 현실적으로 불가능하다. 위치를 조사하려면 대기권 바깥을 돌고 있는 위성과 연결해야 하고 전파를 수신해서 정밀한 계산을 해야 한다. 대충 생각해 봐도 최소한 몇 초 정도는 소요될 텐데 위치를 조사할 때마다 인공 위성과 연결할 수 없는 노릇이다.

네트워크를 통한 위치 계산도 마찬가지로 꽤 시간이 오래 걸린다. 필요할 때 위치를 바로 구할 수 없으므로 미리 수신 리스너를 등록해 놓고 위치 정보가 들어올 때마다 받아 두었다 갱신하는 방식을 사용한다. 위치 제공자는 위치가 확인될 때마다 리스너로 갱신된 좌표를 전달하며 응용 프로그램은 최후로 받은 위치를 취한다. 위치 갱신 리스너는 위치 관리자의 다음 메서드로 등록한다.

```
void requestLocationUpdates (String provider, long minTime, float minDistance,
LocationListener listener, [ Looper looper])
void requestLocationUpdates (String provider, long minTime, float minDistance,
PendingIntent intent)
```

첫 번째 인수 provider는 위치 정보를 제공하는 제공자의 이름이다. "gps" 식으로 문자열 상수를 쓰는 것도 가능은 하지만 가급적이면 getBestProvider로 조사한 최적의 제공자를 전달하는 것이 권장된다. 따라서 이 메서드를 호출하기 전에 적합한 위치 제공자를 미리 선정해 둘 필요가 있다.

두 번째, 세 번째 인수는 위치 정보가 전달될 주기를 지정한다. minTime은 위치 정보를 통보받을 최소 시간 주기이며 1/1000초 단위이다. 제공자는 최소한 이 정도의 시간이 지나야 리스너를 호출한다. minDistance는 최소 이동 거리를 미터 단위로 지정하는데 이 거리 미만의 변화에 대해서는 불필요하게 리스너를 호출하지 않는다. 시간과 거리를 모두 0으로 지정하면 가급적 자주 위치 정보를 갱신하여 정확도는 향상되지만 그만큼 배터리를 많이 소모하고 접속 비용이 증가한다. 고속으로 이동하는 상황이 아닌 한 분당 1회 이상은 권장되지 않는다.

네 번째 인수는 위치가 변경될 때 호출될 리스너나 실행할 펜딩 인텐트이다. UI 스레드는 리스너를 통해 위치를 통보받을 수 있으므로 리스너를 사용하는 것이 편리하다. 백그라운드 서비스나 스레드는 UI가 없으므로 펜딩 인텐트를 통해 위치 정보를 받으며 정 리스너를 사용하려면 루퍼를 제공해야 한다.

갱신 리스너가 등록되면 위치 제공자는 지정된 주기에 맞게 지속적으로 변경된 위치를 전송한다. 더이상 위치 정보가 필요 없으면 위치 관리자의 다음 메서드로 등록된 리스너나 펜딩 인텐트를 해제한다. 위치 정보를 사용하는 액티비티가 백그라운드로 전환되면 굳이 계속 추적할 필요가 없으므로 즉시 해제해야 한다. 그래서 갱신 리스너는 onResume에서 등록하고 onPause에서 해제하는 것이 가장 이상적이다.

```
void removeUpdates (LocationListener listener)
void removeUpdates (PendingIntent intent)
```

위치 변경을 통보받는 LocationListener는 다음 4개의 메서드를 제공하며 제공자의 상태가 바뀌거나 위치가 갱신될 때 대응되는 메서드가 호출된다. 다음 두 메서드는 제공자의 사용 가능성이 변경될 때 호출된다.

```
void onProviderEnabled (String provider)
void onProviderDisabled (String provider)
```

사용자는 요금이나 배터리 사용량을 조정하기 위해 설정창에서 특정 제공자의 사용 여부를 언제든지 통제할 수 있는데 이때 이 메서드가 호출된다. 이 두 메서드는 사용자의 직접적인 장비 조작에 의해 호출되므로 빈도가 높지 않다. 다음 메서드는 제공자의 상태가 변경될 때마다 호출된다.

```
void onStatusChanged (String provider, int status, Bundle extras)
```

GPS나 네트워크는 위치나 기상 조건 등에 따라 수시로 상태가 변한다. status 인수로 제공자의 현재 상태가 전달된다.

상태	설명
OUT_OF_SERVICE	서비스를 사용할 수 없는 상태이다.
TEMPORARILY_UNAVAILABLE	일시적으로 중지된 상태이며 곧 복구될 예정이다.
AVAILABLE	사용 가능한 상태이다.

extras에는 위성의 개수 등 제공자별로 고유한 부가 정보가 전달된다. 응용 프로그램은 이 메서드가 호출될 때 변경된 상태에 적절하게 반응해야 한다. 일시적인 불통인 경우는 잠시 후 복구될 예정이므로 굳이 프로그램을 종료할 필요가 없으며 안내 메시지를 띄운 후 잠시 대기하는 것이 좋다. 리스너의 가장 중요한 메서드는 실제 위치가 갱신될 때마다 호출되는 다음 메서드이다.

```
void onLocationChanged (Location location)
```

새로 조사된 위치가 Location 객체로 전달되며 이 객체 안에 상세한 위치 정보가 저장되어 있다. 이 정보는 다음 메서드로 구하는데 대개의 경우 위도, 경도, 고도 정도만 구해도 위치를 파악하는 데 충분하다.

```
double getLatitude ()
double getLongitude ()
double getAltitude ()
```

이 외에 속도, 베어링, 타임 스탬프, 정밀도 등의 추가 정보를 조사할 수 있되 단, 제공자가 지원하지 못하는 정보는 0으로 조사된다. Location 객체에는 지금까지 개발된 모든 위치 제공자의 정보를 조사하는 메서드가 준비되어 있지만 미래에 발표될 기술에 대한 메서드까지는 제공하지 못한다. 제공자별로 고유한 정보들은 Bundle 객체에 키와 값의 쌍으로 저장되어 전달되는데 이 정보는 getExtras 메서드로 구한다.

이 외에 Location 클래스에는 두 위치 간의 거리나 방향을 조사하는 메서드, 위치 포맷을 변환하는 메서드 등이 제공되는데 관련 메서드에 대해서는 잠시 후 따로 연구해 보자. 프로그램은 이 객체로부터 수신된 위치 정보를 추출하여 필요한 동작을 한다. 예를 들어 내비게이션 프로그램은 지도의 위치를 바꾸고 다음 경로를 계산하며 맛집 찾기 프로그램은 주변의 맛집을 검색한다. 위치 정보를 조사하려면 매니페스트에 다음 두 개의 퍼미션이 지정되어 있어야 한다.

```
<uses-permission android:name="android.permission.ACCESS_FINE_LOCATION" />
<uses-permission android:name="android.permission.ACCESS_COARSE_LOCATION" />
```

정확도에 따라 퍼미션이 나누어져 있는데 일반적으로 FINE은 GPS를 의미하며 COARSE는 네트워크를 의미한다. FINE은 오차 범위가 수 미터 정도여서 굉장히 정밀하지만 COARSE는 수 킬로미터 정도의 오차를 허용하는 대충의 정보이다. 한쪽이 안 되더라도 대체 제공자를 쓸 수 있어야 하므로 두 퍼미션을 같이 지정하는 것이 보통이다. 마법사로 프로젝트를 생성하면 이미 퍼미션이 지정되어 있다.

위치 조사에 사용되는 여러 클래스를 소개했는데 한꺼번에 많은 것을 습득해야 하므로 복잡해 보인다. 이 클래스를 활용하여 실제 위치를 조사하는 예제를 만들어 보고 위치를 구하는 일반적인 절차를 알아보자. 다음 예제는 제공자의 현재 상태와 수신된 위치를 문자열 형태로 출력한다. 레이아웃에는 상태와 위치 출력에 사용할 텍스트뷰 두 개만 배치했다.

ReadLocation

```
<LinearLayout xmlns:android="http://schemas.android.com/apk/res/android"
    android:orientation="vertical"
    android:layout_width="match_parent"
    android:layout_height="match_parent"
    >
<TextView
    android:id="@+id/status"
    android:layout_width="match_parent"
    android:layout_height="wrap_content"
    android:textSize="20sp"
    android:text="현재 상태 : "
    />
<TextView
    android:id="@+id/result"
    android:layout_width="match_parent"
    android:layout_height="wrap_content"
    android:textSize="20sp"
    android:text="현재 위치 : 알 수 없음"
    />
</LinearLayout>
-------------------------------------------------------
public class ReadLocation extends Activity {
    LocationManager mLocMan;
    TextView mStatus;
    TextView mResult;
    String mProvider;
    int mCount;

    public void onCreate(Bundle savedInstanceState) {
        super.onCreate(savedInstanceState);
        setContentView(R.layout.readlocation);

        mLocMan = (LocationManager)getSystemService(Context.LOCATION_SERVICE);
        mStatus = (TextView)findViewById(R.id.status);
        mResult = (TextView)findViewById(R.id.result);
```

```
        mProvider = mLocMan.getBestProvider(new Criteria(), true);
    }

    public void onResume() {
        super.onResume();
        mCount = 0;
        mLocMan.requestLocationUpdates(mProvider, 3000, 10, mListener);
        mStatus.setText("현재 상태 : 서비스 시작");
    }

    public void onPause() {
        super.onPause();
        mLocMan.removeUpdates(mListener);
        mStatus.setText("현재 상태 : 서비스 정지");
    }

    LocationListener mListener = new LocationListener() {
        public void onLocationChanged(Location location) {
            mCount++;
            String sloc = String.format("수신회수:%d\n위도:%f\n경도:%f\n고도:%f", mCount,
                    location.getLatitude(), location.getLongitude(), location.getAltitude());
            mResult.setText(sloc);
        }

        public void onProviderDisabled(String provider) {
            mStatus.setText("현재 상태 : 서비스 사용 불가");
        }

        public void onProviderEnabled(String provider) {
            mStatus.setText("현재 상태 : 서비스 사용 가능");
        }

        public void onStatusChanged(String provider, int status, Bundle extras) {
            String sStatus = "";
            switch (status) {
            case LocationProvider.OUT_OF_SERVICE:
                sStatus = "범위 벗어남";
                break;
            case LocationProvider.TEMPORARILY_UNAVAILABLE:
                sStatus = "일시적 불능";
                break;
            case LocationProvider.AVAILABLE:
                sStatus = "사용 가능";
```

```
                break;
            }
            mStatus.setText(provider + "상태 변경 : " + sStatus);
        }
    };
}
```

onCreate에서 최적의 제공자를 미리 조사해 두었는데 대개의 경우 GPS가 선택된다. 위치 정보를 수신하는 리스너를 onResume에서 등록하여 액티비티 시작 직후부터 수신한다. 테스트 예제이므로 편의상 시간은 3초로 짧게 주었고 10미터 이상 움직일 때마다 리스너가 호출되도록 했는데 실제 응용 프로그램에서는 이보다 주기를 더 길게 주는 것이 바람직하다.

등록된 리스너는 액티비티가 백그라운드로 전환되는 onPause에서 해제한다. 자칫 등록만 하고 해제하지 않으면 당장 필요치 않은 위치 정보를 지속적으로 받아 배터리 수명에 치명적인 영향을 미치므로 onPause에서 반드시 해제해야 한다. 리스너는 콜백 메서드가 호출될 때 서비스의 사용 가능성 여부와 현재 상태를 출력하고 위치가 갱신될 때 위치 정보를 문자열로 포맷팅하여 텍스트뷰로 출력한다.

실내에서 개발중이면 대기 시간이 필요한데 창가로 이동하거나 아예 밖으로 나와야 제대로 위치를 잡는다. 장비를 가지고 거리로 나가 걸어가면 좌표가 바뀐다. 10미터 이상 변경시만 리스너가 호출되므로 충분히 떨어진 위치로 이동해야 한다. 이 예제는 매니페스트에 configChanges 속성을 지정하여 화면 회전 시 재생성을 금지시켰다.

```
<activity android:name=".c32_map.ReadLocation" android:label="ReadLocation"
    android:configChanges="orientation|keyboardHidden"
    />
```

실장비에서 위치 수신이 잘 되는지 들고 다니며 좌표의 변화를 테스트해야 하는데 센서가 너무 민감해서 방향이 바뀔 때마다 조사된 정보가 리셋되는 불편함이 있다. 그래서 방향 전환시에도 이전 수신 결과를 유지하도록 했다. 다음 메서드는 최후로 조사된 위치를 조사하는데 캐시된 정보를 읽는 것이므로 별도의 준비 없이 위치 관리자에서 바로 호출 가능하다.

```
Location LocationManager.getLastKnownLocation (String provider)
```

이 메서드가 리턴하는 값은 마지막 조사된 위치일 뿐이므로 현재 위치와 일치하지 않을 가능성이 다분하다. 장비가 꺼진 상태로 이동했다면 장비를 끄기 전의 마지막 위치가 리턴되며 한 번도 위치를 조사한 적이 없다면 null이 리턴된다. 어떤 값이 조사되는지 확인해 보자.

LastKnown

```
<LinearLayout xmlns:android="http://schemas.android.com/apk/res/android"
    android:orientation="vertical"
    android:layout_width="match_parent"
    android:layout_height="match_parent"
    >
<TextView
    android:id="@+id/result"
    android:layout_width="match_parent"
    android:layout_height="wrap_content"
    android:textSize="20sp"
    android:text="최근 위치 : "
    />
</LinearLayout>
--------------------------------------------------------
public class LastKnown extends Activity {
    LocationManager mLocMan;
    TextView mResult;
    String mProvider;

    public void onCreate(Bundle savedInstanceState) {
        super.onCreate(savedInstanceState);
        setContentView(R.layout.lastknown);

        mLocMan = (LocationManager)getSystemService(Context.LOCATION_SERVICE);
        mResult = (TextView)findViewById(R.id.result);

        mProvider = mLocMan.getBestProvider(new Criteria(), true);
        Location location = mLocMan.getLastKnownLocation(mProvider);

        String sloc;

        if (location == null) {
            sloc = "최근 위치 : 알수 없음";
        } else {
            sloc = String.format("최근 위치 : \n위도:%f\n경도:%f\n고도:%f",
```

```
                    location.getLatitude(), location.getLongitude(), location.getAltitude());
        }
        mResult.setText(sloc);
    }
}
```

바로 앞 예제에서 수신한 좌표가 조사된다. 만약 한 번도 조사한 적이 없다면 최근 위치는 알 수 없음으로 표시된다. 실시간으로 조사한 위치가 아니므로 신뢰도는 떨어지지만 이 값도 나름대로 쓸 모가 있다. 처음 실행 시 전파가 잡히기 전에 아무 것도 보여주지 않는 것보다는 이전의 마지막 위치라도 보여주는 것이 보편적이다. 내비게이션 프로그램이 흔히 이런 식으로 동작한다. 또 항상 현재 좌표를 알 수 있는 것으로 가정함으로써 프로그램의 논리를 일반화할 수 있다는 이점이 있다.

32.1.5 좌표 변환

지도는 2차원의 평면이며 평면상의 한 지점은 x, y 좌표로 표현하는 것이 상식적이다. 그러나 알다시피 지구는 평평하지 않고 둥글 둥글하게 생겼으며 지도는 어디까지나 구면을 보기 쉽게 펼쳐 놓은 것 뿐이어서 평면 좌표로는 지구상의 한 지점을 정확히 특정하기 어렵다. 그래서 위치 좌표계는 평면상의 오프셋이 아닌 각도의 개념으로 표현한다. 상식적인 내용이지만 막상 사용하려면 은근히 복잡하고 불편하다.

수직 위치는 적도에서 극점까지 90등분하여 지구 중심과의 각도인 위도로 표현하되 위쪽을 북위라고 하며 아래쪽을 남위라고 한다. 1 위도는 적도에서 북극점까지의 거리인 10,000을 90으로 나눈 값으로 대략 111Km인데 좌표로 쓰기에는 너무 큰 값이다. 그래서 도를 60등분하여 분으로 나누고 분을 다시 60등분하여 초로 나누는데 1분은 대략 1.85Km이고 1초는 대략 30m이다. 이 정도로도 정확한 좌표 지정이 어려워 초를 실수 단위까지 표기해야 쓸만한 정밀도가 된다.

수평 위치를 나타내는 경도는 영국의 그리니치 천문대를 기준으로 하여 360도로 나누는데 동쪽을 동경이라 하고 서쪽을 서경이라고 한다. 경도는 극쪽으로 갈수록 간격이 좁아 거리가 일정하지 않으며 그래서 평면 좌표계를 쓰기 어렵다. 위도와 경도 두 값을 조합해야 비로소 지구 표면상의 한 지점을 지정할 수 있다. 예를 들어 63 빌딩의 경우 북위 37도 31분 10초, 동경 126도 56분 24초 좌표에 위치한다. 여기에 해수면으로부터의 수직 거리인 고도 정보가 추가된다.

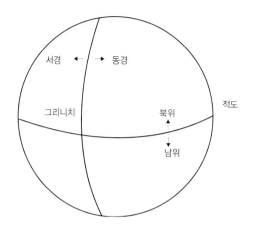

위도와 경도를 사용하는 좌표 표기법은 차원이 너무 높아 사용하기 아주 번거롭다. 남북, 동서의 방향이 있고 도분초로 구성되는 4차원이며 또한 각 자리수마다 진법이 제각각이다. 위도는 90진법, 경도는 180진법, 분초는 60진법, 초 아래는 10진법이다. 위치 하나를 나타내는데 너무 많은 값이 필요하고 구조가 복잡하다. 그래서 좌표를 더 간단하게 표현할 수 있는 여러 가지 방법이 있다. Location 클래스는 좌표 포맷을 정의하는 상수를 제공하며 포맷간의 변환을 지원한다.

포맷	설명
FORMAT_DEGREES	도 단위로 좌표를 지정하며 더 세밀한 좌표는 도 아래의 십진 소수점으로 표현한다. +/− 부호가 앞에 붙고 DDD.DDDDD 실수값 하나가 온다. 부호가 생략되면 +로 가정하며 이는 북위, 동경에 해당한다.
FORMAT_MINUTES	분 단위로 좌표를 지정하며 더 세밀한 좌표는 분 아래의 소수점으로 표현한다. [+/−] DDD.MM.MMMMM 형식을 가진다.
FORMAT_SECONDS	초 단위로 좌표를 지정하며 초 아래에 더 세밀한 소수점을 지정할 수 있다. [+/−] DDD:MM:SS.SSSSS 형식을 가진다.

도 단위는 부호있는 십진 실수 하나만 사용하며 값 전달이 용이해서 메서드끼리 인수를 전달하는 프로그래밍 환경에 적합하다. 초 단위는 방향과 도분초 각각이 필요하지만 전통적인 지도 표기법과 일치한다는 점에서 기존 자료와의 호환에 유리하다. 호주 시드니에 있는 오페라 하우스의 좌표를 도분초 포맷으로 표현하면 다음과 같다.

남위 33도 51분 24초, 동경 151도 12분 55초

위도, 경도 각각 4가지 요소씩 총 8개의 값으로 좌표를 표기한다. 그러나 십진 실수 방식으로 변환하면 다음 두 값만으로 간단하게 표기할 수 있다.

-33.8568, 151.2152

GPS 위성이 전달하는 값은 도분초 포맷으로 되어 있다. 그러나 Location 객체는 수신된 도분초 좌표를 십진 실수로 변환하여 전달한다. 스팩마다 요구하는 포맷이 다르므로 이들을 자유롭게 변환할 수 있어야 한다. 가령 37도 30분은 37.5도로 간략하게 표현할 수 있는데 37.3이 아님을 유의하자. 분 자리는 60진법을 사용하며 30분이 0.5도이다. 1시간 30분은 1.5시간이지 1.3시간이 아닌 것과 같다. 진법만 바꾸는 간단한 연산이지만 직접 하기는 귀찮은 산수다. Location 클래스는 이 변환을 대신해 주는 메서드를 제공한다.

```
static String convert (double coordinate, int outputType)
static double convert (String coordinate)
```

실수 좌표를 주면 도분초 포맷의 문자열로 변환하고 반대로 도분초 포맷의 좌표를 실수 하나로 바꿔 주기도 한다. 다음 예제는 63 빌딩의 십진 좌표를 도분초 포맷으로 변환하여 출력한다.

LocationConvert

```xml
<LinearLayout xmlns:android="http://schemas.android.com/apk/res/android"
    android:orientation="vertical"
    android:layout_width="match_parent"
    android:layout_height="match_parent"
    >
<TextView
    android:layout_width="match_parent"
    android:layout_height="wrap_content"
    android:textSize="20sp"
    android:text="63 빌딩 위치(십진수)"
    />
<TextView
    android:id="@+id/lat1"
    android:layout_width="match_parent"
    android:layout_height="wrap_content"
    />
<TextView
    android:id="@+id/lon1"
    android:layout_width="match_parent"
    android:layout_height="wrap_content"
    />
<TextView
    android:layout_width="match_parent"
```

```xml
        android:layout_height="wrap_content"
        android:textSize="20sp"
        android:text="63 빌딩 위치(도분초)"
        />
<TextView
        android:id="@+id/lat2"
        android:layout_width="match_parent"
        android:layout_height="wrap_content"
        />
<TextView
        android:id="@+id/lon2"
        android:layout_width="match_parent"
        android:layout_height="wrap_content"
        />
</LinearLayout>
```

```java
public class LocationConvert extends Activity {
    public void onCreate(Bundle savedInstanceState) {
        super.onCreate(savedInstanceState);
        setContentView(R.layout.locationconvert);

        double latitude = 37.519576;
        double longitude = 126.940245;

        ((TextView)findViewById(R.id.lat1)).setText(Double.toString(latitude));
        ((TextView)findViewById(R.id.lon1)).setText(Double.toString(longitude));

        String slat = (latitude > 0 ? "북위":"남위") + " " +
            Location.convert(latitude, Location.FORMAT_SECONDS);
        String slon = (longitude > 0 ? "동경":"서경") + " " +
            Location.convert(longitude, Location.FORMAT_SECONDS);

        ((TextView)findViewById(R.id.lat2)).setText(slat);
        ((TextView)findViewById(R.id.lon2)).setText(slon);
    }
}
```

소스의 latitude, longitude 변수는 리스너로부터 수신된 실수 좌표를 가정한 것이다. 특정 장소의 좌표를 알고 싶다면 구글 어스나 네이버 지도 같은 지도 프로그램을 참조하되 구글 어스가 가장 편리하다. 무료 프로그램이므로 누구나 설치해서 사용할 수 있고 속도도 빠른 편이다. 다음은 구글 어스를 사용하여 63 빌딩의 좌표를 조사하는 모습이다.

원하는 곳에 커서를 갖다 대면 아래쪽에 GPS 좌표와 고도가 표시된다. 좌표 표시 방법을 옵션으로 선택할 수 있는데 위 그림은 10진 실수를 쓰는 것으로 설정해 놓은 것이다. 이 좌표를 사람이 읽기 편한 도분초 좌표로 변환하여 출력해 보았다. 단순히 변환 계산만 하는 것이므로 결과는 바로 출력된다.

특정 포맷의 좌표를 다른 형태로 변환할 때는 이 두 메서드를 잘 활용해야 한다. 안드로이드의 맵 서비스는 대부분 십진 실수를 사용하지만 다른 스펙은 전통적인 도분초 포맷을 요구하는 경우도 있다. 대표적인 예가 이미지의 Exif 정보인데 Exif는 분수 형태로 된 도분초 포맷을 요구하므로 리스너로부터 수신한 좌표를 도분초로 변환해서 기록해야 한다.

반대의 경우는 역변환이 필요하다. 이미지의 Exif 정보를 읽어 이 사진이 어디에서 촬영된 것인지 지도에 표시하려면 십진 실수 형태로 변환해야 한다. 왜냐하면 구글맵은 도분초 포맷이 아닌 십진 좌표 형태의 LatLng 객체를 요구하기 때문이다.

32.1.6 도착 알림

위치 정보로 할 수 있는 많은 일 중에 대표적인 것이 지금 내가 특정 영역 안에 들어와 있는지 조사하는 것이다. 원론적으로 이 작업은 무척 간단한데 현재 위치를 계속 감시하다가 원하는 영역에 속한 좌표인지 주기적으로 점검해 보면 된다. 하지만 직접 구현하려면 상당히 번거로운데 다행히 위치 관리자가 이 기능을 제공한다. 다음 메서드로 원하는 영역을 등록해 놓으면 감시하는 작업은 위치 관리자가 내부적으로 모두 처리한다.

```
void addProximityAlert (double latitude, double longitude, float radius, long
    expiration, PendingIntent intent)
```

위도, 경도로 좌표를 지정하고 영역의 반경을 미터 단위로 지정한다. expiration은 영역에 도착할 한계 시간을 1/1000초 단위로 지정하는데 이 시간 내에 도착하지 못하면 알림은 취소된다. 시간을 −1로 지정하면 시간 제한 없이 무한정 대기한다.

마지막 인수는 영역에 도착하거나 영역을 빠져나갈때 실행할 인텐트이다. 인텐트로 도착시 해야 할 일을 처리하는 액티비티를 호출할 수도 있고 BR로 신호만 보낼 수도 있다. 인텐트로 KEY_PROXIMITY_ENTERING이라는 값 하나가 전달되는데 이 값이 true이면 영역에 들어온 것이고 false이면 나간 것이다. 즉, 도착 알림은 도착 뿐만 아니라 벗어나는 것도 알려 준다. 다음 메서드는 도착 알림을 해제한다.

```
void removeProximityAlert (PendingIntent intent)
```

액티비티가 활성화되어 있을 때만 감시하는 경우는 onResume에서 도착 알림을 설정하고 onPause에서 해제한다. 물론 액티비티의 상태와 상관없이 영역을 계속 감시할 수 있고 백그라운드 서비스에서도 이 작업을 할 수 있다. 필요하다면 지속적으로 감시하되 단, 위치 신호를 계속 수신하면 배터리가 소모되므로 불필요하게 대기하지는 말아야 한다.

이 기능은 등록만 하면 바로 동작한다는 면에서 아주 간편하다. 위치 제공자를 조사할 필요도 없고 리스너를 구현할 필요도 없다. 위치 관리자는 내부적으로 GPS와 네트워크 두 제공자를 모두 사용하여 위치를 지속적으로 감시하며 수신된 위치가 등록된 영역 내부인지 판별하여 인텐트를 호출하는 것까지 풀 서비스를 제공한다. 응용 프로그램은 위치 관리자가 호출하는 인텐트를 수신한다. 내부적으로 위치 조사 기능을 사용하므로 퍼미션은 물론 필요하다.

다음 예제는 낚시가 잘되는 지점을 추천하여 어디다 낚시대를 드리울지 알려준다. 월척이 낚일만한 지점에 도착하면 토스트로 이 사실을 알려 준다. 이 예제는 특정 영역에 들어 왔는지 감시하는 가장 간단한 예에 해당하며 너무 간단해서 좀 시시해 보이지만 데이터베이스나 네트워크와 결합하면 똑같은 방식으로 다양하게 응용할 수 있다.

LocationAlert

```xml
<LinearLayout xmlns:android="http://schemas.android.com/apk/res/android"
    android:orientation="vertical"
    android:layout_width="match_parent"
    android:layout_height="match_parent"
    >
<TextView
    android:id="@+id/text"
    android:layout_width="match_parent"
    android:layout_height="wrap_content"
    android:textSize="20sp"
    android:text="낚시 지점 안내"
    />
<TextView
    android:layout_width="match_parent"
    android:layout_height="wrap_content"
    android:text="이 프로그램은 현재 위치를 감시하여 낚시하기 좋은 곳을 알려 줍니다."
    />
</LinearLayout>
```
```java
public class LocationAlert extends Activity {
    LocationManager mLocMan;
    PendingIntent mPending;
    public void onCreate(Bundle savedInstanceState) {
        super.onCreate(savedInstanceState);
        setContentView(R.layout.locationalert);

        mLocMan = (LocationManager)getSystemService(Context.LOCATION_SERVICE);
        Intent intent = new Intent(this, FishingReceiver.class);
        mPending = PendingIntent.getBroadcast(this, 0, intent, 0);
    }

    public void onResume() {
        super.onResume();
        mLocMan.addProximityAlert(37.94, 127.81, 500, -1, mPending);
    }
```

```
    public void onPause() {
        super.onPause();
        mLocMan.removeProximityAlert(mPending);
    }
}
```

좌표로 지정한 (37.94, 127.81)은 춘천 소양댐 부근이며 범위는 반경 500미터로 지정했다. 편의상 상수 좌표를 사용했는데 데이터베이스와 연결하면 부근의 낚시터 정보를 모두 조사하여 여러 개의 영역을 등록해 놓을 수 있고 네트워크로부터 정보를 받으면 다른 낚시꾼의 추천 낚시점을 등록할 수도 있다.

도착 알림은 이 액티비티가 실행 중인 동안에만 수행되어야 하므로 onResume에서 등록하고 onPause에서 해제한다. 미리 등록한 지점에 도착하면 다음 BR을 호출한다. BR은 물론 매니페스트에 등록해 두어야 한다. 인텐트로 전달된 값을 읽어 보면 영역에 들어 왔는지, 벗어났는지 알 수 있으며 간단하게 토스트로 메시지를 띄웠다. 액티비티를 띄우면 이 지점에서 잘 잡히는 고기나 추천 미끼 등에 대한 정보를 안내할 수 있다.

FishingReceiver

```
public class FishingReceiver extends BroadcastReceiver {
    public void onReceive(Context context, Intent intent) {
        boolean bEnter = intent.getBooleanExtra(
                LocationManager.KEY_PROXIMITY_ENTERING, true);
        Toast.makeText(context, bEnter ? "낚시하기 좋은 곳입니다.":
            "다른 곳으로 이동하세요.", Toast.LENGTH_LONG).show();
    }
}
```

실행해 보면 간단한 안내 메시지만 나타난다. 이전 버전의 에뮬레이터에서는 기능 동작 여부를 테스트하기 위해 DDMS로 좌표를 바꿔가며 넣어 보았다. 코드에서 지정한 좌표를 전송하면 도착 알림이 실행되어 토스트가 출력된다. 위도를 37.95로만 바꿔도 500미터가 넘으므로 범위를 벗어났다는 토스트가 나타난다.

실장비로 이 기능을 테스트할 때는 가짜 좌표를 쓸 수 없으므로 실제로 이동해 봐야 한다. 장비를 들고 목표 지점인 소양댐 부근에서 서성대면 되는데 그렇다고 이 예제를 테스트하기 위해 춘천으로 갈 필요는 없다. 소스의 좌표를 자신이 있는 부근으로 잠시 바꿔서 테스트해 보는 것이 더 편리하고 확실하다.

도착 알림 기능은 사용하기에 간편하지만 신뢰성은 다소 떨어진다. 좌표와 반경을 등록하는 식이라 원형의 영역만 감시할 수 있으며 사각영역이나 다각형 영역은 지원하지 않는다. 영역이 좁고 이동 속도가 빠르면 지나쳐 버릴 경우도 있다. 장비가 슬립 상태일 때는 배터리 절약을 위해 4분에 한 번 꼴로 위치를 점검하는데 4분 이내에 들어왔다 나오면 도착 알림은 발생하지 않는다. 만약 더 정확한 점검이 필요하다면 직접 위치를 수신해서 비교해야 한다.

32.1.7 지오코딩

숫자 형태로 되어 있는 좌표값은 정확하지만 전혀 인간적이지 못하다. 내비게이션에서 목적지를 입력할 때 강남역, 에버랜드 식으로 문자열을 입력하는 것이 보편적이고 편리하며 어느 누구도 좌표를 입력하지는 않는다. 사람이 지명을 입력하면 이름으로부터 좌표를 찾아내는 것은 기계가 해야 할 일이다. 지명이나 주소 같은 문자열로부터 좌표를 찾아내는 연산을 지오코딩(GeoCoding)이라고 한다. 예를 들어 춘천시청이라는 이름을 주면 (37.51, 127.94) 좌표를 찾아내는 것이다.

좌표로부터 주소를 조사하는 반대의 변환은 역지오코딩이라고 한다. 이 두 연산이 가능하려면 방대한 양의 데이터베이스가 필요한데 장비에 이 정보가 다 내장되어 있을리 없으므로 네트워크를 통해 조사한다. 이 정보는 물론 구글이 제공하며 안드로이드는 지오코딩 연산을 위한 백그라운드 서비스를 제공한다. 서비스에 연결하여 원하는 정보를 얻어내는 모든 동작은 Geocoder 클래스의 다음 메서드가 제공한다.

```
List<Address> getFromLocation (double latitude, double longitude, int maxResults)
List<Address> getFromLocationName (String locationName, int maxResults [, double
lowerLeftLatitude, double lowerLeftLongitude, double upperRightLatitude, double
upperRightLongitude])
```

위도와 경도 좌표를 전달하면 이 위치의 주소 배열이 리턴된다. 한 좌표에 대해 두 개 이상의 이름이 존재할 수도 있는데 예를 들어 청와대는 서울시 종로구 세종로 1번지이기도 하며 새로운 도로명 주소로도 표기할 수 있다. 그래서 지오코딩 메서드는 주소 하나를 리턴하는 것이 아니라 주소의 배열을 리턴한다. maxResults 인수는 최대 몇 개까지의 주소를 원하는지 지정하는데 1~5개 정도가 적당하다.

좌표로부터 주소를 구할 때는 아래쪽 메서드를 호출한다. 검색할 곳의 이름과 원하는 최대 결과 개수를 인수로 전달한다. 일정 범위 내에서만 검색하고 싶다면 좌하단과 우하단의 좌표를 지정하여 검색 결과를 제한한다. 주소는 Address 타입의 객체로 표현하는데 이 클래스에는 주소의 상세 정보를 구하는 메서드가 제공된다.

```
String getCountryCode ()
String getCountryName ()
String getFeatureName ()
String getLocality ()
String getPhone ()
String getPostalCode ()
double getLatitude ()
double getLongitude ()
```

국가 코드, 이름, 명칭, 전화번호, 우편 번호, 위도, 경도 등의 상세한 정보가 조사된다. 물론 이 모든 정보가 항상 유효한 것은 아니며 알수 없는 경우는 null이나 0이 리턴된다. 특정 정보가 필요하면 해당 메서드를 호출하되 모든 정보를 한 번에 덤프해 보려면 주소 객체에 대해 toString 메서드를 호출하는 것이 편리하다.

지오코딩 메서드는 네트워크를 통해 정보를 조사하므로 때로는 상당한 시간이 소요된다. 따라서 가급적이면 분리된 스레드에서 호출하는 것이 원칙적이다. 다음 예제는 두 연산에 대한 간단한 데모를 보여주는데 편의상 UI 스레드에서 조사했다. 레이아웃에는 좌표와 주소를 입력하는 에디트가 배치되어 있고 버튼을 눌러 좌표와 주소 사이를 변환하여 아래쪽 텍스트뷰에 출력한다.

GeoCoding

```
<LinearLayout xmlns:android="http://schemas.android.com/apk/res/android"
    android:orientation="vertical"
    android:layout_width="match_parent"
    android:layout_height="match_parent"
    >
<TextView
    android:layout_width="wrap_content"
    android:layout_height="wrap_content"
    android:layout_marginTop="5pt"
    android:text="위치를 주소로 변환"
    />
<LinearLayout
    android:orientation="horizontal"
    android:layout_width="match_parent"
    android:layout_height="wrap_content"
    >
<EditText
    android:id="@+id/lat"
    android:layout_width="wrap_content"
    android:layout_height="wrap_content"
    android:layout_weight="1"
    android:inputType="number"
    android:text="37.8813"
    />
<EditText
    android:id="@+id/lon"
    android:layout_width="wrap_content"
    android:layout_height="wrap_content"
    android:layout_weight="1"
    android:inputType="number"
    android:text="127.7299"
    />
<Button
    android:id="@+id/convert"
    android:layout_width="wrap_content"
```

```xml
        android:layout_height="wrap_content"
        android:layout_weight="1"
        android:text="Convert"
        />
</LinearLayout>
<TextView
    android:layout_width="wrap_content"
    android:layout_height="wrap_content"
    android:layout_marginTop="5pt"
    android:text="주소를 위치로 변환"
    />
<LinearLayout
    android:orientation="horizontal"
    android:layout_width="match_parent"
    android:layout_height="wrap_content"
    >
<EditText
    android:id="@+id/address"
    android:layout_width="wrap_content"
    android:layout_height="wrap_content"
    android:layout_weight="2"
    android:text="Opera House"
    />
<Button
    android:id="@+id/convert2"
    android:layout_width="wrap_content"
    android:layout_height="wrap_content"
    android:layout_weight="1"
    android:text="Convert"
    />
</LinearLayout>
<TextView
    android:id="@+id/result"
    android:layout_width="wrap_content"
    android:layout_height="wrap_content"
    android:textSize="16sp"
    android:text="변환 결과"
    />
</LinearLayout>
------------------------------------------------------
public class GeoCoding extends Activity {
    LocationManager mLocMan;
    Geocoder mCoder;
    TextView mResult;
```

```java
public void onCreate(Bundle savedInstanceState) {
    super.onCreate(savedInstanceState);
    setContentView(R.layout.geocoding);

    mResult = (TextView)findViewById(R.id.result);
    mCoder = new Geocoder(this);

    findViewById(R.id.convert).setOnClickListener(new Button.OnClickListener() {
        public void onClick(View v) {
            List<Address> addr;
            String slat = ((EditText)findViewById(R.id.lat)).getText().toString();
            String slon = ((EditText)findViewById(R.id.lon)).getText().toString();
            try {
                addr = mCoder.getFromLocation(Double.parseDouble(slat),
                        Double.parseDouble(slon), 5);
            } catch (IOException e) {
                mResult.setText("IO error : " + e.getMessage());
                return;
            }

            if (addr == null) {
                mResult.setText("no result");
                return;
            }

            mResult.setText("개수 = " + addr.size() + "\n" + addr.get(0).toString());
        }
    });

    findViewById(R.id.convert2).setOnClickListener(new Button.OnClickListener() {
        public void onClick(View v) {
            List<Address> addr;
            String saddr = ((EditText)findViewById(R.id.address)).getText().toString();
            try {
                addr = mCoder.getFromLocationName(saddr, 5);
            } catch (IOException e) {
                mResult.setText("IO error : " + e.getMessage());
                return;
            }

            if (addr == null) {
                mResult.setText("no result");
                return;
```

```
                }

                mResult.setText("개수 = " + addr.size() + "\n" + addr.get(0).toString());
            }
        });
    }
}
```

레이아웃에 배치된 위젯에는 테스트용 좌표와 주소가 미리 입력되어 있으므로 Convert 버튼을 누르면 결과를 즉시 살펴볼 수 있다. 물론 다른 좌표나 주소도 실행 중에 직접 입력해볼 수 있다. 변환 중에 네트워크 사정이나 백그라운드 서비스 문제로 인한 예외 발생 가능성이 높으므로 예외 처리는 반드시 해야 한다. 변환 결과는 영문으로 나타나는데 Geocoder 생성자의 두 번째 인수로 Locale. KOREAN값을 전달하면 한글로도 결과를 볼 수 있다.

위치를 주소로 바꾼 결과는 무려 5개나 리턴되지만 다 비슷한 정보들이어서 예제에서는 첫 번째 주소만 덤프했다. 37.8813, 127.7299 좌표를 주소로 바꾸면 춘천시 옥천동 111-1번지로 조사되며 이 좌표에 대한 상세한 정보가 리턴된다. 전화번호나 URL은 당장은 null로 조사되었지만 DB가 보강되면 춘천시청 홈페이지 주소와 대표 전화 정도는 조사될 것이다.

Opera House를 좌표로 변환하면 오스트레일리아 시드니에 있다고 조사된다. 내비게이션 프로그램은 사용자가 입력한 지명으로부터 좌표를 구해 해당 좌표를 목적지로 설정한다. 만약 여러 개의 결과가 리턴되었다면 조사된 목록을 표시하고 사용자로부터 원하는 주소를 선택받는다.

32.2 구글맵

32.2.1 지도 보기

GPS로부터 수신되는 좌표는 어디까지나 숫자일 뿐이다. 위치 자체는 정확하지만 친숙하지 않으며 이 값만 보여 줘서는 어디인지 도통 파악할 수 없다. 북위 37도, 동경 126도가 어디쯤인지 일반인들이 어떻게 알겠는가? 위치를 제대로 알려 주려면 지도상의 어디쯤인지 시각적으로 보여 줘야 한다. 지도로 표시하면 현재 위치뿐만 아니라 주변 정보까지 한눈에 파악할 수 있다.

다행히 안드로이드 장비는 지도 프로그램인 Maps를 내장하고 있으므로 별도의 외부 프로그램을 호출할 필요없이 좌표만 전달하면 지도를 바로 보여줄 수 있다. 이것이 다른 운영체제에 비한 안드로이드의 우월한 강점이다. 지도 프로그램인 Maps를 호출하려면 인텐트의 URI로 다음 포맷의 좌표 정보를 전달한다.

　geo:위도,경도?z=확대레벨

위도, 경도는 십진 실수 포맷이며 확대 레벨은 1~21까지의 정수를 지정한다. 확대 레벨을 생략하면 Maps의 최후 확대 레벨로 열리거나 한 번도 실행된 적이 없다면 가장 상세한 21 레벨로 열린다. 주변까지 한눈에 보일 정도의 확대 레벨을 선택하는 것이 좋다. 다음 예제는 63 빌딩 주변을 지도로 표시하되 확대 레벨을 16으로 지정하여 여의도 부근을 출력한다.

ViewLocation

```
<LinearLayout xmlns:android="http://schemas.android.com/apk/res/android"
    android:orientation="vertical"
    android:layout_width="match_parent"
    android:layout_height="match_parent"
    >
<Button
    android:id="@+id/view63"
    android:layout_width="match_parent"
    android:layout_height="wrap_content"
    android:text="63 빌딩 위치 보기"
    />
</LinearLayout>
-----------------------------------------------------
public class ViewLocation extends Activity {
    public void onCreate(Bundle savedInstanceState) {
```

```
        super.onCreate(savedInstanceState);
        setContentView(R.layout.viewlocation);

        Button btn = (Button)findViewById(R.id.view63);
        btn.setOnClickListener(new Button.OnClickListener() {
            public void onClick(View v) {
                double latitude = 37.519576;
                double longitude = 126.940245;

                String pos = String.format("geo:%f,%f?z=16", latitude, longitude);
                Uri uri = Uri.parse(pos);
                Intent intent = new Intent(Intent.ACTION_VIEW, uri);
                startActivity(intent);
            }
        });
    }
}
```

레이아웃에는 Maps를 호출하는 버튼만 하나 배치되어 있으며 이 버튼을 클릭하면 지도 프로그램이 실행된다. ACTION_VIEW 액션으로 지도를 보겠다는 의도를 전달하고 URI로 목표 지점의 좌표를 명시하면 좌표를 처리할 수 있는 프로그램이 실행된다. 디폴트 설정 상태에서 좌표는 Maps와 연결되므로 이 프로그램이 실행된다. 네트워크에서 지도를 구성하는 타일 이미지를 받느라 다소 시간이 걸린다.

확대 레벨을 적당히 지정했으므로 63 빌딩 뿐만 아니라 여의도 남쪽의 주변 위치도 같이 표시된다. 일단 실행된 후에 확대 레벨은 Maps 내부에서 사용자가 직접 조정할 수 있으며 위성 모드로 토글하거나 드래그하여 다른 곳으로 이동할 수도 있다. Back 버튼을 누르면 호출한 액티비티로 돌아온다.

안드로이드는 프로세스 간에 액티비티 공유를 허용하므로 이런 식으로 다른 프로세스의 액티비티를 쉽게 재사용할 수 있다. 그러나 특정 장비에서는 이 예제가 실행되지 않을 수 있는데 사업자가 Maps를 기본 제공하지 않는다면 좌표를 처리할 액티비티가 없어 에러 처리된다. 위 실행 결과는 갤럭시S4에서 실행한 것이다. 만약 지도를 처리하는 프로그램이 2개 이상이면 어떤 프로그램을 사용할 것인지 물어 본다.

32.2.2 GoogleMapTest

Maps는 구글 맵 서비스의 대부분을 구현한 훌륭한 프로그램이지만 독립된 앱이므로 따로 호출해야 사용할 수 있으며 커스텀 기능을 추가할 수 없다. 응용 프로그램의 고유한 정보를 보여 주려면 앱 내부에 맵 컨트롤을 포함하고 목적에 맞게 프로그래밍하여 지도와 부가 정보를 같이 보여 주어야 한다.

v1에서는 MapView와 MapActivity를 사용했었다. 지도는 단순한 컨트롤이 아니라 엄청나게 복잡한 컨트롤이다. 지도 타일을 받기 위해 네트워크 통신을 해야 하며 캐시도 관리해야 하고 복잡한 제스처도 처리해야 한다. 캐시나 통신은 수명 주기를 따라 관리해야 하는데 이런 복잡한 작업은 뷰 수준이 아닌 액티비티 수준에서나 가능하다. 그래서 MapView 컨트롤과 MapActivity의 환상의 복식조가 활약을 했었다.

그러나 이제는 수명 주기를 대신 처리해 줄 프래그먼트라는 것이 생겼으며 액티비티가 하던 모든 동작을 프래그먼트가 대신할 수 있다. v2에서는 MapView 대신 MapFragment를 사용하며 액티비티의 일부로 포함될 수 있으므로 활용성이 높다. 구글 플레이 서비스 라이브러리 세팅하고 개발자 키를 받는 방법은 앞에서 이미 설명했으므로 이제 소스만 분석해 보자.

GoogleMapTest

```
<LinearLayout xmlns:android="http://schemas.android.com/apk/res/android"
    android:orientation="vertical"
    android:layout_width="match_parent"
    android:layout_height="match_parent"
>
<fragment
```

```
        android:id="@+id/map"
        android:layout_width="match_parent"
        android:layout_height="match_parent"
        class="com.google.android.gms.maps.MapFragment"
        />
</LinearLayout>
--------------------------------------------------------
public class GoogleMapTest extends FragmentActivity {
    protected void onCreate(Bundle savedInstanceState) {
        super.onCreate(savedInstanceState);
        setContentView(R.layout.googlemaptest);
    }
}
```

레이아웃에 fragment만 배치했으며 코드에서는 레이아웃을 전개하여 배치하면 맵이 나타난다. 마법사로 만든 프로젝트는 SupportMapFragment가 배치되는데 이 클래스는 프래그먼트를 지원하지 않는 3.0 이전의 프로젝트에서 프래그먼트가 하는 일을 대신해 주는 역할을 한다. 호환성에는 이 방법이 유리하지만 2.3 이전의 버전은 점점 폐기되고 있으므로 앞으로는 MapFragment를 사용하는 것이 합리적이다.

이 액티비티를 실행하면 앞에서 만든 테스트 예제와 마찬가지로 아프리카 지도가 나타난다. 달랑 지도만 보이며 드래그로 위치를 옮기거나 핀치줌으로 확대할 수 있다. 사용자가 알아서 지도를 쓰지 않으므로 코드에서 맵을 조작해야 한다. 코드에서 맵을 프로그래밍하려면 프래그먼트에서 GoogleMap 객체를 얻어야 한다. 이때는 다음 메서드를 사용한다.

```
GoogleMap getMap ()
void getMapAsync(OnMapReadyCallback callback)
```

getMap 메서드는 프래그먼트에 내장된 맵 객체를 동기적으로 즉시 구해 리턴한다. 그러나 맵은 초기화하는데 시간이 걸리고 네트워크 에러나 기타 여러 가지 이유로 생성에 실패하는 경우가 있는데 이때는 null이 리턴되어 위험하다. 그래서 getMap 메서드는 폐기되었으며 비동기적으로 맵 객체를 구하는 getMapAsync 메서드를 권장한다.

이 메서드의 인수로 콜백을 등록해 놓으면 맵 객체가 준비되었을 때 콜백 메서드의 인수로 맵 객체를 전달해 주는데 이 객체를 통해 이후 맵을 프로그래밍한다. 맵 객체는 터치와 제스처를 처리하는 등 사용자와 직접 대면하므로 getMapAsync 메서드는 메인 스레드에서 호출해야 하며 콜백도 메인 스레드에서 실행되어야 한다. 맵 객체를 구한 후 현재 위치를 보여주는 컨트롤을 추가해 보자.

```
public class MyLocation extends FragmentActivity {
    GoogleMap mMap;

    protected void onCreate(Bundle savedInstanceState) {
        super.onCreate(savedInstanceState);
        setContentView(R.layout.googlemaptest);

        FragmentManager fm = getFragmentManager();
        MapFragment frag = (MapFragment)fm.findFragmentById(R.id.map);
        frag.getMapAsync(new OnMapReadyCallback() {
            public void onMapReady(GoogleMap googleMap) {
                mMap = googleMap;
                mMap.setMyLocationEnabled(true);
            }
        });
    }
}
```

GoogleMap 타입의 mMap 필드를 선언해 놓았다. 프래그먼트 관리자로부터 R.id.map 프래그먼트를 찾아 MapFragment로 캐스팅하여 frag 변수에 대입한다. 그리고 프래그먼트의 getMapAsync 메서드를 호출하면 콜백을 통해 GoogleMap 객체가 전달되는데 이 값을 받아 두면 이후부터 맵 객체의 메서드를 통해 맵을 마음대로 조작할 수 있다. 여기서는 다음 메서드를 호출하여 현재 위치로 이동하는 컨트롤을 보이도록 했다.

void setMyLocationEnabled(boolean enabled)

인수로 true를 전달하면 지도 오른쪽 위에 현재 위치로 이동하는 버튼이 표시되며 이 버튼을 누르면 현재 위치로 즉시 이동한다. 이 기능은 디폴트로 꺼져 있으며 원할 경우 메서드를 호출하여 켜야 한다.

이동하며 사용하는 장비에서 현재 위치는 가장 실용적인 정보이다. 사용자는 자신의 위치를 기준으로 정보를 얻으므로 현재 위치로 즉시 이동하는 기능이 필요하다. 버튼만 배치해 놓으면 맵 객체가 위치 제공자로부터 위치를 조사하여 이동하는 모든 처리를 수행하므로 코드에서 위치를 조사할 필요가 없다.

32.2.3 보기 모드

맵 프래그먼트를 배치하고 맵 객체를 구하는 방법까지 알아 보았으니 이제 GoogleMap 클래스의 메서드를 하나씩 연구해 보자. 다음 메서드는 맵을 어떻게 표시할 것인가를 지정한다.

```
void setMapType (int type)
```

지정 가능한 맵의 종류는 다음과 같다.

맵 종류	설명
MAP_TYPE_NONE	지도 타일을 그리지 않는다.
MAP_TYPE_NORMAL	행정 지도로 그린다. 이 값이 디폴트이다.
MAP_TYPE_SATELLITE	위성에서 본 모습으로 그린다.
MAP_TYPE_TERRAIN	등고선 등의 지형 정보를 보여준다.
MAP_TYPE_HYBRID	위성 지도에 주요 거리를 겹쳐서 그린다.

지도 종류에 따라 어떻게 보이는지 말로 설명하는 것보다 직접 타입을 바꿔가며 비교해 보는 것이
가장 확실하고 빠르다.

MapType

```
<LinearLayout xmlns:android="http://schemas.android.com/apk/res/android"
              android:orientation="vertical"
              android:layout_width="match_parent"
              android:layout_height="match_parent"
    >
<LinearLayout
          android:orientation="horizontal"
          android:layout_width="match_parent"
          android:layout_height="wrap_content"
    >
    <Button
        android:id="@+id/normal"
        android:layout_width="wrap_content"
        android:layout_height="wrap_content"
        android:onClick="mOnClick"
        android:text="normal"
        />
    <Button
        android:id="@+id/none"
        android:layout_width="wrap_content"
        android:layout_height="wrap_content"
        android:onClick="mOnClick"
        android:text="none"
        />
    <Button
        android:id="@+id/satellite"
        android:layout_width="wrap_content"
        android:layout_height="wrap_content"
        android:onClick="mOnClick"
        android:text="satellite"
        />
    <Button
        android:id="@+id/terrain"
        android:layout_width="wrap_content"
        android:layout_height="wrap_content"
        android:onClick="mOnClick"
        android:text="terrain"
        />
```

```xml
    <Button
        android:id="@+id/hybrid"
        android:layout_width="wrap_content"
        android:layout_height="wrap_content"
        android:onClick="mOnClick"
        android:text="hybrid"
        />
</LinearLayout>
    <fragment
        android:id="@+id/map"
        android:layout_width="match_parent"
        android:layout_height="match_parent"
        class="com.google.android.gms.maps.MapFragment"
        />
</LinearLayout>
```

```java
public class MapType extends FragmentActivity {
    GoogleMap mMap;

    protected void onCreate(Bundle savedInstanceState) {
        super.onCreate(savedInstanceState);
        setContentView(R.layout.maptype);

        FragmentManager fm = getFragmentManager();
        MapFragment frag = (MapFragment)fm.findFragmentById(R.id.map);
        frag.getMapAsync(new OnMapReadyCallback() {
            public void onMapReady(GoogleMap googleMap) {
                mMap = googleMap;
            }
        });
    }

    public void mOnClick(View v) {
        switch (v.getId()) {
            case R.id.normal:
                mMap.setMapType(GoogleMap.MAP_TYPE_NORMAL);
                break;
            case R.id.none:
                mMap.setMapType(GoogleMap.MAP_TYPE_NONE);
                break;
            case R.id.satellite:
                mMap.setMapType(GoogleMap.MAP_TYPE_SATELLITE);
                break;
            case R.id.terrain:
```

```
                mMap.setMapType(GoogleMap.MAP_TYPE_TERRAIN);
                break;
            case R.id.hybrid:
                mMap.setMapType(GoogleMap.MAP_TYPE_HYBRID);
                break;
        }
    }
}
```

맵 프래그먼트 위쪽에 수평 리니어를 배치하고 이 안에 버튼 다섯 개를 배치했다. 맵이 프래그먼트
로 제공되므로 화면 전체를 다 차지하지 않고 다른 위젯과 함께 놓일 수 있다. 이런 자유로운 배치를
만들기 위해 v2에서 맵을 프래그먼트로 제공하는 것이다. 각 버튼의 클릭 이벤트 핸들러에서 맵 타
입을 변경한다. 실행 후 적당한 곳으로 이동 및 확대하여 맵 타입을 변경해 보자.

여의도 부근이 보이도록 이동 한 상태에서 지도를 바꿔 보았다. 일반적인 지도는 도로를 알아 보기
쉽고 지형지물이 명확하게 보인다. 위성 지도는 건물의 모양까지도 확인할 수 있다. 우리나라 지도
는 상세함이 떨어지지만 미국은 빌딩의 모습까지 자세히 보일 정도로 상세하다. 차후 지도 데이터가
보강되면 훨씬 더 선명한 위성 사진을 볼 수 있을 것이다.

32.2.4 카메라 설정

지도는 지구 표면을 하늘 위에서 바라본 모습을 그린 것이다. 마치 우리 눈이 공중에 붕 떠서 땅 위를 내려다 보는 모습인데 구글맵에서는 하늘 위에서 바라보는 주체를 카메라로 가정한다. 가상의 카메라를 하늘에 띄워 놓고 땅을 바라 보고 있는 것이다. 카메라는 다음 4가지 속성을 가지며 이 속성에 따라 바라보는 지도의 모양이 달라진다.

- 위치: 지구의 어디쯤에 카메라가 떠 있는지 지정한다.
- 줌: 땅에서 얼마나 가까운 곳에서 바라 보고 있는지 지정한다.
- 베어링: 카메라의 회전각이다.
- 틸트: 땅을 바라 보는 각도이다.

카메라의 네 가지 속성을 변경하여 지도의 어디쯤을 어떻게 표시할 것인가를 결정하는데 이때는 다음 두 메서드를 사용한다.

```
void moveCamera(CameraUpdate update)
void animateCamera(CameraUpdate update, [ int durationMs, GoogleMap.CancelableCallback
callback])
```

moveCamera는 카메라의 속성을 즉시 변경하며 animateCamera는 애니메이션하면서 천천히 변경한다. CameraUpdate 객체로 카메라의 속성을 정의하는데 이 객체는 CameraUpdateFactory 클래스의 정적 메서드로 생성한다.

```
CameraUpdate newCameraPosition(CameraPosition cameraPosition)
CameraUpdate newLatLng (LatLng latLng)
CameraUpdate scrollBy (float xPixel, float yPixel)
CameraUpdate zoomIn()
```

위치나 줌, 스크롤 상태를 갱신하는 메서드가 따로 있지만 이 모든 정보를 포괄하는 CameraPosition 객체를 사용하는 것이 가장 편리하다. CameraPosition 객체는 target, zoom, bearing, tilt 등의 필드를 가지되 값을 변경할 수 없는 구조체여서 직접 필드를 조작할 수 없으며 CameraPosition.Builder의 다음 메서드로 생성한다.

```
CameraPosition.Builder target (LatLng location)
CameraPosition.Builder zoom (float zoom)
CameraPosition.Builder bearing (float bearing)
CameraPosition.Builder tilt (float tilt)
CameraPosition build ()
```

카메라 속성값을 변경하는 메서드가 빌더 자신을 리턴하므로 연쇄적으로 호출하며 최종적으로 build 메서드로 CameraPosition 객체를 생성한다. 지도상의 좌표값은 LatLng 객체로 표현하는데 위도와 경도값을 가지는 일종의 구조체이다. 10진 실수 방식의 좌표를 사용한다.

```
LatLng(double latitude, double longitude)
```

줌 레벨의 범위는 지도의 종류나 현재 위치, 장비의 해상도 등에 따라 달라진다. 레벨 0은 전 세계를 256dp 폭에 표시하는 정도이며 1레벨 올라갈 때마다 대략 2배씩 확대된다. float 타입이므로 실수 단위로 정밀하게 확대 배율을 결정하며 14.5배 등으로 세밀하게 지정할 수 있다. WVGA 해상도 기준으로 줌 레벨과 보이는 면적은 대략 다음과 같되 장비에 따라 약간씩 차이가 있으므로 대략적인 참고만 하자.

줌 레벨	면적
8	남한 전체가 보임
13	서울시 전체가 보임
18	올림픽 주 경기장이 보임

베어링은 시계 방향의 카메라 각도로 지정하는데 북쪽을 기준으로 한 회전각이다. 기울이기는 지면과 카메라의 각도를 지정하되 줌 레벨에 따라 가능한 각도가 달라진다. 디폴트로 베어링은 북쪽을 바라보고 있으며 틸트는 공중에서 땅을 수직으로 바라보고 있는 모양이지만 이를 변경하면 입체적인 형태로 보인다.

이론은 단순한데 관련 클래스가 여러 개이고 빌더니 팩토리니 생성하는 방법이 여러 단계여서 무척 복잡해 보인다. 이럴 때는 예제를 만들어 보는 것이 제일 좋으며 카메라에 가할 수 있는 변경이 비슷비슷하므로 이후에는 관련 코드를 조금씩 수정해서 사용하는 것이 편리하다.

CameraMap

```java
public class CameraMap extends FragmentActivity {
    GoogleMap mMap;

    protected void onCreate(Bundle savedInstanceState) {
        super.onCreate(savedInstanceState);
        setContentView(R.layout.cameramap);

        FragmentManager fm = getFragmentManager();
```

```
        MapFragment frag = (MapFragment)fm.findFragmentById(R.id.map);
        frag.getMapAsync(new OnMapReadyCallback() {
            public void onMapReady(GoogleMap googleMap) {
                mMap = googleMap;
            }
        });
    }

    public void mOnClick(View v) {
        switch (v.getId()) {
            case R.id.bld63:
                setMapPosition(37.519576, 126.940245, 14);
                break;
            case R.id.chuncheon:
                setMapPosition(37.881311, 127.729968, 16);
                break;
            case R.id.kangwon:
                setMapPosition(37.885269, 127.729592, 16);
                break;
            case R.id.operahouse:
                setMapPosition(-33.8568, 151.2152, 12);
                break;
        }
    }

    void setMapPosition(double lat, double lng, float zlevel) {
        LatLng pt = new LatLng(lat, lng);
        CameraPosition cp = new CameraPosition.Builder().target((pt)).zoom(zlevel).
build();
        mMap.animateCamera(CameraUpdateFactory.newCameraPosition(cp));
    }
}
```

레이아웃에는 위쪽에 4개의 버튼을 배치했으며 각 버튼에 특정 좌표로 이동하는 코드를 작성했다. setMapPosition 메서드에서 좌표와 줌 레벨을 받아 카메라에 설정한다. 좌표를 지정하는 LatLng 객체를 생성하고 이 객체를 CameraPosition 객체의 target 메서드로 넘겨 위치를 지정하고 zoom 메서드로 확대 배율을 설정한다. 완성된 객체로 CameraUpdate 객체를 생성하여 animateCamera 메서드로 전달하면 맵에 즉시 적용된다. 원한다면 틸트나 베어링도 같이 설정할 수 있다.

최초 아프리카 지도가 나타나지만 63빌딩 버튼을 누르면 지도가 스크롤 및 확대되면서 63빌딩이 지도의 중앙에 오도록 이동한다. 마치 카메라가 지구를 빙 돌아 날아오는 듯한 모습이다. 춘천시청을 누르면 강원도로 이동하며 지도가 약간 더 확대된다. 강원도청은 같은 줌 레벨이고 근처에 있으므로 부드럽게 스크롤되며 이동한다.

오페라 하우스를 선택하면 태평양을 날아 호주 시드니로 이동한다. 지도의 변화를 애니메이션으로 보여주어 재미 있으며 이동 과정을 볼 수 있어 직관적이다. animateCamera 메서드 대신 moveCamera를 호출하면 애니메이션없이 카메라 설정을 즉시 변경하여 신속하지만 화면 변화가 너무 급격해 별 재미가 없다. 처음 위치를 정할 때는 애니메이션보다 이동이 더 깔끔하다.

32.2.5 UI 세팅

맵을 화면에 띄워 놓기만 하면 사용자가 여러 가지 터치 동작으로 맵을 조작할 수 있다. 드래그하여 위치를 옮기고 핀치줌으로 확대 축소하고 더블탭으로 확대하는 정도는 상식적으로 다 아는 조작법이다. 이 외에도 구글맵은 몇 가지 제스처를 더 제공하는데 MapType 예제를 실행해 놓고 테스트해 보자.

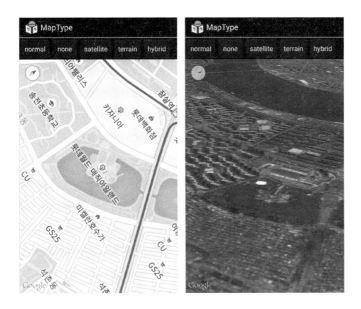

두 손가락을 화면에 붙인 상태로 돌리면 베어링이 바뀐다. 항상 북쪽을 바라 보고 있지만 지도를 회전하면 원하는 방향으로 맞춰지며 왼쪽 위에 현재 방위를 표시하는 나침반이 표시된다. 두 손가락으로 화면을 아래쪽으로 스크롤하면 각도가 바뀌어 지도가 비스듬하게 표시된다. 위성 모드로 보면 마치 산에 올라가 아래를 굽어 보는 듯한 모습이다.

구글맵의 제스처 지원이 풍부하고 세련되지만 충분하지는 않으며 어떤 경우는 불필요한 동작을 하지 못하도록 금지해야 할 필요도 있다. 특정 좌표의 지도를 보여 주기만 한다면 쓸데없이 다른 곳으로 이동할 수 없게 막는 것이 좋다. 맵의 UI 설정은 UiSettings 객체로 조정하며 맵 객체의 다음 메서드로 구한다.

```
UiSettings getUiSettings ()
```

이 객체의 메서드로 사용자와의 상호동작 여부를 제어한다. 다음 메서드는 제스처 동작의 사용 가능성을 통제하는데 메서드 이름만 봐도 어떤 동작을 제어하는지 알 수 있다. 제일 아래쪽의 메서드는 모든 제스처를 일괄 금지 또는 허가한다.

```
void setScrollGesturesEnabled (boolean enabled)
void setZoomGesturesEnabled (boolean enabled)
void setRotateGesturesEnabled (boolean enabled)
void setTiltGesturesEnabled (boolean enabled)
void setAllGesturesEnabled (boolean enabled)
```

다음 메서드는 화면에 표시할 컨트롤의 종류를 지정한다. 나침반, 줌, 툴바, 실내 보기 등의 컨트롤을 배치하되 모든 컨트롤이 항상 보이는 것은 아니며 특정 조건이 만족되어야 나타난다.

```
void setCompassEnabled(boolean enabled)
void setZoomControlsEnabled(boolean enabled)
void setMyLocationButtonEnabled(boolean enabled)
void setMapToolbarEnabled(boolean enabled)
void setIndoorLevelPickerEnabled(boolean enabled)
```

각 UI가 어떤 모습으로 보이며 어떤 기능을 가지는지 실행중에 변경해 보자. 이를 위해 옵션을 입력받는 체크 박스를 배치했으며 체크 박스 클릭시 UI 관련 옵션을 실행중에 토글한다.

MapUI

```
public class MapUi extends FragmentActivity {
    GoogleMap mMap;

    protected void onCreate(Bundle savedInstanceState) {
        super.onCreate(savedInstanceState);
        setContentView(R.layout.mapui);

        FragmentManager fm = getFragmentManager();
        MapFragment frag = (MapFragment)fm.findFragmentById(R.id.map);
        frag.getMapAsync(new OnMapReadyCallback() {
            public void onMapReady (GoogleMap googleMap){
                mMap = googleMap;
                LatLng pt = new LatLng(37.519576, 126.940245);
                CameraPosition cp = new CameraPosition.Builder().target((pt)).
                        zoom(16).build();
                mMap.moveCamera(CameraUpdateFactory.newCameraPosition(cp));
            }
        });

        CheckBox chkGesture = (CheckBox)findViewById(R.id.chkgesture);
        chkGesture.setOnCheckedChangeListener(mCheckChange);

        CheckBox chkCompass = (CheckBox)findViewById(R.id.chkcompass);
        chkCompass.setOnCheckedChangeListener(mCheckChange);

        CheckBox chkZoom = (CheckBox)findViewById(R.id.chkzoom);
        chkZoom.setOnCheckedChangeListener(mCheckChange);
    }
```

```
CompoundButton.OnCheckedChangeListener mCheckChange =
        new CompoundButton.OnCheckedChangeListener() {
            public void onCheckedChanged (CompoundButton buttonView, boolean isChecked) {
                UiSettings settings = mMap.getUiSettings();
                switch (buttonView.getId()) {
                    case R.id.chkgesture:
                        settings.setAllGesturesEnabled(isChecked);
                        break;
                    case R.id.chkcompass:
                        settings.setCompassEnabled(isChecked);
                        break;
                    case R.id.chkzoom:
                        settings.setZoomControlsEnabled(isChecked);
                        break;
                }
            }
        };

}
```

디폴트로 제스처는 허용되며 나침반도 표시된다. 그러나 나침반은 정북쪽일 때 나타나지 않으며 지
도를 조금이라도 회전해야 보인다. 줌 컨트롤을 활성화하면 아래쪽에 확대, 축소 버튼이 따로 나타
난다.

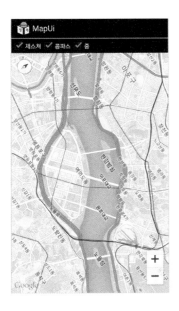

핀치줌이 편리하지만 가끔은 한손가락밖에 쓰지 못하는 경우도 있어 줌 버튼이 유용하다. 나침반을 누르면 정북쪽으로 방향이 리셋된다. 제스처를 모두 금지시키면 드래그해서 이동하거나 핀치줌을 할 수 없다. 필요에 따라 개별적으로 각 제스처를 통제하면 된다.

32.2.6 지도 표식

구글맵은 지도를 보여 준다는 면에서 기능적으로 거의 완벽하며 사용자 제스처도 훌륭하게 잘 처리한다. 그러나 구글맵의 기능만으로는 응용 프로그램의 고유한 정보를 보여줄 수 없으며 실용적인 앱을 제작하려면 지도 위에 추가 정보를 표시해야 한다. 다음 메서드는 여러 가지 표식을 지도 위에 배치한다.

```
Marker addMarker (MarkerOptions options)
Circle addCircle (CircleOptions options)
Polyline addPolyline (PolylineOptions options)
Polygon addPolygon (PolygonOptions options)
```

마커는 지도위의 한 지점에 아이콘을 표시한다. MarkerOptions 객체를 생성한 후 다음 메서드로 위치, 큰제목, 작은제목, 투명도, 아이콘 등을 지정한다. 객체 자신을 리턴하므로 연쇄적인 호출이 가능하다. 옵션 객체를 만든 후 맵의 addMarker 메서드로 전달하면 이 위치에 마커가 배치된다.

```
MarkerOptions position (LatLng position)
MarkerOptions title (String title)
MarkerOptions snippet (String snippet)
MarkerOptions alpha (float alpha)
MarkerOptions icon (BitmapDescriptor icon)
```

addMarker 메서드는 마커를 배치한 후 마커의 속성을 가지는 Marker 객체를 다시 리턴하는데 이 객체를 통해 이미 배치된 마커의 속성을 실행중에 마음대로 변경할 수 있다. 다른 도형도 생성 및 배치하는 방법이 거의 비슷하다.

원을 정의하는 CircleOptions 클래스는 다음 메서드를 제공하며 원의 속성을 정의한다. 중심점, 반지름, 채움색, 원주색, 두께 등을 정의한 후 addCircle 메서드로 맵에 배치한다. 반지름의 단위는 미터이다.

```
CircleOptions center (LatLng center)
CircleOptions radius (double radius)
CircleOptions fillColor (int color)
CircleOptions strokeColor (int color)
CircleOptions strokeWidth (float width)
```

다각선을 배치하는 PolylineOptions 클래스는 다음 메서드로 도형을 정의하고 속성을 설정한다. 점의 배열 또는 컬렉션을 전달하여 다각선을 정의하며 선의 색상이나 두께를 속성으로 지정한다.

```
PolylineOptions add (LatLng... points)
PolylineOptions addAll (Iterable<LatLng> points)
PolylineOptions color (int color)
PolylineOptions width (float width)
```

다각형도 거의 비슷한 구조이되 안쪽에 구멍을 뚫을 수 있다는 점과 마지막 좌표와 첫 좌표가 자동으로 연결된다는 점이 다르다.

```
PolygonOptions add (LatLng... points)
PolygonOptions addAll (Iterable<LatLng> points)
PolygonOptions addHole (Iterable<LatLng> points)
PolygonOptions fillColor (int color)
PolygonOptions strokeColor (int color)
PolygonOptions strokeWidth (float width)
```

다음 예제는 지도의 한 지점에 여러 개의 표식을 한꺼번에 배치한다.

MapShape

```
public class MapShape extends FragmentActivity {
    GoogleMap mMap;
    protected void onCreate(Bundle savedInstanceState) {
        super.onCreate(savedInstanceState);
        setContentView(R.layout.googlemaptest);

        FragmentManager fm = getFragmentManager();
        MapFragment frag = (MapFragment)fm.findFragmentById(R.id.map);
        frag.getMapAsync(new OnMapReadyCallback() {
            public void onMapReady(GoogleMap googleMap) {
                mMap = googleMap;
                double lat = 37.5759;
                double lng = 126.9769;
```

```
LatLng pt = new LatLng(lat, lng);
CameraPosition cp = new CameraPosition.Builder()
        .target((pt)).zoom(15).build();
mMap.moveCamera(CameraUpdateFactory.newCameraPosition(cp));

MarkerOptions marker = new MarkerOptions().position(pt)
        .title("광화문").snippet("경복궁의 정문입니다.");
mMap.addMarker(marker);

CircleOptions circle = new CircleOptions().center(pt)
        .radius(100).strokeColor(Color.BLACK);
mMap.addCircle(circle);

double d = 0.005;
PolylineOptions polyline = new PolylineOptions()
        .add(new LatLng(lat - d, lng - d),new LatLng(lat - d, lng + d)
            ,new LatLng(lat + d, lng + d),new LatLng(lat + d, lng - d)
            ,new LatLng(lat - d, lng - d)).color(Color.BLUE).width(15);
mMap.addPolyline(polyline);
PolygonOptions polygon = new PolygonOptions()
        .add(new LatLng(lat + d, lng), new LatLng(lat, lng + d),
             new LatLng(lat - d, lng), new LatLng(lat , lng -d))
        .strokeColor(Color.RED).strokeWidth(10);
mMap.addPolygon(polygon);
            }
        });
    }
}
```

경복궁 광화문을 지도의 중심에 놓고 이 위치에 4개의 표식을 배치했다. 도형의 속성을 설정하는 구문이 길고 다각형의 좌표가 복잡할 뿐 아주 쉬운 코드이다. 원의 반지름은 100미터로 지정했으며 사각형은 광화문에서 0.005도 떨어진 위치에 그렸는데 대략 550미터 정도 되는 거리이다. 마커를 탭하면 위쪽에 제목과 간단한 설명이 나타난다. 표식은 지도에 부착된 것이므로 이동 및 확대, 축소시 같이 움직인다.

간단한 기하학적 도형만 배치했는데 앱의 고유 정보에 맞게 적당한 표식을 선택하여 표시하면 된다. 예를 들어 지도상의 맛집을 보여 주고 싶다면 요리 아이콘을 맛집 좌표에 배치하고 둘레길 경로를 표시하고 싶다면 다각선을 그린다.

CHAPTER 33

멀티미디어

33.1 오디오

33.1.1 MediaPlayer

스마트폰은 멀티미디어 장비로 효용이 높다. 비싼 스마트폰을 사 놓고 막상 전화 기능만 사용하는 사람이라도 최소한 음악은 듣는다. 스마트폰 초기의 구입 목적 중 하나가 폰이랑 MP3랑 두 개 들고 다니기 싫어서인 경우가 많으며 여기에 동영상 기능까지 잘 활용하면 PMP로도 거뜬히 사용할 수 있다. 공중파 TV를 시청할 수 있는 DMB도 물론 아주 실용적인 기능이다. 스마트폰은 전화 기능만 큼이나 멀티미디어 기능의 비중이 높다.

근래의 고성능 스마트폰이 제공하는 멀티미디어 기능은 거의 PC 수준에 육박하여 폰으로도 웬만한 동영상을 감상하는데 부족함이 없다. 안드로이드는 멀티미디어 기능이 잘 구비되어 있으며 웬만한 코덱을 다 내장하여 별도의 인코딩 없이 동영상을 감상할 수 있다. 멀티미디어의 핵심은 MediaPlayer 클래스인데 오디오와 비디오를 모두 지원하며 다양한 소스의 미디어를 재생할 수 있다. 재생 가능한 미디어 소스는 다음과 같다.

① 실행 파일에 내장된 리소스. 주로 게임의 효과음으로 사용된다.

② SD 카드에 파일 형태로 저장된 미디어. 가장 일반적인 예이다.

③ 네트워크로 전송되는 스트림. 음악이나 동영상을 실시간으로 감상할 수 있다.

네트워크가 기본 지원되는 휴대폰은 로컬의 파일 뿐만 아니라 전 세계의 모든 미디어를 재생할 수 있는 셈이다. 공식적으로 재생 가능한 포맷은 다음과 같은데 대중적인 포맷은 거의 다 지원된다. 이 외에 장비에 추가로 설치된 코덱에 따라 지원 포맷이 늘어나는데 어떤 장비는 윈도우즈의 WMA와 WMV를 재생하며 디빅스도 별도의 변환 없이 바로 볼 수 있다.

종류	포맷
오디오	WAV, MP3(8~320Kbps), MIDI, OGG, 3GP
비디오	H263, H264, Mpeg4

지원 소스나 포맷이 다양하고 기능이 많은데다 외부 파일이나 네트워크까지 액세스하므로 프로그래밍 방법은 그다지 간단하지 않다. 정확한 절차대로 사용해야 하며 예외 발생 확률이 높아 에러 처리도 섬세해야 한다. 상세한 절차는 다음 항에서 체계적으로 연구해 보기로 하고 일단은 간단한 사용법부터 연구해 보자. 생성자는 디폴트만 제공된다.

```
public MediaPlayer ()
```

객체만 생성된 상태에서는 재생할 대상이 없으므로 아무 것도 할 수 없으며 재생할 미디어를 전달해야 한다. 두 가지 방법이 있는데 첫 번째는 다음 메서드를 호출하는 것이다. 스트림의 종류에 따라 여러 버전으로 오버로딩되어 있다.

```
void setDataSource (String path)
void setDataSource (Context context, Uri uri)
void setDataSource (FileDescriptor fd, [long offset, long length])
```

로컬 파일이나 Uri 객체로부터 원격지의 미디어를 연다. 리턴값은 없으며 에러 발생시 예외가 리턴되는데 예외는 반드시 처리해야 한다. 스트림을 열었다고 해서 바로 재생할 수 없으며 약간의 준비가 필요하다. 예를 들어 동영상의 경우 필요한 코덱을 찾고 원활한 재생을 위해 얼마 간의 버퍼를 할당한다. 대용량 스트림인 경우 상당한 시간이 걸릴 수 있으므로 오픈 직후 자동으로 준비 상태가 되지 않으며 다음 메서드를 호출해야 한다.

```
void prepare ()
void prepareAsync ()
```

prepare 메서드는 동기적으로 준비하고 준비가 끝나면 리턴한다. 만약 준비 시간이 아주 오래 걸린다면 비동기적으로 동작하는 prepareAsync 메서드를 호출하고 콜백을 통해 준비 완료를 통보받는다. 준비 상태가 되면 이후 바로 재생 가능하다. 객체 생성, 스트림 열기, 준비 과정을 거쳐야 하므로 상당히 번거로운데 두 번째 방법은 좀 더 단순하다. 다음 정적 메서드를 호출하면 모든 과정이 내부에서 수행된다.

```
static MediaPlayer create (Context context, int resid)
static MediaPlayer create (Context context, Uri uri, [SurfaceHolder holder])
```

create 메서드는 리소스로부터 스트림을 열 수 있으나 파일을 열지는 못한다. 리소스의 미디어는 크기가 작고 에러 가능성이 낮으므로 오픈 직후 자동으로 준비 상태가 되며 바로 재생 가능하다. 에러 발생시 예외를 던지는 대신 null을 리턴한다. 간단한 효과음을 재생할 때는 이 메서드를 호출하는 것이 간편하다. 다음은 재생 관련 메서드이며 재생을 시작, 정지, 일시 중지한다

```
void start ()
void stop ()
void pause ()
```

start 메서드는 비동기 방식으로 동작하며 재생 시작 후 즉시 리턴하므로 재생 중에 다른 작업을 할 수 있다. 재생이 시작되면 스트림의 끝까지 재생한 후 자동으로 멈춘다. 만약 반복적으로 재생하려면 다음 메서드로 반복 지정한다.

```
void setLooping (boolean looping)
boolean isLooping ()
```

setLooping(true)를 호출하면 한 스트림을 계속 반복하는데 게임의 배경 음악 재생용으로 적합하다. MediaPlayer를 다 사용한 후에는 다음 메서드로 정리한다.

```
void release ()
void reset ()
```

release는 객체를 완전히 파괴하여 더 이상 사용할 수 없는 상태로 해제한다. 음악을 재생하는 중에도 release는 언제든지 호출 가능하며 이때 음악은 즉시 멈춘다. reset은 초기화되지 않은 처음 상태로 객체를 되돌리며 이후 재초기화하여 다시 사용할 수 있다는 점에서 release와 다르다. 사운드를 재생하는 두 가지 경로를 정리해 보면 다음과 같다.

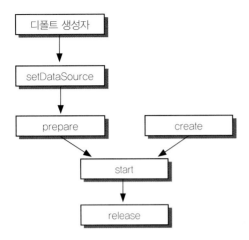

create 정적 메서드로 생성하는 것이 훨씬 간편해 보이지만 대용량 미디어에는 효율이 좋지 않으므로 아주 짧은 미디어에만 사용하는 것이 바람직하다. 그럼 이제 각 방법으로 사운드를 재생하는 예제를 만들어 보자.

```xml
<LinearLayout xmlns:android="http://schemas.android.com/apk/res/android"
    android:orientation="vertical"
    android:layout_width="match_parent"
    android:layout_height="match_parent"
    >
<Button
    android:id="@+id/btn1"
    android:layout_width="match_parent"
    android:layout_height="wrap_content"
    android:onClick="mOnClick"
    android:text="리소스 재생"
    />
<Button
    android:id="@+id/btn2"
    android:layout_width="match_parent"
    android:layout_height="wrap_content"
    android:onClick="mOnClick"
    android:text="파일 재생"
    />
<Button
    android:id="@+id/btn3"
```

```xml
        android:layout_width="match_parent"
        android:layout_height="wrap_content"
        android:onClick="mOnClick"
        android:text="스트림 재생"
        />
<Button
        android:id="@+id/btn4"
        android:layout_width="match_parent"
        android:layout_height="wrap_content"
        android:onClick="mOnClick"
        android:text="객체로 선언 후 재생"
        />
<Button
        android:id="@+id/btn5"
        android:layout_width="match_parent"
        android:layout_height="wrap_content"
        android:onClick="mOnClick"
        android:text="준비 안 된 상태에서 재생"
        />
<Button
        android:id="@+id/btn6"
        android:layout_width="match_parent"
        android:layout_height="wrap_content"
        android:onClick="mOnClick"
        android:text="다른 파일 열기"
        />
</LinearLayout>
```

```java
public class MPTest extends Activity {
    MediaPlayer mPlayer;
    String mSdPath;

    public void onCreate(Bundle savedInstanceState) {
        super.onCreate(savedInstanceState);
        setContentView(R.layout.mptest);

        mPlayer = MediaPlayer.create(this, R.raw.dingdong);
        mSdPath = Environment.getExternalStorageDirectory().getAbsolutePath();
    }

    public void mOnClick(View v) {
        MediaPlayer player;
        switch (v.getId()) {
        // 리소스 재생
```

```
    case R.id.btn1:
        player = MediaPlayer.create(this, R.raw.dingdong);
        player.start();
        break;
// 파일 재생
    case R.id.btn2:
        player = new MediaPlayer();
        try {
            player.setDataSource(mSdPath + "/eagle5.mp3");
            player.prepare();
            player.start();
        } catch (Exception e) {
            Toast.makeText(this, "error : " + e.getMessage(), 0).show();
        }
        break;
// 스트림 재생
    case R.id.btn3:
        player = new MediaPlayer();
        try {
            Uri uri = Uri.parse("http://www.soen.kr/data/saemaul1.mp3");
            player.setDataSource(this, uri);
            player.prepare();
            player.start();
        } catch (Exception e) {
            Toast.makeText(this, "error : " + e.getMessage(), 0).show();
        }
        break;
// 미리 준비된 객체로 재생
    case R.id.btn4:
        mPlayer.seekTo(0);
        mPlayer.start();
        break;
// 준비하지 않은 상태로 재생
    case R.id.btn5:
        player = new MediaPlayer();
        try {
            player.setDataSource(mSdPath + "/eagle5.mp3");
            player.start();
        } catch (Exception e) {
            Toast.makeText(this, "error : " + e.getMessage(), 0).show();
        }
        break;
// 다른 파일 열기
    case R.id.btn6:
```

```
                player = MediaPlayer.create(this, R.raw.dingdong);
                //player.reset();
                try {
                    player.setDataSource(mSdPath + "/eagle5.mp3");
                    player.prepare();
                    player.start();
                } catch (IllegalArgumentException e) {
                    Toast.makeText(this, "IllegalArgumentException", 0).show();
                } catch (IllegalStateException e) {
                    Toast.makeText(this, "IllegalStateException", 0).show();
                } catch (IOException e) {
                    Toast.makeText(this, "IOException", 0).show();
                }
                break;
            }
        }

        public void onDestroy() {
            super.onDestroy();
            if (mPlayer != null) {
                mPlayer.release();
                mPlayer = null;
            }
        }
    }
```

레이아웃에는 버튼만 여러 개 배치되어 있으며 각 버튼의 클릭 리스너에서 사운드를 재생한다. 재생할 리소스는 res/raw 폴더에 미리 넣어 두었으며 스트리밍은 웹서버에 업로드해 두었다. 로컬 파일은 용량상의 문제로 배포 예제에 포함되어 있지 않으므로 적당한 파일로 직접 준비하되 번거롭다면 다음 압축 파일을 다운로드받아 SD 카드의 루트 폴더에 복사하면 된다. 애셋에 넣어 두고 SD 카드에 풀어 주면 좋겠지만 용량이 무려 6M나 되어 통합 예제 전체보다 더 커서 그러기 어렵다.

http://www.soen.kr/data/testmedia.zip

에뮬레이터의 SD 카드가 큰 파일을 잘 지원하지 못하므로 용량이 작은 테스트 미디어를 준비했다. 용량상의 부담에다 저작권까지 신경써야 하는 관계로 테스트 미디어의 음질이 좋지 못한데 여러분이 가진 최신 가요 파일을 사용해도 무방하다. 각 버튼의 클릭 리스너에서 MediaPlayer 객체를 지역적으로 생성하므로 리스너 안쪽의 코드만 순서대로 살펴보면 된다.

첫 번째 버튼을 누르면 리소스의 wav 파일을 읽어 "딩동"이라는 짧은 효과음을 낸다. 재생하고 싶은 파일을 res/raw 폴더에 복사해 두고 create 정적 메서드로 읽은 후 start 메서드를 호출한다. 다 사용한 후 release를 호출해야 하나 지역 객체이므로 release할 시점이 따로 없어 가비지 컬렉터가 정리하도록 내버려 두는 수밖에 없다. 단발적인 효과음을 낼 때는 이 방법이 간편하다.

두 번째 버튼은 MP3 파일을 읽어 재생하는데 파일의 경로를 정확하게 전달해야 한다. 이 예제는 파일 위치와 이름을 하드코딩해 두었으므로 파일을 복사해 두거나 경로를 편집해야 제대로 실행된다. 객체 생성 후 setDataSource 메서드로 파일을 읽어 들이고 준비를 한 후 start 메서드를 호출한다. 외부 파일이므로 리소스보다 더 긴 사운드도 재생할 수 있되 예외 발생 가능성이 농후하므로 반드시 try 블록으로 감싸야 한다. 문법이 강제적으로 요구하므로 생략할 수 없다.

세 번째 버튼은 웹에서 사운드 파일을 다운로드 받아 재생한다. setDataSource 메서드의 인수가 경로 문자열에서 Uri로 바뀐 것만 다르다. 로컬에 파일이 없어도 인터넷에 연결되어 있기만 하면 다운로드받아 재생할 수 있다. 스트리밍 파일은 미리 업로드해 놓았는데 혹시 이 사이트가 망했으면 주소를 바꿔 보아라. 나머지 새 버튼의 코드는 약간의 문제가 있는데 다음 항에서 좀 더 연구해 보자.

33.1.2 상태의 변화

앞 예제는 사운드를 재생하는 여러 가지 방법의 원론적인 절차를 보여주기 위해 의도적으로 작성한 것이다. 섬세한 예외 처리는 예제라서 생략했다 치더라도 몇 가지 치명적인 문제가 있다. 우선 MediaPlayer 객체가 메서드의 지역 객체로 선언되었다는 것이 문제다. 다 사용한 후 자동으로 회수되지만 너무 빠른 속도로 생성하면 다수의 객체가 공존하며 이때 하드웨어를 두고 경쟁하게 된다.

첫 번째 버튼은 사운드가 짧아 잘 느낄 수 없지만 두 번째 버튼을 여러 번 눌러 보면 매번 새 객체가 생성되어 처음부터 재생을 다시 시작하므로 독수리 5형제가 돌림 노래로 재생된다. 재생을 위해 별도의 스레드가 기동하여 액티비티가 종료되어도 계속 돌아가며 장비를 끄지 않는 한 멈출 방법이 없다. 액티비티가 종료되는 시점에 release를 호출해야 하지만 지역 객체이다 보니 그럴 수 없으며 재생이 끝나는 시점에 정리하려고 해도 재생이 끝나는 시점을 통보받을 방법이 없다.

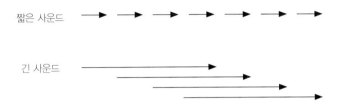

사운드의 길이가 짧을 때는 금방 회수되지만 길어지면 여러 개의 객체가 생성되며 이 상태를 방치하면 다운되기도 한다. 하나의 사운드 카드를 놓고 여러 개의 객체가 경쟁하므로 안정성에 문제가 있다. 사운드 재생을 위해서는 하드웨어를 직접적으로 제어해야 하는데 모바일 환경은 사운드 믹서가 없거나 제한적이므로 다수의 소리를 동시에 내기 어렵다. 이미 재생 중인 상태에서 다른 사운드가 들어올 때 이전 재생을 중지해야 하는데 안드로이드는 아직 이 부분을 매끄럽게 처리하지 못한다.

첫 번째 버튼을 마구 눌러 보면 다운되거나 아니면 사운드 카드가 먹통이 되어 버린다. 다소 실망스러운 모습인데 멀티미디어 재생은 CPU 파워를 많이 소모하여 본질적으로 안정성과 성능이 완전한 반비례 관계이다. 안정성을 확보하려면 성능을 포기해야 하므로 방어 코드가 섬세하지 못하다. 객체가 일정 개수를 넘으면 null이 리턴된다. if (player == null) 조건문으로 점검할 수 있으나 그 보다 더 좋은 방법은 멤버로 선언해 두고 한 객체를 계속 사용하는 것이다.

네 번째 버튼은 이 방법대로 사운드를 재생한다. MediaPlayer 객체를 멤버로 선언해 두고 onCreate에서 미리 생성 및 준비까지 완료해 놓았다. 버튼을 누르면 seekTo 메서드로 재생 위치를 리셋하고 start를 호출한다. 한 객체로 사운드를 재생하므로 여러 음을 동시에 출력할 수 없지만 최소한 다운되지는 않는다. 또 onDestroy에서 release를 호출하여 정리할 수 있으므로 액티비티가 종료되면 재생하던 사운드도 자동으로 정지된다.

MediaPlayer는 미디어가 재생되는 동안 장기간 존속하며 미디어나 외부 환경에 영향을 받으므로 에러 상황을 관리하기 위해 스스로의 상태를 유지한다. 현재 상태에 따라 호출 가능한 메서드가 달라지며 특정 메서드를 호출하면 상태가 바뀌기도 한다. 임의의 동작이 언제나 가능한 것은 아니고 현재 상태에 따라 엄격한 제한이 가해지므로 상태에 따라 섬세한 관리가 필요하다.

예를 들어 미디어를 열지 않고 재생을 시작할 수 없고 재생 중에 갑자기 다른 미디어로 바꾸는 것도 안 된다. 왜 상태가 필요한지 직관적으로 이해될 것이다. MediaPlayer의 전체 상태와 각 메서드 호출에 의한 상태 변화도는 다음과 같다. 이해를 위해 꼭 필요한 부분만 간단하게 그렸는데 레퍼런스에는 더 상세한 상태 변화도가 있으므로 참고하기 바란다.

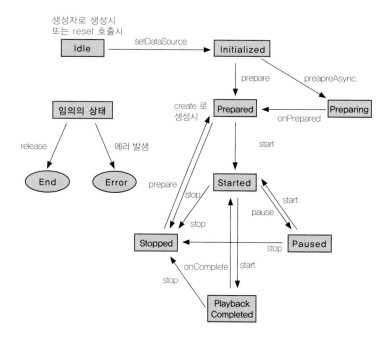

객체를 처음 생성하거나 reset하면 Idle 상태로 시작되며 이 상태에서 재생을 할 수 없다. 똑같은 Idle 상태라도 새로 생성된 객체와 reset된 객체의 동작이 조금 다른데 상태에 맞지 않은 메서드 호출시의 에러 처리가 다르다. 생성 직후에는 단순히 에러를 무시해 버리지만 reset된 객체는 Error 상태로 전환되며 onError 콜백이 호출된다.

Idle 상태에서 초기화하려면 setDataSource 메서드를 호출하여 미디어를 연다. 이 메서드는 Idle 일 때만 호출할 수 있으며 재생 중이거나 일시 정지된 상태에서 미디어를 교체하지 못한다. 미디어를 연 후 prepare 메서드를 호출하여 준비 상태로 전환하며 재생 전에 반드시 준비 상태여야 한다. create 정적 메서드로 객체를 생성하면 생성과 동시에 미디어를 열고 준비 상태로 시작한다. 준비 상태일 때 볼륨 조절, 반복 여부 등을 조정할 수 있다.

start 메서드를 호출하면 재생중(Started) 상태가 되며 이 상태에서 언제든지 정지, 일시 정지 가능하다. 일시 정지는 pause/start 메서드로 토글한다. 그러나 stop 메서드로 정지한 상태에서는 바로 재생 상태로 복귀할 수 없으며 다시 준비 과정을 거쳐야 한다. isPlaying 메서드는 현재 재생 중인 지 조사하는데 정지, 일시 중지 상태일 때는 false이며 재생 중에는 true가 리턴된다. 다음 메서드는 재생 길이를 조사하거나 위치를 조사 및 변경한다.

```
int getDuration ()
int getCurrentPosition ()
void seekTo (int msec)
```

getDuration은 총 재생 길이를 구하고 getCurrentPosition은 현재 재생 위치를 구한다. 주로 프로그래스바 갱신에 사용되는데 둘 다 준비 상태 이후에 호출할 수 있다. seekTo는 재생 위치를 임의로 변경하며 Prepared, Started, Paused, PlaybackCompleted 상태에서 호출 가능하다. 재생 중에도 즉시 다른 위치로 이동 가능하며 준비나 일시 정지된 상태에서도 시작 위치를 바꿀 수 있지만 정지된(Stopped) 상태에서는 위치를 바꿀 수 없다.

MediaPlayer는 상태가 변경되거나 에러가 발생할 때 미리 등록된 콜백 메서드를 호출한다. 관심 있는 사건에 대해 리스너를 등록해 놓으면 원하는 시점에 신호를 받을 수 있다. 물론 관심 없는 이벤트에 대해서는 굳이 콜백을 등록하지 않아도 상관없되 대개의 경우 에러 콜백은 등록하는 것이 권장된다. 각 리스너 인터페이스에는 이벤트를 받는 메서드가 정의되어 있고 이벤트와 관련된 인수가 전달된다.

```
void setOnErrorListener (MediaPlayer.OnErrorListener listener)
void setOnPreparedListener (MediaPlayer.OnPreparedListener listener)
void setOnCompletionListener (MediaPlayer.OnCompletionListener listener)
void setOnBufferingUpdateListener (MediaPlayer.OnBufferingUpdateListener listener)
void setOnSeekCompleteListener (MediaPlayer.OnSeekCompleteListener listener)
```

onCompletion 콜백은 스트림을 끝까지 재생 했을 때 호출되며 객체는 재생 완료(Playback Completed) 상태이다. 이 콜백을 받았을 때 start 메서드를 호출하면 같은 미디어를 처음부터 다시 재생한다. 다음 미디어로 변경하려면 reset하여 Idle 상태로 간 후 처음부터 다시 시작한다. 앞에서도 얘기했다시피 실행 중에 미디어를 오픈하는 setDataSource 메서드는 Idle 상태에서만 호출 가능하므로 reset해야 미디어를 교체할 수 있다.

onBufferingUpdate 콜백은 스트리밍시에 버퍼에 새로운 데이터가 들어왔을 때 호출된다. 로컬 리소스나 파일을 읽을 때는 버퍼링하지 않으므로 이 콜백을 처리할 필요가 없다. onSeekComplete 콜백은 재생 위치 변경이 완료될 때 호출된다. seekTo 메서드가 동기적으로 동작하지 않으므로 변경 시점을 정확하게 알아 내려면 이 콜백이 필요하다.

이상으로 MediaPlayer 객체의 상태 변화와 각 상태 변화시 호출되는 콜백에 대해 연구해 보았는데 복잡해 보이지만 대부분 상식적이다. 상태를 지키지 않았을 때 어떤 결과가 초래되는지 몇 가지 테스트를 해 보자. 다섯 번째 버튼은 준비 과정을 생략하고 start 메서드를 바로 호출하는데 이 경우 사운드는 재생되지 않는다. 에러는 발생하지 않지만 상태를 지키지 않았기 때문에 무시당한다.

여섯 번째 버튼은 create 정적 메서드로 미디어를 연 상태에서 setDataSource 메서드로 다른 미디어를 다시 열었다. 준비된 상태에서는 재생만 가능하며 다른 미디어로 교체할 수 없으므로 상태를 위반한 것이며 예외 처리 구문으로 감싸 보면 IllegalStateException 예외가 발생한다. 사용하던 객체를 다른 용도로 재사용하려면 리셋부터 한다. 주석으로 처리된 reset 문의 주석을 풀면 제대로 동작한다.

지금 당장은 이 상태 도표가 눈에 들어오지 않겠지만 코드를 작성해 보면 왜 이런 상태 관리가 필요한지 이해할 수 있다. 하다가 뭔가 뜻하는 대로 되지 않거나 오동작한다면 정확한 절차대로 코드를 작성했는지 이 도표를 보고 다시 점검해 보자. 상태 변화도 그림은 MediaPlayer의 거의 모든 것을 함축적으로 잘 설명하고 있다.

33.1.3 뮤직 플레이어

MediaPlayer로 제작할 수 있는 응용 프로그램 중에 가장 실용적이고도 대표적인 것이 MP3 플레이어이다. 다음 예제는 음악 재생기의 가장 기본적인 기능을 구현한다. SD 카드의 루트 디렉터리에서 MP3 파일 목록을 조사하여 차례대로 재생하며 재생 위치를 보여주고 임의 위치로 이동하는 기능을 제공한다.

어디까지나 학습용으로 제작한 것이므로 에러 처리도 지극히 기본적인 것만 되어 있으며 파일 목록도 SD 카드의 루트 디렉터리로만 국한되어 있다. 따라서 이 예제를 테스트해 보려면 SD 카드에 미리 MP3 파일을 복사해 두어야 한다. 치렁치렁한 장식과 복잡한 기능은 빼고 최대한 간단하게 작성했음에도 200줄이 넘는다. 복잡한 기능이 없고 약간의 주석이 달려 있어 분석해 보기는 어렵지 않을 것이다.

```
<LinearLayout xmlns:android="http://schemas.android.com/apk/res/android"
    android:orientation="vertical"
    android:layout_width="match_parent"
    android:layout_height="match_parent"
    >
<TextView
    android:id="@+id/filename"
    android:layout_width="wrap_content"
    android:layout_height="wrap_content"
    android:textSize="16sp"
    android:text="파일 : "
    android:layout_marginTop="10dip"
    android:layout_marginBottom="10dip"
    />
<LinearLayout
    android:orientation="horizontal"
    android:layout_width="match_parent"
    android:layout_height="wrap_content"
    >
<Button
    android:id="@+id/play"
    android:layout_width="match_parent"
    android:layout_height="wrap_content"
    android:layout_weight="1"
    android:onClick="mOnClick"
    android:text="Play"
    />
<Button
    android:id="@+id/stop"
    android:layout_width="match_parent"
    android:layout_height="wrap_content"
    android:layout_weight="1"
    android:onClick="mOnClick"
    android:text="Stop"
    />
<Button
    android:id="@+id/prev"
    android:layout_width="match_parent"
    android:layout_height="wrap_content"
    android:layout_weight="1"
    android:onClick="mOnClick"
    android:text="Prev"
```

```
                    />
        <Button
                android:id="@+id/next"
                android:layout_width="match_parent"
                android:layout_height="wrap_content"
                android:layout_weight="1"
                android:onClick="mOnClick"
                android:text="Next"
                />
        </LinearLayout>
        <SeekBar
                android:id="@+id/progress"
                android:layout_width="match_parent"
                android:layout_height="wrap_content"
                android:max="100"
                android:progress="0"
                android:padding="10dip"
                />
        </LinearLayout>
------------------------------------------------------------
public class PlayAudio extends Activity {
        ArrayList<String> mList;
        int mIdx;
        MediaPlayer mPlayer;
        Button mPlayBtn;
        TextView mFileName;
        SeekBar mProgress;
        boolean wasPlaying;

        public void onCreate(Bundle savedInstanceState) {
                super.onCreate(savedInstanceState);
                setContentView(R.layout.playaudio);

                mList = new ArrayList<String>();
                mPlayer = new MediaPlayer();

                // SD 카드가 없을 시 에러 처리한다.
                String ext = Environment.getExternalStorageState();
                String sdPath;
                if (ext.equals(Environment.MEDIA_MOUNTED) == false) {
                        Toast.makeText(this, "SD 카드가 반드시 필요합니다.", 1).show();
                        finish();
                        return;
                }
```

```
// SD 카드 루트의 MP3 파일 목록을 구한다.
sdPath = Environment.getExternalStorageDirectory().getAbsolutePath();
File sdRoot = new File(sdPath);
FilenameFilter filter = new FilenameFilter() {
    public boolean accept(File dir, String name) {
        return name.endsWith(".mp3");
    }
};
String[] mplist = sdRoot.list(filter);
if (mplist.length == 0) {
    Toast.makeText(this, "재생할 파일이 없습니다.", 1).show();
    finish();
    return;
}
for(String s : mplist) {
    mList.add(sdPath + "/" + s);
}
mIdx = 0;

// 버튼들의 클릭 리스너 등록
mFileName = (TextView)findViewById(R.id.filename);
mPlayBtn = (Button)findViewById(R.id.play);

// 완료 리스너, 시크바 변경 리스너 등록
mPlayer.setOnCompletionListener(mOnComplete);
mPlayer.setOnSeekCompleteListener(mOnSeekComplete);
mProgress = (SeekBar)findViewById(R.id.progress);
mProgress.setOnSeekBarChangeListener(mOnSeek);
mProgressHandler.sendEmptyMessageDelayed(0,200);

// 첫 곡 읽기 및 준비
if (LoadMedia(mIdx) == false) {
    Toast.makeText(this, "파일을 읽을 수 없습니다.", 1).show();
    finish();
}
}

// 액티비티 종료시 재생 강제 종료
public void onDestroy() {
    super.onDestroy();
    if (mPlayer != null) {
        mPlayer.release();
        mPlayer = null;
```

```
        }
    }

    // 항상 준비 상태여야 한다.
    boolean LoadMedia(int idx) {
        try {
            mPlayer.setDataSource(mList.get(idx));
        } catch (IllegalArgumentException e) {
            return false;
        } catch (IllegalStateException e) {
            return false;
        } catch (IOException e) {
            return false;
        }
        if (Prepare() == false) {
            return false;
        }
        mFileName.setText("파일 : " + mList.get(idx));
        mProgress.setMax(mPlayer.getDuration());
        return true;
    }

    boolean Prepare() {
        try {
            mPlayer.prepare();
        } catch (IllegalStateException e) {
            return false;
        } catch (IOException e) {
            return false;
        }
        return true;
    }

    public void mOnClick(View v) {
        switch (v.getId()) {
        // 재생 및 일시 정지
        case R.id.play:
            if (mPlayer.isPlaying() == false) {
                mPlayer.start();
                mPlayBtn.setText("Pause");
            } else {
                mPlayer.pause();
                mPlayBtn.setText("Play");
            }
```

```
        break;
    // 재생 정지. 재시작을 위해 미리 준비해 놓는다.
    case R.id.stop:
        mPlayer.stop();
        mPlayBtn.setText("Play");
        mProgress.setProgress(0);
        Prepare();
        break;
    case R.id.prev:
    case R.id.next:
        boolean wasPlaying = mPlayer.isPlaying();

        if (v.getId() == R.id.prev) {
            mIdx = (mIdx == 0 ? mList.size() - 1:mIdx - 1);
        } else {
            mIdx = (mIdx == mList.size() - 1 ? 0:mIdx + 1);
        }

        mPlayer.reset();
        LoadMedia(mIdx);

        // 이전에 재생 중이었으면 다음 곡 바로 재생
        if (wasPlaying) {
            mPlayer.start();
            mPlayBtn.setText("Pause");
        }
        break;
    }
}

// 재생 완료되면 다음곡으로
MediaPlayer.OnCompletionListener mOnComplete =
    new MediaPlayer.OnCompletionListener() {
    public void onCompletion(MediaPlayer arg0) {
        mIdx = (mIdx == mList.size() - 1 ? 0:mIdx + 1);
        mPlayer.reset();
        LoadMedia(mIdx);
        mPlayer.start();
    }
};

// 에러 발생시 메시지 출력
MediaPlayer.OnErrorListener mOnError =
    new MediaPlayer.OnErrorListener() {
```

```java
    public boolean onError(MediaPlayer mp, int what, int extra) {
        String err = "OnError occured. what = " + what + " ,extra = " + extra;
        Toast.makeText(PlayAudio.this, err, Toast.LENGTH_LONG).show();
        return false;
    }
};

// 위치 이동 완료 처리
MediaPlayer.OnSeekCompleteListener mOnSeekComplete =
    new MediaPlayer.OnSeekCompleteListener() {
    public void onSeekComplete(MediaPlayer mp) {
        if (wasPlaying) {
            mPlayer.start();
        }
    }
};

// 0.2초에 한 번꼴로 재생 위치 갱신
Handler mProgressHandler = new Handler() {
    public void handleMessage(Message msg) {
        if (mPlayer == null) return;
        if (mPlayer.isPlaying()) {
            mProgress.setProgress(mPlayer.getCurrentPosition());
        }
        mProgressHandler.sendEmptyMessageDelayed(0,200);
    }
};

// 재생 위치 이동
SeekBar.OnSeekBarChangeListener mOnSeek =
    new SeekBar.OnSeekBarChangeListener() {
    public void onProgressChanged(SeekBar seekBar,
            int progress, boolean fromUser) {
        if (fromUser) {
            mPlayer.seekTo(progress);
        }
    }

    public void onStartTrackingTouch(SeekBar seekBar) {
        wasPlaying = mPlayer.isPlaying();
        if (wasPlaying) {
            mPlayer.pause();
        }
    }
```

```
        public void onStopTrackingTouch(SeekBar seekBar) {
        }
    };
}
```

레이아웃에는 파일을 표시하는 텍스트뷰 하나, 재생 및 이전/다음 곡으로 이동하는 버튼 4개, 현재 재생 위치를 보여주고 이동하는 시크바가 배치되어 있다. 볼륨 조절 기능도 필요하지만 하드웨어 볼륨키가 제공되므로 굳이 포함하지 않았다.

onCreate는 재생에 필요한 초기화를 수행한다. SD 카드의 루트 디렉터리에서 MP3 파일의 목록을 구하되 SD 카드가 없거나 MP3 파일이 없으면 정상적인 동작을 할 수 없으므로 에러 처리하고 종료한다. 목록 조사 후 첫 곡을 열고 재생 준비를 하는데 이 작업은 LoadMedia 메서드가 담당한다. LoadMedia는 미디어 파일을 열어 준비 상태로 만들어 주므로 이후 언제든지 재생할 수 있다. 그 외 파일의 제목을 출력하고 시크바에 재생 범위를 설정하는 작업도 한다.

Play 버튼은 isPlaying 메서드로 현재 상태를 조사한 후 재생 및 일시 정지를 토글한다. 한 버튼으로 두 가지 기능을 수행하므로 상태에 따라 버튼의 캡션을 적당히 변경한다. Stop 버튼은 재생을 중지하고 시크바를 초기화한다. 상태 전환도를 보면 Stop 상태에서 start 메서드를 호출할 수 없다고 되어 있으므로 반드시 prepare를 호출하여 준비 상태로 전환해야 한다. 그렇지 않으면 정지는 되지만 재시작할 수 없다.

Prev/Next 버튼은 현재 재생 위치인 mIdx를 증감시켜 이전/다음 곡을 재생한다. 재생 중에 미디어를 변경하려면 반드시 reset한 후 새 미디어를 읽어야 한다. 재생 중에 곡을 변경했으면 다음곡을 계속 재생하고 정지 상태였다면 미디어만 변경한 후 대기한다. 재생하던 미디어가 끝까지 재생 완료되었으면 자연스럽게 다음 곡으로 넘어가는데 이 처리를 위해 완료 리스너를 설치하고 재생이 끝날 때 다음 곡을 로드하여 이어서 재생한다. 이전/다음으로 이동할 때는 끝에서 반대쪽으로 순환하여 목록의 처음과 끝을 연결했다.

MediaPlayer는 재생 위치가 변경될 때 특별한 콜백을 호출하지 않는 대신 getCurrentPosition 메서드로 언제든지 재생 위치에 대한 정보를 조사할 수 있다. 핸들러로 타이머를 돌리며 주기적으로 현재 위치를 조사하여 시크바로 출력한다. 재생 위치 표시가 수동이라 불편하지만 대신 핸들러 호출 지연 시간을 조정함으로써 갱신 주기를 자유롭게 선택할 수 있다. 종료시에도 핸들러는 호출되는데 이때는 mPlayer가 유효한 상태인지 반드시 점검해야 함을 주의하자.

사용자가 시크바를 클릭하면 재생 위치를 변경하되 소리가 끊어지는 것을 방지하기 위해 변경 직전에 재생을 잠시 중지하고 위치 변경 리스너에서 재생을 다시 시작한다. seekTo 메서드가 동기적으로 동작하지 않으며 때로는 위치 변경에 상당한 시간이 걸릴 수 있으므로 리스너 처리는 꼭 필요하다. 정지 상태에서 위치를 바꾼 것이라면 위치만 바꾸면 될 뿐 재생을 시작할 필요는 없다. wasPlaying 필드는 위치 이동전에 재생 상태였는지 기억한다.

onDestroy에서 release를 호출하여 객체를 완전히 해제한다. release 메서드는 상태에 상관없이 언제든지 호출할 수 있으며 재생 중이라도 즉시 중지하고 객체를 해제한다. onPause에서 재생을 정지하지 않는데 MP3 플레이어는 백그라운드에서도 계속 실행되어야 하므로 액티비티가 잠시 멈추었다고 해서 재생을 중지할 필요는 없다. 사용자가 Back 키를 눌러 프로그램을 명시적으로 종료했을 때만 객체를 해제하고 Home키를 눌렀을 때는 계속 재생한다.

이상으로 지극히 간단한 MP3 플레이어를 제작해 봤는데 실용성을 높이려면 개선이 필요하다. 파일 목록 위치가 고정되어 있는데 임의 위치의 파일도 재생 가능해야 하며 미디어 DB를 참조하는 방법도 있다. 에러 리스너는 토스트로 에러 내용만 출력했는데 더 친절한 처리가 필요하다. UI도 너무 촌스러운데 예쁘게 만들 수 있는 여지가 많으며 랜덤 재생이나 반복 재생 등의 기능도 필수적이다. 또 재생 중에 전화가 걸려오는 상황도 잘 대처해야 한다.

33.1.4 오디오 녹음

재생하는 것보다 실용성이 다소 떨어지지만 오디오 녹음도 가능하다. 스마트폰은 기본적으로 전화기이고 예외없이 마이크가 내장되어 있으므로 당연히 녹음할 수 있다. 안드로이드는 음성 녹음 및 영상 녹화를 위해 MediaRecorder 클래스를 제공한다. 사용하는 방법은 형제 클래스인 MediaPlayer와 거의 유사하다.

녹음 객체도 재생 객체와 마찬가지로 상태를 유지하며 상태별로 가능한 동작이 있고 불가능한 동작이 있다. 그러나 MediaPlayer에 비해 상태가 복잡하지 않으며 녹음은 재생에 비해 일회적인 경우가 많으므로 메서드를 순서대로 호출하면 별 문제 없이 활용할 수 있다. 다음 순서대로 객체를 초기화하고 필요한 메서드만 호출하면 된다. 디폴트 생성자로 생성한 후 다음 메서드로 입력 소스를 지정한다.

```
void setAudioSource (int audio_source)
void setVideoSource (int video_source)
```

입력 소스란 음성이나 영상을 받을 장비이다. 오디오 소스로는 캠코더나 음성 인식 등이 있으나 현재 버전에서는 마이크(MIC)만 지원된다. 핸드폰에 내장된 마이크를 통해 음성을 입력받는다. 비디오 소스로는 카메라만 지정할 수 있다. 다음은 출력 파일의 포맷을 지정한다.

```
void setOutputFormat (int output_format)
```

MPEG-4, THREE_GPP 등의 포맷을 지정할 수 있는데 스마트폰에서는 가급적이면 3GP 포맷을 사용할 것이 권장된다. 3GP는 3세대 휴대폰에 사용할 목적으로 Mpeg4를 단순화한 포맷이라 대부분의 스마트폰과 호환된다. 물론 권장된다는 것이지 강제적인 것은 아니므로 장비의 성능이 받쳐 준다면 고품질 포맷을 사용해도 무방하다. 다음은 입력된 값을 압축할 인코더를 지정한다.

```
void setAudioEncoder (int audio_encoder)
void setVideoEncoder (int video_encoder)
```

오디오 인코더는 AMR_NB만 유효하며 비디오 인코더로 H263, H264, MPEG_4_SP 중 하나를 선택한다. 압축 방식에 따라 파일 크기와 품질에 차이가 발생한다. 다음은 출력 파일의 경로를 지정한다. 음성이든 영상이든 결국은 파일 형태로 SD 카드에 저장되므로 녹음하기 전에 파일의 경로를 알려 주어야 한다.

```
void setOutputFile (String path)
```

서브 디렉터리에 저장할 경우 디렉터리는 반드시 미리 생성해 두어야 하며 파일은 당장 없더라도 새로 생성된다. 입력과 출력, 인코딩 방식, 포맷 등을 순서대로 지정했는데 어디서 받은 음성을 어떤 방식으로 압축해서 어디다 저장할 것인지 알려준 것이다. 여기까지 진행한 후 다음 메서드로 녹음 및 녹화를 준비, 시작, 정지한다.

```
void prepare ()
void start ()
void stop ()
```

prepare를 호출하기 전에 녹음을 위한 모든 준비가 완료되어 있어야 하며 start를 호출하기 전에 prepare를 먼저 호출해야 한다. 재생과는 달리 끝이 따로 없으므로 녹음은 stop 메서드를 호출할 때까지 계속된다. 특정 길이나 시간분만큼 녹음하려면 prepare를 호출하기 전에 다음 메서드로 시간과 파일 크기의 상한선을 지정한다.

```
void setMaxDuration (int max_duration_ms)
void setMaxFileSize (long max_filesize_bytes)
```

특정 목적으로 사용할 파일이라면 길이나 시간을 제한할 필요가 있는데 예를 들어 MMS 첨부용 동영상은 시간 제한이 있다. 지정한 시간이나 용량에 이르면 OnInfoListener 콜백이 호출되며 녹음은 자동으로 정지된다. 다음 메서드는 다 사용한 후 객체를 리셋하거나 해제한다.

```
void release ()
void reset ()
```

2.2 버전 이후에는 비트 레이트나 샘플링 비율, 채널 수 등을 상세 조정할 수 있는 다음 메서드가 추가되었고 하드웨어로부터 프로필을 받아 옵션을 설정하는 기능도 추가되었다.

```
void setAudioEncodingBitRate (int bitRate)
void setAudioSamplingRate (int samplingRate)
void setVideoEncodingBitRate (int bitRate)
void setProfile (CamcorderProfile profile)
```

고정된 품질로만 녹화하는 것이 아니라 품질과 용량을 적절한 수준에서 선택할 수 있어 YouTube 등의 동영상 공유 사이트에 올릴만한 품질을 직접 선택 가능하다. 프로파일은 하드웨어의 능력치를 조사하는 읽기 전용의 클래스이며 이 정보를 참조하면 하드웨어의 모든 능력을 십분 활용할 수 있다. 녹음을 하려면 다음 두 개의 퍼미션이 필요하다.

```
RECORD_AUDIO
WRITE_EXTERNAL_STORAGE
```

RECORD_AUDIO는 하고자 하는 작업과 이름이 일치하므로 직관적이다. 이 퍼미션 외에 SD 카드에 녹음된 파일을 생성하므로 파일 기록 퍼미션도 필요하다. 너무 당연하지만 레퍼런스에 명시되어 있지 않아 이 퍼미션을 빼 먹고 고생하는 사람이 가끔 있다.

녹음은 재생에 비해 절차가 순차적이고 여러 번 반복되지 않으므로 코드가 직선적이다. 다음 예제는 오디오를 녹음하고 제대로 녹음되었는지 확인한다. 녹음 버튼의 onClick 리스너에 작성된 코드가 녹음하는 절차의 정석이므로 이 코드를 그대로 따라하면 된다.

RecAudio

```
<LinearLayout xmlns:android="http://schemas.android.com/apk/res/android"
    android:orientation="vertical"
    android:layout_width="match_parent"
    android:layout_height="match_parent"
    >
<Button
    android:id="@+id/start"
    android:layout_width="match_parent"
    android:layout_height="wrap_content"
    android:text="Start"
    />
<Button
    android:id="@+id/play"
    android:layout_width="match_parent"
    android:layout_height="wrap_content"
    android:text="Play"
    />
</LinearLayout>
-------------------------------------------------------
public class RecAudio extends Activity {
    MediaRecorder mRecorder = null;
    Button mStartBtn, mPlayBtn;
    boolean mIsStart = false;
    String Path = "";

    public void onCreate(Bundle savedInstanceState) {
        super.onCreate(savedInstanceState);
        setContentView(R.layout.recaudio);
```

```java
        mStartBtn = (Button)findViewById(R.id.start);
        mPlayBtn = (Button)findViewById(R.id.play);

        mStartBtn.setOnClickListener(new Button.OnClickListener() {
            public void onClick(View v) {
                if (mIsStart == false) {
                    String sd = Environment.getExternalStorageDirectory().getAbsolutePath();
                    Path = sd + "/recaudio.3gp";
                    if (mRecorder == null) {
                        mRecorder = new MediaRecorder();
                    } else {
                        mRecorder.reset();
                    }
                    mRecorder.setAudioSource(MediaRecorder.AudioSource.MIC);
                    mRecorder.setOutputFormat(MediaRecorder.OutputFormat.THREE_GPP);
                    mRecorder.setAudioEncoder(MediaRecorder.AudioEncoder.AMR_NB);
                    mRecorder.setOutputFile(Path);
                    try {
                        mRecorder.prepare();
                    } catch (IllegalStateException e) {
                        Toast.makeText(RecAudio.this, "IllegalStateException", 1).show();
                    } catch (IOException e) {
                        Toast.makeText(RecAudio.this, "IOException", 1).show();
                    }
                    mRecorder.start();
                    mIsStart = true;
                    mStartBtn.setText("Stop");
                } else {
                    mRecorder.stop();
                    mRecorder.release();
                    mRecorder = null;
                    mIsStart = false;
                    mStartBtn.setText("Start");
                }
            }
        });

        mPlayBtn.setOnClickListener(new Button.OnClickListener() {
            public void onClick(View v) {
                if (Path.length() == 0 || mIsStart) {
                    Toast.makeText(RecAudio.this, "녹음을 먼저 하십시오.", 0).show();
                    return;
                }
                MediaPlayer player = new MediaPlayer();
```

```
                try {
                    player.setDataSource(Path);
                    player.prepare();
                    player.start();
                } catch (Exception e) {
                    Toast.makeText(RecAudio.this, "error : " + e.getMessage(), 0).show();
                }
            }
        });
    }

    public void onDestroy() {
        super.onDestroy();
        if (mRecorder != null) {
            mRecorder.release();
            mRecorder = null;
        }
    }
}
```

레이아웃에는 시작/정지 버튼과 녹음된 음성을 확인하는 버튼을 배치하여 한 예제로 녹음과 결과 확인을 같이 한다. 위쪽 버튼 눌러 녹음을 시작하고 다시 한 번 더 눌러 중지한다. 편의상 녹음 파일의 위치와 이름은 고정해 두었다.

에뮬레이터는 마이크가 없고 DDMS에도 마이크를 흉내내는 기능은 제공되지 않는다. 레퍼런스에는 MediaRecord가 에뮬레이터에서 동작하지 않는다고 명시되어 있지만 실제로 해 보면 호스트 PC의 마이크로 녹음 가능하다. 노래 한소절 부른 후 틀어 보면 잘 재생된다. 물론 실장비에서는 아무 이상 없이 잘 동작한다.

33.1.5 SoundPool

안드로이드에서 소리를 재생하는 공식적인 방법인 MediaPlayer 클래스는 기능은 많지만 사용하기는 번거로운 편이다. 사운드를 재생하는 더 간단한 방법으로 SoundPool 클래스가 있다. 이 클래스는 앞에서도 이미 소개한 적이 있는데 이제 체계적으로 연구해 보자. MP3나 동영상 플레이어 같은 응용 프로그램을 만들기에는 부족하지만 게임 같은 단발적인 사운드를 재생할 때는 더 효율적이다. 생성자는 다음과 같다.

```
SoundPool (int maxStreams, int streamType, int srcQuality)
```

첫 번째 인수는 동시에 재생 가능한 최대 스트림 개수를 지정한다. 두 번째 인수는 오디오 스트림의 타입이되 통상 STREAM_MUSIC이다. 마지막 인수는 샘플링 품질을 지정하는데 현재 버전에서는 아무런 효과가 없으므로 0으로 주어 디폴트 품질을 사용한다. 객체를 생성한 후 다음 메서드로 사운드를 로드한다.

```
int load (Context context, int resId, int priority)
int load (String path, int priority)
```

리소스나 파일로부터 사운드를 로드한다. priority는 재생의 우선 순위이되 현재 버전에서는 효과가 없으므로 1로 준다. 사운드를 로드한 후 고유한 식별자가 리턴되는데 이 값은 재생을 위해 따로 저장해 둔다. 여러 개의 사운드를 미리 로드해 놓을 수 있다. 재생할 때는 다음 메서드를 호출한다.

```
int play (int soundID, float leftVolume, float rightVolume, int priority, int loop,
float rate)
```

첫 번째 인수로 재생할 사운드를 지정하며 load 메서드가 리턴한 식별자이다. 좌우 볼륨을 각각 지정할 수 있는데 0이 가장 작은 소리이고 1이 가장 큰 소리이다. priority는 재생 우선 순위를 지정한다. loop는 반복 모드이되 이 인수가 지정하는 값에 +1회 반복되며 −1이면 무한 반복된다. 0이 1회 재생이고 1은 2회 재생이다. 마지막 인수 rate는 재생 속도이되 1이 정상 속도이고 0.5가 절반 속도, 2가 2배속 재생이다.

```
<LinearLayout xmlns:android="http://schemas.android.com/apk/res/android"
    android:orientation="vertical"
    android:layout_width="match_parent"
    android:layout_height="match_parent"
    >
<Button
    android:id="@+id/play1"
    android:layout_width="match_parent"
    android:layout_height="wrap_content"
    android:onClick="mOnClick"
    android:text="보통 재생"
    />
<Button
    android:id="@+id/play2"
    android:layout_width="match_parent"
    android:layout_height="wrap_content"
    android:onClick="mOnClick"
    android:text="볼륨 절반 재생"
    />
<Button
    android:id="@+id/play3"
    android:layout_width="match_parent"
    android:layout_height="wrap_content"
    android:onClick="mOnClick"
    android:text="3회 재생"
    />
<Button
    android:id="@+id/play4"
    android:layout_width="match_parent"
    android:layout_height="wrap_content"
    android:onClick="mOnClick"
    android:text="1/2배속 재생"
    />
</LinearLayout>
---------------------------------------------------------------
public class SoundPoolTest extends Activity {
    SoundPool pool;
    int ddok;

    public void onCreate(Bundle savedInstanceState) {
        super.onCreate(savedInstanceState);
        setContentView(R.layout.soundpooltest);
```

```
        pool = new SoundPool(1, AudioManager.STREAM_MUSIC, 0);
        ddok = pool.load(this, R.raw.ddok, 1);
    }

    public void mOnClick(View v) {
        MediaPlayer player;
        switch (v.getId()) {
        case R.id.play1:
            pool.play(ddok, 1, 1, 0, 0, 1);
            break;
        case R.id.play2:
            pool.play(ddok, 0.5f, 0.5f, 0, 0, 1);
            break;
        case R.id.play3:
            pool.play(ddok, 1, 1, 0, 2, 1);
            break;
        case R.id.play4:
            pool.play(ddok, 1, 1, 0, 0, 0.5f);
            break;
        }
    }
}
```

각 버튼의 클릭 핸들러에서 재생 메서드를 호출한다. 버튼의 캡션을 설명적으로 달아 놓았으므로 각 버튼을 눌러 소리를 확인해 보자.

onCreate에서 SoundPool 객체를 미리 생성해 놓고 재생할 사운드도 로드해 두었으므로 필요할 때 play 메서드만 호출하면 된다. 재생 볼륨, 횟수, 속도 등을 섬세하게 제어할 수 있으며 각 옵션을 조합해서 사용하는 것도 가능하다.

SoundPool은 사용하기 간편하고 짧은 효과음 출력용으로 부족함이 없지만 대용량의 사운드를 처리할 때 로드 시간이 오래 걸리는 것이 단점이다. 이를 보완하기 위해 다음 메서드가 추가되었다.

```
void setOnLoadCompleteListener (SoundPool.OnLoadCompleteListener listener)
```

이 메서드는 음원 로드가 완료될 때 호출되는 리스너를 지정함으로써 대용량의 음원이 로드되는 즉시 재생 가능하다. 리스너를 지정해 놓으면 음원 로드가 완료될 때 다음 메서드가 호출된다.

```
void onLoadComplete (SoundPool soundPool, int sampleId, int status)
```

인수로 전달되는 SoundPool 객체와 로드한 음원의 ID, 상태를 참조하여 음원을 즉시 재생할 수 있다. SoundPool은 동시에 여러 개의 효과음을 재생할 수 있는데 이 기능을 지원하기 위해 재생 중인 모든 사운드를 한꺼번에 정지 및 재개하는 메서드가 추가되었다.

```
void autoPause ()
void autoResume ()
```

이전에도 pause, resume 메서드가 제공되었지만 개별적인 스트림 단위로만 정지/재개를 수행했다. 게임처럼 여러 사운드가 동시에 출력되는 프로그램은 단 하나의 메서드 호출로 전체 사운드를 통제할 수 있으므로 아주 실용적이다. 다음 예제는 상기의 메서드를 테스트한다.

LoadComplete

```
<LinearLayout xmlns:android="http://schemas.android.com/apk/res/android"
    android:orientation="vertical"
    android:layout_width="match_parent"
    android:layout_height="match_parent"
    >
<TextView
    android:layout_width="match_parent"
    android:layout_height="wrap_content"
    android:text="SoundPool의 추가 기능 테스트"
    />
<Button
    android:id="@+id/load1"
    android:layout_width="match_parent"
    android:layout_height="wrap_content"
    android:onClick="mOnClick"
    android:text="로드 직후 재생"
    />
<Button
    android:id="@+id/load2"
    android:layout_width="match_parent"
    android:layout_height="wrap_content"
```

```
        android:onClick="mOnClick"
        android:text="로드 완료 후 재생"
        />
    <Button
        android:id="@+id/pause"
        android:layout_width="match_parent"
        android:layout_height="wrap_content"
        android:onClick="mOnClick"
        android:text="잠시 멈춤"
        />
    <Button
        android:id="@+id/resume"
        android:layout_width="match_parent"
        android:layout_height="wrap_content"
        android:onClick="mOnClick"
        android:text="멈춘 위치에서 재생"
        />
</LinearLayout>
----------------------------------------------------------
public class LoadComplete extends Activity {
    SoundPool pool;
    int stream;

    public void onCreate(Bundle savedInstanceState) {
        super.onCreate(savedInstanceState);
        setContentView(R.layout.loadcomplete);

        pool = new SoundPool(1, AudioManager.STREAM_MUSIC, 0);
    }

    SoundPool.OnLoadCompleteListener mListener =
        new SoundPool.OnLoadCompleteListener() {
        public void onLoadComplete(SoundPool soundPool, int sampleId, int status) {
            if (status == 0) {
                stream = soundPool.play(sampleId, 1, 1, 0, 0, 1);
            }
        }
    };

    public void mOnClick(View v) {
        MediaPlayer player;
        switch (v.getId()) {
        case R.id.load1:
            int song = pool.load(this, R.raw.goodtime, 1);
```

```
                pool.play(song, 1, 1, 0, 0, 1);
                break;
        case R.id.load2:
                pool.setOnLoadCompleteListener(mListener);
                pool.load(this, R.raw.goodtime, 1);
                break;
        case R.id.pause:
                //pool.pause(stream);
                pool.autoPause();
                break;
        case R.id.resume:
                //pool.resume(stream);
                pool.autoResume();
                break;
        }
    }
}
```

레이아웃에는 버튼 4개가 배치되어 있으며 raw 폴더에는 "즐거운 시간 되십시오" 라는 음성 리소스가 저장되어 있다. 각 버튼을 순서대로 눌러 보자.

첫 번째 버튼은 사운드를 로드한 후 곧바로 재생하는데 로드 중에 재생하므로 제대로 출력되지 않는다. 음원 크기가 아무리 작아도 로드에는 다소 시간이 걸리므로 play 메서드가 호출될 때는 아직 준비가 덜 된 상태이기 때문이다. 단, 실장비의 경우 속도가 겁나게 빠르다면 로드 직후에 바로 재생해도 소리가 들리는 경우가 있다.

두 번째 버튼은 로드 완료 리스너를 등록해 놓고 로드 명령을 내리며 리스너가 호출될 때 사운드를 재생한다. 이렇게 하면 사운드가 준비된 상태에서 바로 재생 가능하며 로드되는 동안에 다른 작업을 할 수 있다는 이점이 있다. 물론 이상적인 방법은 메서드 내부에서 사운드를 로드하지 않고 생성자나 onCreate에서 미리 로드해 놓는 것이다. 이 기능은 임의의 사운드를 실행 중에 로드해서 재생할 때 유용하다.

나머지 두 버튼은 재생을 잠시 멈추거나 재개하는데 이 예제는 재생하는 사운드가 하나밖에 없으므로 pause, resume으로도 같은 기능을 구현할 수 있다. 그러나 여러 개의 사운드를 재생 중이었다면 개별 사운드마다 정지를 명령해야 하므로 번거로워진다.

33.1.6 볼륨 조정

모든 스마트폰에는 하드웨어 볼륨키가 따로 있고 볼륨 상태는 사용자가 직접 선택하는 것이어서 프로그램이 소프트웨어적으로 볼륨을 조정할 경우는 사실 많지 않다. 볼륨을 조정할 때는 AudioManager 클래스를 사용한다. 이 클래스는 볼륨을 관리하고 더불어 벨 모드 조정, 효과음 출력 등의 소리 관련 기능도 제공한다. 시스템 서비스이므로 객체를 생성할 필요 없이 getSystemService(Context.AUDIO_SERVICE) 메서드 호출로 구한다. 먼저 정보를 구하는 메서드부터 보자. 다음 두 메서드는 볼륨의 최대값과 현재값을 조사한다.

```
int getStreamMaxVolume (int streamType)
int getStreamVolume (int streamType)
```

두 메서드 모두 조사할 볼륨의 타입을 인수로 지정한다. 안드로이드는 용도에 따라 여러 개의 볼륨 상태를 따로 관리하며 각각의 볼륨값을 개별적으로 지정할 수 있다. 예를 들어 음악은 나지막하게 듣더라도 전화 벨소리는 크게 설정할 수 있으며 알람은 가급적 크게 해 놓아야 안심이 된다.

타입	설명
STREAM_SYSTEM	시스템 볼륨이다.
STREAM_RING	벨소리의 볼륨이다.
STREAM_MUSIC	미디어 볼륨. 즉 음악과 동영상의 볼륨이다.
STREAM_ALARM	알람의 볼륨이다.
STREAM_DTMF	DTMF 톤 볼륨이다.
STREAM_NOTIFICATION	통지 알림 볼륨이다.
STREAM_VOICE_CALL	음성 알림 볼륨이다.

볼륨의 범위는 타입과 장비에 따라 다른데 보통 10단계~20단계 정도까지 지원된다. 시크바로 볼륨을 조정하고 싶다면 볼륨의 최대값을 범위로 지정하고 현재값을 progress 속성으로 지정한다. 볼륨을 조정할 때는 다음 메서드를 사용한다.

```
void adjustStreamVolume (int streamType, int direction, int flags)
void setStreamVolume (int streamType, int index, int flags)
void adjustVolume (int direction, int flags)
```

adjust 메서드는 현재값을 기준으로 상대적인 볼륨을 조정하며 두 번째 인수로 ADJUST_LOWER
나 ADJUST_RAISE를 전달하여 증감시키고 ADJUST_SAME은 현재값을 유지한다. 볼륨 조정외
에 다음 플래그로 옵션을 같이 지정한다.

플래그	설명
FLAG_ALLOW_RINGER_MODES	볼륨이 0이 되면 무음, 진동 모드로 전환한다.
FLAG_PLAY_SOUND	조정 후의 볼륨값을 직접 들려준다.
FLAG_REMOVE_SOUND_AND_VIBRATE	큐의 사운드나 진동을 제거한다.
FLAG_SHOW_UI	현재 볼륨값을 토스트로 열어 보여준다.
FLAG_VIBRATE	진동 모드가 되면 장비를 실제로 진동시킨다.

set 메서드는 원하는 절대 크기로 즉시 변경하는데 두 번째 인수 index는 0 ~ 최대값 범위 안이어
야 한다. 위의 두 메서드는 조정 대상 타입을 인수로 전달하는데 비해 adjustVolume은 현재 활성
화된 타입을 자동으로 선택한다. 통화 중이면 통화음을 조정하고, 음악 감상중이면 음악 볼륨을 조
정한다. 다음 두 메서드는 전화 벨 모드를 조사 또는 변경한다.

```
int getRingerMode ()
void setRingerMode (int ringerMode)
```

RINGER_MODE_NORMAL, RINGER_MODE_SILENT, RINGER_MODE_VIBRATE 세
종류가 있는데 각각 보통 모드, 무음 모드, 진동 모드이다. 오디오 관리자는 볼륨 조정 기능 외에도
짧은 효과음 출력을 지원한다. 다음 메서드는 시스템이 미리 정의해 놓은 효과음을 재생한다.

```
void playSoundEffect (int effectType [, float volume])
```

효과음은 다음 여러 가지 종류가 있으며 상수명으로부터 어떤 소리인지 대충 유추할 수 있다. 소리
를 말로 설명할 수는 없으니 정확한 소리는 직접 들어 보기 바란다. 별도의 리소스를 준비하지 않고
도 소리를 낼 수 있는 가장 간편한 방법이다.

```
FX_KEY_CLICK
FX_KEYPRESS_STANDARD
FX_KEYPRESS_SPACEBAR
FX_KEYPRESS_DELETE
FX_KEYPRESS_RETURN
```

다음 예제는 오디오 관리자의 모든 기능을 테스트한다.

```xml
<LinearLayout xmlns:android="http://schemas.android.com/apk/res/android"
    android:orientation="vertical"
    android:layout_width="match_parent"
    android:layout_height="match_parent"
    >
<TextView
    android:layout_width="wrap_content"
    android:layout_height="wrap_content"
    android:textSize="8pt"
    android:text="미디어 볼륨을 조정합니다."
    />
<Button
    android:id="@+id/btnplay"
    android:layout_width="wrap_content"
    android:layout_height="wrap_content"
    android:onClick="mOnClick"
    android:text="재생 시작/일시 중지"
    />
<LinearLayout
    android:layout_width="match_parent"
    android:layout_height="wrap_content"
    >
<Button
    android:id="@+id/btnvoldown"
    android:layout_width="wrap_content"
    android:layout_height="wrap_content"
    android:onClick="mOnClick"
    android:text="볼륨 감소"
    />
<Button
    android:id="@+id/btnvolup"
    android:layout_width="wrap_content"
    android:layout_height="wrap_content"
    android:onClick="mOnClick"
    android:text="볼륨 증가"
    />
</LinearLayout>
<SeekBar
    android:id="@+id/seekvolume"
```

```
        android:layout_width="match_parent"
        android:layout_height="wrap_content"
        android:padding="10dip"
        />
<Button
        android:id="@+id/btnring"
        android:layout_width="wrap_content"
        android:layout_height="wrap_content"
        android:onClick="mOnClick"
        android:text="전화벨 토글"
        />
<LinearLayout
        android:layout_width="match_parent"
        android:layout_height="wrap_content"
        >
<Button
        android:id="@+id/btneffect1"
        android:layout_width="wrap_content"
        android:layout_height="wrap_content"
        android:onClick="mOnClick"
        android:text="효과음1"
        />
<Button
        android:id="@+id/btneffect2"
        android:layout_width="wrap_content"
        android:layout_height="wrap_content"
        android:onClick="mOnClick"
        android:text="효과음2"
        />
<Button
        android:id="@+id/btneffect3"
        android:layout_width="wrap_content"
        android:layout_height="wrap_content"
        android:onClick="mOnClick"
        android:text="효과음3"
        />
</LinearLayout>
</LinearLayout>
-----------------------------------------------------
public class ChangeVolume extends Activity {
    MediaPlayer mPlayer;
    AudioManager mAm;

    public void onCreate(Bundle savedInstanceState) {
```

```
        super.onCreate(savedInstanceState);
        setContentView(R.layout.changevolume);

        mPlayer = new MediaPlayer();
        try {
            String sd = Environment.getExternalStorageDirectory().getAbsolutePath();
            mPlayer.setDataSource(sd + "/eagle5.mp3");
            mPlayer.prepare();
        } catch (Exception e) {;}

        mAm = (AudioManager)getSystemService(AUDIO_SERVICE);
        SeekBar seek = (SeekBar)findViewById(R.id.seekvolume);
        seek.setMax(mAm.getStreamMaxVolume(AudioManager.STREAM_MUSIC));
        seek.setProgress(mAm.getStreamVolume(AudioManager.STREAM_MUSIC));
        seek.setOnSeekBarChangeListener(mOnSeek);
    }

    public void mOnClick(View v) {
        switch (v.getId()) {
        case R.id.btnplay:
            if (mPlayer.isPlaying()) {
                mPlayer.pause();
            } else {
                mPlayer.start();
            }
            break;
        case R.id.btnvoldown:
            mAm.adjustStreamVolume(AudioManager.STREAM_MUSIC,
                    AudioManager.ADJUST_LOWER, AudioManager.FLAG_SHOW_UI |
                    AudioManager.FLAG_ALLOW_RINGER_MODES |
                    AudioManager.FLAG_PLAY_SOUND |
                    AudioManager.FLAG_VIBRATE );
            break;
        case R.id.btnvolup:
            mAm.adjustStreamVolume(AudioManager.STREAM_MUSIC,
                    AudioManager.ADJUST_RAISE, AudioManager.FLAG_SHOW_UI |
                    AudioManager.FLAG_ALLOW_RINGER_MODES |
                    AudioManager.FLAG_PLAY_SOUND |
                    AudioManager.FLAG_VIBRATE );
            break;
        case R.id.btnring:
            switch (mAm.getRingerMode()) {
            case AudioManager.RINGER_MODE_NORMAL:
                mAm.setRingerMode(AudioManager.RINGER_MODE_SILENT);
```

```
                break;
            case AudioManager.RINGER_MODE_SILENT:
                mAm.setRingerMode(AudioManager.RINGER_MODE_VIBRATE);
                break;
            case AudioManager.RINGER_MODE_VIBRATE:
                mAm.setRingerMode(AudioManager.RINGER_MODE_NORMAL);
                break;
            }
            break;
        case R.id.btneffect1:
            mAm.playSoundEffect(AudioManager.FX_KEYPRESS_STANDARD);
            break;
        case R.id.btneffect2:
            mAm.playSoundEffect(AudioManager.FX_KEYPRESS_SPACEBAR);
            break;
        case R.id.btneffect3:
            mAm.playSoundEffect(AudioManager.FX_KEYPRESS_RETURN);
            break;
        }
    };

    SeekBar.OnSeekBarChangeListener mOnSeek =
        new SeekBar.OnSeekBarChangeListener() {
        public void onProgressChanged(SeekBar seekBar,
                int progress, boolean fromUser) {
            mAm.setStreamVolume(AudioManager.STREAM_MUSIC,
                    progress, 0);
        }

        public void onStartTrackingTouch(SeekBar seekBar) {
        }

        public void onStopTrackingTouch(SeekBar seekBar) {
        }
    };

    public void onDestroy() {
        super.onDestroy();
        if (mPlayer != null) {
            mPlayer.release();
            mPlayer = null;
        }
    }
}
```

Mp3 파일 하나를 미리 열어 놓고 재생하면서 볼륨을 조정한다. 볼륨 감소, 볼륨 증가 버튼은 단계별로 조정하고 중앙의 시크바를 드래그하면 임의의 크기로 빠르게 조정한다. 볼륨 조정시 FLAG_SHOW_UI 플래그를 지정하여 버튼을 누를 때마다 위쪽에 현재 볼륨 상태를 보여주는 토스트가 뜬다. 물론 하드웨어 볼륨키로도 조정 가능하다.

전화벨 토글 버튼은 전화벨 모드 세 가지를 순환하면서 토글한다. 누를 때마다 상태란에 현재 모드 아이콘이 변경된다. 아래쪽 버튼은 시스템에 미리 정의된 효과음 세 가지를 출력하는데 실제 소리는 폰에 따라 다르며 아예 소리가 나지 않을 수도 있다.

33.2 비디오

33.2.1 동영상 재생

MediaPlayer는 오디오 뿐만 아니라 동영상도 재생할 수 있다. 사용 절차나 방법은 오디오와 거의 같되 사운드는 스피커로 소리만 출력하는데 비해 동영상은 움직이는 그림을 보여줄 출력 표면이 필요하다는 정도만 다르다. 재생을 시작하기 전에 다음 메서드로 출력 표면을 지정한다.

```
void setDisplay (SurfaceHolder sh)
```

출력 표면을 관리하는 SurfaceHolder 객체를 생성하여 인수로 전달하면 이 표면에 동영상이 재생된다. 표면 지정은 필수적인 것은 아니며 생략할 수도 있는데 이 경우 오디오만 재생되고 영상은 나타나지 않는다. 동영상은 미디어 파일에서 가져오는 것이므로 별도의 버퍼를 준비할 필요는 없다. 리스너는 오디오의 경우와 같되 출력 표면의 크기가 변경될 때 호출되는 다음 리스너가 하나 더 추가된다.

void setOnVideoSizeChangedListener (MediaPlayer.OnVideoSizeChangedListener listener)

동영상 파일이 열릴 때 이 리스너가 호출되며 인수로 동영상의 폭과 높이를 알려 준다. 또는 파일을 연 후 다음 두 메서드로 동영상의 크기를 조사한다.

int getVideoWidth ()
int getVideoHeight ()

그외 미디어 로드, 준비, 재생, 일시 정지, 정지하는 방법은 오디오의 경우와 같다. 미디어의 종류만 다를 뿐 같은 클래스로 재생하므로 절차가 동일할 수밖에 없다.

PlayVideo

```
<LinearLayout xmlns:android="http://schemas.android.com/apk/res/android"
    android:orientation="vertical"
    android:layout_width="match_parent"
    android:layout_height="match_parent"
    >
<Button
    android:id="@+id/play"
    android:layout_width="match_parent"
    android:layout_height="wrap_content"
    android:onClick="mOnClick"
    android:text="Play"
    />
<Button
    android:id="@+id/stop"
    android:layout_width="match_parent"
    android:layout_height="wrap_content"
    android:onClick="mOnClick"
    android:text="Stop"
    />
<SurfaceView android:id="@+id/surface"
    android:layout_width="wrap_content"
    android:layout_height="wrap_content"
    />
</LinearLayout>
-----------------------------------------------------------
public class PlayVideo extends Activity implements SurfaceHolder.Callback {
    private SurfaceView mPreview;
    private SurfaceHolder mHolder;
    MediaPlayer mPlayer;
```

```java
Button mPlayBtn;

public void onCreate(Bundle savedInstanceState) {
    super.onCreate(savedInstanceState);
    setContentView(R.layout.playvideo);

    mPreview = (SurfaceView) findViewById(R.id.surface);
    mHolder = mPreview.getHolder();
    mHolder.addCallback(this);

    mPlayBtn = (Button)findViewById(R.id.play);
}

public void mOnClick(View v) {
    switch (v.getId()) {
    case R.id.play:
        if (mPlayer.isPlaying() == false) {
            mPlayer.start();
            mPlayBtn.setText("Pause");
        } else {
            mPlayer.pause();
            mPlayBtn.setText("Play");
        }
        break;
    case R.id.stop:
        mPlayer.stop();
        try {
            mPlayer.prepare();
        } catch (Exception e) {;}
        break;
    }
}

public void surfaceChanged(SurfaceHolder surfaceholder, int i, int j, int k) {
}

public void surfaceDestroyed(SurfaceHolder surfaceholder) {
}

public void surfaceCreated(SurfaceHolder holder) {
    if (mPlayer == null) {
        mPlayer = new MediaPlayer();
    } else {
        mPlayer.reset();
```

```
            }
            try {
                String sd = Environment.getExternalStorageDirectory().getAbsolutePath();
                mPlayer.setDataSource(sd + "/testvideo.mp4");
                mPlayer.setDisplay(holder);
                mPlayer.prepare();
                mPlayer.setOnCompletionListener(mComplete);
                mPlayer.setOnVideoSizeChangedListener(mSizeChange);
            } catch (Exception e) {
                Toast.makeText(PlayVideo.this, "error : " + e.getMessage(),
                        Toast.LENGTH_LONG).show();
            }
        }

        MediaPlayer.OnCompletionListener mComplete =
            new MediaPlayer.OnCompletionListener() {
            public void onCompletion(MediaPlayer arg0) {
                mPlayBtn.setText("Play");
            }
        };

        MediaPlayer.OnVideoSizeChangedListener mSizeChange =
            new MediaPlayer.OnVideoSizeChangedListener() {
            public void onVideoSizeChanged(MediaPlayer mp, int width, int height) {
            }
        };

        protected void onDestroy() {
            super.onDestroy();
            if (mPlayer != null) {
                mPlayer.release();
            }
        }
    }
```

레이아웃에는 재생을 시작 및 정지하는 버튼 두 개와 영상 출력용 표면을 배치했다. onCreate에서 동영상 출력을 위한 표면을 초기화하고 콜백 수신자를 액티비티 자신으로 지정한다. 표면에 변화가 생길 때 홀더의 콜백이 호출되는데 표면이 생성되는 surfaceCreated에서 미디어를 연다. onCreate는 아직 표면이 초기화되기 전이므로 여기서 미디어를 열어서는 안 되며 표면이 생성될 때 열어야 한다.

편의상 동영상 미디어는 SD 카드의 루트에 있는 testvideo.mp4 파일로 하드 코딩했다. 따라서 이 예제가 제대로 실행되려면 SD 카드에 미리 동영상을 복사해 두어야 한다. 미디어를 열고 prepare 메서드를 호출하여 언제든지 재생 가능하도록 준비해 두고 콜백 리스너를 지정한다. Play 버튼을 누르면 재생이 시작되며 다시 한 번 더 누르면 잠시 정지한다.

Stop 버튼을 누르면 재생을 정지하되 다음 재생을 위해 반드시 prepare 메서드를 호출하여 준비 상태로 만들어 두어야 한다. 에뮬레이터에서도 이 예제를 실행할 수 있지만 동영상 재생은 강력한 CPU 파워가 뒷받침되어야 하므로 호스트 컴퓨터가 웬만큼 고성능이 아닌 한 제 속도로 재생되지 않는다. 실장비에서는 물론 부드럽게 잘 재생된다.

33.2.2 VideoView

MediaPlayer 클래스로 비디오를 충분히 재생할 수 있지만 기능이 많다 보니 사용하기는 다소 번거롭다. 상태에 맞춰 허용된 메서드만 호출해야 하고 예외 처리도 필요하며 각종 리스너를 등록해 두고 상황을 예의주시하면서 적절하게 대응해야 한다. 재생 위치도 타이머 돌려가며 조사해야 하고 시크바의 터치를 입력받아 위치도 직접 옮겨야 한다. 섬세하게 통제할 수 있지만 단순한 재생만 할 때는 번거로운 면이 많다.

이럴 때는 고수준의 VideoView 클래스를 사용하여 훨씬 편리하게 동영상을 재생할 수 있다. VideoView는 동영상 재생만을 전담하는 위젯으로서 다양한 소스로부터 미디어를 로드할 수 있고 미디어 크기에 따라 자신의 크기를 자동으로 조절한다. 또한 컨트롤러를 지정하면 재생 위치 표시와 재생/중지 동작을 위한 UI까지 공짜로 사용할 수 있어 아주 편리하다.

동영상 재생에 특화된 위젯이므로 사용 방법은 지극히 간단하다. 레이아웃에 VideoView 위젯을 배치해 두고 다음 메서드로 재생할 미디어만 지정하면 된다. 로컬 파일이나 네트워크 스트림 모두 읽어들일 수 있다.

```
void setVideoPath (String path)
void setVideoURI (Uri uri)
```

미디어를 로드한 후에 다음 메서드를 호출하여 재생 및 중지한다. 단순한 메서드 호출문이며 인수도 없으므로 필요할 때 호출하면 된다.

```
void start ()
void stopPlayback ()
void pause ()
void seekTo (int msec)
```

직접 프로그래밍하는 것이 귀찮다면 컨트롤러를 생성하여 부착해 둔다. MediaController 클래스는 동영상 재생 관련 버튼과 재생 위치를 나타내는 프로그래스바를 제공하므로 컨트롤러만 생성해 두면 사용자가 알아서 재생할 것이다. 컨트롤러는 레이아웃에 배치할 수 없으며 new 연산자로 생성하여 다음 메서드로 VideoView에 부착한다.

```
void setMediaController (MediaController controller)
```

컨트롤러는 재생 화면을 가리지 않기 위해 기본적으로 숨겨지며 동영상을 탭하면 3초 간 잠시 보였다가 다시 숨는다. show, hide 메서드로 강제로 보이거나 숨긴다. 다음 예제는 VideoView 위젯으로 동영상을 재생한다.

VideoViewer

```
<LinearLayout xmlns:android="http://schemas.android.com/apk/res/android"
    android:orientation="vertical"
    android:layout_width="match_parent"
    android:layout_height="match_parent"
    >
```

```
<VideoView android:id="@+id/videoview"
    android:layout_width="wrap_content"
    android:layout_height="wrap_content"
    />
</LinearLayout>
-------------------------------------------------------
public class VideoViewer extends Activity {
    public void onCreate(Bundle savedInstanceState) {
        super.onCreate(savedInstanceState);
        setContentView(R.layout.videoviewer);

        VideoView video = (VideoView)findViewById(R.id.videoview);
        String sd = Environment.getExternalStorageDirectory().getAbsolutePath();
        video.setVideoPath(sd + "/testvideo.mp4");

        final MediaController mc = new MediaController(VideoViewer.this);
        video.setMediaController(mc);
        video.postDelayed(new Runnable() {
            public void run() {
                mc.show(0);
            }
        },100);
        //video.start();
    }
}
```

레이아웃에는 리니어 안에 VideoView 위젯만 배치했다. onCreate에서 위젯 객체를 구한 후 setVideoPath 메서드로 동영상 파일의 경로를 전달하고 컨트롤러를 생성하여 부착했다. 여기까지 해 놓으면 사용자가 컨트롤러의 버튼으로 직접 동영상을 재생한다. 제일 아래에 있는 start 메서드 호출문의 주석을 풀면 실행 직후에 곧바로 동영상이 재생된다.

0.1초 후에 컨트롤러의 show 메서드를 호출하는 러너블을 실행하는 코드가 작성되어 있는데 이는 사용자에게 컨트롤러가 부착되어 있음을 보여주기 위해서이다. 이 코드가 없더라도 컨트롤러는 부착되지만 사용자가 화면을 탭하기 전에는 보이지 않고 그냥 까만 화면만 보여 뭔가 잘못된 것으로 오해할 소지가 있다.

컨트롤러에는 재생/일시 정지, 앞뒤 이동 버튼과 재생 위치를 나타내는 프로그래스바, 총 길이를 표시하는 텍스트뷰 등의 꼭 필요한 위젯만 간결하게 배치되어 있다. 만약 이 컨트롤러가 마음에 들지 않는다면 비디오 뷰에 부착하지 말고 별도의 UI를 만든 후 비디오 뷰의 재생 관련 메서드를 호출하면 된다.

33.2.3 비디오 녹화

녹화는 카메라로부터 입수된 일련의 영상을 모아 동영상으로 기록하는 동작이다. 음성 녹음과 마찬가지로 MediaRecorder 클래스를 사용하며 녹화 절차는 거의 비슷하다. 다만 동영상이므로 녹화 옵션이 좀 더 많다. 다음 메서드는 녹화할 비디오의 크기와 재생률을 지정한다.

```
void setVideoSize (int width, int height)
void setVideoFrameRate (int rate)
```

크기가 클수록 해상도가 좋아지고 프레임수가 높을수록 품질이 섬세하지만 파일 용량이 급격하게 늘어나는 반대 급부가 있으므로 적당한 수준에서 결정해야 한다. 재생할 때와 마찬가지로 카메라로부터 영상을 받아 표시할 미리 보기 표면이 필요하다.

```
void setPreviewDisplay (Surface sv)
```

레이아웃에 표면을 배치한 후 이 메서드로 전달하면 여기에 미리 보기가 출력된다. 다음 예제는 녹화 및 재생 확인 기능을 제공한다. 소스 길이는 짧지만 이 정도 코드만으로도 간단한 캠코더는 쉽게 만들 수 있다. 오디오 녹음과 마찬가지로 RECORD_AUDIO, WRITE_EXTERNAL_STORAGE 퍼미션이 필요하며 또한 영상을 입수해야 하므로 CAMERA 퍼미션도 지정한다.

RecVideo

```xml
<LinearLayout xmlns:android="http://schemas.android.com/apk/res/android"
    android:layout_width="match_parent"
    android:layout_height="match_parent"
    >
<LinearLayout
    android:orientation="vertical"
    android:layout_width="150dip"
    android:layout_height="match_parent"
    android:background="#404040"
    >
<Button
    android:id="@+id/start"
    android:layout_width="match_parent"
    android:layout_height="wrap_content"
    android:text="Start"
    />
<Button
    android:id="@+id/play"
    android:layout_width="match_parent"
    android:layout_height="wrap_content"
    android:text="Play"
    />
</LinearLayout>
<FrameLayout
    android:layout_width="wrap_content"
    android:layout_height="match_parent"
    >
<SurfaceView android:id="@+id/surface"
    android:layout_width="wrap_content"
    android:layout_height="wrap_content"
    />
<VideoView android:id="@+id/videoview"
    android:layout_width="wrap_content"
    android:layout_height="wrap_content"
    android:visibility="invisible"
```

```
        />
</FrameLayout>
</LinearLayout>
- - - - - - - - - - - - - - - - - - - - - - - - - - - - - - - - - - - - - - - - - - - -
public class RecVideo extends Activity  implements SurfaceHolder.Callback {
    MediaRecorder mRecorder = null;
    Button mStartBtn, mPlayBtn;
    boolean mIsStart = false;
    String Path = "";
    private SurfaceView mPreview;
    private SurfaceHolder mHolder;
    VideoView mVideo;

    public void onCreate(Bundle savedInstanceState) {
        super.onCreate(savedInstanceState);
        setContentView(R.layout.recvideo);

        mPreview = (SurfaceView) findViewById(R.id.surface);
        mHolder = mPreview.getHolder();
        mHolder.addCallback(this);
        mVideo = (VideoView)findViewById(R.id.videoview);

        mStartBtn = (Button)findViewById(R.id.start);
        mPlayBtn = (Button)findViewById(R.id.play);

        mStartBtn.setOnClickListener(new Button.OnClickListener() {
            public void onClick(View v) {
                mPreview.setVisibility(View.VISIBLE);
                mVideo.setVisibility(View.INVISIBLE);
                if (mIsStart == false) {
                    String sd = Environment.getExternalStorageDirectory().getAbsolutePath();
                    Path = sd + "/recvideo.mp4";
                    if (mRecorder == null) {
                        mRecorder = new MediaRecorder();
                    } else {
                        mRecorder.reset();
                    }
                    mRecorder.setVideoSource(MediaRecorder.VideoSource.CAMERA);
                    mRecorder.setAudioSource(MediaRecorder.AudioSource.MIC);
                    mRecorder.setOutputFormat(MediaRecorder.OutputFormat.MPEG_4);
                    mRecorder.setVideoEncoder(MediaRecorder.VideoEncoder.MPEG_4_SP);
                    mRecorder.setAudioEncoder(MediaRecorder.AudioEncoder.AMR_NB);
                    mRecorder.setOutputFile(Path);
                    mRecorder.setPreviewDisplay(mHolder.getSurface());
```

```
                try {
                    mRecorder.prepare();
                    mRecorder.start();
                } catch (IllegalStateException e) {
                    Toast.makeText(RecVideo.this, "IllegalStateException : " +
                            e.toString(), 1).show();
                    return;
                } catch (IOException e) {
                    Toast.makeText(RecVideo.this, "IOException : " +
                            e.toString(), 1).show();
                    return;
                } catch (Exception e) {
                    Toast.makeText(RecVideo.this, "Exception : " +
                            e.toString(), 1).show();
                    return;
                }
                mIsStart = true;
                mStartBtn.setText("Stop");
            } else {
                mRecorder.stop();
                mRecorder.release();
                mRecorder = null;
                mIsStart = false;
                mStartBtn.setText("Start");
            }
        }
    });

    mPlayBtn.setOnClickListener(new Button.OnClickListener() {
        public void onClick(View v) {
            if (Path.length() == 0 || mIsStart) {
                Toast.makeText(RecVideo.this, "녹화를 먼저 하십시오.", 0).show();
                return;
            }
            mPreview.setVisibility(View.INVISIBLE);
            mVideo.setVisibility(View.VISIBLE);
            mVideo.setVideoPath(Path);
            mVideo.start();
        }
    });
}

public void surfaceChanged(SurfaceHolder surfaceholder, int i, int j, int k) {
}
```

```
public void surfaceDestroyed(SurfaceHolder surfaceholder) {
}

public void surfaceCreated(SurfaceHolder holder) {
}

public void onDestroy() {
    super.onDestroy();
    if (mRecorder != null) {
        mRecorder.release();
        mRecorder = null;
    }
}
}
```

레이아웃에는 버튼 두 개와 표면을 배치했으며 표면과 같은 영역에 녹화 영상 확인을 위한 비디오 뷰를 겹쳐서 배치했다. 카메라가 세로 촬영도 지원하지만 일반적이지 않으므로 액티비티는 가로 전용으로 설정했다. Start 버튼을 누르면 녹화가 시작되고 다시 누르면 중지한다. 재생 버튼을 누르면 녹화된 영상을 바로 확인한다.

표면에 대한 지정과 비디오 옵션을 조정하는 코드가 추가로 들어가 있다는 것 외에 음성 녹음과 거의 같다. 비디오에는 당연히 음성도 같이 녹음해야 하므로 오디오 소스와 오디오 인코더도 같이 지정한다. 오디오 관련 옵션을 설정하지 않으면 영상만 녹화되며 소리는 완전히 제외된다. 의도적으로 오디오를 배제하려면 비디오 소스만 지정해도 상관없다.

물리적인 카메라가 필요하므로 이 예제는 에뮬레이터에서는 실행해볼 수 없으며 실장비에서 테스트 해야 한다. 에뮬레이터에서 실행하면 prepare 메서드가 실패하는데 영상을 얻을 수 있는 장비가 없는데다 더미 동영상조차도 인코딩하지 못할 정도로 느려 원활하게 동작하지 못한다. 레퍼런스에 동영상 녹화는 에뮬레이터에서 실행되지 않는다고 분명히 명시되어 있다.

실장비에서는 물론 잘 녹화되지만 위 예제는 최저 화질로 녹화되어 품질이 좋지 못하다. setVideoSize 메서드로 해상도를 장비의 최대치만큼 지정하고 setVideoFrameRate 메서드로 프레임 수를 높이면 고화질로 녹화할 수 있다. 그러나 품질을 상수로 지정해 버리면 그 품질을 지원하지 못하는 장비에서 녹화되지 않는 호환성의 문제가 있어 범용적이어야 하는 예제의 특성상 디폴트 화질로 설정했다. 실제 프로젝트에서는 실장비의 능력치를 실시간으로 조사하여 적당한 해상도와 프레임 수를 선택해야 한다.

33.3 미디어 DB

33.3.1 미디어 스캐닝

이미지, 오디오, 비디오 등의 미디어는 네트워크로 스트리밍되는 특수한 경우를 제외하고 통상 저장 장치에 파일 형태로 존재한다. 새로운 음악이나 동영상을 구했으면 PC와 연결한 후 장비의 SD 카드로 복사해야 폰에서 감상할 수 있다. 이때 미디어 재생 프로그램이 새로 복사된 파일을 어떻게 인식하는지 간단하게 테스트해 보자. 깔끔한 실험을 위해 테스트용 AVD를 새로 만들고 DDMS를 통해 이미지 파일 몇 개와 MP3 파일을 복사한다.

그리고 이미지 뷰어인 갤러리와 음악 재생기인 뮤직을 실행해 보자. 분명히 복사를 했음에도 재생기는 아직 파일의 존재를 인식하지 못한다. SD 카드에 물리적으로 복사는 되었지만 논리적 목록에 추가되지 않았기 때문이다. DevTools에서 Media Provider를 실행하고 Scan SD card 버튼을 눌러 새로 복사된 파일을 목록에 추가해야 한다. 미디어 스캔이란 SD 카드를 검색하여 미디어 목록을 갱신하는 동작이다.

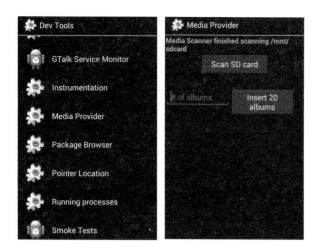

스캔 후에 갤러리와 뮤직을 다시 실행해 보면 새로 복사한 파일이 보이며 재생도 가능하다. Music 앱에는 파일명뿐만 아니라 가수 이름, 노래 제목은 물론이고 앨범 자켓 이미지까지 표시된다. 요즘 은 Mp3 파일에 앨범 이미지와 음원 관련 정보, 심지어 가사까지 포함되어 있어 재생 중에도 음원에 대한 상세한 정보를 확인할 수 있다.

안드로이드 미디어 관리 정책의 핵심은 스캐닝이다. 물리적인 파일의 목록을 읽지 않고 스캐닝을 통해 파일의 정보를 데이터베이스에 정리한 후 DB에서 미디어의 정보를 구한다. 에뮬레이터뿐만 아니라 모든 안드로이드 장비는 이 방식대로 미디어를 관리한다. 한 단계를 더 거치는 대신 여러 가지 장점이 있다.

① 재생기의 시작 속도가 빨라진다. 여기저기 흩어져 있는 파일에서 정보를 일일이 조사하는 것이 아니라 이미 정리된 DB에서 목록을 구하므로 민첩하게 실행된다. 음악을 듣고 싶을 때 재생기가 꾸물거리면 짜증날 것이다.

② 재생기의 동작 속도가 빨라지는데 특히 스크롤이 부드러워진다. 실시간으로 DB를 읽어들여도 스크롤 속도에 충분히 맞출 수 있어 원하는 미디어를 신속하게 선택할 수 있다. 파일에서 일일이 정보를 읽어서는 제 속도를 낼 수 없다.

③ 다양한 부가 정보를 같이 표시할 수 있다. 이미지의 썸네일, 방향, 촬영 위치 등이 미디어 DB에 기록되며 MP3는 가수, 앨범, 자켓 이미지 등도 미리 조사된다. 개별 파일을 열지 않아도 목록에 상세 정보를 출력할 수 있어 보기에 좋고 선택하기도 편리하다.

④ DB로부터 필터링할 수 있어 대량의 미디어도 관리하기 쉽다. 특정 가수의 노래만 듣는다거나 고해상도의 동영상만 골라서 감상할 수 있다. 임의 순서로 정렬하기 쉬워 감상 순서도 마음대로 조정할 수 있다.

요약하자면 스캐닝은 빠른 속도와 부가 정보 획득을 위해 모든 미디어 파일의 정보를 미디어 DB라는 한 곳에서 중앙 집중적으로 관리하는 기법이다. 정보가 모이면 DB의 모든 혜택을 마음껏 누릴수 있다. 다음은 실장비에 표시된 음악 목록이다.

파일이 아무리 많아도 전체 목록을 일목요연하게 볼 수 있으며 스크롤 속도는 환상적으로 빠르다. 목록에는 상세한 부가 정보가 표시되고 위쪽 탭에서 앨범별, 가수별로 필터링할 수 있으며 듣고 싶은 노래만 선별하여 자신만의 목록을 만들 수도 있다.

속도나 제공되는 정보의 양이 풍부해 사용자 입장에서는 아주 만족스러운 기능이다. 그러나 한 단계를 더 거침으로 인해 초래되는 불편함도 만만치 않으며 기계가 작성하는 목록이 항상 완벽한 것도 아니다. 다음은 미디어 스캐닝의 일반적인 단점이다.

① 실제 미디어 목록과 DB의 불일치가 발생할 수 있다. 새로 복사한 파일은 스캐닝 하기 전에 인식되지 않으며 지워진 파일도 아직 존재하는 것으로 오인된다. DB의 정보는 어디까지나 사본일 뿐이어서 항상 원본과 달라질 가능성이 있다.

② 스캐닝은 백그라운드에서 실행되는데 파일의 개수가 많을 경우 시간이 상당히 오래 걸린다. 모든 미디어를 일일이 열어 정보를 조사하므로 장시간이 소요되며 CPU 점유율도 높아 스캐닝 중에 다른 작업을 하기 어렵다. 대량의 파일을 복사한 직후에는 10분 이상이 걸리기도 한다. 게다가 스캐닝은 자동으로 수행되기 때문에 사용자가 통제할 수도 없다.

③ 감상용 미디어가 아닌 잡스러운 미디어도 덩달아 스캐닝된다. 게임 효과음이나 벨소리는 감상용 음악은 아니지만 오디오 파일의 일종이므로 재생 목록에 표시된다. 스캐닝 대상에서 제외하고 싶은 디렉터리에 .nomedia 파일을 배치해 두는 해결책이 있지만 여전히 불편하다.

④ 남에게 보여주기 싫은 미디어까지 목록에 죄다 다 까발려진다. 폰은 개인적인 장비이므로 꽁꽁 숨겨 놓고 혼자만 살짝 보고 싶은 동영상도 가끔은 있다. 사진도 지극히 개인적인 정보이므로 목록이 훤히 드러나는 것이 달갑지 않다.

게다가 조만간 수정되겠지만 아직도 스캐닝 기능에 버그가 있다. ID3 태그가 완전하지 못한 파일은 엉뚱한 정보가 조사되며 한글이 깨지는 문제도 있다. 미디어 파일의 정보가 불완전하다는 것도 실용성을 반감시키는데 같은 가수임에도 철자가 틀리면 다른 가수로 인식된다. MissA나 미스에이나 같은 가수지만 미디어 스캐너는 이런 것까지 구분하지 못한다. 또한 구형 포맷은 정보가 없어 제대로 분류되지 않는다.

미디어 스캐닝은 장점만큼이나 단점도 많아서 사람에 따라 호불호가 갈리는 기능이다. 개발자 입장에서 볼 때 이 기능이 살짝 못마땅하며 사용자 입장에서도 불편한 면이 있는데 아마도 데스크톱에서 폴더별로 직접 음악을 선택하여 관리하던 습관의 문제인 듯 하다. 유용한 기능인 것은 분명하지만 운영체제 수준에서 지원하는 것보다 응용 프로그램 수준에서 관리하는 것이 바람직해 보인다.

몇 가지 문제가 있지만 구글은 최종 사용자 입장에서 유용한 기능이라고 판단하여 미디어 스캐닝을 운영체제 차원에서 지원하기로 결정했다. 아무리 음악을 좋아하는 사람이라도 하루에 한 번 이상 새로 음악을 받지는 않으므로 가끔 스캐닝해 두고 편리하게 사용하자는 정책도 설득력이 있다. 또 모바일 장비의 부족한 성능을 DB로 극복하려는 이유도 있으며 경쟁 제품과 기능적인 보조를 맞출 필요도 있었다.

운영체제 차원에서 스캐닝을 사용하므로 안드로이드에서 실행되는 프로그램은 DB에서 미디어 목록을 구해야 한다. 또한 미디어를 생성하는 프로그램은 항상 실제 목록과 DB를 동기화할 의무가 있다. 카메라나 녹음기는 생성한 파일의 정보를 SD 카드 뿐만 아니라 DB에도 기록한다. 응용 프로그램이 DB를 실시간으로 정확하게 잘 관리한다면 최종 사용자는 아무 불편 없이 멀티미디어를 즐길 수 있다.

33.3.2 DB의 구조

안드로이드 운영체제가 미디어를 DB로 관리하므로 멀티미디어 응용 프로그램은 미디어 DB를 통해 정보를 얻는다. 미디어의 목록을 관리하는 클래스는 android.provider 패키지에 소속된 MediaStore이되 이 클래스 자체는 몇 가지 상수만 제공할 뿐이고 실제 관리 기능은 중첩된 내부 클래스가 담당한다. MediaStore는 문법적으로는 클래스이지만 자체적인 기능은 거의 없고 내부 클래스와 인터페이스를 담는 통에 불과하다.

내부 클래스인 Images, Audio, Video는 각각 이미지, 오디오, 비디오를 관리하는데 이름만 봐도 기능이 너무 명백하다. 각 내부 클래스도 실제 기능은 정의되어 있지 않고 중첩된 다른 인터페이스나 클래스만 가진다. 클래스가 3중 4중으로 중첩되어 있는데다 상속 관계도 복잡해서 구조가 한눈에 잘 들어오지 않아 혼란스러운데 먼저 클래스 구조부터 잘 파악해야 한다. 다음 그림은 클래스 간의 포함 관계를 나타낸 것으로서 사각형은 클래스이고 타원은 인터페이스이다.

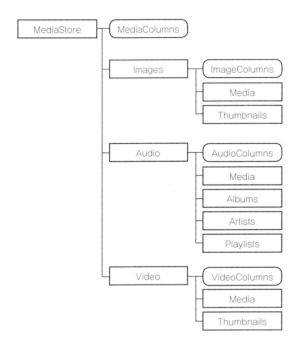

이 그림에서 클래스 사이를 잇는 직선은 상속 관계가 아니라 포함 관계임을 주의하자. MediaStore 클래스에 내부 클래스가 여러 겹으로 중첩되어 있다. 따라서 특정 클래스를 사용하려면 외부 클래스부터 경로를 순차적으로 밝혀야 한다. 예를 들어 이미지 목록을 관리하는 클래스의 완전 경로는 다음과 같다.

```
MediaStore.Images.Media
```

데이터베이스 구조를 빠르게 파악하려면 테이블을 구성하는 필드의 구조, 즉 스키마부터 우선적으로 관찰한다. 컬럼의 이름은 내부 인터페이스에 상수로 정의되어 있으며 컬럼 인터페이스끼리는 다음과 같은 상속 계층을 구성한다.

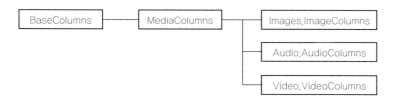

BaseColumns는 안드로이드에 있는 모든 테이블 스키마의 루트에 해당하며 레코드 개수와 레코드의 유일한 PK인 _id 필드를 정의한다. 이 두 필드는 미디어 DB뿐만 아니라 모든 테이블에 공통적으로 필요하다. MediaColumns 인터페이스도 이 두 필드를 상속받으며 하위의 다른 인터페이스도 물론이다.

미디어 DB 관련 파생 인터페이스는 MediaStore 클래스의 내부 인터페이스로 정의되어 있다. 사진, 음악, 동영상 파일의 속성이 다르므로 필요한 컬럼의 목록도 당연히 다르다. 모든 미디어 파일의 공통 속성은 MediaColumns 인터페이스가 정의한다. 다음 도표의 위쪽 두 필드는 BaseColumns로부터 상속받은 것이며 나머지는 미디어 DB가 정의하는 것이다.

필드명 상수(필드명)	필드의 타입	설명
_COUNT(_count)	int	레코드 개수
_ID(_id)	long	레코드의 pk
DATA(_data)	DATA_STREAM	데이터 스트림. 파일의 경로
SIZE(_size)	long	파일 크기
DISPLAY_NAME(_display_name)	text	파일 표시명
MIME_TYPE(mime_type)	text	마임 타입
TITLE(title)	text	제목
DATE_ADDED(date_added)	long	추가 날짜. 초 단위
DATE_MODIFIED (date_modified)	long	최후 갱신 날짜. 초 단위

컬럼 인터페이스는 DB를 구성하는 필드의 이름 문자열을 상수로 제공하는 역할을 한다. 예를 들어 미디어의 크기를 저장하는 필드명은 다음과 같이 정의되어 있다.

```
public static final String SIZE = "_size"
```

컬럼 인터페이스는 필드의 이름을 정의하므로 모든 상수 멤버는 문자열 타입이다. 주의할 것은 상수 멤버의 타입과 필드 자체의 타입은 다르다는 것이다. 필드 자체의 타입은 저장하는 정보에 따라 달라지는데 예를 들어 미디어의 크기값을 저장하는 SIZE 필드는 정수형의 long 타입으로 정의되어 있다. 각 필드의 실제 타입은 레퍼런스에서 확인한다.

MediaColumns 인터페이스는 표시명, 크기, 경로, 타입, 제목, 날짜 등 모든 미디어에 공통적으로 필요한 컬럼을 정의한다. 날짜는 1970년을 기준으로 한 절대 초이며 단위는 필드마다 달라지는데 추가, 갱신 날짜의 경우는 초 단위이다. MediaColumns가 정의하는 필드는 모든 미디어 파일에 공통되는 것이며 미디어별 속성은 서브 인터페이스가 정의한다. 이미지의 필드 목록은 ImageColumns 인터페이스가 정의한다.

필드명 상수(필드명)	필드의 타입	설명
DESCRIPTION(description)	text	이미지에 대한 설명
PICASA_ID(picasa_id)	text	피카사에서 매기는 id
IS_PRIVATE(isprivate)	int	공개 여부
LATITUDE(latitude)	double	위도
LONGITUDE(longitude)	double	경도
DATE_TAKEN(datetaken)	int	촬영날짜. 1/1000초 단위
ORIENTATION(orientation)	int	사진의 방향. 0, 90, 180, 270
MINI_THUMB_MAGIC(mini_thumb_magic)	int	작은 썸네일
BUCKET_ID(bucket_id)	text	버킷 ID
BUCKET_DISPLAY_NAME(bucket_display_name)	text	버킷의 이름

이미지에 대한 간단한 설명, 촬영 위치, 촬영 방향, 썸네일 등의 속성이 추가로 정의되어 있다. 이미지는 보통 카메라를 통해 촬영되므로 촬영 당시 획득할 수 있는 정보가 DB에 저장된다. 물론 모든 정보가 항상 존재하는 것은 아니며 일부 컬럼은 정보가 없는 null 상태일 수도 있다.

다음은 오디오의 속성을 정의하는 AudioColumns 인터페이스의 컬럼 목록을 보자. 그림을 저장하는 이미지의 속성과 확연히 다르다. 주로 음반 형태로 발매되므로 앨범이나 가수에 대한 정보가 추가된다. 개수가 굉장히 많아 일부 주요 필드만 정리했는데 레퍼런스에는 모든 컬럼이 다 정리되어 있다.

필드명 상수(필드명)	필드의 타입	설명
ALBUM(album)	text	앨범명
ARTIST(artist)	text	가수명
BOOKMARK(bookmark)	long	마지막 재생 위치
DURATION(duration)	long	총 재생 시간
IS_MUSIC(is_music)	int	음악 파일 여부
TRACK(track)	int	앨범 내의 트랙 위치
YEAR(year)	int	발표 년도

동영상의 속성을 정의하는 VideoColumns 인터페이스의 컬럼 목록은 오디오와 비슷하지만 추가 정보가 있다. 동영상은 해상도가 곧 품질과 직결되므로 해상도 정보가 포함되고 자막을 고려하여 언어에 대한 정보도 제공된다.

필드명 상수(필드명)	필드의 타입	설명
ALBUM(album)	text	앨범명
ARTIST(artist)	text	가수명
BOOKMARK(bookmark)	long	마지막 재생 위치
DURATION(duration)	long	총 재생 시간
CATEGORY(category)	text	유튜브의 범주
LANGUAGE(language)	text	언어
RESOLUTION(resolution)	text	해상도

MediaStore의 인터페이스가 정의하는 컬럼은 어디까지나 일반적으로 많이 사용되는 목록일 뿐이다. 이 정보 외에도 제조사의 필요에 따라 추가 정보가 더 포함되고 일부 불필요한 컬럼은 삭제된다. 인터페이스는 어디까지나 자주 사용하는 컬럼의 목록을 정의할 뿐이지 모든 장비가 이 컬럼을 제공해야 할 의무가 있다는 뜻은 아니다.

각 장비의 미디어 DB를 조사해 보면 필드 목록이 조금씩 다른데 제조사의 정책이나 구현 편의상 필요한 컬럼이 추가되기도 한다. 가령 예를 든다면 최근 재생한 음악인지 등의 런타임 정보나 유료 결제 파일인지의 여부 등의 정보가 더 필요하다. 물론 그렇다고 해서 완전히 다르지는 않으며 일반적인 필드는 대부분 제공되므로 호환성에는 별 문제가 없다.

33.3.3 미디어 덤프

DB 구조를 연구해 보았으므로 이제 실제 미디어 DB에 등록된 레코드를 조사하여 덤프해 보자. 대표적으로 이미지 목록에 대해서 연구해 보되 오디오나 비디오의 경우도 거의 유사하다. 이미지의 목록을 관리하는 클래스는 Images.Media 이며 목록과 관련된 다음 상수를 정의한다.

상수(실제값)	설명
EXTERNAL_CONTENT_URI content://media/external/images/media	외부 저장 장치의 모든 이미지에 대한 Uri이다.
INTERNAL_CONTENT_URI content://media/internal/images/media	내부 저장 장치의 모든 이미지에 대한 Uri이다.
CONTENT_TYPE vnd.android.cursor.dir/image	이미지 디렉터리의 마임 타입을 정의한다. 디렉터리내의 파일은 적절한 이미지 마임 타입을 가져야 한다.
DEFAULT_SORT_ORDER bucket_display_name	정렬 순서를 지정한다.

쿼리 실행 시 전달할 URI와 마임 타입 등이 정의되어 있다. 상수 외에 다음 몇 가지 메서드도 제공되나 콘텐츠 리졸버의 메서드를 대신 호출하는 래퍼 기능을 수행하며 이미지 삽입과 추출 등의 유틸리티 기능 정도에 불과하다.

```
Cursor query (ContentResolver cr, Uri uri, String[] projection, String where, String
orderBy)
String insertImage (ContentResolver cr, String imagePath, String name, String
description)
Bitmap getBitmap (ContentResolver cr, Uri url)
```

미디어의 목록을 관리하는 실제 작업은 범용 콘텐츠 관리 클래스인 ContentResolver의 다음 메서드가 처리한다. 이 메서드로 미디어 DB뿐만 아니라 안드로이드에서 실행되는 모든 CP의 정보를 조사할 수 있다.

```
Cursor query (Uri uri, String[] projection, String selection, String[] selectionArgs,
String sortOrder)
Uri insert (Uri url, ContentValues values)
int delete (Uri url, String where, String[] selectionArgs)
int update (Uri uri, ContentValues values, String where, String[] selectionArgs)
```

query 메서드로 목록을 조사하되 대상 URI를 각 미디어 관리 클래스가 정의하는 URI로 전달하며 리턴된 커서로부터 필드값을 조사할 때 미디어 컬럼 인터페이스가 정의하는 컬럼명을 사용한다. 필드 목록, 필터링 조건, 정렬 순서 등에 대한 지정은 일반적인 데이터베이스 문법을 따른다. 결국 MediaStore와 그 중첩 클래스는 쿼리문을 위한 상수만 제공할 뿐이지 실제 목록 관리는 콘텐츠 리졸버가 하는 셈이다.

Images.Thumbnails는 미디어 DB에 저장된 이미지 썸네일에 대한 상수와 유틸리티 메서드를 정의한다. 같은 방식으로 Audio.Media는 오디오 목록, Video.Media는 비디오에 대한 목록을 관리한다. 정의된 상수의 종류나 유틸리티 메서드에 약간씩 차이가 있을 뿐 목록을 관리하는 방법은 거의 같다.

다음 예제는 DB의 컬럼 목록과 모든 미디어 목록을 조사하여 문자열 형태로 출력한다. 실용성은 없지만 미디어 DB의 구조를 탐구해 보고 현재 장비의 미디어 상태를 점검해 보는 유틸리티로 쓸만하다. 당연한 얘기겠지만 이 예제가 제대로 동작하려면 미디어 스캔이 먼저 수행되어 있어야 한다.

DumpMedia

```xml
<LinearLayout xmlns:android="http://schemas.android.com/apk/res/android"
    android:orientation="vertical"
    android:layout_width="match_parent"
    android:layout_height="match_parent"
    android:background="#404040"
    >
<RadioGroup
    android:id="@+id/media"
    android:orientation="horizontal"
    android:layout_width="match_parent"
    android:layout_height="wrap_content"
    android:checkedButton="@+id/image"
    >
<RadioButton
    android:id="@id/image"
    android:layout_width="wrap_content"
    android:layout_height="wrap_content"
    android:text="Image"
    />
<RadioButton
    android:id="@+id/audio"
    android:layout_width="wrap_content"
```

```xml
        android:layout_height="wrap_content"
        android:text="Audio"
        />
    <RadioButton
        android:id="@+id/video"
        android:layout_width="wrap_content"
        android:layout_height="wrap_content"
        android:text="Video"
        />
    </RadioGroup>
    <ToggleButton
        android:id="@+id/storage"
        android:layout_width="wrap_content"
        android:layout_height="wrap_content"
        android:textOn="내부 메모리"
        android:textOff="외부 메모리"
        />
    <ScrollView
        android:layout_width="match_parent"
        android:layout_height="match_parent"
        android:background="#ffffff"
        >
    <TextView
        android:id="@+id/result"
        android:layout_width="match_parent"
        android:layout_height="match_parent"
        android:background="#ffffff"
        android:textColor="#000000"
        />
    </ScrollView>
</LinearLayout>
```

```java
public class DumpMedia extends Activity {
    ContentResolver mCr;
    TextView mResult;
    RadioGroup mMedia;
    ToggleButton mStorage;

    public void onCreate(Bundle savedInstanceState) {
        super.onCreate(savedInstanceState);
        setContentView(R.layout.dumpmedia);
        mCr = getContentResolver();
        mResult = (TextView)findViewById(R.id.result);
        mStorage = (ToggleButton)findViewById(R.id.storage);
```

```
        mMedia = (RadioGroup)findViewById(R.id.media);

        mMedia.setOnCheckedChangeListener(new
                RadioGroup.OnCheckedChangeListener() {
            public void onCheckedChanged(RadioGroup group, int checkedId) {
                dumpQuery();
            }
        });
        mStorage.setOnCheckedChangeListener(new
                CompoundButton.OnCheckedChangeListener() {
            public void onCheckedChanged(CompoundButton buttonView,
                    boolean isChecked) {
                dumpQuery();
            }
        });

        dumpQuery();
    }

    void dumpQuery() {
        StringBuilder result = new StringBuilder();
        Uri uri;
        boolean instorage = mStorage.isChecked();

        // 미디어 종류와 메모리 위치로부터 URI 결정
        switch (mMedia.getCheckedRadioButtonId()) {
        case R.id.image:
            default:
            uri = instorage ? Images.Media.INTERNAL_CONTENT_URI:
                Images.Media.EXTERNAL_CONTENT_URI;
            break;
        case R.id.audio:
            uri = instorage ? Audio.Media.INTERNAL_CONTENT_URI:
                Audio.Media.EXTERNAL_CONTENT_URI;
            break;
        case R.id.video:
            uri = instorage ? Video.Media.INTERNAL_CONTENT_URI:
                Video.Media.EXTERNAL_CONTENT_URI;
            break;
        }
        Cursor cursor = mCr.query(uri, null, null, null, null);

        // 필드 목록 출력
        int nCount = cursor.getColumnCount();
```

```
result.append("num colume = " + nCount + "\n\n");
for (int i = 0; i < nCount; i++) {
    result.append(i);
    result.append(":" + cursor.getColumnName(i) + "\n");
}

result.append("\n=====================\n\n");

// 레코드 목록 출력
result.append("num media = " + cursor.getCount() + "\n\n");
int count = 0;
while (cursor.moveToNext()) {
    result.append(getColumeValue(cursor, MediaColumns._ID));
    result.append(getColumeValue(cursor, MediaColumns.DISPLAY_NAME));
    result.append(getColumeValue(cursor, MediaColumns.TITLE));
    result.append(getColumeValue(cursor, MediaColumns.SIZE));
    result.append(getColumeValue(cursor, MediaColumns.DATE_ADDED));
    result.append(getColumeValue(cursor, MediaColumns.MIME_TYPE));

    switch (mMedia.getCheckedRadioButtonId()) {
    case R.id.image:
        result.append(getColumeValue(cursor, Images.ImageColumns.DATE_TAKEN));
        result.append(getColumeValue(cursor, Images.ImageColumns.DESCRIPTION));
        result.append(getColumeValue(cursor, Images.ImageColumns.ORIENTATION));
        result.append(getColumeValue(cursor, Images.ImageColumns.LATITUDE));
        break;
    case R.id.audio:
        result.append(getColumeValue(cursor, Audio.AudioColumns.ALBUM));
        result.append(getColumeValue(cursor, Audio.AudioColumns.ARTIST));
        result.append(getColumeValue(cursor, Audio.AudioColumns.YEAR));
        result.append(getColumeValue(cursor, Audio.AudioColumns.DURATION));
        break;
    case R.id.video:
        result.append(getColumeValue(cursor, Video.VideoColumns.DURATION));
        result.append(getColumeValue(cursor, Video.VideoColumns.RESOLUTION));
        break;
    }
    result.append("\n");
    count++;
    if (count == 32) break;
}
cursor.close();

mResult.setText(result.toString());
```

```
    }

    String getColumeValue(Cursor cursor, String cname) {
        String value = cname + " : " +
            cursor.getString(cursor.getColumnIndex(cname)) + "\n";
        return value;
    }
}
```

레이아웃에는 미디어 종류와 메모리 위치를 선택할 수 있는 위젯과 덤프 결과 확인을 위한 텍스트뷰가 배치되어 있다. 선택을 변경하는 즉시 해당 정보를 조사하여 아래쪽의 텍스트뷰에 출력하므로 별도의 조사 명령을 내릴 필요는 없다. 실행 결과는 장비의 파일 목록에 따라 다르다.

이 예제의 핵심은 덤프를 수행하는 dumpQuery 메서드이다. 위젯에서 선택한 메모리 위치와 미디어 종류에 따라 조사할 대상의 URI를 선택하는데 각 미디어 관련 클래스에 정의된 상수 중 하나를 대입한다. 이미지, 오디오, 비디오 각각에 대해 내부, 외부 메모리 두 가지의 조합을 취할 수 있으므로 URI는 여섯 개 중 하나가 된다.

URI를 결정한 후 콘텐츠 리졸버의 query 메서드를 호출하여 미디어 목록을 조회한다. 전체 목록을 조건이나 정렬 없이 조회했는데 query의 나머지 인수를 활용하면 원하는 정보만 뽑아볼 수 있다. 콘텐츠 리졸버는 URI로부터 미디어 DB를 관리하는 CP를 찾아 호출하며 CP는 요청된 쿼리를 수행하여 결과셋을 커서 객체로 리턴한다. 커서의 필드 목록을 먼저 조사하여 출력했는데 이는 어디까지나 DB의 구조를 들여다 보기 위한 학습용이다. 필드의 개수나 종류가 장비마다 조금씩 차이가 있다.

이후 커서에 저장된 레코드를 읽음으로써 미디어 목록과 각 미디어의 부가 정보를 구한다. MediaColumns에 정의된 공통 컬럼을 먼저 조사하고 미디어 종류별로 고유한 속성도 조사하여 하나의 문자열로 조립한 후 아래쪽의 텍스트뷰에 뿌린다. 루프를 끝까지 돌면 모든 미디어 목록을 다 조사할 수 있지만 실장비에서는 시간이 너무 오래 걸려 32개까지만 조사했다.

예제에서는 단순히 목록을 조사만 하는데 조사된 목록을 어떻게 활용할 것인가는 프로그램의 용도에 따라 달라진다. 이미지 뷰어는 순차적으로 이미지를 보여줌으로써 슬라이드 쇼를 하고 MP3 플레이어는 오디오 목록을 리스트뷰에 출력해 놓고 사용자가 선택한 음악을 재생할 것이다.

33.3.4 미디어 방송

DumpMedia 예제는 미디어의 목록을 정확하고 신속하게 잘 보여주지만 현재 상태만 보여줄 뿐 이후의 변화에는 제대로 반응하지 못한다. 어떤 문제점이 있는지 에뮬레이터에서 다음 실험을 해 보면 알 수 있는데 귀찮다면 굳이 해 보지 않더라도 결과를 이해할 수 있다.

① DumpMedia를 실행하여 이미지 파일의 현재 개수를 확인한다. 상황에 따라 다르겠지만 예를 들어 5개 있었다고 가정하자.

② 이 상태에서 DDMS로 이미지 파일 하나를 SD 카드로 복사한다. 그리고 미디어 스캐너를 실행하여 DB를 갱신하면 새로 추가된 파일의 정보가 DB에 기록된다.

③ DumpMedia 프로그램으로 돌아와 이미지 개수를 확인해 보면 여전히 5개이다. Audio를 선택했다가 다시 Image로 돌아와 강제로 다시 조사하면 제대로 갱신된다.

DumpMedia가 조사해 놓은 목록은 새 이미지를 추가하기 전의 정보여서 현재 상황과 맞지 않다. 조사하던 시점에는 정확했지만 이후에도 미디어 목록은 언제든지 첨삭될 수 있어 불일치가 발생한 것이다. 미디어를 편집하는 프로그램은 방송을 하여 DB를 동기화할 의무가 있으며 미디어 CP는 이 방송을 수신할 때마다 새로 추가된 이미지를 DB에 삽입한다. DDMS는 장비 외부에서 파일을 밀어 넣는 것이므로 방송을 하지 않으며 그래서 위 실험에서는 미디어 스캐너를 수동으로 실행했다.

마찬가지로 미디어 목록을 참고하는 프로그램은 항상 방송에 귀를 기울여 변화를 감지할 때마다 최신 목록으로 갱신할 의무가 있다. 하지만 DumpMedia 예제는 귀를 틀어 막고 방송에 전혀 관심을 보이지 않으므로 새 이미지를 인식하지 못한다. 삭제에 대해서도 마찬가지인데 지워진 이미지도 여전히 목록에 표시된다. 미디어 DB와 관련된 방송은 다음 세 가지가 있다.

방송	설명
ACTION_MEDIA_SCANNER_STARTED	디렉터리를 스캐닝하기 시작했다.
ACTION_MEDIA_SCANNER_FINISHED	디렉터리 스캐닝이 완료되었다.
ACTION_MEDIA_SCANNER_SCAN_FILE	파일 하나를 스캐닝하여 DB에 추가했다.

이 방송은 스캐닝을 새로 하라는 명령이다. 이 방송을 수신하면 스캐닝이 시작되는 시점과 끝나는 시점을 알 수 있으며 이때 목록을 갱신한다. 다음 예제는 미디어 변경에 대한 방송을 BR로 수신하여 항상 최신 목록을 유지한다. DumpMedia 예제에 약간의 코드를 더 추가한 것이다.

DumpMedia2

```
public void onCreate(Bundle savedInstanceState) {
    ....
    dumpQuery();

    // 미디어 변화에 대한 BR을 등록한다.
    IntentFilter filter = new IntentFilter();
    filter.addAction(Intent.ACTION_MEDIA_SCANNER_STARTED);
    filter.addAction(Intent.ACTION_MEDIA_SCANNER_FINISHED);
    filter.addAction(Intent.ACTION_MEDIA_SCANNER_SCAN_FILE);
    filter.addDataScheme("file");
    registerReceiver(mScanReceiver, filter);
}

// 미디어 변경시 목록을 갱신한다.
BroadcastReceiver mScanReceiver = new BroadcastReceiver() {
    public void onReceive(Context context, Intent intent) {
        dumpQuery();
    }
};

// 종료시 BR을 해제한다.
public void onDestroy() {
    super.onDestroy();
    unregisterReceiver(mScanReceiver);
}
```

onCreate에서 BR을 등록하여 모든 스캐닝 방송을 감시한다. 새로 스캐닝이 시작되면 dumpQuery 메서드를 호출하여 목록을 완전히 새로 조사하므로 항상 최신 정보를 보여줄 것이다. 제대로 동작하는지 테스트해 보자. 방법은 앞에서 한 실험과 같되 굳이 새 파일을 복사할 필요 없이 복사했던 파일을 삭제해 보면 된다. 삭제한 파일이 목록에서 즉시 사라진다.

액티비티가 종료될 때는 더 이상 감시할 필요가 없으므로 BR을 해제했다. 액티비티가 활성 상태일 때만 감시하려면 onResume에서 BR을 등록하고 onPause에서 BR을 해제하는 것이 정석이다. 단, 이 경우 활성화될 때 목록을 다시 조사해야 백그라운드 상태에서 발생한 변경 사항이 제대로 갱신된다.

33.3.5 이미지 뷰어

미디어 DB의 이미지 목록을 활용하면 이미지 뷰어 정도는 쉽게 만들 수 있다. DB로부터 구한 커서를 어댑터뷰에 연결해 놓으면 목록 출력 및 관리가 자동으로 수행되므로 목록을 보여주는 것은 거의 공짜다. 개수가 몇 개이든 서브 디렉터리 곳곳에 흩어져 있건 전혀 신경쓸 필요 없이 쿼리만 날리면 된다. 이미지를 출력할 때는 이미지뷰를 사용할 수 있으므로 리스트뷰의 클릭만 처리하면 된다.

ImageViewer

```
<LinearLayout xmlns:android="http://schemas.android.com/apk/res/android"
    android:orientation="vertical"
    android:layout_width="match_parent"
    android:layout_height="match_parent"
    >
<ListView
    android:id="@+id/list"
    android:layout_width="match_parent"
    android:layout_height="match_parent"
    android:layout_weight="1"
    />
<LinearLayout
    android:layout_width="match_parent"
    android:layout_height="match_parent"
    android:layout_weight="1"
    android:gravity="center"
    >
<ImageView
```

```
        android:id="@+id/image"
        android:layout_width="match_parent"
        android:layout_height="match_parent"
        />
</LinearLayout>
</LinearLayout>
------------------------------------------------------------------
public class ImageViewer extends Activity {
    ImageView mImage;
    Cursor mCursor;

    @SuppressWarnings("deprecation")
    public void onCreate(Bundle savedInstanceState) {
        super.onCreate(savedInstanceState);
        setContentView(R.layout.imageviewer);

        ListView list = (ListView)findViewById(R.id.list);
        mImage = (ImageView)findViewById(R.id.image);

        ContentResolver cr = getContentResolver();
        mCursor = cr.query(Images.Media.EXTERNAL_CONTENT_URI, null, null, null, null);
        SimpleCursorAdapter Adapter = new SimpleCursorAdapter(this,
                android.R.layout.simple_list_item_1,
                mCursor, new String[] { MediaColumns.DISPLAY_NAME },
                new int[] { android.R.id.text1});
        list.setAdapter(Adapter);
        list.setOnItemClickListener(mItemClickListener);
        startManagingCursor(mCursor);
    }

    AdapterView.OnItemClickListener mItemClickListener =
        new AdapterView.OnItemClickListener() {
        public void onItemClick(AdapterView<?> parent, View view,
                int position, long id) {
            mCursor.moveToPosition(position);
            String path = mCursor.getString(mCursor.getColumnIndex(
                    Images.ImageColumns.DATA));
            try {
                BitmapFactory.Options opt = new BitmapFactory.Options();
                opt.inSampleSize = 4;
                Bitmap bm = BitmapFactory.decodeFile(path, opt);
                mImage.setImageBitmap(bm);
            }
            catch (OutOfMemoryError e) {
```

```
                    Toast.makeText(ImageViewer.this,"이미지가 너무 큽니다.",0).show();
                }
            }
        };
    }
```

레이아웃은 절반을 잘라 위쪽에는 목록을 보여줄 리스트뷰를 배치하고 아래쪽에는 선택된 이미지를 출력할 이미지뷰를 배치했다. onCreate에서 Images.Media의 외부 메모리 URI로 쿼리를 실행하면 SD 카드의 모든 이미지 목록이 커서로 조사된다. 이 커서를 어댑터로 전달하되 DISPLAY_NAME 필드를 항목 뷰의 텍스트뷰와 짝을 지워 파일명을 출력했다.

필요하다면 커스텀 항목 뷰를 제작하고 파일명 뿐만 아니라 이미지의 크기나 날짜, 썸네일 등의 상세 정보도 같이 출력할 수 있다. 어댑터 생성자에서 어떤 정보를 어디에 출력할 것인가만 지정하면 나머지는 어댑터와 리스트뷰가 알아서 척척 처리한다. 이미지 개수가 아무리 많아도 스크롤에는 더 이상 신경쓸 필요가 없다.

리스트뷰의 항목을 클릭하면 미디어 DB에서 DATA 필드를 읽어 이미지 파일의 실제 경로를 구한다. 경로로부터 비트맵을 읽어 아래쪽의 이미지뷰로 던지면 그림이 나타난다. 아주 거대한 이미지인 경우 메모리 부족으로 인해 디코딩이 실패할 수 있어 1/2로 축소해서 읽었으며 약간의 예외 처리가 작성되어 있다. 에뮬레이터에서는 이런 경우가 종종 발생하지만 실장비에서는 웬만한 이미지는 다 읽어들인다.

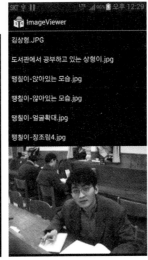

위쪽의 목록을 스크롤해가며 원하는 파일을 선택하면 아래쪽에 이미지가 즉시 나타난다. 이미지 목록을 군이 표시할 필요 없다면 이미지를 풀화면으로 표시하고 터치 입력을 받아 이전/다음 이미지로 전환하여 순서대로 감상한다. 여기에 타이머로 슬라이드 쇼 기능을 구현하면 좀 초라해도 쓸만한 이미지 뷰어가 된다.

이 예제도 미디어 DB를 참조하지만 방송은 수신하지 않아도 상관없다. 왜냐하면 onCreate에서 목록을 새로 조사하므로 활성화될 때 항상 최신 정보로 갱신되는 데다 커서가 DB와 직접 연결되어 있으므로 DB의 변화를 바로 감지해내기 때문이다. startManagingCursor를 호출하여 커서의 운명을 액티비티에게 맡겨 버리면 된다.

다음 예제는 이미지의 썸네일을 그리드뷰로 출력한다. 다수의 이미지를 한꺼번에 보여줄 때는 표 형태의 그리드를 사용하는 것이 편리하다. 이미지 중 하나를 선택할 때 파일의 이름이 아닌 썸네일을 보면서 고를 수 있다. 이 예제를 조금만 변경하여 선택된 이미지의 경로를 인텐트로 리턴하면 이미지 선택 대화상자로 활용할 수 있다.

ImageGrid

```xml
<LinearLayout xmlns:android="http://schemas.android.com/apk/res/android"
    android:orientation="vertical"
    android:layout_width="match_parent"
    android:layout_height="match_parent"
    >
<GridView
    android:id="@+id/imagegrid"
    android:layout_width="match_parent"
    android:layout_height="match_parent"
    android:verticalSpacing="10dip"
    android:horizontalSpacing="10dip"
    android:numColumns="2"
    android:stretchMode="columnWidth"
    />
</LinearLayout>
```
```java
public class ImageGrid extends Activity {
    GridView mGrid;
    Cursor mCursor;

    public void onCreate(Bundle savedInstanceState) {
        super.onCreate(savedInstanceState);
```

```java
        setContentView(R.layout.imagegrid);

        mGrid = (GridView) findViewById(R.id.imagegrid);

        ContentResolver cr = getContentResolver();
        mCursor = cr.query(Images.Thumbnails.EXTERNAL_CONTENT_URI,
                null, null, null, null);
        ImageAdapter Adapter = new ImageAdapter(this);
        mGrid.setAdapter(Adapter);

        mGrid.setOnItemClickListener(mItemClickListener);
    }

    AdapterView.OnItemClickListener mItemClickListener =
        new AdapterView.OnItemClickListener() {
        public void onItemClick(AdapterView<?> parent, View view,
                int position, long id) {
            mCursor.moveToPosition(position);
            String path = mCursor.getString(mCursor.getColumnIndex(
                    Images.ImageColumns.DATA));
            Intent intent = new Intent(ImageGrid.this,
                    ImageGridFull.class);
            intent.putExtra("path", path);
            startActivity(intent);
        }
    };

    class ImageAdapter extends BaseAdapter {
        private Context mContext;

        public ImageAdapter(Context c) {
            mContext = c;
        }

        public int getCount() {
            return mCursor.getCount();
        }

        public Object getItem(int position) {
            return position;
        }

        public long getItemId(int position) {
            return position;
```

```
        }

        public View getView(int position, View convertView, ViewGroup parent) {
            ImageView imageView;
            if (convertView == null) {
                imageView = new ImageView(mContext);
            } else {
                imageView = (ImageView) convertView;
            }
            mCursor.moveToPosition(position);
            Uri uri = Uri.withAppendedPath(MediaStore.Images.Thumbnails.
                    EXTERNAL_CONTENT_URI,
                    mCursor.getString(mCursor.getColumnIndex(MediaStore.
                            Images.Thumbnails._ID)));
            imageView.setImageURI(uri);
            imageView.setAdjustViewBounds(true);
            imageView.setScaleType(ImageView.ScaleType.CENTER_CROP);

            return imageView;
        }
    }
}
```

레이아웃에는 그리드뷰 하나만 배치되어 있으며 onCreate에서 썸네일 목록을 가지는 커서와 연결
한다. 그리드의 항목 뷰는 DB의 정보를 바로 출력하는 것이 아니라 이미지를 표시하므로 표준 어댑
터를 쓸 수 없으며 커스텀 어댑터와 연결한다. 커스텀 어댑터는 DB에서 이미지 경로를 구하고 경로
의 비트맵을 읽어 이미지뷰 표면에 출력한다. 이 뷰의 집합이 그리드뷰에 나타나는 것이다.

시원스럽게 보이기 위해 행당 2개의 이미지만 출력했는데 레이아웃의 그리드 열 개수를 조정하면 좀 더 많은 이미지를 촘촘하게 배치할 수 있다. 썸네일을 클릭하면 해당 이미지 원본을 읽어 출력한 다. 전체 이미지를 출력하는 ImageGridFull 액티비티에는 이미지뷰 하나만 배치되어 있으며 인텐 트로 전달된 경로의 이미지를 읽어 보여준다. 아주 간단한 액티비티라 소스는 생략했다.

33.4 카메라

33.4.1 Camera

렌즈로부터 영상을 얻는 카메라는 이제 스마트폰에 빠질 수 없는 필수 기능이며 실제로도 카메라가 없는 폰을 보기 힘들다. 사진을 찍는 본질적인 용도는 물론이고 이제는 영상 통화까지 기본 기능으 로 정착되었으며 바코드 스캔이나 문자 인식 등의 최신 기술에도 카메라가 두루 사용된다. 특히 최 근에 화두로 떠오르는 증강 현실은 카메라로부터 입수한 영상에 가상의 정보를 가미해 상황에 맞는 최적의 정보를 제공한다.

카메라의 물리적인 성능은 장비마다 천차만별로 다르다. 각 제조사는 하드웨어의 모든 기능을 아낌없이 발휘하고 타사 제품과의 차별화를 위해 고유의 기능을 확장해서 적용한다. 카메라의 성능이 곧 폰의 성능으로 인식되며 선택의 중요한 기준으로 작용한다. 그래서 카메라 앱은 하드웨어에 강하게 의존적이며 제조사가 제공한 기본 카메라 앱이 해당 장비에서 가장 좋은 성능을 낼 수밖에 없다.

모든 장비에 두루 사용할 수 있는 앱을 제작하려면 공통적인 기본 기능만 사용하거나 특정 기능의 존재 유무를 확인한 후 하드웨어의 능력치를 최대한 활용해야 한다. 안드로이드의 카메라 서비스는 복잡도에 비해 굉장히 깔끔하게 잘 정비되어 있으며 신뢰성도 높아서 기본 API만 잘 숙지해도 원하는 품질의 영상을 쉽게 얻을 수 있다. 카메라 기능을 사용하려면 매니페스트에 다음 선언문을 작성한다.

```
<uses-permission android:name="android.permission.CAMERA" />
<uses-feature android:name="android.hardware.camera" />
<uses-feature android:name="android.hardware.camera.autofocus" />
```

물리적인 하드웨어를 사용하는 것이므로 카메라를 사용하겠다는 퍼미션이 필요하며 사용자에게 허가를 받아야 한다. 퍼미션 외에도 uses-feature 엘리먼트로 카메라 하드웨어와 오토 포커스 기능을 사용한다는 것을 알려 해당 기능이 없는 장비에 앱이 설치되는 것을 방지할 필요가 있다. 카메라 기능은 운영체제의 서비스 형태로 제공되며 서비스와 앱 사이를 연결하는 것이 바로 Camera 클래스이다. 별도의 생성자는 없으므로 다음 메서드로 생성 및 파괴한다.

```
static Camera open ()
void release ()
```

정적 메서드로 카메라 객체를 생성하고 다 사용한 후 release 메서드로 해제한다. 카메라는 입수된 영상의 미리 보기를 표시하기 위해 표면 객체를 요구하므로 객체 생성 후 미리 보기 표면을 제공해야 한다. 미리 보기 표면은 렌즈로부터 영상을 공급받으므로 별도의 버퍼를 가질 필요는 없다. 다음 메서드로 미리 보기 표면과 방향을 지정한다.

```
void setPreviewDisplay (SurfaceHolder holder)
void setDisplayOrientation (int degrees)
```

미리 보기는 기본적으로 가로 방향으로 표시되는데 대부분의 사진이 가로 방향으로 촬영되며 동영상도 세로로 된 것은 없기 때문이다. 그래서 카메라는 장비의 방향에 상관없이 항상 가로 전용으로 실행된다. 촬영시에 장비를 많이 움직이는데 이때 화면이 전환되면 오히려 불편하므로 일반적으로 카메라는 방향 전환을 하지 않는다. 하지만 카메라를 특수한 용도로 사용하는 앱에서는 세로로 촬영해야 하는 경우도 있어 2.2 버전부터는 미리 보기의 방향을 변경하는 메서드가 추가되었다. 0, 90, 180, 270 식으로 미리 보기의 각도를 지정한다.

표면을 지정한 후 카메라의 동작 방식이나 여러 가지 옵션을 지정하는 파라미터를 전달한다. 파라미터는 Camera의 내부 클래스인 Parameters 클래스로 표현되며 다음 메서드로 조사 및 변경한다. get 메서드로 현재 파라미터를 얻고 원하는 값을 수정한 후 set 메서드로 편집한 파라미터를 다시 전달하면 이후부터 카메라는 수정된 파라미터대로 동작한다. 실행 중에도 파라미터는 언제든지 수정할 수 있다.

```
Camera.Parameters getParameters ()
void setParameters (Camera.Parameters params)
```

파라미터로 조정할 수 있는 값은 해상도, 이미지 품질, 미리 보기의 크기, 장면, 효과, 줌, 포커스, 플래시, 화이트 밸런스, 회전 모드 등등 아주 다양하다. 일반적인 디지털 카메라가 지원하는 옵션이 대부분 지원된다. 그러나 모든 옵션이 항상 다 지원되는 것은 아니며 카메라의 물리적인 능력치를 초과할 수 없다. 또 제조사별로 노출 시간, ISO, 손떨림 보정, GPS 좌표 기록 등의 고급 옵션을 지원하며 얼굴 인식, 웃는 표정 인식 등 표준에 없는 커스텀 기능을 지원하는 모델도 있다.

따라서 파라미터를 조정할 때는 항상 장비의 능력치를 먼저 조사해 보고 사용할 수 있는 파라미터인지를 점검한 후 적용해야 한다. 플래시가 없는 카메라에 적목 감소 기능을 적용한다거나 300만 화소 카메라에 1,000만 화소를 지정하는 것은 아무 의미가 없다. Parameters 클래스는 능력치를 조사하는 메서드와 옵션을 변경하는 메서드가 같이 제공된다. 다음은 미리 보기 영역의 크기 목록을 조사하고 설정하는 메서드이다.

```
List<Camera.Size> Camera.Parameters.getSupportedPreviewSizes ()
void Camera.Parameters.setPreviewSize (int width, int height)
```

카메라가 지원하는 미리 보기 크기의 목록을 먼저 구하고 표현하고자 하는 미리 보기와 비교하여 종횡비가 가장 근접하고 가급적이면 비슷한 크기로 표시한다. 다음은 사진의 해상도를 조사 및 지정하는데 방식은 같다.

```
List<Camera.Size> getSupportedPictureSizes ()
void setPictureSize (int width, int height)
```

해상도 목록으로 1600×1200, 2560×1920 등의 사용 가능한 크기가 조사된다. 이 목록을 사용자에게 보여주고 사용자가 선택한 해상도를 지정하면 이후 사진이 이 크기대로 촬영된다. 파라미터로 옵션을 설정했으면 다음 메서드로 미리 보기를 표시한다.

```
void startPreview ()
void stopPreview ()
```

startPreview를 호출하면 지정한 표면에 카메라 렌즈로부터 입수된 영상이 반복적으로 출력된다. 미리 보기의 프레임 비율이나 포맷도 파라미터로 지정한다. 미리 보기까지 나왔으면 언제든지 사진을 촬영할 수 있지만 질 높은 이미지를 얻기 위해 오토 포커싱 과정을 거쳐야 한다.

```
void autoFocus (Camera.AutoFocusCallback cb)
void AutoFocusCallback.onAutoFocus (boolean success, Camera camera)
void cancelAutoFocus ()
```

autoFocus 메서드는 카메라와 영상 간의 거리를 자동 판별하여 초점을 조절한다. 렌즈의 모터를 동작시켜 움직이므로 시간이 걸리며 그래서 이 메서드는 비동기적으로 동작한다. 오토 포커싱 콜백을 등록해 놓으면 포커싱 완료 후에 콜백이 호출되며 이때 인수로 포커싱 성공 여부가 전달된다. 대개의 경우 성공하겠지만 너무 근접한 거리에서나 흐린 날씨일 때는 실패할 수도 있다. 포커싱 중에 사용자의 다른 요청이 들어왔다면 중간에 취소할 수도 있다.

만약 장비가 오토 포커싱을 지원하지 않으면 콜백이 즉시 호출되며 이때 포커싱은 성공한 것으로 가정한다. 따라서 오토 포커싱은 기능의 제공 여부를 조사할 필요 없이 무조건 호출해도 상관없다. 대상에 대해 초점을 정확하게 잡았으면 이제 사진을 찍을 차례이다. 이때는 다음 메서드를 호출한다.

```
void takePicture (Camera.ShutterCallback shutter, Camera.PictureCallback raw, [Camera.
PictureCallback postview, ] Camera.PictureCallback jpeg)
```

사진 한 장을 촬영하려면 굉장히 많은 절차를 거쳐야 하는데다 대용량의 데이터를 조작해야 한다. 입수된 영상을 해상도에 맞게 축소하고 효과를 입히고 Jpeg 포맷으로 변환 및 압축까지 하므로 상당한 시간이 걸린다. 그래서 takePicture 메서드는 카메라 서비스에게 사진 촬영 명령만 내린 후 즉시 리턴하되 각 단계마다 호출될 콜백 메서드를 전달해 놓는다. 필요치 않은 콜백은 null로 지정하여 생략한다.

셔터 콜백은 셔터를 닫을 때 호출되는데 보통 이 시점에서 찰칵 하는 셔터음을 낸다. 이 콜백에서 아무 것도 하지 않으면 소리가 안나야 정상이지만 몰래 카메라 방지를 위해 무음 촬영이 법적으로 금지되어 있는 경우에는 강제로 소리가 나기도 한다. 우리 나라의 경우도 그런데 심지어 진동 모드인 상태에서도 촬영음이 들린다. PictureCallback 인터페이스에는 다음 콜백 메서드가 정의되어 있는데 각 단계의 이미지를 얻을 때마다 이 메서드가 호출된다.

```
void onPictureTaken (byte[] data, Camera camera)
```

data 인수는 이미지의 래스터 정보이다. 로(raw) 콜백으로는 압축하기 전의 원본 이미지 데이터가 전달되는데 용량이 대단히 크다. 바코드 리더기나 OCR처럼 손실 없는 영상이 필요할 때 이 콜백을 처리하되 메모리가 충분하지 않을 경우는 원본 영상이 전달되지 않는다. 포스트 뷰(postview) 콜백은 촬영 후 액정으로 보여줄 이미지가 크기 조정이 완료된 상태로 전달된다.

카메라의 경우 가장 중요한 콜백은 이미지 데이터를 압축해서 전달하는 Jpeg 콜백이다. 미리 정한 포맷으로 압축된 이미지가 전달되는데 통상 JPEG 포맷이며 이 데이터를 파일로 저장하면 사진 파일이 된다. 이미지를 저장할 때 GPS 좌표나 화면 방향 등의 상세 정보를 Exif 헤더에 저장할 수 있다. 또 새 이미지가 추가되었으므로 미디어 DB에게 신호를 보내는 처리도 필요하다.

takePicture 메서드는 촬영 전에 미리 보기를 자동으로 중지하므로 stopPreview를 호출할 필요는 없다. 렌즈로부터 촬영 영상을 읽어들이는 동안에는 미리 보기가 강제로 중지된다. 그러나 촬영이 끝난 후 미리 보기를 자동으로 재시작하지 않으므로 startPreview는 직접 호출해야 한다. 이 처리는 보통 Jpeg 콜백에서 파일 저장까지 완료한 후에 수행한다. 미리 보기가 다시 나오면 다음 촬영을 계속 한다.

33.4.2 간단한 카메라

앞 항에서 Camera 클래스를 프로그래밍하는 대략적인 절차에 대해 소개했는데 좀 길지만 지극히 상식적이고 작업 과정이 직선적이어서 이해하기 쉽다. 카메라 열고 미리 보기 지정한 후 옵션 설정하고 찍으면 된다. 그러나 미리 보기 표면을 따로 준비해야 하는 데다 오토 포커싱과 촬영 과정이 모두 비동기적으로 수행되므로 언제 어떤 메서드를 순서에 맞게 호출해야 하는지 파악하는 것이 어렵고 필요한 콜백을 선정하기 쉽지 않다.

렌즈로부터 외부의 영상을 받아 파일 형태로 저장하기까지의 과정이 복잡한 편이다. 이런 실습을 할 때는 고급 기능은 죄다 무시하고 가장 기본적인 촬영까지만 해 보는 간단한 예제가 도움이 된다. 다음 예제로 일단 카메라 프로그래밍의 기본을 익혀 보자. 짧지만 포커싱, 촬영, 저장 정도의 기능을 제공한다. 이 정도 길이의 소스로 카메라가 구현된다는 것이 놀랍다.

CameraTest

```xml
<LinearLayout xmlns:android="http://schemas.android.com/apk/res/android"
    android:layout_width="match_parent"
    android:layout_height="match_parent"
    >
<LinearLayout
    android:orientation="vertical"
    android:layout_width="118dip"
    android:layout_height="match_parent"
    android:background="#404040"
    >
<Button
    android:id="@+id/focus"
    android:layout_width="match_parent"
    android:layout_height="wrap_content"
    android:text="Focus"
    android:textSize="12pt"
    android:paddingTop="8pt"
    android:paddingBottom="10pt"
    />
<Button
    android:id="@+id/shutter"
    android:layout_width="match_parent"
    android:layout_height="wrap_content"
    android:text="Shutter"
    android:textSize="12pt"
    android:paddingTop="8pt"
    android:paddingBottom="10pt"
    />
</LinearLayout>
<andexam.ver6.c33_multimedia.MyCameraSurface
    android:id="@+id/preview"
    android:layout_width="match_parent"
    android:layout_height="match_parent"
    />
</LinearLayout>
```

```
-----------------------------------------------------------
public class CameraTest extends Activity {
    MyCameraSurface mSurface;
    Button mShutter;

    public void onCreate(Bundle savedInstanceState) {
        super.onCreate(savedInstanceState);
        setContentView(R.layout.cameratest);

        mSurface = (MyCameraSurface)findViewById(R.id.preview);

        // 오토 포커스 시작
        findViewById(R.id.focus).setOnClickListener(new Button.OnClickListener() {
            public void onClick(View v) {
                mShutter.setEnabled(false);
                mSurface.mCamera.autoFocus(mAutoFocus);
            }
        });

        // 사진 촬영
        mShutter = (Button)findViewById(R.id.shutter);
        mShutter.setOnClickListener(new Button.OnClickListener() {
            public void onClick(View v) {
                mSurface.mCamera.takePicture(null, null, mPicture);
            }
        });
    }

    // 포커싱 성공하면 촬영 허가
    AutoFocusCallback mAutoFocus = new AutoFocusCallback() {
        public void onAutoFocus(boolean success, Camera camera) {
            mShutter.setEnabled(success);
        }
    };

    // 사진 저장.
    PictureCallback mPicture = new PictureCallback() {
        public void onPictureTaken(byte[] data, Camera camera) {
            String sd = Environment.getExternalStorageDirectory().getAbsolutePath();
            String path = sd + "/cameratest.jpg";

            File file = new File(path);
            try {
                FileOutputStream fos = new FileOutputStream(file);
```

```
                    fos.write(data);
                    fos.flush();
                    fos.close();
                } catch (Exception e) {
                    Toast.makeText(CameraTest.this, "파일 저장 중 에러 발생 : " +
                            e.getMessage(), Toast.LENGTH_SHORT).show();
                    return;
                }

                Intent intent = new Intent(Intent.ACTION_MEDIA_SCANNER_SCAN_FILE);
                Uri uri = Uri.parse("file://" + path);
                intent.setData(uri);
                sendBroadcast(intent);

                Toast.makeText(CameraTest.this, "사진 저장 완료 : " + path,
                        Toast.LENGTH_SHORT).show();
                mSurface.mCamera.startPreview();
            }
        };
}

// 미리보기 표면 클래스
class MyCameraSurface extends SurfaceView implements SurfaceHolder.Callback {
    SurfaceHolder mHolder;
    Camera mCamera;

    public MyCameraSurface(Context context, AttributeSet attrs) {
        super(context, attrs);
        mHolder = getHolder();
        mHolder.addCallback(this);
    }

    // 표면 생성시 카메라 오픈하고 미리보기 설정
    public void surfaceCreated(SurfaceHolder holder) {
        mCamera = Camera.open();
        try {
            mCamera.setPreviewDisplay(mHolder);
        } catch (IOException e) {
            mCamera.release();
            mCamera = null;
        }
    }

    // 표면 파괴시 카메라도 파괴한다.
```

```
    public void surfaceDestroyed(SurfaceHolder holder) {
        if (mCamera != null) {
            mCamera.stopPreview();
            mCamera.release();
            mCamera = null;
        }
    }

    // 표면의 크기가 결정될 때 최적의 미리보기 크기를 구해 설정한다.
    public void surfaceChanged(SurfaceHolder holder, int format, int width, int height) {
        Camera.Parameters params = mCamera.getParameters();
        List<Size> arSize = params.getSupportedPreviewSizes();
        if (arSize == null) {
            params.setPreviewSize(width, height);
        } else {
            int diff = 10000;
            Size opti = null;
            for (Size s : arSize) {
                if (Math.abs(s.height - height) < diff) {
                    diff = Math.abs(s.height - height);
                    opti = s;

                }
            }
            params.setPreviewSize(opti.width, opti.height);
        }
        mCamera.setParameters(params);
        mCamera.startPreview();
    }
}
```

레이아웃에는 포커싱과 촬영을 위한 버튼 두 개와 미리 보기 표면이 배치되어 있다. 버튼 영역에 118dip 폭을 할당하고 미리 보기가 나머지 262dip 폭을 차지하는데 이는 일반적으로 많이 촬영되는 해상도의 4:3 비율을 에뮬레이터 환경에 맞춘 것이다. 와이드 해상도를 지원하는 장비는 사용자가 선택한 해상도의 종횡비와 장비의 실제 해상도에 맞게 미리 보기의 크기를 동적으로 조정해야 한다.

액티비티는 가로 전용으로 설정하여 방향 전환을 금지했다. 세로 촬영도 가능하지만 아직 일반적이지 않으므로 호환성 확보를 위해 방향을 고정하는 것이 좋다. 사실 카메라는 촬영 중에 방향이 함부로 전환되면 오히려 불편하므로 가로든, 세로든 방향을 고정하는 것이 합당하다. 다음은 2.2 버전의 에뮬레이터에서 실행한 모습이다. 아쉽게도 최신 에뮬레이터는 카메라를 제대로 지원하지 않는다.

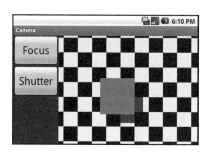

에뮬레이터는 렌즈가 없으므로 실제 미리 보기 영상이 나타나지 않는다. 대신 체크 무늬위를 움직이는 사각형을 반복적으로 보여줌으로써 미리 보기를 흉내낸다. 에뮬레이터답게 미리 보기 영상까지도 그럴듯하게 흉내내는 것이다. 이 애니메이션이 실장비에서는 렌즈로부터 입수된 영상으로 대체된다. 렌즈가 없으므로 오토 포커싱도 지원되지 않지만 항상 성공하는 것으로 가정하므로 사진 촬영은 가능하다.

에뮬레이터에서 촬영하면 더미 이미지 하나가 생성되는데 이 역시 가짜 이미지이다. 사진이 제대로 촬영되는지 확인해 보려면 렌즈를 가진 실장비가 필요하다. 다음은 실장비에서 이 예제를 실행한 모습이다. 미리 보기가 나타나 움직이며 Focus 버튼을 누르면 초점을 잡고 Shutter 버튼을 누르면 실제 촬영도 잘 된다. UI가 극단적으로 촌스럽지만 촬영은 훌륭하게 잘 수행된다.

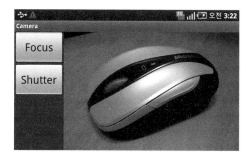

소스를 분석해 보자. 미리 보기는 카메라의 필수 요소이므로 아래쪽에 미리 보기를 위한 표면인 MyCameraSurface 클래스를 정의했다. 생성자에서 콜백을 스스로 처리함을 명시했다. 표면과 카메라는 생명 주기가 일치하며 표면이 먼저 준비되어야 카메라가 동작한다. 그래서 카메라의 초기화와 해제 코드는 표면의 콜백 메서드에 작성된다. 표면이 생성될 때 카메라를 생성하고 자신을 미리보기 영역으로 제공한다.

표면이 변경될 때, 즉 표면의 크기가 처음 결정될 때 미리 보기의 크기를 결정하는데 이 코드는 다소 복잡하다. 장비가 지원하는 미리 보기 영역의 목록을 파라미터에서 구하고 그 중 표면의 실제 크기와 가장 근접한 크기를 선택한다. 만약 지원 목록을 구할 수 없으면 어쩔 수 없이 표면의 크기를 그대로 전달한다. 크기를 정한 후 startPreview를 호출하면 표면에 미리 보기가 출력된다. 표면이 파괴될 때는 미리 보기를 끝내고 카메라도 해제한다.

표면의 콜백만 제대로 처리해도 미리 보기까지 잘 나오며 이 상태에서 바로 촬영할 수 있다. Focus 버튼을 누르면 셔터 버튼을 사용 금지시키고 autoFocus 메서드를 호출하여 초점을 잡는다. 포커스 콜백에서 포커싱이 성공하면 셔터 버튼을 허가한다. 포커싱과 촬영 두 과정을 명확하게 보이기 위해 의도적으로 버튼을 따로 두었는데 버튼 하나로 두 작업을 순차 처리할 수도 있다. 다만 중간에 버튼을 놓으면 취소하는 과정이 좀 복잡해진다.

촬영 버튼을 누르면 takePicture 메서드로 촬영한다. 카메라는 결국 사진을 얻는 것이 궁극의 목적이므로 다른 콜백은 무시하고 Jpeg 콜백만 처리했다. 파일에 래스터 데이터를 저장하고 새로 촬영된 이미지를 DB에 추가하기 위해 SCAN_FILE 방송을 보낸다. 신속하게 삽입하려면 방송을 하는 대신 미디어 DB에 직접 레코드를 삽입하는 방법도 가능하다. 촬영 후 갤러리를 열어 보면 새로 찍은 사진이 보인다.

이 예제는 비록 짧지만 카메라 제작의 기본 뼈대를 잘 보여준다. 디자인을 쌈박하게 장식하고 해상도 변경이나 타이머 정도의 기능만 넣어도 실용성이 개선된다. SHCamera 예제는 기본 기능에 약간의 추가 기능을 더해 실용적으로도 쓸만하게 만들어 본 것이되 이 정도 되면 예제로서의 가치는 떨어지므로 소스 분석은 생략하기로 한다. 원고 집필에 시달리다 보니 요즘은 다음 간식을 종종 먹어야 한다.

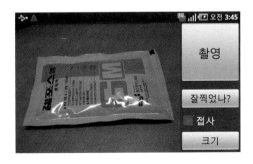

앞 예제와는 다소 달라졌는데 주로 오른손으로 촬영하므로 버튼을 오른쪽으로 옮겼으며 몇 가지 기능을 더 넣었다. 촬영 버튼을 눌렀다 놓을 때 포커스 잡고 바로 촬영하는데 화면 터치 시점과 촬영 시점을 분리하여 떨림을 방지하자는 의도이다. 간단한 아이디어지만 터치폰에서는 화질 향상에 꽤 도움이 된다. 해상도 선택 기능과 접사 모드 정도를 추가했고 최후로 찍은 사진이 제대로 찍혔는지 확인하는 리뷰 기능도 제공한다.

이외에도 아주 많은 기능을 넣을 수 있지만 그다지 실용성은 없어 보인다. 장면 모드니 반전, 세피아 같은 효과는 찍은 후에 적용하는 것이 품질이 더 좋고 디지털 줌은 있으나 마나한 기능이다. 가장 빈번하게 사용하는 기능이 싱글 샷이므로 이 기능에만 집중해서 간단하게 만들어본 것이다. 보기에 허접해 보이지만 개인적으로 유용하게 잘 쓰고 있으며 내가 꼭 필요로 하는 기능만 넣은 것이므로 아무 불만이 없다. 여러분도 자신만의 카메라를 만들어 사용해 보기 바란다.

33.4.3 카메라 호출

사진을 얻기 위해 꼭 카메라 앱을 만들어야 하는 것은 아니다. 안드로이드 운영체제에는 잘 동작하는 훌륭한 카메라가 이미 설치되어 있으며 실장비의 카메라는 디지털 카메라 못지 않은 성능과 편의성을 제공할 뿐만 아니라 장비에 특화된 앱이어서 카메라의 모든 성능을 100% 발휘할 수 있다는 이점도 있다. 안드로이드의 교차 호출 기능을 활용하면 카메라를 직접 만들지 않아도 내장 카메라 앱을 호출하여 사진을 찍고 그 결과만 받을 수 있다.

카메라를 호출하려면 MediaStore.ACTION_IMAGE_CAPTURE 액션을 실행한다. 안드로이드는 이 액션을 가장 잘 실행할 수 있는 액티비티를 찾아 실행하는데 통상 내장 카메라가 실행된다. 카메라는 이 액션을 받을 때 사진을 촬영하여 SD 카드에 저장하고 호출 액티비티로 결과를 리턴한다. 호출 액티비티는 onActivityResult로 리턴되는 인텐트의 Extras 정보에서 data 키로 촬영된 사진 이미지를 읽는다. 이때 리턴되는 사진은 작은 썸네일 크기이다. 보통 메시지에 첨부하거나 문서 내에서 삽입하는 용도로 카메라를 임시적으로 호출하는 경우가 많기 때문에 저해상도의 썸네일 이미지가 리턴된다.

실제 촬영된 사진은 고해상도로 제대로 찍었지만 인텐트의 리턴값으로 대용량의 비트맵을 리턴할 수 없으므로 미리 보기 크기의 이미지로 대충의 결과만 알려 주는 것이다. 고화질의 실제 사진을 얻으려면 액티비티의 리턴값을 참조하지 말고 미디어 DB를 뒤져 최근에 촬영된 이미지를 직접 읽는다. 또는 아예 카메라를 호출하기 전에 EXTRA_OUTPUT 키로 파일 저장 경로를 지정하면 촬영한 사진이 이 경로에 저장된다. 카메라 리턴 후 이미지 파일을 직접 읽으면 고화질 이미지를 바로 사용할 수 있다.

이미 찍어 놓은 사진 중 하나를 골라 사용할 때는 갤러리를 호출한다. ACTION_PICK 액션을 보내고 data로 이미지의 INTERNAL_CONTENT_URI나 EXTERNAL_CONTENT_URI를 보내면 내장, 외장 SD 카드의 이미지 중 하나를 선택하여 리턴한다. onActivityResult 메서드에서 리턴 인텐트의 data를 통해 선택한 사진의 Uri가 리턴되므로 콘텐츠 리졸버로부터 사진을 읽어 사용한다. 다음 예제는 메시지 전송 앱인데 카메라로부터 사진을 촬영하거나 갤러리에서 사진을 선택하여 메시지에 첨부하는 기능을 흉내낸다.

AttachImage

```
<LinearLayout xmlns:android="http://schemas.android.com/apk/res/android"
    android:layout_width="match_parent"
    android:layout_height="match_parent" >
<LinearLayout
    android:orientation="vertical"
    android:layout_width="0px"
    android:layout_weight="1"
    android:layout_height="match_parent" >
<TextView
    android:layout_width="wrap_content"
    android:layout_height="wrap_content"
    android:text="메시지에 사진을 첨부합니다." />
<Button
    android:id="@+id/btncamera"
    android:layout_width="match_parent"
    android:layout_height="wrap_content"
    android:onClick="mOnClick"
    android:text="카메라 호출" />
<Button
    android:id="@+id/btncamera2"
    android:layout_width="match_parent"
    android:layout_height="wrap_content"
    android:onClick="mOnClick"
    android:text="카메라 호출(고해상도)" />
<Button
    android:id="@+id/btngallery"
    android:layout_width="match_parent"
    android:layout_height="wrap_content"
```

```
        android:onClick="mOnClick"
        android:text="갤러리 호출" />
</LinearLayout>
<LinearLayout
        android:orientation="vertical"
        android:layout_width="0px"
        android:layout_weight="1"
        android:layout_height="match_parent" >
<ImageView
        android:id="@+id/attachimage"
        android:layout_width="wrap_content"
        android:layout_height="wrap_content"
        android:src="@drawable/dog" />
</LinearLayout>
</LinearLayout>
-------------------------------------------------------
public class AttachImage extends Activity {
    static final int CALL_CAMERA = 0;
    static final int CALL_CAMERA2 = 1;
    static final int CALL_GALLERY = 2;
    ImageView mImage;
    String mPath;

    public void onCreate(Bundle savedInstanceState) {
        super.onCreate(savedInstanceState);
        setContentView(R.layout.attachimage);

        mImage = (ImageView)findViewById(R.id.attachimage);
        mPath = Environment.getExternalStorageDirectory().getAbsolutePath() +
                "/attachimage.jpg";
    }

    public void mOnClick(View v) {
        Intent intent;
        switch (v.getId()) {
        case R.id.btncamera:
            intent = new Intent(MediaStore.ACTION_IMAGE_CAPTURE);
            startActivityForResult(intent, CALL_CAMERA);
            break;
        case R.id.btncamera2:
            intent = new Intent(MediaStore.ACTION_IMAGE_CAPTURE);
            intent.putExtra(MediaStore.EXTRA_OUTPUT, Uri.fromFile(new File(mPath)));
            startActivityForResult(intent, CALL_CAMERA2);
            break;
```

```
            case R.id.btngallery:
                intent = new Intent(Intent.ACTION_PICK,
                        MediaStore.Images.Media.EXTERNAL_CONTENT_URI);
                startActivityForResult(intent, CALL_GALLERY);
                break;
        }
    }

    protected void onActivityResult (int requestCode, int resultCode, Intent data) {
        if (resultCode == RESULT_OK) {
            switch (requestCode) {
            case CALL_CAMERA:
                mImage.setImageBitmap((Bitmap)data.getExtras().get("data"));
                break;
            case CALL_CAMERA2:
                mImage.setImageBitmap(BitmapFactory.decodeFile(mPath));
                break;
            case CALL_GALLERY:
                try {
                    mImage.setImageBitmap(MediaStore.Images.Media.getBitmap(
                            getContentResolver(), data.getData()));
                } catch (Exception e) { ; }
                break;
            }
        }
    }
}
```

이미지를 얻는 세 가지 명령 버튼과 결과 확인을 위한 이미지뷰를 배치했다. 카메라가 가로 모드로
실행되므로 이 예제도 편의상 가로로 방향을 고정했다. 액티비티의 방향이 바뀌면 이미지가 리셋되
는 문제가 있는데 이미지를 번들에 저장해 놓고 복구하는 코드를 작성하면 꼭 방향을 고정할 필요는
없다. 각 명령 버튼의 클릭 이벤트 핸들러에서 액션을 실행하고 onActivityResult에서 결과를 받아
보여준다. 먼저 에뮬레이터에서 실행해 보자.

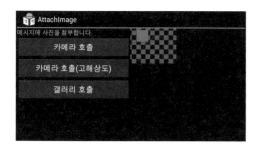

에뮬레이터도 더미 카메라가 있고 갤러리도 있으므로 실행 결과를 살펴볼 수 있다. 그러나 가짜 사진인데다가 갤러리에 이미지도 몇 개 없어서 실감이 나지 않는다. 이런 예제는 아무래도 실제 장비로 결과를 확인해 보는 것이 좋다. 다음은 실장비에서 실행한 모습이다.

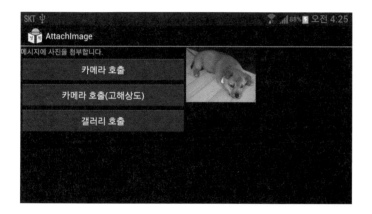

실행 직후에는 아직 촬영한 사진이 없으므로 샘플 이미지가 표시되어 있다. 카메라 호출 버튼을 누르면 내장 카메라가 즉시 실행되며 사진 촬영 준비를 한다. 만약 장비에 카메라 앱이 여러 개 설치되어 있다면 어떤 카메라를 사용할 것인지 물어 보며 사용자는 그 중 하나를 선택하여 사진을 찍는다. 다음은 카메라가 기동된 모습이다.

사진을 찍기 위해 호출된 것이므로 동영상 모드로는 전환할 수 없으며 옵션도 사진 촬영과 관련된 것만 조정할 수 있다. 피사체에 포커스를 두고 촬영 버튼을 누르거나 "김치"라고 소리를 내면 사진이 찍힌다. 참 재미있는 기능이다. 촬영 후 이 사진을 저장할 것인지 물어 보는데 사진이 마음에 들면 저장 버튼을 누르고 마음에 들지 않으면 취소 버튼을 눌러 다시 촬영한다. 저장 버튼을 눌러 호출 앱으로 돌아 오면 촬영한 사진이 이미지뷰에 표시된다. 촬영 액션만 보내면 인텐트로 썸네일이 리턴되어 이미지가 너무 작게 표시된다.

두 번째 카메라 호출 버튼은 인텐트의 번들에 EXTRA_OUTPUT 키로 촬영 파일을 저장할 위치를 알려 주고 리턴 후 이 파일로부터 이미지를 읽어 표시했다. 실제 촬영된 사진의 품질은 같지만 파일로부터 데이터를 직접 읽으므로 썸네일에 비해 화질이 훨씬 더 좋다. 이 예제는 이미지뷰로 결과를 보여주기만 하는데 실제 프로젝트에서는 리턴된 사진을 메시지에 첨부하거나 문서에 삽입하는 등 다양한 용도로 사용한다.

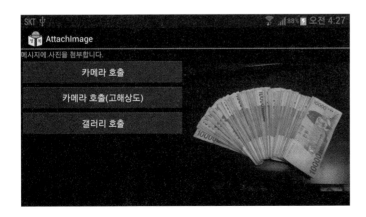

갤러리 호출 버튼을 누르면 장비에 저장된 모든 사진 목록을 보여주고 그 중 하나를 선택 받는다. 여러 개의 사진 뷰어가 설치되어 있다면 어떤 뷰어를 사용할 것인가를 물어 보기도 한다. 갤러리에서 사진을 선택하면 선택한 사진이 이미지뷰에 표시된다. 물론 앱은 이 사진을 필요에 따라 마음대로 활용한다. 네트워크로 전송할 수도 있고 홈 화면의 벽지로 설정할 수도 있다.

이 예제에서 보다시피 복잡한 카메라 코드를 작성하지 않더라도 사진 촬영이나 저장된 사진이 필요할 때 액션만 보냄으로써 원하는 사진을 간편하게 얻을 수 있다. 비슷하게 ACTION_VIDEO_CAPTURE 액션을 보내면 동영상을 촬영할 수 있으며 RECORD_SOUND_ACTION을 보내면 녹음기를 호출하여 음성 녹음을 할 수 있다. 이는 교차 호출을 허용하는 안드로이드의 큰 장점이다.

CHAPTER 34

센서

34.1 센서 관리자

34.1.1 센서 관리자

모바일 폰은 각종 센서를 내장하여 다양한 주변 상황을 인식해 낸다. 센서의 정보를 활용하면 폰을 돌리거나 흔들기만 해도 명령을 전달할 수 있으며 화면을 터치하지 않고도 레이싱 게임을 즐길 수 있다. 카메라는 폰의 방향에 따라 촬영 각도를 자동 조정하고 브라우저는 웹 페이지를 다시 그린다. 폰 자체가 새로운 UI로 활용되며 재미있고 실용성도 높다. 고정된 자리에 우두커니 앉아 있는 PC로는 상상도 할 수 없는 부러운 기능이다.

외부의 입력을 읽어내는 센서는 하드웨어 장치여서 폰마다 제공하는 센서 목록이 다르다. 비싼 장비는 대부분의 센서를 내장하겠지만 구형이나 보급형 장비는 비용적인 부담으로 인해 일부 센서를 생략한다. 장착된 센서의 목록을 얻으려면 다음 호출문으로 센서를 관리하는 센서 관리자 객체부터 구한다.

```
(SensorManager)getSystemService(Context.SENSOR_SERVICE);
```

센서 관리자는 장착된 센서의 목록을 구하고 센서로부터 입력을 받는 리스너를 등록 및 해제하는 기능을 제공한다. 먼저 사용 가능한 센서의 목록부터 조사해 보자. 센서 관리자의 다음 메서드를 호출한다.

`List<Sensor> getSensorList (int type)`

인수로 조사하고 싶은 센서의 타입 상수를 전달하면 해당 타입의 Sensor 객체 목록이 리턴된다. 센서의 타입은 Sensor 클래스에 다음과 같이 상수로 정의되어 있다.

타입	상수값	설명
TYPE_ACCELEROMETER	1	가속계
TYPE_MAGNETIC_FIELD	2	자기장
TYPE_ORIENTATION	3	회전 방향
TYPE_GYROSCOPE	4	자이로스코프. 역학적 운동을 조사하는 회전의
TYPE_LIGHT	5	조도. 화면 밝기 조정
TYPE_PRESSURE	6	압력 감지
TYPE_TEMPERATURE	7	온도계
TYPE_PROXIMITY	8	근접 거리계. 통화중 액정 끌 때 사용
TYPE_ALL	−1	모든 센서

사용 가능한 모든 센서를 한꺼번에 조사하려면 TYPE _ALL을 전달한다. 여러 타입의 센서를 한꺼번에 조사할 때는 물론이고 특정 타입에 대한 센서도 여러 개 존재할 수 있으므로 getSensorList 메서드는 Sensor 객체의 목록을 리턴한다. Sensor 클래스에는 센서의 여러 가지 정보를 구하는 메서드가 제공된다.

메서드	설명
int getType ()	센서의 타입
String getName ()	센서의 이름
float getPower ()	전력 사용량을 밀리 암페어(mA)단위로 조사한다.
float getResolution ()	해상도
float getMaximumRange ()	최대 측정 범위
String getVendor ()	제조사
int getVersion ()	버전

다음 예제는 장비가 제공하는 센서의 목록을 조사한다. 센서 관리자를 구하고 getSensorList 메서드로 전체 센서 목록을 구한 후 목록을 순회하면서 각 센서의 정보를 문자열로 조립하여 텍스트뷰로 출력했다. 단순히 정보만 조사하는 것이므로 onCreate에서 모든 작업이 수행된다.

SensorManagerTest

```
<LinearLayout xmlns:android="http://schemas.android.com/apk/res/android"
    android:orientation="vertical"
    android:layout_width="match_parent"
    android:layout_height="match_parent"
    >
<ScrollView
    android:layout_width="match_parent"
    android:layout_height="match_parent"
    >
<TextView
    android:id="@+id/result"
    android:layout_width="wrap_content"
    android:layout_height="wrap_content"
    android:textSize="8pt"
    />
</ScrollView>
</LinearLayout>
--------------------------------------------------------
public class SensorManagerTest extends Activity {
    public void onCreate(Bundle savedInstanceState) {
        super.onCreate(savedInstanceState);
        setContentView(R.layout.sensormanagertest);

        String result = "";

        SensorManager sm = (SensorManager)getSystemService(
                Context.SENSOR_SERVICE);
        List<Sensor> arSensor = sm.getSensorList(Sensor.TYPE_ALL);
        result = "size = " + arSensor.size() + "\n\n";
        for (Sensor s : arSensor) {
            result += ("name = " + s.getName() + " ,type = " + s.getType() +
                    ", vender = " + s.getVendor() + ", version = " + s.getVersion() +
                    ", power = " + s.getPower() + ", res = " + s.getResolution() +
                    ", range = " + s.getMaximumRange() + "\n\n");
        }
```

```
        TextView txtResult =(TextView)findViewById(R.id.result);
        txtResult.setText(result);
    }
}
```

센서 목록이 대단히 길 수 있으므로 스크롤뷰 안에 텍스트뷰를 배치하고 모든 센서의 속성을 텍스트뷰에 덤프했다. 조사되는 센서의 목록은 장비에 따라 다르다. 에뮬레이터도 버전이나 AVD 구성에 따라 지원하는 센서 목록이 달라진다. 6.0 버전의 기본 에뮬레이터는 5개의 센서를 가진 것으로 조사되지만 대부분 가짜 센서이다.

에뮬레이터는 화면상에 그려지는 것이지 실제 움직일 수 있는 장비가 아니므로 하드웨어 센서를 가질 수 없다. 에뮬레이터에 가짜 센서 정보를 전달하는 개발 툴이 있지만 진짜 센서에 비할 바는 못된다. 센서 정보를 받는다 하더라도 화면에 그려진 에뮬레이터를 잡고 흔들 수는 없는 노릇이다. 따라서 센서 관련 코드는 반드시 실장비가 있어야만 개발 가능하다. 오른쪽은 삼성 갤럭시S3에서 조사한 센서 목록이다.

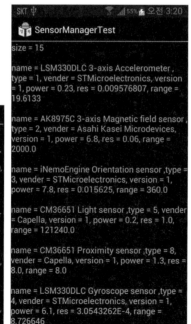

무려 15개의 센서가 내장되어 있는데 이 정도면 거의 최상급의 지원이다. 그러나 실장비라고 해서 모든 센서를 다 내장하지는 않으며 갤럭시S3의 경우 온도계가 없어 실시간 온도를 측정하지는 못한다. 갤럭시S4는 여기에 온습도 센서를 더 포함하여 18개의 센서를 가진다. 한 타입에 대해 여러 개의 센서가 제공되기도 하는데 다음 메서드는 특정 타입에 대한 대표 센서를 구한다.

```
Sensor getDefaultSensor (int type)
```

목록이 아니라 Sensor 객체를 리턴하므로 조사된 센서 객체를 바로 사용할 수 있다. 지원되지 않는 센서일 경우 null이 리턴되는데 원하는 센서를 항상 지원한다고 보장할 수 없으므로 에러 처리는 반드시 필요하다. 특정 타입의 센서가 필요할 경우 이 메서드로 구하는 것이 제일 간편하다.

34.1.2 센서 리스너

센서는 독립된 하드웨어 장비이므로 별도의 명령을 내리지 않더라도 부팅한 직후부터 항상 동작 중이다. 따라서 따로 초기화할 필요는 없으며 필요할 때 원하는 값을 센서로부터 읽으면 된다. 센서값은 끊임 없이 변하며 이때마다 리스너로 변경된 값을 전달한다. 센서 관리자의 다음 메서드로 리스너를 설치하고 대기한다.

```
boolean registerListener (SensorEventListener listener, Sensor sensor, int rate [,
Handler handler])
```

첫 번째 인수가 센서값을 전달받을 리스너인데 잠시 후 상세하게 연구해 보자. 두 번째 인수는 리스너와 연결할 센서로서 어떤 종류의 값을 받을 것인지 지정한다. 여러 타입의 센서로부터 값을 받으려면 각 타입에 대해 이 메서드를 반복적으로 호출한다. 세 번째 인수 rate는 센서로부터의 값 전달 주기이며 다음 4가지 중 하나를 지정한다. 아래쪽 값일수록 갱신 주기가 더 빠르다.

주기	설명
SENSOR_DELAY_UI	UI 갱신에 필요한 정도의 주기
SENSOR_DELAY_NORMAL	화면 방향 전환 등의 일상적인 변화 주기
SENSOR_DELAY_GAME	게임에 적합한 정도의 주기
SENSOR_DELAY_FASTEST	최대한의 빠른 주기

UI 갱신을 위한 센서는 속도가 느려도 무관하며 게임은 반응 속도가 중요하므로 훨씬 자주 값을 읽어야 한다. NORMAL은 적당한 빈도로 값을 전달하며 FASTEST는 가능한 자주 값을 전달한다. 이 인수가 지정하는 주기는 어디까지나 힌트일 뿐이며 실제 주기는 시스템 사정에 따라 약간씩 오차가 있되 보통은 지정한 것보다 더 자주 전달된다. 필요한 만큼의 빈도를 잘 선택하여 정확도와 배터리 사용량의 균형점을 찾는 것이 바람직하다.

마지막 인수는 센서 이벤트를 받을 핸들러이되 값이 변경될 때마다 리스너 객체가 매번 호출되므로 생략해도 무방하다. 센서값을 다른 스레드로 보내고자 할 때 정도에만 사용된다. 리스너가 설치되면 true를 리턴하며 곧장 센서로부터 값이 전달된다. 리스너를 해제할 때는 다음 메서드를 호출한다. 특정 센서에 대한 리스너만 중지할 수도 있고 등록된 센서 전체를 한꺼번에 취소할 수도 있다.

```
void unregisterListener (SensorEventListener listener [, Sensor sensor])
```

센서도 배터리를 소모하며 불필요한 리스너가 남아 있으면 CPU가 바빠지므로 사용이 끝난 리스너는 즉시 해제하는 것이 좋다. 센서 이벤트 리스너 인터페이스는 다음 두 개의 메서드를 정의한다.

```
void onAccuracyChanged (Sensor sensor, int accuracy)
void onSensorChanged (SensorEvent event)
```

센서의 정확도가 변경되면 onAccuracyChanged 메서드가 호출되며 정확도는 정수값 하나로 전달된다. 외부 환경에 영향을 받는 GPS와는 달리 내장 센서는 정확도의 변화가 극히 드물어 웬만해서는 이 메서드가 호출되지 않는다. 정확도 변경시 특별히 처리할 작업이 없다면 생략해도 무방하며 센서값에도 정확도 정보가 포함되어 있으므로 여기서 군이 특별한 처리를 할 필요가 없다. 보통 빈 메서드로 정의한다.

가장 중요한 메서드는 onSensorChanged인데 센서로부터 측정된 값이 이 메서드의 SensorEvent 인수로 전달된다. 이 객체는 시스템이 관리하므로 읽기 전용이며 사본을 복사해서는 안 된다. 정보 전달을 위한 객체이므로 별도의 메서드는 없으며 4개의 공개된 필드만 가진다.

필드	설명
int accuracy	정확도
Sensor sensor	값을 전달한 센서 객체
long timestamp	이벤트가 발생한 시간
float[] values	센서로부터 전달된 값

현재 정확도, 센서 객체, 측정 시점 등도 전달되지만 가장 중요한 값은 센서로부터 측정된 값을 담은 values 배열이다. 센서에 따라 전달되는 값의 개수가 다르므로 배열 형태로 되어 있다. 조도나 근접 센서 같은 단순한 값은 values[0]만 읽으면 되지만 방향이나 가속 센서처럼 더 복잡한 정보는 세 개의 값을 다 읽어야 한다. 다음 예제는 모든 센서에 대한 리스너를 등록해 놓고 입력된 값을 문자열 형태로 덤프한다.

SensorDump

```
<LinearLayout xmlns:android="http://schemas.android.com/apk/res/android"
    android:orientation="vertical"
    android:layout_width="match_parent"
    android:layout_height="match_parent"
    >
<TextView
    android:id="@+id/light"
    android:layout_width="wrap_content"
    android:layout_height="wrap_content"
    android:textSize="10pt"
    android:text="조도"
    />
<TextView
    android:id="@+id/proxi"
    android:layout_width="wrap_content"
    android:layout_height="wrap_content"
    android:textSize="10pt"
    android:text="근접"
    />
<TextView
    android:id="@+id/press"
    android:layout_width="wrap_content"
    android:layout_height="wrap_content"
    android:textSize="10pt"
    android:text="압력"
    />
<TextView
    android:id="@+id/orient"
    android:layout_width="wrap_content"
    android:layout_height="wrap_content"
    android:textSize="10pt"
    android:text="방향"
    />
```

```xml
<TextView
    android:id="@+id/accel"
    android:layout_width="wrap_content"
    android:layout_height="wrap_content"
    android:textSize="10pt"
    android:text="가속"
    />
<TextView
    android:id="@+id/magnetic"
    android:layout_width="wrap_content"
    android:layout_height="wrap_content"
    android:textSize="10pt"
    android:text="자기"
    />
</LinearLayout>
```

```java
public class SensorDump extends Activity {
    SensorManager mSm;
    TextView mTxtLight, mTxtProxi, mTxtPress, mTxtAccel, mTxtMagnetic, mTxtOrient;
    int mLightCount, mProxiCount, mPressCount;
    int mAccelCount, mMagneticCount, mOrientCount;
    public void onCreate(Bundle savedInstanceState) {
        super.onCreate(savedInstanceState);
        setContentView(R.layout.sensordump);

        mSm = (SensorManager)getSystemService(Context.SENSOR_SERVICE);

        mTxtLight =(TextView)findViewById(R.id.light);
        mTxtProxi =(TextView)findViewById(R.id.proxi);
        mTxtPress =(TextView)findViewById(R.id.press);
        mTxtOrient =(TextView)findViewById(R.id.orient);
        mTxtAccel =(TextView)findViewById(R.id.accel);
        mTxtMagnetic =(TextView)findViewById(R.id.magnetic);
    }

    @SuppressWarnings("deprecation")
    protected void onResume() {
        super.onResume();
        int delay = SensorManager.SENSOR_DELAY_UI;

        mSm.registerListener(mSensorListener,
                mSm.getDefaultSensor(Sensor.TYPE_LIGHT), delay);
        mSm.registerListener(mSensorListener,
                mSm.getDefaultSensor(Sensor.TYPE_PROXIMITY), delay);
```

```
        mSm.registerListener(mSensorListener,
                mSm.getDefaultSensor(Sensor.TYPE_PRESSURE), delay);
        mSm.registerListener(mSensorListener,
                mSm.getDefaultSensor(Sensor.TYPE_ORIENTATION), delay);
        mSm.registerListener(mSensorListener,
                mSm.getDefaultSensor(Sensor.TYPE_ACCELEROMETER), delay);
        mSm.registerListener(mSensorListener,
                mSm.getDefaultSensor(Sensor.TYPE_MAGNETIC_FIELD), delay);
        mSm.registerListener(mSensorListener,
                mSm.getDefaultSensor(Sensor.TYPE_AMBIENT_TEMPERATURE), delay);
        mSm.registerListener(mSensorListener,
                mSm.getDefaultSensor(Sensor.TYPE_GYROSCOPE), delay);
    }

    protected void onPause() {
        super.onPause();

        mSm.unregisterListener(mSensorListener);
    }

    SensorEventListener mSensorListener = new SensorEventListener() {
        public void onAccuracyChanged(Sensor sensor, int accuracy) {
            // 특별히 처리할 필요 없음
        }

        @SuppressWarnings("deprecation")
        public void onSensorChanged(SensorEvent event) {
            // 신뢰성없는 값은 무시
            if (event.accuracy == SensorManager.SENSOR_STATUS_UNRELIABLE) {
                //return;
            }

            float[] v = event.values;
            switch (event.sensor.getType()) {
            case Sensor.TYPE_LIGHT:
                mTxtLight.setText("조도 = " + ++mLightCount + "회 : " + v[0]);
                break;
            case Sensor.TYPE_PROXIMITY:
                mTxtProxi.setText("근접 = " + ++mProxiCount + "회 : " + v[0]);
                break;
            case Sensor.TYPE_PRESSURE:
                mTxtPress.setText("압력 = " + ++mPressCount + "회 : " + v[0]);
                break;
            case Sensor.TYPE_ORIENTATION:
```

```
            mTxtOrient.setText("방향 = " + ++mOrientCount + "회 : \n  azimuth:" +
                    v[0] + "\n  pitch:" + v[1] + "\n  roll:" + v[2]);
            break;
        case Sensor.TYPE_ACCELEROMETER:
            mTxtAccel.setText("가속 = " + ++mAccelCount + "회 : \n  X:" +
                    v[0] + "\n  Y:" + v[1] + "\n  Z:" + v[2]);
            break;
        case Sensor.TYPE_MAGNETIC_FIELD:
            mTxtMagnetic.setText("자기 = " + ++mMagneticCount + "회 : \n  X:" +
                    v[0] + "\n  Y:" + v[1] + "\n  Z:" + v[2]);
            break;
        }
    }
};
}
```

레이아웃에는 값을 출력할 텍스트뷰 여섯 개가 수직으로 나란히 배치되어 있으며 코드도 아주 직관적이다. 액티비티가 활성화되는 onResume에서 모든 센서에 대한 리스너를 다 등록했다. 센서값을 덤프해 보고 값의 변화를 관찰하는 것이 주된 목적이므로 전달 속도는 최대한 느리게 지정했다. 값이 너무 자주 변하면 정신만 사나워진다. 현재 장비에서 지원되지 않는 센서는 getDefaultSensor가 null을 리턴하지만 등록 메서드가 null 센서를 무시하도록 되어 있어 별도의 에러 처리는 하지 않아도 상관없다.

등록된 센서는 onPause에서 모두 해제한다. 백그라운드에 있을 때는 굳이 센서 입력을 받을 필요가 없기 때문인데 필요하다면 백그라운드에서도 센서 입력을 계속 받을 수 있다. 리스너를 등록한 직후부터 바로 동작을 시작하여 값이 변경될 때마다 메서드가 호출된다. onSensorChanged 메서드는 센서로부터 전달된 값을 문자열 형태로 조립하여 대응되는 텍스트뷰로 출력한다. 장비를 좌우로 흔들거나 방향을 바꾸면 값이 즉시 갱신된다. 자주 사용되는 실용적인 몇 가지 센서만 덤프해 보았다.

조도 센서는 룩스 단위의 밝기를 전달한다. 주로 주변의 밝기에 따라 액정의 휘도를 자동으로 조정함으로써 배터리를 절약하는 용도로 사용된다. 주변이 어두우면 액정도 같이 어두워지고 야외의 밝은 곳이면 액정도 같이 밝아진다. 조도 센서(보통 장비의 전면 위쪽에 있다)를 손가락으로 가리거나 플래쉬를 비추면 값이 변한다. 밝기는 그다지 급격하게 변하지 않으므로 다른 센서보다는 전달 빈도가 낮은 편이다.

근접 센서는 장비 주변에 물체가 있는지 판별한다. 이론상으로는 센티미터 단위의 거리가 조사되어야 하나 보통은 밀착, 떨어짐 두 가지 상태 중 하나만 조사된다. 이 센서는 통화 중에 장비를 얼굴에 밀착할 때 화면을 끔으로써 오동작을 방지하고 배터리를 절약하는 용도로 사용된다. 정전식 화면은 뺨이 액정에 닿으면 의도와 달리 전화가 끊어질 수 있어 근접 센서로 액정을 통제한다. 압력 센서는 현재 위치의 공기압을 측정함으로써 고도를 판별하는데 해수면의 공기압이 1013.25이다.

나머지 센서값은 전달된 값을 그대로 덤프했는데 숫자만 읽어서 어떤 의미인지 얼른 이해하기 어렵다. 뭔가 복잡해 보이는 실수만 잔뜩 나열되어 있어 직관적이지 않으며 값이 너무 빠르게 변해 관찰하기에도 정신 사납다. 이 값이 구체적으로 어떤 의미를 가지는지, 어디다 유용하게 써 먹을 수 있는지는 이론을 살펴보고 하나씩 예제를 만들어 보며 차근히 연구해 보자.

34.2 센서 활용

34.2.1 방향값 읽기

방향값은 장비의 현재 방향과 자세를 나타낸다. 어디를 향하고 있고 얼마만큼 기울어 있는지 방향값으로 판별한다. 리스너로 세 개의 값이 전달되는데 이는 장비가 있는 공간이 3차원 좌표계이며 수학적 3차원 공간에는 축이 세 개 있기 때문이다. 장비를 평평한 바닥에 놓았을 때 X, Y축은 각각 수평, 수직축이며 Z축은 하늘 방향이다. 화면의 좌하단점이 원점이며 X는 오른쪽, Y는 위쪽, Z는 하늘쪽으로 증가한다.

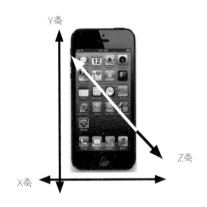

센서 리스너의 values 배열로 전달되는 3개의 값을 각각 방위각(Azimuth), 피치(Pitch), 롤(Roll)이라고 한다. values[0], values[1] , values[2] 식으로 배열 요소를 바로 읽는다. 피치, 롤은 굳이 번역하자면 기울기나 구르기로 번역할 수 있겠으나 일반적이지 않으므로 원주민 용어를 그냥 쓰기로 한다.

방위각은 장비 Y축과 지구 자북간의 각도이다. 쉽게 말해서 나침반으로 측정한 값이며 장비의 위쪽 이마 부분이 어느 방향을 향하고 있는지 나타낸다. 상식적인 내용이지만 자북은 진북과는 달라서 북극으로 이동할수록 오차가 발생하며 북극점에서는 정확하지 않다. 또한 장비에 내장된 전자 나침반은 자기장을 인식하여 방향을 판별하므로 주변에 자석이 있으면 정확도가 떨어진다. 이는 실제 나침반도 마찬가지이다.

장비를 평평한 바닥에 놓아 두고 천천히 회전시키면 SensorDump 예제의 방위각이 360도 각도로 변한다. 이 값이 0일 때 장비의 위쪽이 북쪽을 향하며 90일 때가 동쪽, 270일 때가 서쪽이다. 혹시 값이 이상하게 나온다면 옆에 컴퓨터나 스피커가 있어서이다. 근처에 자석이 있으면 방향을 제대로 판단하지 못하므로 거실이나 마당으로 나가서 테스트해 보아라.

피치는 X축의 회전 각도이다. 장비의 수평으로 꼬챙이를 꽂아 놓고 꼬챙이를 돌릴 때의 각도라고 생각하면 된다. 수평으로 반듯하게 놓으면 피치는 0이다. 장비 위쪽을 사용자쪽으로 일으켜 세우면 음의 방향으로 감소하고 아래쪽을 사용자 반대쪽으로 세우면 양의 방향으로 증가한다. 장비를 뒤집으면 180도가 되는데 어느 방향으로 뒤집었는가에 따라 각도의 부호가 달라진다.

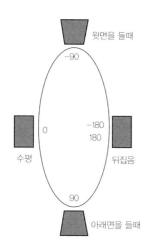

글로 설명하기는 어려우므로 장비를 기울여가며 값이 어떻게 변하는지 관찰해 보아라. SensorDump 예제를 실행해 놓고 아래, 윗 면을 들었다 났다 하면서 피치 값이 어떻게 변하는지 살펴보자. 롤은 Y축의 회전 각도이다. 평평하게 놓았을 때가 0이며 장비의 오른쪽을 위쪽으로 기울이면 양의 방향으로 증가하고 왼쪽을 위로 기울이면 음의 방향으로 감소한다. 피치와는 달리 장비를 완전히 뒤집으면 다시 0이 된다.

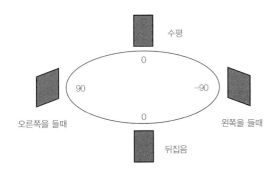

값이 어떤 식으로 변하는지 여렵지 않게 이해되지만 적용할 때마다 매번 부호가 헷갈린다. 절대적인 규칙이라기보다는 일종의 약속이다 보니 헷갈릴 수밖에 없다. 장비를 평평한 바닥에 놓고 오른쪽 아래를 들면 피치와 롤이 모두 증가한다고 외워 두면 덜 헷갈린다. 정 헷갈리면 언제든지 이 예제를 실행해 놓고 장비를 요래조래 돌려 보면서 복습하자.

방향값은 수치로 표기해서는 의미를 금방 알기 어려우므로 시각적으로 확인해 보는 것이 훨씬 더 직관적이다. 방향값으로 만들 수 있는 전형적인 예제는 나침반 및 수평계이며 유사한 응용 프로그램이 많이 발표되어 있다. 간단한 예제이되 좌표 계산에 산수가 많이 들어가 코드가 복잡해 보인다.

Compass

```java
public class Compass extends Activity {
    SensorManager mSm;
    CompassView mView;
    public void onCreate(Bundle savedInstanceState) {
        super.onCreate(savedInstanceState);
        mView = new CompassView(this);
        setContentView(mView);

        mSm = (SensorManager)getSystemService(Context.SENSOR_SERVICE);
    }
```

```
@SuppressWarnings("deprecation")
protected void onResume() {
    super.onResume();
    mSm.registerListener(mView, mSm.getDefaultSensor(Sensor.TYPE_ORIENTATION),
            SensorManager.SENSOR_DELAY_UI);
}

protected void onPause() {
    super.onPause();
    mSm.unregisterListener(mView);
}

class CompassView extends View implements SensorEventListener {
    float azimuth;
    float pitch;
    float roll;
    final static int MAX = 30;
    Paint textPnt = new Paint();
    Bitmap compass;
    int width;
    int height;
    int w10;
    int h10;
    int thick;
    int length;

    public CompassView(Context context) {
        super(context);
        textPnt.setColor(Color.BLACK);
        textPnt.setTextSize(20);
        textPnt.setAntiAlias(true);
        compass = BitmapFactory.decodeResource(getResources(), R.drawable.compass);
    }

    public void onSizeChanged(int w, int h, int oldw, int oldh) {
        super.onSizeChanged(w, h, oldw, oldh);
        width = w;
        height = h;
        w10 = width/10;
        h10 = height/10;
        thick = h10;
        length = w10 * 8;
    }
```

```
public void onAccuracyChanged(Sensor sensor, int accuracy) {
}

@SuppressWarnings("deprecation")
public void onSensorChanged(SensorEvent event) {
    float[] v = event.values;
    switch (event.sensor.getType()) {
    case Sensor.TYPE_ORIENTATION:
        if (azimuth != v[0] || pitch != v[1] || roll != v[2]) {
            azimuth = v[0];
            pitch = v[1];
            roll = v[2];
            invalidate();
        }
        break;
    }
}

public void onDraw(Canvas canvas) {
    Paint Pnt = new Paint();
    Pnt.setAntiAlias(true);

    // 수평, 수직 막대기 그림
    canvas.drawColor(Color.WHITE);
    Pnt.setColor(Color.BLACK);
    Rect pitchrt = new Rect(w10, h10, w10 + thick, h10 + length);
    canvas.drawRect(pitchrt, Pnt);
    Rect rollrt = new Rect(w10, h10*2 + length, w10*9, h10*2 + length + thick);
    canvas.drawRect(rollrt, Pnt);

    // 롤 값 표시
    float rollvalue = roll < -MAX ? -MAX:roll > MAX ? MAX:roll;
    int rollcenter = rollrt.left + rollrt.width()/2;
    int rolllength = rollrt.width() - thick;
    int rollpos = rollcenter + (int)(rolllength/2 * rollvalue / MAX);
    Pnt.setColor(rollvalue == 0 ? Color.RED:Color.YELLOW);
    canvas.drawCircle(rollpos, rollrt.top + thick/2, (int)(thick/2*0.9), Pnt);
    canvas.drawText("roll:" + (int)roll, rollrt.left, rollrt.top-5, textPnt);

    // 피치값 표시
    float pitchvalue = pitch;
    if ((Math.abs(pitch)) > 90) {
        pitchvalue = 180 - Math.abs(pitch);
        if (pitch < 0) pitchvalue *= -1;
```

```
        }
        pitchvalue = pitchvalue < -MAX ? -MAX:pitchvalue > MAX ? MAX:pitchvalue;
        int pitchcenter = pitchrt.top + pitchrt.height()/2;
        int pitchlength = pitchrt.height() - thick;
        int pitchpos = pitchcenter + (int)(pitchlength/2 * pitchvalue / MAX);
        Pnt.setColor(pitchvalue == 0 ? Color.RED:Color.YELLOW);
        canvas.drawCircle(pitchrt.left + thick/2, pitchpos, (int)(thick/2*0.9), Pnt);
        canvas.drawText("pitch:" + (int)pitch, pitchrt.left, pitchrt.top-5, textPnt);

        // 나침반 표시
        Matrix m = new Matrix();
        m.postRotate(-azimuth, compass.getWidth()/2, compass.getHeight()/2);
        m.postTranslate(rollcenter - compass.getWidth()/2 + thick,
                pitchcenter - compass.getHeight()/2);
        canvas.drawBitmap(compass, m, Pnt);
        canvas.drawText("azimuth:" + (int)azimuth, rollcenter,
                pitchcenter - compass.getHeight()/2 - 5, textPnt);
      }
    }
  }
```

장비 방향이 바뀔 때마다 액티비티가 재생성되지 않도록 매니페스트에는 세로 전용의 속성을 설정했다. 보통은 시스템이 방향을 판단하여 액티비티를 재생성하는데 앱이 직접 센서값을 통해 방향을 판별하므로 시스템이 방해하지 않도록 해야 한다. 이후의 센서 관련 예제도 마찬가지이다.

```
<activity android:name=".c34_sensor.Compass" android:label="Compass"
        android:screenOrientation="portrait"
        />
```

센서로부터 받은 값을 커스텀 뷰에 그래픽으로 그리므로 레이아웃은 따로 필요 없다. 메인 액티비티의 onCreate에서 커스텀 뷰인 CompassView를 생성하여 채우고 센서 관리자를 찾는다. onResume에서 방향 센서 리스너를 커스텀 뷰로 설정하고 onPause에서 해제하여 액티비티가 실행 중인 동안만 센서값을 받도록 했다.

센서 리스너는 인터페이스일 뿐이므로 객체를 굳이 따로 만들 필요 없이 커스텀 뷰가 직접 구현해도 무방하다. 커스텀 뷰는 센서로부터 전달되는 값을 받아 화면에 보기 좋게 출력한다. 나머지 코드는 대부분 그리기 준비와 간단한 계산 루틴이다. 생성자는 텍스트 출력에 사용할 Paint 객체와 나침반 비트맵을 로드하는 초기화 작업을 처리한다. 비트맵은 용량이 크므로 반드시 미리 읽어 두어야 한다.

뷰의 크기가 최초로 결정되는 onSizeChanged에서 폭과 높이, 그리고 폭, 높이의 10% 크기와 막대의 굵기, 길이 등을 구해 놓는다. 장비의 해상도와 상관없이 일정한 길이와 폭을 가지기 위해 화면 폭과 높이를 기준으로 크기를 계산했다. 막대의 두께는 높이의 10%, 길이는 너비의 80%로 설정했다. 레이아웃에 배치하지 않고 화면 비율에 맞게 계산해야 모든 장비에 이상없이 동작한다.

센서 리스너는 방향값이 갱신되면 뷰 객체의 필드에 값을 저장하고 화면을 다시 그린다. 갱신된 값을 실제 사용하는 곳은 onDraw이다. 가만히 있는 상태에서는 불필요한 그리기를 할 필요가 없으므로 이전값과 다른지 점검하여 갱신할 필요가 있을 때만 다시 그린다. 평평한 바닥에 가만히 놓아두어도 센서값이 지속적으로 전달되는데 이때마다 다시 그릴 필요는 없다. onDraw는 센서 리스너가 필드에 저장해 놓은 값을 참조하여 화면을 그린다.

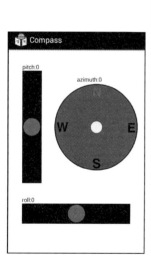

에뮬레이터는 센서가 없으므로 그림만 보여줄 뿐 동작하지 않는다. 실장비에서는 잘 동작한다. onDraw의 코드는 단순한 출력문이되 좌표를 계산하는 산수가 복잡하다. 수평 수직 막대기는 drawRect로 간단하게 그리며 장치 독립성을 위해 화면 크기를 기준으로 미리 계산된 크기값을 사용한다. 피치, 롤 막대기는 왼쪽, 아래쪽에 배치하고 나침반은 중앙에 비트맵으로 따로 그렸다.

롤 막대 위에 현재 롤 값 위치를 의미하는 동그란 물방울을 원으로 그린다. 단색 원으로 그렸는데 물방울 모양의 입체적인 이미지를 사용하면 훨씬 더 사실적이다. 롤 값의 범위는 90도까지이지만 액체는 점도가 낮아 살짝만 기울여도 움직이는 것이 상식적이므로 범위를 제한할 필요가 있다. MAX 상수는 물방울이 제일 위에 닿을 때의 값을 의미하는데 30으로 설정했다. 즉, 30도 기울이면 제일 가장자리로 물방울이 이동한다. rollvalue는 센서로부터 전달된 roll값을 −30~30 범위로 조정한 값이다.

rollcenter는 막대의 중앙 좌표이며 roll이 0일 때 물방울의 위치이다. 막대 왼쪽 좌표에 길이의 절반을 더하면 여기가 중앙이다. rolllength는 물방울이 움직일 범위를 지정하되 막대의 길이에 굵기를 빼서 계산한다. 물방울의 대표 좌표는 원의 중심이며 가장자리에서는 원의 반지름만큼 빼야 원이 막대의 끝에 그려진다. 양쪽 원의 반지름 합이 막대의 굵기와 같으므로 굵기만큼만 빼면 된다. 굵기를 빼지 않으면 가장자리에서 물방울이 막대 밖으로 삐져 나가며 이는 기대되는 결과가 아니다.

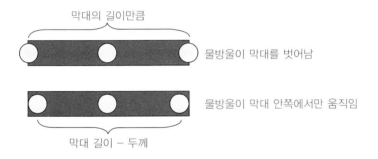

막대의 길이만큼
물방울이 막대를 벗어남

물방울이 막대 안쪽에서만 움직임
막대 길이 − 두께

rollpos는 rollvalue 값에 따른 원의 위치이다. 0일때 중앙이고 MAX일 때 막대의 끝으로 이동하며 MAX보다 작은 값일 때는 비율에 맞게 위치를 결정한다. 비율 계산은 단순한 1차 방정식일 뿐이므로 다음 공식대로 풀면 아주 쉽다. 비율을 적어 놓고 내변끼리 곱하고 외변끼리 곱한 후 원하는 값에 대한 방정식을 풀면 된다. 수식으로 적어 놓으면 뭔가 대단한 공식인 것처럼 보이지만 중학교 수준의 산수일 뿐이다.

```
MAX:rolllength/2 = rollvalue:x
x * MAX = rolllength/2 * rollvalue
x = rolllength/2 * rollvalue / MAX
```

구해진 위치값에 막대의 중앙 좌표를 더해 평행 이동시키면 막대의 안쪽에 원이 배치된다. rollvalue가 음수일 때는 자연스럽게 막대 중앙에서 왼쪽으로 이동한다. 값을 다 구했으면 이제 그리기만 하면 된다. 수평이 맞을 때는 빨간색으로 그리고 그렇지 않을 때는 노란색으로 그렸다. 원은 drawCircle로 그리되 반지름을 두께의 90%로 설정하여 약간 여백을 두었으며 값은 적당한 위치에 문자열로 출력한다.

피치값을 표시하는 코드도 롤값 표시 루틴과 거의 같되 값을 정규화하는 부분만 조금 다르다. 롤값은 장비를 뒤집을 때 0으로 다시 근접하므로 그대로 사용하면 되지만 피치는 180까지 증가했다가 부호만 바뀐다. 피치가 90이상일 때는 180에서 피치의 절대값을 빼고 부호를 그대로 유지하면 뒤집어진 상태에서도 물방울이 아래 위로 제대로 움직인다. 이 규칙이 pitchvalue 계산식에 추가 적용되어 있으며 나머지 논리는 롤값과 같다.

방위각을 표시하는 나침반은 회전 계산이 들어가 굉장히 복잡할 것 같지만 행렬을 사용하면 아주 쉽다. 정북쪽을 위로 표시한 이미지를 작성해 두고 방위각만큼 회전시키되 방위각은 반시계 방향이고 행렬의 각도는 시계 방향이므로 부호를 반대로 뒤집어준다. 회전의 중심점은 이미지의 중앙 지점으로 지정하여 이미지의 가운데를 기준으로 회전하도록 했다. 회전 후 화면의 중앙 지점으로 평행 이동시켜 나침반의 중앙이 피치, 롤의 교점이 되도록 하되 피치 막대가 왼쪽에 있으므로 막대 두께만큼 오른쪽으로 더 이동시켰다.

회전 및 평행 이동 연산을 연속으로 하되 회전을 먼저 한 후 이동해야 원하는 결과가 나온다. 설명상으로는 복잡해 보이지만 코드로는 단 두 줄에 불과하다. 회전과 이동을 적용한 행렬을 만든 후 drawBitmap으로 행렬을 전달하면 비트맵을 회전 및 이동시키는 작업은 메서드 내에서 자동으로 수행된다. 행렬이 아니면 이런 처리는 굉장히 까다로운데 다행히 안드로이드는 행렬 연산을 훌륭히 지원하며 관련 내용은 그래픽 부분에서 이미 설명한 바 있다.

34.2.2 가속계

가속계는 장비가 어느 방향으로 움직이는 중인지 알아내는 센서이다. 주의할 것은 얼마나 빨리 움직이고 있는지 나타내는 속도계와는 다르다는 점이다. 가속이란 수학적으로 속도의 미분으로 정의되며 속도가 어떻게 변하고 있는가를 나타내는 것이지 현재의 이동 속도를 나타내는 것이 아니다. 열차에 타고 있는 상태에서는 폰이 열차와 같은 속도로 움직이지만 열차의 속도가 일정하다면 가속은 항상 0이다.

가속계는 장비가 막 움직이기 시작할 때 속도가 얼마나 급격하게 늘어나는지, 이동을 중지할 때 얼마나 빨리 멈추는지 감지해내는 센서이다. 따라서 가속계가 반응하는 것을 확인하려면 장비를 흔들어 봐야 하며 세게 흔들수록 가속값이 커진다. 그러나 화면이 보일 정도로 흔들어서는 값이 관측되지 않으며 너무 세게 흔들면 그 값을 확인하기 어렵다는 곤란함이 있다. SensorDump 예제는 가속값을 제대로 출력하지만 이 예제를 아무리 째려 봐도 규칙을 파악하기에는 한계가 있다.

가속이란 속도와 시간의 개념이 결합된 것이라 한 시점의 가속값만 봐서는 변화를 확인하기 어려우며 시간의 경과에 따라 값의 변화 추이를 시각적으로 그려 봐야 변화를 명확하게 경험해볼 수 있다. 다음 예제는 X, Y, Z 세 방향에 대해 값의 변화를 연속적으로 수직축에 그려 보여준다. 전체적인 구조는 Compass 예제와 비슷하되 방향 센서 대신 가속 센서에 대한 리스너를 처리한다는 점이 다르다.

Accelerator

```
public class Accelerator extends Activity {
    SensorManager mSm;
    AcceleratorView mView;
    boolean mArrange = true;
    float pitch;
    float roll;
    final static float G = SensorManager.STANDARD_GRAVITY;
    public void onCreate(Bundle savedInstanceState) {
        super.onCreate(savedInstanceState);
        mView = new AcceleratorView(this);
        setContentView(mView);

        mSm = (SensorManager)getSystemService(Context.SENSOR_SERVICE);
    }

    protected void onResume() {
        super.onResume();
        RegisterListener(SensorManager.SENSOR_DELAY_GAME);
    }

    protected void onPause() {
        super.onPause();
        mSm.unregisterListener(mView);
    }

    void reRegisterListener(int delay) {
        mSm.unregisterListener(mView);
```

```
        RegisterListener(delay);
    }

    @SuppressWarnings("deprecation")
    void RegisterListener(int delay) {
        mSm.registerListener(mView, mSm.getDefaultSensor(Sensor.TYPE_ACCELEROMETER),
                delay);
        mSm.registerListener(mView, mSm.getDefaultSensor(Sensor.TYPE_ORIENTATION),
                delay);
    }

    public boolean onCreateOptionsMenu(Menu menu) {
        super.onCreateOptionsMenu(menu);
        menu.add(0,1,0,"X");
        menu.add(0,2,0,"Y");
        menu.add(0,3,0,"Z");
        menu.add(0,4,0,"중력 배제");
        menu.add(0,5,0,"주기");
        return true;
    }

    public boolean onOptionsItemSelected(MenuItem item) {
        switch (item.getItemId()) {
        case 1:
            mView.viewLog(1);
            return true;
        case 2:
            mView.viewLog(2);
            return true;
        case 3:
            mView.viewLog(3);
            return true;
        case 4:
            mArrange = !mArrange;
            return true;
        case 5:
            new AlertDialog.Builder(Accelerator.this)
            .setTitle("센서 주기를 선택하세요.")
            .setItems(new String[] {"느리게", "보통", "빠르게", "최대속도" },
                new DialogInterface.OnClickListener() {
                public void onClick(DialogInterface dialog, int which) {
                    switch (which) {
                    case 0:
                        reRegisterListener(SensorManager.SENSOR_DELAY_UI);
```

```
                break;
            case 1:
                reRegisterListener(SensorManager.SENSOR_DELAY_NORMAL);
                break;
            case 2:
                reRegisterListener(SensorManager.SENSOR_DELAY_GAME);
                break;
            case 3:
                reRegisterListener(SensorManager.SENSOR_DELAY_FASTEST);
                break;
            }
        }
    })
    .setNegativeButton("취소", null)
    .show();
        return true;
    }
    return false;
}

class AccelValue {
    float x;
    float y;
    float z;
    float pitch;
    float roll;
    long time;
}

class AcceleratorView extends View implements SensorEventListener {
    int width;
    int height;
    int w10;
    ArrayList<AccelValue> arValue = new ArrayList<AccelValue>();
    final static int MAGX = 2;
    final static int MAGY = 2;
    boolean mStop = false;

    public AcceleratorView(Context context) {
        super(context);
    }

    public void onSizeChanged(int w, int h, int oldw, int oldh) {
        super.onSizeChanged(w, h, oldw, oldh);
```

```
        width = w;
        height = h;
        w10 = width/10;
    }

    public void onAccuracyChanged(Sensor sensor, int accuracy) {
    }

    @SuppressWarnings("deprecation")
    public void onSensorChanged(SensorEvent event) {
        if (mStop) {
            return;
        }
        float[] v = event.values;
        switch (event.sensor.getType()) {
        case Sensor.TYPE_ACCELEROMETER:
            if (arValue.size() * MAGY > height - 50) {
                arValue.remove(0);
            }
            AccelValue av = new AccelValue();
            av.x = v[0];
            av.y = v[1];
            av.z = v[2];
            av.pitch = pitch;
            av.roll = roll;
            av.time = event.timestamp;
            arValue.add(av);
            invalidate();
            break;
        case Sensor.TYPE_ORIENTATION:
            pitch = v[1];
            roll = v[2];
            break;
        }
    }

    public void onDraw(Canvas canvas) {
        Paint Pnt = new Paint();
        Pnt.setColor(Color.WHITE);
        Pnt.setTextSize(20);
        Paint linePaint = new Paint();
        linePaint.setColor(0xff404040);

        int i;
```

```
AccelValue v;
float value;
int x, y;
int oldx, oldy;
int basex;

// X 가속 그림
basex = oldx = w10 * 2;
oldy = 0;
canvas.drawText("X", basex - 25, 25, Pnt);
canvas.drawLine(basex, 0, basex, height, linePaint);
for (i = 0;i < arValue.size();i++) {
    v = arValue.get(i);
    value = v.x;
    if (mArrange) {
        value -= (float)Math.sin(Deg2Rad(v.roll)) * G;
    }
    x = (int)(basex + value * MAGX);
    y = i * MAGY;
    canvas.drawLine(oldx, oldy, x, y, Pnt);
    oldx = x;
    oldy = y;
}

// Y 가속 그림
basex = oldx = w10 * 5;
oldy = 0;
canvas.drawText("Y", basex - 25, 25, Pnt);
canvas.drawLine(basex, 0, basex, height, linePaint);
for (i = 0;i < arValue.size();i++) {
    v = arValue.get(i);
    value = v.y;
    if (mArrange) {
        value += (float)Math.sin(Deg2Rad(v.pitch)) * G;
    }
    x = (int)(basex + value * MAGX);
    y = i * MAGY;
    canvas.drawLine(oldx, oldy, x, y, Pnt);
    oldx = x;
    oldy = y;
}

// Z 가속 그림
basex = oldx = w10 * 8;
```

```
        oldy = 0;
        canvas.drawText("Z", basex - 25, 25, Pnt);
        canvas.drawLine(basex, 0, basex, height, linePaint);
        for (i = 0;i < arValue.size();i++) {
            v = arValue.get(i);
            value = v.z;
            if (mArrange) {
                // 중력을 제외한 순수한 Z 축 움직임을 구하는 방법을 아직 찾지 못했음
                // pitch, roll을 알고 있지만 방정식을 도출할 수 없음
            }
            x = (int)(basex + value * MAGX);
            y = i * MAGY;
            canvas.drawLine(oldx, oldy, x, y, Pnt);
            oldx = x;
            oldy = y;
        }
    }
}

public boolean onTouchEvent(MotionEvent event) {
    if (event.getAction() == MotionEvent.ACTION_DOWN) {
        mStop = !mStop;
        return true;
    }
    return false;
}

public void viewLog(int what) {
    mStop = true;
    StringBuilder result = new StringBuilder();
    float min = 100f, max = -100f;
    // 아래쪽 1/4 정도만 덤프한다. -> 전부 덤프
    for (int i = 0;i < arValue.size();i++) {
        float value = 0;
        switch (what) {
        case 1:
            value = arValue.get(i).x;
            break;
        case 2:
            value = arValue.get(i).y;
            break;
        case 3:
            value = arValue.get(i).z;
            break;
        }
```

```
            // 시간은 10억분의 1초 단위이므로 정수 2자리, 소수 2자리만 출력
            result.append(String.format("%d(%.2f) => %.4f\n", i,
                    (float)(arValue.get(i).time / 10000000L % 10000L)/100, value));
            min = Math.min(value, min);
            max = Math.max(value, max);
        }

        result.append("min = " + min + "\nmax = " + max);

        new AlertDialog.Builder(Accelerator.this)
        .setMessage(result.toString())
        .setTitle("Dump")
        .show();
    }

    float Deg2Rad(float deg) {
        return (deg * (float)Math.PI) / 180;
    }
}
}
```

AccelValue 클래스는 가속 센서로부터 한 번 전달되는 값의 집합이며 이 클래스의 배열 arValue 는 연속적인 센서값을 저장한다. 당장의 값만 봐서는 변화의 추이를 확인할 수 없으므로 전달되는 값을 배열에 저장해 놓고 일련의 값을 한꺼번에 그린다. onDraw는 이 값의 연속을 곡선 형태로 화면에 그려 가속값이 어떻게 변하는지 보여준다. X는 화면폭의 20%, Y는 50%, Z는 80% 위치에 그리며 이 위치는 basex 변수가 가진다.

X축의 가속 그리기를 분석해 보자. 가속값은 basex에서부터의 거리로 표현한다. arValue 배열 전체를 순회하면서 각 시점에서의 가속값을 꺼내 순차적인 선으로 연결하여 값이 어떻게 변하는지 곡선 그래프 형태로 그린다. 가속 센서값은 픽셀보다는 크기가 작으므로 2를 곱해 진폭과 주파수를 약간 과장했다. 중요한 것은 값이 변하는 것을 보여주는 것이므로 실제값과 완전히 일치할 필요는 없다.

Y축, Z축의 가속 그리기 코드도 참조하는 센서값만 다를 뿐 구조는 완전히 같다. 센서 리스너는 가속값을 받을 때마다 배열에 값을 저장하고 화면을 무효화하므로 주기적으로 곡선이 계속 그려진다. 에뮬레이터에서는 실행해 봤자 직선만 그려질 뿐 아무런 변화가 없으며 실장비로 테스트해 봐야 한다. 실행 후 장비를 각 방향으로 마구 흔들어 보자. 이 예제로 각 센서값의 변화를 잘 관찰해 보아라.

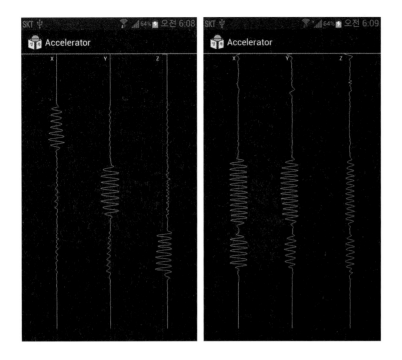

폰을 좌우로 짤래 짤래 흔들면 X축의 가속이 변하며 그 결과가 그래프에 나타난다. 심하게 흔들수록 진폭이 커지며 흔드는 속도가 빨라지면 주파수가 조밀해진다. 가속하면 오른쪽으로 흔들리고 감속 하면 다시 왼쪽으로 흔들렸다가 결국은 0의 자리로 돌아온다. 흔들어 봤자 결국은 제자리로 돌아오 며 가속이란 변화의 정도여서 방향을 바꾸어 가며 계속 흔들지 않는 한 언젠가는 다시 0이 된다.

Y축은 폰을 위, 아래로 그러니까 세로 방향으로 흔들 때 반응한다. Z축은 폰을 하늘, 땅 방향으로 흔들 때 반응한다. 사람 손이 기계가 아니다 보니 한 방향으로만 흔들어도 나머지 두 방향에 대해서 도 잔진동이 나타난다. 폰을 한 손에 꽉 쥐고 뱅글 뱅글 돌리며 오도방정을 떨어 보면 X, Y, Z 세 방 향에 모두 가속이 추출된다. 이 파형을 잘 분석하면 사용자가 폰을 어느 방향으로 흔들고 있는지 알 수 있으며 정밀하게 분석하면 흔드는 모양새도 알아낼 수 있다.

결과를 차분히 살펴볼 수 있도록 화면을 터치하면 잠시 멈추는 기능과 리스너 전달 속도를 변경하는 기능도 작성해 두었으며 메뉴는 각 축의 변화를 수치로 살펴볼 수 있는 덤프 기능을 제공한다. 주기 를 최대 속도로 설정하면 박진감 넘치는 그래프를 볼 수 있다. 단, 너무 자주 값을 추출하면 배터리 는 쾌속으로 소모된다.

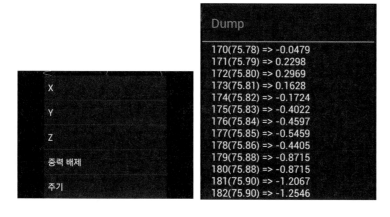

Dump

170(75.78) => -0.0479
171(75.79) => 0.2298
172(75.80) => 0.2969
173(75.81) => 0.1628
174(75.82) => -0.1724
175(75.83) => -0.4022
176(75.84) => -0.4597
177(75.85) => -0.5459
178(75.86) => -0.4405
179(75.88) => -0.8715
180(75.88) => -0.8715
181(75.90) => -1.2067
182(75.90) => -1.2546

그래프는 변화의 추이만 보여주며 실제값을 알기 어려우므로 덤프를 통해 센서의 현재값을 정밀하게 살펴보는 기능을 제공한다. 센서로부터 유용한 정보를 추출해 내려면 이 값의 변화를 잘 관찰해서 일정한 규칙을 발견해야 한다.

34.2.3 MotionCounter

이 예제를 잘 관찰해 보면 상식적으로 금방 이해되지 않는 점이 있다. 우선 장비를 바닥에 평평하게 놓았을 때 Z축의 가속도가 자유 낙하 가속도인 9.80665(STANDARD_GRAVITY)로 설정된다는 점인데 정지해 있음에도 가속도가 있는 것으로 평가된다. 그 이유는 가속 센서가 중력에 의한 가속도와 움직임에 대한 가속도를 구분하지 못하기 때문이다. 지구상의 모든 물체는 초속 9.8미터 속도의 중력을 받고 있으므로 정지된 상태에서도 Z축 가속도가 존재한다. 물체를 진공에서 자유 낙하시키면 이때는 Z 가속도가 0이 된다.

X, Y축의 가속도도 장비를 기울이면 변하는 것을 볼 수 있는데 기울임에 의해 중력 가속도가 각 축으로 적용되기 때문이다. 이때 각축에 적용되는 가속도는 sin(기운 각도)이다. X축으로 30도 기울어졌으면 0.5G의 가속을 받고 90도 완전히 기울이면 1G의 가속도가 적용된다. 가속도에 기울기가 계산되어 적용되므로 가속도를 역추적하면 현재 장비의 기울기를 구할 수 있다.

만약 기울기에 의한 중력을 배제하고 싶으면 복잡한 계산을 통해 정규화해야 한다. 앞 예제에 이 기능이 이미 작성되어 있는데 메뉴에서 중력 배제 항목을 선택하면 기울기를 계산에 포함하여 중력 가속도에 의한 왜곡을 제거한다. X축의 경우만 분석해 보자. 롤값을 라디안으로 변경하여 sin 메서드를 적용한 후 중력 가속도를 곱하면 이 값이 기울임에 의해 발생하는 가속도이다. 센서가 계산한 가속도에 중력 가속도를 빼면 순수한 움직임 가속도만 추출된다.

Y축도 같은 방식으로 구하되 부호가 반대이므로 빼는 것이 아니라 더해야 한다. Z축의 경우는 피치와 롤의 영향을 동시에 받으므로 계산식이 다소 복잡하다. 중력을 배제하면 X, Y축은 장비의 방향이나 기울임에 상관없이 순수하게 움직임에 의한 가속도만 측정되며 따라서 흔드는 동작으로 명령을 입력받을 수 있다. 다음 예제는 가속도를 인식하여 수를 증감시킨다.

MotionCounter

```xml
<LinearLayout xmlns:android="http://schemas.android.com/apk/res/android"
    android:orientation="vertical"
    android:layout_width="match_parent"
    android:layout_height="match_parent"
    >
<TextView
    android:layout_width="wrap_content"
    android:layout_height="wrap_content"
    android:text="오른쪽:증가, 왼쪽:감소, 위쪽:100, 아래쪽:200"
    />
<LinearLayout
    android:layout_width="match_parent"
    android:layout_height="wrap_content"
    >
<TextView
    android:id="@+id/txtsen"
    android:layout_width="wrap_content"
    android:layout_height="wrap_content"
    />
<Button
    android:id="@+id/incsen"
    android:layout_width="wrap_content"
    android:layout_height="wrap_content"
    android:text="증가"
    />
<Button
    android:id="@+id/decsen"
    android:layout_width="wrap_content"
    android:layout_height="wrap_content"
    android:text="감소"
    />
</LinearLayout>
<LinearLayout
    android:layout_width="match_parent"
    android:layout_height="wrap_content"
```

```
    >
<TextView
    android:id="@+id/txtgap"
    android:layout_width="wrap_content"
    android:layout_height="wrap_content"
    />
<Button
    android:id="@+id/incgap"
    android:layout_width="wrap_content"
    android:layout_height="wrap_content"
    android:text="증가"
    />
<Button
    android:id="@+id/decgap"
    android:layout_width="wrap_content"
    android:layout_height="wrap_content"
    android:text="감소"
    />
</LinearLayout>
<TextView
    android:id="@+id/counter"
    android:layout_width="match_parent"
    android:layout_height="wrap_content"
    android:textSize="48pt"
    android:gravity="center_horizontal"
    android:text="100"
    />
<TextView
    android:id="@+id/result"
    android:layout_width="match_parent"
    android:layout_height="wrap_content"
    android:text="result"
    />
</LinearLayout>
------------------------------------------------------
public class MotionCounter extends Activity {
    final static String TAG = "MotionCounter";
    final static float G = SensorManager.STANDARD_GRAVITY;
    SensorManager mSm;
    TextView mCounterText;
    int mCounter = 100;
    float mPitch;
    float mRoll;
    long mApplyTime;
```

```
int mSenGap = 1000;
float mSenRange = 5.0f;

@SuppressWarnings("deprecation")
public void onCreate(Bundle savedInstanceState) {
    super.onCreate(savedInstanceState);
    setContentView(R.layout.motioncounter);

    mSm = (SensorManager)getSystemService(Context.SENSOR_SERVICE);
    mSm.registerListener(mSensorListener,
            mSm.getDefaultSensor(Sensor.TYPE_ACCELEROMETER),
            SensorManager.SENSOR_DELAY_GAME);
    mSm.registerListener(mSensorListener,
            mSm.getDefaultSensor(Sensor.TYPE_ORIENTATION),
            SensorManager.SENSOR_DELAY_GAME);

    mCounterText = (TextView)findViewById(R.id.counter);
    UpdateValueText();

    findViewById(R.id.incsen).setOnClickListener(mClickListener);
    findViewById(R.id.decsen).setOnClickListener(mClickListener);
    findViewById(R.id.incgap).setOnClickListener(mClickListener);
    findViewById(R.id.decgap).setOnClickListener(mClickListener);
}

// 파괴되기 전까지 계속 동작해야 함
protected void onDestroy() {
    super.onDestroy();
    mSm.unregisterListener(mSensorListener);
}

SensorEventListener mSensorListener = new SensorEventListener() {
    public void onAccuracyChanged(Sensor sensor, int accuracy) {
    }

    float ax;
    float ay;
    @SuppressWarnings("deprecation")
    public void onSensorChanged(SensorEvent event) {
        switch (event.sensor.getType()) {
        case Sensor.TYPE_ORIENTATION:
            mPitch = event.values[1];
            mRoll = event.values[2];
            break;
```

```
        case Sensor.TYPE_ACCELEROMETER:
            long now = System.currentTimeMillis();
            if (now - mApplyTime < mSenGap) break;

            ax = event.values[0];
            ax -= (float)Math.sin(Deg2Rad(mRoll)) * G;
            TextView txtresult = (TextView)findViewById(R.id.result);
            String result = "ax = " + ax;
            txtresult.setText(result);
            if (Math.abs(ax) > mSenRange) {
                mApplyTime = now;
                if (ax > 0) {
                    mCounter++;
                } else {
                    mCounter--;
                }
                mCounterText.setText("" + mCounter);
                break;
            }

            ay = event.values[1];
            ay += (float)Math.sin(Deg2Rad(mPitch)) * G;
            if (Math.abs(ay) > mSenRange) {
                mApplyTime = now;
                if (ay > 0) {
                    mCounter = 100;
                } else {
                    mCounter = 200;
                }
                mCounterText.setText("" + mCounter);
                break;
            }

            break;
        }
    }
};

float Deg2Rad(float deg) {
    return (deg * (float)Math.PI) / 180;
}

View.OnClickListener mClickListener = new View.OnClickListener() {
    public void onClick(View v) {
```

```
        switch (v.getId()) {
        case R.id.incsen:
        case R.id.decsen:
            mSenRange += (v.getId() == R.id.incsen ? 1.0f:-1.0f);
            break;
        case R.id.incgap:
        case R.id.decgap:
            mSenGap += (v.getId() == R.id.incgap ? 500:-500);
            break;
        }
        UpdateValueText();
    }
};

void UpdateValueText() {
    TextView txtsen = (TextView)findViewById(R.id.txtsen);
    txtsen.setText("민감도 : " + (int)mSenRange);
    TextView txtgap = (TextView)findViewById(R.id.txtgap);
    txtgap.setText("간격 : " + mSenGap);
}
}
```

원리는 아주 간단하다. X축 가속도가 일정한 범위를 넘어서면 이것을 명령으로 받아들이는 것이다.
한 번 명령을 받아들이면 일정 기간동안은 센서 명령을 받아들이지 않도록 했는데 연속으로 흔들 때
다량의 명령이 한꺼번에 전달되는 혼란이 있기 때문이다. 범위는 센서의 민감도를 지정하며 간격은
오동작을 최소화한다. 두 값은 각각 5와 1초로 초기화되어 있으며 화면의 버튼을 통해 조정한다.

비교적 잘 동작하지만 오동작이 종종 발생한다. 왜냐하면 장비를 오른쪽으로 빨리 움직여도 멈추는 시간이 움직이는 시간보다 짧으면 멈추는 음의 가속도가 더 커져 반대 명령으로 해석되기 때문이다. 좀 더 안전한 명령 해석 방법이 필요하다. 다음 예제는 부호와 무관하게 진폭만으로 명령을 입력받는다.

ShakeCounter

```xml
<LinearLayout xmlns:android="http://schemas.android.com/apk/res/android"
    android:orientation="vertical"
    android:layout_width="match_parent"
    android:layout_height="match_parent"
    >
<TextView
    android:layout_width="wrap_content"
    android:layout_height="wrap_content"
    android:text="좌우:증가, 하늘땅:감소, 상하:100"
    />
<LinearLayout
    android:layout_width="match_parent"
    android:layout_height="wrap_content"
    >
<TextView
    android:id="@+id/txtsen"
    android:layout_width="wrap_content"
    android:layout_height="wrap_content"
    />
<Button
    android:id="@+id/incsen"
    android:layout_width="wrap_content"
    android:layout_height="wrap_content"
    android:text="증가"
    />
<Button
    android:id="@+id/decsen"
    android:layout_width="wrap_content"
    android:layout_height="wrap_content"
    android:text="감소"
    />
</LinearLayout>
<LinearLayout
    android:layout_width="match_parent"
    android:layout_height="wrap_content"
```

```
            >
<TextView
    android:id="@+id/txtgap"
    android:layout_width="wrap_content"
    android:layout_height="wrap_content"
    />
<Button
    android:id="@+id/incgap"
    android:layout_width="wrap_content"
    android:layout_height="wrap_content"
    android:text="증가"
    />
<Button
    android:id="@+id/decgap"
    android:layout_width="wrap_content"
    android:layout_height="wrap_content"
    android:text="감소"
    />
</LinearLayout>
<LinearLayout
    android:layout_width="match_parent"
    android:layout_height="wrap_content"
    >
<TextView
    android:id="@+id/txtspeed"
    android:layout_width="wrap_content"
    android:layout_height="wrap_content"
    />
<Button
    android:id="@+id/incspeed"
    android:layout_width="wrap_content"
    android:layout_height="wrap_content"
    android:text="증가"
    />
<Button
    android:id="@+id/decspeed"
    android:layout_width="wrap_content"
    android:layout_height="wrap_content"
    android:text="감소"
    />
</LinearLayout>
<TextView
    android:id="@+id/counter"
    android:layout_width="match_parent"
```

```
        android:layout_height="wrap_content"
        android:textSize="48pt"
        android:gravity="center_horizontal"
        android:text="100"
        />
<TextView
        android:id="@+id/result"
        android:layout_width="match_parent"
        android:layout_height="wrap_content"
        android:text="result"
        />
</LinearLayout>
--------------------------------------------------------------
public class ShakeCounter extends Activity {
    final static String TAG = "MotionCounter";
    final static float G = SensorManager.STANDARD_GRAVITY;
    SensorManager mSm;
    TextView mCounterText;
    int mCounter = 100;
    long mApplyTime;
    int mSenGap = 1000;
    float mSenRange = 16.0f;
    int mSenSpeed = 800;
    ArrayList<AccelValue> arValue = new ArrayList<AccelValue>();
    final static int MAXCOUNT = 20;

    class AccelValue {
        float[] value = new float[3];
        long time;
    }

    public void onCreate(Bundle savedInstanceState) {
        super.onCreate(savedInstanceState);
        setContentView(R.layout.shakecounter);

        mSm = (SensorManager)getSystemService(Context.SENSOR_SERVICE);
        mSm.registerListener(mSensorListener, mSm.getDefaultSensor(Sensor.TYPE_ACCELEROMETER),
                SensorManager.SENSOR_DELAY_GAME);

        mCounterText = (TextView)findViewById(R.id.counter);
        UpdateValueText();

        findViewById(R.id.incsen).setOnClickListener(mClickListener);
        findViewById(R.id.decsen).setOnClickListener(mClickListener);
```

```
        findViewById(R.id.incgap).setOnClickListener(mClickListener);
        findViewById(R.id.decgap).setOnClickListener(mClickListener);
        findViewById(R.id.incspeed).setOnClickListener(mClickListener);
        findViewById(R.id.decspeed).setOnClickListener(mClickListener);
    }

    // 파괴되기 전까지 계속 동작해야 함
    protected void onDestroy() {
        super.onDestroy();
        mSm.unregisterListener(mSensorListener);
    }

    SensorEventListener mSensorListener = new SensorEventListener() {
        public void onAccuracyChanged(Sensor sensor, int accuracy) {
        }

        public void onSensorChanged(SensorEvent event) {
            switch (event.sensor.getType()) {
            case Sensor.TYPE_ACCELEROMETER:
                // 가속값 큐 방식의 배열에 누적
                AccelValue av = new AccelValue();
                av.value[0] = event.values[0];
                av.value[1] = event.values[1];
                av.value[2] = event.values[2];
                av.time = event.timestamp / 100000L;
                if (arValue.size() == MAXCOUNT) {
                    arValue.remove(0);
                }
                arValue.add(av);

                // 인식 간격이 지나지 않았으면 무시
                long now = System.currentTimeMillis();
                if (now - mApplyTime < mSenGap) {
                    break;
                }

                TextView txtresult = (TextView)findViewById(R.id.result);
                String result = "";

                // 지정한 기간내에 각 방향 가속값의 최소, 최대값 및 진폭 계산
                float[] min = new float[] { 100, 100, 100};
                float[] max = new float[] { -100, -100, -100};
                for (int i = arValue.size() - 1; i >= 0; i--) {
                    AccelValue v = arValue.get(i);
```

```
            if (av.time - v.time > mSenSpeed) {
                result += "검사 범위 = " + (arValue.size() -1) + " ~ " + i + "\n";
                break;
            }
            for (int j = 0; j < 3; j++) {
                min[j] = Math.min(min[j], v.value[j]);
                max[j] = Math.max(max[j], v.value[j]);
            }
        }
        float[] diff = new float[3];
        for (int j = 0; j < 3; j++) {
            diff[j] = Math.abs(max[j] - min[j]);
            result += "diff[" + j + "] = " + diff[j] + "\n";
        }

        txtresult.setText(result);

        // X 축 흔들기 - 증가
        if (diff[0] > mSenRange) {
            mApplyTime = now;
            mCounter++;
            mCounterText.setText("" + mCounter);
            arValue.clear();
            break;
        }

        // Y 축 흔들기 - 리셋
        if (diff[1] > mSenRange) {
            mApplyTime = now;
            mCounter = 100;
            mCounterText.setText("" + mCounter);
            arValue.clear();
            break;
        }

        // Z 축 흔들기 - 감소
        if (diff[2] > mSenRange) {
            mApplyTime = now;
            mCounter--;
            mCounterText.setText("" + mCounter);
            arValue.clear();
            break;
        }
```

```
                break;
            }
        }
    };

    float Deg2Rad(float deg) {
        return (deg * (float)Math.PI) / 180;
    }

    View.OnClickListener mClickListener = new View.OnClickListener() {
        public void onClick(View v) {
            switch (v.getId()) {
            case R.id.incsen:
            case R.id.decsen:
                mSenRange += (v.getId() == R.id.incsen ? 1.0f:-1.0f);
                break;
            case R.id.incgap:
            case R.id.decgap:
                mSenGap += (v.getId() == R.id.incgap ? 500:-500);
                break;
            case R.id.incspeed:
            case R.id.decspeed:
                mSenSpeed += (v.getId() == R.id.incspeed ? 100:-100);
                break;
            }
            UpdateValueText();
        }
    };

    void UpdateValueText() {
        TextView txtsen = (TextView)findViewById(R.id.txtsen);
        txtsen.setText("민감도 : " + (int)mSenRange);
        TextView txtgap = (TextView)findViewById(R.id.txtgap);
        txtgap.setText("간격 : " + mSenGap);
        TextView txtspeed = (TextView)findViewById(R.id.txtspeed);
        txtspeed.setText("속도 : " + mSenSpeed);
    }
}
```

이 방식에는 하나의 옵션이 더 추가되는데 진폭을 측정할 시간을 적용하여 이 시간내에서만 진폭을
추출한다. 즉, 얼마나 빨리 장비를 흔드는가를 보고 일정한 시간내에 정해진 진폭만큼 흔들어야 명
령으로 인식하는 것이다. 센서 리스너는 입력된 센서값을 배열에 무조건 저장하기만 한다. 재입력
시간이 지났으면 배열에 모아둔 값을 점검하여 진폭을 추출한다.

진폭은 최대값과 최소값의 차이로 구한다. 진폭이 일정한 범위를 넘으면 이를 명령으로 인식한다. 좌우로 흔들면 증가, 하늘 방향으로 흔들면 감소, 위아래로 흔들면 리셋으로 해석한다. 세 개의 옵션은 실행 중에 버튼으로 조정할 수 있으므로 값을 바꿔 가며 편리함과 정밀함의 균형을 이루는 값을 찾아야 한다.

상기의 두 예제는 가속 센서를 이런 용도로 사용할 수 있다는 것을 보여주는 것이지 모든 경우에 두루 활용되는 범용성을 가진 것은 아니다. 민감하게 잘 반응하면서도 오작동을 최소화하려면 이보다 훨씬 더 정교한 코드가 필요하다. 파형을 잘 판단해야 오동작없이 꼭 필요한 명령을 받아들일 수 있는데 단순히 이전, 이후값만 비교해서는 안 되며 거의 패턴 인식 수준의 정밀함이 요구된다.

다음 예제는 Z축 가속도로 장비의 방향을 판별하여 액정의 밝기를 조정한다. 카메라 플래쉬가 있는 모델은 폰을 플래쉬 대용으로 사용할 수 있는데 그렇지 못한 장비는 충분히 밝은 액정을 활용하여 비슷한 효과를 낼 수 있다. 액정의 밝기를 최대로 하면 밝기는 비교적 충분하지만 배터리를 엄청나게 소모한다. 플래쉬는 주로 아래쪽을 비추므로 장비가 아래쪽을 볼 때만 최대 밝기로 조정하면 배터리가 절약된다. 레이아웃에는 텍스트뷰 하나만 배치해 두었다.

```java
public class ScreenFlash extends Activity {
    SensorManager mSm;
    TextView mLight;
    public void onCreate(Bundle savedInstanceState) {
        super.onCreate(savedInstanceState);
        setContentView(R.layout.screenflash);

        mSm = (SensorManager)getSystemService(Context.SENSOR_SERVICE);
        mLight = (TextView)findViewById(R.id.lighttext);
    }

    protected void onResume() {
        super.onResume();
        mSm.registerListener(mListener,
                mSm.getDefaultSensor(Sensor.TYPE_ACCELEROMETER),
                SensorManager.SENSOR_DELAY_NORMAL);
    }

    protected void onPause() {
        super.onPause();
        mSm.unregisterListener(mListener);
    }

    SensorEventListener mListener = new SensorEventListener() {
        public void onAccuracyChanged(Sensor sensor, int accuracy) {
        }

        public void onSensorChanged(SensorEvent event) {
            float z = event.values[2];
            Log.d("ScreenFlash", "z = " + z);
            WindowManager.LayoutParams lp = getWindow().getAttributes();
            if (z > 0) {
                lp.screenBrightness = 0.1f;
                mLight.setBackgroundColor(Color.DKGRAY);
            } else {
                mLight.setBackgroundColor(Color.WHITE);
                lp.screenBrightness = Math.min(Math.max(0.1f, -z / 3), 1.0f);
            }
            getWindow().setAttributes(lp);
        }
    };
}
```

장비가 뒤집어졌는지 판단하려면 다른 조건은 볼 필요 없이 Z축 가속도만 점검하면 된다. Z축이 음수값을 가지면 액정이 바닥을 보고 있는 상태이며 많이 뒤집어질수록 음의 중력 가속도(-9.8)에 가까워진다. Z가 양수이면 텍스트뷰의 배경을 짙은 회색으로 변경하고 밝기도 최소로 하여 배터리를 절약한다. Z가 음수이면 텍스트뷰의 배경을 흰색으로 바꾸고 밝기도 최대로 설정하되 단, 한 번에 밝아지면 좀 밋밋하므로 대략 30도까지는 조금씩 밝아지게 했다.

액티비티의 밝기를 조정할 때는 윈도우의 속성중 screenBrightness를 조정한다. 이 값이 -1이면 시스템 설정의 밝기를 따르고 0~1 사이의 값이면 지정한 밝기로 강제 설정된다. 단, 여기서 변경하는 밝기는 현재 윈도우에만 임시적으로 적용될 뿐 다른 액티비티에는 영향을 미치지 않는다. 최대한 밝게 하려면 타이틀 바와 상태란까지 없애 버리는 것이 좋지만 예제일 뿐이므로 그렇게까지는 하지 않았다.

screenBrightness의 가능한 값은 0~1까지이며 이전 버전의 장비에서는 이 범위 내의 임의값을 전달해도 아무 문제가 없었다. 그러나 무슨 이유인지 0의 값을 전달하면 장비의 화면이 다운되어 다시 원상 복귀하지 않는 현상이 발생하며 에뮬레이터는 대기 화면으로 돌아가 버린다. 그래서 부득이하게 최소값을 0.1f로 범위 제한했다. 이 문제에 대해 공식 문서에는 별다른 언급이 없다.

34.2.4 회전 행렬로부터 방향 구하기

TYPE_ORIENTATION 센서는 아직도 잘 동작하고 이해하기 쉽지만 구형 방식이다. SDK 버전 1.5부터는 좀 더 정확한 방향 센서가 제공되며 소스에는 TYPE_ORIENTATION 센서에 대해 파기되었다는 경고가 발생한다. 하위 호환성이 유지되므로 이전 방식도 여전히 사용할 수 있지만 앞으로는 새로 소개된 방식을 사용하는 것이 더 좋을 것이다. 새 방식의 방향 정보는 SensorManager의 다음 정적 메서드로 구한다.

```
static float[] getOrientation (float[] R, float[] values)
```

이 메서드는 회전 행렬에 근거하여 방향값을 계산해 낸다. 첫 번째 인수 R이 회전 행렬이며 두 번째 인수와 리턴값은 계산된 방향값이다. 두 번째 인수로도 결과가 대입되므로 리턴값은 굳이 받지 않아도 상관없다. 크기 3의 배열이 리턴되며 각각 방위각, 피치, 롤이다. 구형 방향 센서와는 달리 리턴값은 시계 반대 방향으로 증가하는 라디안 값이어서 각도로 변경하려면 별도의 수식을 거쳐야 한다. 회전 행렬은 다음 정적 메서드로 구한다.

```
static boolean getRotationMatrix (float[] R, float[] I, float[] gravity, float[]
geomagnetic)
```

경사 행렬과 회전 행렬을 구하는데 이 두 행렬은 벡터를 장치 좌표계에서 월드 좌표계로 변환하는데 사용된다. 관심 없는 값은 null로 주어도 상관없다. 이 변환에는 복잡한 행렬 수식이 적용된다. gravity와 geomagnetic 인수는 각각 가속계와 자기계 센서로 구한 값이다. 다음 메서드는 경사 행렬로부터 경사각도를 구한다.

```
static float getInclination (float[] I)
```

정확한 방향을 구하려면 가속계와 자기계 센서로부터 값을 받은 후 이 값으로 회전 행렬을 구하고 회전 행렬로부터 방향을 다시 구해야 한다. 예제 소스는 다음과 같다.

GetOrientation

```
public class GetOrientation extends Activity {
    SensorManager mSm;
    int mOrientCount;
    TextView mTxtOrient;
    float[] mGravity = null;
    float[] mGeoMagnetic = null;
    final static int FREQ = 20;

    public void onCreate(Bundle savedInstanceState) {
        super.onCreate(savedInstanceState);
        setContentView(R.layout.getorientation);

        mSm = (SensorManager)getSystemService(Context.SENSOR_SERVICE);
        mTxtOrient =(TextView)findViewById(R.id.result);
    }

    protected void onResume() {
        super.onResume();
        mSm.registerListener(mSensorListener, mSm.getDefaultSensor(
                Sensor.TYPE_ACCELEROMETER), SensorManager.SENSOR_DELAY_UI);
        mSm.registerListener(mSensorListener, mSm.getDefaultSensor(
                Sensor.TYPE_MAGNETIC_FIELD), SensorManager.SENSOR_DELAY_UI);
    }

    protected void onPause() {
        super.onPause();
```

```
        mSm.unregisterListener(mSensorListener);
}

SensorEventListener mSensorListener = new SensorEventListener() {
    float[] mR = new float[9];
    float[] mI = new float[9];
    float[] mV = new float[3];
    public void onAccuracyChanged(Sensor sensor, int accuracy) {
    }

    public void onSensorChanged(SensorEvent event) {
        switch (event.sensor.getType()) {
        case Sensor.TYPE_ACCELEROMETER:
            mGravity = event.values.clone();
            break;
        case Sensor.TYPE_MAGNETIC_FIELD:
            mGeoMagnetic = event.values.clone();
            break;
        }

        // 너무 자주 전달되므로 빈도를 조절한다.
        if (mOrientCount++ % FREQ != 0) return;

        // 둘 다 조사되어 있을 때만
        if (mGravity != null && mGeoMagnetic != null) {
            SensorManager.getRotationMatrix(mR, mI, mGravity, mGeoMagnetic);
            float inclination = SensorManager.getInclination(mI);
            SensorManager.getOrientation(mR, mV);

            StringBuilder result = new StringBuilder();
            result.append("회수 = " + mOrientCount/FREQ + "회\n");
            result.append("Gra : " + dumpValues(mGravity));
            result.append("Mag : " + dumpValues(mGeoMagnetic));
            result.append("R:\n" + dumpMatrix(mR));
            result.append("I:\n" + dumpMatrix(mI));
            result.append("inclination:" + inclination);
            result.append("\nazimuth:" + String.format("%.2f, %.2f",
                    mV[0], Radian2Degree(mV[0])));
            result.append("\npitch:" + String.format("%.2f, %.2f",
                    mV[1], Radian2Degree(mV[1])));
            result.append("\nroll:" + String.format("%.2f, %.2f",
                    mV[2], Radian2Degree(mV[2])));

            mTxtOrient.setText(result.toString());
```

```
            }
        }

        String dumpValues(float[] v) {
            return String.format("%.2f, %.2f, %.2f\n", v[0], v[1], v[2]);
        }

        String dumpMatrix(float[] m) {
            return String.format("%.2f, %.2f, %.2f\n%.2f, %.2f, %.2f\n%.2f, %.2f, %.2f\n",
                    m[0], m[1], m[2], m[3], m[4], m[5], m[6], m[7], m[8]);
        }

        float Radian2Degree(float radian) {
            return radian * 180 / (float)Math.PI;
        }
    };
}
```

가속계와 자기계 센서에 대한 리스너를 설치하고 센서로부터 전달된 값을 멤버에 저장해 놓았다. 두 값이 모두 조사되었을 때 이 값으로부터 회전 행렬을 구하고 방향값을 구해 화면으로 출력한다. 최종적으로 계산되는 방향값은 물론이고 센서로부터 조사된 가속값, 자기값, 중간 과정의 행렬까지 모두 출력하며 라디안값은 읽기 불편하므로 각도로 변환하여 출력했다.

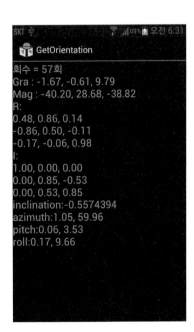

구형의 방향 센서로 구한 값과 사실상 같은 값이되 부호나 값의 범위가 조금 다를 뿐이다. 이 방법이 좀 더 정확하다고 하며 소수점 아래까지 정확하게 조사되는 것 같기는 하다. 대충의 원리는 직감적으로 이해가 가지만 레퍼런스에 관련 메서드에 대한 설명이 너무 부실한 데다 물리학 지식이 부족해 왜 더 정확한지는 솔직히 잘 모르겠다. 이론을 몰라도 귀납적 방법으로 예제에 적용할 수 있을 듯 하지만 누구나 이해할 수 있도록 논리적인 설명을 할 능력은 안 된다.

책 쓰는 저자가 대놓고 모르겠다고 말하는 것이 괘씸하겠지만 관련 분야가 아니면 잘 설명하지 못하는 경우도 있다. 연구해 보려고 꽤 노력했지만 정성이 부족해서인지 아직도 완벽히 이해하지 못했다. 나는 어설프게 아는 척하기보다는 모르면 까놓고 모른다고 인정하는 편이다. 물론 자랑은 아니므로 차후(언제가 될지 장담할 수 없지만) 물리학과 센서에 대한 이론을 더 연구해 보고 정확한 원고를 쓰도록 노력할 것이다.

34.2.5 장비의 방향

센서로부터 구하는 방향 정보를 분석하면 장비가 현재 어느 방향을 향하고 있는지 알 수 있다. 그러나 센서 리스너를 등록하는 것이 번거롭고 여러 값을 조합해서 판단하므로 산수가 조금 복잡하다. 단순히 장비의 가로, 세로 방향에만 관심이 있다면 좀 더 쉬운 판별법이 있다. 운영체제가 방향을 판별하여 액티비티의 레이아웃을 자동으로 잡아 주는데 이 처리를 직접 하고 싶을 때 화면의 방향을 조사한다.

OrientationEventListener는 센서로부터부터 전달된 방향값을 분석하여 화면의 현재 각도만 알려 주는 고수준의 도우미 클래스이다. 생성자로 호출 주기를 지정하며 리스너 객체를 생성해 놓고 enable 메서드만 호출하면 즉시 동작하며 화면 각도가 변경될 때마다 리스너의 다음 메서드로 현재 각도를 알려준다.

```
void onOrientationChanged (int orientation)
```

전달된 값은 360분법의 각도이며 장비의 위쪽이 하늘을 향할 때, 즉 세로 모드일 때 0도이며 시계방향으로 증가한다. 90도이면 장비의 왼쪽면이 하늘쪽이고 180도이면 밑면이 위로 뒤집힌 상태이며 270도이면 장비 오른쪽이 위를 향하고 있는 상태이다. 360도는 물론 0도와 같다. 장비를 바닥에 평평하게 눕히면 이때는 각도를 알 수 없는 상태가 되며 ORIENTATION_UNKNOWN인 −1로 조사된다.

이 리스너도 결국은 센서로부터 값을 받아 계산하지만 등록, 해제 같은 복잡한 과정을 거치지 않아 간편하다. 다음 예제는 화면의 현재 각도를 보여주며 접시의 얼굴 이미지가 항상 하늘을 보도록 조정한다. 마치 오뚜기처럼 하늘을 향해 우뚝 서 있는 모습이다. 장비를 돌릴 때 액티비티가 재생성되면 안 되므로 방향은 세로로 고정해 두었다.

Ottogi

```java
public class Ottogi extends Activity {
    AndroBoyView mView;
    OrientationEventListener mOrientationListener = null;
    int mOrientation = -1;

    public void onCreate(Bundle savedInstanceState) {
        super.onCreate(savedInstanceState);
        mView = new AndroBoyView(this);
        setContentView(mView);

        mOrientationListener = new OrientationEventListener(this,
                SensorManager.SENSOR_DELAY_FASTEST) {
            public void onOrientationChanged(int orientation) {
                mOrientation = orientation;
                mView.invalidate();
            }
        };
        mOrientationListener.enable();
    }

    class AndroBoyView extends View {
        int width;
        int height;
        Bitmap ottogi;

        public AndroBoyView(Context context) {
            super(context);
            ottogi = BitmapFactory.decodeResource(getResources(), R.drawable.ottogi);
        }

        public void onSizeChanged(int w, int h, int oldw, int oldh) {
            super.onSizeChanged(w, h, oldw, oldh);
            width = w;
            height = h;
        }
```

```
public void onDraw(Canvas canvas) {
    Paint Pnt = new Paint();
    Pnt.setAntiAlias(true);
    Pnt.setTextSize(30);
    Pnt.setTextAlign(Align.CENTER);

    canvas.drawColor(Color.WHITE);

    int cx = width/2;
    int cy = height/2;
    if (mOrientation != OrientationEventListener.ORIENTATION_UNKNOWN) {
        canvas.rotate(-mOrientation, cx, cy);
    }
    canvas.drawBitmap(ottogi, cx - ottogi.getWidth()/2,
            cy - ottogi.getHeight()/2, Pnt);
    canvas.drawText("" + mOrientation, cx, cy, Pnt);

    }
  }
}
```

onCreate에서 커스텀 뷰를 생성하여 채우고 방향 리스너 객체를 생성한다. 호출 주기를 최대한 빠르게 하여 부드럽게 회전하게 했는데 실제 예에서는 적당한 주기를 선택한다. 주의할 것은 이 리스너는 액티비티가 초기화되어야 제대로 동작한다는 점이다. 리스너 등록시점에 액티비티 정보를 필요로 하므로 멤버로 선언할 수는 없고 최소한 onCreate에서 생성해야 제대로 동작한다. 리스너 객체를 생성한 후 enable 메서드를 호출하여 즉시 동작하게 했다.

리스너는 전달된 각도값을 mOrientation 필드에 저장해 놓고 뷰를 다시 그린다. 각도가 바뀔 때마다 갱신된 각도값으로 화면 전체를 다시 그리는 셈이다. 커스텀 뷰는 출력할 비트맵을 미리 읽어 두고 onDraw에서 비트맵을 출력한다. 캔버스를 mOrientation의 역방향으로 회전한 후 화면 중앙에 이미지와 각도값을 출력했다. 각도가 변경될 때 캔버스의 회전값이 바뀌므로 이미지는 언제나 하늘 쪽을 보게 된다.

안타깝게도 이 예제는 에뮬레이터에서는 동작을 확인할 수 없다. 이미지는 출력되지만 센서가 없어 각도가 항상 일정하므로 아무리 모니터를 잡고 흔들어 봐야 꿈쩍도 하지 않는다. 실장비도 캡처 화면으로는 기울어진 것만 보일 뿐 화면이 돌아가는 걸 확인하기는 어렵다. 그래서 어쩔 수 없이 실장비의 모습을 디지털 카메라로 찍어서 보인다. 모델은 갤럭시S이며 오른손이 촬영하고 왼손은 우정 출연했다.

바닥에 평평하게 누이면 화면의 방향을 판별할 수 없으므로 이때는 −1로 평가된다. 가로, 세로 전용의 프로그램이더라도 현재의 화면 방향이 필요한 경우가 있다. 예를 들어 카메라는 가로 모드로 동작하더라도 찍은 이미지가 세로인지, 가로인지 판별하여 Exif 정보에 써 넣는데 이때 조사된 각도값을 참조한다. 이미지 뷰어는 촬영 시점의 장비 방향을 Exif 정보에서 얻어 이미지의 회전 여부를 자동으로 판별한다.

CHAPTER 35

시스템 설정

35.1 전원 관리

35.1.1 화면 유지

항상 안정적인 전원에 연결되어 있는 PC와는 달리 모바일 장비는 배터리에만 의존하므로 전원 절약은 모두가 관심을 기울여야 할 중요한 문제이다. 앱은 불필요한 동작을 최대한 자재하며 시스템은 사용자가 관심을 가지지 않을 때 화면이나 키보드 조명을 냉큼 차단하고 WiFi 네트워크 연결도 무자비하게 끊어 버리며 심지어 일정 시간이 지나면 CPU까지도 잠재워 버린다. 스크린 세이버가 반강제적으로 적용되며 매번 화면을 다시 켜야 하는 불편함이 있지만 사용자도 너그럽게 이해하는 편이다.

모든 앱이 전원 절약에 협조적인데 비해 배터리를 아무리 많이 소모하더라도 CPU나 화면을 강제로 유지해야 하는 특수한 앱도 존재한다. 대표적인 예가 동영상 재생기인데 영화 감상중에 배터리 아끼자고 화면을 꺼 버릴 수는 없는 노릇이다. 내비게이션이나 DMB 등 사용자가 지속적으로 화면을 봐야 하는 앱은 화면 유지가 필수적이며 카메라나 카운터처럼 자주 화면을 봐야 하는 프로그램도 사정은 비슷하다. 백그라운드 작업을 하는 앱은 화면이 꺼지더라도 CPU는 계속 동작해야 한다.

장비의 전원은 시스템이 설정값에 따라 자동으로 관리하지만 일시적으로 예외를 적용해야 하는 경우가 예상외로 빈번하다. 배터리 먹는 하마라는 악평을 듣더라도 기능의 특성상 본질적으로 전원을 소모할 수밖에 없다. 이럴 때는 장비의 전원을 관리하는 PowerManager 클래스로 별도의 정책을 임시적으로 적용한다. 시스템 서비스이므로 객체를 따로 생성할 필요 없이 다음 호출문으로 얻는다.

```
getSystemService(Context.POWER_SERVICE);
```

전원 관리자 자체는 몇 가지 유틸리티 메서드만 제공할 뿐 전원을 관리하는 기능이 없으므로 다음 메서드를 호출하여 WakeLock 객체를 생성한다. WakeLock 객체는 이름 그대로 장비가 계속 깨어 있도록 잠그는 역할을 한다. 즉, 여기서 잠근다(Lock)의 의미는 끈다는 것이 아니라 화면이나 CPU가 켜진 상태를 유지하도록 강제한다는 뜻이다.

```
PowerManager.WakeLock newWakeLock (int flags, String tag)
```

WakeLock 객체를 생성할 때 첫 번째 플래그 인수로 이후의 전원 관리 수준을 결정한다. 두 번째 인수 tag는 디버깅용 정보로만 사용되므로 큰 의미는 없으며 로그상에서 구분 가능한 이름만 부여하면 된다.

잠금수준	CPU	화면	키보드 조명
PARTIAL_WAKE_LOCK	부분적 동작	끔	끔
SCREEN_DIM_WAKE_LOCK	동작	흐리게 켬	끔
SCREEN_BRIGHT_WAKE_LOCK	동작	밝게 켬	끔
FULL_WAKE_LOCK	동작	밝게 켬	켬

아래쪽으로 내려올수록 잠금의 강도가 높아지며 배터리 사용량도 비례해서 늘어난다. CPU만 계속 가동하고 싶다면 PARTIAL_WAKE_LOCK으로도 충분하며 화면이나 키보드까지 필요하면 더 높은 잠금 수준을 적용한다. 잠금 수준 외에 화면 관리 방식에 대한 두 개의 옵션을 OR 연산자로 연결하여 추가로 더 지정할 수 있다. 두 플래그는 화면에 대한 옵션이므로 CPU만 동작하는 PARTIAL_WAKE_LOCK에서는 아무 효과가 없다.

- ACQUIRE_CAUSES_WAKEUP: 화면 잠금 기능은 켜진 화면을 계속 유지하게만 할 뿐이지 꺼진 화면을 켜지는 않는다. 이 플래그를 지정하면 화면이나 키보드 조명을 강제로 켠다. 알람이나 착신 통화처럼 사용자에게 즉시 통보하는 앱에 적합하다.

- ON_AFTER_RELEASE: 화면 잠금이 끝난 후에 화면 타이머를 리셋한다. 잠금이 끝난 후부터 설정의 화면 켜짐 시간만큼은 계속 유지함으로써 화면이 켜진 시간을 더 연장하는 효과가 있으며 잠금과 풀림을 반복할 때 화면이 너무 빨리 꺼지지 않도록 한다.

WakeLock 객체는 전원 관리 방식에 대한 정보만 가질 뿐이어서 이 객체를 생성한다고 해서 바로 잠금이 동작하는 것은 아니다. 객체를 미리 생성해 놓고 필요할 때 다음 메서드로 잠금과 해제를 지시한다. 여러 개의 잠금 객체를 만들어 놓고 선택적으로 사용하는 것도 가능하다.

```
void acquire ([long timeout])
void release ()
boolean isHeld ()
```

acquire 메서드를 호출하면 이후부터 객체의 설정 정보대로 전원이 관리된다. timeout 인수는 잠금을 자동으로 풀 시간을 지정하는데 생략시는 별도의 지시가 있을 때까지 잠금이 유지된다. release는 잠금을 해제하며 isHeld 메서드는 현재 잠금 상태인지 아닌지 조사한다. acquire를 호출한 이후부터 release를 호출할 때까지 CPU, 화면, 키보드 조명이 유지된다. 이 기능을 사용하려면 다음 퍼미션이 필요하다.

```
<uses-permission android:name="android.permission.WAKE_LOCK" />
```

화면을 강제로 유지하는 것은 배터리 비용을 유발하므로 특별한 퍼미션을 요구한다. 다음 예제는 별다른 작업은 하지 않지만 시스템 설정에 상관없이 화면을 항상 켜진 채로 유지한다.

WakeAlways

```
<LinearLayout xmlns:android="http://schemas.android.com/apk/res/android"
    android:id="@+id/linear"
    android:orientation="vertical"
    android:layout_width="match_parent"
    android:layout_height="match_parent"
    >
<TextView
    android:layout_width="wrap_content"
    android:layout_height="wrap_content"
    android:textSize="20sp"
    android:text="이 프로그램이 실행 중인 동안은 화면이 켜진 채로 유지됩니다."
    />
</LinearLayout>
-------------------------------------------------------
public class WakeAlways extends Activity {
    PowerManager mPm;
    WakeLock mWakeLock;
    public void onCreate(Bundle savedInstanceState) {
        super.onCreate(savedInstanceState);
```

```
            setContentView(R.layout.wakealways);

            mPm = (PowerManager)getSystemService(Context.POWER_SERVICE);
            mWakeLock = mPm.newWakeLock(PowerManager.FULL_WAKE_LOCK,
                    "WakeAlways");
        }

        protected void onResume() {
            super.onResume();
            mWakeLock.acquire();
        }

        protected void onPause() {
            super.onPause();
            if (mWakeLock.isHeld()) {
                mWakeLock.release();
            }
        }
    }
```

레이아웃에는 기능을 안내하는 텍스트뷰 하나가 배치되어 있고 코드도 지극히 간단하다. 실행해 봤자 텍스트뷰 하나만 나올 뿐이지만 화면이 꺼지지 않는다는 면에서 다른 앱과 다르다.

onCreate에서 WakeLock 객체를 생성하되 CPU, 화면, 키보드 조명을 모두 켜 두는 최상위의 잠금으로 설정했다. 액티비티가 시작되는 onResume에서 잠그고 백그라운드로 전환되는 onPause에서 해제하므로 액티비티가 실행 중인 동안에는 화면이 항상 유지된다. 시스템 설정과 무관하게 화면이 항상 켜진 상태를 유지하며 액티비티를 종료하면 시스템의 설정대로 화면 타이머가 동작한다.

WakeLock 객체는 화면 가용성을 높여준다는 면에서 편리하지만 배터리 수명에는 치명적인 영향을 끼치므로 꼭 필요할 때만 가급적 짧게 사용해야 한다. 위 예제에서는 편의상 액티비티가 실행 중인 동안 계속 유지했지만 작업 시작할 때 켰다가 작업 끝난 후 가급적 빨리 해제하는 것이 바람직하다. 동영상 재생기의 경우 동영상을 실제로 재생하지 않을 때는 굳이 잠금을 유지할 필요가 없다. 다음은 PowerManager 클래스의 전원 관리 기능 메서드이다.

```
boolean isScreenOn ()
void goToSleep (long time)
void reboot (String reason)
void userActivity (long when, boolean noChangeLights)
```

화면의 커짐을 조사하거나 즉시 화면을 끄거나 재부팅하는 등의 기능을 제공한다. 화면을 강제로 끄는 goToSleep 메서드는 전원 버튼을 누르지 않아도 프로그램이 소프트웨어적으로 슬립 모드로 들어갈 수 있어 실용성이 있다. 그러나 아무나 사용할 수 있는 메서드는 아니므로 엄격한 제한이 따른다. 이 메서드를 사용하려면 DEVICE_POWER 퍼미션이 필요하며 또 시스템 앱으로 서명해야 한다.

참고로 WakeLock과 유사한 개념의 WifiLock 도 제공된다. 대기 모드로 들어가면 WiFi 네트워크는 자동으로 꺼지는데 이 상태에서 백그라운드 통신을 수행하면 3G 데이터 사용량이 많아지는 문제가 있다. 대기 모드에서도 WiFi를 계속 유지하려면 WifiLock 객체를 사용하며 방법은 WakeLock 과 거의 같다.

35.1.2 독서 도우미

독서 도우미는 책 읽는 것을 도와주는 간단한 유틸리티 프로그램이다. 시작 페이지, 끝 페이지, 각 페이지를 읽을 시간을 미리 입력해 두면 역 카운트를 세면서 빨리 읽어라고 재촉함으로써 일정한 속도로 책을 읽도록 한다. 전에 윈도우즈용으로 만들었던 것인데 도서관에서 사용할 수 있도록 모바일 용으로 포팅했다.

무슨 놈의 책을 시간 재가며 읽는가 싶겠지만 따분한 기술 서적이나 원서처럼 의무적으로 읽어야 하는 책은 그럴 필요가 있다. 내용이 지루해서 읽다 보면 책장은 넘어가는데 뭘 읽었는지 머리 속에는 아무 것도 남아 있지 않다거나 30분째 같은 페이지에서 노닥거리기 십상이다. 이럴 때는 목표량을 정해 놓고 읽으면 긴장도를 높일 수 있으며 나름대로 책 읽는 재미도 있어 본인은 아주 실용적으로 잘 사용하고 있다.

독서뿐만 아니라 일정한 시간 간격으로 해야 할 작업이 있을 때도 나름대로 유용하다. 1시간에 밤 60개를 까야 한다거나 30초에 아빠 흰머리를 하나씩 뽑아 홈 아르바이트를 할 때 실용적이다. 실생활에서나 개발 현장에서나 단순 반복 작업이 예상외로 많은데 시간을 재 가며 진행하면 딴짓거리를 안하게 되고 짧은 시간에 과업을 완수할 수 있어 효율이 증가하고 신바람도 난다.

이 프로그램의 구조나 논리는 아주 단순해서 더 설명이 필요 없을 정도다. 시작, 끝 범위 입력받고 타이머 돌리며 역카운트만 해 주면 그만이다. 그러나 모바일 환경에서는 카운트를 하는동안 화면이 꺼져 버려 카운트를 계속 볼 수 없는 문제가 있으며 그렇다고 이 프로그램을 쓸 때만 설정을 조정하기도 귀찮다. 이럴 때 사용하는 기능이 바로 WakeLock이며 앞 예제와 동일한 코드를 사용한다.

ReadingCounter

```xml
<LinearLayout xmlns:android="http://schemas.android.com/apk/res/android"
    android:orientation="vertical"
    android:layout_width="match_parent"
    android:layout_height="match_parent"
    >
    <LinearLayout
        android:layout_width="match_parent"
        android:layout_height="wrap_content"
        >
        <TextView
            android:layout_width="match_parent"
            android:layout_height="wrap_content"
            android:layout_weight="1"
            android:gravity="right"
            android:paddingRight="10dip"
            android:text="시작 페이지"
            />
        <EditText
            android:id="@+id/edstart"
            android:layout_width="match_parent"
            android:layout_height="wrap_content"
            android:layout_weight="1"
            android:text="1"
            android:inputType="number"
            />
    </LinearLayout>
    <LinearLayout
        android:layout_width="match_parent"
        android:layout_height="wrap_content"
        >
        <TextView
            android:layout_width="match_parent"
            android:layout_height="wrap_content"
            android:layout_weight="1"
            android:gravity="right"
```

```
                    android:paddingRight="10dip"
                    android:text="끝 페이지"
                    />
            <EditText
                    android:id="@+id/edend"
                    android:layout_width="match_parent"
                    android:layout_height="wrap_content"
                    android:layout_weight="1"
                    android:text="5"
                    android:inputType="number"
                    />
    </LinearLayout>
    <LinearLayout
            android:layout_width="match_parent"
            android:layout_height="wrap_content"
            >
            <TextView
                    android:layout_width="match_parent"
                    android:layout_height="wrap_content"
                    android:layout_weight="1"
                    android:gravity="right"
                    android:paddingRight="10dip"
                    android:text="페이지당 시간(초)"
                    />
            <EditText
                    android:id="@+id/edperiod"
                    android:layout_width="match_parent"
                    android:layout_height="wrap_content"
                    android:layout_weight="1"
                    android:text="10"
                    android:inputType="number"
                    />
    </LinearLayout>
    <CheckBox
            android:id="@+id/chksound"
            android:layout_width="wrap_content"
            android:layout_height="wrap_content"
            android:text="페이지 바뀔 때마다 소리 내기"
            android:checked="true"
            />
    <LinearLayout
            android:layout_width="match_parent"
            android:layout_height="wrap_content"
            >
```

```xml
<Button
    android:id="@+id/btnstart"
    android:layout_width="match_parent"
    android:layout_height="wrap_content"
    android:layout_weight="1"
    android:text="독서 시작"
    />
<Button
    android:id="@+id/btnpause"
    android:layout_width="match_parent"
    android:layout_height="wrap_content"
    android:layout_weight="1"
    android:text="잠시 중지"
    />
</LinearLayout>
<LinearLayout
    android:layout_width="match_parent"
    android:layout_height="match_parent"
    >
    <LinearLayout
        android:orientation="vertical"
        android:layout_width="match_parent"
        android:layout_height="match_parent"
        android:layout_weight="1"
        android:gravity="center_horizontal"
        android:layout_margin="10dip"
        android:padding="10dip"
        android:background="#404040"
        >
    <TextView
        android:layout_width="wrap_content"
        android:layout_height="wrap_content"
        android:text="현재 페이지 "
        />
    <TextView
        android:id="@+id/nowpage"
        android:layout_width="wrap_content"
        android:layout_height="wrap_content"
        android:textSize="66sp"
        android:text="0"
        />
    </LinearLayout>
    <LinearLayout
        android:orientation="vertical"
```

```
            android:layout_width="match_parent"
            android:layout_height="match_parent"
            android:layout_weight="1"
            android:gravity="center_horizontal"
            android:layout_margin="10dip"
            android:padding="10dip"
            android:background="#404040"
            >
        <TextView
            android:layout_width="wrap_content"
            android:layout_height="wrap_content"
            android:text="남은 시간"
            />
        <TextView
            android:id="@+id/remain"
            android:layout_width="wrap_content"
            android:layout_height="wrap_content"
            android:textSize="66sp"
            android:text="0"
            />
        </LinearLayout>
    </LinearLayout>
</LinearLayout>
---------------------------------------------------------
public class ReadingCounter extends Activity {
    EditText mStartEdit, mEndEdit, mPeriodEdit;
    CheckBox mSound;
    TextView mNowPageText, mRemainText;
    Button mBtnStart, mBtnPause;
    int mNowPage, mRemain;
    SoundPool mPool;
    int mSheet;
    PowerManager mPm;
    WakeLock mWakeLock;
    final static int IDLE = 0;
    final static int COUNTING = 1;
    final static int PAUSE = 2;
    int mStatus = IDLE;

    public void onCreate(Bundle savedInstanceState) {
        super.onCreate(savedInstanceState);
        setContentView(R.layout.readingcounter);

        // 위젯 찾음
```

```
        mStartEdit = (EditText)findViewById(R.id.edstart);
        mEndEdit = (EditText)findViewById(R.id.edend);
        mPeriodEdit = (EditText)findViewById(R.id.edperiod);
        mSound = (CheckBox)findViewById(R.id.chksound);
        mNowPageText = (TextView)findViewById(R.id.nowpage);
        mRemainText = (TextView)findViewById(R.id.remain);

        // 프레퍼런스에서 정보 읽음
        SharedPreferences pref = getSharedPreferences("ReadingCounter",0);
        int start = pref.getInt("start",1);
        int end = pref.getInt("end", 5);
        int period = pref.getInt("period", 10);
        boolean sound = pref.getBoolean("sound", true);
        mStartEdit.setText(Integer.toString(start));
        mEndEdit.setText(Integer.toString(end));
        mPeriodEdit.setText(Integer.toString(period));
        mSound.setChecked(sound);

        // 책장 넘기는 소리
        mPool = new SoundPool(1, AudioManager.STREAM_MUSIC, 0);
        mSheet = mPool.load(this, R.raw.shuffle, 1);

        // 버튼의 핸들러 연결
        mBtnStart = (Button)findViewById(R.id.btnstart);
        mBtnStart.setOnClickListener(mClickListener);
        mBtnPause = (Button)findViewById(R.id.btnpause);
        mBtnPause.setOnClickListener(mClickListener);

        // WakeLock 객체 생성
        mPm = (PowerManager)getSystemService(Context.POWER_SERVICE);
        mWakeLock = mPm.newWakeLock(PowerManager.FULL_WAKE_LOCK, "tag");
    }

    // 떠 있는 동안 화면 유지. 백그라운드 카운팅도 실용성 있어
    //카운팅 중에만 유지하는 정책은 좋지 않음
    protected void onResume() {
        super.onResume();
        mWakeLock.acquire();
    }

    protected void onPause() {
        super.onPause();
        if (mWakeLock.isHeld()) {
            mWakeLock.release();
```

```
        }

        // 프레퍼런스에 옵션값 기록
        try {
            SharedPreferences pref = getSharedPreferences("ReadingCounter",0);
            SharedPreferences.Editor edit = pref.edit();
            int start, end, period;
            boolean sound;
            start = Integer.parseInt(mStartEdit.getText().toString());
            end = Integer.parseInt(mEndEdit.getText().toString());
            period = Integer.parseInt(mPeriodEdit.getText().toString());
            sound = mSound.isChecked();
            edit.putInt("start", start);
            edit.putInt("end", end);
            edit.putInt("period", period);
            edit.putBoolean("sound", sound);
            edit.commit();
        }
        catch (NumberFormatException e) {
        }
    }

    Button.OnClickListener mClickListener = new View.OnClickListener() {
        public void onClick(View v) {
            switch (v.getId()) {
            case R.id.btnstart:
                if (mStatus != IDLE) {
                    mTimerHandler.removeMessages(0);
                }

                // 시작 페이지, 남은 시간만 읽고 타이머 바로 동작.
                // 끝, 시간, 사운드 여부는 중간에 바뀔 수도 있으므로 지금 조사하지 않음
                int endpage;
                try {
                    mNowPage = Integer.parseInt(mStartEdit.getText().toString());
                    endpage = Integer.parseInt(mEndEdit.getText().toString());
                    mRemain = Integer.parseInt(mPeriodEdit.getText().toString()) - 1;
                }
                catch (NumberFormatException e) {
                    Toast.makeText(ReadingCounter.this,
                            "독서 범위나 시간이 잘못 입력되었습니다.",
                            Toast.LENGTH_LONG).show();
                    return;
                }
```

```
                if (mNowPage >= endpage) {
                    Toast.makeText(ReadingCounter.this,
                        "끝 페이지가 시작 페이지보다 더 뒤쪽이어야 합니다.",
                        Toast.LENGTH_LONG).show();
                    return;
                }

                mNowPageText.setText(Integer.toString(mNowPage));
                mRemainText.setText(Integer.toString(mRemain));

                mStatus = COUNTING;
                mBtnPause.setText("잠시 중지");
                mTimerHandler.sendEmptyMessageDelayed(0,1000);
                break;
            case R.id.btnpause:
                if (mStatus == IDLE) {
                    return;
                }
                if (mStatus == PAUSE) {
                    mStatus = COUNTING;
                    mBtnPause.setText("잠시 중지");
                    mTimerHandler.sendEmptyMessageDelayed(0,1000);
                } else {
                    mStatus = PAUSE;
                    mBtnPause.setText("계속");
                }
                break;
        }
    }
};

Handler mTimerHandler = new Handler() {
    public void handleMessage(Message msg) {
        if (mStatus == PAUSE) {
            return;
        }

        if (mRemain != 0) {
            mRemain--;
            mRemainText.setText(Integer.toString(mRemain));
            mTimerHandler.sendEmptyMessageDelayed(0,1000);
        } else {
            // 소리부터 낸다.
```

```
                    if (mSound.isChecked()) {
                        mPool.play(mSheet, 1, 1, 0, 0, 1);
                    }

                    // 끝 페이지를 지워 버렸으면 즉시 독서를 종료한다.
                    int endpage;
                    try {
                        endpage = Integer.parseInt(mEndEdit.getText().toString());
                    }
                    catch (NumberFormatException e) {
                        endpage = -1;
                    }

                    if (mNowPage < endpage) {
                        mNowPage++;
                        mNowPageText.setText(Integer.toString(mNowPage));

                        // 시간을 지워 버렸으면 60초로 디폴트 처리한다.
                        try {
                            mRemain = Integer.parseInt(mPeriodEdit.getText().toString()) - 1;
                        }
                        catch (NumberFormatException e) {
                            mRemain = 60;
                        }

                        mRemainText.setText(Integer.toString(mRemain));
                        mTimerHandler.sendEmptyMessageDelayed(0,1000);
                    } else {
                        Toast.makeText(ReadingCounter.this,
                                "독서가 끝났습니다.", Toast.LENGTH_LONG).show();
                        mStatus = IDLE;
                    }
                }
            }
        };
    }
```

레이아웃을 잡는 방법, 입력받은 값의 유효성을 점검하는 방법, 페이지 넘길 때마다 소리를 내고 옵션값을 프레퍼런스에 저장하는 코드 등이 포함되어 있어 예제치고는 꽤 긴 편이다. 책 읽다가 갑자기 뱃속에서 긴급 신호가 오는 예외 사항을 고려하여 잠시 중지 기능도 애써 작성해 넣었다. 특별히 어려운 논리는 없으며 주석도 많이 달아 놓았으므로 직접 분석해 보아라.

가급적이면 배터리를 아끼기 위해 어두운 색상을 사용했다. 표준 위젯만 사용해서 UI가 그다지 예쁘지 않지만 나름대로 실용성 있게 만들었으며 본인은 이 예제를 종종 애용한다. 페이지 넘길 때마다 현재 페이지를 예쁘장한 소녀 음성으로 알려 주면 활용성이 향상된다. 유료 앱으로 출시해볼까 하다가 돈 내고 쓸 사람은 드물 것 같아 그냥 관두기로 했다. 여기서 소개하고자 하는 것은 이 예제처럼 화면을 항상 유지할 필요가 있을 때 WakeLock 기능을 사용하라는 것이다.

35.1.3 사용자 액션 추출

WakeLock 객체는 화면을 켜 둘 수 있어 편리하지만 배터리 사용 측면에서는 부작용이 있다. 모바일 장비에서 배터리를 가장 많이 소모하는 부품이 액정이어서 불과 한두 시간만 켜 놓아도 배터리가 다 소진된다. 기능 구현상 불가피하게 배터리를 소모하는 것은 상관없지만 실수로 켜 둔 채로 방치하거나 또는 관리 소홀이나 예외로 인해 잠금을 풀지 않아 배터리가 방전되면 이는 치명적이다.

카메라의 경우 사진을 찍으려고 대기하는 중에 화면이 꺼져 버리면 곤란해 보통 촬영 중에는 화면을 켜 둔다. 그러나 사용자가 카메라를 켠 둔 채 그대로 방치했다거나 또는 미스 터치로 인해 카메라가 기동되었다면 의도하지 않게 배터리가 방전된다. 비록 사용자가 암묵적으로 동의했다 하더라도 일정한 시간동안 관심을 보이지 않는다면 잠금을 해제하고 슬립 모드로 들어가는 것이 안전하다.

그렇다면 지금 사용자가 프로그램을 조작하고 있는 중인지, 방치 상태인지는 어떻게 구분할 수 있을까? 이전 버전에서는 onKeyDown이나 onTouchEvent 등이 호출될 때를 감지하여 사용 중임을 알아냈었다. 그러나 이 방식은 완벽하지도 않고 여러 군데서 체크해야 하므로 불편하다. 트랙볼이 있는 장비는 트랙볼도 감시해야 하며 뷰 계층이 복잡하면 입력을 받는 모든 뷰를 다 감시해야 한다.
이런 불편함을 해소하기 위해 1.5 버전부터 다음 메서드가 추가되었다.

void Activity.onUserInteraction ()

이 메서드는 키입력이나 터치 입력, 트랙볼 이벤트가 발생할 때마다 호출된다. 어떤 키를 눌렀는지,
화면의 어디를 눌렀는지에 대한 추가 정보는 없으며 단지 사용자가 기기를 조작하고 있는 중이라는
것만 알려준다. 여러 군데서 조사해야 하는 번거로운 작업을 한 메서드에서 일괄적으로 처리할 수
있어 편리하고 완벽하다. 다음 메서드도 유사한 이유로 1.5 버전에서 새로 추가되었다.

void Activity.onUserLeaveHint ()

이 메서드는 사용자에 의해 액티비티가 백그라운드로 전환되기 직전에 onPause 바로 앞에 호출된
다. Home 키를 누르기 직전에 호출되며 Back 키를 누르거나 전화 통화 앱이 올라올 때, 타이머에
의해 종료될 때는 호출되지 않는다. Home 키는 키입력 이벤트로 전달되지 않아 검출이 어려운데
이 메서드가 호출될 때 Home 키에 의해 백그라운드가 됨을 알 수 있다. 이 두 메서드는 상태란의
통지를 관리할 때 사용하며 액티비티가 통지를 취소할 시점을 결정하는데 도움을 준다. 다음 예제는
사용자가 5초 이상 관심을 보이지 않으면 즉시 종료한다.

UserInteraction

```
<LinearLayout xmlns:android="http://schemas.android.com/apk/res/android"
    android:id="@+id/linear"
    android:orientation="vertical"
    android:layout_width="match_parent"
    android:layout_height="match_parent"
    >
<TextView
    android:layout_width="wrap_content"
    android:layout_height="wrap_content"
    android:text="5초동안 입력이 없으면 자동 종료됩니다."
    android:textSize="16sp"
    />
</LinearLayout>
-----------------------------------------------------
public class UserInteraction extends Activity {
    public void onCreate(Bundle savedInstanceState) {
        super.onCreate(savedInstanceState);
        setContentView(R.layout.userinteraction);
```

```
    }

    protected Handler mFinishHandler = new Handler() {
        public void handleMessage(android.os.Message msg) {
            finish();
        }
    };

    void registerFinish() {
        mFinishHandler.sendEmptyMessageDelayed(0, 5 * 1000);
    }

    void unRegisterFinish() {
        mFinishHandler.removeMessages(0);
    }

    void RefreshFinish() {
        unRegisterFinish();
        registerFinish();
    }

    protected void onResume() {
        super.onResume();
        registerFinish();
    }

    protected void onPause() {
        unRegisterFinish();
        super.onPause();
    }

    public void onUserInteraction() {
        super.onUserInteraction();
        RefreshFinish();
    }

    protected void onUserLeaveHint () {
        super.onUserLeaveHint();
        Toast.makeText(this, "Leave by user", Toast.LENGTH_LONG).show();
    }
}
```

mFinishHandler는 메시지를 받자마자 액티비티를 즉시 종료한다. 지연된 시간을 지정하여 이 핸들러로 메시지를 보내 놓으면 잠시 후 종료된다. registerFinish 메서드는 5초 후에 메시지를 보내 종료를 예약하며 unRegisterFinish는 큐에 쌓인 메시지를 제거하여 예약을 해제한다. RefreshFinish는 두 메서드를 순서대로 호출하여 취소 후 재예약함으로써 종료 시점을 리셋하는 역할을 한다.

onResume에서 종료를 예약하고 onPause에서 예약을 취소하여 별다른 조치가 없으면 실행 후 5초가 될 때 종료된다. 이를 방지하려면 사용자의 입력이 있을 때 종료 예약을 리셋하는데 이 작업을 할만한 적당한 위치가 바로 onUserInteraction 메서드이다. 터치, 키, 트랙볼 중 어떠한 입력이라도 들어오면 호출된다. 이때마다 예약을 리셋하면 종료 시점이 지속적으로 연장된다.

예제를 실행해 놓고 5초간 가만히 있으면 종료되지만 화면을 계속 두드리거나 키를 누르면 종료가 연기된다. 그러나 터치한 상태로 이동하거나 터치를 뗄 때는 이 메서드가 호출되지 않는다. 만약 다른 터치 이벤트에 대해서도 종료되지 않도록 하려면 onTouchEvent에서도 리셋 처리를 한다. 예제에서는 테스트의 편의상 5초로 설정했는데 카메라의 경우 1분 정도로 설정해 놓고 사용자가 1분 이상 촬영하지 않으면 자동 종료하는 식으로 활용한다.

Home 키를 눌러 액티비티를 빠져 나가면 onUserLeaveHint 메서드가 호출되어 토스트가 출력된다. Back키를 누르거나 액티비티 스스로 finish를 호출했을 때는 토스트가 나타나지 않는다. 즉 onUserLeaveHint 메서드가 호출되었다는 것은 아직 액티비티가 살아는 있지만 잠시 백그라운드로 전환되었다는 뜻이다. 위 예제는 아주 원론적이다. 그러나 메서드가 너무 많다. 주기적으로 실행되는 핸들러가 이미 있다면 시간을 비교하는 방식이 더 간편하다. 다음은 같은 동작을 하되 방법을 약간 수정한 것이다.

```
public class UserInteraction extends Activity {
    long mLastInteraction;
    public void onCreate(Bundle savedInstanceState) {
        super.onCreate(savedInstanceState);
        setContentView(R.layout.userinteraction);
    }

    protected void onResume() {
        super.onResume();
        mLastInteraction = System.currentTimeMillis();
        mFinishHandler.sendEmptyMessageDelayed(0, 1000);
    }

    protected void onPause() {
        super.onPause();
        mFinishHandler.removeMessages(0);
    }

    protected Handler mFinishHandler = new Handler() {
        public void handleMessage(android.os.Message msg) {
            mFinishHandler.sendEmptyMessageDelayed(0, 1000);
            long now = System.currentTimeMillis();
            if ((now - mLastInteraction) > 5000) {
                finish();
            }
        }
    };

    public void onUserInteraction() {
        super.onUserInteraction();
        mLastInteraction = System.currentTimeMillis();
    }
}
```

mFinishHandler는 실행 중에 1초에 한 번씩 계속 호출되는데 타이머로 사용된다고 하자. 이런 핸들러가 있다면 최후 입력 시간과 현재 시간을 비교하여 5초가 되면 종료하는 간단한 방법을 사용할 수 있다.

35.2 시스템 설정

35.2.1 설정

설정이란 시스템의 동작 방식이나 모양을 사용자의 취향에 맞게 조정하는 기능이다. 스마트폰은 일반 폰과는 달리 설정 항목이 광범위하고 세세한 부분까지 조정할 수 있다. 설정을 어떻게 하느냐에 따라 완전히 다른 나만의 폰이 되므로 폰을 꾸미는 쏠쏠한 재미를 선사한다. 안드로이드는 시스템의 모든 설정을 통합 관리할 수 있는 환경설정(Settings) 앱을 기본 제공한다. 모든 설정을 한 곳에서 관리할 수 있지만 너무 표준적인 모양이어서 별로 예쁘지 않고 UI도 다소 불편하다. 그래서 이를 대체할 수 있는 깜직하고 예쁜 커스텀 설정앱도 많이 발표되어 있다.

설정을 변경하는 것은 폰 소유자의 고유한 권한이므로 사용자가 설정앱을 통해 직접 취향에 맞게 조정하는 것이 바람직하다. 앱은 보통 사용자의 선택을 적용하기 위해 설정을 읽기만 한다. 그러나 명시적인 허락이나 암묵적인 동의가 있다면 변경하는 것도 가능하다. 설정 정보는 시스템 데이터베이스에 저장된다. 설정의 종류에 따라 android.provider 패키지의 Settings에 몇 개의 하위 클래스로 나누어져 있다. 기본적인 설정은 Settings.System 클래스가 정의하며 다음과 같은 설정이 제공된다.

이름	설명
SCREEN_OFF_TIMEOUT	화면을 끌 시간(단위는 1/1000초). -1이면 끄지 않음
SCREEN_BRIGHTNESS	화면 밝기(0 ~ 255)
SCREEN_BRIGHTNESS_MODE	자동 화면 밝기 모드 여부. SCREEN_BRIGHTNESS_MODE_AUTOMATIC SCREEN_BRIGHTNESS_MODE_MANUAL
ACCELEROMETER_ROTATION	가속 센서로 화면 회전 여부
AIRPLANE_MODE_ON	비행 모드 설정
HAPTIC_FEEDBACK_ENABLED	롱 프레스 등에 진동 기능을 쓸 것인지의 여부
SOUND_EFFECTS_ENABLED	버튼 클릭 등에 사운드 효과를 쓸 것인지의 여부
STAY_ON_WHILE_PLUGGED_IN	USB 연결시 화면을 계속 유지할 것인지

따로 설명을 보지 않더라도 문자열 상수의 이름으로부터 어떤 기능을 조정하는지 쉽게 알 수 있으며 자주 변경하는 기본적인 설정이므로 안드로이드 폰을 웬만큼 써 본 사람에게는 친숙하다. 보안과 관련된 설정은 Settings.Secure 클래스에 정의되어 있다. 개인 정보나 과금과 관련된 설정이라 앱은 이 설정을 읽을 수만 있으며 함부로 수정할 수 없다. 수정하고 싶을 때는 별도의 복잡한 절차를 거쳐 특수한 API를 사용해야 한다.

이름	설명
BLUETOOTH_ON	블루투스 장비 사용
INSTALL_NON_MARKET_APPS	마켓에서 다운받지 않은 앱 설치
DATA_ROAMING	데이터 로밍 사용 여부
WIFI_ON	와이파이 사용

설정 데이터베이스의 각 항목은 별도의 타입 지정이 없고 모두 문자열 타입으로 저장되어 있다. 문자열은 모든 정보를 표현할 수 있는 범용적인 포맷이기 때문이다. 그래서 설정값을 읽고 쓰는 가장 원칙적인 방법은 DB에서 문자열을 액세스하는 다음 메서드이다.

```
static synchronized String getString (ContentResolver resolver, String name)
boolean putString (ContentResolver resolver, String name, String value)
```

DB를 액세스하려면 콘텐츠 리졸버가 필요하다. 첫 번째 인수는 거의 예외없이 getContentResolver() 메서드로 구한 콘텐츠 리졸버이다. name은 조사할 설정의 이름이고 value는 설정할 값이다. 장비에 따라 구성이 다르므로 설정 항목의 목록도 조금씩 달라지는데 설정값이 없을 경우 null이 리턴된다. 이럴 경우 무난한 디폴트를 취해야 한다.

설정값의 실제 타입은 주로 정수형이나 진위형이며 내부 저장 포맷인 문자열과 다른 경우가 훨씬 더 많다. 이 경우 일단 문자열로 읽은 후 해당 타입으로 변환해서 사용하며 설정을 변경할 때도 문자열로 조립해서 저장한다. 매번 문자열로 변환하기는 상당히 성가신데 그래서 설정을 읽은 후 변환까지 해 주는 몇 가지 편의 메서드가 제공된다. 다음은 정수 타입의 설정값을 읽거나 변경한다.

```
static int getInt (ContentResolver cr, String name)
static int getInt (ContentResolver cr, String name, int def)
static boolean putInt (ContentResolver cr, String name, int value)
```

설정값을 읽는 메서드는 두가지 버전이 제공된다. 보통의 경우에는 동일하지만 설정이 없거나 정수 타입이 아닐 경우 에러를 처리하는 방식이 다르다. 디폴트 값을 받는 메서드는 지정한 디폴트가 대신 리턴되지만 디폴트 지정이 없는 메서드는 SettingNotFoundException 예외를 던진다. 디폴트 값을 받는 메서드는 호출이 간편하지만 리턴값을 별도로 점검해야 하고 예외를 던지는 메서드는 범용적이지만 반드시 try 블록을 구성해야 한다는 면에서 불편하다.

정수 타입 외에도 큰 정수와 실수 타입을 액세스하는 getLong, getFloat 등의 메서드도 제공된다. 그러나 가장 흔한 설정 타입인 진위형을 엑세스하는 getBoolean 메서드는 없으므로 getInt를 대신 사용한다. 이 경우 조사된 설정값이 1이면 true이고 0이면 false이다. 다음 예제는 몇 가지 기본적인 설정값을 조사하여 레이아웃의 텍스트뷰에 출력한다.

GetSetting

```
<LinearLayout xmlns:android="http://schemas.android.com/apk/res/android"
    android:orientation="vertical"
    android:layout_width="match_parent"
    android:layout_height="match_parent"
    >
<TextView
    android:id="@+id/result"
    android:layout_width="wrap_content"
    android:layout_height="wrap_content"
    android:textSize="16sp"
    android:text=""
    />
<Button
    android:id="@+id/btnrefresh"
    android:layout_width="wrap_content"
    android:layout_height="wrap_content"
    android:onClick="mOnClick"
    android:text="Refresh"
    />
</LinearLayout>
----------------------------------------------------
public class GetSetting extends Activity {
    TextView mResult;
    public void onCreate(Bundle savedInstanceState) {
        super.onCreate(savedInstanceState);
        setContentView(R.layout.getsetting);
```

```
        mResult = (TextView)findViewById(R.id.result);
        RefreshSetting();
    }

    void RefreshSetting() {
        ContentResolver cr = getContentResolver();
        String result = "";
        result = String.format("화면 타임아웃 = %d\n화면 밝기 = %d\n자동 회전 = %d\n" +
                "비행 모드 = %d\n햅틱 = %d\n사운드 효과 = %d\n",
            Settings.System.getInt(cr, Settings.System.SCREEN_OFF_TIMEOUT, -1),
            Settings.System.getInt(cr, Settings.System.SCREEN_BRIGHTNESS, -1),
            Settings.System.getInt(cr, Settings.System.ACCELEROMETER_ROTATION, -1),
            Settings.System.getInt(cr, Settings.System.AIRPLANE_MODE_ON, -1),
            Settings.System.getInt(cr, Settings.System.HAPTIC_FEEDBACK_ENABLED, -1),
            Settings.System.getInt(cr, Settings.System.SOUND_EFFECTS_ENABLED, -1)
        );
        mResult.setText(result);
    }

    public void mOnClick(View v) {
        switch (v.getId()) {
        case R.id.btnrefresh:
            RefreshSetting();
            break;
        }
    }
}
```

RefreshSetting 메서드에서 설정값을 조사하여 텍스트뷰에 출력했다. DB로부터 정보를 읽어 문자
열로 조립하는 단순한 문장이다. 실행 직후에 현재 설정값이 표시되며 환경설정에서 설정을 변경한
후 Refresh 버튼을 누르면 즉시 갱신된다.

다음은 설정값을 변경해 보자. get~ 에 대응되는 put~ 메서드만 호출하면 값은 쉽게 변경할 수 있다. 단, 아무 앱이나 설정을 무분별하게 수정하도록 허락할 수 없으므로 다음 퍼미션을 요구한다. 일반 설정은 WRITE_SETTINGS 퍼미션으로 수정할 수 있지만 보안이 필요한 설정에 대해서는 별도의 퍼미션이 추가로 요구된다.

```
<uses-permission android:name="android.permission.WRITE_SETTINGS" />
<uses-permission android:name="android.permission.WRITE_SECURE_SETTINGS" />
```

비교적 조정하기 쉬운 조명 시간과 자동 회전 옵션을 변경해 보자. 레이아웃에는 조명 시간을 조정할 시크바와 자동 회전을 입력받을 토글 버튼 하나를 배치했다. 조명 시간은 정수이므로 시크바로 입력받는 것이 편리하고 자동 회전은 진위형이므로 토글 버튼이 적합하다.

SetSetting

```xml
<LinearLayout xmlns:android="http://schemas.android.com/apk/res/android"
    android:orientation="vertical"
    android:layout_width="match_parent"
    android:layout_height="match_parent"
    >
<TextView
    android:id="@+id/txttimeout"
    android:layout_width="wrap_content"
    android:layout_height="wrap_content"
    android:textSize="16sp"
    android:text="조명 시간"
    />
<SeekBar
    android:id="@+id/screentimeout"
    android:layout_width="match_parent"
    android:layout_height="wrap_content"
    android:max="30"
    android:padding="20dip"
    />
<ToggleButton
    android:id="@+id/autorotate"
    android:layout_width="wrap_content"
    android:layout_height="wrap_content"
    android:onClick="mOnClick"
    android:textOn="자동회전"
    android:textOff="회전금지"
    />
```

```
</LinearLayout>
- - - - - - - - - - - - - - - - - - - - - - - - - - - - - - - - - - - - - - - - - - - - - - - - - - - - - - -
public class SetSetting extends Activity {
    ContentResolver mCr;
    TextView mTxtTimeout;
    SeekBar mSeekBar;
    ToggleButton mTogBtn;
    public void onCreate(Bundle savedInstanceState) {
        super.onCreate(savedInstanceState);
        setContentView(R.layout.setsetting);

        mCr = getContentResolver();

        mTxtTimeout = (TextView)findViewById(R.id.txttimeout);
        mSeekBar = (SeekBar)findViewById(R.id.screentimeout);
        int timeout = Settings.System.getInt(mCr,
                Settings.System.SCREEN_OFF_TIMEOUT, -1);
        mSeekBar.setProgress(timeout == -1 ? 0:timeout / 10000);
        PrintTimeout(timeout);
        mSeekBar.setOnSeekBarChangeListener(mSeekListener);

        mTogBtn = (ToggleButton)findViewById(R.id.autorotate);
        int autorotate = Settings.System.getInt(mCr,
                Settings.System.ACCELEROMETER_ROTATION, -1);
        mTogBtn.setChecked(autorotate == 1);
    }

    public void mOnClick(View v) {
        switch (v.getId()) {
        case R.id.autorotate:
            if (mTogBtn.isChecked()) {
                Settings.System.putInt(mCr,
                        Settings.System.ACCELEROMETER_ROTATION, 1);
            } else {
                Settings.System.putInt(mCr,
                        Settings.System.ACCELEROMETER_ROTATION, 0);
            }
            break;
        }
    }

    SeekBar.OnSeekBarChangeListener mSeekListener =
        new SeekBar.OnSeekBarChangeListener() {
        public void onProgressChanged(SeekBar seekBar, int progress,
```

```
                boolean fromUser) {
            int timeout = progress == 0 ? -1:progress * 10000;
            Settings.System.putInt(mCr,
                    Settings.System.SCREEN_OFF_TIMEOUT, timeout);
            PrintTimeout(timeout);
        }

        public void onStartTrackingTouch(SeekBar seekBar) {
        }

        public void onStopTrackingTouch(SeekBar seekBar) {
        }
    };

    void PrintTimeout(int timeout) {
        if (timeout == -1) {
            mTxtTimeout.setText("조명 시간 : (끄지 않음)");
        } else {
            mTxtTimeout.setText("조명 시간 : " + (timeout / 1000) + "초");
        }
    }
}
```

조명 시간은 1/1000초 단위로 지정할 수 있되 그렇게까지 정밀할 필요는 없으므로 10초 단위로 30 단계까지 입력받도록 범위를 설정했다. 즉, 최대 5분까지 조명 시간을 설정할 수 있다. 기본 설정앱 은 1분, 2분, 10분 정도의 옵션을 제공하며 3분이나 5분으로는 설정할 수 없는데 이 예제는 더 작은 단위까지 섬세하게 설정할 수 있으며 2분 30초로 지정할 수도 있다.

onCreate에서 조명 시간과 자동 회전 여부를 구해 위젯에 출력한다. 조명 시간의 단위는 1/1000 초이되 시크바의 눈금 하나는 10초이므로 조사된 값을 10000으로 나누어서 사용한다. 설정할 때는 물론 10000을 곱한다.

시크바를 드래그하면 조명시간이 즉시 바뀌고 자동 회전 토글 버튼을 누르면 자동 회전 여부가 변경된다. 두 설정은 에뮬레이터에서 확인하기 어려우므로 실장비에서 테스트해 보자. 자동 회전을 바꿔가며 장비를 회전시켜 보면 변경 효과가 즉시 적용되며 조명 시간도 지정한 시간만큼 정확하게 동작한다. 예제에서는 구현하기 쉬운 설정값만 변경해 보았다.

이 두 설정보다 더 실용적이고 즉시 확인이 용이한 설정은 화면 밝기이다. 비슷한 방법으로 화면 밝기를 변경할 수 있지만 데이터베이스의 값만 변경될 뿐 화면에는 즉시 반영되지 않는다. 실제 하드웨어의 밝기를 변경하는 API는 공개되어 있지 않으며 별도의 라이브러리를 설치한 후 비공개 API를 사용해야 한다. 공식적인 방법이 아니라 책에서는 다루지 않았다. 이처럼 설정을 실제 적용하기 위해 별도의 추가 조치가 필요한 경우도 많아 개별 설정별로 연구해 봐야 한다.

35.2.2 배경 벽지

대부분의 설정은 Settings 클래스에 포함되어 있지만 일부 전문적인 설정은 별도의 조정 방법이 따로 제공된다. 예를 들어 볼륨 조정은 AudioManager를 쓰는 것이 편리하고 GPS 설정은 맵 서비스 API로 제어한다. 복잡한 설정은 단순한 값 하나로 표현하기 어려우며 관련 클래스와 함께 조정해야 하므로 별도의 전문적인 방법을 사용한다.

배경 벽지 설정도 마찬가지인데 단순히 이미지 경로만 바꾸면 되는 것이 아니라 라이브 벽지도 고려해야 하며 코드 내부에서 생성한 비트맵으로도 설정할 수 있어야 하므로 Settings의 한 항목으로는 표현하기 어렵다. 배경 벽지는 WallpaperManager 클래스가 관리한다. 이 클래스는 생성자가 없으므로 getInstance 정적 메서드로 생성한다. 현재 설정된 배경 벽지를 구할 때는 다음 메서드를 호출한다.

```
Drawable getDrawable ()
Drawable getFastDrawable ()
WallpaperInfo getWallpaperInfo ()
```

getDrawable은 현재 설정된 벽지를 조사하되 벽지가 없을 경우 시스템의 디폴트 벽지를 리턴한다. 바로 사용할 수 있는 드로블 객체를 리턴하므로 이미지뷰 등에 쉽게 출력할 수 있다. 배경 이미지는 용량이 커 조사 시간이 오래 걸리는데 getFastDrawable은 스케일링, 알파 조정, 색상 필터 등의 몇 가지 특성을 무시하고 빠른 속도로 배경 벽지를 조사한다. getWallpaperInfo 메서드는 라이브 벽지의 정보를 조사하며 단순 이미지인 경우는 null을 리턴한다. 벽지를 변경할 때는 다음 메서드를 호출한다.

```
void setBitmap (Bitmap bitmap)
void setResource (int resid)
void setStream (InputStream data)
```

코드에서 내부적으로 생성한 비트맵이나 디자인 타임에 미리 저장해 놓은 리소스 등을 지정할 수 있으며 파일을 스트림으로 열어 전달할 수도 있다. 생성 가능한 거의 대부분의 이미지를 벽지로 사용할 수 있는 셈이다. 지정한 비트맵은 PNG 포맷으로 변환되어 저장되며 벽지를 변경한 후 ACTION_WALLPAPER_CHANGED가 방송된다. 배경 벽지를 변경하려면 다음 퍼미션을 지정한다.

```
<uses-permission android:name="android.permission.SET_WALLPAPER" />
```

벽지는 폰의 외양을 결정하는 중요한 요소여서 사용자가 가장 자주 변경하는 설정 중 하나이다. 보통 별도의 이미지 파일로부터 지정하며 카메라로 찍은 사진이나 포토샵으로 섬세하게 디자인한 이미지가 주로 사용된다. 또는 움직이는 라이브 벽지로 화려한 배경을 꾸밀 수도 있다. 예쁜 배경을 사용하면 보기에는 좋지만 배터리를 많이 소모하고 오래 쓰다 보면 지겨워지는 감도 있다.

화려한 것이 싫증나면 한 가지 색이나 단순한 패턴 등으로 심플하게 꾸며 보는 것도 좋은데 안드로이드는 예상외로 단순한 벽지를 지원하지 않는다. 그냥 파란색으로 채운다거나 흑백 그라데이션을 깔 수 없다. 정 단순한 벽지를 사용하려면 해당 모양의 이미지를 만들어 사용할 수 있지만 파일을 경유해야 하므로 번거롭다. 그래서 아주 단순한 모양의 이미지를 프로그램 내부에서 생성하여 벽지로 설정하는 예제를 제작해 보았다.

MakeWallPaper

```
<LinearLayout xmlns:android="http://schemas.android.com/apk/res/android"
    android:orientation="vertical"
    android:layout_width="match_parent"
    android:layout_height="match_parent"
    android:background="#404040"
    >
<RadioGroup
    android:id="@+id/radiotype"
    android:layout_width="match_parent"
    android:layout_height="wrap_content"
    android:orientation="horizontal"
    android:checkedButton="@+id/type1"
    >
```

```
<RadioButton
    android:id="@id/type1"
    android:layout_width="0px"
    android:layout_weight="1"
    android:layout_height="wrap_content"
    android:onClick="mOnClick"
    android:text="한색상"
    />
<RadioButton
    android:id="@+id/type2"
    android:layout_width="0px"
    android:layout_weight="1"
    android:layout_height="wrap_content"
    android:onClick="mOnClick"
    android:text="두색상"
    />
</RadioGroup>
<LinearLayout
    android:layout_width="match_parent"
    android:layout_height="wrap_content"
    android:layout_marginTop = "5dip"
    >
<TextView
    android:layout_width="0px"
    android:layout_weight="1"
    android:layout_height="wrap_content"
    android:textSize="16sp"
    android:text="색상 1"
    />
<Spinner
    android:id="@+id/colorspinner1"
    android:layout_width="0px"
    android:layout_weight="2"
    android:layout_height="wrap_content"
    />
</LinearLayout>
<LinearLayout
    android:layout_width="match_parent"
    android:layout_height="wrap_content"
    android:layout_marginTop = "5dip"
    >
<TextView
    android:layout_width="0px"
    android:layout_weight="1"
```

```xml
        android:layout_height="wrap_content"
        android:textSize="16sp"
        android:text="색상 2"
        />
    <Spinner
        android:id="@+id/colorspinner2"
        android:layout_width="0px"
        android:layout_weight="2"
        android:layout_height="wrap_content"
        />
</LinearLayout>
<LinearLayout
        android:layout_width="match_parent"
        android:layout_height="wrap_content"
        android:layout_marginTop = "5dip"
        >
    <TextView
        android:layout_width="0px"
        android:layout_weight="1"
        android:layout_height="wrap_content"
        android:textSize="16sp"
        android:text="방향"
        />
    <Spinner
        android:id="@+id/dirspinner"
        android:layout_width="0px"
        android:layout_weight="2"
        android:layout_height="wrap_content"
        />
</LinearLayout>
<Button
        android:id="@+id/btnsolid"
        android:layout_width="match_parent"
        android:layout_height="wrap_content"
        android:onClick="mOnClick"
        android:text="벽지 설정"
        />
<ImageView
        android:id="@+id/preview"
        android:layout_width="match_parent"
        android:layout_height="match_parent"
        android:adjustViewBounds="true"
        android:layout_margin="5dip"
        />
```

```
</LinearLayout>
------------------------------------------------------------
public class MakeWallPaper extends Activity {
    ImageView mPreview;
    WallpaperManager mWm;
    Spinner mSpinner1, mSpinner2, mSpinnerDir;
    RadioGroup mRadioType;
    final static int WIDTH = 120;
    final static int HEIGHT = 100;
    int[] arColor = new int[] {0xff000000, 0xffffffff, 0xff404040, 0xff808080,
            0xffc0c0c0, 0xffff0000, 0xff00ff00, 0xff0000ff, 0xffffff00,
            0xff00ffff, 0xffff00ff, 0xff008000, 0xff000080};

    public void onCreate(Bundle savedInstanceState) {
        super.onCreate(savedInstanceState);
        setContentView(R.layout.makewallpaper);

        mRadioType = (RadioGroup)findViewById(R.id.radiotype);

        ArrayAdapter<CharSequence> adColor = ArrayAdapter.createFromResource(this,
                R.array.colors, android.R.layout.simple_spinner_item);
        adColor.setDropDownViewResource(android.R.layout.simple_spinner_dropdown_item);
        mSpinner1 = (Spinner)findViewById(R.id.colorspinner1);
        mSpinner1.setPrompt("첫 번째 색상을 고르세요.");
        mSpinner1.setAdapter(adColor);
        mSpinner1.setOnItemSelectedListener(mSpinListener);

        mSpinner2 = (Spinner)findViewById(R.id.colorspinner2);
        mSpinner2.setPrompt("두 번째 색상을 고르세요.");
        mSpinner2.setAdapter(adColor);
        mSpinner2.setOnItemSelectedListener(mSpinListener);
        mSpinner2.setSelection(1);

        ArrayAdapter<CharSequence> adDir = ArrayAdapter.createFromResource(this,
                R.array.gradientdir, android.R.layout.simple_spinner_item);
        adDir.setDropDownViewResource(android.R.layout.simple_spinner_dropdown_item);
        mSpinnerDir = (Spinner)findViewById(R.id.dirspinner);
        mSpinnerDir.setPrompt("방향을 고르세요.");
        mSpinnerDir.setAdapter(adDir);
        mSpinnerDir.setOnItemSelectedListener(mSpinListener);

        mPreview = (ImageView)findViewById(R.id.preview);
        mWm = WallpaperManager.getInstance(this);
        mPreview.postDelayed(new Runnable() {
```

```java
        public void run() {
            Drawable wallpaperDrawable = mWm.getDrawable();
            mPreview.setImageDrawable(wallpaperDrawable);
        }
    }, 500);
}

OnItemSelectedListener mSpinListener = new OnItemSelectedListener() {
    public void onItemSelected(AdapterView<?> parent, View view, int position, long id) {
        UpdatePreview();
    }
    public void onNothingSelected(AdapterView<?> parent) {
    }
};

public void mOnClick(View v) {
    int color1, color2;
    int dir;
    switch (v.getId()) {
    case R.id.btnsolid:
        if (mRadioType.getCheckedRadioButtonId() == R.id.type1) {
            color1 = mSpinner1.getSelectedItemPosition();
            SetWallpaper(MakeSolidBitmap(arColor[color1]));
        } else {
            color1 = mSpinner1.getSelectedItemPosition();
            color2 = mSpinner2.getSelectedItemPosition();
            dir = mSpinnerDir.getSelectedItemPosition();
            SetWallpaper(MakeGradientBitmap(arColor[color1], arColor[color2], dir));
        }
        Toast.makeText(this, "벽지를 변경하였습니다.", 0).show();
        break;
    case R.id.type1:
        mSpinner2.setEnabled(false);
        mSpinnerDir.setEnabled(false);
        UpdatePreview();
        break;
    case R.id.type2:
        mSpinner2.setEnabled(true);
        mSpinnerDir.setEnabled(true);
        UpdatePreview();
        break;
    }
}
```

```
void SetWallpaper(Bitmap bitmap) {
    try {
        mWm.setBitmap(bitmap);
    } catch (IOException e) {
        e.printStackTrace();
    }
}

void UpdatePreview() {
    if (mRadioType.getCheckedRadioButtonId() == R.id.type1) {
        mPreview.setImageBitmap(MakeSolidBitmap(
                arColor[mSpinner1.getSelectedItemPosition()]));
    } else {
        mPreview.setImageBitmap(MakeGradientBitmap(
                arColor[mSpinner1.getSelectedItemPosition()],
                arColor[mSpinner2.getSelectedItemPosition()],
                mSpinnerDir.getSelectedItemPosition()));
    }
}

Bitmap MakeSolidBitmap(int color) {
    Bitmap BackBit = Bitmap.createBitmap(WIDTH,HEIGHT,Bitmap.Config.ARGB_8888);
    Canvas offscreen = new Canvas(BackBit);
    offscreen.drawColor(color);
    return BackBit;
}

Bitmap MakeGradientBitmap(int color1, int color2, int dir) {
    Bitmap BackBit;
    Canvas offscreen;
    Paint Pnt;
    BackBit = Bitmap.createBitmap(WIDTH,HEIGHT,Bitmap.Config.ARGB_8888);
    offscreen = new Canvas(BackBit);
    Pnt = new Paint();
    Pnt.setAntiAlias(true);
    switch (dir) {
    case 0:
        Pnt.setShader(new LinearGradient(0,0,0,HEIGHT,
                color1, color2, TileMode.CLAMP));
        break;
    case 1:
        Pnt.setShader(new LinearGradient(0,0,WIDTH,0,
                color1, color2, TileMode.CLAMP));
        break;
```

```
            case 2:
                Pnt.setShader(new LinearGradient(0,HEIGHT,WIDTH,0,
                        color1, color2, TileMode.CLAMP));
                break;
            case 3:
                Pnt.setShader(new LinearGradient(0,0,WIDTH,HEIGHT,
                        color1, color2, TileMode.CLAMP));
                break;
            }
            offscreen.drawRect(0,0,WIDTH,HEIGHT,Pnt);
            return BackBit;
        }
    }
```

단일색 또는 두 가지 색으로 그라데이션 무늬를 만들어 벽지로 지정한다. 벽지를 생성하여 변경하는 방법은 간단하지만 색상이나 옵션을 입력받는 UI 처리가 어렵다. 레이아웃에 라디오 버튼과 스피너 등을 배치하고 옵션과 색상을 변경하면 미리 보기 영역에 보여주며 버튼을 누르면 선택한 옵션으로 이미지를 만들어 배경으로 설정한다.

벽지의 이미지 크기는 120×100으로 설정했는데 어차피 스케일링되므로 너무 크게 만들 필요는 없다. 오프 스크린 비트맵을 캔버스에 선택해 놓고 캔버스에 그림을 그리면 이미지가 생성된다. 이 예제에서는 단일색으로 채우거나 그라데이션 효과 정도만 사용했는데 안드로이드의 모든 2D 그래픽 기능을 활용하여 이미지를 만들 수 있다. 생성된 이미지를 setBitmap 메서드로 전달하면 벽지로 등록된다.

스피너에는 자주 사용하는 색상 여러 개를 등록해 놓고 그 중 하나를 고르도록 했다. 임의의 색상을 선택할 수 있다면 좀 더 특수한 벽지를 제작할 수 있겠지만 아쉽게도 안드로이드는 색상 선택에 대한 위젯 지원이 없어서 액티비티를 따로 만들어야 하는 번거로움이 있다. 이외에 두 색을 반사시킨 무늬나 미리 작성된 권장 벽지 목록, 제작한 벽지에 대한 히스토리 기능도 생각해 볼 수 있다.

운영체제가 제공하지 않는 기능의 빈틈을 잘 메워주는 앱이며 직접 사용해본 결과 나름대로 실용성은 있는 듯 하다. 화려함에 싫증이 나면 파란색과 검은색 정도의 젊잖은 색으로 그라데이션 배경을 깔아 차분한 분위기를 연출하는 것도 좋다. 더 개선할 여지가 많지만 예제는 벽지를 변경하는 방법을 설명하는 것이 본연의 임무이므로 더 이상 복잡해서는 안 된다. 차후 기회가 된다면 더 다양한 형태로 벽지를 생성하는 앱을 만들어 볼 계획이다.

CHAPTER 36

전화

36.1 음성 통신

36.1.1 전화 정보 조사

스마트폰은 여러 가지 화려한 기능을 제공하지만 가장 본질적이고도 고유한 기능은 역시 전화를 걸고 받는 것이다. 비싼 스마트폰을 사 놓고도 전화기로 또는 시계로 활용하는 사람도 많다. 모든 기능이 다 정지되는 최악의 상황에서도 전화 기능만큼은 온전하게 유지되어야 하며 어떤 프로그램도 전화 통화를 방해해서는 안 된다.

전화앱은 사업자에 의해 미리 설치되어 있으므로 우리가 전화 프로그램을 만들어야 할 필요는 없다. 그러나 전화 기능과 아무런 상관이 없을지라도 모든 프로그램은 전화 상태의 변화에 적절하게 대처해야 한다. 그러기 위해서는 전화기의 현재 상태에 항상 관심을 가져야 하는데 전화의 상태는 전화 관리자로 조사한다. 시스템 서비스이므로 다음 메서드 호출로 전화 관리자 객체를 구한다.

```
(TelephonyManager)getSystemService(Context.TELEPHONY_SERVICE);
```

TelephonyManager는 전화의 상태나 가입자 정보 등을 제공하며 상태 변화를 통지하는 역할을 한다. 전화기의 현재 상태나 정보는 전화 관리자의 다음 메서드로 조사한다. 전화번호나 가입자 번호 등은 보안 유지가 필요한 정보이므로 READ_PHONE_STATE 퍼미션이 필요하다.

```
int getCallState ()
String getLine1Number ()
String getDeviceId ()
int getNetworkType ()
int getPhoneType ()
```

아주 다양한 정보가 조사되는데 대부분은 인수가 없고 호출 즉시 해당 정보를 리턴값으로 돌려주는 단순한 형태이다. 가장 중요한 정보는 getCallState 메서드가 조사하는 전화기의 현재 상태이며 다음 세 가지 상태 중 하나를 리턴한다. 통화중이거나 대기중이거나 아니면 지금 막 전화가 오고 있는 상태 중 하나이다.

상태	설명
CALL_STATE_IDLE	통화 중이 아님
CALL_STATE_RINGING	전화벨이 울리는 중
CALL_STATE_OFFHOOK	통화 중

나머지 메서드는 전화번호, 장치의 ID, 네트워크나 전화기의 유형 등을 조사한다. 이외에도 상세한 정보를 조사하는 굉장히 많은 메서드가 제공된다. 각 메서드가 조사하는 정보는 대부분 메서드 이름으로 유추 가능하되 무선 통신 관련 규약서를 참조해야 할 정도로 대단히 전문적인 지식을 요하는 것도 있다. GSM, CDMA, HSDPA, EDGE 등의 용어는 상당히 난해한데 다행히 일반 앱은 그런 고급 정보까지 신경쓰지 않아도 상관없다.

전화 관리자가 조사하는 정보의 대부분은 장비 제작 시점이나 개통 시점에 결정되는 것이므로 항상 일관된 값을 돌려준다. 하지만 전화의 상태는 수시로 변한다. 상태 변화에 대처할 필요가 있는 앱은 리스너를 설치해 두고 변화에 적절하게 반응해야 한다. 리스너는 전화 관리자의 다음 메서드로 등록 및 해제한다.

```
void listen (PhoneStateListener listener, int events)
```

첫 번째 인수는 변화가 있을 때 호출되는 리스너 객체이며 두 번째 인수는 감시할 대상을 지정한다. 여러 개의 대상을 OR 연산자로 묶어서 동시에 감시할 수 있다. 주요 감시 대상은 다음과 같되 완전한 목록은 레퍼런스를 참고하자.

플래그	설명
LISTEN_CALL_STATE	통화 상태 변경을 감시한다.
LISTEN_SERVICE_STATE	통화 서비스의 가용성을 감시한다.
LISTEN_CELL_LOCATION	셀 위치가 변경됨을 감시한다.
LISTEN_DATA_CONNECTION_STATE	데이터 연결 상태를 감시한다.
LISTEN_SIGNAL_STRENGTHS	신호 감도의 세기 변화를 감시한다.
LISTEN_NONE	아무 것도 감시하지 않으며 리스너를 해제한다.

각 상태에 변화가 발생하면 리스너의 대응되는 메서드가 호출된다. 앱 수준에서는 대개의 경우 통화 상태 정도만 감시하면 충분하다.

```
void onCallStateChanged (int state, String incomingNumber)
void onServiceStateChanged (ServiceState serviceState)
void onCellLocationChanged (CellLocation location)
void onDataConnectionStateChanged (int state, int networkType)
void onSignalStrengthsChanged (SignalStrength signalStrength)
```

통화 상태의 변화, 데이터 연결 상태의 변화, 신호 감도의 변화 등이 인수로 전달된다. 통화 상태가 변할 때는 발신자의 전화번호도 인수로 전달된다. 다음 예제는 전화기의 여러 가지 정보와 통화 상태를 조사하여 출력한다.

TelState

```
<LinearLayout xmlns:android="http://schemas.android.com/apk/res/android"
    android:orientation="vertical"
    android:layout_width="match_parent"
    android:layout_height="match_parent"
    >
<TextView
    android:id="@+id/result"
    android:layout_width="match_parent"
    android:layout_height="wrap_content"
    android:textSize="20sp"
    />
</LinearLayout>
-------------------------------------------------------
public class TelState extends Activity {
    TelephonyManager mTelMan;
    public void onCreate(Bundle savedInstanceState) {
```

```
        super.onCreate(savedInstanceState);
        setContentView(R.layout.telstate);

        mTelMan = (TelephonyManager)getSystemService(Context.TELEPHONY_SERVICE);
        mTelMan.listen(mListener, PhoneStateListener.LISTEN_CALL_STATE);
    }

    public void onDestroy() {
        super.onDestroy();
        mTelMan.listen(mListener, PhoneStateListener.LISTEN_NONE);
    }

    void RefreshState() {
        String callState = "";
        switch (mTelMan.getCallState()) {
        case TelephonyManager.CALL_STATE_IDLE:
            callState = "대기중";
            break;
        case TelephonyManager.CALL_STATE_RINGING:
            callState = "전화 오는중";
            break;
        case TelephonyManager.CALL_STATE_OFFHOOK:
            callState = "통화중";
            break;
        }

        String state = String.format("통화상태:%s\n전화번호:%s\n장치ID:%s\n" +
                "네트워크 유형:%d\n전화 유형:%d\n국가:%s\n사업자:%s\n" +
                "서비스 제공자:%s\nSIM:%s\n가입자:%s\n로밍:%s",
                callState, mTelMan.getLine1Number(), mTelMan.getDeviceId(),
                mTelMan.getNetworkType(), mTelMan.getPhoneType(),
                mTelMan.getNetworkCountryIso(),
                mTelMan.getNetworkOperatorName(), mTelMan.getSimOperatorName(),
                mTelMan.getSimSerialNumber(), mTelMan.getSubscriberId (),
                mTelMan.isNetworkRoaming() ? "yes":"no");

        TextView result = (TextView)findViewById(R.id.result);
        result.setText(state);
    }

    PhoneStateListener mListener = new PhoneStateListener() {
        public void onCallStateChanged (int state, String incomingNumber) {
            if (state == TelephonyManager.CALL_STATE_RINGING) {
                Toast.makeText(TelState.this, "전화 : " +
```

```
                            incomingNumber, 0).show();
                }
                RefreshState();
            }
        };
    }
```

onCreate에서 전화 관리자 객체를 구하고 통화 상태의 변화를 감시하기 위한 리스너를 등록하며
onDestroy에서 리스너를 해제한다. 원칙적으로 onResume에서 등록하고 onPause에서 해제하
는 것이 좋다. RefreshState 메서드는 전화 관리자의 각종 메서드를 호출하여 상세한 정보를 조사
하며 문자열 형태로 조립하여 출력한다. 리스너는 통화 상태 변화시 RefreshState 메서드를 호출하
여 현재 상태를 갱신하며 전화가 착신될 때 발신자의 번호를 토스트로 출력한다.

리스너를 등록할 때 콜백 메서드가 일단 한번은 호출되므로 onCreate에서 RefreshState 메서드
를 일부러 호출하지 않아도 실행 직후에 현재 상태가 문자열 형태로 출력된다. 즉, 리스너를 등록했
다면 현재 상태 초기화는 보장되며 따로 조사할 필요가 없다. 에뮬레이터에서의 실행 결과는 다음과
같다.

에뮬레이터는 개통되지 않은 장비이므로 사실 위 정보는 모두 가짜다. 실장비에서 실행하면 자신의
전화번호가 나타나며 사업자는 SKTelecom이니 KT니 하는 익숙한 이름이 나타난다. 국가는 kr로
조사되며 가입자의 고유 번호도 조사된다. 통화 상태는 대기중으로 조사되는데 전화가 걸려오면 전
화 오는중으로 바뀌며 이때 발신자의 번호가 토스트로 출력된다.

에뮬레이터는 전화번호가 없으므로 진짜 전화는 걸 수 없다. 대신 DDMS에서 전화가 온 것처럼 흉
내낼 수는 있다. Emulator Control 탭에서 발신 전화번호를 적고 음성 통화(Voice)를 선택한 후
Call 버튼을 누르면 에뮬레이터로 신호가 가며 Hang Up 버튼을 누르면 전화를 끊는다. SMS를 선
택하여 문자 메시지를 보낼 수도 있다.

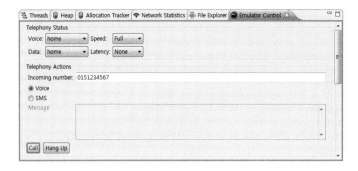

물론 DDMS는 어디까지나 테스트를 위해 전화를 거는 흉내만 낼 뿐이지 실제 통화는 불가능하다. 전화가 오면 통화 상태가 즉시 변경되며 전화 수신 프로그램이 실행된다. 화면 아래쪽에는 발신자 번호가 토스트로 출력된다. 통화가 끝나면 다시 원래 프로그램으로 복귀한다.

36.1.2 전화 걸기

필요할 경우 앱이 직접 전화를 걸 수 있다. 전화를 거는 것은 요금과 관련된 중요한 문제이므로 매니 페스트에 CALL_PHONE 퍼미션을 지정하여 미리 허가받아야 한다. 허가받지 않은 프로그램은 전화 기능을 사용할 수 없다.

TelCall

```
<LinearLayout xmlns:android="http://schemas.android.com/apk/res/android"
    android:orientation="vertical"
    android:layout_width="match_parent"
    android:layout_height="match_parent"
    >
<EditText
    android:id="@+id/number"
    android:layout_width="match_parent"
    android:layout_height="wrap_content"
    android:inputType="phone"
    android:text="114"
    />
<Button
    android:id="@+id/calldialer"
    android:layout_width="wrap_content"
    android:layout_height="wrap_content"
```

```
        android:onClick="mOnClick"
        android:text="다이얼러 호출"
        />
    <Button
        android:id="@+id/calldirect"
        android:layout_width="wrap_content"
        android:layout_height="wrap_content"
        android:onClick="mOnClick"
        android:text="직접 전화"
        />
</LinearLayout>
----------------------------------------------------
public class TelCall extends Activity {
    EditText mNumber;
    public void onCreate(Bundle savedInstanceState) {
        super.onCreate(savedInstanceState);
        setContentView(R.layout.telcall);

        mNumber = (EditText)findViewById(R.id.number);
    }

    public void mOnClick(View v) {
        Uri number;
        Intent intent;
        switch (v.getId()) {
        case R.id.calldialer:
            number = Uri.parse("tel:" + mNumber.getText());
            intent = new Intent(Intent.ACTION_DIAL, number);
            startActivity(intent);
            break;
        case R.id.calldirect:
            number = Uri.parse("tel:" + mNumber.getText());
            intent = new Intent(Intent.ACTION_CALL, number);
            startActivity(intent);
            break;
        }
    }
}
```

레이아웃에는 전화번호 입력을 위한 에디트 하나와 전화를 거는 버튼 두 개를 배치해 두고 각 버튼
에 전화 걸기 기능을 작성해 두었다.

초기 전화번호는 무난한 114로 설정해 두었으므로 실장비에서 버튼을 누르기만 하면 "고객님 사랑합니다"라는 기분 좋은 소리를 들을 수 있다. 물론 원하는 번호로 수정한 후 전화를 걸어도 상관없다. 전화번호를 바로 입력할 수 있도록 에디트의 inputType 속성을 phone으로 지정했다. 친구나 동료에게 전화를 걸어 테스트해 보아라.

전화를 거는 방법은 지극히 간단하다. "tel:전화번호" 형식의 URI로 암시적 인텐트를 작성하여 실행하면 다이얼러가 호출된다. 장비 제조사가 미리 설치해 놓은 전화 걸기 화면이 나타나되 만약 다이얼러를 다른 제품으로 교체했다면 다른 화면이 나타날 수도 있다. ACTION_DIAL로 실행하면 다이얼러가 뜨기만 할 뿐 전화를 바로 걸지는 않는다. 이 번호로 전화를 걸지, 문자를 보낼지는 사용자가 결정하며 전달한 번호를 수정할 기회도 제공된다.

ACTION_CALL로 실행하면 별도의 질문 없이 바로 전화를 건다. 사용자가 버튼을 한 번 덜 눌러도 되는 편리함이 있지만 번호를 수정할 기회가 없다. 또 즉시 전화를 연결하므로 음성 통화만 가능하며 영상 통화나 문자 메시지 등은 선택할 수 없다. 두 버튼은 실행 시 적용할 액션만 다를 뿐 나머지 코드는 같다. 에뮬레이터의 다이얼러는 다음과 같은 모양이다. 실장비의 다이얼러는 다르겠지만 전화번호를 입력하고 전화를 건다는 면에서 기능적으로 동일하다.

에뮬레이터에서도 전화 기능을 테스트할 수 있다. 발신자와 수신자가 필요하므로 두 개의 에뮬레이터를 띄워야 하는데 AVD 하나를 두 번 실행할 수 없으므로 새로 AVD를 하나 더 생성해야 한다. 각 에뮬레이터는 고유의 포트 번호를 할당받으며 타이틀 바에 표시되는데 포트 번호가 전화번호 대신 사용된다. 에뮬레이터 두 개를 띄우면 통상 5554, 5556 포트 번호가 할당된다. 다음은 5554 에뮬레이터에서 위 예제를 사용하여 5556 에뮬레이터로 전화를 건 것이다.

왼쪽의 5554 에뮬레이터에는 5556으로 전화를 걸고 있음이 표시되며 오른쪽의 5556 에뮬레이터에는 5554로부터 전화가 왔음이 표시된다. 통화 버튼을 드래그하여 전화를 받으면 연결되며 양쪽 에뮬레이터에 통화중으로 표시된다. 마이크가 없기 때문에 실제 음성 통신을 할 수 없지만 대신 하루 종일 통화해도 요금은 전혀 부과되지 않는다. 한쪽에서 전화를 끊으면 통화가 종료된다. 테스트 장치가 비교적 잘 갖추어져 있어 에뮬레이터에서도 전화의 발신, 수신을 테스트하는데 별 곤란함이 없다. 그러나 아무래도 가짜 통화다 보니 실감나지 않고 재미도 없다.

안드로이드에서 전화 걸기는 다이얼러에게 번호만 넘기면 되므로 아주 쉽지만 화면이 전환된다는 면에서 보기에 좋지 않다. 다이얼러를 직접 구현한다면 앱 내부에서 별도의 화면 전환 없이 전화를 거는 것도 가능하다. 안드로이드는 모든 앱이 평등하므로 다이얼러가 할 수 있는 모든 동작은 앱도 직접 수행할 수 있다. 그러나 하드웨어 장치를 직접 조작하여 전화를 거는 API는 상세하게 공개되어 있지 않으며 설사 가능하다 하더라도 바람직하지 않다.

왜냐하면 전화 기능은 장비 제조사나 통신사에 따라 천차만별로 달라지며 영상 통화니 한뼘 통화니 하는 다양한 부가 기능이 추가되고 통화중에 ARS 입력도 가능해야 한다. 또한 장비의 주소록과도 긴밀하게 연관되어 있다. 아무리 잘 만든다 해도 장비에 특화되어 제작된 다이얼러를 능가하는 것은 어려우며 모든 장비에 무난하게 동작하도록 일반화하는 것은 완전히 불가능하다. 사용자 입장에서도 UI가 일관되지 않으면 혼란스러우므로 전화 기능을 쓸 때는 다이얼러를 호출하는 것이 정석이다.

36.1.3 통화 시 양보

수신이든 발신이든 전화와 직접적으로 관련된 기능은 제조사의 기본 다이얼러를 사용하는 것이 바람직하므로 앱이 전화를 걸거나 받을 필요는 사실상 거의 없다. 그러나 모든 프로그램은 전화 기능을 방해하지 않도록 신경쓸 의무가 있다. 음악 재생 중이라도 전화가 오면 냉큼 양보해야 하며 게임은 진행을 잠시 중지하고 대기해야 한다. 전화가 왔는데 고집스럽게 음악을 재생하면 통화가 불편해지며 통화중에 게임의 적들이 주인공을 무차별 공격하는 것은 명백한 반칙이다.

스마트폰의 가장 본질적인 기능이 전화기이므로 어떤 프로그램도 전화보다 우선일 수 없다. 앱은 리스너를 등록해 두고 전화 상태가 바뀔 때마다 전달되는 신호를 받아 상태 변화에 합리적으로 대응해야 한다. 앞장에서 만든 멀티미디어 관련 예제에는 이런 처리가 빠져 있어 통화를 방해할 위험이 있는데 다음 예제는 통화 양보 기능을 제공한다.

YieldCall

```
<LinearLayout xmlns:android="http://schemas.android.com/apk/res/android"
    android:orientation="vertical"
    android:layout_width="match_parent"
    android:layout_height="match_parent"
    >
<TextView
    android:layout_width="wrap_content"
    android:layout_height="wrap_content"
    android:textSize="16sp"
    android:text="전화가 오면 음악 재생을 잠시 중지하며 통화가 종료되면 재생을 계속합니다."
    />
<Button
    android:id="@+id/btnplay"
    android:layout_width="match_parent"
    android:layout_height="wrap_content"
```

```
        android:text="파일 재생 시작"
        />
<TextView
    android:id="@+id/txtcall"
    android:layout_width="wrap_content"
    android:layout_height="wrap_content"
    android:textSize="16sp"
    android:text="전화 대기중"
    />
</LinearLayout>
```

```
public class YieldCall extends Activity {
    TelephonyManager mTelMan;
    MediaPlayer mPlayer;
    TextView mTextCall;
    boolean mResumeAfterCall;

    public void onCreate(Bundle savedInstanceState) {
        super.onCreate(savedInstanceState);
        setContentView(R.layout.yieldcall);

        mTextCall = (TextView)findViewById(R.id.txtcall);

        mPlayer = new MediaPlayer();
        try {
            String sd = Environment.getExternalStorageDirectory().getAbsolutePath();
            mPlayer.setDataSource(sd + "/eagle5.mp3");
            mPlayer.prepare();
        } catch (Exception e) {
            Toast.makeText(this, "error : " + e.getMessage(), 0).show();
        }

        mTelMan = (TelephonyManager)getSystemService(Context.TELEPHONY_SERVICE);
        mTelMan.listen(mCallListener, PhoneStateListener.LISTEN_CALL_STATE);

        // 파일 재생 및 일시 중지
        findViewById(R.id.btnplay).setOnClickListener(new Button.OnClickListener() {
            public void onClick(View v) {
                if (mPlayer.isPlaying()) {
                    mPlayer.pause();
                } else {
                    mPlayer.start();
                }
            }
```

```
            });
    }

    PhoneStateListener mCallListener = new PhoneStateListener() {
        public void onCallStateChanged (int state, String incomingNumber) {
            switch (state) {
            case TelephonyManager.CALL_STATE_IDLE:
                mTextCall.setText("전화 대기중");
                if (mResumeAfterCall) {
                    mTextCall.postDelayed(new Runnable() {
                        public void run() {
                            mPlayer.start();
                        }
                    }, 3000);
                }
                break;
            case TelephonyManager.CALL_STATE_RINGING:
                mTextCall.setText("전화 왔어요 : " + incomingNumber);
                // 전화오면 즉시 재생 중지
                if (mPlayer.isPlaying()) {
                    mPlayer.pause();
                    mResumeAfterCall = true;
                } else {
                    mResumeAfterCall = false;
                }
                break;
            case TelephonyManager.CALL_STATE_OFFHOOK:
                mTextCall.setText("통화중....");
                break;
            }
        }
    };

    public void onDestroy() {
        super.onDestroy();
        if (mPlayer != null) {
            mPlayer.release();
            mPlayer = null;
        }
        mTelMan.listen(mCallListener, PhoneStateListener.LISTEN_NONE);
    }
}
```

레이아웃에는 간단한 설명문과 음악 재생을 토글하는 버튼, 전화의 현재 상태를 표시하는 텍스트뷰를 배치했다. 편의상 파일명은 고정해 두었으며 재생 및 일시 중지만 토글할 수 있다. 이 예제가 제대로 실행되려면 SD 카드 루트에 eagle5.mp3가 있어야 한다. 전화가 오면 pause를 호출하여 재생을 즉시 중지하고 통화가 끝나면 재생을 다시 시작한다. 음악을 재생해 놓은 상태에서 DDMS로 전화를 걸어 보자.

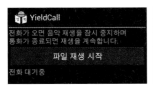 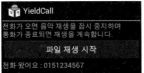

주의할 것은 전화가 올 때 재생 중이었는지 잘 기억해 둬야 한다는 점이다. 통화가 끝났다고 해서 무조건 재생을 하는 것이 아니라 착신 이전의 상태로 복귀하는 것이 정확하다. 통화 전에 재생 중이었을 때만 통화 종료 후 재개하는 것이 옳으며 이 부분을 잘못 처리하면 통화가 끝난 후 항상 음악이 재생되는 이상 동작을 하게 된다.

예제에서는 착신시의 재생 상태를 mResumeAfterCall 필드에 저장해 두고 통화 종료시 이 필드를 참조하여 재개 여부를 결정한다. 섬세한 재개를 위해 통화가 끝난 후 바로 재생을 시작하지 않고 3초간의 딜레이를 지정했다. 사운드를 사용하는 프로그램은 이런 처리가 필수적이다. "나도 사랑해" 하고 전화를 끊는 즉시 쿵짝쿵짝 음악이 나오는 것보다 조금 기다렸다가 여유있게 재개하는 것이 훨씬 더 부드럽다. 소리가 점점 커지며 재생되는 페이드 인(fade in) 효과를 주면 더 고급스럽다.

프로그램의 기능에 따라 중지와 재개를 하는 구체적인 방식은 약간씩 차이가 있다. 게임의 경우는 더 단순하게 처리할 수 있는데 진행을 중지하고 대기하면 된다. 다음 예제는 게임을 진행하다가 전화가 오면 중지한 채로 대기한다.

YieldCall2

```
<LinearLayout xmlns:android="http://schemas.android.com/apk/res/android"
    android:orientation="vertical"
    android:layout_width="match_parent"
    android:layout_height="match_parent"
    >
<TextView
    android:layout_width="wrap_content"
```

```
        android:layout_height="wrap_content"
        android:textSize="16sp"
        android:text="전화가 오면 게임 실행을 잠시 중지하며 통화가 종료되면 계속합니다."
        />
<TextView
        android:id="@+id/playstatus"
        android:layout_width="match_parent"
        android:layout_height="wrap_content"
        android:textSize="32sp"
        />
</LinearLayout>
----------------------------------------------------------
public class YieldCall2 extends Activity {
    TelephonyManager mTelMan;
    int mProgress;
    TextView mtxtProgress;

    public void onCreate(Bundle savedInstanceState) {
        super.onCreate(savedInstanceState);
        setContentView(R.layout.yieldcall2);

        mtxtProgress = (TextView)findViewById(R.id.playstatus);
        mTelMan = (TelephonyManager)getSystemService(Context.TELEPHONY_SERVICE);
        mTelMan.listen(mCallListener, PhoneStateListener.LISTEN_CALL_STATE);

        // 불필요함.
        // mHandler.sendEmptyMessageDelayed(0,1000);
    }

    Handler mHandler = new Handler() {
        public void handleMessage(Message msg) {
            mProgress++;
            mtxtProgress.setText("게임 진행 중 = " + mProgress);
            mHandler.sendEmptyMessageDelayed(0,1000);
        }
    };

    PhoneStateListener mCallListener = new PhoneStateListener() {
        public void onCallStateChanged (int state, String incomingNumber) {
            switch (state) {
            case TelephonyManager.CALL_STATE_IDLE:
                mHandler.sendEmptyMessageDelayed(0,1000);
                break;
            case TelephonyManager.CALL_STATE_RINGING:
```

```
                    mHandler.removeMessages(0);
                    break;
                case TelephonyManager.CALL_STATE_OFFHOOK:
                    break;
                }
            }
        };

    public void onDestroy() {
        super.onDestroy();
        mTelMan.listen(mCallListener, PhoneStateListener.LISTEN_NONE);
    }
}
```

시작 직후부터 카운트가 증가하는데 게임이 진행되는 것이라고 가정하자. 리스너에서 타이머의 시동을 걸어 주므로 onCreate에서는 핸들러로 메시지를 따로 보낼 필요가 없으며 보내서도 안 된다. 이 상태에서 전화가 오면 다이얼러로 넘어가며 이때 카운트는 중지되며 통화가 끝나면 중지한 카운트가 다시 재개된다. 통화 전후의 카운트를 비교해 보면 통화 중에는 게임이 진행되지 않았음을 확인할 수 있다.

통화가 끝난 후 게임을 바로 재개했는데 슈팅 게임이나 실시간 게임은 사용자가 화면을 클릭할 때까지 잠시 기다리는 것이 좋다. 통화 끝나자마자 적들이 맹렬하게 달려들면 황당할 것이다. 통화가 길어지면 사용자가 이전 내용을 완전히 숙지하지 못하므로 정지된 화면을 통해 기억을 더듬은 후 수동 재개하는 것이 편리하다. 어떤 게임은 전화가 오면 아예 종료해 버리는데 무책임해 보이지만 최소한 계속 진행하는 것보다는 낫다.

모든 프로그램이 전화의 상태를 일일이 감시할 필요는 없다. 퍼즐 게임처럼 통화에 별다른 방해가 되지 않고 잠시 멈추어 있어도 아무 문제가 없는 프로그램은 굳이 전화의 상태에 관심을 가지지 않아도 상관없다. onPause에 통상적인 정지 처리와 onResume의 재개 처리만 제대로 되어 있다면 별 문제 없다. 다행히 통화 상태와 무관한 프로그램이 훨씬 더 많다.

36.1.4 전화번호 관리

전화번호는 어느 나라에서나 숫자와 대시로 구성된다. 전화번호의 대시는 식별 번호나 국번을 구분하기 위해 중간 중간에 삽입되지만 사실 전화번호의 일부는 아니다. 보통 010-1234-5678 형식으로 읽기 쉽게 표시하지만 대시 없이 01012345678로 입력해도 전화는 잘 걸린다. 사용자가 일일이 대시를 입력하는 것은 번거로우며 정확하기도 어렵다. 그래서 전화번호를 입력받을 때는 숫자만 입력받고 대시를 삽입하는 것은 프로그램이 자동으로 처리한다.

PhoneNumberUtils 클래스가 이런 잡다한 변환 작업을 담당한다. 규칙에 따라 문자열을 조작하여 약간씩 변형하는 단순한 유틸리티 기능을 제공한다. 대부분의 메서드는 정적으로 선언되어 있어 특별한 초기화 과정이 필요 없고 호출만 하면 즉시 사용할 수 있다. 가장 실용적인 메서드는 전화번호를 형식에 맞게 변환하는 다음 메서드이다.

```
static String formatNumber (String source)
```

이 메서드는 장비의 국가와 지역 설정에 따라 전화번호를 포맷팅한다. 우리나라의 경우 세 자리 식별 번호와 3~4자리의 국번, 전화번호 4자리로 구성되므로 각 요소마다 대시를 삽입한다. 예를 들어 0172101092 문자열을 넘기면 017-210-1092가 리턴된다. 같은 번호라도 국가나 지역에 따라 전화번호 체계가 다르므로 포맷팅 방법은 달라진다.

formatNumber 메서드는 호출 즉시 포맷을 변환하지만 필요할 때 직접 호출해야 하므로 동작 방식은 수동이다. 이에 비해 다음 메서드는 Editable 객체를 전달받아 포맷을 자동으로 변환한다. 에디트의 텍스트를 Editable로 구한 후 이 메서드로 전달하면 값이 입력될 때마다 포맷팅을 수행하므로 사용자가 편집하는 즉시 전화번호 형식이 바뀐다. 두 번째 인수는 포맷팅 방식을 지정하는데 일본식과 북미식 두 가지가 지원된다.

```
static void formatNumber (Editable text, int defaultFormattingType)
```

더 쓰기 편한 유틸리티 클래스가 제공되므로 다행히 이 메서드는 우리가 직접 사용할 필요가 없다. 다음 클래스는 TextWatcher 인터페이스를 구현하며 텍스트가 변경될 때마다 포맷팅을 수행한다. 이 객체를 생성한 후 에디트의 텍스트 변경 리스너로 지정하면 모든 작업은 내부에서 자동으로 처리한다.

```
PhoneNumberFormattingTextWatcher ()
```

다음 메서드는 두 전화번호가 같은지 조사한다. 대시나 콜론 따위의 구두점을 무시하고 번호만으로 비교하여 두 번호가 같은 대상을 가리키는지 알아낸다. 비교 대상 전화번호 두 개를 인수로 전달하면 동일성 여부가 리턴된다.

```
static boolean compare (String a, String b)
```

다음은 몇 가지 실행 예이다. 완전히 똑같은 번호를 주면 물론 같다고 보고하며 한 자리라도 틀리면 다르다고 보고한다. 대시나 선행 제로 등의 여부는 전화번호의 구분에 사용되지 않는데 정확한 비교 방식은 지역 설정에 따라 달라진다.

```
PhoneNumberUtils.compare("015-111-2222", "0151112222")      // 같음
PhoneNumberUtils.compare("015-111-2222", "015-1112222")     // 같음
PhoneNumberUtils.compare("015-111-2222", "0151112223")      // 다름
PhoneNumberUtils.compare("015-111-2222", "151112222")       // 같음
```

다음 메서드는 긴급 전화번호인지 조사한다. 장비가 잠겨 있는 상황에서도 긴급 전화는 가능해야 하는데 이때 입력한 전화번호가 긴급 전화가 맞는지 확인한다.

```
boolean isEmergencyNumber (String number)
```

국내 개통된 전화로 확인해 보면 112, 119는 긴급 전화로 조사되지만 114는 긴급 번호로 인정되지 않는다. 911의 경우 긴급 전화가 아닌 것으로 조사되는데 미국폰으로 조사하면 긴급 전화로 인정될 것이다. 긴급 전화 목록은 국가나 지역에 따라 다르며 통신사의 설정에 따라 달라질 수도 있다. 다음 예제는 에디트에 입력된 전화를 실시간으로 포맷팅하는 예를 보여주고 긴급 번호 여부를 조사한다.

FormatNumber

```xml
<LinearLayout xmlns:android="http://schemas.android.com/apk/res/android"
    android:orientation="vertical"
    android:layout_width="match_parent"
    android:layout_height="match_parent"
    >
<TextView
    android:layout_width="wrap_content"
    android:layout_height="wrap_content"
    android:textSize="16sp"
    android:text="전화 번호를 지역 설정에 맞게 포맷합니다."
    />
<EditText
```

```
        android:id="@+id/telNum"
        android:layout_width="match_parent"
        android:layout_height="wrap_content"
        android:inputType="phone"
        android:text=""
        />
</LinearLayout>
```

```java
public class FormatNumber extends Activity {
    public void onCreate(Bundle savedInstanceState) {
        super.onCreate(savedInstanceState);
        setContentView(R.layout.formatnumber);

        EditText telNum = (EditText)findViewById(R.id.telNum);
        telNum.addTextChangedListener(new PhoneNumberFormattingTextWatcher());

        if (PhoneNumberUtils.isEmergencyNumber("911")) {
            Toast.makeText(this, "Emergency", Toast.LENGTH_LONG).show();
        } else {
            Toast.makeText(this, "No Emergency", Toast.LENGTH_LONG).show();
        }
    }
}
```

PhoneNumberFormattingTextWatcher 객체를 생성하여 에디트의 변경 리스너로 전달하면 모든 포맷팅 작업은 이 객체가 처리한다. 긴급 전화 여부는 토스트로 출력했다. 다음은 에뮬레이터에서의 실행 결과이다.

에뮬레이터의 기본 설정이 미국으로 되어 있어 911이 긴급 전화로 인정되며 전화 국번으로 3자리만 취한다. 한자리를 더 입력하면 전화 번호로 인정되지 않고 일련의 숫자로 포맷팅이 리셋된다. 미국에 안 가봐서 잘 모르겠지만 미국의 전화번호 체계가 이런 식으로 되어 있는 모양이다. 다음은 국내 개통된 장비에서의 실행 결과이다.

911이 긴급 전화로 인정되지 않으며 4자리까지 전화국번으로 포맷팅된다. 유럽이나 아프리카의 장비를 빌려 테스트하면 다른 결과가 나올 것이다. 어쨌거나 전화번호를 입력받거나 보여줄 때 PhoneNumberUtils의 포맷팅 서비스를 받으면 모든 상황을 판단하여 지역 여건에 맞게 변환하므로 아무 문제가 없다.

36.2 메시지

36.2.1 문자 서비스

전화는 원래 음성 통신을 위해 발명된 장비이지만 핸드폰이 일반화되고 문자 입력이 편리해지면서 요즘은 문자를 더 많이 사용하는 추세다. 요금이 저렴하고 시끄럽게 떠들 필요가 없어 간단한 전달 사항은 문자가 실용적이다. 학생들은 수업 시간에 시선을 선생님께 고정한 채 실시간 채팅을 하는 놀라운 내공을 소유하고 있다. 80바이트의 텍스트를 보낼 수 있으며 정식 명칭은 단문 메시지 서비스(SMS:Short Message Service)이되 흔히 문자라고 부른다.

앱 입장에서도 스마트폰의 문자 기능은 음성 통화보다 훨씬 더 실용적이고 응용의 여지가 많다. 음성 통화는 기본 다이얼러가 특화된 서비스를 제공하는 데다 사용자의 개입이 필요하므로 앱이 끼어들 여지가 없지만 문자는 사용자의 암시적인 허락만 있으면 보내고 받을 수 있어 앱 수준에서도 활용할 곳이 많다.

문자 메시지를 보내는 가장 쉬운 방법은 메시지 프로그램을 호출하는 것이다. 인터넷 URL로 웹 브라우저를 실행하는 것과 개념적으로 같다. 인텐트로 수신자와 메시지 내용을 전달하여 암시적 인텐트를 실행하면 메시지 작성 프로그램이 실행된다. 문자 작성 액티비티만 띄울 뿐이며 이후 메시지를 더 편집하거나 보내는 것은 사용자에게 맡긴다.

```
<LinearLayout xmlns:android="http://schemas.android.com/apk/res/android"
    android:orientation="vertical"
    android:layout_width="match_parent"
    android:layout_height="match_parent"
    >
<TextView
    android:layout_width="match_parent"
    android:layout_height="wrap_content"
    android:textSize="16sp"
    android:text="받을 사람"
    />
<EditText
    android:id="@+id/smsnum"
    android:layout_width="match_parent"
    android:layout_height="wrap_content"
    android:inputType="phone"
    android:text="5556"
    />
<TextView
    android:layout_width="match_parent"
    android:layout_height="wrap_content"
    android:textSize="16sp"
    android:text="메시지 내용"
    />
<EditText
    android:id="@+id/smstext"
    android:layout_width="match_parent"
    android:layout_height="wrap_content"
    android:text="Test Message"
    />
<Button
    android:id="@+id/sendsms"
    android:layout_width="wrap_content"
    android:layout_height="wrap_content"
    android:text="메시지 프로그램 호출"
    />
</LinearLayout>
-----------------------------------------------------
public class CallSms extends Activity {
    TextView mNum;
    TextView mText;
    final static String ACTION_SENT =  "ACTION_MESSAGE_SENT";
```

```
    final static String ACTION_DELIVERY =  "ACTION_MESSAGE_DELIVERY";

    public void onCreate(Bundle savedInstanceState) {
        super.onCreate(savedInstanceState);
        setContentView(R.layout.callsms);

        mNum = (TextView)findViewById(R.id.smsnum);
        mText = (TextView)findViewById(R.id.smstext);

        findViewById(R.id.sendsms).setOnClickListener(mClickListener);
    }

    Button.OnClickListener mClickListener = new View.OnClickListener() {
        public void onClick(View v) {
            switch (v.getId()) {
            case R.id.sendsms:
                String num = mNum.getText().toString();
                String text = mText.getText().toString();

                Intent intent = new Intent(Intent.ACTION_SENDTO);
                intent.setData(Uri.parse("smsto:" + num));
                intent.putExtra("sms_body", text);
                startActivity(intent);
                break;
            }
        }
    };
}
```

레이아웃에는 받을 사람과 메시지 내용을 입력하는 에디트를 배치했다. 무난한 디폴트로 초기화해 두었으므로 버튼만 누르면 즉시 메시지 작성 프로그램이 호출된다. 수신 번호는 인텐트의 Data로 전달하고 메시지 내용은 sms_body라는 이름의 엑스트라로 전달한다. 다음은 에뮬레이터에서의 실행 모습이다.

수신자와 메시지 내용을 적당히 편집한 후 버튼을 누르면 메시지 작성 액티비티로 수신자와 내용이 전달된다. 이 상태에서 Send 버튼을 누르면 메시지가 전송된다. 물론 보내기 전에 내용을 일부 수정할 수 있다. 에뮬레이터를 하나 더 띄우면 5556번 포트로 실행되며 이 상태에서 통화료 걱정없이 에뮬레이터 간에 메시지를 주고 받는다. 5556번 에뮬레이터의 통지란에 메시지 수신 통지가 나타나며 이 통지를 클릭하면 메시지 수신앱이 실행된다.

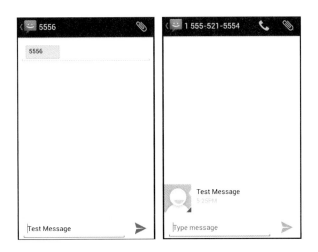

에뮬레이터의 메시지 작성 액티비티는 꼭 필요한 요소만 있어 간결하지만 실제 화면은 장비마다 천차만별로 다르다. 수신자와 메시지 편집부 외에도 주소록이나 최근에 전송한 메시지 목록, 상용구 등의 부가 기능도 사용할 수 있으며 사진이나 동영상을 첨부할 수도 있다. 부가 기능을 프로그래밍하는 방법은 각 장비마다 다르다.

36.2.2 문자 직접 보내기

앱이 직접 메시지를 보내는 것보다 기본 내용만 작성한 후 익숙한 화면으로 넘겨 사용자에게 최종 편집 기회를 제공하는 것이 일관성에 유리하다. 그러나 더 이상 편집할 필요가 없거나 사용자가 개입할 필요 없는 메시지는 직접 보낼 수 있으며 심지어 사용자 몰래 보내는 것도 가능하다.

예를 들어 어린 자녀의 현재 위치를 주기적으로 조사하여 부모에게 문자로 알려 아동 안전을 지킬 수 있다. 때로는 이런 정책이 위험할 수 있고 개인 사생활을 침해할 가능성도 있으므로 아무 앱이나 이런 동작이 허가되지 않는다. 문자를 송수신하는 앱은 매니페스트에 다음 퍼미션을 지정하여 설치 시점에 사용자의 명시적인 허락을 받아야 한다.

```
<uses-permission android:name="android.permission.SEND_SMS" />
<uses-permission android:name="android.permission.RECEIVE_SMS" />
```

문자 서비스는 SmsManager 클래스에 의해 지원되며 다음 구문으로 관리자 객체를 생성한다.

```
SmsManager sms = SmsManager.getDefault();
```

문자 관리자는 시스템이 관리하므로 따로 생성할 필요 없이 getDefault 메서드로 객체를 구하면 바로 사용할 수 있다. 메시지를 보낼 때는 다음 메서드를 호출한다.

```
void sendTextMessage (String destinationAddress, String scAddress, String text,
PendingIntent sentIntent, PendingIntent deliveryIntent)
```

첫 번째 인수가 문자를 받을 전화번호이다. 두 번째 인수는 문자 서비스 제공자인데 통상 전화 사업자의 디폴트 서비스를 사용하므로 null로 지정한다. 세 번째 인수가 전송할 문자 텍스트이다. 문자를 전송하는 간단한 예는 다음과 같다.

```
sms.sendTextMessage("010-1234-5678", null, "돈 빌려 줘.", null, null);
```

첫 번째 인수에 수신 번호, 세 번째 인수에 메시지 내용만 적으면 발송된다. 하지만 이런 간단한 방법은 발송을 지시하기만 할 뿐 성공 여부를 알 수 없다. 무선 네트워크는 항상 실패할 가능성이 있다. 보내는 사람이 통화 음영 지역에 있을 때는 제대로 발송되지 않으며 받는 사람의 전화기가 문자를 못받는 상황일 가능성도 흔하다. 반드시 전달해야 할 메시지는 송신, 수신이 제대로 되었는지 확인해야 한다.

나머지 두 인수는 송신, 수신 여부 확인을 위한 인텐트이다. 성공 여부를 수신하는 BR을 등록해 놓고 펜딩 인텐트로 감싸 전달하면 송신, 수신 완료 시에 BR의 onReceive 메서드가 호출된다. 이때 BR의 getResultCode 메서드로 송수신 작업 결과를 조사한다. RESULT_OK이면 만사형통이지만 그렇지 않다면 뭔가 문제가 발생한 것이다.

결과	설명
RESULT_OK	성공
RESULT_ERROR_GENERIC_FAILURE	일반적인 실패
RESULT_ERROR_NO_SERVICE	서비스 불가 지역
RESULT_ERROR_RADIO_OFF	무선 환경이 꺼진 상태
RESULT_ERROR_NULL_PDU	pdu가 없음

문자 메시지는 비록 짤막하지만 원격 장비와의 네트워크 통신이므로 시간이 걸린다. 완전히 전송될 때까지 애니메이션을 보여주고 성공 사실도 분명히 표시하는 것이 좋다. 실패했을 경우 원인에 따라 재시도하든지 아니면 최소한 사용자에게 에러가 발생했음을 보고하는 것이 마땅하다. 메시지를 보내기만 하고 성공 여부에는 별 관심이 없다면 두 인텐트 모두 null로 지정해도 상관없지만 최소한 발송 성공 여부라도 확인하는 것이 좋다. 다음 예제는 메시지 전송 후 결과를 텍스트 형태로 출력한다.

SendSms

```xml
<LinearLayout xmlns:android="http://schemas.android.com/apk/res/android"
    android:orientation="vertical"
    android:layout_width="match_parent"
    android:layout_height="match_parent"
    >
<TextView
    android:layout_width="match_parent"
    android:layout_height="wrap_content"
    android:textSize="16sp"
    android:text="받을 사람"
    />
<EditText
    android:id="@+id/smsnum"
    android:layout_width="match_parent"
    android:layout_height="wrap_content"
    android:inputType="phone"
    android:text="5556"
    />
<TextView
    android:layout_width="match_parent"
    android:layout_height="wrap_content"
    android:textSize="16sp"
    android:text="메시지 내용"
    />
<EditText
    android:id="@+id/smstext"
    android:layout_width="match_parent"
    android:layout_height="wrap_content"
    android:text="Test Message"
    />
<Button
    android:id="@+id/sendsms"
    android:layout_width="wrap_content"
```

```
        android:layout_height="wrap_content"
        android:text="메시지 보내기"
        />
    <TextView
        android:id="@+id/sentok"
        android:layout_width="match_parent"
        android:layout_height="wrap_content"
        android:textSize="16sp"
        android:text="송신 대기..."
        />
    <TextView
        android:id="@+id/deliveryok"
        android:layout_width="match_parent"
        android:layout_height="wrap_content"
        android:textSize="16sp"
        android:text="상대방 수신 대기..."
        />
</LinearLayout>
----------------------------------------------------
public class SendSms extends Activity {
    TextView mNum;
    TextView mText;
    TextView mSent;
    TextView mDelivery;
    final static String ACTION_SENT =  "ACTION_MESSAGE_SENT";
    final static String ACTION_DELIVERY =  "ACTION_MESSAGE_DELIVERY";

    public void onCreate(Bundle savedInstanceState) {
        super.onCreate(savedInstanceState);
        setContentView(R.layout.sendsms);

        mNum = (TextView)findViewById(R.id.smsnum);
        mText = (TextView)findViewById(R.id.smstext);
        mSent = (TextView)findViewById(R.id.sentok);
        mDelivery = (TextView)findViewById(R.id.deliveryok);

        findViewById(R.id.sendsms).setOnClickListener(mClickListener);
    }

    // BR 등록 및 해제
    protected void onResume() {
        super.onResume();
        registerReceiver(mSentBR, new IntentFilter(ACTION_SENT));
        registerReceiver(mDeliveryBR, new IntentFilter(ACTION_DELIVERY));
```

```
    }

    protected void onPause() {
        super.onPause();
        unregisterReceiver(mSentBR);
        unregisterReceiver(mDeliveryBR);
    }

    // 메시지 보내기
    Button.OnClickListener mClickListener = new View.OnClickListener() {
        public void onClick(View v) {
            switch (v.getId()) {
            case R.id.sendsms:
                SmsManager sms = SmsManager.getDefault();
                String num = mNum.getText().toString();
                String text = mText.getText().toString();

                if (num.length() == 0 || text.length() == 0) {
                    return;
                }

                mSent.setText("송신 대기...");
                mDelivery.setText("상대방 수신 대기...");

                PendingIntent SentIntent = PendingIntent.getBroadcast(
                        SendSms.this, 0, new Intent(ACTION_SENT), 0);
                PendingIntent DeliveryIntent = PendingIntent.getBroadcast(
                        SendSms.this, 0, new Intent(ACTION_DELIVERY), 0);
                sms.sendTextMessage(num, null, text, SentIntent, DeliveryIntent);
                break;
            }
        }
    };

    // 송신 확인
    BroadcastReceiver mSentBR = new BroadcastReceiver() {
        public void onReceive(Context context, Intent intent) {
            if (getResultCode() == Activity.RESULT_OK) {
                mSent.setText("메시지 송신 성공");
            } else {
                mSent.setText("메시지 송신 실패");
            }
        }
    };
```

```
        // 수신 확인
        BroadcastReceiver mDeliveryBR = new BroadcastReceiver() {
            public void onReceive(Context context, Intent intent) {
                if (getResultCode() == Activity.RESULT_OK) {
                    mDelivery.setText("상대방 수신 성공");
                } else {
                    mDelivery.setText("상대방 수신 실패");
                }
            }
        };
    }
```

앞 예제와 레이아웃 구조는 비슷하되 메시지 작성 앱으로 넘기지 않고 직접 메시지를 보낸다는 점이 다르다. 송수신 성공 여부 확인을 위해 두 개의 BR을 등록해 두고 펜딩 인텐트로 감싸 sendTextMessage 메서드로 전달했다. BR은 전송 성공 여부를 텍스트뷰에 출력한다.

두 개의 에뮬레이터를 띄워 놓고 잘 동작하는지 테스트해 보자. 처음 실행한 5554번 에뮬레이터에 이 프로그램을 실행해 놓고 메시지를 전송하면 두 번째 실행한 5556번 에뮬레이터로 메시지가 전달되며 잠시 후 송신에 성공했다는 결과가 출력된다.

실장비에서 테스트해 봐도 메시지가 잘 전달된다. 그러나 수신 확인은 잘 되지 않는데 장비나 사업자에 따라 달라지는 듯 하다. 송신만 잘 되었으면 수신은 늦게라도 전달되므로 굳이 확인할 필요가 없다. 사실 수신이 확인되었다 하더라도 상대방이 메시지를 정말 읽었는지까지는 알 방법이 없다.

36.2.3 문자 받기

다음은 문자 메시지를 받는 방법에 대해 알아보자. 별다른 조치가 없어도 운영체제가 메시지를 수신해서 보여주므로 사실 앱 수준에서 메시지를 받아야 하는 경우는 드물다. 운영체제가 메시지를 먼저 수신하고 메시지 앱을 호출하는데 필요할 경우 우리가 만든 앱도 메시지를 살짝 엿볼 수 있다. 어디까지나 엿보는 것 뿐이지 메시지를 먼저 받거나 다른 앱이 받지 못하게 없애버리지는 못한다.

메시지 수신이라는 사건에 대한 통보를 받아야 하므로 BR을 등록한다. BR은 다음 액션을 대기하는데 이 액션은 따로 문서화되어 있지 않고 상수로 정의되어 있지도 않아 문자열을 직접 적어야 한다. 문서화되어 있지 않다는 것은 앱이 이 액션을 대기하는 것은 권장하지 않는다는 뜻이며 차후 버전에서 바뀔 수 있다는 것을 의미한다. 언제 바뀔지 알 수 없지만 지금까지는 이 액션이 잘 동작한다.

```
"android.provider.Telephony.SMS_RECEIVED"
```

메시지 수신시 BR의 onReceive가 호출되며 메시지 내용은 인텐트의 "pdus" 번들로 전달된다. PDU(Protocol Data Unit)는 프로토콜이 데이터를 다루는 단위이다. 장문의 멀티 파트 메시지일 수 있어 하나의 pdu가 아닌 배열이 전달된다. 번들의 메시지 정보를 추출할 때는 SmsMessage 객체를 활용하는데 이 객체는 다음 정적 메서드로 구한다.

```
static SmsMessage createFromPdu (byte[] pdu)
```

SmsMessage 객체로부터 메시지의 각 부분을 구해낸다. 다음 두 메서드는 각각 메시지와 송신자 정보를 구한다.

```
String getMessageBody ()
String getOriginatingAddress ()
```

인텐트로부터 추출된 송신자와 메시지 텍스트를 보기 좋게 포맷팅해서 출력하면 된다. 다음 예제는 메시지를 대기하고 있다가 문자가 오면 텍스트뷰에 보여준다.

ReceiveSms

```
<LinearLayout xmlns:android="http://schemas.android.com/apk/res/android"
    android:orientation="vertical"
    android:layout_width="match_parent"
    android:layout_height="match_parent"
    >
<TextView
```

```
        android:id="@+id/result"
        android:layout_width="wrap_content"
        android:layout_height="wrap_content"
        android:textSize="16sp"
        android:text="메시지 대기중 "
        />
</LinearLayout>
```
- -
```
public class ReceiveSms extends Activity {
    TextView mResult;

    public void onCreate(Bundle savedInstanceState) {
        super.onCreate(savedInstanceState);
        setContentView(R.layout.receivesms);

        mResult = (TextView)findViewById(R.id.result);
    }

    protected void onResume() {
        super.onResume();
        registerReceiver(mReceiverBR, new IntentFilter(
                "android.provider.Telephony.SMS_RECEIVED"));
    }

    protected void onPause() {
        super.onPause();
        unregisterReceiver(mReceiverBR);
    }

    BroadcastReceiver mReceiverBR = new BroadcastReceiver() {
        public void onReceive(Context context, Intent intent) {
            String result = "";
            Bundle bundle = intent.getExtras();
            if (bundle != null) {
                Object[] pdus = (Object[])bundle.get("pdus");
                for (int i = 0; i < pdus.length; i++) {
                    SmsMessage msg = SmsMessage.createFromPdu((byte [])pdus[i]);
                    result += "from " + msg.getOriginatingAddress() + " => " +
                    msg.getMessageBody() + "\n";
                }
                mResult.setText("메시지 : " + result);
            }
        }
    };
}
```

onResume에서 BR을 등록하고 onPause에서 해제했으므로 이 액티비티가 실행 중인 동안만 문자를 받는다. 테스트를 위한 예제일 뿐이므로 항상 메시지를 감시할 필요가 없으며 그래서도 안 된다. 만약 실행 중이 아닐 때도 문자를 받고 싶다면 매니페스트에 receiver 태그로 등록한다.

onReceive에서 메시지를 추출하는 코드가 복잡하다. 인텐트의 번들은 pdus의 배열을 전달하는데 이 배열은 통상 크기가 1이며 아주 긴 메시지의 경우 여러 개의 메시지가 전달된다. 루프를 돌며 각 pdu 객체에서 송신자와 메시지 본문을 추출하여 문자열을 조립하고 최종적으로 텍스트뷰로 출력한다. 다음은 DDMS에서 메시지를 보내고 에뮬레이터에서 테스트한 것이다.

기본 메시지 앱은 메시지 수신시 통지란에 메시지를 짧게 보여주며 통지란을 확장하여 전체 메시지를 읽는다. 기본 앱이 화면을 강제로 전환하지 않으므로 이 예제가 떠 있으면 별도의 조작없이도 메시지를 바로 확인할 수 있다.

36.3 주소록

36.3.1 구형 주소록

주소록(Contacts)은 핸드폰에 저장된 연락처 목록이다. 전화를 걸때마다 번호를 입력하는 사람은 거의 없으며 수신시도 번호가 아닌 이름을 보여 줘야 하므로 전화 기능을 사용하는 모든 프로그램은 주소록을 읽어야 한다. 요즘의 핸드폰 주소록은 단순한 전화번호부가 아니라 이메일, 주소, 벨소리, 사진, 메모 등의 상세 정보를 가지며 그룹별로 나눌 수도 있어 실질적으로는 인맥관리 시스템이다.

그래서 구조가 결코 단순하지 않으며 상당히 복잡하다. 이런 복잡한 정보는 데이터베이스로 관리된다. 주소록 정보는 시스템 CP로 제공되므로 콘텐츠 리졸버로 손쉽게 액세스할 수 있다. 1.6 이전의 주소록은 구조가 단순했지만 2.0으로 넘어오면서 각종 기능이 추가됨으로써 구조가 혁신적으로 대판 바뀌었다. 구형 주소록은 현재 파기(Deprecated)되었지만 이전 프로젝트의 코드를 관리할 필요도 있으므로 깊이 들어갈 필요 없이 간단하게 구경만 해 보자. 구형 주소록에 관심이 없다면 아예 무시해도 상관없다.

1.5 버전 기반의 AVD를 avd3이라는 이름으로 생성하고 에뮬레이터를 띄워 보자. 새로 생성된 에뮬레이터의 주소록은 당연히 비어 있으므로 연락처를 먼저 등록해야 실습할 수 있다. Contacts를 실행한 후 메뉴에서 New Contact를 선택하고 이름과 핸드폰 번호 정도만 입력한다. 실습만 해볼 것이므로 많이 입력할 필요 없이 평소에 친하게 지내는 두 사람 정도만 입력해 보았다.

입력한 연락처는 주소록 데이터베이스에 저장된다. 쿼리문만 구사할 수 있다면 콘텐츠 리졸버로 DB를 읽어 원하는 정보의 목록을 원하는 형태로 뽑아볼 수 있다. 미디어 DB에서 노래나 동영상 목록을 얻는 것과 같은 기술이다.

ReadContactOld

```
<ScrollView xmlns:android="http://schemas.android.com/apk/res/android"
    android:layout_width="match_parent"
    android:layout_height="match_parent"
    >
<TextView
    android:id="@+id/result"
    android:layout_width="wrap_content"
    android:layout_height="wrap_content"
    android:textSize="16sp"
    android:text="주소록"
    />
```

```
</ScrollView>
----------------------------------------------------------------
public class ReadContactOld extends Activity {
    @SuppressWarnings("deprecation")
    public void onCreate(Bundle savedInstanceState) {
        super.onCreate(savedInstanceState);
        setContentView(R.layout.readcontact);

        ContentResolver cr = getContentResolver();
        Cursor cursor = cr.query(People.CONTENT_URI,null,null,null,null);

        int nameidx = cursor.getColumnIndex(People.NAME);
        int phoneidx = cursor.getColumnIndex(People.NUMBER);

        StringBuilder result = new StringBuilder();
        while (cursor.moveToNext()) {
            result.append(cursor.getString(nameidx) + " : " +
                    cursor.getString(phoneidx) + "\n");
        }
        cursor.close();

        TextView txtResult =(TextView)findViewById(R.id.result);
        if (result.length() == 0) {
            result.append("주소록이 비어 있습니다.");
        }
        txtResult.setText(result);
    }
}
```

연락처 관리에 필요한 URI나 상수들은 Contacts.People 클래스에 정의되어 있다. CONTENT_
URI를 쿼리하여 NAME 필드와 NUMBER 필드를 읽으면 이름과 전화번호의 목록을 얻는다. 모든
코드는 onCreate에 있으며 주소록을 덤프하여 문자열로 조립하는 아주 간단한 코드이다. 매니페스
트에는 주소록을 읽는다는 퍼미션을 지정한다.

```
<uses-permission android:name="android.permission.READ_CONTACTS" />
```

대부분의 기능은 퍼미션이 없을 경우 기능 수행이 무시되거나 실패하는 정도로 그치지만 주소록 읽
기의 경우 퍼미션을 누락하면 아예 예외를 일으키고 다운되어 버리므로 주의가 필요하다. 실행 결과
는 다음과 같다.

문자열 형태로 출력해서 좀 썰렁하지만 목록은 잘 조사된다. 이름, 전화번호 외에 이메일, 사진, 주소 등의 정보를 조사해서 예쁘게 출력할 수도 있다. 새로운 연락처를 추가하거나 편집하는 것도 물론 가능하다. 현실적으로는 쉽지 않지만 적어도 이론적으로는 안드로이드의 기본 주소록을 완전히 대체할 수도 있다. 똑같은 예제를 2.3 버전 이상의 에뮬레이터에서 실행하면 전화번호가 제대로 조사되지 않는다. 최신 6.0 에뮬레이터도 마찬가지이다.

주소록 DB의 구조가 더 복잡한 형태로 바뀌었기 때문에 구형 주소록을 액세스하는 방식으로는 새 주소록을 읽을 수 없다. 게다가 People 클래스는 파기된 클래스라는 의미로 보기 흉한 취소선이 그어지고 경고로 처리된다. 예제에는 경고를 무시하는 지정자를 사용하여 일단 컴파일 가능하게 해 두었지만 장래 버전에서는 아예 컴파일이 거부될 수도 있다. 구조가 너무 많이 바뀐 탓에 하위 호환성 유지가 보장되지 않는 예이다.

36.3.2 주소록 DB의 구조

SDK 2.0(API Level 5)부터 주소록 DB의 구조가 굉장히 복잡해졌다. 구조가 바뀌게 된 근본적인 이유는 폰 자체의 주소록뿐만 아니라 구글 계정이나 Exchange 계정으로부터 연락처를 임포트하는 기능이 도입되었기 때문이다. 수백 명이나 되는 주소록을 폰에서 직접 입력하기 번거로우며 게다가 폰을 바꾸는 경우가 빈번해져 매번 입력하는 것도 거의 불가능하다. 그래서 PC나 메일 계정 등에 주소록을 따로 만들고 싱크하는 방식이 많이 사용되며 통신사별로 웹 베이스의 주소록 관리 서비스를 제공한다.

주소록의 소스가 여러 개이므로 각 소스로부터 온 정보를 통합 관리할 수 있어야 하며 예전의 단순한 구조로는 이런 작업에 한계가 많아 불가피하게 구조가 바뀌었다. 2.0 이후의 주소록 데이터베이스는 Contacts, RawContacts, Data 등 3 종류의 테이블이 계층 구조를 이루며 관계를 형성한다.

따라서 이 구조를 제대로 액세스 하려면 스키마를 잘 파악해야 하며 데이터베이스 모델링에 대한 기본적인 이해도 요구된다. 기능이 늘어난만큼 난이도도 대폭 증가했다.

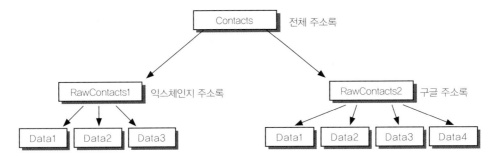

제일 아래쪽의 Data 테이블은 개인 신상 정보 하나를 저장한다. 예를 들어 이름, 전화번호, 사진, 이메일, 소속 그룹 등에 대한 정보이며 이런 정보 여러 개가 모여 한 사람에 대한 주소록을 구성한다. 어떤 정보로 구성될 것인가는 소스에 따라 천차만별로 달라진다. 각 정보는 자신의 타입이 무엇인지 정의하는 MIME 타입이 표기되어 있다. 전화번호와 사진의 타입은 당연히 다를 것이며 타입에 따라 해석하는 방식, 출력하는 방식도 다르다.

이런 말단 정보는 보통 테이블의 필드 하나로 표현하지만 주소록은 정보당 하나씩의 테이블이 할당되어 저장된다. 왜냐하면 각 계정별로 신상 필드가 상상을 초월할 정도로 다양하고 복잡하며 미래의 계정은 더 복잡해질 것이 확실하기 때문이다. 자기 소개 동영상이나 이력서 문서까지 계정에 저장된다. 정수, 문자열 따위의 일반적인 타입으로는 다양한 정보를 정확하게 저장하기 어려우므로 정보별로 테이블을 만들고 타입 태그를 내장하는 방식이다.

RawContacts 테이블은 한 사람의 신상에 대한 정보를 가지며 Data의 집합이다. 이름, 전화번호, 주소 따위가 모여 연락처 하나가 된다. RawContacts의 레코드와 Data 테이블은 외래키로 연결되어 누구의 정보인지 관계형으로 저장된다. 한 계정 소스 하나당 RawContacts 테이블이 하나씩 생성되므로 소스수만큼의 테이블이 필요하다. 구글 계정, Facebook 계정별로 주소록이 따로 존재할 수 있다.

최상위의 Contacts 테이블은 모든 RawContacts 계정을 통합한 것이며 최종적으로 완성된 연락처 목록이다. 복수 계정의 정보를 합쳐서 가지되 같은 인물에 대한 정보는 내부적인 병합 논리에 의해 합쳐져 하나의 레코드로 표현된다. 같은 인물임을 판단하는 병합 알고리즘은 레퍼런스에 자세하게 기록되어 있는데 대충 예를 들어 보면 다음과 같다.

- 이름이 같으면 일단 동일 인물로 간주한다. 대소문자 구성이나 발음 기호, 성과 이름의 순서 따위는 무시하고 비교한다.
- 이름이 같더라도 이메일이나 전화번호 등이 하나도 일치하지 않으면 동명 이인으로 간주하여 병합하지 않는다.
- 전화번호의 경우 특수 문자나 대시, 식별 번호 따위는 무시하고 비교한다. 앞에 010을 붙인 번호와 그렇지 않은 번호는 같다고 본다.

대부분은 상식적인 범위를 넘어서지 않는 수준의 규칙이며 주소록을 직접 관리하는 앱을 작성하지 않는 한 깊이 연구해 볼 필요가 없다. 당장은 통합되어 표시되더라도 원본인 RawContacts의 정보가 바뀌면 차후에는 분리될 수도 있고 반대도 물론 가능하다. Contacts 테이블의 정보는 여러 소스로부터 병합되어 인위적으로 생성된 것이므로 참조용으로 읽기만 하고 수정해서는 안 된다.

미래에 발표될 주소록 시스템까지 고려하여 극도의 유연성을 발휘할 수 있는 구조로 설계되어 있지만 이해하기는 쉽지 않다. 구체적인 예를 통해 주소록이 통합되는 예를 살펴보자. 다음 주소록은 Exchange 계정과 Google 계정을 통해 주소록을 관리하는 사용자의 주소록 싱크 결과를 보여준다.

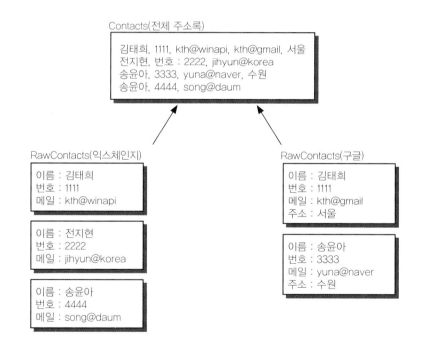

위 예에서 김태희는 양쪽에 다 있는데 한쪽은 친구로서의 정보이고 한쪽은 업무 관계상의 정보이다. 직장 동료가 고향 친구나 학교 선후배인 경우가 종종 있으므로 양쪽 계정에 같은 인물이 있을 수 있고 두 인물의 정보는 서로 다를 수도 있다. 이메일의 경우 사적인 이메일과 업무용 이메일이 다른 것이 좋은 예이다. 이 경우 김태희의 정보는 Contacts 테이블에 병합되어 나타난다.

전지현은 익스체인지 계정에만 고유하게 존재하므로 병합할 필요 없이 Contacts 테이블에 단순히 복사될 것이다. 송윤아의 경우 양쪽에 다 있지만 전화번호도 다르고 메일 주소도 다르다. 이 경우는 우연히 이름만 같은 동명이인으로 간주되어 병합되지 않고 각각의 연락처로 복사된다. 병합 알고리즘은 나름대로 정교하지만 완벽하지는 않아서 동일 인물이 중복 표시되는 경우도 있다.

병합은 시스템이 알아서 자동으로 수행하며 대개의 경우 시스템의 병합 동작이 무난하다. 앱이 약간의 통제를 할 수 있는데 특정 테이블에 병합 모드를 지정함으로써 병합을 금지하거나 지금까지 한 병합만 인정하고 이후부터는 병합하지 말라는 지시를 할 수 있다. 또 AggregationExceptions 테이블에 정보를 써 넣음으로써 특정 계정끼리의 무조건 통합, 무조건 금지의 예외를 지정할 수도 있다.

36.3.3 주소록 읽기

내부 구조가 다소 복잡하지만 시스템이 모든 계정 소스의 연락처를 Contacts 테이블에 병합해 놓으므로 이 테이블을 읽기만 하면 주소록을 쉽게 얻을 수 있다. 주소록 목록을 얻는 것만이 목적이라면 앞 항에서 설명한 내부 구조 따위는 상세하게 몰라도 상관없다. 테스트를 위한 샘플 주소록이 필요하므로 에뮬레이터의 People 앱을 실행한 후 평소에 친하게 지내고 싶은 사람 몇 명만 입력한다.

이름과 핸드폰 정도만 입력했으며 수지는 특별히 집 전화도 한대 개통해 주었다. 이메일이나 사진도 물론 지정할 수 있다. 너무 많은 정보를 조사하면 포맷팅하기 번거로우므로 간단하게 이름과 전화번호 정도만 출력해 보자.

ReadContact

```
<ScrollView xmlns:android="http://schemas.android.com/apk/res/android"
    android:layout_width="match_parent"
    android:layout_height="match_parent"
    >
<TextView
    android:id="@+id/result"
    android:layout_width="wrap_content"
    android:layout_height="wrap_content"
    android:textSize="16sp"
    android:text="주소록"
    />
</ScrollView>
---------------------------------------------------
public class ReadContact extends Activity {
    public void onCreate(Bundle savedInstanceState) {
        super.onCreate(savedInstanceState);
        setContentView(R.layout.readcontact);

        ContentResolver cr = getContentResolver();
        Cursor cursor = cr.query(
                ContactsContract.Contacts.CONTENT_URI,null,null,null,null);

        int ididx = cursor.getColumnIndex(ContactsContract.Contacts._ID);
        int nameidx = cursor.getColumnIndex(ContactsContract.Contacts.DISPLAY_NAME);

        StringBuilder result = new StringBuilder();
        while (cursor.moveToNext()) {
            result.append(cursor.getString(nameidx) + " :");

            // 전화 번호는 서브 쿼리로 조사해야 함.
            String id = cursor.getString(ididx);
            Cursor cursor2 = cr.query(ContactsContract.CommonDataKinds.
                    Phone.CONTENT_URI, null,
                    ContactsContract.CommonDataKinds.Phone.CONTACT_ID + " = ?",
                    new String[]{id}, null);

            int typeidx = cursor2.getColumnIndex(
```

```
                ContactsContract.CommonDataKinds.Phone.TYPE);
        int numidx = cursor2.getColumnIndex(
                ContactsContract.CommonDataKinds.Phone.NUMBER);

        // 전화의 타입에 따라 여러 개가 존재한다.
        while (cursor2.moveToNext()) {
            String num = cursor2.getString(numidx);
            switch (cursor2.getInt(typeidx)) {
            case ContactsContract.CommonDataKinds.Phone.TYPE_MOBILE:
                result.append(" Mobile:" + num);
                break;
            case ContactsContract.CommonDataKinds.Phone.TYPE_HOME:
                result.append(" Home:" + num);
                break;
            case ContactsContract.CommonDataKinds.Phone.TYPE_WORK:
                result.append(" Work:" + num);
                break;
            }
        }
        cursor2.close();
        result.append("\n");
    }
    cursor.close();

    TextView txtResult =(TextView)findViewById(R.id.result);
    txtResult.setText(result);
    }
}
```

모든 코드는 onCreate에 작성되어 있으며 실행 직후에 주소록이 바로 출력된다. 주소록과 관련된 URI와 상수는 모두 ContactsContract 클래스와 그 하위 클래스에 선언되어 있다. 주소록을 덤프하려면 다음 URI에 대해 쿼리를 수행한다. 읽고자 하는 필드나 조건문, 정렬 순서 등도 물론 지정할 수 있다.

```
ContactsContract.Contacts.CONTENT_URI
```

예제에서는 별다른 조건 없이 쿼리를 실행했으므로 병합된 모든 레코드가 리턴된다. 이름 문자열은 DISPLAY_NAME 열을 읽어 구한다. 전화번호는 사람과 1:다의 관계이므로 하나의 필드로 표현되지 않으며 별도의 테이블에 저장된다. 그래서 한 번의 쿼리로 직접 구할 수 없으며 사용자의 ID를 구한 후 별도의 서브 쿼리로 재조사한다. 전화번호의 URI는 다음과 같다.

```
ContactsContract.CommonDataKinds.Phone.CONTENT_URI
```

조건절로 사용자 ID 외래키를 전달하여 해당 사용자의 모든 전화번호를 조사한다. 한 사람이 가질수 있는 전화번호의 종류는 아주 다양한데 TYPE 필드를 읽으면 무슨 전화번호인지 알 수 있다. 다음은 그 중의 일부이며 레퍼런스의 전체 목록은 이보다 2배가 넘는다.

타입	설명
TYPE_MOBILE	핸드폰
TYPE_WORK_MOBILE	업무용 핸드폰
TYPE_HOME	집 전화
TYPE_WORK	회사 전화
TYPE_PAGER	삐삐
TYPE_FAX_WORK	업무용 팩시밀리
TYPE_CAR	차량용 전화
TYPE_RADIO	무전기 번호
TYPE_OTHER	기타 연락 수단
TYPE_CUSTOM	커스텀 타입 연락처. 설명은 LABEL 필드에 있음

보다시피 지금은 사용하는 사람이 드문 삐삐 번호도 저장할 수 있고 차량용이나 무전기 번호까지 정말 다양한 종류의 번호를 저장할 수 있다. 전화번호가 이 정도인데 더 복잡한 이메일이나 그룹 정보는 어떨지 대충 짐작이 될 것이다. 이렇게 복잡한 정보를 빠짐없이 저장할 수 있어야 하므로 DB의 구조가 난해해질 수밖에 없는 것이다. 예제에서는 모든 전화번호 목록을 구한 후 타입에 따라 접두를 붙여 전화번호를 출력했다.

필요하다면 사진 이미지를 조사하여 보기 좋게 출력하거나 이메일 주소에 링크를 걸어 메일을 바로 보낼 수도 있다. 연락처 관련 정보는 모두 ContactsContract 내부 클래스에 정의되어 있으므로 레퍼런스를 참조하면 어떤 필드를 읽어야 하는지 알 수 있다. 서브 쿼리가 부담스럽다면 다소 복잡하지만 조인문으로 한 방에 원하는 모든 정보를 덤프할 수도 있다. 조인은 쿼리문이 어려워서 그렇지 성능은 훨씬 더 좋다.

이 예제를 실장비에서 실행하면 주소록에 등록해 놓은 모든 연락처가 덤프된다. 다음은 본인 핸드폰에서 이 예제를 실행한 것인데 실사용폰이다 보니 여러 페이지에 걸쳐 출력된다. 주소록에 입력한 순서대로 덤프되는데 쿼리문에 정렬을 지정하면 순서는 마음대로 바꿀 수 있다. 지인들의 개인 정보 보호를 위해 전화 번호는 모자이크 처리했는데 퍼미션만 있으면 누구나 주소록을 들여다 볼 수 있다는 점에서 다소 위태해 보인다.

일부 장비에서는 전화번호가 null로 조사되거나 최악의 경우 아무 정보도 조사되지 않는다. 이 예제에 문제가 있는 것이 아니라 장비 제조사가 연락처 데이터베이스를 구글의 기본 구조와 다르게 변형했기 때문이다. 주소록은 장비 제조사나 통신사의 고유한 정책과 결합되므로 대부분 커스터마이징된다. 예를 들어 사용자별 벨소리 지정 기능은 에뮬레이터에서는 제공되지 않으며 이 외에도 장비별로 임의 확장된 기능을 쉽게 찾을 수 있다.

사정이 이러하므로 주소록을 정확하게 조사하려면 장비 제조사에 DB의 상세 구조를 문의해야 한다. 그러나 DB 구조는 일종의 영업비밀인데다 악용될 소지가 있어 특별한 사유가 아닌 한 공개하지 않는 것이 관례이다. 어디라고 밝힐 수 없지만 수원에 있는 국내 굴지의 전자 회사인 S 전자에 DB 구조를 메일로 문의했었는데 공개하기 어렵다는 정중하고도 단호한 답변을 받았다.

기술적, 정치적인 이유로 모든 폰에서 제대로 돌아가는 주소록을 만든다는 것은 거의 불가능에 가깝다. 공통적으로 존재하는 일반적인 필드에 대해 간단한 목록 보기 정도는 가능하지만 제조사별로 고유한 정보까지 알아내기는 무척 어렵고 설사 가능하다 하더라도 미래의 변화까지 대응하기는 현실적으로 불가능하다. 그래서 주소록은 가급적이면 제조사가 빌트인으로 제공한 것을 쓰는 것이 가장 무난하다.

36.3.4 통화 기록

통화 내역도 주소록과 마찬가지로 데이터베이스에 저장되며 시스템 CP로 공개되어 있어 누구나 읽을 수 있다. 이전 버전에서는 별도의 퍼미션없이 READ_CONTACTS 퍼미션만 있으면 통화 내역도 읽을 수 있었으나 4.1 젤리빈에서 보안이 강화되어 통화 내역에 대해서도 다음 퍼미션을 별도로 지정해야 한다.

```
<uses-permission android:name="android.permission.READ_CALL_LOG" />
<uses-permission android:name="android.permission.WRITE_CALL_LOG" />
```

DB에서 정보를 읽는 방법은 거의 동일하되 다만 URI와 읽어야 할 필드의 이름이 달라질 뿐이다. 액세스하는 기술은 동일하되 어디서 무엇을 읽는지만 다르다. 통화 기록의 URI는 다음과 같다.

```
CallLog.Calls.CONTENT_URI
```

이 URI에 대해 쿼리를 실행하면 통화 내역 전체가 조사된다. 테이블의 구성은 비교적 간단한 편이다. 누구와 언제 어떤 통신을 얼마동안 했는지 기록되어 있으며 필드도 상식적이고 직관적이다.

필드	설명
CACHED_NAME	통화 대상자의 이름이다. 통화 시점의 이름이므로 이후에 주소록이 편집되었다면 현재값과 틀려질 수 있다.
DATE	통화 시점이다. 1/1000초 단위의 절대시간이다.
DURATION	통화 시간이며 초 단위이다.
NUMBER	사용자가 입력한 전화번호이다.
TYPE	통화의 종류이다. INCOMING_TYPE은 수신한 전화이며 OUTGOING_TYPE은 발신, MISSED_TYPE은 부재 중 전화이다.

TYPE 필드의 경우 구글이 정의하는 통화 종류는 저 정도이지만 삼성 갤럭시S의 경우 거절은 4, 문자 송수신은 14와 13, MMS 송수신은 16과 15로 정의되어 있다. 다른 제조사는 다른 종류의 통화 종류를 더 정의할 수도 있다. 이 정보를 읽어서 보기 좋게 포맷팅하여 화면에 출력하면 이것이 곧 통화 내역이다. 간단하게 문자열로 덤프하는 예제를 만들어 보자.

CallLogTest

```java
public class CallLogTest extends Activity {
    public void onCreate(Bundle savedInstanceState) {
        super.onCreate(savedInstanceState);
        setContentView(R.layout.readcontact);

        ContentResolver cr = getContentResolver();
        Cursor cursor = cr.query(CallLog.Calls.CONTENT_URI,null,null,null,
                CallLog.Calls.DATE + " DESC");

        int nameidx = cursor.getColumnIndex(CallLog.Calls.CACHED_NAME);
        int dateidx = cursor.getColumnIndex(CallLog.Calls.DATE);
        int numidx = cursor.getColumnIndex(CallLog.Calls.NUMBER);
        int duridx = cursor.getColumnIndex(CallLog.Calls.DURATION);
        int typeidx = cursor.getColumnIndex(CallLog.Calls.TYPE);

        StringBuilder result = new StringBuilder();
        SimpleDateFormat formatter = new SimpleDateFormat("MM/dd HH:mm");
        result.append("총 기록 개수 : " + cursor.getCount() + "개\n");
        int count = 0;
        while (cursor.moveToNext()) {
            // 통화 대상자
            String name = cursor.getString(nameidx);
            if (name == null) {
                name = cursor.getString(numidx);
            }
            result.append(name);

            // 통화 종류
            int type = cursor.getInt(typeidx);
            String stype;
            switch (type) {
            case CallLog.Calls.INCOMING_TYPE:
                stype = "수신";
                break;
            case CallLog.Calls.OUTGOING_TYPE:
                stype = "발신";
```

```
                break;
        case CallLog.Calls.MISSED_TYPE:
                stype = "부재중";
                break;
        case 14:
                stype = "문자보냄";
                break;
        case 13:
                stype = "문자받음";
                break;
        default:
                stype = "기타:" + type;
                break;
        }
        result.append("(" + stype + ") : ");

        // 통화 날짜
        long date = cursor.getLong(dateidx);
        String sdate = formatter.format(new Date(date));
        result.append(sdate + ",");

        // 통화 시간
        int duration = cursor.getInt(duridx);
        result.append(duration + "초\n");

        // 최대 100개까지만
        if (count++ == 100) {
                break;
        }
    }
    cursor.close();

    TextView txtResult =(TextView)findViewById(R.id.result);
    txtResult.setText(result);
    }
 }
```

통화 기록을 날짜의 내림차순으로 조사하여 최근 통화를 위쪽에 표시하며 나머지 코드는 필드를 보기 좋게 포맷팅한다. 통화 대상자가 주소록에 있으면 이름을 보여주고 그렇지 않으면 전화번호로 출력한다. 괄호 안에 통화 종류를 문자열로 바꾸어 표시했고 통화 시점은 절대 시간으로 변환해서 읽기 쉽게 출력했다. 통화 시간도 초 단위로 그냥 출력했는데 60초 이상이면 분 단위로 환산해서 보여주는 것이 좋다.

총 통화 내역이 너무 길면 조사 시간이 오래 걸리고 오래된 통화 기록까지 다 보여줄 필요는 없으므로 최근 100개까지만 출력했다. 에뮬레이터에서의 실행 결과는 다음과 같다. 비록 가짜 통화지만 통화 내역에는 잘 기록되어 있으며 텍스트 포맷이라 별로 예쁘지 않지만 나름대로 읽기 쉽게 출력했다.

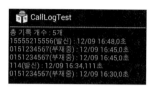

실장비에서는 최근에 통화했던 내역이 출력된다. 다음 메서드는 마지막 발신 번호를 조사한다. 최후 통화했던 번호에 대해 재발신할 경우가 왕왕 있는데 이 경우 굳이 데이터베이스를 열 필요 없이 한 번의 호출만으로 간단하게 조사하는 일종의 편의 메서드이다.

static String getLastOutgoingCall (Context context)

다음은 문자 메시지 송수신 목록을 조사하는 간단한 예제를 소개한다. 문자 메시지를 읽으려면 READ _SMS 퍼미션이 필요하다. 다른 정보에 비해 문자 메시지에 대한 URI나 필드명은 별도의 클래스로 정의되어 있지 않으므로 문자열 상수를 직접 사용한다. 다음 예제는 문자 메시지의 수신 목록을 읽어 출력한다.

SmsLog

```
public class SmsLog extends Activity {
    public void onCreate(Bundle savedInstanceState) {
        super.onCreate(savedInstanceState);
        setContentView(R.layout.readcontact);

        ContentResolver cr = getContentResolver();
        Cursor cursor = cr.query(Uri.parse("content://sms/inbox"),null,null,null,null);

        int nameidx = cursor.getColumnIndex("address");
        int dateidx = cursor.getColumnIndex("date");
        int bodyidx = cursor.getColumnIndex("body");

        StringBuilder result = new StringBuilder();
        SimpleDateFormat formatter = new SimpleDateFormat("MM/dd HH:mm");
        result.append("총 기록 개수 : " + cursor.getCount() + "개\n");
        int count = 0;
```

```
while (cursor.moveToNext()) {
    String name = cursor.getString(nameidx);
    result.append(name + " : ");

    // 날짜
    long date = cursor.getLong(dateidx);
    String sdate = formatter.format(new Date(date));
    result.append(sdate + ",");

    // 내용
    String body = cursor.getString(bodyidx);
    result.append(body + "\n\n");

    // 최대 100개까지만
    if (count++ == 100) {
        break;
    }
}
cursor.close();

TextView txtResult =(TextView)findViewById(R.id.result);
txtResult.setText(result);
    }
}
```

코드의 형식은 통화 기록 예제와 거의 유사하되 URI와 읽는 필드 목록이 다르다. 다음은 에뮬레이터에서의 실행 결과이다.

이 예제는 구글이 공식적으로 제공한 코드를 사용했지만 실장비에서는 목록을 제대로 조사하지 못할 수도 있다. 앞 항에서 설명했다시피 SMS 데이터베이스의 구조도 장비 제작사마다 조금씩 다르기 때문인데 이 예제가 무난히 실행되는 경우보다 그렇지 않은 경우가 훨씬 더 많다. 그만큼 제조사가 통화나 문자 기능에 고유한 기능을 많이 추가한다는 뜻이다. 삼성 갤럭시 시리즈에서는 정상 동작함을 확인하였다.

CHAPTER 37

앱위젯

37.1 앱위젯

37.1.1 앱위젯 관리자

앱위젯(AppWidget)은 응용 프로그램의 특수한 실행 형태이다. 전체 화면에서 독립적으로 실행되는 것이 아니라 다른 앱(보통 홈 화면)의 일부 영역을 차지한 채 주기적으로 갱신되는 조그만 앱이다. 다른 운영체제에서 가젯(Gadget)이라고 부르는 것과 비슷하다. 모바일 장비는 창끼리 겹치는 오버랩을 지원하지 않아 모든 프로그램은 항상 전체 화면 모드로 실행된다. 특정 기능을 사용하려면 해당 기능을 수행하는 앱으로 전환해야 하며 두 가지 정보를 한 번에 볼 수 없다.

앱위젯은 이런 불편함을 해소하기 위해 SDK 1.5에서 추가된 기능이다. 홈 화면의 한 귀퉁이에 위젯을 배치해 놓으면 별도의 앱을 실행하지 않아도 요약적인 정보를 확인할 수 있으며 간단한 명령도 내릴 수 있어 활용도가 높다. 자리를 많이 차지하지 않으므로 여러 위젯을 한 화면에 같이 배치해 놓고 다양한 정보를 한눈에 볼 수 있으며 원터치로 필요한 조작을 할 수 있어 편리하다.

경쟁 제품인 아이폰에는 대응되는 기능이 없어 안드로이드의 차별화된 장점이다. 그래서 구글은 운영체제를 버전업할 때마다 앱위젯의 기능을 꾸준히 보강해왔다. 3.0에서 사용 가능한 위젯수가 늘어났으며 3.1에서는 크기 조정도 가능해졌고 이후에도 운영체제가 업그레이드될 때마다 기능이 조금씩 확장되었다. 4.2에서는 잠금 화면에도 앱위젯을 배치할 수 있어 잠금을 풀지 않고도 정보 확인이 가능하다. 아이폰과의 차별화를 위해 구글이 신경을 많이 쓰고 있는 만큼 그 효과를 톡톡히 보고 있다.

앱위젯을 내장할 수 있는 프로그램을 앱위젯 호스트라고 하는데 홈 화면이 대표적이지만 일부 써드 파티 론처 프로그램도 앱위젯 호스트의 기능을 수행한다. 홈 화면에는 보통 앱을 실행 시키는 아이콘을 배치하지만 앱위젯도 배치할 수 있다. 기본 패키지에 미리 설치되어 있는 구글 검색이 대표적인 앱위젯이며 웹 브라우저를 열지 않아도 위젯에 검색식을 입력하면 즉시 검색을 수행한다.

이 외에도 추가로 앱위젯을 더 설치할 수 있다. 위젯을 설치하는 방법은 운영체제 버전에 따라 조금씩 다른데 이전에는 홈의 팝업 메뉴에서 Widget 항목을 선택했지만 4.1이후부터는 프로그램 목록의 Widgets 페이지에 위젯이 따로 표시된다. 원하는 위젯을 롱 클릭하여 홈 화면에 떨어뜨려 배치하며 즉시 동작을 시작한다. 설치한 후에도 롱 클릭으로 옮길 수 있고 쓰레기통으로 던져 삭제할 수 있으며 크기를 조정할 수도 있다. 다음은 에뮬레이터가 기본 제공하는 앱위젯이다.

아날로그 시계는 현재 시간을 바늘 시계 형태로 보여주어 고풍스럽다. 음악 재생기는 현재 재생되는 곡명을 보여주며 버튼으로 재생/멈춤, 다음 곡 등의 간단한 조작을 한다. 전원 컨트롤러는 네트워크, 밝기, GPS 등의 주요 설정을 원터치로 제어하는 기능을 제공하며 캘린더는 주요 일정을 표시한다. 에뮬레이터에 내장된 것은 이 정도에 불과하지만 실장비에는 훨씬 더 다양한 위젯이 제공되며 마켓에는 기발한 아이디어로 편의성을 극대화한 앱위젯이 판매되고 있다.

주로 정보를 보여주는 것이 많은데 별도의 조작 없이 날씨, 뉴스, 무료 통화량 등을 쉽게 확인할 수 있다. 일정이나 메모, 이메일 정보 등을 확인하는 위젯은 사용자의 클릭 이벤트를 받았을 때 액티비티를 띄워 편집 및 상세 기능을 제공한다. 원클릭으로 필요한 앱을 바로 실행할 수 있고 시스템 설정을 변경하기도 한다. 항상 실행 중이라는 것과 면적을 많이 차지하지 않는다는 점에서 실용적이고 아기자기해서 폰을 꾸미는 쏠쏠한 재미도 선사한다.

앱위젯은 사용자 입장에서 볼 때 여러 가지 면에서 매력적이지만 안타깝게도 개발자 입장에서는 범접하기 어려운 부담스러운 존재이다. 구조가 독특해서 이해하기 쉽지 않으며 제대로 만들려면 안드로이드의 고급 기법을 총동원해야 할 정도로 선수 지식이 많아 난이도가 높다. 호스트의 영역 일부를 임대해서 빌붙는 처지다 보니 자유도가 떨어지며 단순한 출력에도 많은 제약이 따르고 호스트와의 통신도 복잡하다.

앱위젯은 설치 개수에 제약이 없어 같은 위젯을 여러 번 설치할 수 있다. 똑같은 위젯을 두 개 설치할 이유는 없지만 그렇다고 굳이 막을 명분도 없으며 실제로 중복 설치를 방지할 방법은 제공되지 않는다. 이때 각각의 앱위젯을 인스턴스라고 하며 고유한 ID를 발급하여 관리한다. 각 인스턴스는 같은 코드를 공유하지만 각각 다른 용도로 사용할 수 있다. 예를 들어 다음 그림을 보자.

여러 개의 메모 위젯이 배치되어 있는데 각 메모는 같은 위젯이지만 내용은 각각 다르다. 인스턴스별로 설정이나 표시하는 내용이 고유하며 크기나 색상도 제각각이다. 이런 활용성이 있기 때문에 중복 설치를 허용한다. 앱위젯은 자신이 하나뿐이라고 가정해서는 안 되며 여러 개의 인스턴스를 설치해도 잘 실행될 수 있는 구조로 만들어야 한다. 두 개 이상의 인스턴스를 원활히 지원하기 위해 정교한 코드가 요구된다.

구조와 실행 과정이 특수하다 보니 설치 및 테스트 과정도 번거롭다. 코드를 수정할 때마다 기존 설치한 위젯을 제거하고 새로 설치하는 것이 원칙적이다. 이전 위젯을 삭제하지 않고 내 버려두면 새 코드와 불일치가 발생하여 오동작할 가능성이 있으므로 가급적이면 수정할 때마다 제거와 설치를 반복해야 한다. 다행히 최신 운영체제에서는 갱신 신호가 잘 전달되어 설치해 놓고 수정해도 비교적 잘 동작하여 편의성이 향상되었다. 일반 앱에 비해 개발 절차가 전반적으로 까다로운 편인데 쉬운 것부터 하나씩 연구해 보자.

앱위젯은 앱위젯 관리자(AppWidgetManager)가 관리한다. 관리자는 설치된 앱위젯의 목록을 가지며 앱위젯과 관련된 정보를 조사하고 미리 지정한 시간이 될 때마다 앱위젯에게 신호를 보내 상태를 갱신한다. 콜백 메서드의 인수로 관리자 객체가 전달되므로 별도로 생성할 필요가 없지만 외부에서 관리자 객체를 필요로 할 때는 다음 정적 메서드를 호출한다.

```
static AppWidgetManager getInstance (Context context)
```

다음은 앱위젯 관련 정보를 조사하는 메서드이다.

```
List<AppWidgetProviderInfo> getInstalledProviders ()
AppWidgetProviderInfo getAppWidgetInfo (int appWidgetId)
int[] getAppWidgetIds (ComponentName provider)
```

설치된 모든 앱위젯 목록을 구하거나 특정 ID의 위젯 정보 또는 특정 컴포넌트가 제공하는 위젯의 목록을 구한다. AppWidgetProviderInfo 클래스는 앱위젯의 여러 가지 속성을 정의하는데 크기, 갱신 주기, 설정 액티비티 등에 대한 정보를 가진다. 각 속성의 상세한 의미에 대해서는 다음 항에서 연구해 보기로 하고 앱위젯 정보를 덤프하여 구경해 보자.

AppWidgetManagerTest

```
<LinearLayout xmlns:android="http://schemas.android.com/apk/res/android"
    android:orientation="vertical"
    android:layout_width="match_parent"
    android:layout_height="match_parent"
    >
<ScrollView
    android:layout_width="match_parent"
    android:layout_height="match_parent"
    >
<TextView
    android:id="@+id/result"
    android:layout_width="match_parent"
    android:layout_height="match_parent"
    android:text=""
    />
</ScrollView>
</LinearLayout>
--------------------------------------------------------
public class AppWidgetManagerTest extends Activity {
    public void onCreate(Bundle savedInstanceState) {
        super.onCreate(savedInstanceState);
        setContentView(R.layout.appwidgetmanagertest);

        AppWidgetManager mAWM = AppWidgetManager.getInstance(this);
        List<AppWidgetProviderInfo> mList = mAWM.getInstalledProviders();

        String result = "count = " + mList.size() + "\n";
        for (AppWidgetProviderInfo info : mList) {
            result += info.toString() + "\n\n";
        }
        TextView resulttxt = (TextView)findViewById(R.id.result);
        resulttxt.setText(result);
    }
}
```

스크롤뷰 안쪽에 덤프 출력을 위한 텍스트뷰를 배치하고 관리자 객체로부터 설치된 모든 앱위젯 목록을 구한 후 문자열 형태로 덤프했다. 에뮬레이터에서의 실행 결과는 다음과 같다. 20개의 앱위젯이 설치되어 있으며 이 중 몇개는 우리가 만든 예제이다. 실장비에는 훨씬 더 많은 앱위젯이 설치되어 있으며 마켓에서 앱을 받을 때마다 이 개수는 계속 늘어난다.

다음 메서드는 앱위젯의 옵션을 조사하거나 변경한다.

```
Bundle getAppWidgetOptions(int appWidgetId)
void updateAppWidgetOptions(int appWidgetId, Bundle options)
```

앱위젯 옵션은 4.1에서 새로 추가된 기능이다. Bundle에 저장된 키와 값의 쌍으로 특정 앱위젯의 동작 옵션을 지정하거나 변경하며 해당 위젯은 실행 중에 이 옵션값을 읽어 적용한다. 이 외에도 앱위젯 관리자는 앱위젯을 업데이트하는 중요한 역할을 하는데 관련 부분에서 소개하기로 한다.

앱위젯을 잘 만들고 싶으면 먼저 앱위젯을 자유자재로 활용할 줄 알아야 한다. 앱위젯으로 어떤 기능이 가능한지, 앱위젯을 어떻게 사용하는지 잘 파악하고 있어야 유사한 또는 더 개선된 프로그램을 만들 수 있다. 파워 유저는 파워 개발자의 요건이므로 시중에 발표된 앱위젯을 충분히 사용해 보고 익숙해져야 한다.

37.1.2 앱위젯 속성

앱위젯은 동작 방식이 독특한 만큼 일반앱에는 필요치 않은 추가적인 속성이 있다. 속성은 AppWidgetProviderInfo 클래스로 기술하는데 보통 xml 문서의 〈appwidget-provider〉 엘리 먼트로 작성하여 매니페스트에 메타 데이터로 포함시킨다.

minWidth, minHeight

앱위젯이 차지할 화면상의 디폴트 크기를 지정한다. 전체 화면을 사용하는 일반 앱과 달리 앱위젯은 호스트의 영역 일부를 빌려 사용하므로 얼마만큼 필요한지 밝혀야 한다. 디폴트 호스트인 홈 화면은 화면을 셀로 분할하여 각 셀당 하나의 아이콘을 배치함으로써 바둑판식으로 배열한다. 앱위젯도 셀 단위로 배치되지만 필요한 크기는 셀 단위로 요청하지 않고 논리 단위를 사용한다.

셀 단위를 사용하지 않는 이유는 장비마다 그리드의 구성이 다르기 때문이다. 초기의 장비는 홈 화 면이 4×4 셀로 구성되었지만 고해상도 장비는 4×5나 5×5 셀로 구성되며 태블릿은 최대 8×7 셀 을 제공하기도 한다. 셀 단위로 지정하면 장비마다 실제 차지하는 크기가 달라져 호환성을 확보하기 어려우며 그래서 필요한 크기를 논리 단위로 요청하게 되어 있다. 또 모든 호스트가 셀 방식의 바둑 판식 정렬을 사용한다는 보장이 없으므로 필요한 크기를 픽셀 단위로 밝히되 장치 독립성 확보를 위 해 dp 단위를 권장한다.

요청한 논리 단위가 실제 장비에서는 몇 셀이나 될 것인가는 호스트가 해상도나 여유 공간을 고려하 여 알아서 결정한다. 요청한 크기가 작더라도 셀간에 걸칠 수 없으므로 요청한 만큼 정확하게 할당 되는 것이 아니라 보통 셀 크기에 맞춰 올림 처리된다. minWidth, minHeight 속성은 최소 이만 큼의 공간이 필요하니 알아서 넉넉하게 할당해 달라는 뜻이다. 홈 화면의 각 셀은 74×74이되 오차 와 여분을 고려하여 다음 공식대로 원하는 크기를 요청할 것을 권장하였다.

```
(셀수 * 74) - 2 dp
```

4.0 이전의 버전에서는 이 공식대로 크기를 요청하면 되었다. 하지만 4.0 이후에는 자동으로 여백을 삽입하는 기능이 추가되어 이 공식은 더 이상 맞지 않으며 다음과 같이 원하는 셀 크기에 따라 요청 할 크기가 새로 제정되었다. 구형 장비를 위한 앱위젯이 아니라면 이후부터는 다음 공식대로 크기를 요청한다.

셀크기	dp
1	40dp
2	110dp
3	180dp
4	250dp
n	70*n-30dp

예를 들어 1×1셀의 작은 위젯이라면 minWidth, minHeight를 모두 40으로 요청하고 2×1 셀 공간을 사용하려면 110×40을 요청한다. 셀 크기보다 더 작은 값을 요청하면 셀에 맞추기 위해 올림 처리되므로 반칸만 차지한다거나 1.5 칸을 사용할 수는 없다. 그러나 20×40처럼 반칸만 지정하는 것이 전혀 의미가 없는 것은 아니다. 홈 화면은 올림하여 최소 크기인 1셀을 할당하므로 40×40을 요청한 것과 같지만 다른 호스트는 반칸을 인정할 수도 있기 때문이다. 만약 셀 크기보다 더 작게 만들고 싶다면 일단 한 칸을 차지하되 바깥쪽 일부를 투명처리한다.

장비의 해상도가 점점 높아지고 있으며 요즘 나오는 장비는 4×4보다 훨씬 더 넓은 셀 공간을 제공한다. 앱위젯을 크게 만들면 더 많은 정보를 한눈에 볼 수 있어 시원스럽고 실용성도 향상된다. 그러나 4×4보다 더 큰 셀을 지정하는 것은 호환성에 불리하므로 당분간은 최대 크기를 4×4 정도까지만 사용하는 것이 바람직하다.

resizeMode

3.0 이전의 앱위젯은 한 번 정한 크기가 고정적이었다. 그래서 정보를 다양한 형태로 보여주려면 1×1, 2×2, 3×3 식으로 크기별로 다른 앱위젯을 여러 개 제공하는 방법밖에 없었다. 기능은 똑같되 크기와 모양이 다른 앱위젯을 여러 개 제공함으로써 앱위젯 목록이 지저분하고 크기를 바꾸려면 제거후 재배치해야 하므로 사용하기도 불편했다.

이런 불편을 해소하기 위해 3.1에서는 앱위젯을 배치한 후에도 크기를 조정할 수 있도록 개선되었다. resizeMode 속성은 크기 조정이 가능한 방향을 지정한다. 고정된 크기이면 none으로 지정하며 수평 수직 방향으로 조정이 가능하면 horizontal 또는 vertical을 지정한다. horizontal|vertical로 두 플래그를 모두 지정하면 양방향으로 자유롭게 크기를 조정할 수 있다. 홈 화면에 배치한 앱위젯을 롱 클릭했다가 놓으면 크기조정 핸들이 생기며 이 핸들을 드래그하여 크기를 조정한다. 다음은 에뮬레이터의 기본 앱위젯인 북마크의 크기를 조정하는 예이다.

홈 화면에 북마크를 배치하면 2×2 크기로 배치되며 4개의 북마크를 등록할 수 있다. 이 앱위젯은 수평, 수직으로 모두 크기를 조정할 수 있으므로 롱 클릭하면 상하좌우에 크기 조정 핸들이 생긴다. 화면을 가득 채우면 많은 북마크를 한눈에 볼 수 있어서 편리하고 작게 만들면 다른 앱위젯을 위해 공간을 절약할 수 있어서 좋다.

minResizeWidth, minResizeHeight

크기 조정이 가능한 최소, 최대 크기를 지정한다. 당연한 얘기겠지만 resizeMode가 none이면 이 속성은 아무 의미가 없다. 자유롭게 크기를 조정할 수 있게 하더라도 특정 크기 이상으로 작아지지 않도록 제약을 두고 싶을 때 이 속성을 사용한다. 예를 들어 신문 기사 보기 앱위젯이라면 최소한 제목이라도 보여주기 위해 수평 크기가 2셀은 되어야 한다. 이럴 때 minResizeWidth를 110으로 지정하면 수평으로 조정이 가능하되 2셀 이하로 작아지지 않는다.

minWidth, minHeight 속성은 앱위젯을 홈 화면에 배치할 때의 기본 크기를 지정하는데 비해 이 속성은 크기를 조정할 때의 최소 크기를 지정한다. 기본 크기는 최소 크기보다 더 커야 하는 것이 정상이다. 예를 들어 최소 2셀까지 줄일 수 있다면 기본 크기가 2셀보다는 더 커야 한다. minWidth가 180이고 minResizeWidth가 110이면 처음에는 3셀 폭으로 놓되 크기를 조정하여 2셀로 줄일 수 있다는 뜻이다.

minWidth가 minResizeWidth보다 더 작은 것은 말이 안 되지만 꼭 지정하려면 가능은 하다. 예를 들어 기본 크기를 1셀폭으로 지정하고 최소 크기를 2셀폭으로 지정하면 최초 배치할 때는 1셀 크기로 배치된다. 이 상태에서 크기를 조정하면 2셀로 늘일 수 있되 한 번 늘어나면 다시는 1셀 크기로 되돌아가지 못하는 논리적인 맹점이 있다. 최대 크기는 따로 제한이 없으며 화면에 가득찬 크기까지 확대할 수 있다.

previewImage

앱위젯의 미리 보기 이미지를 지정하며 3.0에서 새로 추가된 속성이다. 이전에는 앱위젯을 등록하는 앱의 아이콘이 대신 보였는데 그러다 보니 어떤 위젯인지 배치해보기 전에는 파악하기 어려웠다. 미리 보기 이미지를 제공하면 앱위젯 선택 목록에 실행 중인 모습이 나타나므로 선택하기 쉽다.

미리 보기 이미지 제작의 편의를 위해 에뮬레이터는 WidgetPreview 유틸리티를 제공한다. 소스도 제공되므로 관심 있는 사람은 분석해볼만하다. 에뮬레이터에 설치된 위젯 목록이 나타나며 선택한 위젯을 실행하여 실행 중의 모습을 보여준다.

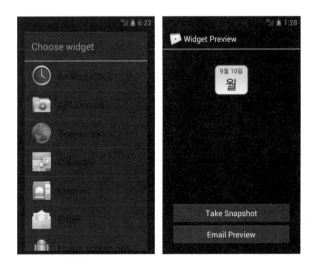

이 상태에서 Take Snapshot 버튼을 눌러 이미지화하고 이메일로 보낸 후 이메일로 전달된 이미지를 사용한다. 에뮬레이터에서 이메일 설정을 하기 귀찮은 면이 있어 사실 실용성은 떨어지는 편이다. 현실적으로는 그냥 캡처 프로그램으로 이 화면에 나타난 이미지를 잘라서 사용하거나 아니면 아예 실행한 상태에서 캡처하는 것이 더 빠르고 편리하다. 물론 원본 그대로 쓰기보다는 예쁘게 뽀샵질 하는 것이 좋다.

autoAdvanceViewId

앱위젯 호스트에 의해 자동으로 진행되어야 할 서브 뷰의 ID를 지정한다. 컬렉션 뷰에서 지정한 시간마다 자동으로 다음 뷰로 전환할 때 사용된다.

updatePeriodMillis

뉴스나 날씨처럼 정보를 표시하는 앱위젯은 주기적으로 정보를 다시 읽어 자신의 상태를 갱신한다. 호스트는 일정 간격으로 앱위젯에게 신호를 보내 정보를 갱신할 기회를 제공하는데 이 속성은 갱신 신호를 보낼 주기를 지정한다. 1/1000초 단위로 지정할 수 있지만 정확도가 그 정도로 높은 것은 아니며 너무 자주 갱신할 필요도 없다. 날씨나 뉴스 같은 위젯은 2시간에 한 번만 업데이트해도 최신 정보를 보여주기에 충분하다.

갱신 주기는 배터리 성능에 직접적인 영향을 미치므로 가급적이면 길게 설정할 것을 권장한다. 너무 자주 업데이트하면 그때마다 CPU가 슬립 모드에서 깨어나 동작하므로 쉴틈이 없으며 그런 위젯이 다섯 개 정도 설치되어 있다면 CPU는 거의 풀 가동되는 셈이다. 이렇게 되면 배터리는 초고속으로 소진되며 앱위젯은 배터리 먹는 하마가 되어 버린다.

앱위젯은 종종 참고할만한 정보를 보여주는 것이 주 임무이지 현재의 정확한 값을 실시간으로 확인하는 것이 원래 목적은 아니다. 그래서 1시간 미만의 주기는 권장되지 않는다. 이렇게 권장해도 개발자가 비정상인 용도로 앱위젯을 활용할 가능성이 있어 1.6버전부터는 최소 갱신 주기가 30분으로 강제된다. 즉, 아무리 갱신 주기를 짧게 주어도 30분에 한 번씩만 갱신된다.

물론 슬라이드 쇼나 주식 시황처럼 30분보다 더 짧은 주기로 갱신해야 하는 정보도 있다. 이럴 때는 자체적으로 타이머나 알람을 사용하는 것이 정석이다. 알람은 주기를 자유롭게 선택할 수 있는데다 장비가 슬립 모드일 때는 동작하지 않으므로 배터리를 걱정할 필요가 없다. 또는 백그라운드에서 동작하는 서비스를 사용할 수도 있다. 갱신 주기를 0으로 설정하면 호스트가 갱신 신호를 보내지 않는다. 명령만 입력받는 위젯은 상태가 바뀌지 않으므로 갱신할 필요가 없다.

여러 개의 인스턴스를 설치할 때의 갱신 주기는 항상 첫 번째 설치된 인스턴스의 시간을 기준으로 한다. 1시간 주기를 가지는 위젯을 하나 설치하고 30분 후에 또 하나를 설치했을 때 두 번째 설치한 인스턴스는 첫 번째 인스턴스의 갱신 시점에 같이 갱신되며 자신의 설치 시점이 아닌 첫 번째 인스턴스의 설치 시점을 기준으로 같이 갱신된다. 이렇게 되어 있는 이유는 같은 앱위젯 인스턴스를 한꺼번에 갱신함으로써 CPU를 덜 혹사시키기 위해서이다. 물론 약간의 정확도가 희생되지만 배터리를 위해서는 어쩔 수 없다.

initialLayout

앱위젯도 화면에 뭔가를 출력하므로 레이아웃을 가진다. XML 문서에 뷰그룹과 위젯을 배치하고 XML 문서의 이름을 이 속성에 지정하면 레이아웃대로 출력된다. 일반적인 레이아웃을 작성하는 방법과 같지만 제약이 많다. 앱위젯이 호스트에 있는 위젯을 직접 조작할 수 없으므로 RemoteViews 객체로 레이아웃의 정보만 전달하는데 이 클래스는 모든 위젯을 다 지원하지 않으며 다음 위젯만 지원한다.

- 레이아웃: 리니어, 렐러티브, 프레임
- 뷰: 버튼, 텍스트뷰, 이미지뷰, 이미지 버튼, 프로그래스바
- 컬렉션 뷰: ListView, GridView, StackView, AdapterViewFlipper
- 기타: AnalogClock, Chronometer, ViewFlipper

레이아웃은 기본적인 3가지만 지원하며 테이블이나 앱슬루트는 사용할 수 없다. 뷰는 고작 5개 정도만 지원하며 기타의 세 위젯은 실용성이 떨어진다. 결국 앱위젯은 이미지와 문자열로 정보를 보여주고 버튼으로 명령을 입력받는 정도의 동작만 가능하며 고급이라고 해 봐야 프로그래스바로 진행 상태를 보여주는 정도이다. 3.0 버전에 와서 컬렉션 뷰를 추가로 더 사용할 수 있어 집합적인 정보도 보여줄 수 있게 되었다.

사용 가능한 위젯이 많지 않으므로 에디트로 문자열을 입력받거나 스피너로 목록중에 하나를 선택하는 복잡한 동작은 할 수 없다. 심지어 위 클래스의 서브 클래스조차도 사용할 수 없다. 버튼은 배치할 수 있지만 체크 박스나 라디오 버튼은 안 된다. 이런 심한 제약이 존재하는 이유는 앱위젯이 홈 화면에 빌붙어 모든 것을 위임하는 형태로 동작하기 때문이다. 잠시 후 예제를 만들면서 상세하게 연구해 보자.

configure

앱위젯도 모양이나 동작 방식을 지정하는 옵션을 가질 수 있으며 옵션은 설정 액티비티로 입력받는다. 기능이 제한적이더라도 옵션을 변경함으로써 다양한 모양과 범용적인 동작이 가능해진다. 간단하게는 배경 색상이나 이미지를 변경할 수 있고 날씨를 보여줄 지역이나 뉴스 갱신 주기 등을 입력받을 수 있다.

이 속성은 옵션 사항을 편집할 설정 액티비티를 지정한다. 액티비티의 클래스명을 밝혀 놓으면 앱위젯이 최초 설치될 때 호스트에 의해 설정 액티비티가 자동으로 호출되며 여기서 사용자의 입력을 받아 설정 상태를 프레퍼런스에 영구적으로 저장한다. 설정 완료 후 앱위젯이 동작을 시작하며 이때 설정값을 참조한다.

별다른 설정 사항이 없을 경우는 이 속성을 생략해도 무방하다. 단순히 명령만 입력받는다거나 사용자의 특별한 지시가 필요 없는 앱은 설정이 필요없다. 설정이 없는 앱은 홈 화면에 배치한 직후 바로 동작을 시작한다.

widgetCategory

4.2에서 추가된 속성이다. 앱위젯이 홈 화면용인지 잠금 화면용인지를 지정한다. home_screen 또는 keyguard 값중 하나를 지정하거나 아니면 | 연산자로 두 값을 모두 지정한다. 디폴트값은 홈 화면용인 home_screen이며 이 속성을 생략하면 홈 화면에만 배치할 수 있다.

initialKeyguardLayout

4.2에서 추가된 속성이며 widgetCategory 속성에 keyguard가 지정되어 있을 때만 유효하다. 잠금 화면용 레이아웃을 지정한다. 사용하는 용도만 다를 뿐 작성 방법이나 제약 사항은 initialLayout 속성과 같다.

37.1.3 앱위젯 라이프 사이클

앱위젯 개발이 쉽지 않은 근본적인 이유는 앱위젯 프로세스와 앱위젯을 보여주는 호스트 프로세스가 분리되어 있기 때문이다. 리눅스의 보안은 강력해서 통상의 방법으로는 다른 프로세스의 자원을 건드릴 수 없으며 그렇기 때문에 복잡하고 불편한 과정을 거쳐야 한다.

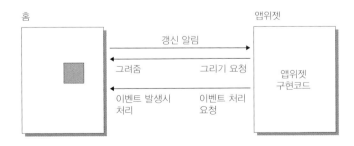

앱위젯은 호스트의 화면 일부를 빌려 쓰는 셋방살이 처지이다. 간단한 출력도 직접 하지 못하며 프로세스 간 통신으로 호스트에게 일일이 부탁해야 한다. 이 통신에 사용되는 중간 매개체가 바로 RemoteViews인데 가상 기계의 경계를 넘나들어야 하므로 일부 위젯밖에 지원하지 못하는 한계가 있다. RemoteViews에는 레이아웃을 어떤 식으로 배치하고 속성을 어떻게 바꿔 달라는 요청 내용이 들어 있으며 이 객체를 전달하면 호스트가 요청대로 그려준다.

입력도 마찬가지이다. 앱위젯의 표면에 배치된 위젯은 호스트의 것이지 자신의 것이 아니므로 이벤트를 직접 받을 수 없다. 앱위젯 표면에서 일어나는 모든 이벤트는 호스트가 먼저 받으며 호스트는 이때마다 미리 약속된 방법으로 앱위젯에게 신호를 보내 알려준다. 이벤트를 처리하려면 설치할 때부터 어떤 이벤트에 대해 어떤 신호를 보내 달라고 미리 부탁해 놓아야 한다. 출력이나 입력이나 앱위젯은 호스트로부터 전달되는 신호를 받아 동작하는 것이다.

안드로이드에서 프로세스끼리 통신하는 공식적인 방법은 방송 수신자(Broadcast Receiver)이다. 앱위젯은 호스트가 보내는 신호를 받아야 하므로 기본적으로 BR로 구현될 수밖에 없다. 화면에 보이지만 호스트가 대신 보여주는 것이므로 앱위젯은 액티비티가 아니다. 호스트와 앱위젯이 주고 받는 방송은 AppWidgetManager 클래스에 다음과 같이 정의되어 있다. 각 방송이 전달되는 시점과 해야 할 일에 대해 알아보자.

ACTION_APPWIDGET_ENABLED

앱위젯의 첫 번째 인스턴스가 설치될 때 전달된다. 이제부터 동작을 시작하니 준비하라는 신호이며 앱위젯은 이 신호를 받았을 때 모든 인스턴스가 공통적으로 필요로 하는 전역적인 초기화를 수행한다. 정보 저장을 위한 DB를 생성하거나 파일 목록을 미리 조사해 놓는 것이 좋은 예이다. 앱위젯이 이미 설치되어 있는 상태에서 장비가 부팅될 때에도 전달된다. 설치된 앱위젯은 부팅 후부터 동작해야 하므로 이때도 준비가 필요하다. 그러나 두 번째 이후의 인스턴스부터는 설치를 해도 이 방송이 전달되지 않는다. 왜냐하면 첫 번째 인스턴스를 설치할 때 이미 초기화를 했기 때문이다.

ACTION_APPWIDGET_DISABLED

마지막 인스턴스가 제거될 때 전달된다. 전역적인 초기화는 이 시점에서 해제한다. 사용하던 데이터베이스나 임시 파일을 삭제한다. ENABLED에서 별도의 초기화를 하지 않아 정리할 것이 없다면 이 방송은 무시해도 상관없다. 이 방송의 이름이 DISABLED로 되어 있는 이유는 모든 인스턴스가 제거될 때 앱위젯 BR 자체가 불능화되어 더 이상 방송을 수신할 수 없는 상태가 되기 때문이다. 호스트에 배치되지 않은 앱위젯에게는 더 이상 방송을 보낼 필요가 없다.

ACTION_APPWIDGET_DELETED

앱위젯 인스턴스중 일부가 삭제될 때 전달된다. 인텐트로는 삭제되는 인스턴스의 ID 배열이 전달된다. 여러 개를 동시에 삭제할 수 있지만 보통은 하나씩 휴지통에 넣어 삭제하므로 하나의 인스턴스가 삭제되는 시점이라고 볼 수 있다. 이때 개별 인스턴스가 사용하던 자원을 반납하고 불필요한 정보는 제거한다.

ACTION_APPWIDGET_UPDATE

개별 앱위젯을 갱신할 때마다 전달된다. 인스턴스가 새로 설치될 때가 대표적이되 단, 설정 액티비티가 있으면 설정값 결정 후로 연기된다. 갱신 주기가 되었을 때나 장비가 부팅될 때도 다시 그려야 하므로 이 방송이 전달된다. 앱위젯은 이 방송을 받았을 때 출력할 정보를 재조사하고 자신을 다시 그린다. 이 방송을 처리함으로써 위젯의 정보가 사용자에게 출력되며 주기적으로 새 정보로 갱신된다. 인텐트로는 갱신이 필요한 모든 인스턴스의 ID 배열이 전달된다.

ACTION_APPWIDGET_OPTIONS_CHANGED

4.1에서 새로 추가된 방송이다. 앱위젯의 크기나 옵션이 바뀌었을 때 이 방송이 전달된다. 새로운 옵션 정보는 Bundle 객체로 전달된다. 커스텀 옵션을 사용한다면 이 방송을 받았을 때 새 옵션을 읽어 적용한다.

5개의 방송 중에 앱위젯이 반드시 처리해야 하는 방송은 UPDATE 뿐이다. 나머지는 필요할 때만 처리하되 전역적인 초기화도 필요 없고 삭제될 때 특별히 정리할 것이 없다면 무시해도 상관없다. 다음 도표로 각 단계에서 어떤 방송이 전달되고 위젯은 어떤 동작을 하는지 살펴보되 단, 설정 액티비티는 일단 무시하자.

시점	방송	앱위젯의 동작
최초 설치	ENABLED	동작 준비. 필요한 전역 자원을 할당한다.
	UPDATE	초기화. 초기 상태를 조사하여 출력한다.
갱신 주기시마다	UPDATE	현재 상태를 조사하여 갱신한다.
	UPDATE	현재 상태를 조사하여 갱신한다.
	....	....
장비 부팅시	ENABLED	동작 준비. 필요한 전역 자원을 할당한다.
	UPDATE	초기화. 초기 상태를 조사하여 출력한다.
앱위젯 제거	DELETE	인스턴스가 사용하던 자원을 해제한다.
마지막 인스턴스 제거	DISABLED	전역 자원을 해제한다.

호스트가 전달하는 방송을 받아야 하므로 앱위젯은 BroadcastReceiver의 서브 클래스 형태로 작성한다. onReceive에서 전달된 방송에 따라 적절한 동작을 처리하는 것이 앱위젯을 작성하는 정석적인 방법이다. onReceive는 수신된 방송을 구분하기 위해 인텐트의 액션을 문자열 비교하며 각 액션 처리시마다 필요한 객체를 생성 또는 인텐트로부터 추출하여 방송에 반응한다. 다행히 수신되는 방송의 종류와 처리 방법이 정형화되어 있어 이 과정은 항상 똑같다.

그래서 안드로이드는 이 번거로운 작업을 대신해주는 도우미 클래스를 제공하는데 이것이 바로 앱위젯의 기본 클래스인 AppWidgetProvider이다. 굳이 번역하자면 앱위젯 제공자인데 방송을 수신하여 호스트에 출력할 정보를 제공하는 역할을 한다는 뜻이다. 이 클래스는 BroadcastReceiver의 서브 클래스이며 onReceive를 재정의하여 각 액션에 대해 다음 메서드를 호출한다.

```
void onEnabled (Context context)
void onDeleted (Context context, int[] appWidgetIds)
void onDisabled (Context context)
void onUpdate (Context context, AppWidgetManager appWidgetManager, int[] appWidgetIds)
void onAppWidgetOptionsChanged(Context context, AppWidgetManager appWidgetManager,
int appWidgetId, Bundle newOptions)
```

BR이 실행되는 컨텍스트와 인텐트에서 추출한 ID 배열, 내부적으로 생성한 관리자 객체가 인수로 전달된다. 각 방송에 대해 메서드가 하나씩 정의되어 있으므로 필요한 메서드만 재정의하면 깔끔하게 앱위젯을 구현할 수 있다. 뭔가 거창한 것처럼 보이지만 AppWidgetProvider는 위젯을 위한 방송을 받아 각 메서드로 분배하는 단순한 역할을 하는 도우미 클래스일 뿐이다. 이 클래스를 상속받고 필요한 메서드를 재정의하여 앱위젯을 제작한다.

문법적으로 BroadcastReceiver의 서브 클래스이므로 onReceive 메서드도 당연히 존재한다. 그러나 이 메서드는 AppWidgetProvider가 방송 분배를 위해 재정의하고 있으므로 서브 클래스는 가급적이면 재정의하지 않는 것이 좋다. 만약 꼭 재정의해야 한다면 원하는 방송을 수신하되 그 외의 경우는 super의 onReceive 호출을 잊어서는 안 된다.

37.2 앱위젯 제작

37.2.1 날짜 표시기

앱위젯 제작에 필요한 이론은 충분히 연구해 보았으니 이제 직접 만들면서 실습해 보자. 구조가 워낙 생소하여 지금까지 만들던 예제와는 제작 방법이 판이하게 다르고 이것 저것 만들어야 할 것도 많아 지금까지의 실습에 비해 상당히 이질적이다. 여기서는 통합 예제에 작성되어 있는 예제를 분석해 보는데 직접 실습할 경우는 해당 코드를 순서대로 작성해야 한다. 액티비티는 굳이 만들지 않아도 상관없으므로 프로젝트를 생성할 때 마법사 단계 중 액티비티 생성 단계에서 Add No Activity 옵션을 선택한다.

레이아웃도 없고 소스도 없는 텅 빈 프로젝트가 만들어지며 여기에 앱위젯을 위한 레이아웃, 메타데이터, 코드, 리소스 등을 채워 넣어 프로젝트를 만든다. 앱위젯은 방송 수신자이므로 BR이 본체이며 BR만으로도 응용 프로그램을 만들 수 있다. 마법사가 BR을 생성해 주지 않으므로 모든 작업을 직접 해야 한다.

액티비티는 응용 프로그램을 구성하는 컴포넌트의 하나일 뿐이지 반드시 존재해야 하는 강제 사항은 아니다. 액티비티가 없는 앱은 설치해도 앱 목록에 나타나지 않으며 위젯 목록을 봐야 비로소 그존재가 보인다. 그나마 4.0 이후에는 위젯 목록이 바로 보이지만 이전 버전에는 팝업 메뉴를 열기전에는 설치되었는지조차 확인되지 않았다. 실제 발표된 앱위젯도 이런 형태를 띄는 것이 많다. 별하는 일이 없더라도 빈 액티비티를 두어도 상관없으며 앱위젯 사용법을 안내하는 용도로 슬쩍 끼워넣기도 한다. 개발중에도 테스트용으로 유용한 경우가 있다.

여기서 실습용으로 만들 앱위젯은 오늘 날짜와 요일을 보여주는 것이다. 상태란에 현재 시간은 항상 표시되지만 날짜는 표시되지 않으며 통지란을 끌어 내리면 날짜는 보이지만 요일은 없어 살짝 아쉽다. 그래서 홈 화면에서 언제든지 날짜와 요일을 바로 확인할 수 있는 위젯을 만들어 보기로 한다. 앱위젯은 굉장히 복잡하므로 첫 예제는 골치 아픈 기능은 모조리 생략하고 단지 날짜와 요일만 표시하는 초간단 앱으로 작성했다. 정보를 구하기 쉬워 예제가 간단하며 나름대로 실용성도 있다.

앱위젯 작성시 가장 먼저 작성해야 할 파일은 위젯의 특성을 정의하는 메타 파일이다. 엄격한 순서가 있는 것은 아니지만 특성을 먼저 정의한 후 코드를 작성하는 것이 순차적이다. res/xml 폴더에 다음 파일을 작성한다. xml 폴더가 없으면 res 폴더 아래에 xml 폴더를 만든 후 파일을 추가한다.

res/xml/nalyoilmeta.xml

```
<appwidget-provider xmlns:android="http://schemas.android.com/apk/res/android"
    android:minWidth="40dip"
    android:minHeight="40dip"
    android:updatePeriodMillis="1800000"
    android:initialLayout="@layout/nalyoil"
    >
</appwidget-provider>
```

앱위젯의 모든 속성을 다 나열할 필요는 없으며 꼭 필요한 속성만 밝히면 된다. 이 문서의 내용대로 AppWidgetProviderInfo 객체가 생성되며 호스트는 이 정보를 보고 앱위젯의 속성을 파악한다. 요청한 크기만큼 홈 화면의 일부를 떼어주고 지정한 갱신 주기마다 UPDATE 방송을 보낸다.

날짜와 요일은 단순한 문자열이므로 1셀이면 충분히 표시할 수 있다. 그래서 기본 크기를 40dp로 지정하여 최소한의 면적만 요청한다. 갱신 주기는 1,800초 즉, 30분에 한 번꼴이다. 날짜가 항상 바뀌는 것은 아니므로 시간당 2번 갱신하면 충분하다. 자정이 약간 지난 시점에는 어제 날짜를 보여줄 위험이 있지만 그 정도 오차는 무시할만하다. 초기 레이아웃 파일은 nalyoil.xml이며 다음과 같이 작성하였다.

---

res/layout/nalyoil.xml

```
<LinearLayout xmlns:android="http://schemas.android.com/apk/res/android"
    android:id="@+id/mainlayout"
    android:orientation="vertical"
    android:layout_width="match_parent"
    android:layout_height="match_parent"
    android:background="#c0c0c0"
    android:gravity="center"
    >
<TextView
    android:id="@+id/nal"
    android:layout_width="match_parent"
    android:layout_height="wrap_content"
    android:gravity="center"
    android:textSize="14sp"
    android:textColor="#404040"
    />
<TextView
    android:id="@+id/yoil"
    android:layout_width="match_parent"
    android:layout_height="wrap_content"
    android:gravity="center"
    android:textSize="30sp"
    android:textColor="#000000"
    />
</LinearLayout>
```

수직 리니어 안에 2개의 텍스트뷰를 배치했다. 앞에서 소개했다시피 앱위젯 제작에 사용할 수 있는 위젯의 종류는 제한적이므로 아무 위젯이나 배치해서는 안 된다. 리니어는 밝은 회색 배경을 가지며 텍스트뷰는 상대적으로 짙은 색상을 사용하여 시인성을 높였다. 날짜는 폰트를 작게 하고 요일은 짧으므로 큰 폰트를 사용한다.

여기까지 작업하면 앱위젯의 기본 속성과 디자인이 완성되었다. 호스트는 지정한 속성과 레이아웃대로 앱위젯을 생성하여 홈 화면에 배치하고 적당한 때가 되면 갱신 방송을 보낸다. 이 방송을 수신했을 때 정보를 조사하고 레이아웃을 갱신하는 코드를 작성한다. 다음 파일이 앱위젯의 메인 모듈이다.

NalYoil

```
public class NalYoil extends AppWidgetProvider {
    String[] arYoil={"일", "월", "화", "수", "목", "금", "토" };
    public void onUpdate(Context context, AppWidgetManager appWidgetManager,
            int[] appWidgetIds) {
        RemoteViews remote = new RemoteViews(context.getPackageName(),
            R.layout.nalyoil);
        GregorianCalendar cal = new GregorianCalendar();
        String nal = String.format("%d월 %d일",
                cal.get(Calendar.MONTH) + 1,
                cal.get(Calendar.DAY_OF_MONTH));
        remote.setTextViewText(R.id.nal, nal);
        remote.setTextViewText(R.id.yoil, arYoil[cal.get(Calendar.DAY_OF_WEEK) - 1]);
        appWidgetManager.updateAppWidget(appWidgetIds, remote);
    }
}
```

클래스 선언문에서 보다시피 AppWidgetProvider로부터 상속받았으므로 onReceive는 따로 구현할 필요가 없다. onReceive에서 방송을 받아 적절한 콜백 메서드를 호출하므로 관련 메서드만 재정의하면 된다. 이 위젯은 특별히 전역 자원을 사용하지 않으므로 초기화할 필요가 없고 정리할 것도 없다. UPDATE 방송을 받았을 때 정보를 조사하여 레이아웃만 갱신하면 된다.

AppWidgetProvider는 UPDATE 방송에 대해 onUpdate 메서드를 호출하도록 되어 있으며 인수로 앱위젯 관리자 객체, 설치된 모든 앱위젯 인스턴스의 ID를 전달한다. 앱위젯은 인수로 전달된 객체를 사용하여 날짜를 갱신하기만 한다. 앱위젯에 정보를 출력하는 과정은 그리 간단치 않다. 출력 표면을 가진 호스트는 UPDATE 방송을 수신하는 앱위젯과는 다른 프로세스여서 직접 출력할 수 없다. 사실 BR은 방송만 수신하는 컴포넌트여서 출력 표면을 가지지도 않으며 게다가 셋방살이하는 주제에 감히 남의 집 살림을 함부로 건드릴 권한도 없다.

출력할 내용을 RemoteViews 클래스로 작성하여 관리자에게 대신 부탁한다. RemoteViews는 이름에 View가 들어가 있지만 View의 서브 클래스도 아니고 실제로 화면에 보이는 것도 아니다. 다만 뷰 계층에 대한 정보를 기술하여 다른 프로세스로 전달함으로써 어떤 위젯의 값을 어떻게 바꿔 달라는 요청 사항을 가질 뿐이다. 패키지명과 레이아웃을 생성자로 전달하여 초기 레이아웃의 정보를 읽고 다음 메서드로 레이아웃 내부 위젯의 속성을 변경한다.

```
void setTextViewText (int viewId, CharSequence text)
void setTextColor (int viewId, int color)
void setImageViewResource (int viewId, int srcId)
void setProgressBar (int viewId, int max, int progress, boolean indeterminate)
```

모든 속성을 마음대로 조작할 수 있는 것은 아니며 일부 속성만 변경할 수 있다. 텍스트뷰의 문자열이나 색상, 이미지뷰의 이미지, 프로그래스의 진행 정도 등만 지정할 수 있으며 폰트 크기나 서식, 정렬 따위의 복잡한 속성은 조작할 수 없다. 이 위젯의 경우 조사된 날짜와 요일을 문자열로 출력하므로 setTextViewText 메서드로 변경 사항을 전달했다.

nalyoil 레이아웃에 대해 RemoteViews 타입의 remote 객체를 생성하고 현재 날짜를 조사한 후 R.id.nal 텍스트뷰에 현재 날짜 문자열을 대입하고 R.id.yoil 텍스트뷰에 현재 요일을 대입했다. 사실은 대입한게 아니라 대입해 달라는 요청만 기록한 것이다. 레이아웃 요청을 다 만들었으면 관리자의 다음 메서드를 호출하여 실제 갱신을 요청한다.

```
void updateAppWidget (int appWidgetId, RemoteViews views)
void updateAppWidget (int[] appWidgetIds, RemoteViews views)
void updateAppWidget (ComponentName provider, RemoteViews views)
```

특정 ID의 인스턴스만, 또는 배열내의 모든 인스턴스나 특정 컴포넌트 소속의 위젯을 한꺼번에 갱신한다. 세가지 버전으로 중복 정의되어 있는데 이중 어떤 메서드를 쓸 것인가는 앱위젯의 특성에 따라 달라진다. 모든 인스턴스의 값이 같다면 ID 배열을 전달하여 한꺼번에 값을 갱신하며 이때는 두 번째 메서드가 적합하다.

앱위젯은 여러 개의 인스턴스를 배치할 수 있으며 이때 각 인스턴스는 서로 다른 정보를 보여준다. 예를 들어 메모나 액자 위젯은 보여주는 내용이 위젯 인스턴스마다 다르다. 이럴 때는 각 인스턴스별로 RemoteViews 객체를 따로 생성해서 개별적으로 요청을 보내며 이때는 첫 번째 메서드를 사용한다. 날짜와 요일 정보는 위젯별로 출력 내용이 달라질 이유가 없으므로 한꺼번에 갱신했다. 만약 인스턴스마다 보여주는 정보가 다르다면 다음과 같이 루프를 돌아야 한다.

```
for (int i = 0;i<appWidgetIds.length;i++) {
    ....
    appWidgetManager.updateAppWidget(appWidgetIds[i], remote);
}
```

updateAppWidget의 첫 번째 인수가 appWidgetIds 배열이 아니라 배열 요소 하나임을 유의하자. 각 인스턴스마다 고유한 정보를 구해 RemoteViews 객체를 생성하고 각각의 요청을 따로 보내는 식이다. 이 예제의 경우 어떤 코드를 쓰나 결과는 같은데 굳이 똑같은 루프를 돌 필요가 없으므로 모든 인스턴스에 대해 한꺼번에 갱신 요청을 보냈다.

주의할 것은 앱위젯 인스턴스가 하나라고 가정해서는 안 된다는 점이다. 실용성이 있건 없건 사용자는 여러 개의 인스턴스를 설치할 수 있으므로 루프를 돌든지 한꺼번에 갱신하든지 반드시 설치된 모든 앱위젯을 갱신해야 한다. 하나만 배치해 놓고 테스트해 보면 잘 되는 것처럼 보이는데 모든 인스턴스가 제대로 잘 갱신되는지 확인해 보기 위해서 최소한 2개의 인스턴스를 배치해 놓고 테스트할 필요가 있다.

이제 코드는 완성되었다. 마지막으로 할 일은 매니페스트에 BR을 등록하여 이 앱이 어떤 위젯을 제공한다는 것을 선언하는 것이다. 앱위젯의 존재와 특성을 알려야 론처에 보이며, 그래야 설치 및 동작이 가능하다.

```
<receiver android:name=".c37_appwidget.NalYoil" android:label="날짜와 요일">
    <intent-filter>
        <action android:name="android.appwidget.action.APPWIDGET_UPDATE" />
    </intent-filter>
    <meta-data android:name="android.appwidget.provider"
            android:resource="@xml/nalyoilmeta" />
</receiver>
```

앱위젯은 BR이므로 receiver 태그로 등록되며 클래스 이름은 NalYoil이다. label 속성에 지정한 문자열은 앱위젯 목록에 나타나는 제목이며 설명적으로 붙인다. 문자열일 뿐이므로 한글도 물론 가능하다. 갱신 신호를 받아야 하므로 인텐트 필터에 반드시 APPWIDGET_UPDATE 액션을 수신한다는 선언을 한다. 나머지 액션은 호스트가 전달 시점을 분명히 알고 있으므로 인텐트 필터에 따로 선언하지 않아도 관리자가 알아서 보내준다.

meta-data 태그는 컴포넌트의 추가적인 속성을 지정한다. name을 android.appwidget. provider로 지정하여 앱위젯의 속성이라는 것을 밝히며 resource 속성에 구체적인 속성을 정의하는 xml 문서를 지정한다. 앞에서 작성한 메타 문서의 경로를 여기에 적는다. 호스트는 매니페스트를 통해 앱위젯의 존재를 확인하고 메타 정보를 분석하여 크기나 갱신 주기를 결정한다.

완성된 위젯을 테스트해 보자. 통합 예제가 설치되어 있다면 앱위젯도 이미 설치되어 있는 상태이다. 이 예제는 액티비티가 없으므로 실행해 봤자 아무런 반응이 없다. 앱위젯은 메뉴를 통해 홈 화면에 직접 배치해야 동작을 시작한다. 론처의 Widgets 탭을 보면 날짜와 요일 위젯이 나타난다.

미리 보기 이미지를 지정하지 않았으므로 앱의 아이콘이 대신 표시된다. 이 아이콘을 롱 클릭하여 홈 화면에 배치하면 1셀짜리 작은 위젯이 배치된다. 이 위젯을 보면 오늘이 며칠이고 무슨 요일인지 알 수 있으며 자정까지 기다리면 날짜가 갱신되는 광경도 목격할 수 있다. 앱위젯이 동작하는 과정을 그림으로 정리해 보면 다음과 같다.

홈 화면은 사용자가 배치한 위치에 메타 정보에 기록된 크기대로 위젯을 배치하고 업데이트 주기마다 UPDATE 방송을 보낸다. 앱위젯은 이 방송을 받았을 때 출력할 정보를 조사하여 RemoteViews 객체를 작성하고 이 객체를 updateAppWidget 메서드를 통해 관리자에게 갱신을 부탁하며 관리자는 객체에 적힌대로 실제 홈 화면의 위젯 속성을 변경함으로써 정보를 출력한다. 이 과정을 업데이트 주기마다 계속 반복하는 것이다.

이 요청에 사용되는 RemoteViews는 어떤 속성을 어떻게 바꿔 달라는 요청 명세서일 뿐이며 실제로 뷰의 속성을 직접 바꾸는 것이 아니다. 그러다 보니 지원 가능한 위젯의 종류에 제약이 있고 변경할 수 있는 속성도 일부에 불과하다. 프로세스 간의 통신이다 보니 절차가 복잡하고 한계도 많을 수밖에 없다는 것을 이해해야 한다.

37.2.2 날짜 표시기2

NalYoil 예제는 앱위젯 제작의 가장 기초적인 부분만을 보여주는 실습 예제이며 그 목적을 달성하기 위해 극단적으로 간단하게 설계하였다. 이제 기본을 익혔으니 조금 더 기능을 확장하여 NalYoil2 예제를 작성해 보자. 앞 예제에 다음과 같은 기능을 추가로 더 작성한다.

- 모든 장비에 잘 어울리는 마진 지정
- 예쁜 배경으로 장식하기
- 미리 보기 이미지 지정
- 실행 중에 크기 조정 가능
- 홈 화면에서 클릭하면 현재 날짜와 시간 보여주기

제작 절차는 앞 예제와 비슷하므로 이제 소스만 요약적으로 나열한다. 기본 예제에 대한 이해를 바탕으로 기능 추가를 위해 어떤 코드가 더 필요한지 연구해 보자. 먼저 매니페스트부터 보자.

```
<receiver android:name=".c37_appwidget.NalYoil2" android:label="날짜와 요일2">
    <intent-filter>
        <action android:name="android.appwidget.action.APPWIDGET_UPDATE" />
    </intent-filter>
    <meta-data android:name="android.appwidget.provider"
            android:resource="@xml/nalyoilmeta2" />
</receiver>
```

클래스 이름과 레이블이 바뀌었을 뿐 나머지는 같다. 메타 정보는 다음과 같다.

res/xml/nalyoilmeta2.xml

```
<appwidget-provider xmlns:android="http://schemas.android.com/apk/res/android"
    android:minWidth="40dip"
    android:minHeight="40dip"
    android:updatePeriodMillis="1800000"
    android:initialLayout="@layout/nalyoil2"
    android:minResizeWidth="40dp"
    android:minResizeHeight="40dp"
    android:resizeMode="horizontal¦vertical"
    android:previewImage="@drawable/nalyoil2preview"
    >
</appwidget-provider>
```

resizeMode에 양방향을 다 지정하여 자유롭게 크기를 조정할 수 있도록 했다. 크기 조정시의 최소 크기는 기본 크기와 같다. 이 예제의 경우 출력하는 정보가 워낙 보잘 것 없어 최소 크기는 별 의미가 없다. previewImage 속성에 다음과 같은 미리 보기 이미지를 지정했다.

실행 중인 이미지를 캡처하여 모서리만 투명 처리한 것이다. 위젯 선택 목록에 미리 보기 이미지가 나타나 어떤 위젯인지 쉽게 알 수 있다. 다음은 메인 레이아웃이다.

res/layout/nalyoil2.xml

```xml
<FrameLayout xmlns:android="http://schemas.android.com/apk/res/android"
    android:layout_width="match_parent"
    android:layout_height=" match_parent"
    android:padding="@dimen/widget_margin"
    >
<LinearLayout
    android:id="@+id/mainlayout"
    android:orientation="vertical"
    android:layout_width=" match_parent"
    android:layout_height=" match_parent"
    android:background="@drawable/nalyoilbg2"
    android:gravity="center"
    android:layout_marginLeft="0dp"
    android:layout_marginRight="0dp"
    android:layout_marginTop="2dp"
    android:layout_marginBottom="10dp"
    >
<TextView
    android:id="@+id/nal"
    android:layout_width=" match_parent"
    android:layout_height="wrap_content"
    android:gravity="center"
    android:textSize="14sp"
    android:textColor="#404040"
    />
<TextView
    android:id="@+id/yoil"
    android:layout_width=" match_parent"
```

```
        android:layout_height="wrap_content"
        android:gravity="center"
        android:textSize="30sp"
        android:textColor="#000000"
        />
    </LinearLayout>
</FrameLayout>
```

레이아웃의 전체 구조는 이전 예제와 같지만 여백이 추가되어 약간 복잡해졌다. 홈 화면에는 앱위젯만 배치되는 것이 아니라 앱의 아이콘도 같이 배치되며 바탕에는 벽지도 깔리고 아래쪽에는 론처 버튼도 있다. 홈 화면의 여러 요소와 잘 어울리려면 앱위젯이 너무 많은 공간을 차지해서는 안 되며 적당히 여백을 주어야 한다. NalYoil 앱위젯 양쪽에 앱 아이콘을 같이 배치해 보자.

보다시피 아이콘보다 커서 튀어 보이는데 그나마 4.1 에뮬레이터라 덜해 보이며 이전 에뮬레이터에서는 너무 넓은 영역을 차지하여 아주 흉칙하다. 1셀짜리 앱위젯은 앱 아이콘과 크기가 비슷해야 조화롭다. 그래서 앱위젯은 셀 하나를 다 차지하지 말고 적당히 여백을 두어야 하며 이를 위해 마진과 패딩을 활용한다. 예전부터 개발자들은 앱위젯에 적당히 여백을 주었다.

그런데 이런 정책이 4.0에 와서 약간 바뀌었다. 4.0은 개발자가 여백을 주지 않아도 운영체제가 알아서 일정 정도의 여백을 강제로 적용한다. 이는 바람직한 개선이지만 당분간은 이전 버전과의 호환을 위한 추가 코드가 필요하게 되었다. 4.0 이전 버전이면 직접 여백을 주고 4.0 이상이면 운영체제가 부여하는 여백을 활용하는 것이다.

이 처리를 위해 전체 레이아웃을 프레임으로 한 번 감싸고 프레임에 패딩을 지정했다. 패딩으로 지정된 widget_margin은 dimes.xml에 정의되어 있되 운영체제 버전에 따라 실제값이 달라진다. v14 즉, 4.0 이상에서는 패딩을 주지 않고 그 이전 버전인 경우는 8dp만큼 패딩을 지정함으로써 버전에 상관없이 비슷한 여백을 적용한다.

파일	내용
values/dimens.xml	⟨dimen name="widget_margin"⟩8dp⟨/dimen⟩
values-v14/dimens.xml	⟨dimen name="widget_margin"⟩0dp⟨/dimen⟩

프레임에 지정한 패딩은 전체적인 크기를 작게 만들지만 셀이 직사각형 형태라 귀여운 맛이 없다. 그래서 리니어의 상하단에 총 12dp만큼의 마진을 더 주어 정사각형 모양에 가깝도록 했다. 그리고 리니어의 배경에 모서리가 둥근 그라데이션 사각형 드로블을 지정하여 약간 멋을 부려 보았다. 색상이 유치하지만 적어도 칙칙한 회색보다는 나아 보인다.

res/drawable−nodpi/nalyoilbg2.xml

```xml
<shape xmlns:android="http://schemas.android.com/apk/res/android">
    <gradient
        android:startColor="#ffff60"
        android:endColor="#00ff00"
        android:angle="90"
        />
    <stroke android:width="2dp" android:color="#0000ff" />
    <corners android:radius="10dp" />
</shape>
```

다음은 메인 소스 파일을 보자. 클릭할 때 반응하는 코드를 작성하였다.

NalYoil2

```java
public class NalYoil2 extends AppWidgetProvider {
    String[] arYoil={"일", "월", "화", "수", "목", "금", "토" };
    final static String ACTION_DISPLAY_FULLTIME = "NalYoil.DisplayFullTime";
    public void onUpdate(Context context, AppWidgetManager appWidgetManager,
            int[] appWidgetIds) {
        for (int i = 0;i<appWidgetIds.length;i++) {
            RemoteViews remote = new RemoteViews(context.getPackageName(),
                R.layout.nalyoil2);
            GregorianCalendar cal = new GregorianCalendar();
            String nal = String.format("%d월 %d일",
                    cal.get(Calendar.MONTH) + 1,
                    cal.get(Calendar.DAY_OF_MONTH));
            remote.setTextViewText(R.id.nal, nal);
            remote.setTextViewText(R.id.yoil, arYoil[cal.get(Calendar.DAY_OF_WEEK) - 1]);

            Intent intent = new Intent(context, NalYoil2.class);
            intent.setAction(ACTION_DISPLAY_FULLTIME);
            intent.putExtra(AppWidgetManager.EXTRA_APPWIDGET_ID, appWidgetIds[i]);
            PendingIntent pendingIntent = PendingIntent.getBroadcast(context, 0, intent, 0);
            remote.setOnClickPendingIntent(R.id.mainlayout, pendingIntent);
```

```
                appWidgetManager.updateAppWidget(appWidgetIds[i], remote);
            }
        }

        public void onReceive(Context context, Intent intent) {
            String action = intent.getAction();
            if (action != null && action.equals(ACTION_DISPLAY_FULLTIME)) {
                GregorianCalendar cal = new GregorianCalendar();
                String fulltime = String.format("%d년 %d월 %d일 %d:%d:%d",
                        cal.get(Calendar.YEAR),cal.get(Calendar.MONTH) + 1,
                        cal.get(Calendar.DAY_OF_MONTH), cal.get(Calendar.HOUR),
                        cal.get(Calendar.MINUTE),cal.get(Calendar.SECOND));
                Toast.makeText(context, fulltime, 0).show();
                return;
            }
            super.onReceive(context, intent);
        }
    }
```

레이아웃을 갱신하는 논리는 앞 예제와 같되 리니어를 클릭했을 때 전체 시간을 토스트로 출력하는
코드가 추가되었다. 단순히 정보를 보여주기만 하는 것이 아니라 사용자와 상호 작용하는 것이다. 레
이아웃을 갱신하는 절차가 복잡하듯이 이벤트를 처리하는 것도 마찬가지 이유로 무척이나 복잡하다.

앱위젯이 아니라면 클릭 이벤트에 대한 핸들러를 등록해 놓으면 그만이다. 그러나 앱위젯은 직접 이
벤트를 받을 수 없고 내부 컨트롤을 참조할 수도 없으므로 핸들러를 등록할 권한이 없다. 이벤트에
대한 처리도 호스트에게 부탁해야 하며 그러기 위해서 사용하는 것이 펜딩 인텐트이다. 펜딩 인텐트
는 프로세스간의 경계를 넘나들수 있으므로 미리 작성해서 호스트에게 전달해 놓으면 해당 이벤트
가 발생했을 때 실행된다. 펜딩 인텐트를 등록할 때는 다음 메서드를 호출한다.

void RemoteViews.setOnClickPendingIntent(int viewId, PendingIntent pendingIntent)

펜딩 인텐트에는 코드를 저장할 수 없으며 액티비티나 BR, 서비스에게 어떤 신호를 보내는 정도의
동작밖에 하지 못한다. 대신 액션이나 데이터, 엑스트라 등의 정보는 필요한 만큼 얼마든지 실어 보
낼 수 있다. 위 예제는 전체 시간을 출력하라는 의미의 ACTION_DISPLAY_FULLTIME 방송을
자기 자신에게 다시 보내는 펜딩 인텐트를 메인 레이아웃의 클릭 이벤트에 등록한다. 그리고 엑스트
라에 자신의 ID를 실어 보냄으로써 누구의 요청인지 분명히 한다.

이 예제에서는 ID가 당장 사용되지 않지만 인스턴스별로 처리가 달라진다면 ID도 반드시 실어 보내야 한다. 각 인스턴스마다 ID가 다르므로 업데이트할 때 전체를 다 업데이트하지 않고 루프를 돌며 개별 인스턴스를 일일이 업데이트했다. 호스트는 펜딩 인텐트를 받아 두었다가 리니어가 클릭되면 이 인텐트를 실행한다.

결국 펜딩 인텐트의 요청이 다시 BR로 돌아오며 BR은 이 방송을 받았을 때를 리니어의 클릭 시점으로 인식하고 여기서 원하는 처리를 수행한다. 커스텀 방송을 받아야 하므로 이때는 onReceive를 재정의하여 방송에 따라 반응을 보이면 된다. ACTION_DISPLAY_FULLTIME 방송이 왔으면 전체 시간을 조사하여 토스트로 출력한다. 이때 onReceive에서 super의 onReceive 호출을 절대 잊어서는 안 된다.

완성된 예제를 실행해 보자. 앱위젯 목록에 미리 보기 이미지가 표시되므로 훨씬 더 선택하기 용이하다. 마진도 적당히 지정되어 있어 주변의 아이콘과 잘 어울리며 배경 이미지도 나름대로 예쁘장하다.

크기 조정도 가능하므로 롱 클릭한 후 크기 조절 핸들을 드래그하여 원하는 크기대로 확장한다. 출력하는 정보가 너무 간단해서 큰 크기를 제대로 활용하지 못하지만 코드를 더 작성하면 넓은 영역에 훨씬 더 많은 정보를 보여줄 수 있다.

가장 큰 차이점은 클릭할 때 반응을 보인다는 점이다. 홈 화면의 위젯을 클릭하면 아래쪽에 토스트가 열리며 전체 날짜와 시간이 출력된다.

클릭 이벤트가 처리되는 과정은 다음과 같다. 레이아웃을 갱신하는 것과 마찬가지로 앱위젯은 특정 이벤트에 대해 어떻게 처리해 달라는 요청을 펜딩 인텐트로 전달할 뿐이며 실제 이벤트를 받아 처리 하는 것은 호스트이다.

다른 차일드 위젯에 대해서도 동작을 각각 정의하고 싶다면 그 수만큼 액션을 정의하고 액션을 받아 처리한다. 동작이 굉장히 복잡하다면 아예 다른 액티비티를 호출하여 액티비티에게 작업을 시키면 된다. 과정이 번거롭기 때문에 너무 복잡한 동작을 처리하는 것은 어렵고 간단한 동작만 처리 가능 하다.

이상 두 개의 예제를 제작해 보면서 앱위젯의 동작 원리에 대해 연구해 보았다. 실제 프로젝트에서 의 앱위젯은 훨씬 더 많은 기능을 제공하므로 다양한 기법이 동원되어야 한다. 예제를 만드는 기법 을 익히는 것도 중요하지만 그보다는 앱위젯이 어떤 식으로 동작하는지 정확하게 파악하는 것이 더 중요하다. 앱위젯은 독립적인 앱이 아니라 호스트에 기생하는 처지임을 이해하는 것이 핵심이다. 동 작 원리와 한계를 분명히 파악하고 있으면 문제가 발생해도 쉽게 해결할 수 있으며 백방으로 응용할 수 있다.

37.3 앱위젯 실습

37.3.1 배터리 표시기

이 절에서는 몇 개의 전형적인 실습을 통해 앱위젯을 만드는 여러 가지 방법을 실습한다. 배터리 표시기는 배터리의 남은 양을 백분율로 보여주는 배터리 게이지이다. 상태란에 배터리 아이콘이 항상 표시되어 있지만 수치가 아니라 그림이어서 정확한 양을 가늠하기 어렵다. 배터리 게이지는 백분율의 숫자로 보여주므로 배터리가 얼마나 남았는지 분명히 알 수 있다. 매니페스트의 선언은 다음과 같다.

```
<receiver android:name=".c37_appwidget.BatteryGauge" android:label="배터리 보여줘!">
    <intent-filter>
        <action android:name="android.appwidget.action.APPWIDGET_UPDATE" />
    </intent-filter>
    <meta-data android:name="android.appwidget.provider"
            android:resource="@xml/batterygaugemeta" />
</receiver>

<service android:name=".c37_appwidget.BatteryGaugeService" android:enabled="true">
    <intent-filter>
        <action android:name=".c37_appwidget.BatteryGaugeService" />
    </intent-filter>
</service>
```

BR은 앞에서 만든 예제와 별반 다르지 않지만 BR 외에도 별도의 서비스가 더 필요하다. 이 서비스가 왜 필요한지는 잠시 후에 설명하기로 한다. 메타 정보 파일의 구조도 간단하다.

res/xml/batterygaugemeta.xml

```
<appwidget-provider xmlns:android="http://schemas.android.com/apk/res/android"
    android:minWidth="40dip"
    android:minHeight="40dip"
    android:updatePeriodMillis="0"
    android:initialLayout="@layout/batterygauge"
    android:previewImage="@drawable/battery"
    >
</appwidget-provider>
```

숫자 하나만 표시하므로 1셀이면 충분하며 크기 조정을 할 필요도 없다. 배터리 모양을 미리 보기 이미지로 지정했으며 배경 이미지로도 사용한다.

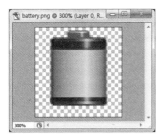

업데이트 주기는 0으로 지정하여 갱신 신호를 따로 받지 않겠다고 선언했다. 어차피 배터리 상태를 조사하려면 별도의 BR을 설치해야 하고 상태가 변경되는 즉시 호출되므로 관리자의 갱신 신호가 필요치 않다. 옵션은 따로 없으므로 설정 액티비티는 가지지 않으며 그래서 configure 속성은 지정하지 않는다. 굳이 만든다면 배경 이미지나 글자 크기 등을 옵션으로 제공할 수 있다. 초기 레이아웃은 다음과 같다.

batterygauge.xml

```
<FrameLayout xmlns:android="http://schemas.android.com/apk/res/android"
    android:id="@+id/mainlayout"
    android:layout_width="match_parent"
    android:layout_height="match_parent"
    >
<ImageView
    android:layout_width="match_parent"
    android:layout_height="match_parent"
    android:gravity="center"
    android:src="@drawable/battery"
    />
<TextView
    android:id="@+id/gauge"
    android:layout_width="match_parent"
    android:layout_height="match_parent"
    android:gravity="center"
    android:textSize="20sp"
    android:textColor="#000000"
    />
</FrameLayout>
```

프레임 레이아웃 안에 배터리 모양의 이미지와 잔량을 표시할 텍스트뷰 하나만 배치했다. 둘 다 프레임을 가득 채우되 중앙 정렬하여 정가운데 배치한다. 배터리 모양의 이미지위에 남은 양이 문자열 형태로 출력되므로 이미지의 가운데에는 텍스트가 잘 보일 수 있는 빈 공간이 있어야 한다.

앱위젯은 액티비티가 없고 셀 한 칸에 보이는게 전부이므로 배경 이미지의 역할이 중요하다. 배경 이미지의 바깥쪽이 투명하게 디자인되어 있어 레이아웃에 굳이 여백을 줄 필요가 없다. 크기 조정이 가능한 위젯이라면 크기에 따라 배경 이미지가 확장되는 나인 패치를 사용한다.

여기까지 작업하면 앱위젯의 기본 속성과 디자인이 완성된다. 다음은 방송을 수신했을 때 정보를 조사하고 화면을 갱신하는 코드를 보자. 매니페스트에 지정한 컴포넌트의 이름대로 자바 파일을 작성한다. 이 파일이 앱위젯의 메인 모듈인데 예상외로 길이가 짧지만 사연은 복잡하다.

BatteryGauge

```java
public class BatteryGauge extends AppWidgetProvider {
    public void onUpdate(Context context, AppWidgetManager appWidgetManager,
            int[] appWidgetIds) {
        Intent intent = new Intent(context, BatteryGaugeService.class);
        context.startService(intent);
    }

    public void onDeleted(Context context) {
        Intent intent = new Intent(context, BatteryGaugeService.class);
        context.stopService(intent);
    }
}
```

별도로 초기화할 대상이 없으므로 다른 메서드는 재정의할 필요 없이 onUpdate에서 배터리의 남은 양을 조사하여 레이아웃만 갱신하면 그만이다. 이 작업을 하는 코드는 다음과 같다.

```java
Intent bat = context.registerReceiver(null, new
    IntentFilter(Intent.ACTION_BATTERY_CHANGED));
String s = bat.getIntExtra("level", -1) + "%";

RemoteViews views = new RemoteViews(context.getPackageName(),
        R.layout.batterygauge);
views.setTextViewText(R.id.gauge, s);
appWidgetManager.updateAppWidget(appWidgetIds, views);
```

배터리 리시버를 등록한 후 level 값을 읽어 레이아웃에 출력하는 무척 간단한 코드이다. 갱신 주기가 되면 onUpdate가 주기적으로 호출되어 값을 바꿔줄 것이다. 그러나 이 예제의 경우 이런 간단한 코드를 쓸 수 없는 애석한 사정이 있다. 위 코드는 액티비티나 서비스에서는 제대로 동작하지만 BR 안에서는 제대로 동작하지 않는다. 앱위젯 자체가 BR이므로 이 안에서 BR을 등록할 수 없다.

왜냐하면 BR에서 BR을 등록하면 무한 루프에 빠질 위험이 있기 때문이다. BR은 방송을 처리하는 동안에만 존재하는 임시 객체이며 한 번에 10초 이상을 끌 수 없다는 한계가 있다. 방송을 받아서 처리하는 중에 다른 방송을 대기한다는 것은 말이 안 된다. 두 BR의 발생 시점이 다르지만 잠재적으로 위험한 코드이며 그래서 안드로이드는 BR에서 BR을 등록하는 것을 허용하지 않는다.

이런 사정으로 인해 어쩔 수 없이 중간에 서비스를 두고 서비스가 배터리 BR을 대신 등록하는 구조를 사용한다. 예제의 onUpdate는 직접 배터리 잔량을 조사하지 않고 서비스만 기동하며 나머지 작업은 서비스에게 위임한다. 방송 처리를 위해 서비스라는 별도의 객체를 생성했으므로 인스턴스가 삭제되는 onDeleted에서 서비스를 정리하는 코드도 필요해졌다. 결국 메인 코드는 서비스를 기동하고 정리만 하며 실질적인 작업은 서비스가 처리한다. 이런 이유로 매니페스트에 서비스도 같이 등록하였다.

BatteryGaugeService

```
public class BatteryGaugeService extends Service {
    public int onStartCommand (Intent intent, int flags, int startId) {
        super.onStartCommand(intent, flags, startId);
        IntentFilter filter = new IntentFilter();
        filter.addAction(Intent.ACTION_BATTERY_CHANGED);
        registerReceiver(mBRBattery, filter);
        return START_STICKY;
    }

    public IBinder onBind(Intent arg0) {
        return null;
    }

    public void onDestroy() {
        super.onDestroy();
        unregisterReceiver(mBRBattery);
    }

    BroadcastReceiver mBRBattery = new BroadcastReceiver() {
```

```
public void onReceive(Context context, Intent intent) {
    String action = intent.getAction();
    if (action.equals(Intent.ACTION_BATTERY_CHANGED)) {
        int scale, level, ratio;
        scale = intent.getIntExtra(BatteryManager.EXTRA_SCALE, 100);
        level = intent.getIntExtra(BatteryManager.EXTRA_LEVEL, 0);
        ratio = level * 100 / scale;

        RemoteViews remote = new RemoteViews(context.getPackageName(),
                R.layout.batterygauge);
        remote.setTextViewText(R.id.gauge, "" + ratio + "%");
        AppWidgetManager wm = AppWidgetManager.getInstance(
                BatteryGaugeService.this);
        ComponentName widget = new ComponentName(context, BatteryGauge.class);
        wm.updateAppWidget(widget, remote);
    }
  }
};
};
```

서비스가 시작되는 onStartCommand에서 배터리 BR을 등록한다. 다른 사건에는 관심이 없고 배터리 잔량만 조사하면 되므로 ACTION_BATTERY_CHANGED만 등록했는데 원하면 충전 중이나 배터리 위험 수준도 표시할 수 있다. 이후부터 서비스는 그냥 존재할 뿐 별다른 동작은 하지 않는다. 그러나 존재 자체에 중요한 의미가 있는데 서비스가 남아 있어야 멤버인 mBRBattery도 존재한다.

실제 갱신 처리는 배터리 BR이 방송을 수신할 때 수행하는데 등록 즉시 방송이 전달되므로 갱신은 곧바로 처리된다. 배터리 BR은 배터리 잔량을 ratio 변수에 백분율로 조사한다. 문자열 형태로 잘 조립하여 레이아웃의 R.id.gauge 텍스트뷰로 출력하였으며 설치된 모든 인스턴스에 대해 잔량 정보를 갱신한다.

이 예제의 경우 인스턴스가 몇 개든간에 배터리 잔량을 다르게 표시할 이유가 없으므로 ID의 배열을 넘기는 방법이 적합하다. 그러나 onUpdate로 전달된 ID 배열을 배터리 BR에서 참조할 수 없다는 점에서 곤란함이 있다. 인텐트의 엑스트라로 넘길 수도 있지만 onUpdate가 항상 전체 인스턴스의 ID를 전달하지 않는다는 민감한 문제가 있다. 그래서 이 예제는 Battery 앱위젯이 등록한 모든 인스턴스를 한꺼번에 갱신하는 다소 무식한 방법을 사용한다. 배터리 게이지의 경우 사실 두 개 이상을 설치하는 경우가 거의 없겠지만 문법적으로 복수 설치가 가능하므로 좀 피곤하지만 어쩔 수 없이 고려해야 한다.

인스턴스가 제거되면 메인 앱위젯의 onDeleted에서 stopService 메서드로 서비스를 종료하며 서비스의 onDestroy에서 배터리 BR을 등록 해제하여 모든 자원이 깔끔하게 정리된다. 간단한 예제임에도 배터리 잔량 조사 방법의 특수성으로 인해 복잡도가 상당히 높은데 onUpdate 방송이 처리되는 과정을 그려보면 다음과 같다. BR은 서비스에게 위임하고 서비스는 다시 BR에게 일을 떠넘기는 식이다.

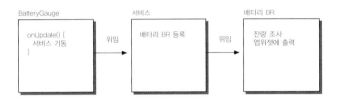

실제 예에서는 이보다 더 복잡해질 수 있는데 센서로부터 값을 얻어야 한다거나 네트워크에 접속해서 원하는 정보를 조사해야 한다면 이보다 훨씬 규모가 커진다. 원활한 동작을 위해 알람 매니저나 스레드를 사용해야 하며 발생 가능한 모든 에러도 섬세하게 처리해야 한다. 제대로 만들려면 나름대로 고급 기법이 많이 동원되며 풍부한 경험도 요구된다. 예제 실행 모습은 다음과 같다.

예쁜 배터리 모양의 이미지 안에 남은 양이 백분율로 출력된다. 그다지 예쁘지 않지만 나름대로 신경써서 만든 것이다. 에뮬레이터는 배터리를 소모하지 않으며 그래서 잔량이 무조건 50%로 표시되는데 실장비에서는 실제 남은 양이 조사되며 배터리 상태가 바뀔 때마다 실시간으로 값이 잘 갱신된다. 배터리 BR에서 알아서 값을 갱신하므로 특별히 사용자의 명령을 받아들일 것도 없다. 홈 화면에 갖다 놓기만 하면 알아서 잘 동작한다.

37.3.2 시계 위젯

앱위젯은 홈 화면에서 정보를 바로 확인할 수 있고 간단한 명령도 내릴 수 있다는 면에서 아주 실용적이다. 그러나 편리함 뒤에는 반대 급부가 있기 마련인데 앱위젯을 많이 설치해 놓으면 CPU가 주기적으로 깨어나 앱위젯을 업데이트하기 때문에 배터리가 금방 소진되는 치명적인 문제가 있다. 한두 개의 앱위젯이 설치된 정도라면 별 상관없지만 5개를 넘어가면 CPU가 미처 쉴 틈이 없을 것이다.

앱위젯의 업데이트 주기는 가급적이면 길게 설정하는 것이 좋다. 최신 정보를 보여주는 것도 좋지만 불필요하게 자주 업데이트하여 배터리를 낭비해서는 안 된다. 이런 이유로 안드로이드는 운영체제 차원에서 앱위젯의 업데이트 최소 주기를 30분으로 제한하며 그보다 짧은 주기를 지정해도 30분에 한 번씩만 갱신한다. 배터리를 아끼기 위한 일종의 고육책인 셈이다.

대부분의 앱위젯에게 30분은 최신 정보를 유지하기 위해 충분히 짧은 주기이며 사실 이보다 더 자주 업데이트해야 한다면 앱위젯으로의 가치가 없다. 하지만 아주 특수한 경우에는 30분보다 더 자주 갱신해야 하는 경우도 있다. 대표적인 예가 사진 액자인데 같은 사진을 30분동안 보여주는 것보다는 1분에 하나 정도로 계속 바꿔 주는 것이 더 실용적이다.

운영체제가 제한하는 30분 주기보다 더 짧은 빈도로 업데이트하려면 updatePeriodMillis 속성으로는 문제를 해결할 수 없다. 이때는 운영체제가 보내주는 갱신 방송에 의존해서는 안 되며 타이머나 알람을 사용하여 직접 갱신 주기를 통제한다. 업데이트 빈도가 가장 높은 예인 시계를 앱위젯으로 만들면서 이 문제를 연구해 보자. 시계는 초단위로 업데이트되므로 극단적으로 주기가 짧은 예에 해당한다. 매니페스트는 다음과 같다.

```
<receiver android:name=".c37_appwidget.ClockWidget" android:label="시계 위젯">
    <intent-filter>
        <action android:name="android.appwidget.action.APPWIDGET_UPDATE" />
    </intent-filter>
    <meta-data android:name="android.appwidget.provider"
            android:resource="@xml/clockwidgetmeta" />
</receiver>
```

메타 정보는 다음과 같이 작성한다.

```
<appwidget-provider xmlns:android="http://schemas.android.com/apk/res/android"
    android:minWidth="110dip"
    android:minHeight="40dip"
    android:updatePeriodMillis="0"
    android:initialLayout="@layout/clockwidget"
    >
</appwidget-provider>
```

시간을 출력하기 넉넉한 2셀 폭으로 크기를 지정했다. 업데이트 주기는 0으로 지정하여 운영체제가 보내주는 방송을 아예 받지 않으며 내부적으로 업데이트 신호를 발생시켜 자체적으로 동작한다. 레이아웃은 다음과 같다.

```
<FrameLayout xmlns:android="http://schemas.android.com/apk/res/android"
    android:layout_width="match_parent"
    android:layout_height="match_parent"
    android:background="#c0c0c0"
    android:padding="@dimen/widget_margin"
    >
<TextView
    android:id="@+id/nowtime"
    android:layout_width="match_parent"
    android:layout_height="match_parent"
    android:gravity="center"
    android:textSize="32sp"
    android:textColor="#000000"
    />
</FrameLayout>
```

프레임 안에 시간을 표시할 텍스트뷰 하나만 배치했으며 프레임에는 패딩을 지정하여 주변과 적당히 간격을 띄웠다. 주기적으로 어떤 작업을 할 때 가장 구현하기 쉬운 방법은 타이머이다. 타이머로 시간을 갱신해 보자.

```
public class ClockWidget extends AppWidgetProvider {
    public void onUpdate(Context context, AppWidgetManager appWidgetManager,
            int[] appWidgetIds) {
        Timer timer = new Timer();
        ClockTask task = new ClockTask(context, appWidgetManager, appWidgetIds);
        timer.scheduleAtFixedRate(task, 0, 1000);
    }

    class ClockTask extends TimerTask {
        Context mContext;
        AppWidgetManager mManager;
        int[] mIds;
        public ClockTask(Context context, AppWidgetManager appWidgetManager,
            int[] appWidgetIds) {
            mContext = context;
            mManager = appWidgetManager;
            mIds = appWidgetIds;
        }

        public void run() {
            RemoteViews remote = new RemoteViews(mContext.getPackageName(),
                    R.layout.clockwidget);
            GregorianCalendar cal = new GregorianCalendar();
            String now = String.format("%d:%d:%d",
                    cal.get(Calendar.HOUR),
                    cal.get(Calendar.MINUTE),
                    cal.get(Calendar.SECOND));
            remote.setTextViewText(R.id.nowtime, now);
            mManager.updateAppWidget(mIds, remote);

            //AudioManager am = (AudioManager)mContext.getSystemService(
            //   Context.AUDIO_SERVICE);
            //am.playSoundEffect(AudioManager.FX_KEYPRESS_STANDARD);
        }
    }
}
```

최초 설치될 때 onUpdate가 호출되는데 여기서 1초 간격의 타이머를 설치한다. 타이머가 초 단위로 실행되면서 현재 시간을 조사하여 텍스트뷰로 출력한다. 홈 화면에 놓아 두면 시간이 계속해서 갱신된다.

운영체제의 방송을 받는 것이 아니라 타이머를 직접 돌리므로 갱신 주기는 정확하게 1초이며 아주 정상적으로 잘 동작한다. 그러나 타이머는 아주 심각한 문제가 있는데 장비가 슬립 모드로 들어가도 계속 동작한다는 것이다. 이렇게 되면 장비는 항상 동작 상태이므로 배터리는 그야말로 빛의 속도로 닳아 없어져 버린다.

이 문제를 확인해 보고 싶으면 아래쪽에 주석 처리되어 있는 코드의 주석을 풀어 보자. 한 번 업데이트될 때마다 소리를 내는데 장비의 화면이 꺼진 상태에서도 계속 소리가 발생함을 알 수 있다. 타이머는 장비가 슬립 모드로 들어가는 것을 방해하며 배터리 절약 효과가 전혀 없다. 더 나은 대안은 알람을 사용하는 것이다. 두 코드의 결과가 비슷하므로 같은 소스에 주석으로 묶여 있다.

```java
public class ClockWidget extends AppWidgetProvider {
    AlarmManager mAlarm;
    PendingIntent mPending;

    public void onEnabled(Context context) {
        super.onEnabled(context);

        AlarmManager am=(AlarmManager)context.getSystemService(
                Context.ALARM_SERVICE);
        Intent intent = new Intent(context, ClockWidget.class);
        intent.setAction("ClockUpdate");
        PendingIntent pending = PendingIntent.getBroadcast(context, 0, intent, 0);
        am.setRepeating(AlarmManager.RTC, System.currentTimeMillis(),
                1000 , pending);
    }

    public void onDisabled(Context context) {
        AlarmManager am=(AlarmManager)context.getSystemService(
                Context.ALARM_SERVICE);
        Intent intent = new Intent(context, ClockWidget.class);
        intent.setAction("ClockUpdate");
        PendingIntent pending = PendingIntent.getBroadcast(context, 0, intent, 0);
        am.cancel(pending);
```

```java
            super.onDisabled(context);

        }

    public void onReceive(Context context, Intent intent) {
        super.onReceive(context, intent);
        if (intent.getAction().equals("ClockUpdate")) {
            AppWidgetManager appWidgetManager = AppWidgetManager.getInstance(context);
            ComponentName thiswidget = new ComponentName(context, ClockWidget.class);
            int[] ids = appWidgetManager.getAppWidgetIds(thiswidget);
            onUpdate(context, appWidgetManager, ids);
        }
    }

    public void onUpdate(Context context, AppWidgetManager appWidgetManager,
            int[] appWidgetIds) {
        RemoteViews remote = new RemoteViews(context.getPackageName(),
                R.layout.clockwidget);
        GregorianCalendar cal = new GregorianCalendar();
        String now = String.format("%d:%d:%d",
                cal.get(Calendar.HOUR),
                cal.get(Calendar.MINUTE),
                cal.get(Calendar.SECOND));
        remote.setTextViewText(R.id.nowtime, now);
        appWidgetManager.updateAppWidget(appWidgetIds, remote);
    }
}
```

코드의 내용은 비슷하다. 최초 설치될 때 1초 단위의 알람을 설치하고 알람 메시지를 받았을 때 onUpdate를 호출하여 시간을 갱신한다. 알람도 주기적으로 호출된다는 면에서 타이머와 기능이 같지만 슬립 모드로 들어가면 장비가 깨어날 때까지 실행이 연기된다는 점이 다르다. 장비가 동작을 중지하면 앱위젯도 같이 중지하며 장비가 깨어날 때 같이 동작을 시작한다.

화면이 꺼져 있는 상태일 때는 시간이 갱신되지 않으므로 잘못된 정보를 보여주고 있지만 어차피 보이지 않으므로 틀린 값이라도 문제되지 않는다. 이 상태에서 화면을 켜면 연기된 알람이 곧바로 실행되어 즉시 시간이 갱신되며 이후부터 1초 단위로 알람이 계속 발생한다. 정확하게 시간을 갱신하면서도 배터리는 최대한으로 절약해서 사용하는 합리적인 갱신 방법이다.

위 두 코드를 실장비로 비교 테스트해 보면 별 차이가 없는 것처럼 보일 수도 있는데 이는 갱신 주기가 1초로 아주 짧게 지정되어 있기 때문이다. 화면이 꺼진다고 해서 바로 슬립 모드로 들어가는 것이 아니므로 알람도 주기가 너무 짧으면 슬립 모드로 들어가지 않는다. 갱신 주기를 1분 정도로 바꿔 보면 두 코드의 차이점을 분명히 알 수 있다.

그렇다면 진짜로 1초 단위로, 또는 그보다 더 짧은 주기로 갱신해야 할 때는 어떻게 해야 할까? 이럴 때는 사실 알람으로도 배터리를 절약하기가 굉장히 어려우며 훨씬 더 고난이도의 정교한 코드가 필요해진다. 사실 1초에 한 번씩 갱신되어야 할 정도로 중요한 정보를 보여주어야 한다면 앱위젯으로 만들지 않는 것이 정답이다.

37.3.3 뉴스 앱위젯

뉴스 앱위젯은 정보를 보여준다는 면에서 가장 전형적인 사용 예이다. 이번 예제에서는 설정 액티비티를 통해 동작 옵션을 지정하는 기능을 추가하고 버튼 클릭을 통해 사용자와 상호작용하는 방법에 대해 실습해 보자. 옵션이 있으면 다양성이 증가하고 사용자의 동작을 받아들이면 활용성이 향상되지만 필요한 코드의 양은 늘어나고 복잡도도 증가한다. 매니페스트의 선언문을 보자.

```
<receiver android:name=".c37_appwidget.FakeNews" android:label="가짜 뉴스">
    <intent-filter>
        <action android:name="android.appwidget.action.APPWIDGET_UPDATE" />
        <action android:name="andexam.ver6.c37_appwidget.FakeNews.ACTION_FAKENEWS_CHANGE" />
    </intent-filter>
    <meta-data android:name="android.appwidget.provider"
            android:resource="@xml/fakenewsmeta" />
</receiver>

<activity android:name=".c37_appwidget.FakeNewsConfig"
android:label="FakeNewsConfig">
    <intent-filter>
        <action android:name="android.appwidget.action.APPWIDGET_CONFIGURE" />
    </intent-filter>
</activity>

<activity android:name=".c37_appwidget.FakeNewsDetail"
android:label="FakeNewsDetail" />
```

프로젝트가 크다 보니 필요한 구성 요소가 많다. FakeNews 클래스가 메인 자바 클래스이다. 레이블은 쉽게 알아볼 수 있도록 한글로 "가짜 뉴스"라고 붙였다. APPWIDGET_UPDATE 방송 외에도 자체적으로 정의한 ACTION_FAKENEWS_CHANGE라는 커스텀 방송을 하나 더 수신한다. 이 방송은 최신 뉴스로 갱신하는 버튼을 처리할 때 사용된다.

메인 자바 클래스 외에도 설정을 편집하는 액티비티와 뉴스 상세보기 액티비티가 추가로 선언되어 있다. 설정 액티비티는 APPWIDGET_CONFIGURE 액션을 반드시 처리해야 하는데 앱위젯을 설치할 때 이 액션을 보내 설정 액티비티를 띄운다. 뉴스 상세보기 액티비티는 앱위젯의 뉴스를 클릭할 때 호출되며 뉴스의 본문을 출력할 예정이다. 앱위젯의 속성 문서는 다음과 같다.

res/xml/fakenewsmeta.xml

```
<appwidget-provider xmlns:android="http://schemas.android.com/apk/res/android"
    android:minWidth="110dip"
    android:minHeight="40dip"
    android:updatePeriodMillis="1800000"
    android:initialLayout="@layout/fakenews"
    android:configure="andexam.ver6.c37_appwidget.FakeNewsConfig"
    >
</appwidget-provider>
```

1셀은 뉴스 제목을 표시하기에는 너무 짧으므로 2×1 셀 크기를 지정했다. 뉴스 내용이 상세하다면 4 셀 정도로 늘려도 무방하지만 너무 크면 자리를 많이 차지해서 오히려 불편하다. 갱신 주기는 30분으로 설정했는데 뉴스는 그다지 자주 갱신되지 않으므로 충분하다. 30분도 다소 짧은 편인데 2시간 정도가 적당하지만 예제 테스트를 원활히 하기 위해 30분으로 지정했다. 초기 레이아웃은 다음과 같이 디자인했다.

res/layout/fakenews.xml

```
<RelativeLayout xmlns:android="http://schemas.android.com/apk/res/android"
    android:id="@+id/mainlayout"
    android:orientation="vertical"
    android:layout_width="match_parent"
    android:layout_height="match_parent"
    android:background="#FFFF00"
    android:padding="@dimen/widget_margin"
    >
```

```xml
<TextView
    android:id="@+id/news"
    android:layout_width="match_parent"
    android:layout_height="wrap_content"
    android:textSize="10sp"
    />
<LinearLayout
    android:layout_width="match_parent"
    android:layout_height="wrap_content"
    android:layout_alignParentBottom="true"
    android:layout_alignParentRight="true"
    >
<Button
    android:id="@+id/btnchange"
    style="?android:attr/buttonStyleSmall"
    android:layout_width="0px"
    android:layout_height="wrap_content"
    android:layout_weight="1"
    android:textSize="10sp"
    android:text="최신뉴스"
    />
<Button
    android:id="@+id/btnconfig"
    style="?android:attr/buttonStyleSmall"
    android:layout_width="0px"
    android:layout_height="wrap_content"
    android:layout_weight="1"
    android:textSize="10sp"
    android:text="설정"
    />
</LinearLayout>
</RelativeLayout>
```

렐러티브 안에 뉴스를 출력할 텍스트뷰를 배치하고 아래쪽에 두 개의 버튼을 균등하게 배치했다. 사용자 입력을 받아야 하므로 버튼이 두 개씩이나 배치되어 있으며 메인 레이아웃 자체도 클릭 이벤트를 받을 예정이라 별도의 id를 지정했다. 좀 유치하지만 배경색을 노랗게 설정해서 눈에 잘 띄게 디자인했다.

앞 예제에 비해 가장 큰 차이점은 설정 기능이 있어 앱위젯 속성 문서에 configure 속성이 설정되어 있다는 점이다. 이 속성에 설정을 처리할 액티비티의 경로를 지정하되 외부에서 호출되므로 패키지명까지 완전히 적어야 한다. 설정 액티비티는 일반적인 액티비티 제작 방법대로 작성한다.

```xml
<LinearLayout xmlns:android="http://schemas.android.com/apk/res/android"
    android:orientation="vertical"
    android:layout_width="match_parent"
    android:layout_height="match_parent"
    >
<CheckBox
    android:id="@+id/chkred"
    android:layout_width="wrap_content"
    android:layout_height="wrap_content"
    android:text="빨간색으로 표시"
    />
<Button
    android:id="@+id/btnok"
    android:layout_width="wrap_content"
    android:layout_height="wrap_content"
    android:onClick="mOnClick"
    android:text="설치"
    />
</LinearLayout>
```

```java
public class FakeNewsConfig extends Activity {
    final static String PREF = "FakeNews";
    CheckBox mRed;
    int mId;
    public void onCreate(Bundle savedInstanceState) {
        super.onCreate(savedInstanceState);
        setContentView(R.layout.fakenewsconfig);

        // 일단 실패로 가정한다.
        setResult(RESULT_CANCELED);
        mRed = (CheckBox)findViewById(R.id.chkred);

        // ID 조사해 둔다.
        Intent intent = getIntent();
        mId = intent.getIntExtra(AppWidgetManager.EXTRA_APPWIDGET_ID,
                AppWidgetManager.INVALID_APPWIDGET_ID);
        Log.d(FakeNews.TAG, "Config onCreate id = " + mId);

        // 설정값 읽어서 체크 박스에 출력.
        SharedPreferences prefs = getSharedPreferences(PREF, 0);
        boolean isRed = prefs.getBoolean("red_" + mId, false);
        mRed.setChecked(isRed);
```

```
        }

    public void mOnClick(View v) {
        switch (v.getId()) {
        case R.id.btnok:
            Log.d(FakeNews.TAG, "Install id = " + mId);
            // 인스턴스의 정보에 체크 박스값 저장
            SharedPreferences prefs = getSharedPreferences(PREF, 0);
            SharedPreferences.Editor editor = prefs.edit();
            editor.putBoolean("red_" + mId, mRed.isChecked());
            editor.commit();

            // 상태 갱신
            Context con = FakeNewsConfig.this;
            FakeNews.UpdateNews(con, AppWidgetManager.getInstance(con), mId);

            // OK 리턴 보냄
            Intent intent = new Intent();
            intent.putExtra(AppWidgetManager.EXTRA_APPWIDGET_ID, mId);
            setResult(RESULT_OK, intent);
            finish();

            break;
        }
    }
}
```

뉴스 위젯 정도면 다양한 설정이 필요하지만 예제에 너무 많은 기능을 넣을 필요는 없으므로 텍스트의 색상만 설정한다. 그것도 임의의 색이 아니라 빨간색 아니면 검은색 중 하나만 선택할 수 있으며 둘 중 하나이므로 체크 박스면 충분하다. 설정 액티비티는 앱위젯 소속이지만 일반적인 액티비티이므로 별 제약 없이 모든 위젯을 다 사용할 수 있다.

설정 액티비티는 위젯을 설치할 때마다 관리자에 의해 자동으로 호출된다. 왜냐하면 동작을 시작하기 전에 동작에 필요한 옵션값부터 결정해야 하기 때문이다. 최초 설치할 때 외에는 설정 액티비티를 다시 볼 기회가 없다. 그래서 처음 설치할 때 필요한 속성을 완전히 입력받아야 하며 만약 중간에 속성을 변경하고 싶으면 제거하고 다시 설치하는 수밖에 없다. 이 예제의 경우는 앱위젯 스스로 설정을 다시 호출하는 기능을 제공한다.

설정 액티비티의 주 임무는 앱위젯이 사용할 설정값을 보여주고 편집한 후 영구적인 저장소에 저장하는 것이다. 이렇게 저장된 정보는 앱위젯이 자신의 모습을 그리거나 동작할 때 활용한다. 반드시 파일이나 프레퍼런스, DB 같은 영구적인 장소에 저장해야 하며 변수 따위에 저장해서는 안 된다. 왜냐하면 설정 액티비티는 설정만 한 후 곧바로 사라지기 때문에 임시적인 멤버에 저장해 봤자 앱위젯이 참조할 수 없기 때문이다.

onCreate에서 레이아웃을 전개한 후 제일 먼저 하는 일은 결과를 RESULT_CANCELED로 초기화하는 것이다. 설정 액티비티가 뜨자 마자 Back 키를 눌러 종료해 버릴 수도 있는데 이때를 위해 일단은 취소한 것으로 가정한다. 즉, 사용자가 명시적으로 설치를 명령하지 않는 한 디폴트로 설치 거부인 셈이다. 다음은 설치 대상 인스턴스의 ID를 조사한다. 관리자는 위젯 설치시 설정 액티비티로 대상 위젯의 ID를 인텐트의 EXTRA_APPWIDGET_ID로 전달하므로 이 값을 읽으면 자신의 ID를 알 수 있다. 갱신을 위해 ID가 필요하고 설정 완료시에도 ID를 다시 전달해야 하므로 조사한 ID는 멤버에 잘 저장해 둔다.

다음은 설정하고자 하는 값을 읽어 위젯에 출력한다. 이 예제는 설정값을 프레퍼런스에 저장하므로 프레퍼런스의 값을 읽어 체크 박스의 초기 상태를 결정한다. 여러 개의 인스턴스를 지원하기 위해 프레퍼런스의 키에는 반드시 인스턴스의 ID가 포함되어야 한다. 각 인스턴스의 설정값이 다를 수 있으므로 인스턴스별로 개별적인 저장소가 필요하다. 다음은 두 개의 인스턴스가 설치된 경우의 예이다.

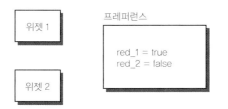

1번 위젯의 설정값은 red_1에 저장하고 2번 위젯의 설정값은 red_2에 저장했다. 만약 ID를 고려하지 않고 red라는 키를 사용해 버리면 여러 개의 인스턴스가 모두 같은 값을 참조할 것이며 각자 다른 속성을 가질 수 없다. 그래서 프레퍼런스의 키를 "red_" + mId로 지정하여 인스턴스마다 고유한 저장소를 할당한다. 설정값을 읽을 때의 디폴트 인수는 곧 이 설정의 디폴트에 해당하므로 무난한 값으로 지정한다. red_* 속성의 디폴트는 false이며 일부러 바꾸지 않는 한 검은색으로 출력된다.

onCreate가 리턴하면 현재 설정값이 액티비티에 출력되며 사용자는 이 액티비티에서 앱위젯의 속성을 편집한다. 그리고 설치 버튼을 누르면 이때부터 설치 과정이 시작된다. 체크 박스의 체크 상태를 조사하여 프레퍼런스에 값을 저장하고 최초 상태를 갱신한다. 설정 액티비티가 있을 경우 관리자가 앱위젯으로 UPDATE 방송을 따로 보내지 않으므로 설정 액티비티가 직접 앱위젯의 상태를 갱신한다. 앱위젯 설치시 관리자와 설정 액티비티의 동작은 다음과 같이 정의되어 있다.

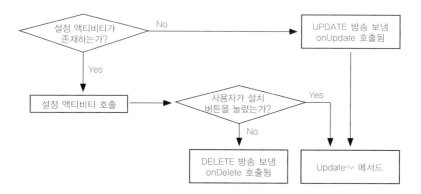

관리자는 설치할 앱위젯의 configure 속성을 보고 설정 액티비티의 존재 유무를 판단한다. 설정할 사항이 없으면 바로 UPDATE 방송을 날려 최초 그리기를 명령하며 설치는 완료된다. 앞에서 만들었던 예제는 모두 이 방식대로 설치되었으며 흐름이 단순하다.

설정 액티비티가 있을 경우에는 관리자가 UPDATE 방송을 보내지 않고 대신 설정 액티비티를 호출한다. 동작에 필요한 설정값을 결정해야 하므로 아직 UPDATE를 할 시점이 아니다. 설정 액티비티는 사용자로부터 옵션을 입력받아 저장소에 저장한다. 사용자가 설치 버튼을 눌러 설치를 허락하면 이때 해당 위젯을 초기화한다. 설정 액티비티가 있는 경우에는 최초 갱신이 설정 결정 후로 연기된다.

UPDATE 방송 처리 루틴의 초기화 코드와 설정 액티비티의 초기화 코드는 유사하므로 별도의 메서드로 정의해 놓고 공유하는 것이 유리하다. 절대적인 규칙은 아니지만 중복된 코드는 하나로 합치는 것이 당연하다. 예제의 경우는 이런 목적으로 UpdateNews 메서드를 정의한다. 메서드를 호출하는 대신 설정 액티비티가 UPDATE 방송을 보내는 것도 괜찮을 듯 하지만 이것은 안 된다. UPDATE 방송은 여러 개의 인스턴스에 대한 처리를 하는데 비해 설정 액티비티는 지금 설치하는 인스턴스 하나만을 대상으로 하므로 인수 구조가 다르다.

초기 갱신까지 완료했으면 RESULT_OK를 보내 관리자에게 무사히 설치했음을 보고하고 자신은 종료한다. 이때 설치한 앱위젯의 ID도 인텐트로 보내야 관리자가 후속 조치를 취할 수 있다. 만약 사용자가 설치를 취소했다면 관리자는 DELETE 방송을 보내 방금 설치하려고 했던 앱위젯을 삭제한다. 아직 설치되지도 않은 위젯이라 삭제할 필요가 없을 것처럼 보이지만 설정 액티비티가 onCreate에서 뭔가 초기화를 해 놓는 경우가 있어 방송을 보낼 수밖에 없다.

FakeNews

```
public class FakeNews extends AppWidgetProvider {
    final static String ACTION_FAKENEWS_CHANGE = "FakeNewsChange";
    final static String PREF = "FakeNews";
    final static String TAG = "FakeNews";

    public void onUpdate(Context context, AppWidgetManager appWidgetManager,
            int[] appWidgetIds) {
        Log.d(TAG, "onUpdate, length = " + appWidgetIds.length +
                ", id = " + appWidgetIds[0]);
        for (int i = 0; i < appWidgetIds.length; i++) {
            UpdateNews(context, appWidgetManager, appWidgetIds[i]);
        }
    }

    static void UpdateNews(Context context, AppWidgetManager appWidgetManager,
            int widgetId) {
        String[] arNews = {
                "1.안드로이드 SDK 7.0 모카빵 발표",
                "2.기술 혁신으로 10만원대 8테라 SSD 등장",
                "3.손목 시계형 안드로이드 스마트폰 발표",
                "4.눈알로 움직이는 무접촉 터치 스크린 개발",
                "5.한 번 충전으로 1년 쓰는 괴물 배터리 상용화",
        };

        int newsid = new Random().nextInt(arNews.length);
        RemoteViews views = new RemoteViews(context.getPackageName(),
                R.layout.fakenews);
        views.setTextViewText(R.id.news, arNews[newsid]);
        SharedPreferences prefs = context.getSharedPreferences(PREF, 0);
        boolean isRed = prefs.getBoolean("red_" + widgetId, false);
        views.setTextColor(R.id.news, isRed ? Color.RED:Color.BLACK);
        Log.d(TAG, "UpdateNews, id = " + widgetId);
```

```java
        Intent intent = new Intent(context, FakeNewsDetail.class);
        intent.putExtra("newsid", newsid);
        PendingIntent pending = PendingIntent.getActivity(context, widgetId,
                intent, PendingIntent.FLAG_UPDATE_CURRENT);
        views.setOnClickPendingIntent(R.id.mainlayout, pending);

        Intent intent2 = new Intent(context, FakeNewsConfig.class);
        intent2.putExtra(AppWidgetManager.EXTRA_APPWIDGET_ID, widgetId);
        PendingIntent pending2 = PendingIntent.getActivity(context, widgetId,
                intent2, 0);
        views.setOnClickPendingIntent(R.id.btnconfig, pending2);

        Intent intent3 = new Intent(context, FakeNews.class);
        intent3.setAction(ACTION_FAKENEWS_CHANGE);
        intent3.putExtra(AppWidgetManager.EXTRA_APPWIDGET_ID, widgetId);
        PendingIntent pending3 = PendingIntent.getBroadcast(context, widgetId,
                intent3, 0);
        views.setOnClickPendingIntent(R.id.btnchange, pending3);

        appWidgetManager.updateAppWidget(widgetId, views);
    }

    public void onReceive(Context context, Intent intent) {
        String action = intent.getAction();
        if (action != null && action.equals(ACTION_FAKENEWS_CHANGE)) {
            int id = intent.getIntExtra(AppWidgetManager.EXTRA_APPWIDGET_ID,
                    AppWidgetManager.INVALID_APPWIDGET_ID);
            UpdateNews(context, AppWidgetManager.getInstance(context), id);
            Log.d(TAG, "onReceive(CHANGE), id = " + id);
            return;
        }
        super.onReceive(context, intent);
    }

    public void onDeleted(Context context, int[] appWidgetIds) {
        for (int i = 0; i < appWidgetIds.length; i++) {
            Log.d(TAG, "onDeleted, id = " + appWidgetIds[i]);
            SharedPreferences prefs = context.getSharedPreferences(PREF, 0);
            SharedPreferences.Editor editor = prefs.edit();
            editor.remove("red_" + appWidgetIds[i]);
            editor.commit();
        }
    }
```

```
        public void onEnabled(Context context) {
            Log.d(TAG, "onEnabled");
        }

        public void onDisabled(Context context) {
            Log.d(TAG, "onDisabled");
        }
    }
```

기능이 많아진만큼 메인 코드의 양도 대폭적으로 늘어났다. onUpdate 자체는 간단한데 자신이 직접 갱신하지 않고 루프를 돌며 각 인스턴스를 갱신하는 UpdateNews 메서드를 호출한다. 설정 액티비티가 개별 인스턴스에 대해 초기화할 수 있으므로 별도의 메서드로 분리해 놓았다. 외부에서도 메서드를 호출해야 하므로 어쩔 수 없이 이 메서드는 정적으로 선언할 수밖에 없다.

UpdateNews 메서드는 배열에 뉴스거리를 정의하고 난수로 하나를 고른다. 실제 프로그램에서는 뉴스 서버에 접속해서 뉴스를 다운로드 받을 것이다. 선택된 뉴스는 텍스트뷰에 출력한다. 텍스트뷰의 색상은 프레퍼런스의 설정값을 읽어 결정하되 이때도 키값에 ID를 포함시켜 각 인스턴스와 대응되는 설정값을 읽는다. 여기까지 초기화가 완료되면 홈 화면에 앱위젯이 나타난다. 두 개의 인스턴스를 설치할 수 있으며 각자 다른 설정값을 지정할 수 있다.

onUpdate가 해야 할 또 다른 중요한 작업은 사용자의 클릭에 반응하는 리스너를 제공하는 것이다. 클릭 동작은 호스트에서 발생하지만 처리하는 쪽은 앱위젯이다. 자신의 소유가 아닌 위젯에 대해 리스너를 지정하는 것은 의미가 없으므로 펜딩 인텐트로 작성해서 전달한다. 관리자는 펜딩 인텐트를 받아 두었다가 클릭 이벤트가 발생하면 이 인텐트를 실행한다.

전체 레이아웃을 클릭하면 상세 뉴스를 보여준다. 앱위젯은 면적의 제한이 있어 뉴스의 제목만 표시하며 상세 정보는 제공하지 않으므로 별도의 액티비티를 열어서 보여주는 식이다. 뉴스 상세 정보는 FakeNewsDetail 액티비티가 출력하는데 이때 어떤 뉴스에 대한 정보를 보여줄 것인지 뉴스의 id를 전달한다. 메서드 호출이 아니므로 인수는 사용할 수 없으며 인텐트의 엑스트라를 사용하되 이때 반드시 FLAG_UPDATE_CURRENT 플래그를 지정해야 한다.

펜딩 인텐트는 굉장히 비싼 장치여서 시스템은 펜딩 인텐트를 매번 생성하지 않고 캐시를 유지하며 동일한 인텐트는 재사용한다. 그러다 보니 엑스트라 정보를 지정해도 제대로 전달되지 않는 문제가 있다. FLAG_UPDATE_CURRENT 플래그는 비용이 발생해도 할 수 없으니 엑스트라 정보를 갱신하라는 지시 사항이다. 펜딩 인텐트를 작성한 후 RemoteViews의 setOnClickPendingIntent 메서드로 전달하면 호스트가 지정한 뷰에서 클릭이 발생할 때 이 인텐트를 실행한다. 상세 뉴스를 보여주는 액티비티의 코드는 다음과 같다.

FakeNewsDetail

```
<LinearLayout xmlns:android="http://schemas.android.com/apk/res/android"
    android:orientation="vertical"
    android:layout_width="match_parent"
    android:layout_height="match_parent"
    >
<TextView
    android:id="@+id/detailnews"
    android:layout_width="wrap_content"
    android:layout_height="wrap_content"
    android:textSize="16sp"
    />
</LinearLayout>
----------------------------------------------------
public class FakeNewsDetail extends Activity {
    public void onCreate(Bundle savedInstanceState) {
        super.onCreate(savedInstanceState);
        setContentView(R.layout.fakenewsdetail);

        Intent intent = getIntent();
        int newsid = intent.getIntExtra("newsid", 100);
        Log.d(FakeNews.TAG, "Config news id = " + newsid);
        TextView detail = (TextView)findViewById(R.id.detailnews);
        detail.setText("상세 뉴스 보기 : " + newsid);
    }
}
```

텍스트뷰를 배치해 놓고 인텐트로 전달된 뉴스 ID를 출력한다. 실제 프로그램에서는 ID에 해당하는 뉴스의 전문을 읽어와 출력할 것이다. 텍스트는 물론이고 사진이나 동영상도 포함될 수 있으므로 제대로 보여줄려면 이 액티비티도 상당히 할 일이 많다. 그러나 액티비티 내의 동작이므로 앱위젯의 코드보다는 단순하다.

설정 버튼의 클릭 이벤트는 FakeNewsConfig 액티비티를 호출하며 인텐트로 대상 앱위젯의 인스턴스 ID를 전달한다. 설정 액티비티는 전달된 ID의 값을 읽어 체크 박스를 초기화하고 사용자의 입력을 받아 설정을 변경한 후 다시 UpdateNews를 부르도록 되어 있다. 사용자가 색상을 바꾸면 변경된 색상이 새로 적용된다. 난수로 뉴스 내용을 선택하는 사기를 치고 있어 뉴스 내용도 같이 바뀌는 부작용이 있지만 실제 프로그램에서는 설정을 바꾸는 김에 뉴스도 최신으로 업데이트 하는 긍정적인 효과로 나타난다.

최신 뉴스 버튼은 뉴스 내용만 다시 받아 최신으로 변경한다. 이 동작은 앱위젯에 이미 코드가 있으므로 별도의 액티비티를 실행할 필요 없이 자신이 직접 처리한다. 다만 호스트가 신호를 보내 줘야하므로 ACTION_FAKENEWS_CHANGE 방송을 정의하고 매니페스트에도 이 방송을 받는다는 선언을 미리 해 두었다. 최신뉴스 버튼의 클릭 리스너는 이 방송을 보내되 인수로 위젯의 ID를 전달하여 어떤 인스턴스의 뉴스를 갱신할 것인지 지정한다.

방송을 받는 주체는 onReceive이다. 표준 방송만 받는다면 이 메서드를 재정의할 필요가 없지만 커스텀 방송을 받아야 하므로 재정의했다. 전달된 액션이 CHANGE이면 UpdateNews를 호출하여 새 뉴스를 받고 나머지 방송에 대해서는 super의 onReceive로 넘긴다. 버튼을 클릭하면 방송이 수신되고 방송을 받으면 난수로 뉴스를 다시 골라 호스트로 갱신을 요청하며 호스트는 요청대로 텍스트를 갱신하는 복잡한 과정을 거친다.

방송과 요청이 프로세스 사이를 왔다리 갔다리 하면서 실행된다. CHANGE 방송은 UPDATE 방송과 하는 일이 거의 동일하지만 UPDATE는 설치된 모든 위젯을 대상으로 하는데 비해 CHANGE는 버튼을 클릭한 위젯 하나만을 대상으로 한다는 점이 다르다. 클릭한 위젯만 갱신하는 것이 논리적으로 옳다.

아래쪽에는 기타 라이프 사이클 메서드가 재정의되어 있다. onDeleted에서는 제거된 인스턴스와 대응되는 프레퍼런스의 키를 삭제한다. 사실 그냥 놔둬도 별 부작용이 없지만 우연히라도 같은 ID 의 위젯이 생성되면 삭제된 위젯의 속성을 참조할 경우가 있어 원칙대로 삭제했다. 별도의 전역 자원을 사용하지 않으므로 onEnabled, onDisabled는 로그를 출력하는 것 외에는 아무 것도 하지 않는다. 그럼 이제 실행해 보자. 위젯 목록에서 "가짜 뉴스"를 선택하면 설정 액티비티가 먼저 실행 된다.

여기서 옵션을 선택한 후 설치 버튼을 누르면 홈 화면에 위젯이 나타나며 Back 키를 누르면 설치는 즉시 취소된다. 최신 뉴스 버튼을 누르면 다른 뉴스로 바뀌며 설정 버튼으로 색상을 변경한다. 뉴스 업데이트 주기가 30분으로 되어 있으므로 30분 간 가만히 두면 다른 뉴스로 바뀐다.

37.3.4 컬렉션 앱위젯

안드로이드 3.0에서 앱위젯 기능이 대폭 확장되어 사용 가능한 위젯의 수가 늘어 났다. 이전에는 텍스트뷰나 이미지뷰로 글자나 그림을 보여주고 버튼으로 명령을 받는 정도만 가능했다. 3.0부터는 여러 뷰를 차일드로 가지는 ListView, GridView, StackView, AdapterViewFlipper 컬렉션 뷰를 사용하여 상세한 정보를 보여줄 수 있다. 알다시피 이 위젯은 대량의 데이터를 스크롤해 가며 보여줄 수 있어 일반 위젯에 비해 정보 전달력이 월등하다.

컬렉션 뷰의 구조가 복잡한 만큼 제작 방법이나 절차도 까다롭다. 모든 데이터가 한눈에 다 보이는 것이 아니라 일부는 아래쪽에 가려져 있다가 스크롤하면 나타난다. 또 목록이란 본질적으로 실시간 업데이트되는 정보인 경우가 많아 지속적으로 새로운 정보를 공급해야 한다. 이런 작업이 가능하려면 백그라운드에서 계속 필요한 데이터를 제공해야 하므로 BR만으로는 원하는 정보를 공급할 수 없으며 서비스를 동원해야 한다.

원격지의 데이터를 필요한 만큼 받아서 리모트 뷰를 제공해야 하므로 어댑터도 특별한 것이 필요하다. 원본 데이터가 원격지에 있고 이 데이터를 보여주는 것도 프로세스 외부의 호스트이므로 이들을 연결하기 위해 많은 복잡한 요소가 필요하다. 컬렉션 앱위젯 제작을 위해 다음 클래스가 사용된다.

- RemoteViewsService : Service의 파생 클래스이며 백그라운드에서 계속 동작한다. 데이터가 필요할 때마다 어댑터를 통해 최신 데이터를 제공한다. 데이터는 간단하게 배열이 있고 CP에 저장된 데이터베이스일 수도 있고 원격지의 네트워크에서 받은 실시간 데이터일 수도 있다. onGetViewFactory에서 리모트 어댑터인 RemoteViewsFactory 객체를 생성하여 리턴하며 이 어댑터에 의해 데이터가 컬렉션 뷰로 공급된다.

- RemoteViewsFactory : 리모트 컬렉션 뷰와 데이터를 연결하는 어댑터 인터페이스이다. 리스트뷰나 그리드뷰에 데이터를 공급하는 Adapter를 앱위젯에 맞게 래핑한 것이어서 사용 방법은 거의 비슷하다. getCount 메서드에서 뷰의 개수를 리턴하고 getViewAt 메서드에서 위치값을 전달받아 뷰를 리턴하는 것은 같다. 다만 앱위젯 호스트에게 전달해야 하므로 실제 뷰가 아닌 RemoteViews 객체를 리턴한다는 점이 다르다.

이론만으로 이해하기 어려우므로 다음 예제를 통해 컬렉션 앱위젯 작성법을 실습해 보자. 리스트뷰에 기념일 목록을 보여주기만 하는 간단한 동작을 하는데 그럼에도 불구하고 굉장히 많은 구성 요소가 필요하다. 먼저 앱위젯의 정보인 메타 데이터를 작성한다.

res/xml/annivlistwidgetmeta.xml

```
<appwidget-provider xmlns:android="http://schemas.android.com/apk/res/android"
    android:minWidth="110dip"
    android:minHeight="180dip"
    android:updatePeriodMillis="0"
    android:initialLayout="@layout/annivlistwidget"
    android:minResizeWidth="110dp"
    android:minResizeHeight="40dp"
    android:resizeMode="vertical"
    >
</appwidget-provider>
```

초기 크기는 2×3으로 설정했다. 기념일 목록이 길 수도 있어 아래쪽으로 여유 있게 초기 공간을 할당했다. 수직으로는 길이를 조정할 수 있되 기념일이 개행되어 출력되면 보기 좋지 못하므로 수평으로는 크기 조정을 하지 못하도록 했다. 기념일은 한 번 입력해 놓으면 웬만해서는 잘 바뀌지 않으므로 갱신은 따로 하지 않는다. 다음은 앱위젯의 레이아웃을 작성한다.

```
<LinearLayout xmlns:android="http://schemas.android.com/apk/res/android"
    android:id="@+id/mainlayout"
    android:layout_width="match_parent"
    android:layout_height="match_parent"
    android:orientation="vertical" >
<TextView
    android:layout_width="match_parent"
    android:layout_height="wrap_content"
    android:textSize="16sp"
    android:text="기념일 목록" />
<FrameLayout
    android:layout_width="match_parent"
    android:layout_height="match_parent" >
<ListView
    android:id="@+id/anniylist"
    android:layout_width="match_parent"
    android:layout_height="match_parent" />
<TextView
    android:id="@+id/emptyview"
    android:layout_width="match_parent"
    android:layout_height="match_parent"
    android:gravity="center"
    android:visibility="gone"
    android:textSize="20sp"
    android:text="no anniversary" />
</FrameLayout>
</LinearLayout>
```

위쪽에 기념일 목록이라는 제목을 출력하고 아래쪽에는 목록을 출력할 ListView를 배치했다. 목록
이 빌 때를 위해 빈 뷰를 ListView와 형제 관계로 배치하되 처음부터 보일 필요는 없으므로 gone
상태로 두었다. 다음은 리스트뷰 개별 항목의 레이아웃이다.

```
<TextView xmlns:android="http://schemas.android.com/apk/res/android"
    android:id="@+id/annivtext"
    android:layout_width="match_parent"
    android:layout_height="wrap_content"
    android:textSize="11sp"
    android:text="annivtext" />
```

얼마든지 복잡하게 디자인할 수 있지만 문자열 하나만 배치했다. 멋드러진 배경으로 장식할 수도 있고 월, 일, 음력/양력, 제목 등을 각각의 다른 텍스트뷰에 보기 좋게 출력할 수도 있다. 메인 소스 파일은 다음과 같다. 분석의 편의를 위해 한 소스안에 모든 구성 요소를 다 작성했다.

AnnivListWidget

```java
public class AnnivListWidget extends AppWidgetProvider {
    public AnnivListWidget() {
    }

    public void onDeleted(Context context) {
    }

    public void onUpdate(Context context, AppWidgetManager appWidgetManager, int[]
appWidgetIds) {
        for (int i = 0;i<appWidgetIds.length;i++) {
            RemoteViews rv = new RemoteViews(context.getPackageName(), R.layout.
annivlistwidget);
            Intent intent = new Intent(context, AnnivListWidgetService.class);
            intent.putExtra(AppWidgetManager.EXTRA_APPWIDGET_ID, appWidgetIds[i]);
            rv.setRemoteAdapter(R.id.annivlist, intent);
            rv.setEmptyView(R.id.annivlist, R.id.emptyview);
            appWidgetManager.updateAppWidget(appWidgetIds[i], rv);
        }
        super.onUpdate(context, appWidgetManager, appWidgetIds);
    }

    public static class AnnivListWidgetService extends RemoteViewsService {
        public RemoteViewsFactory onGetViewFactory(Intent intent) {
            return new AnnivListFactory(this.getApplicationContext(), intent);
        }
    }
}

class AnnivListFactory implements RemoteViewsService.RemoteViewsFactory {
    Context mContext;
    int mAppWidgetId;
    ArrayList<String> arAnniv = new ArrayList<String>();

    public AnnivListFactory(Context context, Intent intent) {
        mContext = context;
        mAppWidgetId = intent.getIntExtra(AppWidgetManager.EXTRA_APPWIDGET_ID,
```

```
                AppWidgetManager.INVALID_APPWIDGET_ID);
    }

    public void onCreate() {
        arAnniv.add("1월 1일(음) - 설날");
        arAnniv.add("3월 1일(양) - 삼일절");
        arAnniv.add("4월 1일(양) - 만우절");
        arAnniv.add("4월 5일(양) - 식목일");
        arAnniv.add("4월 8일(음) - 석가탄신일");
        arAnniv.add("4월 18일(음) - 마님 생일");
        arAnniv.add("4월 28일(양) - 충무공탄신");
        arAnniv.add("5월 5일(양) - 어린이날");
        arAnniv.add("6월 6일(양) - 현충일");
        arAnniv.add("6월 29일(음) - 내생일");
        arAnniv.add("7월 17일(양) - 제헌절");
        arAnniv.add("8월 15일(양) - 광복절");
        arAnniv.add("8월 15일(음) - 추석");
        arAnniv.add("10월 1일(양) - 국군의 날");
        arAnniv.add("10월 3일(양) - 개천절");
        arAnniv.add("10월 9일(양) - 한글날");
        arAnniv.add("11월 7일(양) - 결혼기념일");
        arAnniv.add("11월 11일(양) - 빼빼로데이");
        arAnniv.add("12월 25일(양) - 성탄절");
    }

    public void onDestroy() {
    }

    public int getCount() {
        return arAnniv.size();
    }

    public int getViewTypeCount() {
        return 1;
    }

    public long getItemId(int position) {
        return position;
    }

    public RemoteViews getLoadingView() {
        return null;
    }
```

```
    public RemoteViews getViewAt(int position) {
        RemoteViews rv = new RemoteViews(mContext.getPackageName(), R.layout.
    annivlistwidgetitem);
        rv.setTextViewText(R.id.annivtext, arAnniv.get(position));
        return rv;
    }

    public boolean hasStableIds() {
        return true;
    }

    public void onDataSetChanged() {
    }
}
```

AnnivListFactory 클래스가 데이터를 공급하는 어댑터이다. 생성자로 컨텍스트와 인텐트를 받아 멤버에 저장해 둔다. arAnniv가 기념일의 이름 목록이며 단순한 문자열 배열이다. 형식성을 따진다 면 월, 일, 제목 등을 멤버로 가지는 구조체를 정의한 후 구조체의 컬렉션으로 정의하는 것이 바람직 하다. 이 배열은 앱위젯이 처음 생성될 때 호출되는 onCreate에서 초기화된다. 데이터베이스에 정 보가 있다면 onCreate에서 DB를 열고 쿼리를 날려 커서를 얻어 놓아야 한다.

getCount에서는 배열 크기를 리턴하여 항목 개수를 알려 주고 getViewTypeCount에서 1을 리 턴하여 항목 뷰가 한 종류밖에 없음을 명시한다. 기념일 종류에 따라 각각 다른 모양으로 출력하고 싶다면 여러 가지 형태의 다른 항목 뷰를 사용한다. 홀짝순으로 다른 배경색을 사용하여 보기 좋게 출력하기도 하는데 이럴 경우에도 항목 뷰의 종류는 여러 개가 된다.

가장 중요한 메서드는 항목 뷰를 리턴하는 getViewAt이다. RemoteViews 객체를 생성하고 내부 의 텍스트뷰에 기념일 이름을 출력한다. 항목 레이아웃이 단순한 문자열이라 코드가 간단하지만 레 이아웃이 복잡하면 각 정보를 읽어 대응되는 위젯에 보기좋게 포맷팅하는 복잡한 구문이 필요하다. 또 각 항목을 클릭할 때의 동작을 처리하려면 펜딩 인텐트를 작성해야 한다.

AnnivListWidgetService 클래스는 백그라운드에서 동작하는 데이터 공급 서비스이며 onGetViewFactory 메서드에서 어댑터 객체를 생성하여 리턴한다. 이 메서드의 인수로 전달된 intent에는 위젯 ID나 데이터를 얻는데 필요한 정보가 저장되어 있다. 데이터를 읽어서 공급하는 처리를 서비스와 어댑터가 대신 하므로 위젯 자체는 별로 할 일이 없다.

onUpdate에서 setRemoteAdapter 메서드를 호출하여 어디서 데이터를 공급받는지 알려 주고 setEmptyView 메서드를 호출하여 데이터가 없을 때 어떤 위젯을 보여줄 것인가 정도만 밝히면 된다. 마지막으로 매니페스트에 앱위젯 클래스와 서비스를 밝힌다. 서비스는 원격지의 데이터를 읽어야 하므로 BIND_REMOTEVIEWS 퍼미션을 지정한다.

```
<receiver android:name=".c37_appwidget.AnnivListWidget" android:label="기념일 목록">
    <intent-filter>
        <action android:name="android.appwidget.action.APPWIDGET_UPDATE" />
    </intent-filter>
    <meta-data android:name="android.appwidget.provider"
            android:resource="@xml/annivlistwidgetmeta" />
</receiver>

<service android:name=".c37_appwidget.AnnivListWidget$AnnivListWidgetService"
    android:permission="android.permission.BIND_REMOTEVIEWS"
    android:exported="false" />
```

기능을 최소화하여 가급적 간단하게 만들어도 이렇게 많은 파일이 필요하다. 미리 보기 이미지를 제공한다거나 설정 기능을 만들고 사용자와 상호 작용까지 한다면 훨씬 더 복잡해진다. 실행해 보자.

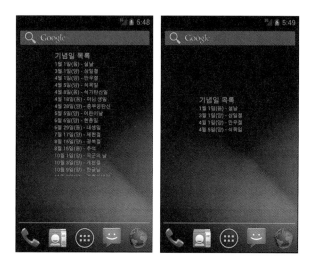

기념일이 리스트뷰에 일목 요연하게 출력된다. 장식을 너무 자재하다 보니 모양이 좀 얄궂지만 목록이 길어도 잘 표시되며 홈 화면에서 드래그하면 스크롤된다. 스크롤할 때마다 아래쪽에 가려진 데이터를 새로 읽어와야 하므로 백그라운드에서 동작하는 서비스가 필요하며 언제든지 데이터를 공급할 수 있는 어댑터도 준비되어 있어야 한다.

크기 조정이 가능하므로 롱 클릭하여 작게 만들 수도 있다. 어차피 스크롤 가능하므로 작아도 필요한 정보는 다 확인할 수 있다. 물론 화면이 아주 크다면 모든 기념일을 한눈에 다 볼 수 있어서 편리하다. 하드 코딩된 기념일만 보여주어 별 실용성은 없지만 이 목록을 편집할 수 있는 프로그램을 같이 작성한다면 나름대로 실용적이다. 음력 기념일은 올해의 양력으로 바꿔서 보여주고 해당 날짜가 임박하면 알람으로 알려주는 기능도 작성해 봄직하다.

이 외에 앱위젯에 관련된 클래스로 AppWidgetHost와 AppWidgetHostView가 있다. AppWidgetHost는 시스템의 앱위젯 서비스와 홈 화면 같은 앱위젯 호스트를 연결한다. 새로 설치되는 위젯에 ID를 할당하고 요청한 만큼의 영역을 할당한다든가 위젯을 삭제하는 등의 처리를 한다. AppWidgetHostView는 홈 화면의 일부 영역을 관리하며 RemoteViews 객체를 받아 위젯 영역을 갱신한다.

앱위젯이 동작하려면 이 위젯을 관리하고 요청을 받아주는 쪽도 있어야 함이 당연하다. 홈 화면처럼 앱위젯을 담는 호스트를 만들어야 한다면 이 두 클래스를 활용한다. 커스텀 론처를 개발한다거나 아니면 특정 장비를 위한 쉘을 개발할 때 이 기술이 필요하다. 일반적인 앱 수준에서는 사용할 일이 극히 드물고 이 책의 범위를 넘어서므로 간단히 소개만 하였다.

CHAPTER 38

플레이 스토어

38.1 릴리즈

38.1.1 프로젝트 속성

완성된 프로그램은 최종 사용자가 편리하게 사용할 수 있도록 잘 포장해서 배포해야 한다. 꼭 수익을 목적으로 하지 않더라도 혼자 쓰기 위해 프로그램을 만들지 않으며 설사 취미로 만든다 할지라도 애써 만든 프로그램을 가급적 많은 사람이 유용하게 애용한다면 보람된 일이다. 이왕이면 수익이 창출되고 개발 비용까지 회수되어 업데이트할 자금까지 마련할 수 있다면 금상첨화다.

학습이나 취미를 위해 만드는 예제와 판매를 목표로 작성하는 프로그램은 차원이 다르다. 유료로 판매하면 상품이 되고 사용자는 곧 고객이므로 시장에 내놓을만한 상품성을 확보해야 한다. 누구나 바로 사용할 수 있는 직관적이고도 편리한 UI를 제공해야 하며 섬세하게 디버깅하여 마무리하고 성능이나 안전성 체크에도 많은 신경을 써야 한다.

또한 온라인을 통해 사용자의 장비에 무사히 설치되고 차후의 업그레이드까지 가능하도록 배포 준비가 완벽해야 한다. 배포 실습을 위해 MyKillerApp이라는 이름으로 테스트 예제를 만들어 보자. 복잡한 기능은 필요 없고 마법사로 간단하게 프로젝트만 생성하여 Hello World 수준의 앱을 준비한다.

안드로이드 스튜디오는 프로젝트 빌드에 그래들(Gradle)을 사용한다. 그래들은 자동화된 빌드 시스템으로서 명령행에서 독립적으로 실행할 수도 있지만 다른 환경에 플러그인으로 통합되기도 한다. 마법사는 프로젝트를 생성할 때부터 그래들 빌드 스크립트를 생성해 놓는다. 프로젝트 도구창을 보면 두 개의 build.gradle 파일이 있다.

위쪽의 스크립트는 프로젝트 전역적인 빌드 속성을 정의하며 프로젝트 루트에 있다. 각 모듈별로도 빌드 스크립트가 생성되는데 app 폴더의 루트에 위치한다. 각 스크립트 파일의 물리적인 위치는 다르지만 프로젝트 도구창은 Gradle Scripts 노드에 같이 보여준다. 다음은 프로젝트의 빌드 스크립트이다.

```
// Top-level build file where you can add configuration options common to all sub-
projects/modules.

buildscript {
    repositories {
        jcenter()
    }
    dependencies {
        classpath 'com.android.tools.build:gradle:1.3.0'

        // NOTE: Do not place your application dependencies here; they belong
        // in the individual module build.gradle files
    }
}

allprojects {
    repositories {
        jcenter()
    }
}
```

모든 모듈에 공통적으로 적용되는 설정이 기록되어 있다. 자바 라이브러리는 jcenter 리포지터리에서 읽어 사용하며 안드로이드의 그래들 플러그인에 종속된다는 설정이 기록되어 있다. 다음은 메인 모듈의 빌드 스크립트이다.

```
apply plugin: 'com.android.application'

android {
    compileSdkVersion 23
    buildToolsVersion "23.0.0"

    defaultConfig {
        applicationId "kr.soen.kykillerapp"
        minSdkVersion 23
        targetSdkVersion 23
        versionCode 1
        versionName "1.0"
    }
    buildTypes {
        release {
            minifyEnabled false
            proguardFiles getDefaultProguardFile('proguard-android.txt'), 'proguard-
rules.pro'
        }
    }
}

dependencies {
    compile fileTree(dir: 'libs', include: ['*.jar'])
}
```

첫줄에 안드로이드 플러그인을 적용한다는 것이 명시되어 있고 android 블록에는 SDK와 빌드툴의 버전이 기록되어 있다. 그리고 앱 ID로 사용될 풀 패키지 경로, 사용할 SDK 버전, 앱의 버전이 있고 빌드 타입별로 어떤 속성을 적용할지 지정한다. dependencies 블록에는 모듈의 libs 하위 폴더에 있는 모든 jar 파일에 의존한다고 되어 있으므로 이 폴더에 사용할 라이브러리를 넣어 두면 된다.

그래들의 빌드 스크립트는 그루비(Groovy) 기반의 간단한 스크립트이며 대충만 읽어봐도 의미를 쉽게 알 수 있다. 이 파일을 편집하면 빌드 방식을 변경할 수 있지만 초보자가 함부로 수정할만큼 쉽지는 않다. 다행히 안드로이드 스튜디오는 주요 빌드값을 보여주고 편집하는 대화상자 형식의 속성창을 제공한다. 메뉴에서 File/Project Structure 항목을 선택하면 다음 대화상자가 열린다.

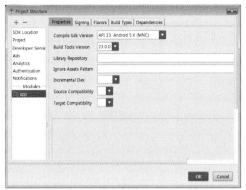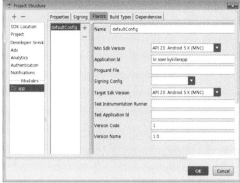

왼쪽 목록에 프로젝트 전역적인 속성이 카테고리별로 분류되어 있고 Modules 아래에 모듈의 목록이 나열되어 있다. 마법사로 만든 프로젝트는 app 모듈 하나밖에 없지만 여러 개의 모듈이 포함될 수도 있다. 목록에서 모듈을 선택하면 모듈의 상세 속성이 상단의 탭으로 분류되어 표시된다.

이클립스에서는 이 정보가 대부분 매니페스트에 기록되었는데 안드로이드 스튜디오는 빌드 스크립트에 기록한다. 마법사가 만든 스크립트는 개발에 무난한 설정으로 되어 있지만 배포를 위해서는 이 속성을 섬세하게 조정해야 한다. 릴리즈 전에 관리해야 하는 주요 속성에 대해 알아 보자.

버전 부여

버전 정보는 당장의 설치와 무관하지만 차후의 업그레이드와 고객 관리를 위해 중요하다. 처음부터 프로그램을 완벽하게 만들 수 없으므로 최초 배포할 때부터 업그레이드를 고려해야 한다. 시스템은 버전 정보를 읽어 업데이트 여부를 판별하며 사용자 또한 버전을 통해 자신이 사용하고 있는 프로그램이 어떤 기능을 제공하는지 판단한다. 버전 정보는 Flavors 탭의 제일 아래쪽에 다음 두 가지가 있다.

Version Code 속성은 시스템이 패키지 간의 비교에 사용하는 버전 번호이다. 새로운 패키지가 이미 설치된 패키지보다 더 최신인지 이 번호를 보고 판별하며 새 패키지의 버전이 더 높으면 사용자에게 업그레이드할 필요가 있음을 알린다. 새 프로그램은 이전 프로그램보다 높은 버전을 지정해야 업그레이드가 원활하게 처리된다. 단순한 정수형이므로 최초 버전은 1, 다음 버전은 2 식으로 증가시키되 꼭 1씩 증가시킬 필요는 없다.

Version Name 속성은 설치시 사용자에게 보여지는 버전 정보이다. 문자열 형태이므로 형식에 제한은 없지만 보통 주.부.빌드 식으로 2~3단계로 나누어 표기한다. 디폴트는 1.0으로 주어지는데 문자열이므로 숫자가 아닌 임의의 문자를 사용할 수 있다. 예를 들어 1.0.pro, 1.0.lite 따위로 유료 버전과 무료 버전을 구분할 수 있으며 요구하는 장비에 대한 스펙을 기록해 넣기도 한다.

두 버전 정보는 사용 주체가 다르고 용도도 다르므로 굳이 일치시킬 필요는 없다. versionName을 1.1로 올릴 때 versionCode는 11이 되거나 2가 되어도 상관없다. 그러나 가급적이면 일치시키는 것이 관리에 유리하다. 보통 1.25 식으로 세 자리까지 버전 번호를 매기는 것이 관행이므로 100부터 시작해서 110, 120 식으로 버전을 올리는 정책이 제일 무난하다.

SDK 설정

Properties 탭의 Compile Sdk Version은 프로젝트를 컴파일할 버전을 지정하며 Build Tools Version은 빌드툴의 버전을 지정한다. 이 두 속성은 사용할 컴파일러를 지정하는 것이지 앱에서 사용할 기능의 버전을 선택하는 것은 아니다. 앱은 레벨 16을 타깃으로 하더라도 컴파일러는 레벨 23을 사용할 수도 있다.

앱에서 가장 중요한 버전은 Flavors 탭의 Min Sdk Version이다. 이 속성은 필요한 SDK의 최소값을 API 레벨로 지정한다. 시스템은 이 값을 시스템의 API 레벨과 비교하여 합당할 때만 설치를 허락한다. 요구하는 최소 레벨이 16(버전 4.1)인데 시스템은 9(버전 2.3) 레벨이라면 이 장비에는 프로그램 설치가 거부된다. 이 레벨에 따라 사용할 수 있는 API가 결정되며 설치될 장비의 종류가 제한된다.

마법사로 프로젝트를 생성할 때 이 값을 지정하도록 되어 있는데 프로젝트 중에라도 언제든지 변경 가능하다. 6.0 환경에서 개발했더라도 4.4 이후의 확장된 API를 사용하지 않았다면 최소 레벨을 적당히 낮추는 것이 좋다. 요구 SDK의 레벨이 낮으면 최신 기능 일부를 사용할 수 없지만 대신 최대한 많은 장비에 설치할 수 있어 배포에 유리하다. 플레이 스토어는 이 값으로 앱을 필터링하므로 불필요하게 높은 값으로 지정하면 사용자에게 노출될 기회가 줄어든다.

Target Sdk Version 속성은 앱이 테스트된 환경을 명시함으로써 호환성 처리를 방지한다. 예를 들어 레벨 16의 어떤 기능이 레벨 23에서 변경되었을 때 시스템은 이후부터 새 기능을 적용하며 대개의 경우 하위 호환성이 유지되므로 문제가 없다. 그러나 특수한 경우 민감한 차이가 발생할 수도 있다. 이럴 때 타깃을 16으로 명시하면 새 기능을 사용하지 않고 레벨 16의 이전 기능을 적용함으로써 테스트 환경과 동일한 실행이 보장된다.

SDK 버전을 지정하는 속성이 여러 개 있는데 조금씩 의미가 다르다. 아주 특수한 경우에는 최소 버전과 타깃 버전이 다를 수 있지만 대개의 경우는 이들을 모두 일치시키는 것이 좋고 불필요하게 높은 버전을 사용하지 말아야 한다. 현재는 6.0까지 업그레이드되었지만 상당한 기간동안 4.0이나 5.1 정도를 기준으로 개발하는 것이 합리적이다.

릴리즈

마법사로 만든 프로젝트는 디버그 버전으로 컴파일된다. 디버그 버전은 로그를 출력하고 디버깅 관련 코드를 삽입함으로써 단계 실행이 가능하다. 바이트 정렬을 생략하고 서명도 하지 않으며 과도한 최적화도 생략함으로써 빌드 속도도 빠르다. 그러나 최종 릴리즈시에는 디버깅 정보가 필요없으므로 릴리즈로 컴파일해야 한다. Build Variants 도구창에서 모듈의 빌드 타입의 release로 변경한다.

릴리즈 버전은 최대한 작고 빠르게 컴파일하며 서명을 추가하여 누가 만든 앱인지 기록을 남긴다. 릴리즈로 컴파일하려면 서명 과정을 거쳐야 하므로 아직은 바로 컴파일할 수 없다.

이 외에도 아이콘이나 레이블 등도 신경써서 조정한다. 아이콘이 예쁘지 않으면 관심받기 어려우며 프로그램의 용도를 직관적으로 알 수 있는 제목을 붙이는 것이 좋다. 둘 다 배포 후에 사용자의 기억 속에 남으며 앱을 대표하는 상징 역할을 하므로 한번 결정하면 다음에는 바꾸기 어렵다. 그래서 최초 배포할 때 신중하게 잘 결정해야 한다.

38.1.2 서명

모바일 장비에는 주소록이나 메모 등 개인적인 주요 정보가 저장되며 공인 인증서나 계좌 번호 같은 치명적인 정보도 포함된다. 또한 업무용으로 사용하는 경우 중요한 영업 비밀이나 보안 정보가 저장되기도 한다. 게다가 네트워크에 항상 연결되어 있어 엉뚱한 프로그램이 자신도 모르게 설치된다면 소중한 정보가 노출될 수 있다. 그러다 보니 모바일 장비에서의 보안은 굉장히 민감한 주제이다.

안드로이드는 보안을 위한 여러 가지 장치를 제공하는데 그 중 하나가 서명된 앱만 설치를 허가하는 것이다. 서명은 프로그램 제작자를 명시하여 암호화함으로써 설치 단계에서 믿을만한 회사의 제품인지 확인하는 장치이다. 안드로이드는 서명이 없는 프로그램의 설치를 허가하지 않으므로 모든 실행 파일은 서명이 필요하다. 개발 단계에서는 디버그 키로 서명하여 테스트할 수 있지만 배포할 프로그램은 반드시 자신의 이름으로 서명해야 한다.

서명을 하려면 제작자의 신상 정보를 가지는 서명 키 파일을 생성해야 한다. 예전에는 명령행에서 별도의 유틸리티 프로그램으로 키 파일을 작성하여 실행 파일을 암호화하고 정렬까지 직접 해야 했다. 하지만 지금은 안드로이드 스튜디오에서 대화상자를 통해 편하게 모든 과정을 일괄 처리할 수 있다. MyKillerApp에 대해 서명을 작성해 보자. 메뉴에서 Build/Generate Signed APK 항목을 선택한다.

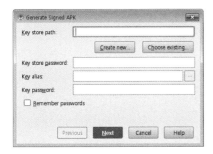

키 파일을 미리 만들어 두었다면 바로 사용할 수 있지만 그렇지 않다면 Create New 버튼을 눌러 지금 생성한다. 키 파일을 저장할 경로를 물어 본다.

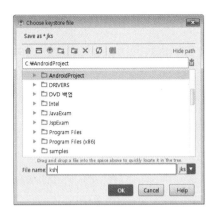

키 파일은 프로젝트와는 별개이므로 임의의 폴더에 저장해도 상관없다. 실습 폴더의 루트에 ksh라는 이름으로 생성했으며 확장자는 자동으로 jsk로 붙여진다. 파일 경로를 지정한 후 키 파일에 나머지 정보를 채워 넣는다.

패스워드는 충분히 길고 복잡하게 지정하되 최소 6자 이상으로 해야 한다. 실습용이므로 keypass로 간단하게 지정했다. 만료 기간은 충분히 길게 설정하되 구글은 25년을 권장한다. 만료 날짜가 지난 앱은 설치 거부되지만 일단 설치된 프로그램은 만료 날짜가 지나도 실행 가능하다.

아래쪽에 이름과 소속, 주소를 입력하되 모든 필드를 다 채울 필요는 없고 필요한만큼만 입력하면 된다. 상용 제품 릴리즈에 사용할 키라면 모든 정보를 다 채우는 것이 신뢰성있어 보인다. OK 버튼을 누르면 키 파일이 생성되고 서명 대화상자에 새로 만든 키 파일의 정보가 입력된다.

미리 만들어 놓은 키 파일을 사용할 때는 패스워드가 자동 입력되지 않으므로 키 파일 생성시 지정한 암호를 직접 입력한다. Next 버튼을 누르면 키 파일을 인증한 후 다음 단계로 넘어간다. 다음은 서명한 APK 파일을 어디다 저장할 것인지 물어보는데 프로젝트 내부의 폴더가 디폴트로 입력되어 있으므로 그대로 받아들인다.

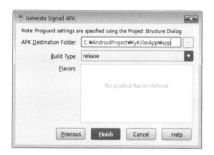

Finish 버튼을 누르면 키 파일로 APK를 암호화하여 생성하며 완료 대화상자가 나타난다. 탐색기를 열어 확인해 보면 app-release.apk 파일이 생성되어 있는데 이 파일이 배포 대상이다.

키 파일을 이미 생성해 두었으므로 다른 앱을 서명할 때는 새로 만들 필요없이 만들어둔 키 파일을 계속 사용한다. 개발자의 신분을 증명하는 중요한 파일이므로 잘 보관해 두어야 하며 비밀번호가 유출되지 않도록 주의해야 한다.

38.1.3 서명의 효과

서명까지 완료했으면 이제 구글 플레이에 올릴 수 있다. 그렇다면 서명이 과연 어떤 효과가 있고 서명이 잘못되면 어떻게 되는지 실험해 보자. 온라인에 등록하는 것은 너무 번거로우므로 그냥 복사해서 설치해 보기로 한다. 실장비를 USB로 연결하고 apk 파일을 적당한 폴더에 복사한 후 탐색기에서 apk 파일을 실행하면 앱 관리자가 설치를 진행한다.

에뮬레이터에서 테스트하기는 좀 까다로운데 DDMS로 복사할 수는 있지만 탐색기가 없어 apk를 실행할 방법이 없다. 웹사이트에 올려 놓거나 메일로 첨부해서 보내 놓고 웹브라우저로 다운받은 후 설치해야 한다. 다운받은 후 파일을 클릭하거나 장비에 복사한 apk 파일을 클릭하면 다음 화면이 나타난다. 직접 이 실습을 해 보기는 어려우므로 구경만 해 보자.

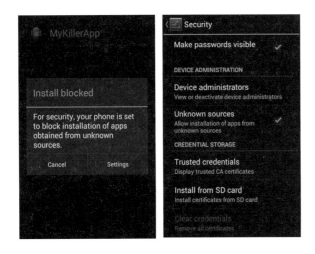

온라인에서 다운받은 것이 아니므로 설치할 수 없다는 뜻인데 이것은 안드로이드의 기본 정책이다. 구글 플레이를 통하지 않은 불법 복제품은 신뢰할 수 없으므로 함부로 설치하지 말라는 뜻이다. 이 정책을 무시하려면 세팅으로 가서 Unknown sources 항목을 체크하여 직접 책임지겠다는 의사 표시를 한다. 에뮬레이터는 개발용이므로 이 옵션이 기본적으로 설정되어 있어 아무거나 설치할 수 있도록 되어 있다.

실장비는 "알 수 없는 소스" 설정이 디폴트로 꺼져 있어 복사한 임의의 프로그램은 설치 거부된다. 꼭 설치하려면 설정을 변경해야 한다. 직접 설치할 때는 서명의 상세한 정보가 보이지 않지만 온라인에서 설치할 때는 누가 만든 프로그램이며 어떤 퍼미션을 사용하는지 등의 상세 정보가 표시된다.

표시되는 구체적인 정보는 구글 플레이의 정책에 따라 달라지며 사용자는 이 정보를 보고 믿어도 되는 프로그램인지 판단한다.

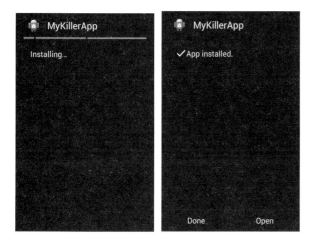

다음은 이 앱을 업그레이드했다고 가정하고 재설치해 보자. 앱 버전을 1.1로 올리고 출력하는 문자열도 약간 바꾼 후 다시 컴파일, 서명한 후 재설치한다. 설치된 프로그램을 교체한다는 안내 문구가 나타나며 업그레이드가 진행된다. 버전을 올렸으니 새 버전으로 인식되며 따라서 별 이상 없이 잘 설치된다.

다음은 해커를 가정하고 이 프로그램과 똑같은 프로그램을 만들어 배포한다고 해 보자. 기능을 베끼는 것은 어렵지 않다. 헤커는 기존 앱의 업그레이드를 위장하기 위해 버전을 1.2 정도로 약간 올린다. 그리고 자신의 키 파일로 서명한 후 배포한다. 최초 개발자의 암호를 알 수 없으므로 idontknow로 서명했다고 하자. 이때 앱 관리자는 설치를 거부한다.

이름은 같지만 이미 설치된 프로그램과 서명이 충돌한다는 에러 메시지가 나타나며 설치 거부된다. adb로 설치해 보면 이전 버전과 서명이 일치하지 않는다는 INCONSISTENT_CERTIFICATES 에러가 출력된다. 같은 이름의 실행 파일이지만 만든 사람이 다르므로 정상적인 업그레이드가 아니라고 판단하는 것이다. 똑같은 프로그램을 만들 수 있고 서명도 할 수 있지만 키 파일의 암호를 모르므로 원래 프로그램과 동일한 서명을 할 수 없다. 사용자가 원본 프로그램을 설치 해제하지 않는 한 해커의 프로그램은 설치될 수 없다.

키 파일은 이런 중요한 역할을 하므로 잘 관리해야 한다. 키 파일이나 암호가 유출되면 해커가 똑같은 서명을 하여 변조된 프로그램을 배포할 수 있으며 이는 큰 보안 위협이다. 해킹은 주로 정상 프로그램을 가장한 변조 프로그램으로 이루어진다. 예를 들어 모바일 뱅킹 프로그램의 업데이트를 가장하여 덮어 씌우는 식으로 계좌의 비밀 번호를 빼내며 이렇게 되면 얼마나 위험해질지 가히 짐작될 것이다.

안드로이드의 서명은 배포자의 신분을 명확히 하는 역할만 할 뿐 믿을만한 개발자라는 것을 보증하지는 않는다. 익명성을 제거하여 나쁜짓을 하지 못하도록 방지하는 역할만 한다. 하지만 일단 배포된 프로그램이 악의적으로 변조되는 것을 방지함으로써 해커의 프로그램이 정상적인 프로그램 행세를 하지 못하도록 한다. 베리사인(VeriSign) 같은 유료 서명 서비스는 제작자가 누구인지까지 확실하게 인증해 주지만 비용이 많이 들고 번거롭다. 그래서 안드로이드는 더 간략화된 자체 서명 전략을 사용한다.

38.2 구글 플레이

38.2.1 온라인 시장

스마트폰과 일반폰의 가장 큰 차이점은 프로그램을 추가로 설치할 수 있다는 점이다. 원하는 프로그램을 골라 설치할 수 있다는 것은 스마트폰의 본질이며 그렇지 않다면 비싼 전화기를 쓰는 의미가 없다. 스마트폰은 통화를 위한 특수 목적 컴퓨터가 아니라 설치된 프로그램에 따라 용도를 확장할 수 있는 범용 컴퓨터이다. 과거에는 대형 개발사가 자체적으로 프로그램을 판매하거나 이통사와 협력해서 배포하는 식이었다. 데스크톱의 소프트웨어 유통 방식을 그대로 사용하여 구입 및 설치가 번거로왔으며 비용도 비쌌다. 개발자는 충분한 수익을 내지 못했고 사용자도 원하는 프로그램을 찾기 어려웠다.

2008년 7월 애플이 아이폰 3G와 함께 서비스하기 시작한 앱스토어는 전통적인 소프트웨어 유통 구조에 일대 혁신을 일으켰다. 온라인을 기반으로 한 개방형이라 누구라도 제품을 판매할 수 있으며 사용자는 즉석에서 원하는 프로그램을 검색하여 설치 및 사용할 수 있다. 유통 구조가 단순해지면서 가격은 내려가고 수요는 늘어나 시장 전체가 폭발적으로 성장했다. 개발자는 별도의 판매망을 갖출 필요가 없으며 광고와 판매를 앱스토어에 일임하고 질 좋은 소프트웨어 개발에만 전념할 수 있게 되었다.

애플은 판매액의 30%만 수수료를 받고 나머지 70%는 개발자에게 지급한다. 전 세계 유통망을 사용하는 대가인 30% 수수료는 당시로는 파격적인 것이었다. 개발자의 수익은 증가하고 소비자의 비용은 감소하여 모두에게 금전적 이득을 안겨 주었다. 불법 복제가 원천적으로 방지됨으로써 정품 소비가 증가하고 제품 가격도 1,000원 ~ 5,000원 정도의 합리적인 선에서 책정되어 누구나 부담없이 소프트웨어를 구매할 수 있는 선순환 구조가 확립되었다. 이런 것이 가능한 이유는 모바일 장비는 예외 없이 네트워크에 연결되기 때문이다.

앱스토어에 의해 공급과 수요가 동시에 늘어나면서 모바일 환경은 점점 더 풍성해졌다. 이후 구글도 거의 비슷한 시기에 마켓 서비스를 시작했으며 최근에 마이크로소프트도 마켓플레이스 서비스를 시작했다. 이제 소프트웨어의 온라인 판매는 대세가 되었으며 국내 이통사나 개발사도 자체적으로 마켓을 운영하고 있다. 다음은 구글이 운영하는 안드로이드 마켓인 플레이 스토어와 국내 SKTelecom이 운영하는 TStore이다.

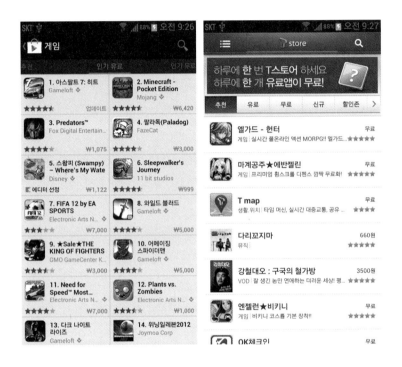

앱스토어에서 돈을 벌 수 있다는 사실이 알려지면서 이후 앱스토어 열풍이 시작되었다. 진입 장벽이 없고 개인이 혼자서도 충분히 사업을 시작할 수 있다는 면에서 매력적이었다. 앱의 개수도 기하 급수적으로 늘어 2015년 앱스토어는 150만 개, 플레이 스토어는 160만 개의 앱이 등록되었으며 앞으로도 꾸준히 늘어날 전망이다. 공급이 적고 수요가 많았던 초반에는 꽤 짭짤하게 돈을 번 사람도 있었다. 1달러씩만 받아도 수만~수십만명이 다운로드하여 개발기간에 비해 상당한 수익을 올렸다.

그러나 지금은 상황이 많이 달라졌다. 언론이나 정부가 1인 창업자 시대라는 달콤한 문구로 유혹하고 몇몇 성공담이 퍼지면서 오히려 과열 양상이다. 참여자가 많아지면서 수익성은 떨어지기 시작했다. 스마트폰이 널리 보급되면서 수요가 늘어났지만 공급은 더 폭발적으로 증가했기 때문이다. 공급이 부족할 때는 호기심에라도 다운받지만 지금은 철저히 품질로 선택받아야 한다. 심지어 품질이 좋아도 숱하게 쏟아지는 앱 속에 허무하게 묻혀 버리는 경우도 있다. 결국 앱스토어에서 성공하려면 광고도 해야 하고 마케팅도 필요해져 혼자서 성공하기는 쉽지 않다.

돈이 되는 곳이면 자본이 모이고 자본끼리 충돌하면 경쟁은 치열해질 수밖에 없다. 2,000원 정도 하던 앱을 500원, 100원 심지어 1원으로 판매해도 다운로드 수가 100을 넘기지 못하는 경우도 허다하며 무료 앱도 워낙 많아져 공정한 경쟁이 성립되지 않는다. 초기에 개발자의 낙원이었던 곳이 지금은 처절한 전쟁터가 되어 버렸으며 이제는 대기업만 살아 남는 형국이다. 장기적으로 대박의 꿈은 사라지고 개발자의 수익은 평준화되거나 최악의 경우 개발비도 못 건지는 상황이 되기도 한다. 경쟁에 의해 정상 수익만 보장되는 자본주의의 경제 논리가 마켓에도 그대로 적용된다.

흔히 톡톡 튀는 아이디어를 강조하며 아이디어만 있으면 성공할 것처럼 얘기한다. 1인 창업 지원, 아이디어 담보 융자 등의 호의를 베풀며 사업 참여를 독려한다. 참신한 아이디어가 성공적인 앱 개발의 출발점인 것은 분명하지만 아이디어만으로는 성공할 수 없음을 분명히 알아야 한다. 현재 모바일 앱의 아이디어는 거의 고갈되어 새로운 것을 찾기 어려우며 상상 가능한 모든 앱이 이미 발표되었다고 봐도 무리가 아니다. 기발하다 싶어도 막상 찾아 보면 이미 발표되어 있을 확률이 아주 높다. 현재는 기발한 기획력보다 탄탄한 구현력이 훨씬 더 중요하며 아무리 기획이 좋아도 구현력이 뒷받침되지 않으면 공허한 상상일 뿐이다.

고급 개발자는 항시적으로 부족한 상황이기 때문에 충분한 비용을 들여도 신뢰성 높은 구현력을 구하기 어려운 상황이다. 차라리 아이디어가 없거나 다소 진부하더라도 탁월한 구현력을 갖춘 쪽이 성공 확률이 훨씬 더 높다. 이미 발표된 앱을 더 좋게 개선하고 사용감을 향상시키는 것도 좋은 사업 아이템이다. 똑같은 게임이라도 그래픽, 사운드를 개선하고 조작 방법을 편리하게 바꾸는 정도만 해도 충분히 상품성이 있다. 남의 작품을 참고하는 것에 대해 불필요한 열등감이나 죄책감을 가질 필요도 없다. 어차피 지금 발표된 모든 앱도 알고 보면 모작 내지는 개선일 뿐이다.

온라인 스토어는 현재 개발자에게 그다지 호의적이지 않은 상황이지만 아직도 새로운 응용 분야가 계속 개척되고 있으므로 기회는 분명히 있다. 그러나 남의 성공담에 혹해 멀쩡히 잘 다니던 직장 때려 치우고 대박의 꿈에 들뜨는 철딱서니 없는 짓은 자제하기 바란다. 1명의 성공 뒤에 999명의 피눈물이 존재한다는 사실을 직시하고 냉정해져야 한다. 정말 좋은 아이디어가 있다면 성급하게 뛰어들지 말고 차분히 기술력을 쌓은 후 제대로 구현하는 것이 바람직하다. 조급해하지 말고 기획, 기술력을 탄탄히 쌓아 다음 기회를 대비하자. 꼭 안드로이드 플랫폼이 아니더라도 충분히 준비된 기술은 어느 플랫폼에서나 성공할 수 있다. 지금은 시장 상황이 어려울지라도 기술은 유행이어서 다음 호황이 반드시 다시 온다.

38.2.2 MotionMp3

구글 플레이 스토어에 앱을 올리는 실습을 하려면 그럴 듯한 프로그램이 있어야 한다. 아무리 배포 실습을 위한 예제라고 해도 Hello World를 올릴 수는 없는 노릇이다. 적당히 실용성이 있어야 유료로 판매할 수 있고 사용기도 올라올 것이다. 그래서 간단하지만 나름 실생활에 유용하게 쓸 수 있는 앱을 하나 제작해 봤다. 누구나 필요로 하는 프로그램을 찾다가 음악 재생 프로그램이 가장 적합할 것 같아 Mp3 플레이어로 결정했다.

안드로이드에도 기본 뮤직 플레이어가 있지만 미디어 DB에 기반하므로 대량의 음악 파일을 관리하는 데는 불편함이 있다. 또 재생 목록을 편집하는 기능이 너무 불편하여 폴더 기반이면서 즉석에서 재생 목록을 편집할 수 있는 음악 프로그램을 작성하였다. 음악만 재생하면 너무 평범하므로 모션 인식 기능을 넣어 화면이 꺼진 상태에서도 장비를 흔들어 재생이나 볼륨을 조정하는 기능을 추가했다.

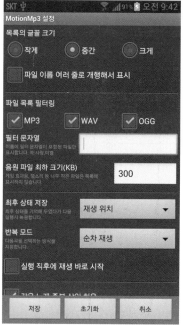

파일 탭을 펼치면 조그만 탐색기가 나타나며 폴더의 음악 파일 목록을 보여주고 폴더 사이를 자유롭게 이동한다. 폴더의 음악 파일을 탭하면 즉시 목록에 추가되며 항목 오른쪽의 버튼을 드래그하여 목록 내에서 순서를 편집한다. 한 번 작성한 목록은 저장해 놓았다가 다음에 다시 들을 수 있다. 모션 센서를 활용하면 화면이 꺼진 상태에서도 이전/다음곡이나 볼륨 조정 등을 수행할 수 있다는 것이 이 프로그램의 주요 특징이다. 자체 도움말을 제공하므로 자세한 사용법은 도움말을 참조하기 바란다.

개발 기간은 대략 한 달 정도 걸렸으며 소스양은 많지 않으나 대중에게 공개할 작품이라 나름대로 정교하게 만들고 섬세하게 테스트했다. 물론 아직 고급 기능은 부족하고 충분히 안정화되지 않아 버그가 상당히 많겠지만 차후 지속적으로 관리할 예정이다. 개인 웹 서버에 지원 페이지를 마련하고 버그 보고 및 기능 개선에 대한 제안도 받을 계획이다. 간단한 프로그램이고 설사 무료로 배포했다 하더라도 일단 발표했으면 개발자는 책임지고 관리할 도덕적 의무가 있다. 내가 만든 프로그램을 사용해 준다는 것만으로도 감사한 일이다.

온라인에 등록하기 전에 먼저 공모전에 출품해 보았다. 통신사나 장비 제작사는 사용자 저변 확대를 위해 자주 공모전을 개최하여 개발자에게 좋은 데뷔 무대를 제공한다. 공모전에 입상할 경우 상금이라는 직접적인 보상이 따르고 또한 대기업에서 마케팅을 대신해주므로 여러 가지 유리한 면이 많다. 출품 결과 비록 꼴등에 달랑 달랑 걸려서라도 입상했으며 약간의 상금도 받았다. 나름 정성껏 준비했지만 개발 기간이 짧은데다 워낙 경쟁이 치열해서 입상 자체도 쉽지 않았다. 앞으로도 공모전은 계속 이어질 전망이므로 기회가 된다면 도전해 보기 바란다.

무료와 유료로 모두 발표하는 것을 실습하기 위해 두 가지 버전을 준비했다. MotionMp3Lite는 무료 버전이며 MotionMp3는 유료 버전이다. 무료 버전도 기능은 동일하되 다만 실행할 때 라이트 버전이라는 안내 메시지를 띄워 약간 귀찮게 함으로써 유료 버전 다운로드를 유도한다. 광고를 삽입하는 방법도 흔히 많이 사용되는데 온라인 광고는 다운로드하는 동안 잠시 멈추는 문제가 있어 적용하지 않았다. 두 버전을 각각 릴리즈하고 앞 절에서 설명한 방식대로 최적화 및 서명을 완료하였다.

당연한 얘기겠지만 이 프로그램은 배포 예제에 포함되어 있지 않다. 아무리 간단해 보여도 하나의 완성된 프로그램이므로 너무 복잡해서 예제로서의 가치도 없을 뿐더러 온라인에 유료로 올릴 프로그램의 소스를 공개한다는 것도 말이 안 되기 때문이다. 그러나 이 프로그램 작성에 사용된 기법이나 팁은 차후 기회가 되는대로 정리해서 공개할 예정이다.

38.2.3 플레이 스토어

플레이 스토어(Play Store)는 구글이 운영하는 안드로이드의 공식 소프트웨어 판매 사이트이다. 초기에는 마켓이라고 불렀으나 지금은 더 현대적인 이름으로 바꾸었으며 모바일 뿐만 아니라 모든 구글 관련 제품과 영화, 책 등의 컨텐츠를 거래하는 사이트로 확장되었다. 안드로이드 장비 발표와 함께 운영을 시작했으나 국내에서는 결제 문제로 인해 2010년 7월부터 유료앱 구입이 가능해졌으며 2010년 10월부터 유료앱 판매가 가능해졌다. 그나마도 판매 수익을 국내 계좌로는 받을 수 없고 구글 애드센스 계정을 통해 미국 달러로 받아야 한다.

구글 플레이 접속 프로그램은 모든 안드로이드 단말에 기본 설치되어 배포된다. 초기에는 검색이 불편하고 앱에 대한 충분한 정보를 얻기 어려워 전체적으로 기능이 부실했으나 갈수록 개선되고 있으며 디자인도 세련되졌다. 애플 앱스토어에 비해 양을 늘리는데 너무 치중하다 보니 사전 검열을 제대로 하지 않아 수준 미달의 앱이 많은 것도 문제다.

플레이 스토어는 명실공히 공식적인 사이트이며 거의 모든 안드로이드 단말기에서 접속 가능하다는 점에서 영향력이 막대하다. 플레이에 앱을 올리려면 먼저 개발자 등록부터 해야 한다. 아무나 무분별하게 등록하도록 내 버려둘 수 없으므로 최소한 올리는 사람의 신상 정보는 확인할 필요가 있다. 또한 유료앱의 경우 수익을 배분할 수단도 있어야 하므로 계좌 등록도 필요하다.

나는 2010년 10월에 개발자로 등록하였으며 이전판에서 개발자 등록 과정을 상세히 안내했다. 그러나 지금은 이름도 바꾸었고 등록 사이트와 과정, 정책도 모조리 바뀌어 현재 상황과는 맞지 않다. 아마 앞으로도 등록 과정이나 정책은 계속 바뀔 것이다. 본질적으로 동적인 웹의 특성상 지금 여기서 개발자 등록 과정을 설명하는 것은 큰 의미가 없다. 상세하고 정확한 등록 과정은 다음 개발자 등록 사이트의 안내를 따르도록 하자.

```
https://play.google.com/apps/publish
```

개발자 등록 과정을 간략하게 요약하자면 구글 아이디로 로그인한 후 이름, 전화 번호 등의 기본 정보를 입력하고 구글의 개발자 관리 정책에 동의하는 것이다. 개발자 관리를 위해 약간의 비용이 들어가므로 년간 25$를 등록비로 납부했으나 요즘은 1회 납부로 바뀌었다. 나중에는 또 어떻게 바뀔지 알 수 없다. 신용 카드 번호와 유효 기간 정도만 입력하면 국내 신용 카드로도 결제 가능하며 온라인 쇼핑몰에서 물건을 구입하는 과정과 별반 다르지 않다.

개발자 등록을 마친 후 앱을 업로드하여 등록한다. 개발자 페이지의 애플리케이션 업로드 버튼을 누른 후 APK 파일을 업로드하고 앱의 상세 정보를 입력한다. 이 과정도 매번 바뀌지만 요구되는 정보는 대체로 비슷하다. 화면 캡처 이미지, 아이콘, 간단한 설명 및 상세 설명 등의 정보를 제공하여 플레이 스토어에 등록한다. 캡처 이미지는 요건이 명시되어 있으므로 요구하는 대로 미리 준비해 두어야 한다.

모든 정보를 작성한 후 상단의 "게시" 버튼을 누르면 플레이 스토어에 등록되며 무사히 등록되었다는 보고서가 출력된다. 등록 직후에 폰으로 접속해 검색하면 벌써 등록되어 있다. 별도의 검증 절차가 없으므로 등록은 실시간으로 이루어진다. 한국어와 영문 두 가지 언어로 등록했는데 전세계적인 서비스라 아무래도 외국인이 많으므로 캡처도 영문 팝송으로 올려 두었다.

무료, 유료 두 가지 버전으로 제작된 MotionMp3를 각각 등록했다. 유료앱을 등록할 경우는 개발자 등록외에 판매자 등록을 추가로 해야 하는데 등록할 때 결제한 계좌를 AdSense 계정과 연결한다. AdSense 계정을 통해 수익금을 배분받으므로 AdSense 계정도 따로 만드는 것이 차후 수익 배분시에 편리하다. AdSense 계정이 없다면 이 단계에서 만드는 것이 좋다. 나는 개인 홈페이지 운영을 위해 AdSense를 운영하고 있는 중이라 별 어려움이 없었지만 일반 개발자에게는 이 또한 번거로운 과정이다. 지급 방법도 구글 정책에 따라 매번 바뀌므로 항상 온라인을 참조해야 한다.

유료 버전을 등록하는 과정도 무료와 다를 바 없지만 판매할 가격을 책정하는 절차가 추가된다. 가격은 파는 사람 마음대로 정할 수 있되 목표에 따라 적당한 가격을 결정해야 한다. MotionMp3의 목표는 매출 극대화가 아닌 최다 다운로드이되 무료 버전이 같이 제공되므로 대략 2$ 정도로 책정했다. 사실 1$가 더 현명한 가격일 수 있지만 너무 싸구려처럼 보이기 싫어 2$로 정하려고 하다가 1.99$ 정도로 타협을 보았다. 다음은 무료, 유료 두 개의 앱을 등록한 직후의 모습이다.

방금 올렸으므로 다운로드 수는 0이다. 무료 버전은 1건 다운로드가 있는 것으로 나타나는데 첫 고객은 물론 나 자신이다. 등록된 앱이 잘 다운로드 되고 이상 없이 설치되어 동작하는지 테스트해 봐야 하니까 말이다. 다행히 한 번에 잘 등록되었으며 설치나 동작에도 이상이 없었다. 점검 후 뻔뻔스럽게 별 다섯 개를 버젓이 붙여 주었다. 남들도 다 그런다고 하니 나도 따라해 봤다. 유료 버전도 받아 볼까 하다가 내걸 내가 내 돈 주고 받는게 말이 안 되는 거 같아 받지 않았다.

등록한 후에라도 정보는 언제든지 수정 가능하다. 설명 문구에 오타가 있다거나 더 써 넣고 싶은 내용이 있으면 관리 페이지에서 편집 화면을 불러내서 수정한다. 기능을 추가한 업그레이드도 언제든지 등록할 수 있되 너무 자주 하면 사용자들이 귀찮아 하므로 약간씩 간격을 두고 주기적으로 업그레이드하는 것이 바람직하다. 이후부터 다운로드수를 잘 관리하고 사용자의 의견을 수렴하여 관리하고 들어오는 수입을 챙긴다. 등록 후 2년이 지난 후의 상황은 다음과 같다.

개발자 등록 기간이 끝나 유료 버전은 더 이상 게시되지 않으며 무료 버전은 계속 게시되어 있다. 무료 버전은 14,000카피 정도 판매되었으며 가끔 Null 포인터 예외가 발생한다는 에러 보고와 60여 개의 댓글이 등록되었다. 댓글은 완전 마음에 든다는 것도 있고 모션 인식이 부정확하다는 불만도 있다. 초기에는 검색이 잘 안 되었는지 한글로 된 댓글이 주로 달렸었는데 최근에는 영문으로 된 댓글도 꽤 많다. 프랑스, 인도네시아, 포르투갈어로 작성된 댓글도 있는데 마음에 든다는 건지 욕을 해 놓은건지 도통 알 수가 없다.

유료 버전은 꼴랑 27 카피 판매되었으며 무료 버전과 기능 차이가 거의 없기 때문에 판매량이 저조하다. 하지만 일단 구입한 사용자가 반품한 경우는 딱 한 건밖에 없다는 것을 다행으로 생각하고 있다. 몇푼 되지도 않지만 그나마도 현재는 개발자 계정이 정지되어 입금받지도 못했다. 25$를 더 내고 계정을 다시 살려 놓을까 생각해 봤지만 별로 남는 장사가 아닐 것 같아 관두기로 했다.

38.2.4 TStore

구글이 운영하는 공식 플레이 스토어 외에도 각 통신사나 지역별로도 마켓이 운영된다. 국내에도 통신사별로 TStore, OZStore, 올레마켓 등이 운영되고 있으며 앞으로 더 늘어날 전망이다. 현재 국내에서 가장 활성화된 마켓은 SKTelecom이 운영하는 TStore이다. 안드로이드에만 국한되지 않으며 통신사에서 판매한 모든 스마트폰을 대상으로 하므로 전문성은 마켓보다 떨어지지만 국내 실정에 맞고 별다른 제약 없이 유료나 게임도 자유롭게 올릴 수 있다.

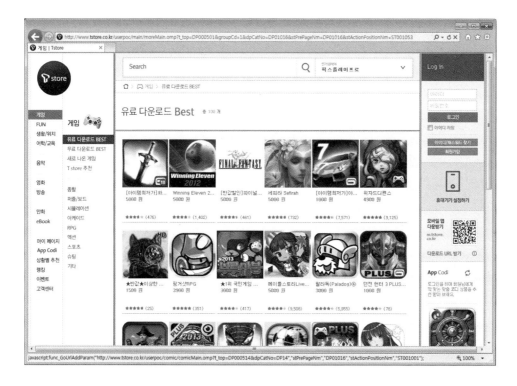

사용자 입장에서도 모든 설명이 한글로 나오고 먼저 사용해본 사람들의 솔직한 사용기도 참조할 수 있어 앱 선택도 용이한 편이다. 사이트 구성이 복잡해 보이지만 국내 사용자 입맛에 맞게 배치되어 있어 직관적이다. 유료 결제도 신용 카드가 아닌 휴대폰 소액 결제여서 번거롭지 않다. 등록된 앱도 대부분 국내 개발자가 만든 것이라 우리 정서와 실정에도 잘 맞는다.

일반 사용자는 회원 가입 후 이 사이트에서 앱을 검색하고 다운로드 받는다. 개발자는 회원 가입 외에도 판매 회원으로 전환해야 한다. 사용자가 아닌 공급자 입장이므로 더 많은 정보가 필요하다. 개발자는 다음 사이트에 접속한 후 판매 회원으로 전환한다. 판매 회원 전환을 위해서는 범용 공인 인증서가 필요하며 약간의 비용이 든다. 범용 공인 인증서 발행 비용은 년간 4400원이다.

    http://dev.tstore.co.kr

판매 회원은 이 사이트에서 자신이 올린 앱을 관리하며 그외 여러 가지 기술 지원이나 개발 툴 등을 공급받는다. 앱을 등록하는 과정은 일반적인 게시물 등록 과정과 유사하되 자주 변경되므로 온라인 도움말을 참조하기 바란다. 모든 등록 및 관리를 한글로 진행하므로 구글 플레이 스토어에 비해 더 쉽다. MotionMp3는 아직도 판매 중이며 등록 2년 후의 상태는 다음과 같다.

무료 버전은 대략 20,000카피, 유료 버전은 600카피 정도 판매되었다. 대박은 아니지만 이 정도면 그다지 절망적인 수준은 아니며 평점도 양호한 편이다. 무료 버전에 광고를 넣고 마케팅에 조금만 신경 써도 웬만큼 수익을 낼 수 있다. 물론 지속적으로 사용자의 요구를 수용하고 업그레이드 및 버그 수정 등의 관리도 해야 한다. 이런 앱 하나만으로 개발비를 회수하기는 어려우므로 비슷한 수준의 앱을 5~10개 정도는 발표해야 지속적인 개발이 가능하다. 결국 개인 개발자가 마켓에서 성공하려면 엄청난 대박을 맞거나 아니면 부지런히 움직여야 한다.

TStore가 국내에서는 선도적인 마켓이라 플레이 스토어보다는 판매수가 훨씬 더 많으며 국내 사용자에게는 영향력이 큰 편이다. 이 외에도 통신사별로 올레마켓과 OZ 스토어가 운영되고 있으며 각 마켓별로 운영 정책이 다르다. 두 마켓은 등록비는 따로 없지만 매 상품을 등록할 때마다 3만원씩의 검수비를 내야 하는 부담이 있다. 물론 이런 정책도 언제든지 바뀔 수 있다. 대상 장비의 사용자가 많지 않고 등록된 앱도 아직 부족해서 TStore만큼 영향력이 높지는 않다.

자본주의 사회에서 경쟁이란 언제나 아름다운 것이지만 마켓끼리의 경쟁은 다소 부정적인 효과가 많다. 개발자는 똑같은 앱을 여기저기에 중복 등록하고 사용자는 원하는 앱을 찾기 어려우며 장비에 따라 접속할 수 있는 마켓도 제한적이다. 마켓은 경쟁보다는 통합을 지향하는 것이 모두에게 이득이다. 그래서 해외에서는 WAC(Wholesale Application Community)라는 슈퍼 앱스토어를 준비하고 있으나 여러 가지 현실적인 문제로 아직 의미 있는 결실을 보지는 못했다.

이상으로 안드로이드 프로그래밍 정복 1, 2권을 모두 마칩니다. 무려 2000페이지에 달하는 책을 읽느라 수고 많이 하셨습니다. 이 부족한 책을 정성껏 열독해 주신 독자 여러분들의 노고를 치하하며 진심으로 감사드립니다.

이 책은 엄청난 두께임에도 공식적이고도 문서화된 API만을 다루었습니다. 이후 더 고급 기법을 학습하시려면 안드로이드의 내부 구조를 분석해 놓은 서적과 네이티브 코드로 더 빠른 프로그램을 작성할 수 있는 NDK를 학습해 보십시오. 더 섬세하고 운영체제의 기능을 100% 활용할 수 있는 프로그램을 작성할 수 있습니다.

가급적 많은 예제를 작성해 보고 인터넷에 공개된 수많은 예제 소스를 구해 분석해 보는 것도 실력 향상에 많은 도움이 됩니다. 조만간 플레이 스토어에서 여러분이 만든 기발하고도 훌륭한 앱을 볼 수 있기를 기대합니다.

INDEX

INDEX

http://www.soen.kr로 접속해서 [책_안드로이드]를 클릭하거나, http://www.soen.kr/book/android로 접속하세요.

1. 예제 설치

정확한 예제 설치를 위해서는 안드로이드 스튜디오의 프로젝트 관리 방법을 우선적으로 학습해야 하며 안드로이드 프로젝트의 기본 구조도 이해해야 합니다. 예제 설치 방법은 본문의 4-3절을 참조하되 미래의 개발 환경에서는 설치 방법이 변경될 수 있으므로 가급적이면 웹 사이트의 온라인 안내에 따라 설치하세요.

2. 버전 변경 안내 및 추가 강좌

안드로이드 버전 변경에 따른 안내 및 추가 강좌는 웹사이트 상단 메뉴의 [추가강좌]에서 제공합니다.

3. [Q/A] 묻고 답하기

질문은 http://www.soen.kr로 접속해서 [게시판_묻고 답하기]에 올려주세요.